포그·에지 컴퓨팅

포그·에지 컴퓨팅

클라우드 컴퓨팅, IoT, 5G, 빅데이터 분석, 머신러닝을
활용한 포그와 에지 컴퓨팅 설계와 구현

라지쿠마르 부야 · 사티시 나라야나 스리라마 편저
박선표 옮김

i!i
에이콘

에이콘출판의 기틀을 마련하신 故 정완재 선생님 (1935-2004)

지은이 소개

라지쿠마르 부야^{Rajkumar Buyya}

호주 멜버른 대학교의 클라우드 컴퓨팅 및 분산 시스템 연구소장 겸 교수로 재직 중이며 Manjrasoft를 창립한 CEO다. 「Wiley Software」와 「Practice and Experience Journal」의 편집장이며, 『Mastering Cloud Computing』(Morgan Kaufmann, 2013)을 포함해 여러 책을 출간한 저자다.

사티시 나라야나 스리라마^{Satish Narayana Srirama}

에스토니아 타르투 대학교 컴퓨터 과학 연구소^{Mobile & Cloud Lab}의 연구 교수이자 책임자다. 또한 「Wiley Software」의 편집자이며, 「Practice and Experience Journal」의 편집자로 120권 이상의 과학 간행물을 공동 집필했다.

| 감사의 글 |

무엇보다도 이 책을 준비하는 동안 모든 기고자가 보내 준 시간과 노력에 감사드린다. 병렬 및 분산 컴퓨팅에 관한 와일리[Wiley] 북 시리즈 편집자인 앨버트 조마야[Albert Zomaya]의 열정적 지원에 감사드린다. 라지[Raj]는 특히 책을 준비하는 동안 슴리티[Smrithi], 소움야[Soumya], 라다 부야[Radha Buyya] 등 그의 가족이 보내 준 사랑과 이해, 지지에 감사하고 싶다. 사티시[Satish]는 아내 가야트리[Gayatri]와 부모(S. Lakshminarayana와 Lolakshi)의 사랑과 성원에 감사하고, 그들의 사랑과 지원으로 새로 태어난 딸 메가나[Meghana]에게 감사의 말을 전한다. 마지막으로 와일리 직원, 특히 브렛 커즈만[Brett Kurzman](선임 편집자)과 빅토리아 브래드쇼[Victoria Bradshaw](보조 편집자)에게 감사의 말씀을 전한다.

라지쿠마르 부야[Rajkumar Buyya]
호주 멜버른 대학교[The University of Melbourne], 만지라소프트[Manjrasoft Pty Ltd]
사티시 나라야나 스리라마[Satish Narayana Srirama]
에스토니아 타르투 대학교[The University of Tartu]

| 옮긴이 소개 |

박선표

고려대학교 컴퓨터정보통신대학원에서 컴퓨터공학 석사 학위를 받았다. 12년간 「디지털 조선일보」, 「인터넷 한국일보」, 「스포츠조선」에서 신문 제작 시스템 운영 및 로드 밸런싱 load balancing, 고가용성 high availability 서버 및 데이터 베이스, SAN/NAS 스토리지, L4 Switch, F5 networks, CDN, Data Center, Router, VPN, IPS, 방화벽 등을 활용해 대규모 트래픽 네트워크 large scale traffic network 환경에 적합한 대용량 고가용성 멀티 뉴스 미디어 시스템을 설계하고 구축을 진행했다. 그리고 미얀마 야타나폰 사이버 시티 기술대학 University of Technology Yatanarpon Cyber City 에서 학부생과 대학원생을 대상으로 클라우드 컴퓨팅 cloud computing, 빅데이터 분석 big data analytics, DevOps modern web development, 모의 해킹 penetration testing 과목을 강의했다. 캐나다 코네스토가 컬리지 Conestoga College 모바일 솔루션 개발 준석사 과정을 졸업하고 현재 캐나다에서 Cloud Computing Architect, DevOps and Site Reliability Engineer로 일하고 있다.

병렬 및 분산 컴퓨팅에 대한 와일리^Wiley 시리즈 중 포그^fog 및 에지^edge 컴퓨팅에 관한 책이다. 클라우드 컴퓨팅은 현재 많이 보편화됐고 많은 기업에서 활용하고 있다. 반면에 포그 및 에지 컴퓨팅은 2012년 다양한 사물인터넷^IoT 디바이스에서 생성된 빅데이터를 처리하고자 낮은 지연^low latency 시간을 보장하는 클라우드 컴퓨팅의 확장 필요성으로 처음 대두됐지만 아직까지 클라우드 컴퓨팅처럼 보편적으로 활용되고 있지 않다. 그러나 자율주행 자동차^autonomous car, 인공지능^artificial intelligence, 산업용 로봇^industrial robot, 스마트 공장^smart factory, 스마트 농장^smart farm, 증강 현실^augmented reality, 사물인터넷 등 최신 기술이 보편화되면서 다양한 네트워크 디바이스 및 센서에서 생성된 방대한 데이터를 실시간 처리 및 분석하고자 조만간 다양한 산업에서 포그 및 에지 컴퓨팅 기술을 사용하게 될 것으로 예상된다.

포그 및 에지 컴퓨팅은 2018년, 2019년에 전문 시장조사 및 컨설팅 업체인 가트너^Gartner에서 발표한 10대 전략 기술^cloud to the edge, empowered edge 중 하나로 선정됐다. 포그 컴퓨팅은 최근 클라우드를 활용한 사물인터넷 시장이 증가함에 따라 엄청난 데이터들이 발생하고 낮은 지연 시간을 요구하는 서비스들(예를 들어 자율 주행 자동차, 스마트 교통 시스템 등)이 점점 늘어나고 있고 이러한 점들을 해결하고자 새로운 패러다임의 아키텍처로 제안됐다. 포그 컴퓨팅은 클라우드 컴퓨팅의 서버와 사물인터넷 디바이스(에지) 사이에 위치하고 에지 노드의 연산뿐만 아니라 에지 노드에서 처리된 데이터를 클라우드 컴퓨팅으로 전송한다. 에지 컴퓨팅은 클라우드 컴퓨팅처럼 중앙 집중형으로 데이터를 분석하고 처리하는 방식이 아니라 데이터가 생성되는 네트워크의 단말(에지, 가장자리) 장치에서 가장 가까운 곳에서 데이터를 실시간으로 분석하고 처리하는 방식을 말한다. 다시 말해 다양한 곳에서 생성된 대용량의 데이터를 중앙 서버 또는 클라우드 컴퓨팅 저장소에 전송할 필요 없이 네트워크 단말기 근처에서 처리함으로써 즉각적으로 대응이 필요한 서비스(예를 들어 자율 주행 자동차, 인공지능 로봇, 스마트 공장, 스마트 교통 시스템 등)에 적합하고 네트워크의 부하 또한 줄일 수 있다는 점에서 현재 많은 주목을 받고 있다. 포그 및 에지 컴퓨팅은 기존의 클라우드 컴퓨팅 기술을 대체하는 것이 아니라 클라우드 컴퓨팅의 단점 (네트워크 트래픽 폭증, 전달 시간 지연, 데이터 처리 속도 등)을 보완하고자 나온 기술이며, 클라우드 컴퓨팅과 공존하는 형태로 발전할 것이다.

이 책은 클라우드 컴퓨팅, 사물인터넷, 5G, 빅데이터 분석$^{big\ data\ analytics}$, 머신러닝$^{machine\ learning}$, 딥러닝$^{deep\ learning}$ 등 최신 IT 기술을 활용해 자율 주행 자동차, 인공지능, 산업용 로봇, 스마트 공장, 스마트 농장, 사물인터넷 등에서 생성된 다양한 대용량의 데이터를 대기 시간 없이 실시간 처리 및 분석하기 위한 포그 및 에지 컴퓨팅을 효과적으로 설계 및 구축하기 위한 지침서다. 그런 의미에서 이 책의 출간을 통해 국내 독자들이 포그 및 에지 컴퓨팅을 쉽고 올바르게 이해하고 다가올 IT 인프라의 미래에 대한 통찰을 얻을 수 있을 것으로 기대한다.

마지막으로 번역된 내용을 꼼꼼하게 감수해 준 인브레인 대표 최현진(고려대학교 정보통신대학원 컴퓨터공학 박사) 형에게 감사함을 전한다.

| 차례 |

Part 3 애플리케이션과 이슈   335

11   빅데이터 분석을 위한 포그 컴퓨팅 구현   337

사물인터넷[IoT, Internet of Things] 패러다임은 감지 기능이 있거나 태그가 부착된 물리적 객체(물체), 스마트폰과 차량과 같은 모바일 객체, 소비자 가전 기기, 인터넷 환경의 일부로서 냉장고, 텔레비전, 의료 기기 등의 가전제품과 같은 '사물[things]'을 만드는 것을 약속한다. 클라우드 중심의 CIoT[Cloud-centric IoT] 애플리케이션에서 이러한 '사물' 센서 데이터는 퍼블릭/프라이빗 클라우드[public/private cloud]에서 데이터 추출[extracted], 축적[accumulated], 처리[processed] 등이 이뤄지기 때문에 상당한 네트워크 대기 시간이 발생한다. 포그 컴퓨팅[fog computing]은 IoT 애플리케이션 개발 시 게이트웨이, 클라우드렛[cloudlets] 및 네트워크 스위치/라우터 등 IoT 계층 전반에 걸쳐 있는 근거리 컴퓨팅 리소스를 주로 활용함으로써 이 문제를 해결한다. 통신 도메인[telecommunication domain]에서 근접 자원[proximity resource]을 활용하는 유사한 접근 방식은 모바일 에지 컴퓨팅[mobile edge computing]이 있다.

포그 및 에지 컴퓨팅 패러다임의 잠재력을 최대한 활용하고 실현하기 위해서는 연구자와 실무자들은 현재 포그 및 에지 컴퓨팅이 갖고 있는 문제점를 해결하고자 적절한 개념을 정의하고 기술적 솔루션을 개발해야 한다.

이 책의 주요 목적은 포그 및 에지 컴퓨팅, 애플리케이션, 아키텍처 및 최신 기술을 파악하는 것이다. 이 책은 또한 스마트 홈[smart home], 스마트 시티[smart city], 과학[science], 산업[industry], 비즈니스 및 소비자 애플리케이션에서 다양한 영역의 통찰력을 촉진할 수 있는 잠재적인 연구 방향과 최신 IT 기술을 어떻게 포그 및 에지 컴퓨팅에 접목할 수 있는지를 연구하고 소개하는 데 목적이 있다. 이 책이 시스템 아키텍트, 실무자, 개발자, 신입 연구원, 대학원생과 포그 및 에지 컴퓨팅에 관심이 있는 사람들에게 참고 자료로 활용될 것으로 기대한다. 이 책은 또한 고급 온라인 자원에 대한 포인터를 포함하고 있는 관련 웹 사이트(http://cloudbus.org/fog/book/)와 함께 제공된다.

이 책의 구성

IoT, 클라우드 및 포그 컴퓨팅 분야의 최고 전문가들이 저술한 장^{chapter}으로 이뤄져 있다. 기초를 포함해서 포그 및 에지와 관련된 애플리케이션을 구현하기 위한 미들웨어와 기술적 해결책까지 포함하고 통합적으로 제시한다.

다음과 같은 세 부분으로 구성되어 있다.

1부, 기초^{foundation}

2부, 미들웨어^{middleware}

3부, 애플리케이션과 이슈^{application and Issue}

1부는 기초에 중점을 두고 5개의 장으로 구성돼 있다.

1장, 사물인터넷 및 새로운 컴퓨팅 패러다임 CIoT 한계와 함께 IoT 패러다임을 논의한다. 이러한 한계를 해결하고자 포그 컴퓨팅, 에지 컴퓨팅, 미스트 컴퓨팅과 같은 최신 기술 및 새로운 컴퓨팅 패러다임의 주요 장점과 기본 메커니즘을 설명한다. 포그 및 에지 컴퓨팅 환경의 계층 구조을 살펴보고, 포그 및 에지 컴퓨팅이 제공하는 장점과 해결해야 할 연구 과제를 철저하게 논의한다.

2장, 연합 에지 리소스에서 해결해야 할 과제 네트워킹, 관리 및 리소스, 모델링 연구 과제로 구성돼 있다.

3장, IoT + 포그 + 클라우드 인프라 통합: 시스템 모델링 및 연구 과제 클라우드 컴퓨팅, 포그 컴퓨팅 및 IoT로 구성된 통합 클라우드 클라우드-투-싱^{cloud-to-things} 시스템을 표현하고 평가하기 위한 모델링 기술과 관련 문헌을 활용하는 방법을 논의한다.

4장, 5G, 포그, 에지, 클라우드의 네트워크 슬라이스 관리 및 조정 5G, 에지/포그, 클라우드 컴퓨팅에서의 네트워크 슬라이싱에 관한 최신 문헌을 논의한다.

5장, 포그와 에지 컴퓨팅의 최적화 문제 포그 컴퓨팅의 최적화 문제에 대한 일반적인 개념 프레임워크를 설명한다.

2부는 미들웨어에 중점을 두고 5개의 장으로 구성돼 있다.

6장, 포그 및 에지 컴퓨팅용 미들웨어: 설계 이슈 제안된 아키텍처와 함께 포그 및 에지 컴퓨팅용 미들웨어를 설계하고자 다양하게 고려해야 할 사항을 설명한다.

7장, 에지 클라우드 아키텍처를 위한 경량 컨테이너 미들웨어 패키지 및 배포 메커니즘의 하나인 컨테이너를 기반으로 하는 에지 클라우드 레퍼런스 아키텍처의 핵심 원리를 설명한다. 또한 제안한 아키텍처 솔루션을 검증하고자 라즈베리파이 클러스터^{Raspberry Pi clusters}를 구축하고 그 실험 결과를 공개한다.

8장, 포그 컴퓨팅의 데이터 관리 포그 컴퓨팅 환경에서 데이디 관리를 위한 개념적 아키텍처를 제안한다. 또한 포그 데이터 관리를 위해 검토해야 할 사항과 향후 연구 방향을 논의한다.

9장, 포그 애플리케이션 배포를 지원하기 위한 예측 분석 포그 컴퓨팅에서 애플리케이션 배포를 지원하는 FogTorchⅡ 프로토타입^{prototype}을 설명한다. 프로토타입은 애플리케이션 처리 및 QoS 요구 사항과 함께 QoS 속성을 예측하고 포그 인프라의 운영 비용을 추정한다.

10장, IoT^{Internet of Things} 시스템의 보안 및 프라이버시를 위한 머신러닝 활용 포그 컴퓨팅에서의 머신러닝 활용 방안과 함께 IoT 디바이스의 보안을 강화하기 위한 머신러닝 활용 방안을 논의한다.

3부는 애플리케이션에서 발생할 수 있는 문제에 초점을 맞추고 있으며, 7개의 장으로 구성돼 있다.

11장, 빅 데이터 분석을 위한 포그 컴퓨팅 구현 포그 컴퓨팅 환경에서 데이터 분석을 실행하고자 기존의 중앙 집중식 데이터 분석 플랫폼에 배포할 수 있는 포그 엔진 프로토타입을 설명한다. 포그 엔진을 개념적으로 활용하는 스마트 홈 및 스마트 영양 모니터링 시스템 사례를 함께 소개한다.

12장, 헬스 모니터링 시스템에서 포그 컴퓨팅 활용 스마트 e-헬스^{e-health} 게이트웨이의 포그 컴퓨팅 서비스를 논의한다. 제안한 시스템은 심전도^{electrocardiogram} 모니터링 사례 연구를 구현하고 평가한다.

13장, 에지 컴퓨팅 환경에서 실시간 인간 객체 추적을 위한 스마트 보안 감시 비디오 스트림 프로세싱 자동화된 감시 시스템을 구축하고자 포그 및 에지 컴퓨팅에서 활용할 수 있는 연산과 알고리즘을 비교하고 논의한다.

14장, 스마트 교통 애플리케이션 진화를 위한 포그 컴퓨팅 모델 지능형 교통 관리 시스템^{ITMS, Intelligent Traffic Management System} 활용 사례에서 데이터 중심 교통 아키텍처의 컴퓨팅 요구 사항을 파악하고 스마트 교통 애플리케이션을 위한 포그 지원 클라우드 기반 컴퓨팅 플랫폼을 제안한다.

15장, 포그 기반 IoT 애플리케이션의 테스트 관점 스마트 홈, 스마트 헬스, 스마트 교통 분야를 논의하고 검토한다.

16장, 포그 컴퓨팅에서 IoT 애플리케이션 운영의 법적인 측면 포그/에지/IoT 애플리케이션을 분류하고, GDPR^{General Data Protection Regulations}에 의해 도입된 최신 제약^{restrictions} 사항을 분석해 이러한 법적 제약이 포그 및 클라우드 환경에서 IoT 애플리케이션의 설계 및 운영에 어떻게 영향을 미치는지 논의한다.

17장, iFogSim 툴킷을 사용한 포그 및 에지 컴퓨팅 환경의 모델링과 시뮬레이션 포그 애플리케이션 개발과 관련된 또 다른 중요한 문제는 포그 컴퓨팅 환경에 방대한 IoT 데이터와 함께 IoT 디바이스, 포그 노드, 클라우드 데이터 센터가 통합돼 있기 때문에 많은 비용이 발생한다는 것이다. 이를 해결하고자 iFogSim 시뮬레이터^{simulator} 구성 요소를 논의하고, 포그 컴퓨팅 환경을 모델링하기 위한 세부 지침과 함께 설치를 위한 세부 사항을 설명한다.

정오표

한국어판 정오표는 에이콘출판사의 도서정보 페이지 http://www.acornpub.co.kr/book/fog-edge-computing에서 찾아볼 수 있다.

질문

한국어판에 관한 질문은 이 책의 옮긴이나 에이콘 출판사 편집 팀(editor@acornpub.co.kr)으로 문의해주길 바란다.

Part 1

기초

사물인터넷과 새로운 컴퓨팅 패러다임

칠 창[Chil Chang], 사티시 나라야마 스리라마[Satish Narayana Srirama], 라지쿠마르 부야[Rajkumar Buyya]

1.1 소개

사물인터넷[IoT, Internet of Things][1]은 물류, 제조, 농업, 도시 컴퓨팅[urban computing], 홈 오토메이션, ambient assisted living[1], 다양한 실시간 유비쿼터스 컴퓨팅 애플리케이션의 효율성을 높이고자 다양한 물리적 장비 또는 디바이스, 시설, 동물, 차량, 농장, 공장 등과 같은 사물이 인터넷에 상호 연결돼 있다.

일반적으로 IoT 시스템은 물리적 장비가 글로벌 인터넷의 서버에서 관리하는 웹 리소스 형태로 표현되는 클라우드 중심 사물인터넷[CIoT, Cloud-centric Internet of Things] 아키텍처를 따른다[2]. 기본적으로 물리적 장비를 인터넷에 상호 연결하고자 시스템은 유선 또는 무선 센서, 액추에이터[actuator], 판독기 등과 같은 다양한 프런트 엔드 디바이스[front-end device]를 사용해 상호 작용한다. 또한 프런트 엔드 디바이스는 인터넷 모뎀, 라우터, 스위치, 셀룰러 기지국 등과 같은 중개 게이트웨이 노드를 통해 인터넷에 연결된다. 일반적으로 공통 IoT 시스템에는 세 가지 주요 기술인 임베디드 시스템[embedded system], 미들웨어[middleware], 클라우드 서비스를 포함한다. 임베디드 시스템은 프런트 엔드 디바이스에 인텔리전스

---

1   거주자(노인 또는 환자)의 거동과 생활 방식 등에 따른 행동 변화나 건강 이상 등을 실시간으로 모니터링하고 조치를 취할 수 있는 주거 환경에서 살고 있는 것을 말한다. – 옮긴이

intelligence를 제공하고 미들웨어는 프런트 엔드 디바이스의 이기종 임베디드 시스템을 클라우드에 상호 연결하고, 마지막으로 클라우드는 포괄적인 스토리지, 처리, 관리 메커니즘을 제공한다.

CIoT 모델은 IoT 시스템을 구현하기 위한 일반적인 접근 방식이지만, IoT에서는 해결해야 하는 기술적 문제가 존재한다. 특히 CIoT는 BLURS(네트워크 대역폭bandwidth, 네트워크 지연 속도latency, 무중단uninterrupted, 리소스 제약resource-constraint, 정보 보안security) 문제를 해결해야 한다[3].

- **네트워크 대역폭**bandwidth IoT 디바이스에서 생성되는 대용량의 데이터는 기존의 네트워크 대역폭을 초과하게 된다. 예를 들어 IoT에 연결된 차량connected car은 운전 경로, 운전 속도, 자동차 주행 상태, 운전자의 상태, 주변 환경, 날씨 등의 정보를 초당 기가 바이트giga byte의 데이터를 생성한다. 또한 자율 주행 차량self-driving vehicle은 실시간 비디오 스트리밍video streaming을 필요로 하기 때문에 초당 기가 바이트의 데이터가 생성될 수 있다. 따라서 기존의 클라우딩 컴퓨팅 인프라에 의존해 데이터를 관리하고 처리하는 것은 비효율적이다.
- **지연 속도**latency2 클라우드는 수십 밀리초 내에 엔드 투 엔드 레이턴시end-to-end latency를 제어해야 하는 과제를 안고 있다. 특히 산업용 스마트 그리드 시스템, 자율 주행 차량 네트워크, 가상 및 증강 현실 애플리케이션, 실시간 금융 거래 애플리케이션, 헬스 케어 및 노인 케어 애플리케이션은 클라우드 중심 사물인터넷CIoT 환경에 레이턴시를 발생시킨다.
- **무중단**uninterrupted 클라우드와 프런트 엔드 IoT 디바이스 간의 긴 거리long distance는 불안정하고 간헐적인 네트워크 연결 문제가 발생할 수 있다. 예를 들어 차량과 먼 거리에 있는 클라우드 컴퓨팅과 중간 노드 사이에 네트워크 단절이 발생하면 CIoT 기반의 연결된 차량connected vehicle은 제대로 작동하지 않을 수 있다.
- **리소스 제한**resource-constrained 많은 프런트 엔드 디바이스front-end devices는 가용할 수 있는 리소스가 제한돼 있어 복잡한 연산을 직접 수행할 수 없기 때문에 일반적으로 CIoT 시스템은 수집된 데이터를 프런트 엔드 디바이스에서 클라우드로 지속적으로 스트리밍해야 한다. 그러나 인터넷을 통한 엔드 투 엔드end-to-end 데이터 전송은

---

2   레이턴시(latency)는 디바이스, 네트워크, 프로세싱 등 다양한 이유로 발생하는 네트워크 지연 현상을 말한다. – 옮긴이

여전히 많은 에너지를 소비하기 때문에 배터리 전원으로 작동하는 많은 디바이스를 이러한 방식으로 설계하는 것은 비효율적이다.

- **정보 보안**security 제약 조건이 많은 프런트 엔드 디바이스는 공격으로부터 스스로 보호할 수 있는 충분한 자원이 없을 수 있다. 특히 원격 소프트웨어를 사용해 보안 소프트웨어로 업데이트된 아웃도어 기반outdoor-based 프런트 엔드 디바이스는 해커의 공격 표적이 될 수 있다. 또한 공격자는 프런트 엔드 디바이스를 손상시키거나 해킹을 통해 잘못된 가짜 데이터를 클라우드로 전송할 수 있다.

CIoT의 폭발적인 증가로 인해 "현재의 클라우드 중심 아키텍처의 한계를 극복하고자 무엇을 할 수 있는가?"라는 의문이 제기됐다.

지난 10년 동안 중앙 집중화된 클라우드 컴퓨팅을 데이터 소스 또는 최종 사용자 애플리케이션에 훨씬 더 가까운 위치에 컴퓨터, 네트워킹, 스토리지 리소스를 배포할 수 있는 지리적 분산 방식으로 확장하려는 시도가 있었다. 예를 들어 지리적으로 분산된 클라우드 컴퓨팅[4]은 프로세스의 일부를 에지 네트워크 근처의 데이터 센터로 이동 또는 분할하려는 시도가 있다. 또한 모바일 클라우드 컴퓨팅 모델[5]은 로컬 무선 인터넷 액세스 포인트 제공자에 의해 제공되는 물리적 근접 기반physical proximity-based 클라우드 컴퓨팅 리소스를 도입했다. 또한 학술 연구 프로젝트[6]는 첨단 RISC 기계ARM 구동 디바이스를 사용해 모바일 애드혹 네트워크MANET, mobile ad hoc network 기반의 클라우드 실현 가능성을 실험했다. 다양한 접근 방법 중에서 시스코의 연구[7]에 의해 처음 도입된 포그 컴퓨팅 아키텍처가 가장 많은 주목을 받았다.

포그 컴퓨팅 아키텍처[8]는 광범위한 장비와 네트워크를 포함한다. 제안된 포그 컴퓨팅 아키텍처는 일반적으로 클라우드를 지리적으로 분산된 데이터 센터, 중간 네트워크 노드, 프런트 엔드 IoT 디바이스가 있는 가장 끝의 에지까지 CIoT의 에지 네트워크로 확장할 수 있는 개념적인 모델이다. 그림 1.1은 IoT 지원 스마트 시스템과 애플리케이션을 지원하는 다양한 네트워크 컴퓨팅 패러다임을 보여 준다. 일반적으로 CIoT 패러다임(마크 1)은 IoT 디바이스가 간단한 감각 데이터 수집기 또는 액추에이터 역할을 하는 원거리 중앙 클라우드 데이터 센터에서 스마트 시스템을 관리하고 프로세스와 의사 결정은 클라우드에서 처리한다. 일반적인 에지 컴퓨팅 패러다임(마크 2)은 특정 작업을 IoT 디바이스 또는 IoT 디바이스의 동일한 서브넷 내의 위치한 컴퓨터에 분산한다. 이러한 작업은 데이터 분류, 필터링 또는 신호 변환 등이 포함된다. 예를 들어 포그 컴퓨팅 패러다임(마크 3과 마크 4)은 컴퓨터 자원의 수평적 확장성을 지원하는 계층 기반의 분산 컴퓨팅 모델을 활용한다.

이를테면 포그 지원 IoT 시스템은 간단한 데이터 분류 작업을 IoT 디바이스로 배포하고 에지 게이트웨이 디바이스에서 보다 복합한 콘텍스트 추론 작업을 할당할 수 있다. 또한 테라바이트^{terabyte} 단위의 데이터가 필요한 분석 작업의 경우 또는 더 높은 처리 능력을 필요로 하는 작업은 코어 네트워크 리소스로 이동하여 처리할 수 있다.

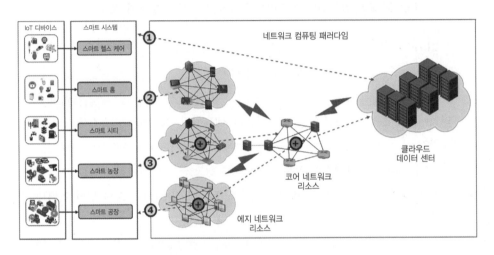

다양한 컴퓨팅 패러다임으로 구현되는 스마트 시티:
① 클라우드 컴퓨팅, ② 에지 컴퓨팅, ③과 ④ 포그 컴퓨팅
⊕ 네트워크 다음 레벨 자원에 의해 기능이 더욱 향상됐음을 나타낸다.

그림 1.1 컴퓨팅 패러다임을 지원하는 IoT 애플리케이션 및 환경

예를 들어 포그 지원 IoT 시스템은 WAN^{Wide Area Network} 서비스 프로바이더의 데이터 센터 또는 클라우드를 활용할 수 있다. 여러 계층에 걸쳐 있는 리소스 간에 처리 작업은 효율성과 적응력을 고려해 위치를 결정한다. 예를 들어 스마트 시스템은 스마트 헬스케어의 환자 상태, 스마트 홈의 보안 상태, 스마트 시티의 교통 상태, 스마트 농업의 급수 상태와 같이 리얼 타임으로 상태를 분석 또는 알림을 제공하고자 특정한 의사 결정 작업을 에지 디바이스에서 할당할 수 있다.

업계에서는 포그 컴퓨팅을 실제 IoT 시스템의 주된 트렌드로 보고 있으며, 선도적인 OpenFog 컨소시엄은 유럽 전기 통신 표준 협회^{ETSI, European Telecommunications Standards Institute} 다

중 접속 에지 컴퓨팅^{MEC, Multi-access Edge Computing} 및 포그 컴퓨팅에 대한 IEEE 표준과 같은 주요 산업 표준 당사자들과 협력 관계를 구축했다. 포그 컴퓨팅 시장 조사 보고서에 따르면 포그 컴퓨팅의 시장 가치는 2019년까지 37억 달러에서 2022년까지 182억 달러로 증가할 것이며, 포그 컴퓨팅의 상위 다섯 가지 영역은 에너지/유틸리티, 교통, 의료, 산업, 농업이 될 것으로 전망했다.

1장에서는 새로운 IoT 애플리케이션, 특히 포그 및 에지 컴퓨팅, 배경, 특성, 아키텍처, 공개된 과제를 실현하기 위한 컴퓨팅 패러다임을 논의한다. 1.2절에서는 포그 및 에지 컴퓨팅과 관련된 기술을 설명한다. 1.3절에서는 포그 및 에지 컴퓨팅이 어떻게 CIoT가 가진 문제를 개선할 수 있는지 설명한다. 1.4절에서는 포그 및 에지 컴퓨팅 환경의 계층 구조를 설명한다. 1.5절에서는 포그 및 에지 컴퓨팅 비즈니스 모델을 설명한다. 1.6절에서는 포그 및 에지 컴퓨팅의 장점과 해결해야 할 과제를 논의한다. 마지막으로 1.7절에서는 위에 언급한 내용을 요약한다.

1.2 관련 기술

데이터 리소스 근처에 연산 리소스가 있다는 개념은 새로운 것처럼 보이지 않을 수 있다. 특히 에지 컴퓨팅이라는 용어는 IoT의 성능 및 효율성을 개선하고 생성된 데이터를 네트워크 에지에서 처리하는 시스템을 설명하고자 2004년 등장했다[11]. 마찬가지로 2009년에는 와이파이^{Wi-Fi} 서브넷 내에서 가상화 기술 기반 컴퓨팅 리소스를 사용한다는 개념이 도입됐다[5]. 그러나 컴퓨팅 리소스를 에지 네트워크로 확장하려는 산업계의 관심은 IoT용 포그 컴퓨팅이 도입된 이후에야 시작됐다. 이전에는 에지 네트워크에서 유틸리티 클라우드를 적용하는 것은 명확한 정의나 아키텍처가 정의돼 있지 않았으며, 산업계의 참여가 없는 학계에서만 주로 다루는 연구 주제였다. 이와는 대조적으로 산업계에서는 ARM 홀딩스, 시스코, 델, 인텔, 마이크로소프트, 프린스턴 대학교가 설립한 OpenFog 컨소시엄을 설립해 전 세계 주요 산업 및 학술 파트너 60여 회원사를 통해 포그 컴퓨팅 아키텍처에 투자해 왔다. 또한 ETSI 및 IEEE와 같은 국제 표준 기관과의 협력을 통해 오늘날 포그 컴퓨팅은 일반 정보 통신 기술^{ICT, Information and Communication Technology}에서 주요 트렌드가 됐다.

지난 몇 년 동안 연구자들은 포그 컴퓨팅과 함께 유사한 아키텍처를 설명하고자 다른 용어를 사용해 왔다. 예를 들어 가상머신^{VM, Virtual Machine} 기반의 클라우드렛^{cloudlet}[5]의 저자는 가장자리(에지)에 있는 클라우드의 개념을 설명하고자 에지 컴퓨팅 용어를 사용하는 경향이 있었다. 더욱이 저자의 후기 연구에서는 포그 컴퓨팅이 에지 컴퓨팅의 일부라고 주장했다[12]. 반면에 OpenFog 컨소시엄은 두 가지 용어를 구체적으로 구분했다. 클라우드렛의 초기 목표는 모바일 애플리케이션이 멀리 떨어져 있는 클라우드 컴퓨팅을 대체할 수 있도록 하는 것이었다. 모바일 애플리케이션은 컴퓨팅 집약적 작업을 동일한 와이파이 서브넷 내에 있는 가까운 클라우드렛 VM 시스템으로 옮길 수 있다. 이와는 대조적으로 포그 컴퓨팅의 초기 도입 목표는 클라우드를 네트워크 게이트웨이 자체로 확장함으로써 클라우드를 완성하는 것이었다. 본질적으로 클라우드렛은 배치된 물리적 서버를 사용할 수 있을 때 포그 컴퓨팅을 위한 실용적인 접근법 중 하나로 볼 수 있다.

일부 다른 연구에서는 다중 액세스 에지 컴퓨팅^{MEC, Multi-access Edge Computing}(이전에는 모바일 에지 컴퓨팅)을 포그와 대체할 수 있는 용어로 설명했다. 본질적으로 ETSI는 원격 통신의 관점에서 MEC를 소개했다. 또한 ETSI는 통신 회사가 NFV^{Network Function Virtualization}에 사용된 기존 인프라를 확장해 클라이언트에게 컴퓨팅 가상화 기반 서비스를 제공할 수 있는 방법에 대한 API^{Application Programming Interface} 표준을 제정했다. NFV는 셀룰러 기지 송수신기 스테이션^{BTS, Base Transceiver Station}과 같은 기존 장비에 이미 구현돼 있다. 일부 다른 연구에서 MEC를 포그 컴퓨팅으로 대체 가능한 용어로 기술했지만 이것은 부정확한^{inaccurate} 주장이다. 최근 OpenFog와 ESTI의 공동 연구에 따르면 MEC는 포그 컴퓨팅[13]의 구현을 실현할 수 있는 실용적인 접근 방식이 될 것이라 예상했다.

미스트 컴퓨팅^{mist computing}은 초기 단계에서 포그 컴퓨팅을 대체할 수 있는 용어 중 하나였다. 그러나 최근 연구에는 미스트 컴퓨팅을 포그 컴퓨팅의 일부분이라고 주장하는 논문이 발표되고 있다. 따라서 미스트 컴퓨팅은 밀리초 단위로 IoT 디바이스 간의 통신 대기 시간을 최소화하고자 IoT 디바이스가 있는 IoT 단말기까지 컴퓨팅 메커니즘을 분산시킬 필요성을 상세히 기술하고 있다[14-16]. 기본적으로 미스트 컴퓨팅의 목표는 IoT 디바이스에 자체적으로 구성, 관리, 메커니즘 기능을 부여하는 것이다. 따라서 IoT 디바이스는 인터넷 연결이 불안정한 경우에도 계속 작동할 수 있다.

일반적으로 미스티 컴퓨팅 디바이스는 애플리케이션 서비스가 센서, 액추에이터, 휴대전화 같은 서로 다른 종류의 디바이스에서 호스팅되는 임베디드 서비스 또는 모바일 웹 서비스[17]와 유사하게 들릴 수 있다. 그러나 미스트 컴퓨팅은 상황 변화에 따라 소프트웨어 프로그램 코드를 디바이스에 원격으로 배포할 수 있는 자가 인식 및 상황 인식 기능을 강조한다[14]. 이러한 기능은 유연한 소프트웨어 배포 및 재구성을 허용하는 플랫폼을 제공한다는 점에서 포그 컴퓨팅과 유사하다.

이를 실현하려면 포그 컴퓨팅은 관련된 모든 에지 컴퓨팅 기술의 지원을 필요로 한다. 즉 에지 컴퓨팅 기술을 통합하지 않으면 포그 컴퓨팅을 배치하고 관리할 수 없다. 따라서 1장의 뒷부분에서는 전체 도메인을 설명하고자 포그 및 에지 컴퓨팅^{FEC, Fog and Edge Computing}이라는 용어를 사용한다.

1.3 포그 및 에지 컴퓨팅 클라우드 완성

FEC^{Fog and Edge Computing}는 서비스를 연속적으로 제공하고자 클라우드 컴퓨팅과 사물인터넷 디바이스 간의 물리적 거리의 갭을 채워 줌으로써 IoT에서 클라우드 컴퓨팅의 단점을 보완한다[3]. 1.3절에서는 FEC의 장점과 이러한 장점을 어떻게 효율적으로 개선하고 또한 기존의 단점을 어떻게 해결할 수 있는지 설명한다.

1.3.1 FEC의 장점: 규모

특히 FEC는 정보 보안, 인지, 민첩성, 지연 속도, 효율성과 같은 다섯 가지 주요 장점을 제공한다[8].

1.3.1.1 정보 보안

FEC는 트랜잭션의 안정성과 신뢰성을 보장하고자 IoT 디바이스에 대한 추가적인 보안을 지원한다. 예를 들어 오늘날 실외 환경에 배포돼 있는 무선 센서는 보안 관련 문제를 해결하는 데 원격으로 무선 소스 코드 업데이트가 필요한 경우가 많다. 그러나 불안정한 신호 강도, 중단, 제한된 네트워크 대역폭 등과 같은 다양한 동적 환경으로 인해 원격 중앙 백엔드 서버^{back-end server}는 업데이트를 신속하게 수행하는 데 어려움을 겪을 수 있으며, 그로 인해 사이버 보안 공격을 받을 가능성이 높을 수 있다. 반면에 FEC 인프라를 이용할 수 있는 경우 백엔드는 무선 센서에 대한 소프트웨어 보안 업데이트를 수행하고자 다양한 FEC 노드를 통해 전체 네트워크 중에서 최적의 라우팅 경로를 구성할 수 있다.

1.3.1.2   인식

FEC를 활용하면 컴퓨팅, 스토리지, 제어 기능을 자율적인 의사 결정에 따라 위치와 시기를 결정해 배포할 수 있다. 본질적으로 FEC의 인식은 자기 적응, 자기 조직화, 자기 치유, 자기 표현 등[16]의 측면에서 다양한 메커니즘이 필요하다. IoT 디바이스의 역할을 수동적으로 원격 클라우드의 결정에 의존하지 않고 지속적으로 작동하고 고객의 요구 사항에 대응할 수 있는 능동형 스마트 디바이스로 전환한다.

1.3.1.3   민첩성

FEC는 대규모의 IoT 시스템을 민첩하게 구축할 수 있다. FEC는 기존 유틸리티 클라우드 서비스 비즈니스 모델과 달리 공통 오픈 소프트웨어 인터페이스 또는 오픈 소프트웨어 개발 키트^{SDK, Software Development Kit}를 사용해 개인과 중소기업이 참여해 FEC 서비스를 구축할 수 있다. 예를 들어 ETSI의 MEC 표준과 Indie Fog 비즈니스 모델[18]은 대규모 IoT 인프라의 구축을 활성화시킬 수 있다.

1.3.1.4   지연 속도

FEC의 일반적인 장점은 매우 짧은 지연 시간을 요구하는 애플리케이션에 대해 신속한 응답을 제공할 수 있다는 것이다. 특히 많은 유비쿼터스 애플리케이션 및 산업 자동화에서 시스템은 이벤트를 식별하고 제때 조치를 취하고자 센서 데이터를 리얼 타임 형태로 지속적으로 수집하고 처리해야 한다. FEC를 적용함으로써 이러한 시스템은 시간에 민감한 애플리케이션을 지원할 수 있다. 또한 소프트웨어 추상화를 사용해 원격 중앙 서버에서 물리적 장비의 동작을 완벽하게 구성할 수 있는 FEC의 소프트웨어화 기능은 IoT 디바이스의 신속한 재구성을 위한 매우 유연한 플랫폼을 제공한다.

1.3.1.5   효율성

FEC는 성능 향상과 불필요한 비용 절감 측면에서 CIoT의 효율성을 향상시킨다. 예를 들어 FEC를 적용함으로써 유비쿼터스 의료 시스템이나 노인 돌봄 시스템은 의료 센서의 여러 가지 작업을 인터넷 게이트웨이 디바이스에 배포하고 게이트웨이 디바이스를 사용해 센서 데이터 분석 작업을 수행할 수 있다. 이상적인 것은 데이터 리소스 근처에서 처리가 가능하기 때문에 시스템은 데이터를 훨씬 더 빠르게 처리할 수 있다. 또한 시스템은 게이트웨이 디바이스를 활용해 대부분의 작업이 수행 가능하기 때문에 불필요한 통신 네트워크 비용을 크게 절약할 수 있다.

1.3.2 FEC 장점을 실현하는 방법: SCANC

FEC에서 제공하는 장점은 다음과 같은 질문을 이끌어 낸다. "FEC는 어떻게 이러한 장점을 제공하고 있는가?" 이 질문에 답하고자 여기서는 FEC 지원 디바이스가 지원하는 다섯 가지 기본 메커니즘을 설명한다(FEC 노드, 그림 1.2 참고). 특히 이러한 메커니즘은 스토리지, 컴퓨팅, 가속, 네트워킹, 제어에 해당하는 SCANC^{Storage, Compute, Acceleration, Networking,} ^{Control}로 부를 수 있다.

1.3.2.1 스토리지

FEC는 대규모의 IoT 시스템을 민첩하게 구축할 수 있다. 예를 들어 콘텐츠 서비스 제공 업체는 데이터 품질을 향상시키고자 고객과 가장 가까운 FEC 노드에서 멀티미디어 콘텐츠를 캐싱할 수 있다. 또한 연결된 차량은 FEC 노드를 이용해 차량이 수집한 정보를 지속적으로 가져오고 공유할 수 있다. 또한 시스템은 게이트웨이 디바이스를 활용해 대부분의 작업을 수행하기 때문에 통신 네트워크 대역폭의 불필요한 사용으로 인한 비용을 크게 줄일 수 있다.

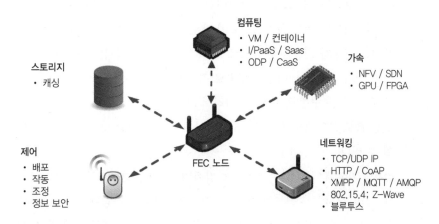

그림 1.2 FEC 노드는 다섯 가지 기본 메커니즘을 지원한다. - 스토리지, 컴퓨팅, 가속, 네트워킹, 제어

1.3.2.2 컴퓨팅

FEC 노드는 I/PaaS^{Infrastructure or Platform as a Service}와 SaaS^{Software as a Service} 두 가지 모델을 중심으로 컴퓨팅 메커니즘을 제공한다. 일반적으로 FEC 공급자는 FEC 클라이언트가 FEC 노드에서 호스팅되는 샌드박스^{sandbox} 환경에 필요한 사용자 지정 소프트웨어를 배포할 수 있는 유연한 플랫폼을 가능하게 하는 하이퍼 바이저 가상머신^{VM, Virtual Machine} 또는 컨테이너 엔진^{CE, Container Engine} 접근 방식을 기반으로 I/PaaS를 제공한다. SaaS 제공 업체는 주문형 데이터 처리^{ODP, On-demand Data Processing}와 콘텍스트 서비스^{CaaS, Context as a Service}의 두 가지 서비스를 제공할 수 있다. 구체적으로 ODP 기반 서비스는 클라이언트에서 보낸 데이터를 요청/응답 방식으로 처리할 수 있는 메서드가 미리 설치돼 있다. 반면에 CaaS 기반 서비스는 FEC 노드가 데이터를 수집하고 처리해 클라이언트에게 의미 있는 정보를 생성할 수 있는 맞춤형 데이터 프로비저닝^{provision}을 제공한다.

1.3.2.3 가속

FEC는 프로그래밍이 가능한 핵심 개념을 가속화한다. 근본적으로 FEC 노드는 네트워킹 가속과 컴퓨팅 가속의 두 가지 측면을 지원한다.

- **네트워킹 가속**^{networking acceleration} 초기에 대부분의 네트워크 운영자는 메시지 라우팅 경로를 자체적으로 구성하고 클라이언트는 자체적으로 지정된 맞춤형 라우팅 데이블을 요청할 수 없다. 예를 들어 동유럽의 인터넷 서비스 제공자^{ISP, Internet Service Provider}는 중부 유럽에 위치한 웹 서버에 도달하고자 대기 시간이 다른 2개의 라우팅 경로를 가질 수 있으며, 클라이언트가 위치할 경로는 ISP의 로드 밸런싱 설정에 기초하는데 이는 클라이언트에 대한 최적의 옵션은 아니다. 반면에 FEC는 네트워크 가상화 기술을 기반으로 한 네트워크 가속 메커니즘을 지원한다. FEC 노드는 여러 라우팅 테이블을 병렬로 작동하고 소프트웨어 정의 네트워크^{SDN, Software-Defined Network}를 구현할 수 있다. 따라서 FEC 노드의 클라이언트는 최적의 네트워크 전송 속도를 달성하고자 애플리케이션에 맞게 지정된 맞춤형 라우팅 경로를 구성할 수 있다.

- **컴퓨팅 가속**^{computing acceleration} 포그 컴퓨팅 분야의 연구자들은 FEC 노드가 그래픽 처리 장치^{GPU, Graphic Processing Unit} 또는 프로그래밍 가능한 게이트 어레이^{FPGA, Field Programmable Gate Array} 장치와 같은 고급 임베디드 처리 장치를 사용해 컴퓨팅 가속화

를 제공할 것으로 예상했다[8]. 특히 복잡한 알고리즘의 프로세스를 향상시키고 자 GPU를 활용하는 것은 일반적인 클라우드 컴퓨팅에서 일반적인 접근 방식이다. 따라서 FEC 제공 업체는 고성능 CPU가 포함된 장비를 제공할 수도 있다. 또한 FPGA는 사용자가 호스트 장치의 기능을 향상시키거나 업데이트하고자 사용자 가 프로그램 코드를 재배포할 수 있도록 한다. 특히 센서 기술 연구자들은[20] 상 당 기간 센서의 런타임 재구성을 위해 FPGA를 활용하고 있다. 또한 GPU와 비교 해 FPGA는 클라이언트가 FEC 노드에서 맞춤형 노드를 구성 가능하게 하고 또한 필요한 컴퓨팅 가속을 제공하기 위한 에너지 효율적인 접근 방식이 될 가능성이 있다.

1.3.2.4 네트워킹

FEC의 네트워킹은 수직 및 수평적 연결이 포함된다. 수직 네트워킹^{vertical networking}은 사물 인터넷과 클라우드 컴퓨팅 IP 네트워크와 상호 연결한다. 수평 네트워킹^{horizontal networking}은 FEC 노드의 지원되는 하드웨어 사양에 따라 네트워크 신호 및 프로토콜에서 기종이 서 로 다를 수 있다.

- **수직 네트워킹**^{vertical networking} FEC 노드는 요청/응답 기반 TCP/UDP 소켓, HTTP, IETF^{Internet Engineering Task Force} — 제약적 애플리케이션 프로토콜^{CoAP, Constraint Application Protocol} 또는 게시 — 구독 기반 MPP^{Message Queuing Protocol} 같은 IP 네트워크 기반 표 준 프로토콜을 사용해 수직적인 네트워크를 활성화한다. MQTT^{Message Queue Telemetry Transport: ISO/IEC PRF 20922} 등. 특히 IoT 디바이스는 클라우드의 프록시 역할을 하는 FEC 노드가 데이터를 수집한 다음 데이터를 클라우드로 전달할 수 있는 서버 측 기능 (예, CoAP 서버)를 운영할 수 있다. 또한 FEC 노드는 IoT 디바이스가 FEC 노드에 데이터 스트림을 공개하고 FEC 노드로부터 데이터 스트림을 클라우드 백엔드에 가입시킬 수 있게 하는 발행-구독 기반 프로토콜의 메시지 브로커로서 동작할 수 있다.
- 수평 네트워킹. 에너지 효율성 또는 네트워크 전송 효율성과 같은 다양한 최적화 요구 사항에 따라 IoT 시스템은 종종 비용 효율적인 네트워킹 접근 방식을 사용 한다. 특히, 스마트 홈, 스마트 팩토리, 커넥티드 차량^{connected vehicles}에서는 IoT 디바 이스에 블루투스, ZigBee(IEEE 802.15.4 기반), Z-Wave 등을 공통적으로 사용해 게

이트웨이에 연결하고 또한 IoT 디바이스와 백엔드 클라우드 간의 연결이 가능하게 한다. 일반적으로 IP 네트워크 게이트웨이 디바이스는 다양한 전송 프로토콜을 사용해 IoT 디바이스와 연결 가능하기 때문에 FEC 서버 호스팅에 적합하다. 예를 들어 클라우드는 실시간 트래픽 상황을 분석하는 데 필요한 환경 정보를 수집하고자 커넥티드 차량에 호스팅된 FEC 서버가 ZigBee를 사용해 도로에 있는 IoT 장비와 통신하도록 요청할 수 있다.

1.3.2.5 컨트롤

FEC가 지원하는 제어 메커니즘은 네 가지 기본 유형 배포^{deployment}, 작동^{actuation}, 조정 ^{mediation}, 정보 보안^{security}으로 구성된다.

1. **배포 제어**를 통해 클라이언트는 사용자 정의 가능한 소프트웨어 프로그램 배포를 동적으로 수행할 수 있다. 또한 클라이언트는 FEC 노드가 실행해야 할 프로그램과 실행 시기를 제어하도록 FEC 노드를 구성할 수 있다. 또한 FEC 제공 업체는 클라이언트가 하나의 FEC 노드에서 다른 FEC 노드로 프로그램을 이동할 수 있게 해주는 서비스로서 완전한 FEC 네트워크 토폴로지를 제공할 수 있다. 그리고 클라이언트는 자신의 애플리케이션에 대해 최적의 성능을 달성하고자 여러 FEC 노드를 제어할 수도 있다.

2. **작동 제어**는 FEC 노드와 연결된 장치 간의 하드웨어 사양 및 연결을 지원하는 메커니즘을 말한다. 특히 클라우드와 IoT 디바이스 사이의 직접적인 상호 작용을 수행하는 대신에 클라우드는 특정한 의사 결정 권한 위임을 통해 FEC 노드가 IoT 디바이스의 동작을 직접 제어하게 할 수 있다.

3. **조정 제어**는 외부 엔티티와의 상호 작용 측면에서 FEC의 기능에 해당한다. 특히 서로 다른 서비스 제공 업체가 지원하는 커넥티드 차량$^{connected\ vehicle}$은 처음에는 공통된 프로토콜이 없더라도 서로 통신할 수 있다. FEC 노드의 소프트웨어화 기능은 차량에 온디맨드 소프트웨어 업데이트를 통해 상호 운용성을 높일 수 있다.

4. **보안 제어**는 클라이언트가 FEC 노드에서 작동되는 가상화된 런타임 환경의 인증^{authentication}, 권한 부여^{authorization}, 신원^{identity}, 정보 보호를 제어할 수 있도록 하는 FEC 노드의 기본 요구 사항이다.

1.4 포그 및 에지 컴퓨팅 계층

일반적으로 코어 네트워크의 중앙 클라우드 관점에서 볼 때 CIoT 시스템은 내부 에지 inner-edge, 미들 에지middle-edge, 외부 에지outer-edge 등 3개의 에지 계층에 FEC 서버를 배포할 수 있다(그림 1.3). 1.4절에서는 각각의 특징을 요약 설명한다.

1.4.1 내부 에지

내부 에지[4]는 진화된 패킷 코어EPC, Evolved Packet Core 및 광역 네트워크MAN, Metropolitan Area Network 의 데이터 센터인 기업, ISP의 국가, 주 및 지역 WAN이 이에 해당한다. 초기의 내부 에지의 서비스 제공 업체는 로컬 네트워크를 글로벌 인터넷에 연결하기 위한 기본 인프라만 제공했다. 그러나 웹 서비스의 QoEQuality of Experience를 개선하고자 WAN의 네트워크 데이터 센터에서 지리적으로 분산된 캐싱 및 처리 메커니즘이 생겨났다. 예를 들어 상업 서비스 측면에서 구글 에지 네트워크(peering.google.com)는 ISP와 협력하고 ISP의 데이터

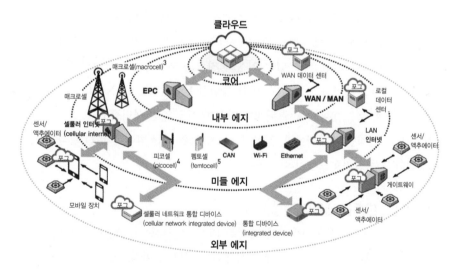

그림 1.3 포그 및 에지 컴퓨팅의 계층

---

3 반경 20km 이내의 비교적 큰 규모의 셀을 말한다. – 옮긴이

4 롱텀에볼루션(LTE) 소형 기지국. 피코셀은 반경 100~200m에 있는 200명 내외의 가입자를 동시에 수용할 수 있는 소형 기지국이다. – 옮긴이

5 이동 통신용 초소형 기지국. 크기가 작아 적은 힘으로 전파를 주고 받는다. – 옮긴이

센터에 데이터 서버를 배포해 구글 클라우드 서비스의 응답 속도를 향상시킨다. 또한 많은 ISP(예를 들어 AT&T, Telstra, Vodafone, Deutsche Telekom 등)는 여러 지역 기업이 짧은 대기 시간의 클라우드를 필요로 한다는 것을 알고 있으며, ISP 업체들은 로컬 클라우드를 제공한다. 포그 컴퓨팅의 참조 아키텍처[8]에 따르면 WAN 기반의 클라우드 데이터 센터는 내부 에지의 포그 컴퓨팅에 해당한다고 볼 수 있다.

1.4.2 미들 에지

미들 에지는 FEC의 가장 핵심적인 부분에 해당한다. FEC는 근거리 통신망$^{\text{LAN, Local Area}}$ ^{Network}과 셀룰러 네트워크라는 두 가지 유형의 네트워크로 구성된다. 요약하면 랜^{LAN}에는 이더넷^{ethernet}, 무선 LAN^{WLAN}, 캠퍼스 지역 네트워크$^{\text{CAN, Campus Area Network}}$가 포함된다. 셀룰러 네트워크는 매크로셀^{microcell}, 마이크로셀^{microcell}, 펨토셀^{femtocell}로 구성된다. 미들 에지는 FEC 서버를 호스팅하기 위한 광범위한 장비를 포함한다.

1.4.2.1 근거리 통신망

시스코^{Cisco}의 연구[7]에 의해 도입된 새로운 포그 컴퓨팅 아키텍처는 인터넷 게이트웨이 장비(예를 들어 Cisco IR829 산업 통합 라우터)를 활용해 게이트웨이 장비가 앞에서 언급한 FEC 메커니즘을 지원할 수 있는 가상화 기술을 제공하는 유틸리티 클라우드 서비스와 유사한 모델을 제공하고 있었다. 또한 동일한 LAN 또는 CAN 서브넷(즉 IoT 디바이스와 컴퓨터 사이의 1홉^{hop} 범위 이내)에 위치한 가상화 기술 지원 서버를 FEC 노드와 함께 활용하는 것도 이상적인 해결책이다. 일반적으로 이러한 접근 방식은 로컬 클라우드, 로컬 데이터 센터 또는 클라우드렛이라고 한다.

1.4.2.2 셀룰러 네트워크

기존 네트워크 가상화 기술에서 파생된 FEC 메커니즘을 제공하려는 아이디어는 다양한 셀룰러 네트워크$^{\text{cellular network}}$에서 사용되고 있다. 일반적으로 대부분의 선진국 대도시들은 다양한 유형의 BTS가 제공하는 광범위한 셀룰러 네트워크를 갖고 있다. BTS는 실시간 데이터 스트림에서 신속한 프로세스와 응답을 필요로 하는 연결된 차량, 모바일 헬스 케어, 가상 또는 증경 현실을 위한 다양한 모바일 헬스 케어, 가상 또는 증강 현실과 같은 다양한 모바일 IoT 사용 사례에 적합한 FEC 호스트 역할을 수행한다. 따라서 노키

아^{Nokia}, ADLink 또는 화웨이^{Huawei}와 같은 주요 통신 인프라 및 장비 공급 업체는 MEC가 지원하는 하드웨어와 인프라 솔루션을 제공하기 시작했다. 가까운 미래에 매크로셀 및 마이크로셀 BTS에서 피코셀 및 펨토셀[21] 기지국과 같은 실내 셀룰러 확장 장비에 이르기까지 광범위한 장비에서 셀룰러 네트워크 기반 FEC가 제공될 것으로 예상된다.

1.4.3 외부 에지

극단적으로 멀리 존재하는 에지, 원거리 에지 또는 포그 컴퓨팅으로 알려진 외부 에지는 IoT 네트워크의 프런트 엔드에 해당하며 제약 장치, 통합 디바이스 및 IP 게이트웨이 장치의 세 가지 유형의 장치로 구성된다.

1.4.3.1 제한 디바이스

센서나 액추에이터와 같은 장치는 대개 매우 제한된 처리 능력과 메모리가 매우 제한적인 마이크로 컨트롤러에 의해 작동된다. 예를 들어 아두이노 우노$^{Arduino Uno}$ Rev3의 CPU인 Atmel ATmega 328 마이크로 컨트롤러는 20MHz 처리 능력과 32kB 플래시 메모리만 갖고 있다. 일반적으로 관리자는 이러한 유형의 IoT 디바이스에 복잡한 작업을 실행하지 않는다. 요즘의 센서 및 액추에이터를 포함한 IoT 시스템은 장치의 프로그램 코드를 항상 동적으로 업데이트하거나 재구성할 수 있다. 이러한 메커니즘은 명확하게 IoT 디바이스에 자기 인식 기능을 부여하고, 공동 작업 관리에 IoT 디바이스의 기능을 강조한 미스트 컴퓨팅 규율[14]을 부여한다. 모든 활동을 클라우드에 의존하지 않고 자율적인 머신 투 머신$^{M2M, Machine-to-Machine}$ 환경을 제공한다.

1.4.3.2 통합 디바이스

통합 디바이스$^{integrated device}$는 적절한 처리 능력을 갖춘 프로세서에서 작동한다. 또한 통합 디바이스는 네트워킹(예를 들어 와이파이 및 블루투스 접속), 내장형 센서(예를 들어 자이로스코프, 가속기), 스토리지에 많은 내장 기능을 갖고 있다. 전형적으로 ARM$^{Acorn RISC Machine}$, CPU 기반 스마트폰 및 태블릿(안드로이드 OS, iOS 디바이스)은 통합 디바이스 중에서 가장 경제적인 상용 제품이다. 감지 작업을 수행할 수 있으며, 미들 에지 컴퓨팅을 통해 클라우드와 상호 작용할 수 있다. 통합 디바이스는 현재의 OS 환경의 제약으로 인해 가상화 플랫폼을 사용하는 것이 제약돼 있지만, ARM CPU와 내장형 센서가 빠르게 진화하고 있는 것을 고려하면 가까운 미래에 통합 디바이스에서 가상화 기반 FEC를 사용할 수 있을 것이다. 현 단계에서는 Apache Edgent(edgent.apache.org) 또는 Termux(termux.com) 같은 몇몇 플랫폼은 통합 디바이스에서 FEC를 구현할 수 있다.

1.4.3.3 IP 게이트웨이 디바이스

허브^{hub} 또는 IP 게이트 디바이스$^{IP gateway device}$는 제한된 장치와 미들 에지 디바이스 사이에서 중재자 역할을 한다. 일반적으로 에너지 효율적인 무선 통신의 필요성 때문에 제한된 많은 장치가 IP 네트워크에서 작동하지 않는다. 대개 통신을 위해 에너지 집약적인 와이파이(예를 들어 IEEE 802.11g/n/ac)를 필요로 한다. 그러나 제한돼 있는 장치는 블루투스 저에너지, IEEE 802.15.3(예를 들어 ZigBee) 또는 Z-Wave와 같은 적은 에너지를 소비하는 프로토콜을 사용해 통신한다. 또한 저에너지 통신 프로토콜은 IP 네트워크와 직접 접속하지 않기 때문에 시스템은 IP 게이트웨이 장치를 사용해 제한된 장치와 인터넷 게이트웨이(예를 들어 라우터) 간의 통신 메시지를 중계할 것이다. 따라서 백엔드 클라우드는 제한된 장치와 상호 작용할 수 있다. 일반적으로 프로타^{Prota}의 허브(prota.info), 라즈베리파이$^{Raspberry Pi}$ 또는 ASUS Tinker Board와 같은 리눅스^{Linux} OS 기반 IP 게이트웨이 장치는 도커^{Docker} 컨테이너 엔진과 같은 가상화 환경에서 쉽게 실행할 수 있다. 따라서 연구 프로젝트[22-24]에서는 일반적으로 IP 게이트웨이 장치를 FEC 노드로 활용하고 있는 것을 볼 수 있다.

1.5 비즈니스 모델

1장에서는 FEC 장점과 애플리케이션에 초점을 맞춰 설명하고 있지만, FEC의 비즈니스 모델이 어떻게 발전 가능한지에 대한 근본적인 의문은 여전히 남아 있다. 여기서는 최근 연구에서 파생된 세 가지 기본 비즈니스 모델을 논의한다[3, 10, 18].

1.5.1 서비스로서의 X

여기에서 서비스로서의 X$^{XaaS, X as a Service}$는 인프라, 플랫폼, 소프트웨어, 네트워크, 캐시^{cache} 또는 스토리지 및 일반 클라우드 서비스에서 언급된 다양한 유형의 리소스가 해당한다. 특히 1.4절에서 설명한 대로 FEC의 XaaS 제공자들은 고객들에게 SCANC 메커니즘을 지원하는 하드웨어 장비를 사용할 수 있도록 허용한다. 또한 XaaS 모델은 ISP 또는 대형 클라우드 공급자와 같은 주요 비즈니스 공급자에만 국한되지 않는다. 개인 및 중소기업들도 대중적인 소비자 공급 업체$^{CaP, Consumer as Provider}$ 서비스 제공 모델을 기반으로 하는 IndieFog[18] 형태로 XaaS를 제공할 수도 있다.

에를 들면, MQL5 클라우드 네트워크 분산 컴퓨팅 프로젝트(cloud.mql5.com)는 CPE$^{Customer-Premises Equipment}$를 사용해 다양한 분산 컴퓨팅 작업을 수행할 수 있다. 또한 Fon(fon.com)은 CPE를 활용해 글로벌 와이파이 네트워크를 구축할 수 있다. 이러한 예는 많은 개인이 애플리케이션 서비스 제공자들이 그들의 장비를 제공하고자 기꺼이 비용을 지불하도록 할 의향이 있음을 의미한다.

1.5.2 지원 서비스

FEC의 지원 서비스는 하드웨어 장비를 소유한 클라이언트가 지원 서비스 제공 업체에게 비용을 지불하고 요구 사항에 따라 클라이언트의 장비에 소프트웨어 설치, 구성, 업데이트를 제공할 수 있는 일반 정보 시스템의 소프트웨어 관리 지원 서비스와 유사하다. 또한 클라이언트는 유지 보수 및 기술 지원을 위해 월별 또는 연간 지원 서비스 비용을 서비스 제공 업체에게 지불할 수 있다. 일반적으로 지원 서비스 제공 업체는 FEC 통합 시스템 최적화를 위해 고도화된 맞춤형 솔루션을 제공한다.

지원 서비스 제공 업체의 대표적인 예는 고객이 시스코의 IOx 장비를 구입한 후 소프트웨어 업데이트 및 FEC 환경 구성에 대한 기술 지원을 받고자 추가 서비스 요금을 서비스 제공 업체에게 지불하고 포그 컴퓨팅 솔루션을 사용하는 것이다. 가까운 미래에 이러한 비즈니스 모델은 단일 공급자의 하드웨어 및 소프트웨어에 제약받지 않을 것으로 예측한다. 오늘날의 기업 정보 시스템이 레드햇^{RedHat}, IBM, 마이크로소프트 같은 서비스 제공자를 지원하는 것처럼 지원 서비스 제공자는 하드웨어 장비 공급 업체로부터 분리된다.

1.5.3 애플리케이션 서비스

애플리케이션 서비스 공급자는 클라이언트가 클라이언트 운영 환경 내부 또는 외부에서 데이터를 처리할 수 있도록 애플리케이션 솔루션을 제공한다. 예를 들어 최근의 디지털 트위닝^{Digital Twinning} 기술은 산업 시설, 장비, 전체 공장 평면에서부터 관련 생산 공정, 공급 망에 이르기까지 광범위한 물리적 실제 행동을 복제할 수 있는 실시간 가상화 트윈을 생성할 수 있다. 이러한 기술은 다양한 산업에서 더 정확한 정보를 기반으로 성능을 개선하고 효율적인 의사 결정을 내릴 수 있다. 마찬가지로 FEC 애플리케이션 서비스 제공 업체들도 지방 정부에게 자동차 자율주행과 연결된 차량을 통제할 수 있는 실시간 교통 제어 시스템을 통해 지원할 수 있다. 또한 IndieFog 제공 업체는 AAL^{Ambient Assisted Living} 서비스 제공 업체에 유용한 분석과 같은 다양한 애플리케이션 서비스를 제공할 수도 있다. 예를 들어 Apache Edgent를 설치한 IndieFog 공급자는 내장된 스트림 데이터 분류 기능을 모바일 AAL 클라이언트를 위해 애플리케이션 서비스로 제공할 수 있다.

1.6 기회 및 연구 과제

추가적인 기회 및 당면한 연구 과제는 즉각적인 경험^{out-of-box experience}, 오픈 플랫폼, 시스템 관리와 관련된 것이다. 1.6절에서는 이러한 문제를 논의한다.

1.6.1 즉각적인 경험

산업 마케팅 연구에 따르면 2022년까지 FEC 하드웨어 구성 요소의 시장가치가 7억 6,059만 달러에 이를 것으로 전망하고 있으며[22], 이는 라우터, 스위치, IP 게이트웨이, 허브 등 FEC 지원장비가 시장에 더 많이 보급될 것으로 보고 있다. 또한 이러한 제품들 중 다수는 OOBE^{Out-Of-Box Experience} 기반 장비와 OOBE 기반 소프트웨어 방식으로 제공할 것으로 예상한다.

1.6.1.1 OOBE 기반 장비

OOBE 기반 장비는 제품 공급 업체가 라우터, 스위치 또는 기타 게이트웨이 장치와 같은 제품에 FEC 런타임 플랫폼을 설치한 통합된 장비를 말한다. OOBE 기반의 장비를 구매한 소비자는 FEC 애플리케이션을 쉽게 설치하고 배포할 수 있다. 이는 그래픽 인터페이스를 제공하고 사용자에 맞게 설정을 커스터마이징 할 수 있는 상용 라우터 제품과 유사하다.

1.6.1.2 OOBE 기반 소프트웨어

OOBE 기반 소프트웨어는 FEC 호환 장비를 소유한 사용자가 별도의 낮은 수준의 FEC 런타임 환경과 SCANC 메커니즘을 활성화하고자 장비에 OOBE 기반 FEC 소프트웨어를 구입해 설치할 수 있는 마이크로소프트 윈도우 환경과 유사하다.

OOBE 기반 FEC는 소프트웨어 및 하드웨어의 표준화를 정의하는 데 어려움을 겪고 있다. 첫째, OOBE 기반 장비는 어떤 FEC 플랫폼과 관련 소프트웨어 패키지가 제품에 포함돼야 하는지에 대한 표준이 공급 업체 간에 결론이 나지 않았다. 둘째, OOBE 기반 소프트웨어는 특히 사용자는 다양한 이기종의 장비 및 처리 장치(예를 들어 x86, ARM 등)의 장치를 구매해야 할 수 있다. 게다가 이러한 OOBE 기반 소프트웨어를 개발하고 유지하는 것은 표준이 존재하지 않는 한 매우 많은 비용이 발생할 수 있다.

1.6.2 오픈 플랫폼

현재 포그 컴퓨팅을 위한 시스코 IOx와 같은 상용 플랫폼 외에도 FEC를 지원하기 위한 몇 가지 플랫폼이 있다. 그러나 대부분 플랫폼은 초기 단계에 있으며 구축에 대한 지원은 제한돼 있다. 아래에서는 각 플랫폼의 특성을 요약했다.

1.6.2.1 OpenStack++

OpenStack++[25]는 카네기 멜론 대학교^{Carnegie Mellon University}에서 모바일 애플리케이션 오프로드^{offload}용 일반 x86 컴퓨터에 VM 기반 클라우드렛^{cloudlet} 플랫폼을 제공하고자 개발된 프레임워크다. 최근의 추세는 경량 가상화 기반의 FEC를 적용하려고 하기 때문에 OpenStack++은 라우터나 허브에서 FEC 서버를 호스팅하는 것과 같이 대부분의 사용 사례에 적용하기 어렵다. 또한 FEC에서 사용되는 가상화 기술은 도커 컨테이너 엔진^{Docker Container Engine}과 같은 컨테이너 기술에 더 중점을 두고 있다.

1.6.2.2 WSO2-IoT 서버

http://www.wso2.com/iot에서 이용할 수 있는 WSO2-IoT 서버는 특정 IoT 관련 메커니즘으로 구성된 인기 오픈소스 엔터프라이즈 서비스 지향의 통합 플랫폼인 WSO2 서버를 확장한 것으로, MQATT 및 XMPP와 같은 표준 프로토콜을 사용해 광범위한 공용 IoT 디바이스(예: 아두이노 우노, 라즈베리파이, 안드로이드 OS 장치, iOS 장치, Windows 10 IoT Core 장치 등)를 클라우드와 연결할 수 있다. 또한 WSO-IoT 서버에는 임베디드 장비에서 실시간 스트리밍 프로세스를 배포할 수 있는 Siddhi 3.0 구성 요소가 포함돼 있다. 즉 WSO2-IoT 서버는 외부 에지 디바이스에 FEC 컴퓨팅 기능을 제공한다.

1.6.2.3 Apache Edgent

이전에 Quarks로 알려진 Apache Edgent는 IBM이 기여한 오픈소스 런타임 플랫폼이다 (https://incubator.apache.org/projects/edgent.html 사이트 참조). 일반적으로 플랫폼은 클라우드와 에지 디바이스 사이에 분산된 스트림 데이터 처리를 제공한다. 구체적으로 클라우드에서는 Apache Spark, Apache Storm, Apache Fiink 등과 같은 스트림 데이터 처리를 위해 대부분의 주요 오픈소스 플랫폼에서 지원한다. 외부 에지에서 Edgent는 리눅스 및 안드로이드 OS와 같은 일반적인 오픈소스 운영 체제를 지원한다. 요약하자면 시스템은 Edgent를 활용함으로써 클라우드와 에지 간에 스트림 데이터 처리를 동적으로 마이그레이션^{migration}할 수 있으며, 이는 에지 분석과 관련된 대부분의 사례에서 활용될 수 있다.

현재 오픈 플랫폼에는 에지 네트워크의 모든 계층 계층에 FEC를 배포하고 관리하는 기능이 없다. 그러나 FEC 메커니즘 구성을 지원하는 데 있어 기존 상용 장치의 유연성 부족으로 인해 발생할 수 있다. 반면에 FEC를 지원하는 제품 공급 업체가 향상된 장비를 제공할 수 있는 기회도 제공한다.

1.6.3 시스템 관리

FEC 관리에는 설계, 구현, 조정이라는 세 가지 기본 라이프 사이클 단계를 포함한다.

1.6.3.1 디자인

시스템 관리팀은 FEC 서버를 배포하고자 3개의 에지 계층(내부 에지, 미들 에지, 외부 에지) 중에서 이상적인 위치를 결정해야 한다. 또한 관리팀은 FEC 서버가 어떤 유형의 자원과 어떻게 FEC 서버가 시스템과 상호 작용할 수 있는지를 설명할 수 있는 이상적인 추상 모델링 접근법$^{ideal\ abstract\ modeling\ approach}$을 개발하거나 적용해야 한다.

1.6.3.2 배포

관리팀은 FEC 환경의 이질성을 고려할 때 특히 노드가 다양한 하드웨어 사양, 통신 프로토콜 및 운영체제를 활용할 수 있는 미들 에지 및 외부 에지에서 선택해야 한다. 특히 기존의 FEC 장비 공급 업체(예를 들어 시스코 또는 델^{Dell})는 개발자가 각 플랫폼에 대해 FEC를 구현해야 하므로 독립된 플랫폼을 제공할 수 있다. FEC를 위한 산업 주도의 오픈 플랫폼 프로젝트가 많이 진행되고 있지만, 각 플랫폼의 종속적인 요구 사항으로 인해 구현에 많은 시간이 소요되고 있다.

1.6.3.3 조정

FEC 시스템은 전체 프로세스를 최적화하고자 시스템이 FEC 기능을 활성화할 위치와 시기를 스케줄할 수 있는 런타임 조정을 지원해야 한다. 예를 들어 시스템은 실행 가능한 FEC 노드에서 런타임 환경(예: VM 또는 컨테이너)과 애플리케이션을 동적으로 배포/종료할 수 있는 기능이 있어야 한다. 또한 시스템은 런타임 환경 요인에 기초해 하나의 FEC 노드에서 다른 FEC 노드로 런타임 환경 또는 애플리케이션을 동적으로 이동할 수 있어야 한다. 일반적으로 조정 단계의 필수 기능은 FEC 노드 간의 소프트웨어 마이그레이션의 안정성을 지원하는 방법과 그러한 활동으로 인해 대기 시간을 최소화하는 방법에 어려움이 발생한다. 특히 아웃 도어 기반의 원거리에서의 동적 코드 배포 및 재구성은 무선 및 이동 통신의 동적 특성 때문에 신호 중단으로 인해 코드 배포가 실패할 수 있기 때문에 네트워크 대기 시간 지연 및 신뢰성 측면에서 많은 어려움이 발생할 수 있다.

1.7 결론

포그 및 에지 컴퓨팅^{FEC}은 라우터, 스위치, 허브, IoT 디바이스가 정보 처리 및 의사 결정에 참여해 보안, 인식, 민첩성, 지연 시간, 효율성을 향상시키는 것처럼 클라우드 컴퓨팅 모델을 네트워크 중간 노드가 있는 IoT의 에지 네트워크까지 확장해 클라우드 중심의 사물인터넷^{CIoT}을 향상시킨다.

1장에서는 기술적 배경, 특징, 배포 환경 계층, 비즈니스 모델, 기회, 연구 과제와 관련해 FEC의 최신 기술을 소개했다. 구체적으로 FEC 노드의 다섯 가지 메커니즘인 스토리지, 컴퓨팅, 가속, 네트워킹, 제어^{SCANC}에 의해 실현되는 FEC-SCALE의 다섯 가지 기본 장점을 설명했다. 또한 자원 가용성과 그 기능을 명확히하고자 1장에서는 코어 네트워크의 중앙 클라우드 관점에서 FEC 환경의 3개의 계층을 설명했다.

FEC의 기능은 XaaS$^{X \, as \, a \, Service}$, 지원 서비스, 애플리케이션 서비스로 알려진 세 가지 유형의 비즈니스 모델을 가능하게 한다. 요약하면 XaaS는 기존 클라우드 서비스 모델과 유사한 IaaS, PaaS, SaaS, S/CaaS$^{Storage \, or \, Caching \, as \, a \, Service}$를 제공하는 모델에 해당한다. 지원 서비스는 FEC 소프트웨어 설치, 구성, 유지 관리 서비스에 해당하며, 고객이 자체 장비에 FEC를 설치하고 설정할 수 있도록 도와준다. 애플리케이션 서비스는 자체 FEC 시스템을 구성할 필요 없이 고객에게 FEC 메커니즘을 제공하는 완전한 솔루션을 제공하는 서비스 제공 업체를 의미한다.

FEC는 새로운 기회를 제공하고 개발 및 운영에서 새로운 연구 과제를 제기한다. 구체적으로 말하면 개발은 복잡성과 표준화에서 어려움에 직면하고 있으며, 이는 잠재적으로 다른 FEC 제공자와 IoT 엔드 포인트 간에 시스템 통합의 어려움을 초래할 수 있다. 또한 운영 연구 과제는 설계, 구현, 조정 측면에서 FEC의 관리 사이클에서 비롯된다. 구체적으로 FEC와 관련된 이기종 네트워크와 엔티티는 핵심 네트워크 인터넷 기반 클라우드보다 더 복잡한 과제를 야기했다. 다른 한편으로 업계에서는 이러한 문제점을 인식하고 WSO2-IoT, Apache Edgent와 같은 많은 오픈 플랫폼 개발을 시작했다. 또한 최근 FEC를 위한 완전한 소프트웨어 개발 키트 제공을 목표로 하는 리눅스 재단의 프로젝트 EdgeX Foundry(edgexfoundry.org)는 IoT에 대한 산업적 관심이 더 이상 장치와 클라우드에 연결하는 것에 만족하지 않는다는 것을 보여 줬다. 요즘 트렌드는 연결된 사물인터넷에서 인지 가능한 사물인터넷으로 이동하고 있다. 이것은 실행과 의사 결정이 가능한 한 물리적 IoT 객체에서 가까운 곳에서 이뤄지고 심지어 IoT 디바이스에 실행될 수 있게 진화하고 있다.

참고 문헌

1   J. Gubbi, R. Buyya, S. Marusic and M. Palaniswami. Internet of Things(IoT): A vision, architectural elements, and future directions. *Future Generation Computer Systems*, 29(7): 1645 – 1660, 2013.

2   C. Chang, S.N. Srirama, and R. Buyya. Mobile cloud business process management system for the Internet of Things: A survey. *ACM Computing Surveys*, 49(4): 70:1 – 70:42, December 2016.

3   M. Chiang and T. Zhang, Fog and IoT: An overview of research opportunities. *IEEE Internet of Things Journal*, 3(6): 854 – 864, 2016.

4   H.P. Sajjad, K. Danniswara, A. Al-Shishtawy and V. Vlassov. SpanEdge: Towards unifying stream processing over central and near-the-edge data centers. In *Proceedings of the IEEE/ACM Symposium on Edge Computing(SEC)*, pp. 168 – 178, IEEE, 2016.

5   M. Satyanarayanan, P. Bahl, R. Caceres and N. Davies. The Case for VM-Based Cloudlets in Mobile Computing, *IEEE Pervasive Computing*, 8(4): 14 – 23, 2009.

6   S.W. Loke, K. Napier, A. Alali, N. Fernando and W. Rahayu. Mobile computations with surrounding devices: Proximity sensing and multilayered work stealing. *ACM Transactions on Embedded Computing Systems (TECS)*, 14(2):22:1 – 22:25, February 2015.

7   F. Bonomi, R. Milito, J. Zhu, and S. Addepalli. Fog computing and its role in the Internet of Things. In *Proceedings of the First Edition of the MCC Workshop on Mobile Cloud Computing*, pp. 13 – 16, ACM, August 2012.

8   OpenFog Consortium. OpenFog Reference Architecture for Fog Computing. *Technical Report*, February 2017.

9   IEEE Standard Association. FOG - Fog Computing and Networking Architecture Framework, [Online] http://standards.ieee.org/develop/wg/FOG.html. Accessed: 2 April 2018.

10 451 Research. Size and impact of fog computing market. The 451 Group, USA, October 2017. [Online] https://www.openfogconsortium.org/wpcontent/uploads/451-Research-report-on-5-year-Market-Sizing-of-Fog-Oct-2017.pdf. Accessed: 2 April 2018.

11 H. Pang and K.L. Tan. Authenticating query results in edge computing. In

Proceedings of the 20th International Conference on Data Engineering, pp. 560–571, IEEE, March 2004.

12 M. Satyanarayanan. The Emergence of Edge Computing *Computer*, 50(1): 30–39, 2017.

13 OpenFog News. New IEEE working group is formed to create fog computing and networking standards [Online]. https://www.openfogconsortium.org/news/new-ieee-working-group-is-formed-tocreate-fog-computing-and-networking-standards/. Accessed: 2 April 2018.

14 J.S. Preden, K. Tammemae, A. Jantsch, M. Leier, A. Riid, and E. Calis. The benefits of self-awareness and attention in fog and mist computing. *Computer*, 48(7): 37–45, 2015.

15 M. Liyanage, C. Chang, and S. N. Srirama. mePaaS: Mobile-embedded platform as a service for distributing fog computing to edge nodes. In *Proceedings of the 17th International Conference on Parallel and Distributed Computing, Applications and Technologies (PDCAT-16)*, pp. 73–80, Guangzhou, China, December 16–18, 2016.

16 K. Tammemäe, A. Jantsch, A. Kuusik, J.-S. Preden, and E. Öunapuu. Self-aware fog computing in private and secure spheres. *Fog Computing in the Internet of Things*, pp. 71–99, Springer International Publishing, 2018.

17 S. N. Srirama, M. Jarke, and W. Prinz, Mobile web service provisioning. In *Proceedings of the Advanced International Conference on Telecommunications and International Conference on Internet and Web Applications and Services (AICT-ICIW'06)*, pp. 120–120. IEEE, 2006.

18 C. Chang, S.N. Srirama, and R. Buyya. Indie fog: An efficient fog-computing infrastructure for the Internet of Things. *IEEE Computer*, 50(9): 92–98, September 2017.

19 A.S. Gomes, B. Sousa, D. Palma, V. Fonseca, Z. Zhao, E. Monteiro, T. Braun, P. Simoes, and L. Cordeiro. Edge caching with mobility prediction in virtualized LTE mobile networks. *Future Generation Computer Systems*, 70: 148–162, May 2017.

20 Y.E. Krasteva, J. Portilla, E. de la Torre, and T. Riesgo. Embedded runtime reconfigurable nodes for wireless sensor networks applications. *IEEE Sensors Journal*, 11(9): 1800–1810, 2011.

21 D. Lopez-Perez, I. Guvenc, G. de la Roche, M. Kountouris, T.Q. Quek,

and J. Zhang. Enhanced intercell interference coordination challenges in heterogeneous networks. *IEEE Wireless Communications*, 18(3): 22−30, 2011.

22 W. Hajji and F.P. Tso. Understanding the performance of low power Raspberry Pi cloud for big data. *MDPI Electronics*, 5(2): 29:1−29:14, 2016.

23 A. Van Kempen, T. Crivat, B. Trubert, D. Roy, and G. Pierre. MEC-ConPaaS: An experimental single-board based mobile edge cloud. In *Proceedings of the 5th IEEE International Conference on Mobile Cloud Computing, Services, and Engineering (MobileCloud)*, pp. 17−24, 2017.

24 R. Morabito. Virtualization on Internet of Things edge devices with container technologies: a performance evaluation. *IEEE Access*, 5(0): 8835−8850, 2017.

25 K. Ha and M. Satyanarayanan. Openstack++ for Cloudlet Deployment. *Technical Report CMU-CS-15-123*, School of Computer Science, Carnegie Mellon University, Pittsburgh, USA, 2015.

연합 에지 리소스에서 해결해야 할 연구 과제

아흐메트 치하트 박티르[Ahmet Cihat Baktir], 카가타이 손메즈[Cagatay Sonmez], 셈 에르소이[Cem Ersoy],

아타이 오즈고브데[Atay Ozgovde], 블레손 바르기스[Blesson Varghese]

2.1 소개

에지[edge] 컴퓨팅은 수십억 개의 '사물'이 인터넷에 통합됨에 따라 클라우드 기반 애플리케이션의 대기 시간, 네트워크 대역폭, 네트워크 서비스 품질[Qos, Quality of service][1] 문제를 완화하고자 빠르게 진화하고 있다[1]. 현재의 연구는 주로 중앙 집중식 클라우드 데이터 센터에서 네트워크 에지로 리소스를 분산시키고 애플리케이션 성능 향상을 위해 리소스를 활용하는 데 초점이 맞춰져 있다. 일반적으로 에지 리소스는 임시로 구성되며, 애플리케이션 또는 애플리케이션 집합이 개인적으로 사용할 수 있다. 또한 에지 리소스는 고르게 분산되지 않으며 지리적 분포에 따라 산발적으로 배포된다.

그러나 임시적, 개인적, 산발적인 배포는 글로벌 인터넷을 혁신하는 데 있어서 덜 유용하다. 연산의 공정성을 보장하고 수십억 대의 IoT 디바이스를 인터넷에 연결하고자 개발 도상국과 선진국 모두가 에지 사용의 장점에 접근할 수 있어야 한다. 그러나 데이터 센터의 연산 기능을 분산시키는 글로벌 에지 기반 구조를 만들고자 여러 지역에 걸쳐 에지 배포를 통합하는 글로벌 상황에서 어떻게 활용할 수 있는지는 최소한의 논의만 이뤄

---

1   사용자 또는 애플리케이션에 대해 중요도에 따라 서비스 수준을 차등화해 한정된 WAN 대역폭에서 트래픽과 대역폭을 정책적으로 관리하는 제반 기술 및 개념을 말한다. – 옮긴이

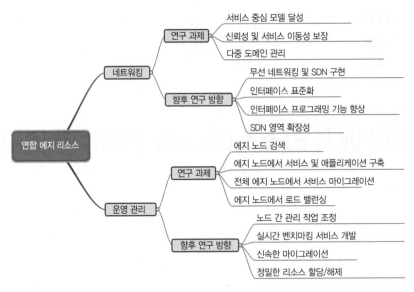

그림 2.1 연합 에지 리소스의 네트워킹과 운영 관리

지고 있다. 물론 이것은 기술적인 도전뿐만 아니라 사회적, 법률적, 지정학적 문제로 인해 현재는 비현실적이다. 2장에서는 그림 2.1에서 볼 수 있듯이 연합^{federating} 에지 배포의 두 가지 주요 연구 과제인 네트워킹, 관리 방법을 설명한다. 또한 연합 에지에서 해결해야 할 리소스 및 모델링 설계 방법을 논의한다.

네트워킹 문제를 해결하는 데 필요한 핵심 질문은 "연합된 환경에서 예상되는 에지 컴퓨팅 시나리오와 호환되는 동적인 네트워크 환경을 구축할 수 있을까?"다[2]. 독립적으로 실행할 수 있는 환경을 구축하거나 소규모로 배포하는 일은 어려운 문제이므로 연합 환경에서 추가적으로 고려해야 한다. 오늘날의 상황에서 필요한 동적 기능은 소프트웨어 정의 네트워킹^{SDN, Software-Defined networking2}을 통해 제공되는 네트워킹 리소스의 프로그래밍 능력에 의해 제공된다[3, 4]. 노스 바운드 프로그래밍^{northbound programming} 인터페이스를 갖춘 SDN은 에지 컴퓨팅 리소스 통합을 위한 이상적인 후보 중 하나다[5]. 그러나 연합 에지 환경에서 SDN 관리 도메인 내의 글로벌 조정이 필요하다. 로컬 에지 배포와 연합 에

---

2 네트워크 리소스를 최적화하고 변화하는 비즈니스 요구 사항, 애플리케이션, 트래픽에 맞춰 네트워크를 신속히 적응시키기 위한 네트워크 가상화 접근 방식이다. SDN은 네트워크 컨트롤 영역과 데이터 영역을 분리하고, 물리적 장비와 구분되는 소프트웨어 프로그래밍 가능한 인프라를 생성함으로써 구현된다. 쉽게 말해 사용자가 소프트웨어로 네트워크를 제어하는 기술을 말한다. – 옮긴이

지 인프라 간의 조화는 매우 중요하다. 시스템의 두 가지 관점은 경쟁 관점에서 볼 때 동일한 네트워킹 리소스를 기반으로 하기 때문이다. 이를 위해서는 에지에 대한 네트워킹 모델의 완전한 재고와 SDN의 이스트 웨스트 인터페이스east-west interface[3]의 추가적인 노력이 필요할 것이다. 2장에서는 에지 컴퓨팅 네트워킹 연구 과제를 해결하고자 연합 에지 리소스의 네트워킹 및 운영 관리 방법을 설명한다.

모든 대규모 컴퓨팅 인프라에서와 마찬가지로 당면한 에지 리소스 관리 문제 해결을 통해 원활한 서비스를 제공할 수 있다. 현재 에지 기반 배포는 에지 노드에서 실행되는 서비스를 복제하거나 대체 에지 노드에서 사용할 수 있다고 가정한다[6]. 이는 초기 연구 개발 단계에서는 합리적인 가정이지만 에지 리소스를 통합할 때는 핵심 과제가 된다. 이러한 맥락에서 볼 때 미래의 인터넷 아키텍처는 요구에 따라 한 노드에서 다른 노드로 서비스를 신속하게 마이그레이션하는 방법이 고려돼야 한다[7]. 현재 기술은 높은 오버헤드overhead와 에지와 같이 리소스가 제한된 환경에서는 이를 실현하는 데 한계가 있다. 2장에서는 벤치마킹, 프로비저닝, 검색, 확장, 마이그레이션 같은 관리 문제를 논의하고 이러한 문제를 해결하기 위한 연구 지침을 제공할 것이다[8, 9].

또한 이 분야에 대한 리소스 및 모델링 문제를 제시한다. 리소스 문제는 에지에서 사용되는 하드웨어 및 소프트웨어 수준의 리소스와 관련이 있다[10-13]. 에지 기반 시스템에 사용할 수 있는 많은 참조 아키텍처가 있지만 아직까지 이러한 시스템에 실제로 구현하지 못하고 있다. 하드웨어 솔루션은 종종 특정한 애플리케이션에 최적화돼 있어서 서로 다른 하드웨어와 소프트웨어는 호환성이 떨어진다. 반면에 에지 리소스를 공개적으로 사용할 수 있도록 추상화를 제공하는 소프트웨어 솔루션은 클라우드 데이터 센터를 위해 설계됐기 때문에 많은 오버헤드가 발생한다[8, 9].

최종적으로 고려해야 할 사항은 모델링 문제다. 클라우드 컴퓨팅 에코 시스템에 에지를 통합하면 인터넷 아키텍처가 근본적으로 변하게 된다. 기술적으로나 사회 경제적 관점에서 대규모 에지 배포의 영향을 조사하고 파악하는 것은 사실상 불가능하다. 이들 중 많은 것은 실험의 반복성, 실험 테스트 베드의 하드웨어 비용 최소화, 통제된 환경에서 실험의 장점을 제공하는 시뮬레이터에서 이러한 모델을 모델링할 수 있다[14]. 그러나 현재 사용자, 에지 노드, 클라우드 간의 상호 작용에 대한 이해는 제한적이다.

---

3 그룹과 컨트롤러 집단이 HA(High Availability)를 위해 동기화할 때 사용한다. 이 프로토콜은 아직 표준화되지 않았다. – 옮긴이

2장에서는 컴퓨터 자원을 최종 사용자[end user]에게 물리적으로 더 가깝게 배치하고자 데이터 센터의 리소스를 분산시키는 것을 목표로 하는 기술을 가리키고자 용어 에지[edge]를 사용한다. 모바일 클라우드 컴퓨팅[MCC, Mobile Cloud Computing], 클라우드렛[Cloudlet], 포그 컴퓨팅 및 다중 액세스 에지 컴퓨팅[MEC, Multi-access Edge Computing]은 모두 에지 컴퓨팅과 연관돼 있다[9]. 따라서 2장에서 논의된 원칙은 위에서 언급한 기술을 광범위하게 적용할 수 있다.

2장은 다음과 같이 위에서 논의한 부분과 일치하도록 구성했다. 2.2절에서는 네트워킹 과제를 논의하고 2.3절에서는 에지 리소스 관리 문제에 대해 논의한다. 2.4절은 에지 리소스 및 모델링 문제를 제시하고 2.5절에서 결론을 맺는다.

2.2 네트워킹 연구 과제

에지 서버가 활용하는 네트워킹 환경은 매우 동적일 가능성이 높다. 이는 최종 사용자 수준에서 끊임없이 변화하는 요구[4] 때문에 발생한다. 네트워크 인프라는 배포된 애플리케이션과 서비스의 QoS가 영향을 받지 않도록 해야 한다[15]. 이를 위해 사용자의 네트워크 품질을 손상해서는 안 되며, 동적인 네트워크 환경에서 에지 컴퓨팅 인프라를 유지하기 위한 활동[5]에 대한 변경을 최종 사용자가 감지할 수 없도록 네트워크 품질을 유지해야 한다[16].

표 2.1은 2장에서 언급한 네트워크 연구 과제를 요약한 것이다. 일반적인 네트워킹 연구 과제는 매우 역동적인 에지 컴퓨팅 환경과 밀접한 관련이 있다. 이것은 사용자의 디바이스 이동성에 직접적인 영향을 미친다. 따라서 한 에지 노드에서 다른 에지 노드로의 애플리케이션 계층 핸드오버[handover]를 처리해야 한다[17]. 사용자의 위치와 요청 패턴의 형성 방법에 따라 서비스 위치는 언제든지 변경될 수 있다. 또 다른 연구 과제는 동적으로 변화하는 환경에서 QoS를 유지하는 것과 관련이 있다.

---

4   다양한 디바이스 이동성, 디바이스 및 노드의 네트워크 연결/해제 등 – 옮긴이
5   사용자 디바이스 이동으로 인한 에지 서버 변경, 디바이스 및 노드의 네트워크 연결/해제 등 – 옮긴이

표 2.1 네트워크 과제, 원인, 연합 에지 리소스에서 잠재적인 해결책

네트워크 도전 과제	왜 이런 일이 발생하는가?	무엇이 요구되는가?
사용자 이동성	다양한 이동성 패턴 추적	응용 계층의 핸드오버 메커니즘
동적 환경에서 QoS	네트워크 지연이 허용되지 않는 서비스, 네트워크 동적 상태	네트워크의 반응적 해동
서비스 중심 모델 달성	대규모 복제 서비스	'어디서' 대신에 '무엇'에 초점을 맞춘 네트워크 메커니즘
신로성 및 서비스 이동성 보장	디바이스 및 노드의 네트워크 연결/해제	빈번한 토폴로지 업데이터, 서버 및 서비스 모니터링
다중 도메인 관리	디바이스의 다양성, 별도의 내부 운영 및 특성 다양한 서비스 공급 업체	논리적으로 중앙 집중화되고 물리적으로 분산된 제어 영역, 공급 업체 독립성, 글로벌 동기화

2.2.1 연합 에지 환경에서의 네트워킹 연구 과제

연합 에지 리소스^{federating edge resource}는 확장성과 관련된 네트워킹 문제를 발생시킨다. 예를 들어 서로 다른 관리 도메인 간의 글로벌 동기화는 연합 에지 환경에서 중요하게 관리돼야 한다. 개별 에지 배포는 적용 범위 내에서 호스팅되는 서비스의 수와 최종 사용자의 수와 같이 서로 다른 특성을 가질 것이다. 여러 도메인에서 서로 다른 서비스 오프로드가 가능해야 하며, 연합된 에지 리소스 간에 동기화가 필요하다. 2.2.1절에서는 해결해야 할 세 가지 연구 과제(서비스 중심 모델, 신뢰성 및 서비스 이동성, 다중 도메인)에 대해 논의한다.

2.2.1.1 서비스 중심 모델

첫 번째 연구 과제는 에지 환경에서 서비스 중심 모델^{service-centric model}을 달성하는 것이다. 기존의 호스트 중심 모델^{host-centric model}은 여러 가지 측면에서 제한적인 '주어진 지리적 위치 서버' 모델을 따른다. 예를 들어 호스트 중심 모델에서는 가상머신^{VM, Virtual Machine} 이미지를 한 위치에서 다른 위치로 전송하는 것은 어려울 수 있다. 그러나 글로벌 에지 배포에서는 지리적 위치에 대한 사전 지식 없이 서비스를 요청할 수 있도록 'where(위치)'가 아닌 'what(무엇)'에 중점을 두고 있다. 이 모델의 서비스는 고유한 식별자^{unique identifier}를 가질 수 있고, 여러 지역에서 복제될 수 있고 조정될 수 있다. 그러나 서비스의 글로벌 세팅을 쉽게 변경하지 못하는 현재의 인터넷 및 프로토콜 스택을 고려할 때 이는 간단한 작업이 아니다[18].

2.2.1.2 신뢰성 및 서비스 이동성

두 번째 연구 과제는 신뢰성^{reliability}과 서비스 이동성$^{service\ mobility}$을 보장하는 것이다. 사용자 디바이스와 에지 노드는 즉시 인터넷에 접속할 수도 있고 연결을 종료할 수 있다. 이것 (인터넷 연결/해제)은 잠재적으로 신뢰할 수 없는 네트워크 환경을 초래할 수 있다. 일반적인 최종 사용자 디바이스는 플러그 앤 플레이 기능을 통해서 원활한 서비스를 기대할 수 있지만, 신뢰할 수 없는 불안정한 네트워크 환경에서는 대기 시간이 발생할 수 있다. 여기에서 해결해야 할 과제는 불안정한 네트워크 문제를 완화하고 에지를 지원하는 안정적인 네트워크 환경을 만드는 것이다. 신뢰성을 구현하는 메커니즘은 서비스를 복제하거나 한 노드에서 다른 노드로 서비스를 마이그레이션하는 것이다. 여기서 중요한 과제는 애플리케이션의 QoS에 영향을 미치지 않도록 오버헤드를 최소화하는 것이다.

2.2.1.3 다중 관리 도메인

세 번째 도전 과제는 다중 관리 도메인$^{multiple\ administrative\ domain}$을 관리하는 것이다. 네트워크 인프라는 네트워크, 에지 서버, 네트워크에 배포된 서비스의 최신 상태를 추적할 수 있어야 한다. 최종 사용자 디바이스 정보를 수집하고자 에지에 서비스가 필요한 경우 먼저 잠재적인 에지 호스트를 확인해야 한다. 그러면 가장 실행 가능한 에지 노드가 실행 리소스로 선택된다.

이 작업을 위해 고려해야 할 두 가지 시나리오가 있다. (i) 서버가 최종 사용자와 가장 가까운 경우 또는 (ii) 잠재적 서버가 다른 지리적 영역에 위치하는 경우다. 시나리오와 관계없이 네트워크는 요청을 서버에 전달하고 최종 사용자에게 응답을 반환해야 한다. 이 과정에서 데이터 패킷은 여러 전송 기술을 사용해 여러 개의 다른 도메인으로 이동할 수 있다. 여기서의 과제는 이러한 이질성을 고려할 때 사용자의 네트워크 품질이 손상되지 않아야 하며, 기술적 세부 사항은 사용자 디바이스에서 노출돼서는 안 된다.

위의 과제를 해결하려면 중앙 집중식 시스템과 분산 시스템의 특성을 통합할 수 있는 솔루션이 필요하다. 네트워크의 글로벌 뷰를 달성하고 별도의 관리 도메인 간에 동기화를 유지하려면 네트워크나 인터넷은 중앙 집중식 구조를 따라야 한다. 그러나 사설 도메인의 내부 작업을 조정하기 위한 제어 작업은 분산돼야 한다. 즉 네트워크 제어$^{control\ of\ the\ network}$는 네트워크를 통해 분산돼야 하지만, 논리적으로 중앙 집중화된 영역에 배치돼야 한다.

2.2.2 네트워킹 연구 과제 해결

네트워킹 문제를 해결하기 위한 솔루션으로 SDN을 제안한다. SDN은 자연스럽게 에지 컴퓨팅 네트워크 문제를 해결하는 데 도움이 되기 때문이다[5]. SDN의 핵심 개념은 데이터 평면[data plane6]에서 제어 평면[control plane7]을 분리하고 핵심 로직을 소프트웨어 기반 컨트롤러에 집중시키는 것이다[19]. 컨트롤러는 논리적으로 중앙 집중화된 구조를 통해 기본 네트워크 자원을 유지한다[20]. 이는 네트워크 관리를 간소화하고 리소스의 기능을 향상시키며, 리소스를 보다 효율적으로 활용함으로써 복잡성을 낮춘다[21, 22]. 가장 중요한 것은 SDN은 언제든지 네트워크 상태를 모니터링해 동적 환경에서 즉각적인 의사 결정을 할 수 있다는 것이다.

제어 평면은 SND의 사우스바운드 인터페이스[southbound interface8]에 대한 사실상 표준으로 간주되는 OpenFlow[9] 프로토콜[23]을 통해 기본 네트워크 노드와 통신한다. 반면에 네트워크의 동작을 정의하는 애플리케이션은 아직 표준화 작업이 남아 있기는 하지만 노스바운드 인터페이스[northbound interface10]를 통해 컨트롤러와 통신한다.

프로그램 가능한 제어 평면은 물리적으로 중앙 집중화되거나 분산화될 수 있다. SDN과 OpenFlow의 초기 제안은 캠퍼스 환경을 고려한 것으로 설계 기준은 제어 채널이 일반적인 서비스 영역을 처리할 수 있다고 가정하고 싱글 컨트롤러를 기반으로 했다. 그러나 새로운 에지 컴퓨팅 시나리오는 이보다 더 많은 것이 요구된다. 에지 배포를 공개적으로 액세스할 수 있게 하고 에지 컴퓨팅 환경에서 컴퓨팅 리소스 글로벌 풀을 구성하려면, 다수의 컨트롤 인스턴스로 통합할 수 있도록 제어 평면에 배포해야 한다. 일반적인 SDN 통합 에지 컴퓨팅 환경은 그림 2.2에 나타나 있다. 그림 2.2에서는 네트워크 장치를 SDN 컨트롤러 및 관련 노스바운드 애플리케이션과 정렬한다.

---

6   데이터 영역으로 어떻게 무슨 트래픽이 흐르도록 제어하는 영역. 이웃하는 라우터와 전체 네트워크 토폴로지를 찾는
     OPSF, BGP 등의 라우팅 프로토콜이 동작하는 단계를 말한다.– 옮긴이

7   데이터 영역으로 어떻게 무슨 트래픽이 흐르도록 제어하는 영역. 이웃하는 라우터와 전체 네트워트 토폴로지를 찾는
     OPSF, BGP 등의 라우팅 프로토콜이 동작하는 단계를 말한다.– 옮긴이

8   특정 네트워크 컴포넌트가 저수준 컴포넌트와 통신할 수 있게 한다. SDN에서는 OpenFlow 등의 프로토콜이 있다. –
     옮긴이

9   네트워크를 경유하는 네트워크 스위치나 라우터의 포워딩 영역에 접근 권한을 제공하는 통신 프로토콜이다. – 옮긴이

10   컴퓨터 네트워킹과 아키텍처에서 컴포넌트의 노스바운드 인터페이스란 컴포넌트에서 사용되는 저수준의 세부 사항을
     개념화하는 것을 말한다. SDN 아키텍처에서 이것은 오케스트레이션 시스템을 향하는 API를 의미한다. – 옮긴이

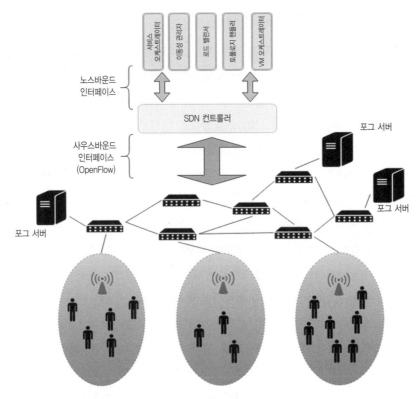

그림 2.2 네트워크 오케스트레이터로 SDN을 사용한 포그 컴퓨팅

제어 평면의 논리적으로 중앙 집중화된 체계는 연결된 디바이스와 자원의 관리를 단순화함으로써 사용자 이동성을 관리하는 것이 핵심 기능이다[26]. 사용자의 이동으로 인해 새로운 디바이스가 네트워크에 연결되거나 다른 네트워크에 인증됐을 때 네트워크는 가능한 한 빨리 플러그 앤 플레이plug-and-play 기능을 제공해야 한다. 이 기능은 OFDP OpenFlow Discovery 프로토콜을 통해 토폴로지 검색 기능과 함께 SDN 컨트롤러에 부여된다[27]. 최종 사용자의 상태가 변경되는 즉시 컨트롤러는 해당 흐름(유동) 규칙을 즉시 업데이트한다. 노스바운드 애플리케이션으로 구현된 모듈을 통해 토폴로지를 자주 검사하고 새로 추가되거나 연결 해제 또는 수정된 노드는 토폴로지 뷰에서 업데이트할 수 있다. 여기에서 노드는 최종 사용자 디바이스, 연산 리소스 또는 스위치가 될 수 있다. 컨트롤러는 토폴로지 뷰를 업데이트하는 동안 각 구성 요소 유형의 통합을 처리할 수 있다.

OpenvSwitch[11][28]와 같은 OpenFlow 기반 스위치와 SDN 컨트롤러는 (상위의) 전체 시스템을 활용하면 보다 나은 관리 기능을 통해 제어의 효율성을 높일 수 있다[29]. 사용자 정의 정책user-defined policy을 통해 네트워크 동작을 설명하는 노스바운스 애플리케이션을 고려하면, 네트워크는 리액티브reactive 또는 프로액티브proactive 상태일 수 있다. 예를 들어 대학 캠퍼스에서 학생과 학교 직원은 항상 움직이고 있다. 근무 시간에는 네트워크 트래픽이 증가하고 퇴근 시간 이후에는 네트워크 트래픽이 감소한다. 이동성이 높은 싱글 관리 도메인에서는 리액티브 운영이 두드러진다. OpenFlow 메시지를 교환해 데이터 평면 요소로부터 특정 노드나 링크에 의해 전달된 트래픽 부하와 같은 통계 정보를 수집하는 기능을 통해 SDN 컨트롤러는 네트워크 내에서 최적의 솔루션으로 이어지는 흐름 규칙을 지정할 수 있다. 멀티테넌트multi-tenant가 리소스를 공유하고 애플리케이션 인스턴스가 대기 시간과 관련해 엄격한 Qos 기준을 적용하는 에지 컴퓨팅의 경우 SDN 컨트롤러는 에지 서버에 과부하가 발생할 경우 네트워크 에지에서 흐름 규칙을 수정할 수 있다. SDN 컨트롤러는 네트워킹 노드와 링크의 상태를 모니터링할 수 있을 뿐만 아니라 노스바운드 애플리케이션을 통해 서버 모니터링 기능과 통합할 수 있다. 따라서 SDN 컨트롤러는 에지 컴퓨팅 리소스와 네트워크 리소스를 모두 고려해 사용자 중심의 로드 밸런싱 load balancing 알고리즘을 제공할 수 있다.

연합 에지 리소스는 전 세계적으로 접근 가능한 인프라를 구축할 뿐만 아니라 네트워크 환경을 더욱 동적으로 만든다. 단일 도메인 내의 이동성 관리, 동일한 근방에 있는 서버 간의 애플리케이션 계층 핸드오버 처리 및 사용자 집합에 의한 변경의 대응은 싱글 제어 평면 구성 요소에 의해 활용될 수 있다. 그러나 에지 컴퓨팅 배치의 현실적이고 실용적인 접근 방식은 글로벌 환경에서 연합된 설정의 운영을 유연하게 지원하는 네트워크 동작이 필요하다. SDN의 싱글 제어 평면은 다양한 디바이스 및 관리 도메인을 글로벌하게 관리할 수 없다. SDN과 OpenFlow는 논리적으로 중앙 집중적이지만 물리적으로 분산된 제어 평면을 허용한다. 데이터 트래픽은 별도의 서비스 네트워크 공급자에 속한 최소 두 개의 서로 다른 도메인을 통해 전달될 수 있다. 그러므로 다중 컨트롤러를 사용해 분리된 도메인을 추상화하고 제어해야 한다.

싱글 도메인 내의 작업을 처리하고자 컨트롤러를 구축할 수 있다. 그러나 트래픽을 게

---

11 소프트웨어 기반의 vSwitch다. 클라우드 환경에서 가상머신들 간의 트래픽의 통합, 격리, 보안을 위한 여러 가지 기능들을 제공한다. 소프트웨어 기반이기 때문에 탄력적으로 네트워크 환경을 설정할 수 있다. - 옮긴이

이트웨이로 전달할 때 신뢰성을 유지하는 데 도메인 또는 컨트롤러 간 통신이 필요하다. 이 통신은 이스트 웨스트 인터페이스에 의해 제공된다. 제어 평면은 계층적 또는 평면적으로 구성할 수 있다. 계층 구조에서 마스터 평면은 도메인 간 동기화를 제공한다. 하위 수준 컨트롤러는 자체 도메인을 담당한다. 도메인 내에서 이벤트가 발생하면 해당 컨트롤러는 마스터 컨트롤러에게 알리면서 다른 컨트롤러를 업데이트할 수 있다. 평면 구조flat structure를 사용하면 컨트롤러는 서로 직접 통신해 이스트 웨스트 인터페이스를 통해 동기화를 수행한다.

연합 에지federated edge 설정에서 분산 제어 평면은 확장성 및 일관성 문제를 해결하는 데 중요한 역할을 한다. 서비스 중심 환경을 고려하면 여러 컨트롤러가 동시에 서비스 복제 조정 및 위치 추적을 처리해야 한다. SDN과 프로그래밍 가능한 네트워크에 의해 제공되는 유연성[30]이 없다면 서비스 중심 설계를 구현하기 위한 추가적인 작업이 필요하다. SDN은 최근 네트워크 뷰를 검색할 수 있으므로 SDN 컨트롤러는 네트워크 서비스의 위치를 추적할 수 있다.

서비스 이동성service mobility은 연합 에지 차원에서 다뤄야 한다. 다양한 트래픽 패턴 및 로드 밸런싱을 처리하려면 에지에서 서비스 생성, 마이그레이션, 복제를 에지에서 수행해야 한다[31]. SDN은 사용 가능한 타깃 노드와 성능 저하를 최소화(혼잡 방지)하기 위한 서비스 마이그레이션 경로를 결정한다[32]. SDN에서의 작업은 흐름 규칙을 사용해 수행할 수 있다.

연구와 실험에서 SDN은 네트워크 장비의 이질성 문제를 관리하고 처리할 수 있는 것으로 알려져 있다[33, 34]. 네트워크 관점에서 볼 때 연합 에지 환경은 일반적으로 다양한 트래픽 흐름 패턴 외에도 다양한 네트워크 유형을 구성한다는 점에서 이질적인 장비로 구성된 네트워크 환경이다. 이 경우 제어 평면은 에지 서버와 최종 사용자 장치 모두에 대해 서로 다른 제공자에 속하는 여러 도메인으로 구성된 상호 운용 가능한 네트워크 환경을 제공할 수 있다. 또한 벤더 의존성과 서로 다른 네트워킹 디바이스 간의 호환성 문제를 해결할 수 있다[35].

2.2.3 향후 연구 방향

포그 컴퓨팅과 SDN의 통합은 실제 배포를 가속화하고 에지에서 리소스를 연합하는 데 엄청난 잠재력을 갖고 있다. 그러나 포그 컴퓨팅과 SDN 간의 격차를 해소하고자 여전히 탐구가 필요하고 해결해야 할 문제들이 존재한다. 2.2.3절에서는 향후 연구를 위한 지침으로서 다음과 같은 네 가지 방법을 고려한다.

1. **무선 네트워킹 및 SDN 구현** 기존 연구 및 실제 구현은 SDN을 통해 네트워크 가상화를 구현한다. 그러나 대부분은 유선 네트워크에서 SDN 컨트롤러의 가상화 및 관리에 중점을 두고 있다[36]. SDN과 OpenFlow 같은 현재 표준의 장점은 연합 에지 노드를 위한 무선 네트워크에서 활용돼야 한다. 연합 에지 노드는 앞으로 대부분의 모바일 커뮤니티에 사용될 것이다.

2. **상호 운용성을 위한 인터페이스의 표준화** OpenFlow는 현재 사우스바운드 인터페이스southbound interface의 사실상 표준이다. 그러나 노스바운드 통신의 공인된 표준은 없다(노스바운드 표준[37]에 대한 ONFOpen Networking Foundation이 워킹 그룹이 구성돼 있긴 하지만). 표준화의 부족은 동일한 컨트롤러 위에서 실행되는 노스바운드 애플리케이션 간의 상호 운용성을 방해한다. 또한 노스바운드 애플리케이션에 대한 표준을 개발하는 것이 미래 연구를 위해 필요하다. 또한 기존의 SDN 기반의 시나리오는 이스트 웨스트 인터페이스에 의존하지 않으며, 이 분야에 대한 연구는 거의 없다. 인접한 컨트롤러 간의 통신은 제어 채널control channel에 부담을 주지 않고자 보다 안정적이고 효율적일 필요가 있다. 이 영역에 대한 연구가 에지 컴퓨팅 리소스 풀을 통합할 수 있는 기회를 제공할 것이라고 믿는다.

3. **기존 표준 및 인터페이스의 프로그램 기능 향상** OpenFlow를 사용한 프로그래밍 경험을 통해 추가 기능을 구현할 것을 권장한다. 최신 버전의 Open-Flow(v1.5.1)는 네트워크 내에서 부분적인 프로그래밍 기능만 제공한다. 일반 포그 배포를 위한 에지 리소스의 연합을 활성화하고 표준과 인터페이스의 프로그램 기능을 향상시키고자 추가적인 연구가 필요하다.

4. **더 넓은 지리적 영역에 도달하기 위한 SDN 평면의 확장성** 에지 노드는 넓은 지리적 영역에 걸쳐 분산될 것으로 예상되며, 포그 컴퓨팅 시스템에는 서로 구분된 관리 도메인이 있을 것으로 예상된다. 여기서 분산된 형태의 SDN 제어 평면은 인접한 컨트롤러와 통신하는 데 필요하다. 따라서 SDN 평면의 확장성을 추가적으로 연구해야 한다[38]. 이스트 웨스트 인터페이스의 표준이 마련돼 있지 않기 때문에 이는 어려운 일이다. 이스트 웨스트 인터페이스는 컨트롤러 간 통신에 활용해야 한다.

2.3 관리 연구 과제

클라우드와 사용자 디바이스 사이에 에지 노드의 싱글 계층을 추가하면 많은 관리 오버헤드가 발생한다. 글로벌 아키텍처를 구축하고자 다양한 지리적 위치에서 에지 노드 클러스터를 연합해야 하는 경우 이는 더욱 어려워진다.

2.3.1 연합 에지 환경에서 관리 연구 과제

2.3.1절에서는 해결해야 할 네 가지 관리 과제를 고려한다. 이것은 표 2.2에서 확인할 수 있다.

2.3.1.1 에지 리소스 검색

첫 번째 관리 과제는 개인 및 집단 레벨에서 모두 에지 리소스를 발견하는 것과 관련이 있다. 개별적인 레벨에서, 컴퓨팅을 제공할 수 있는 잠재적인 에지 노드는 네트워크에서 볼 수 있어야 하고, 사용자 디바이스에서 실행되는 애플리케이션과 해당 클라우드 서버 모두 적용된다. 집합적인 레벨에서, 주어진 지리적 위치(또는 다른 세분화)에서 에지 노드 집합은 다른 에지 노드 집합에 표시돼야 한다.

시스템 문제 외에도 에지 노드가 네트워크 디바이스 및 범용 연산 디바이스와 거의 유사한 기능을 갖고 있다고 가정할 때, 여기서의 과제는 에지 노드를 발견하고자 최적의 방법을 결정하는 것이다. 예를 들어 에지 노드의 발견이 (i) 자기 주도적으로 시작되고 느슨하게 연결된 수집에 의해 발생하는지, (ii) 외부 모니터에 의해 시작되고 밀접하게 연

표 2.2 관리 과제, 해결해야 할 필요성, 에지 리소스를 통합하는 잠재적인 해결책

관리 과제	왜 해결해야 하는가?	무엇이 필요한가?
에지 노드 검색	리소스가 지리적으로 분산돼 있고 느슨하게 연결된 경우	경량 프로토콜 및 핸드셰이킹 (handshaking)
서비스 및 애플리케이션 구축	여러 서비스 및 애플리케이션에 대한 분리 기능 제공	실시간 모니터링 및 벤치마킹 메커니즘
서비스 마이그레이션	사용자 이동성, 워크로드 밸런싱	낮은 오버헤드 가상화
로드 밸런싱	개별 노드에서 과도한 가입을 방지하고자	자동 스케일링 메커니즘

결된 수집에 의해 발생하는지, 또는 (iii) 전자(i, ii)의 조합에 의해 발생했는지 확인하고 최적의 방법을 결정해야 한다.

2.3.1.2 서비스 및 애플리케이션 구축

두 번째 관리 과제는 서비스 및 애플리케이션을 에지에 배치하는 것과 관련이 있다. 일반적으로 사용자 디바이스의 요청을 제공할 수 있는 서비스는 하나 또는 여러 개의 에지 노드 집합에 오프로드돼야 한다. 그러나 동일한 지리적 위치에서 사용할 수 있는 에지 노드 클러스터가 여러 개 있을 수 있다는 점을 고려할 때, 대상 에지의 기능을 알지 못하고 서비스 또는 애플리케이션의 요구 사항(예를 들어 예상 로드 및 필요한 리소스 양)과 일치시키지 않으면 불가능하다. 서비스 목표를 달성하려면 여러 에지 노드(또는 여러 컬렉션)를 동시에 벤치마킹하는 것이 필수적이다. 동시에 벤치마킹하는 것은 까다롭고 실시간으로 수행돼야 한다.

2.3.1.3 에지 전체에서 서비스 마이그레이션

세 번째 관리 과제는 에지 전체에서 서비스를 마이그레이션하는 것과 관련이 있다. 기존 기술을 사용하면 가상머신^{VM}, 컨테이너^{container}, 유니 커널^{unikernel} 기술을 사용해 애플리케이션 및 서비스를 배포할 수 있다. 이러한 기술은 클라우드 컴퓨팅 환경에서 애플리케이션을 배포하고 데이터 센터 간에 마이그레이션하는 데 유용한 것으로 입증됐다. 클라우드 데이터 센터에서 중요한 리소스를 사용할 수 있는 가용성을 고려할 때, 장애나 로드 밸런싱이 발생할 경우 서비스를 시작하거나 복제하는 데 사용할 수 있는 대규모 이미지 저장소를 유지하는 것은 어렵지 않다. 그러나 에지 컴퓨팅의 경우 에지 노드의 실시간 및 리소스 제약 조건을 감안할 때 쉬운 문제는 아니다. 또한 에지 노드에서 다른 노드로 서비스를 마이그레이션하기 위해서는 네트워크의 최단 경로를 고려해야 한다.

2.3.1.4 로드 밸런싱

네 번째 관리 과제는 에지의 로드 밸런싱과 관련이 있다. 에지에서 사용자가 서비스를 많이 이용할 경우 싱글 에지 노드 또는 집합의 개별 서비스에 대한 리소스를 관리해야 한다. 예를 들어 에지에서 휴면 상태인 다른 서비스와 비교할 때 많이 가입된 서비스가 있는 경우, 많이 가입된 서비스에 할당된 자원을 확장해야 한다. 이것은 단지 하나의 시나리오일 뿐이지만, 더 많은 서비스가 동일한 에지 노드 집합의 리소스를 필요로 하는 경우 더욱 복잡해진다. 이를 위해서는 에지 리소스를 모니터링해야 하지만 에지 노드에 대한 리소스 제약 조건을 감안할 때 기존의 방법을 사용할 수 없다. 마찬가지로 휴면 중인 서비스에 리소스를 할당하는 동시에 하나의 서비스에 대한 자원을 확장(많은 사용자가 서비스를 이용할 경우)하기 위한 메커니즘이 필요하다. 모니터링과 스케일링 메커니즘$^{monitoring\ and\ scaling\ mechanism}$은 작업 부하가 균형을 이룰수 있도록 무결성^{integrity}을 보장해야 한다.

2.3.2 현재 연구

에지 노드 검색을 위한 기존의 기술은 멀티테넌트$^{multi-tenant}$ 환경에서 작동하는지 여부에 따라 분류될 수 있다. 즉 에지 노드에서 둘 이상의 서비스를 호스팅할 수 있다. 예를 들어 FocusStack은 싱글 테넌트$^{single\ tenant}$ 환경에서 에지 노드를 감지하고[39], ParaDrop[40]와 EaaS$^{edge-as-a-Service}$[41]는 멀티테넌트 에지 환경에서 동작한다. 그러나 에지 노드 집합이 통합될 때 검색을 가능하게 하려면 해결해야 할 추가적인 과제가 있다.

서비스 배포에 대한 현재 연구는 사전 배포 리소스$^{pre-deployment\ resource}$ 프로비저닝(애플리케이션의 요구 사항을 애플리케이션을 배치하기 전에 사용 가능한 자원과 매칭)에 초점을 맞추고 있다[42]. 에지에서 예상되는 워크로드의 가변성(더 많은 애플리케이션을 에지 노드 집합에서 호스팅해야 함)으로 인해 개별 에지 노드와 연합된 에지 리소스의 상황에서 사후 배포$^{post-deployment}$가 더욱 중요해진다. 또한 분산 클러스터에서 작동하는 워크로드 배포 서비스는 하둡^{Hadoop} 또는 맵리듀스^{MapReduec}[43, 44]와 같은 대규모 작업에 초점을 맞추고 있다. 그러나 연합 에지 리소스에는 좀 더 세분화된 워크로드에 적합한 배포 후 기술이 필요하다.

여러 클러스터에서 가상머신을 통해 서비스를 마이그레이션할 수 있지만, 실제로 많은 시간이 소요된다[45, 46]. 또한 지리적으로 분산된 클라우드 데이터 센터에서 실시간으로 마이그레이션하는 것은 훨씬 어렵고 더 많은 시간이 소요된다. 가상머신의 실시간 마이그레이션을 위해 에지 리소스에서 유사한 전략이 채택됐다[47, 48]. 이것은 가능하지만(마이그레이션을 하는데 몇 분이 걸리지만), 기존의 전략을 실시간으로 사용하는 것은 여전히 어렵다. 또한 가상머신은 에지에서 서비스를 호스팅하기 위한 실질적인 표준이 아닐 수 있다[11, 49]. 컨테이너와 같은 경량화 기술 및 이러한 기술을 에지에 있는 워크로드를 마이그레이션하고자 어떻게 사용할 수 있는지 조사하고 이를 뒷받침하는 전략을 컨테이너 기술에 통합해야 한다.

에지 리소스 모니터링은 로드 밸런싱을 달성하기 위한 핵심 요건이 될 것이다. 예를 들어 에지에서 워크로드의 균형을 맞추고자 오토 스케일링auto-scaling 방법을 구현하려면 성능 지표를 모니터링해야 한다. 분산 시스템에 대한 기존의 모니터링 시스템은 확장되지 않거나 많은 리소스를 사용한다. 이는 제한된 리소스를 사용하기 때문에 대규모 에지 배포에는 적합하지 않다. 오토 스케일링 리소스에 대한 현재의 메커니즘은 싱글 에지 노드single-edge nodes에 한정돼 사용하고 경량화 모니터링lightweight monitoring을 사용한다[11]. 그러나 이러한 메커니즘을 확장하는 것은 쉽지 않다.

2.3.3 관리 문제 해결

위의 네 가지 연구 과제 중 세 가지(검색, 배포, 로드 밸런싱)는 EaaS 플랫폼과 ENORM 프레임워크에서 개별 에지 노드와 관련된 것이 해결됐다.

2.3.3.1 EaaS 플랫폼

EaaSEdge-as-a-Service[41] 플랫폼은 동종의 에지 리소스(라즈베리파이) 집합을 검색하고자 경량 탐색 프로토콜을 제공한다. EaaS 플랫폼은 3계층 환경에서 작동하며, 최상위 계층은 클라우드, 하위 계층은 사용자 디바이스로 구성되며, 중간 계층에는 에지 노드가 포함된다. 플랫폼에는 연산 가능한 네트워크 디바이스 또는 전용 노드일 수 있는 마스터 노드master node가 필요하며, 에지 노드와 통신하는 관리자 프로세스를 실행한다. 마스터 노드 관리자는 잠재적 에지 노드와 통신하고, 에지 노드에 관리자 프로그램을 설치해 명령을 실행한다. 관리 제어판은 마스터 노드에서 개별 에지 노드를 모니터링할 수 있다. EaaS 플랫폼이 에지 노드를 발견하면 도커Docker 또는 LXD 컨테이너를 배포할 수 있다. 이 플랫폼은 애플리케이션의 전반적인 성능을 향상시키고자 인기 있는 포켓몬고Pokémon GO와 유사한 온라인 게임 환경에서 테스트됐다.

이 플랫폼의 장점은 구현된 탐색 프로토콜이 경량화돼 있고, 오버헤드는 컨테이너 시작, 중지 또는 종료가 실행될 때 단지 몇 초간 발생한다. 개별 에지 노드에서 온라인 게임 작업량이 최대 50개에 이르는 컨테이너가 배포됐다. 그러나 이것은 싱글 에지 노드 집합과 관련해서 수행됐다. 이러한 모델을 연합된 에지 환경에서 사용하려면 추가 연구가 필요하다.

EaaS 플랫폼의 주요 단점은 모든 잠재적 에지 노드와 통신할 수 있는 중앙 집중식 마스터 노드가 존재한다고 가정하는 것이다. 또한 이 연구에서는 에지 노드를 쿼리할 수 있으며 소유자를 통해 일반 마켓에서 사용할 수 있다고 가정한다. 그러나 에지 노드에 관리자 프로그램을 설치하고 에지 노드에서 명령을 실행하는 마스터 노드에 대한 보안은 고려되지 않았다.

2.3.3.2 ENORM 프레임워크

ENORM^{Edge Node Resource Management} 프레임워크[11]는 주로 개별 에지 노드에서의 배포 및 로드 밸런싱 문제를 해결한다. EaaS 플랫폼과 마찬가지로 ENORM 플랫폼은 3계층 환경^{three-tier environment}에서 작동하지만, 마스터 컨트롤러^{master controller}는 에지 노드를 제어하지 않는다. 대신에 에지를 사용하려는 클라우드 서버에서 볼 수 있다고 가정한다. 이 프레임워크를 통해 클라우드 서버를 파티셔닝하고 에지 노드로 오프로드해 애플리케이션의 전반적인 QoS를 향상시킬 수 있다.

이 프레임워크는 클라우드 서버에서 에지 서버로 워크로드를 배포하기 위한 프로비저닝 메커니즘을 기반으로 설계됐다. 클라우드와 에지 서버는 핸드셰이킹을 통해 연결을 설정하고 에지로 오프로드될 서버의 요청을 이행할 수 있는 충분한 자원이 있는지 확인한다. 프로비저닝 메커니즘은 애플리케이션 서버가 종료되고 클라우드 서버에 통지될 때까지 컨테이너를 통해 애플리케이션 서버를 에지로 오프로드하는 애플리케이션 서버의 전체 라이프 사이클을 충족시킨다.

싱글 에지 노드의 로드 밸런싱은 오토 스케일링^{auto-scaling} 알고리즘을 사용해 구현한다. 에지 노드는 라우터나 모바일 기지국과 같이 트래픽을 라우팅할 수 있는 노드일 수 있으므로 서비스는 노드에서 실행되는 기본 서비스(트래픽 라우팅)의 QoS를 손상시키지 않아야 한다. 에지 노드에서 실행되는 각 애플리케이션 서버에는 우선순위가 존재한다. 각 에지 서버는 모니터링(네트워크 및 시스템 성능 측면에서)되며, QoS를 충족할 수 있는지 여부를 추정한다. 우선순위가 높은 에지 서버가 QoS를 충족할 수 없는 경우 애플리케이션의 리소스가 확장된다. 애플리케이션의 리소스 요구 사항을 에지에서 충족할 수 없는 경우 애플리케이션을 오프로드한 클라우드 서버로 다시 이동한다. 이는 QoS가 달성되고 노드가 안정적인지 확인하고자 주기적이고 반복적으로 발생한다.

ENORM 프레임워크는 온라인 게임 유즈 케이스^{use-case}에서 EaaS 플랫폼과 마찬가지로 검증됐다. 애플리케이션 대기 시간을 20~80%까지 단축할 수 있으며 이 온라인 유즈 케이스를 위해 클라우드로 전송되는 전체 데이터는 최대 95%까지 줄어든다.

2.3.4 향후 연구 방향

EaaS 플랫폼과 ENORM 프레임워크 모두 연합 에지 리소스를 다루지 않는다는 점에서 한계가 있다. 2.3.4절에서는 에지 리소스를 통합할 때 관리 문제를 해결하고자 다음과 같이 네 가지 연구 방향을 고려했다.

1. **다중 에지 컬렉션의 이기종 노드 간에 관리 작업 조정** 에지 리소스를 통합하려면 불가피하게 이기종 에지 노드(라우터, 기지국, 스위치, 전용 저전력 컴퓨팅 디바이스)를 통합해야 한다. 이기종 리소스 자체를 관리하는 것이 어려울 수 있지만, 이기종 리소스의 여러 집합을 조정하는 것은 더욱 복잡하다. 여기에서 과제는 지리적으로 떨어져 있고 다양한 CPU 아키텍처를 갖고 있으며, 본질적으로 네트워크 트래픽 라우팅에 사용될 수 있는 디바이스들 간에 관리를 효율적으로 하고자 표준 프로토콜을 통해 필요한 조정을 가능하게 하는 것이다.

2. **연합 에지 리소스에 대한 실시간 벤치마킹 서비스 개발** 에지 노드에서 다양한 연산 기능과 워크로드를 고려할 때 서버는 에지 노드 포트폴리오^{portfolio}를 신뢰성 있게 벤치마킹해야 한다. 이 포트폴리오는 애플리케이션 서버가 가장자리에 분할된 워크로드를 배치해야 할 경우 서비스 수준 목표^{SLOs, Service-level objectives}를 충족할 수 있는 에지 노드를 식별할 수 있도록 서로 다르거나 동일한 지리적 위치일 수 있다. 이것을 실시간으로 처리할 수 있는 메커니즘 개발이 필요하다.

3. **연합 에지 리소스 간의 신속한 마이그레이션 촉진** 현재 마이그레이션 기술은 일반적으로 한 노드에서 다른 노드로 마이그레이션을 시도할 때 몇 분 정도의 오버헤드가 발생한다. 이 오버헤드는 분명히 지리적 거리에 따라 증가할 것이다. 마이그레이션을 위한 현재 메커니즘은 가상머신 또는 컨테이너의 스냅샷을 에지 노드에 만든 다음 이를 다른 노드로 전송한다. 빠른 마이그레이션이 가능하기 위해서는 보다 추상적인 엔티티(예를 들어 기능 또는 프로그램)의 마이그레이션을 허용하는 대체 가상화 기술을 개발해야 한다. 또한 이 기술은 연합 에지 자원 전체에 걸쳐 상호 운용 가능한 플랫폼을 개발하고자 서버리스 컴퓨팅^{serverless computing} 플랫폼에도 사용될 수 있다.

4. **오토 스케일링을 사용한 로드 밸런싱을 위한 세분화된 리소스 할당/리소스 할당 해제** 현재 오토 스케일링 방법은 오토 스케일링을 위해 에지에서 미리 정의된 개별 리소스 단위를 추가하거나 제거한다. 그러나 이는 리소스가 초과해서 프로비저닝될 수 있다는 점에서 리소스가 제약된 환경에서는 제한적으로 사용할 수 있다. 에지 환경의 안정성을 훼손하지 않고 SLO를 충족하고자 특정 애플리케이션 요구 사항에 따라 할당/배분이 필요한 리소스의 양을 도출할 수 있는 대체 메커니즘을 조사해야 할 것이다.

2.4 기타 과제

2.2절, 2.3절에서는 지리적으로 분산된 에지 자원을 연합하는 데 있어 네트워킹 및 관리 문제를 고려했다. 그러나 고려해야 할 추가 연구 과제가 있다. 예를 들어 에지 리소스를 활용하고자 가격 모델pricing models을 개발해야 하는 연구 과제가 남아 있다. 이는 퍼블릭 에지 컴퓨팅을 지원하는 기술이 아직 걸음마 단계라는 점을 감안할 때 가격 모델을 개발하는 데 많은 시간이 소요될 것으로 예상된다. 2.4절에서는 네트워킹과 관리에 의존하는 두 가지 추가 과제를 고려했다. 그림 2.3과 같이 리소스 및 모델링 문제를 고려했다.

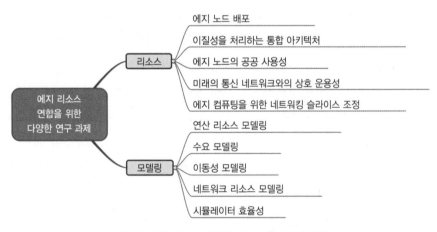

그림 2.3 에지 리소스 연합의 리소스 및 모델링 과제

2.4.1 연구 과제

새로운 애플리케이션을 위한 클라우드 데이터 센터와 사용자 디바이스 사이에 에지 계층edge layer을 포함시킬 수 있다는 전망이 설득력을 얻고 있다. 왜냐하면 네트워크에서 데이터 지연과 전송을 최소화해 애플리케이션의 전체 QoS를 개선할 수 있기 때문이다. 이러한 아키텍처를 검증하는 참조 에지 아키텍처reference edge architecture 및 테스트 베드test bed가 있지만, 에지 컴퓨팅은 아직 공개적으로 채택하지 않았으며 이러한 대규모의 시스템은 실제 구현돼 있지 않다. 2.4.1절에서는 에지 계층을 실제로 구현하기 위해 해결해야 할 다섯 가지 리소스 관리 과제를 제시한다.

2.4.1.1 정의된 에지 노드

첫 번째 리소스 문제는 에지 노드 배포와 관련이 있다. 에지 노드가 다음과 같은 특성을 갖고 있는지 여전히 확실하지 않다. (i) 라우터, 스위치, 게이트웨이, CPU를 통해 범용 컴퓨팅을 통합하는 모바일 기지국과 같은 트래픽 라우팅 노드 (ii) 마이크로 클라우드와 같은 범용 컴퓨팅이 달성될 수 있는 저전력 컴퓨팅 디바이스를 갖는 전용 컴퓨팅 노드 또는 (iii) 전자(i, ii)를 결합한 하이브리드 노드.

소매 시장(retail market)에서는 트래픽 라우팅 노드에서 범용 컴퓨팅을 지원하는 제품을 사용할 수 있다. 예를 들어 에지를 지원하는 인터넷 게이트웨이는 현재 시장에서 이용할 수 있다.[12] 또한 네트워크 에지에서 마이크로 클라우드 데이터 센터를 사용하는 것을 목표로 하는 지속적인 연구가 진행되고 있다. 위에 설명한 두 가지 모두 비즈니스 유즈 케이스가 있는 것으로 보이지만 후자의 경우 트래픽 라우팅 노드와 어떻게 공존할지는 아직 결정되지 않았다. 게다가 기존 트래픽 라우팅 노드를 업그레이드해야 하기 때문에 전자의 경우 마이그레이션을 수행하는 데 있어 오랜 시간이 걸릴 수 있다.

2.4.1.2 이질성을 고려한 통합 아키틱처

두 번째 리소스 문제를 해결하기 위한 연구 과제는 네트워크 장비의 이질성을 고려한 통합 아키텍처를 개발하는 것과 관련이 있다. 다양한 성능 및 컴퓨팅 리소스를 일관된 싱글 계층 또는 멀티 계층으로 사용하는 다양한 유형의 에지 기반 노드를 가져오는 것은 소프

---

12 http://www.dell.com/uk/business/p/edge-gateway

트웨어, 미들웨어, 하드웨어 관점에서 어려울 수 있다. 소규모의 가정용 라우터에서 마이크로 클라우드 설치에 이르기까지 리소스가 제한된 다양한 에지 컴퓨팅 옵션을 고려할 때 이를 통합하려면 이러한 모든 노드에서 통합 가능한 통합 표준을 개발해야 한다. 이는 전례가 없으며 대규모 컴퓨팅 리소스의 집합이 동일한 기본 아키텍처를 갖는 클라우드에서 사용된 표준과는 다를 것이다. 이 경우라면 애플리케이션과 서비스는 기본 하드웨어가 무엇이든 상관없이 실행 가능해야 할 것이다. 그러나 가상화나 컨테이너화를 통해 이를 가능하게 하는 현재의 연구는 적합하지 않으며, 일부 하드웨어 아키텍처에는 적합하지 않다.

2.4.1.3 에지 노드의 공공 가용성

세 번째 리소스 과제는 에지 노드의 공공 가용성^{public usability} 관련이 있다. 에지 계층이 어떻게 활성화됐는지에 관계없이 클라우드로 전송되기 전에 사용자 디바이스의 요청을 따라 사용자 디바이스에서 가까운 곳에서 연산을 처리하거나 대규모 센서에서 생성된 데이터를 처리하고자 액세스 가능할 것으로 예상된다. 이로 인해 몇 가지 문제가 우려된다.

1. 에지 노드는 어떻게 감사할 것인가?
2. 공개적으로 액세스할 수 있도록 하려면 어떤 인터페이스를 사용할 것인가?
3. 어떤 과금 모델이 필요한가?
4. 에지 계층에서 채택돼야 할 보안 및 프라이버시 대책은 무엇인가?

이러한 문제를 논의하는 것은 2장의 범위에서 벗어난다. 단 공개적으로 사용할 수 있는 에지 노드를 얻으려면 이 문제를 해결해야 한다.

2.4.1.4 통신 네트워크와 상호 운용성

네 번째 리소스 연구 과제는 향후 통신 네트워크와의 상호 운용성과 관련이 있다. 에지 컴퓨팅 시스템과 관련해 네트워크 자체는 에지 솔루션의 전체 성능을 정의하는 중요한 리소스다. 리소스 관리 전략은 에지 시스템의 효율적인 운영을 위해 네트워크 리소스 및 연산 자원을 고려해야 한다[14]. 초기 에지 컴퓨팅 제안은 연산 리소스에 액세스하고자 전적으로 WLAN 기술을 사용했다. 그러나 5G가 등장함에 따라 연산 리소스에 액세스하는 방법이 변경될 가능성이 있다. 촉각 인터넷^{tactile Internet}[13] 수준에서 제공되는 QoS는 5G 시스템을 에지 컴퓨팅을 액세스하기 위한 강력한 대안으로 만들 것이다[52]. ETSI^{European Telecommunications Standards Institute}는 에지 시스템의 잠재력을 고려해 통신 업계의 많은 기고자와 함께 다중 액세스 에지 컴퓨팅^{MEC} 표준화를 시작했다[53]. MEC는 원칙적으로 5G 시스템의 고유 구성 요소로 구성된 에지 컴퓨팅 아키텍처다. 5G 실제 구현을 통해 에지 컴퓨팅 서비스가 MEC 기능에 의존할 것인지 또는 고대역폭 5G 네트워크 기능을 사용하고 OTT^{Over-the-Top}로 사용할지는 아직 명확하지 않으며, 비용 및 개방성을 포함한 매개 변수에 따라 달라진다. 5G 아키텍처 내에서 고유한 위치를 갖는 ETSI-MEC는 일반적으로 에지 시스템과 통신 사업자의 전체 네트워크 운영과 밀접한 관련이 있다.

2.4.1.5 에지 시스템을 위한 네트워크 슬라이싱

다섯 번째 리소스 문제는 에지 시스템의 네트워크 슬라이스^{network slice} 조정과 관련돼 있다. 미래의 네트워크에서 제공될 것으로 예상되는 또 다른 중요한 기술은 네트워크 슬라이싱 기술이다. 네트워크 슬라이스는 일련의 매개 변수를 사용해 필요에 따라 생성할 수 있는 물리적 또는 가상 네트워크에 중첩된 논리적 네트워크로 정의된다[52]. 슬라이싱을 통해 네트워크 운영자는 서비스 또는 서비스 그룹에 특정한 QoS를 제공할 수 있다.

네트워크 슬라이싱은 에지 컴퓨팅에서 특별한 접근 방식은 아니지만, 에지 시스템의 작동과 성능에 큰 영향을 미친다. 에지 서버의 각 서비스 전용 엔드 투 엔드 슬라이스가 유용할 것이다. 그러나 확장성 및 관리 문제로 인해 슬라이스가 세분화됨에 따라 이러한 작업이 어려워지고 있다. 또한 에지 컴퓨팅과 관련된 슬라이싱은 에지와 클라우드 서버 간 상호 작용의 양^{volume}을 고려해야 한다. 간단한 방법은 모든 에지 배포에 슬라이스를 할당하고 에지 오케스트레이션 시스템^{edge orchestration system}이 에지 시스템 내에서 추가 리소스를 할당할 것으로 예상하는 것이다. 통합 설정에서, 한정된 용량의 리소스는 일련의 독립형 에지 시스템에 할당될 수 있으며, 개별 에지 시스템의 전체 슬라이스는 자원 사용을 고려해 전체적으로 조정될 수 있다.

---

13 사람의 촉각(촉감)이 느낄 만큼 정보를 매우 빠른 속도로 전송하는 인터넷 서비스를 말한다. - 옮긴이

2.4.2 모델링 연구 과제

에지 컴퓨팅은 MEC, 모바일 MCC, 클라우드렛, 포그 컴퓨팅과 같은 다양한 기술과 함께 발전하고 있다[5]. 이것들은 다른 기술을 사용해 여러 도메인에서 에지 컴퓨팅을 활용할 수 있다는 것을 의미한다. 사실상의 표준이 없고 문헌에 등장하는 많은 에지 아키텍처가 있다는 점을 감안할 때 에지 시스템을 모델링하고 분석하는 도구가 필요하다.

에지 시스템을 모델링하는 한 가지 옵션은 사용 사례의 요구 사항에 맞는 테스트 베드 test bed를 구현하는 것이다. 리소스(연산 및 네트워크)를 가상화할 수 있는 오픈소스 도구의 가용성을 고려할 때 연구 환경을 위한 테스트 베드를 개발하는 것이 가능할 것이다. 예를 들어 Living Edge Lab[14]은 실험용 테스트 베드다. 그러나 테스트 베드를 설치하는 것은 상당한 비용이 발생할 수 있다. 또한 완벽한 성능 분석을 위해 테스트 베드와 실제 배포는 시뮬레이터를 사용해 얻을 수 있는 반복 가능하고 확장 가능한 실험에 적합하지 않을 수 있다[50]. 따라서 시뮬레이터simulator는 철저한 평가를 위해 실험용 테스트 베드를 보완하는 데 사용된다.

시뮬레이터의 핵심은 환경을 포착하는 복잡한 수학적 모델이다. 시뮬레이터가 유리하지만 이상적인(또는 합리적인) 시뮬레이터를 설계할 때 발생하는 수많은 모델링 문제를 해결해야 한다[51]. 이상적인 시뮬레이션 환경은 프로그래밍 API, 구성 파일 관리, UI 대시보드를 사용해 최소한의 수동 작업으로 쉽게 모델링이 가능해야 한다. 에지 시뮬레이터에도 동일한 원리가 적용될 것으로 예상한다. 2.4.2절에서는 이상적인 에지 시뮬레이터를 위해 해결해야 하는 다섯 가지 구체적인 모델링 연구 과제를 고려한다.

2.4.2.1 연산 리소스 모델링

클라우드 데이터 센터와 마찬가지로 에지 서버는 가상머신 및 컨테이너와 같은 가상화 기술을 통해 사용자에게 연산 기능을 제공할 것이다[12]. 이러한 맥락에서 시뮬레이션 환경은 가상 리소스의 생성, 크기 조정, 마이그레이션을 지원하고 CPU, 메모리, 네트워크 리소스 사용을 세분화 수준(프로세스, 애플리케이션, 전체 노드)을 고려해 모델링해야 한다. 이 모델은 기존 트래픽 라우팅 노드, 전용 또는 다양한 리소스를 조합해 설계한다.

---

14 https://www.openedgecomputing.org/

2.4.2.2 수요 모델링

에지 컴퓨팅 시스템의 부하를 모델링할 수 있으려면 개별 사용자(또는 사용자 집합)가 요구하는 에지 리소스에 대한 수요를 모델링해야 한다. 모바일 디바이스의 이질성과 다양한 애플리케이션에서 생성된 트래픽을 처리하는 것은 복잡하다. 최종 사용자 디바이스나 클라우드 서버는 연산을 위해 에지 서버로 오프로드할 수 있으며, 이는 수요 모델에서 설명해야 한다. 에지에서 트래픽의 수요 분배 및 도착 시간을 고려해야 한다. 미리 정의된 배포판이 있는 사용자 및/또는 애플리케이션 제품군의 프로필도 유용하다.

2.4.2.3 이동성 모델링

이동성은 에지에서의 시간 변동 요구를 정확하게 모델링할 때 고려해야 할 핵심 구성 요소다. 이동성에 대한 필요성은 여러 사용 사례에서 확인할 수 있다. 예를 들어 웨어러블 디바이스를 가진 사람이 한 에지 서버의 커버리지 영역에서 다른 에지 서버의 커버리지 영역으로 서비스를 마이그레이션하거나 다른 에지 서버의 사용자 데이터를 사용해 서비스를 복제할 수 있다. 이러한 사용 사례에서 시뮬레이션 환경은 다양한 형태의 이동성을 고려한 실험 환경을 설계할 수 있어야 한다.

2.4.2.4 네트워크 모델링

네트워크 성능 및 동작 패턴은 에지 시스템의 전반적인 작동에 매우 중요하다. 와이파이, 블루투스, 셀룰러 네트워크 등 서로 다른 네트워크 액세스 기술을 사용해 작동하는 동적 워크로드^{dynamic workload} 때문에 정확한 네트워크 지연 모델링^{network delay modeling}을 적용하는 것은 쉽지 않다. 레거시 네트워크 시뮬레이터^{legacy network simulator}와 달리 에지 시뮬레이션 도구는 네트워크 리소스를 빠르게 확장할 수 있어야 한다. 이 요구 사항은 앞에서 설명한 여러 개의 네트워크 슬라이스를 모델링해야 하는 슬라이싱 접근 방식으로 인해 발생한다[52].

2.4.2.5 시뮬레이터 효율성

시뮬레이터는 확장 가능하고 변화하는 인프라 요구 사항에 맞게 확장할 수 있으며 사용하기 쉬워야 한다. 사물인터넷과 네트워크 장비 간 통신을 고려할 때 연합 에지 리소스를 고려한 시뮬레이터의 시간 복잡도는 많은 디바이스와 사용자의 연결을 모델링해야 한다.

2.5 결론

2장에서는 일반적으로 클라우드 데이터 센터에 집중돼 있는 컴퓨터 리소스를 에지 컴퓨팅 아키텍처를 통해 네트워크 에지에서 사용할 수 있도록 제안했다. 에지 리소스는 지리적으로 분산돼 있으며, 데이터 센터 및 사용자 디바이스의 요청을 모두 처리할 수 있고, 전 세계적으로 액세스가 가능한 에지 계층을 위해 통합돼야 한다. 2장의 목적은 지리적으로 분산된 에지 리소스를 통합하고 해결해야 할 몇 가지 과제를 강조하는 것이다. 2장에서는 먼저 네트워크와 리소스 관리 문제에 대해 논의했다. 그런 다음 참고 문헌을 참고해 기존 연구가 어떻게 이러한 문제를 해결할 수 있는지 검토하고 향후 로드맵을 제공했다. 그 후 연합된 에지에 대한 리소스 및 모델링과 관련된 추가적인 연구 과제를 제시했다. 2장의 핵심 메시지는 에지 리소스를 통합하는 것은 쉬운 일이 아니라는 것이다. 사회적, 법적 측면뿐만 아니라 퍼블릭 에지 컴퓨팅을 촉진할 수 있는 기술은 아직 걸음마 단계에 있고 빠르게 변화하고 있다. 연합된 에지 컴퓨팅을 현실화하기 위한 새로운 솔루션을 개발하고자 해결해야 할 네트워킹, 관리, 리소스, 모델링과 관련된 수많은 기술적 연구 과제가 존재한다.

참고 문헌

1 B. Varghese, and R. Buyya. Next generation cloud computing: New trends and research directions. *Future Generation Computer Systems*, 79(3): 849-861, February 2018.

2 W. Shi, and S. Dustdar. The promise of edge computing. *Computer*, 49(5): 78-81, May 2016.

3 T. Taleb, K. Samdanis, B. Mada, H. Flinck, S. Dutta, and D. Sabella. On multi-access edge computing: A survey of the emerging 5G network edge architecture and orchestration. *IEEE Communications Surveys & Tutorials*, 19(3): 1657-1681, May 2017.

4 R. Vilalta, A. Mayoral, D. Pubill, R. Casellas, R. Martínez, J. Serra, and R. Muñoz. End-to-end SDN orchestration of IoT services using an SDN/NFV-enabled edge node. In *Proceedings of Optical Fiber Communications Conference and Exhibition*, Anaheim, CA, USA, March 20-24, 2016.

5 A. C. Baktir, A. Ozgovde, and C. Ersoy. How can edge computing benefit from software-defined networking: A survey, Use Cases & Future Directions. *IEEE Communications Surveys & Tutorials*, 19(4): 2359−2391, June 2017.

6 T. Q. Dinh, J. Tang, Q.D. La, and T.Q.S. Quek. Offloading in mobile edge computing: Task allocation and computational frequency scaling. *IEEE Transactions on Communications*, 65(8): 3571−3584, August, 2017.

7 L. F. Bittencourt, M. M. Lopes, I. Petri, and O. F. Rana. Towards virtual machine migration in fog computing. *10th International Conference on P2P, Parallel, Grid, Cloud and Internet Computing*, Krakow, Poland, November 4−6, 2015.

8 J. Xu, L. Chen, and S. Ren, Online learning for offloading and autoscaling in energy harvesting mobile edge computing. *IEEE Transactions on Cognitive Communications and Networking*, 3(3): 361−373, September 2017.

9 N. Apolonia, F. Freitag, L. Navarro, S. Girdzijauskas, and V. Vlassov. Gossip-based service monitoring platform for wireless edge cloud computing. In *Proceedings of the 14th International Conference on Networking, Sensing and Control, Calabria*, Italy, May 16−18, 2017.

10 M. Satyanarayanan. Edge computing: Vision and challenges. *IEEE Internet of Things Journal*, 3(5): 637−646, June 2016.

11 N.Wang, B. Varghese, M. Matthaiou, and D. S. Nikolopoulos. ENORM: A framework for edge node resource management. *IEEE Transactions on Services Computing*, PP(99): 1−1, September 2017.

12 B. Varghese, N. Wang, S. Barbhuiya, P. Kilpatrick, and D. S. Nikolopoulos. Challenges and opportunities in edge computing. In *Proceedings of the International Conference on Smart cloud*, New York, USA, November 18−20, 2016.

13 Z. Hao, E. Novak, S. Yi, and Q. Li. Challenges and software architecture for fog computing. *IEEE Internet Computing*, 21(2): 44−53, March 2011.

14 C. Sonmez, A. Ozgovde, and C. Ersoy. EdgeCloudSim: An environment for performance evaluation of edge computing systems. In *Proceedings of the 2nd International Conference on Fog and Mobile Edge Computing*. Valencia, Spain, May 8−11, 2017.

15 S. Yi, C. Li, and Q. Li. A survey of fog computing: Concepts, applications and issues. In *Proceedings of the Workshop on Mobile Big Data*. Hangzhou, China,

June 22 – 25, 2015.

16 L. M. Vaquero and L. Rodero-Merino. Finding your way in the fog: Towards a comprehensive definition of fog computing. *SIGCOMM Computer Communication Review*, 44(5): 27 – 32, October 2014.

17 I. Stojmenovic, S. Wen, X. Huang, and H. Luan. An overview of fog computing and its security issues, *Concurrency and Computation: Practice and Experience*, 28(10): 2991 – 3005, April 2015.

18 A. C. Baktir, A. Ozgovde, and C. Ersoy. Enabling service-centric networks for cloudlets using SDN. in *Proceedings of the 15th International Symposium on Integrated Network and Service Management*, Lisbon, Portugal, May 8 – 12, 2017.

19 H. Farhady, H. Lee, and A. Nakao. Software-Defined Networking: A survey, *Computer Networks*, 81(C): 79 – 95, December 2014.

20 R. Jain, and S. Paul. Network virtualization and software defined networking for cloud computing: A survey. *IEEE Communications Magazine*, 51(11): 24 – 31, 2013.

21 M. Jammal, T. Singh, A. Shami, R. Asal, and Y. Li. Software defined networking: State of the art and research challenges, *Computer Networks*, 72: 74 – 98, 2014.

22 V. R. Tadinada. Software defined networking: Redefining the future of Internet in IoT and cloud era. In *Proceedings of the 4th International Conference on Future Internet of Things and cloud*, Barcelona, Spain, August 22 – 24, 2014.

23 Open Networking Foundation. OpenFlow Switch Specification Version 1.5.1, https://www.opennetworking.org/images/stories/downloads/sdn-resources/ onf-specifications/openflow/. Accessed December 2017.

24 S. Tomovic, M. Pejanovic-Djurisic, and I. Radusinovic. SDN based mobile networks: Concepts and benefits. *Wireless Personal Communications*, 78(3): 1629 – 1644, July 2014.

25 X. N. Nguyen, D. Saucez, C. Barakat, and T. Turletti. Rules placement problem in OpenFlow networks: A survey. *IEEE Communications Surveys & Tutorials*, 18(2): 1273 – 1286, December 2016.

26 G. Luo, S. Jia, Z. Liu, K. Zhu, and L. Zhang. sdnMAC: A software defined networking based MAC protocol in VANETs. In *Proceedings of the 24th International Symposium on Quality of Service*, Beijing, China, June 20 – 21,

2016.

27 Geni, http://groups.geni.net/geni/wiki/OpenFlowDiscoveryProtocol/. Accessed on 14 March, 2018.

28 B. Pfaff, J. Pettit, T. Koponen, E. J. Jackson, A. Zhou, J. Rajahalme, J. Gross, A. Wang, J. Stringer, P. Shelar, K. Amidon, and M. Casado. 2015. The design and implementation of open vSwitch. In *Proceedings of the 12th USENIX Conference on Networked Systems Design and Implementation*, Berkeley, CA, USA, May 7 - 8, 2015.

29 R. Mijumbi, J. Serrat, J. Rubio-Loyola, N. Bouten, F. De Turck, and S. Latre. Dynamic resource management in SDN-based virtualized networks, in *Proceedings of the 10th International Conference on Network and Service Management, Rio de Janeiro*, Brazil, November 17 - 21, 2014.

30 J. Bailey, and S. Stuart. Faucet: Deploying SDN in the enterprise, *ACM Queue*, 14(5): 54 - 68, November 2016.

31 C. Puliafito, E. Mingozzi, and G. Anastasi. Fog computing for the Internet of Mobile Things: Issues and challenges, in *Proceedings of the 3rd International Conference on Smart Computing*, Hong Kong, China, May 29 - 31, 2017.

32 A. Mendiola, J. Astorga, E. Jacob, and M. Higuero. A survey on the contributions of Software-Defined Networking to Traffic Engineering, *IEEE Communications Surveys & Tutorials*, 19(2), 918 - 953, November 2016.

33 N. B. Truong, G. M. Lee, and Y. Ghamri-Doudane. Software defined networking-based vehicular ad hoc network with fog computing, in *Proceedings of IFIP/IEEE International Symposium on Integrated Network Management*, Ottawa, ON, Canada, May 11 - 15, 2015.

34 K. Bakshi, Considerations for software defined networking, SDN): Approaches and use cases, in *Proceedings of IEEE Aerospace Conference*, Big Sky, MT, USA, March 2 - 9, 2013.

35 Open Networking Foundation. SDN Definition, https://www.opennetworking. org/sdn-resources/sdn-definition. Accessed on November 2017.

36 C. J. Bernardos, A. De La Oliva, P. Serrano, A. Banchs, L. M. Contreras, H. Jin, and J. C. Zuniga. An architecture for software defined wireless networking, *IEEE Wireless Communications*, 21(3), 52 - 61, June 2014.

37 Open Networking Foundation. Northbound Interfaces, https://www. opennetworking.org/images/stories/downloads/working-groups/charternbi.pdf,

Accessed on: 14 March, 2018.

38 Open Networking Foundation. Special Report: OpenFlow and SDN — State of the union, https://www.opennetworking.org/images/stories/downloads/sdn-resources/special-reports/Special-Report-OpenFlow-and-SDN-State-ofthe-Union-B.pdf. Accessed on 14 March, 2018.

39 B. Amento, B. Balasubramanian, R. J. Hall, K. Joshi, G. Jung, and K. H. Purdy. FocusStack: Orchestrating edge clouds using location-based focus of attention. In *Proceedings of IEEE/ACM Symposium on Edge Computing*, Washington, DC, USA, October 27 – 28, 2016.

40 P. Liu, D. Willis, and S. Banerjee. ParaDrop: Enabling lightweight multi-tenancy at the network's extreme edge. In *Proceedings of IEEE/ACM Symposium on edge Computing*, Washington, DC, USA, October 27 – 28, 2016.

41 B. Varghese, N. Wang, J. Li, and D. S. Nikolopoulos. Edge-as-a-service: Towards distributed cloud architectures. In *Proceedings of the 46th International Conference on Parallel Computing*, Bristol, United Kingdom, August 14 – 17, 2017.

42 S. Nastic, H. L. Truong, and S. Dustdar. A middleware infrastructure for utility-based provisioning of IoT cloud systems. In *Proceedings of IEEE/ACM Symposium on edge Computing*, Washington, DC, USA, October 27 – 28, 2016.

43 V. K. Vavilapalli, A. C. Murthy, C. Douglas, S. Agarwal, M. Konar, R. Evans, T. Graves, J. Lowe, H. Shah, S. Seth, B. Saha, C. Curino, O. O'Malley, S. Radia, B. Reed, and E. Baldeschwieler. Apache Hadoop YARN: Yet another resource negotiator, in *Proceedings of the 4th Annual Symposium on cloud Computing*, Santa Clara, California, October 1 – 3, 2013.

44 B. Hindman, A. Konwinski, M. Zaharia, A. Ghodsi, A. D. Joseph, R. Katz, S. Shenker, and I. Stoica. Mesos: A platform for fine-grained resource sharing in the data center, in *Proceedings of the 8th USENIX Conference on Networked Systems Design and Implementation*, Berkeley, CA, USA, March 30 – April 01, 2011.

45 C. Clark, K. Fraser, S. Hand, J. G. Hansen, E. Jul, C. Limpach, I. Pratt, and A. Warfield. Live migration of virtual machines. In *Proceedings of the 2nd conference on Symposium on Networked Systems Design & Implementation*, Berkeley, CA, USA, May 2 – 4, 2005.

46 S. Wang, R. Urgaonkar, M. Zafer, T. He, K. Chan, and K. K. Leung. Dynamic service migration in mobile edge-clouds, *IFIP Networking Conference*, 91 (C):

205 - 228, September 2015.

47 F. Callegati, and W. Cerroni. Live migration of virtualized edge networks: Analytical modelling and performance evaluation, in *Proceedings of the IEEE SDN for Future Networks and Services*, Trento, Italy, November 11 - 13, 2013.

48 D. Darsena, G. Gelli, A. Manzalini, F. Melito, and F. Verde. Live migration of virtual machines among edge networks viaWAN links. In *Proceedings of the 22nd Future Network & Mobile Summit*, Lisbon, Portugal, July 3 - 5, 2013.

49 S. Shekhar, and A. Gokhale. Dynamic resource management across cloud-edge resources for performance-sensitive applications. In *Proceedings of the 17th IEEE/ACM International Symposium on Cluster*, Cloud and Grid Computing, Madrid, Spain, May 14 - 17, 2017.

50 G. D'Angelo, S. Ferretti, and V. Ghini. Modelling the Internet of Things: A simulation perspective. In *Proceedings of the International Conference on High Performance Computing Simulation*, Genoa, Italy, July 17 - 21, 2017.

51 G. Kecskemeti, G. Casale, D. N. Jha, J. Lyon, and R. Ranjan. Modelling and simulation challenges in Internet of Things, *IEEE Cloud Computing*, 4(1): 62 - 69, January 2017.

52 X. Foukas, G. Patounas, A. Elmokashfi, and M.K. Marina. Network slicing in 5G: Survey and challenges, *IEEE Communications Magazine*, 55(5): 94 - 100, May 2017.

53 Y.C. Hu, M. Patel, D. Sabella, N. Sprecher, and V. Young. Mobile edge computing—A key technology towards 5G, *ETSI White Paper*, 11(11):1 - 16, September 2015.

IoT + 포그 + 클라우드 인프라 통합:
시스템 모델링 및 연구 과제

구토 산토스[Guto Leoni Santos], 마테우스 페레이라[Matheus Ferreira], 레이레인 페레이라[Leylane Ferreira], 주디스 컬너[Judith Kelner],
자멜 사독[Djamel Sadok], 에디슨 앨버커키[Edison Albuquerque], 테오 린[Theo Lynn], 패트리샤 타카코 엔도[Patricia Takako Endo]

3.1 소개

기술 및 상호 작용하는 방식을 소셜 미디어, 클라우드 컴퓨팅, 빅데이터 및 관련 분석, 모바일 기술, 사물인터넷[IoT]이 변화시키고 있다는 인식이 학계, 산업계, 정책 입안자들에게 널리 퍼져 있다[1, 2]. 흔히 만물인터넷[IoE, Internet of Everything] 또는 '제3의 IT 플랫폼'이라고 불리는 기술들로 인해 디바이스 및 인프라 간의 상호 의존성이 더욱 커지게 할 것으로 예상된다. 시스코[Cisco]는 현재 약 80~100억 건의 다양한 디바이스와 연결된 IoE가 있다고 추정하고 있다[3].

클라우드 컴퓨팅은 IoT를 위한 핵심 기술이지만, 연결된 또는 사이버 물리적인 개체[cyber-physical object]의 비율이 증가하면 컴퓨팅 공간에서 급격한 변화와 초연결[hyper-connectivity]의 쓰나미[tsunami]가 발생한다. 오늘날의 인프라는 서비스 품질[QoS, Quality of Service]를 높이고자 노력하고 있다. 서비스 프로바이더 간의 매우 낮고 예측 가능한 지연 시간 또는 상호 운용성이 요구되는 대규모 분산 제어 시스템, 지리적으로 분산된 애플리케이션, 시간 의존적인 모바일 애플리케이션 또는 애플리케이션은 기존 클라우드 인프라가 하이퍼스케일[hyperscale] 관리에 적합하지 않은 IoT 애플리케이션의 일부에 불과하다[4]. 기존의 클라우드 컴퓨팅 아키텍처는 극단적인 지리적 분포, 네트워크 장비의 이질성 및 역동성을 특징으로 하는 IoT를 위해 설계된 것이 아니다. 이와 같이 C2T[Cloud-to-Thing], 스토리지 및 통신

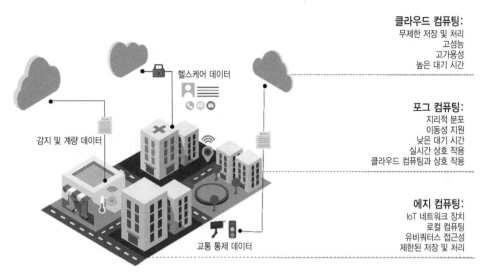

클라우드 컴퓨팅:
무제한 저장 및 처리
고성능
고가용성
높은 대기 시간

포그 컴퓨팅:
지리적 분포
이동성 지원
낮은 대기 시간
실시간 상호 작용
클라우드 컴퓨팅과 상호 작용

에지 컴퓨팅:
IoT 네트워크 장치
로컬 컴퓨팅
유비쿼터스 접근성
제한된 저장 및 처리

헬스케어 데이터

감지 및 계량 데이터

교통 통제 데이터

그림 3.1 IoT 디바이스와 포그 및 클라우드 컴퓨팅의 통합

요구 사항뿐만 아니라 IoT의 요구 사항(확장성, 상호 운용성, 유연성, 신뢰성, 효율성, 가용성, 보안)을 충족하기 위한 새로운 접근 방식이 요구된다[5].

포그 컴퓨팅은 그림 3.1과 같이 클라우드와 연결되거나 중간 컴퓨팅 요소(포그 노드)가 데이터 관리 또는 통신 서비스를 제공하는 스마트한 엔드-디바이스[end-device] 사이에 위치한 컴퓨팅 패러다임으로 발전했다[6]. 포그 컴퓨팅은 서비스 제공 업체 간의 실시간 상호 운용성, 디바이스 이동, 실시간 처리 및 분석을 위해 도입됐고 결과적으로 서비스 품질[QoS]을 향상시키는 것이 최종 목표다[4]. 이러한 장점에도 불구하고 포그 컴퓨팅은 C2T 연속체의 운영자가 리소스 조정 및 관리뿐만 아니라 고려해야 할 복잡성 계층을 추가한다[4, 7]. 클라우드 및 엔드 포인트[end point]의 장애뿐만 아니라 전체 C2T 연속체에서 장애의 가능성과 영향을 고려해야 한다.

3장에서는 클라우드 컴퓨팅, 포그 컴퓨팅 및 IoT(C2F2T)로 구성된 통합 C2T 시스템을 제안하고, 또한 평가를 위한 모델링 관련 기술 문헌을 검토한다. 3장의 나머지 부분은 다음과 같이 구성돼 있다. 3.2절에서는 문헌 검토를 통해 채택한 방법론을 설명하고, 3장에서 사용하고자 선택한 최종 연구 논문의 기술 분석을 제공한다. 4.3절에서는 분석 모델[analytical model], 페트리 네트[Petri Net] 모델, 정수형 선형 프로그래밍[integer linear programming], 기타 접근 방식 등 네 가지 카테고리를 기준으로 클라우드 컴퓨팅, 포그 컴퓨팅 및 IoT 연구에 사용되는 기존 시스템 모델링 기법을 분석한다. 4.4절에서는 기존 연구에서 모델링된 주요 시나리오를 설명하고 4.5절에서는 평가에 사용된 측정 기준^{metrics}을 설명한다. 3장에서는 연구 과제와 향후 연구 방향을 논의한다.

3.2 방법론

문헌을 체계적으로 검토하는 목적은 다음과 같다. (i) 통합된 C2F2T 시스템을 구현하고 평가하기 위한 모델링 기술의 사용 (ii) 모델링된 주요 시나리오 (iii) 모델을 평가하는 데 사용되는 메트릭스. 일반적으로 문헌 검토는 논문[8]에 요약돼 있고, 그림 3.2에 설명된 방법론을 따른다.

논문[9]에서 저자는 완벽한 범위$^{complete\ coverage}$를 목표로 한다고 제안했지만, 그러한 범위는 실현 가능하지 않다. 따라서 우리는 참고 문헌을 컴퓨터 과학 분야로 제한하고

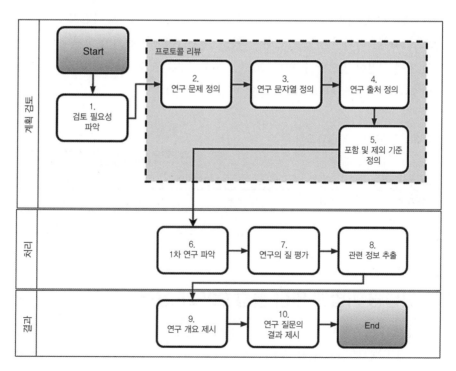

그림 3.2 체계적인 검토 단계. 논문[8]에서 인용

Science Direct, IEEE Xplore, ACM Digital Library 세 가지 저널 출판물에만 한정한다. 문헌 검색은 모델링, 클라우드 컴퓨팅, IoT 분야로 제한했다. 포그 컴퓨팅을 특징으로 하는 통합 C2F2T 논문에서는 클라우드 컴퓨팅과 IoT 키워드가 필요할 것으로 판단됐기 때문에 'fog'를 문자열에 포함시키지 않았다. 이와 같이 검색은 AND(클라우드 OR 클라우드 컴퓨팅) AND[IoT OR Internet of Things]와 같이 검색에 포함되는 출판물로 한정했다.

최초 검색에서 2013년부터 2017년까지 1,857권의 출판물을 발견했다. 콘퍼런스와 저널 논문을 고려했지만 도서, 박사 논문, 산업 출판물은 제외했다. 논문 초록은 더욱 면밀하게 조사했고 23개의 관련 논문과 함께 최종 목록을 작성했다. 논문은 주로 다음과 같은 네 가지 이유로 생략됐다. (i) 주요 관심사는 C2T 시스템과 관련이 없다. (ii) 논문은 비즈니스 모델링과 관련이 있다. (iii) 아키텍처는 모델로 잘못 표시됐다. (iv) 모델이나 모델 기법이 부족하다. 최종으로 선정된 논문이 문헌 검색 기준을 충족하는지 확인하고자 최종 23개의 논문에 대한 전문[full texts]을 평가했다. 표 3.1은 초기 검색 결과와 최종 선택된 논문의 수를 나타낸다. 표 3.2는 연도별 및 발행 출처별로 선택된 논문의 목록을 나타낸다.

표 3.2에서 확인할 수 있듯이 가장 많은 수의 논문은 2016년(11), 2017년(5)에 출간됐다. 클라우딩 컴퓨팅, IoT, 포그 컴퓨팅은 모두 비교적 새로운 분야인 만큼 주제를 구체적으로 다루는 학회지는 드물고, 존재하는 논문은 IEEE와 관련이 없거나 승인을 위해 더 긴 처리 시간이 필요할 수 있다. 2013년 이후 콘퍼런스 논문 수가 증가하는 것을 감안하면 앞으로 더 많은 저널 논문이 나올 것으로 예상된다.

표 3.1 체계적인 검색 결과 요약

리포지터리	사이언스 다이렉트	IEEE 익스플로어	ACM 디지털 라이브러리	합계
초기 검색	1,244	426	187	1,857
최종 선택	10	12	1	23

3.3 모델링 기법에 의한 통합 C2F2F 문헌

3.3절에서는 수행 단계에서 식별된 논문의 샘플에서 사용된 모델링 기법을 분석한다. 분석된 논문에서는 광범위한 기술이 확인됐다. 그림 3.3에 제시된 내용에 따르면 페트리 네

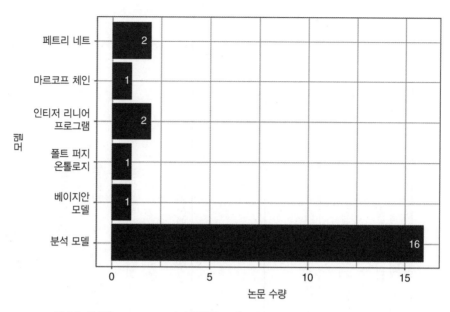

그림 3.3 클라우드, 포그, IoT 간의 통합을 모델링하는 데 가장 많이 사용되는 접근 방식

트[Petri Net] 및 정수 선형 프로그램[Integer Linear Program] 분석 모델이 통합 C2F2T 시스템을 모델링하는 데 사용되는 가장 일반적인 기술임을 알 수 있다.

3.3.1 분석 모델

분석 모델[analytical model]은 닫힌 형식의 해[closed-form solution]가 있는 수학적 모델이다. 예를 들어 주어진 시스템의 변화를 설명하는 데 사용되는 방정식의 해는 수학적 분석 함수로 표현할 수 있다. 일반적으로 분석 모델을 사용해 워크로드 동작[workload behavior], 콘텐츠 및 볼륨 변경과 관련된 컴퓨팅 리소스 요구 사항을 예측하고, 하드웨어 및 소프트웨어 변경으로 인한 영향을 측정할 수 있다[33]. 그러나 대부분의 분석 모델은 근사값[approximation]에 의존하므로 이러한 모델이 특정 모델의 결과에 어떤 영향을 미치는지 이해하는 것이 중요하다. 분석 모델을 사용하는 논문은 모델링 기법을 특징으로 하는 C2F2T 문헌의 대다수를 차지하는 것을 관찰할 수 있다. 이 체계적인 검토에서 분석 모델을 사용해 16개의 논문[article]을 찾아냈다.

논문 [18]의 저자는 계층의 각 물리적 및 가상 구성 요소와 연관된 특정한 벡터[vector]로

표 3.2 IoT, 포그 및 클라우드 통합 모델링에 대한 논문

연도/소스	IEEE	사이언스 다이렉트	ACM
2013	0	클라우드 센서 시스템 기반 스마트 리빙의 멀티센서 게이트웨이를 위한 고성능 스케줄링 모델 [10] IoT 북합 서비스를 위한 QoS 인식 컴퓨팅 방법[11]	0
합계		2	0
2014	모바일 IoT 애플리케이션을 위한 에너지 효율 및 품질 중심의 지속적인 센서 관리 [12]	대규모 내결함성 무선 센서 네트워크를 위한 결함 퍼지 온톨로지 [13]	0
합계	1	1	0
2015	에너지 효율적인 IoT 네트워크를 위한 가상화 프레임워크 [14] 클라우드 컴퓨팅을 통한 IoT의 블루멤도 [15] 서비스 지향 사물인터넷의 신뢰성 모델링 [16]	0	0
합계		0	
2016	IoT를 위한 쿼리 처리: IoT 장비의 에너지 소비와 클라우드 인프라 과금과의 결합 [17] IoT 및 클라우드(IoT-cloud)를 위한 위치 기반 인터랙티브 모델 [19] 가드레일 충돌 감지를 위한 IoT 기반 시스템[21] F2C(Fog-to-Cloud) 시나리오에서의 분산 서비스 할당 [23] IoT 위한 포그 컴퓨팅 및 마이크로 그리드 상호 연결 [25] 포그 컴퓨팅의 이론적 모델링: IoT 애플리케이션을 지원하는 그린 컴퓨팅 패러다임 [27]	3 계층 사물 클라우드에 대한 시스템 모델링 및 성능 평가 [18] IoT 기반의 행동 모델의 협업 구축 [20] 클라우드 및 IoT 서비스의 콘텍스트 인식 QoS 예측을 위한 팩저 기반 이웃 모델 [22] 나이브 베이지안 모델을 사용한 IoT 환경에서의 이벤트 예측 [24] 서비스로서의 모바일 클라우드 센싱: 센서 클라우드 위치한 애플리케이션을 위한 플랫폼 [26]	0
합계	6	5	0
2017	이기종 IoT에서 애플리케이션 인식 리소스 프로비저닝 [28] IoT 데이터 스트림 분석을 위해 에지 클라우드에서 재생에 너지 활용 [31]	분산 헬스 정보 시스템에서 웨어러블 IoT 데이터 스트림 처리 [29] 에지 컴퓨팅을 사용한 연산 오프로딩을 위한 인센티브 메커니즘: Stackelberg 게임 접근 방식 [32]	포그 컴퓨팅 지원 IoT 네트워크에서 새로운 분산 지연 시간 인식 데이터 처리 [30]
합계	2	2	1

설명되는 아키텍처를 정의했다. 일련의 방정식은 시나리오의 소비 전력 및 네트워크 지연 시간과 같은 측정 기준을 계산하고자 정의됐다.

논문 [30]의 저자는 아키텍처에 존재하는 게이트웨이 수(IoT 디바이스에서 클라우드 인프라 또는 포그 디바이스로 데이터를 수신하는 장비)와 각 게이트웨이에 대해 수신한 총 데이터 및 각 게이트웨이가 데이터를 처리하는 데 소요된 시간을 고려했다. 또한 사용 가능한 버퍼와 게이트웨이 버퍼의 점유 효율성을 나타내는 방정식을 제안했다. 게이트웨이에서 사용 가능한 공간에 따라 데이터가 더 높은 계층으로 전송되기 때문에 데이터 처리 지연 시간이 늘어난다. 지연 연산^{calculation of the delay}을 위해 몇 가지 방정식이 정의돼 있으며, 저자는 게이트웨이의 효율적 최적화를 제안해 시스템의 모든 게이트웨이에 대한 점유율과 응답 시간 효율성을 향상시켰다.

논문 [20]의 저자는 IoT 환경의 스케줄링 메커니즘^{scheduling mechanism}을 활용하는 분석 모델을 제안한다. 제안한 방정식은 디바이스에서 처리할 로드의 추가^{addition of a load}를 나타내고자 정의된다. 이 과정에서 프로세서 로드^{processor load}, 사용 가능한 메모리 및 사용 가능한 네트워크 대역폭과 같은 몇 가지 변수를 고려한다.

논문 [22]에 제시된 연구는 IoT 서비스의 QoS를 예측할 수 있는 방법을 제안한다. 이 모델은 이웃 협력 필터^{neighborhood collaborative filter}를 기반으로 하며, 효율적인 글로벌 최적화 계획^{global optimization scheme}을 가능하게 한다. 대기 시간, 응답 시간, 네트워크 상태와 같은 서비스의 QoS를 정확하게 예측하고자 일련의 방정식을 정의했다.

게이트웨이에 의해 센서 애플리케이션을 관리하고자 스케줄링 모델이 논문 [10]에서 제안된다. 스케줄링 문제에서 애플리케이션이 요구하는 리소스를 고려한다. 방정식 (3.1)은 논문 [10]에 의해 공식화된 문제를 보여 준다. n개의 애플리케이션 $A = \{a_i(R_i, r_i, w_i(t), s_i(t))$인 시나리오에서, R_i는 자원 요구 벡터이며 $r_i \in [0, 1]$이 우선순위이고, $w_i(t)$는 필수 작업 상태이며 $s_i(t)$는 a_i의 실제 작업 상태를 나타낸다.

$$min.\varphi = \sum_{i=1}^{n} \int_0^T r_i w_i(t)[1 - s_i(t)]dt$$

$$s.\,t.(1) \sum_{i=1}^{n} u_i s_i(t) \leq \alpha_c u_c$$

$$(2) \sum_{i=1}^{n} c_i s_i(t) \leq \alpha_m c_m$$

$$(3) \sum_{i=1}^{n} b_i^I s_i(t) \leq \alpha_l b_l$$

$$(4) \sum_{i=1}^{n} b_i^O s_i(t) \leq \alpha_O b_O$$

방정식 3.1 논문 [10]에서 제안된 스키마(scheme)

적분^{integral}은 작업의 총 대기 시간을 계산한다. 여기서 T는 평가 시간이다. u_c, c_m, b_l, b_O는 각각 총 CPU 사용률, 총 메모리 용량, 입력 대역폭, 게이트웨이가 제공할 수 있는 출력 대역폭이다. 그리고 벡터 $[\alpha_c, \alpha_m, -\alpha_l, \alpha_O]$는 각각 CPU, 메모리, 입력 및 출력 대역폭에 대한 과부하 요소를 나타내며, 시스템이 어느 정도 원활하게 실행될 수 있는지를 나타낸다.

논문 [17]에서는 디바이스의 예상 에너지 소비량을 나타내기 위한 분석 표현과 IoT 서비스 업체의 디바이스 그룹에 대한 클라우드 과금 방법에 대해 제안한다. 방정식 (3.2)는 n개의 디바이스를 고려해 모니터링 기간 동안 각 디바이스의 에너지 소비량 T를 계산한다. 여기서 $E[\Psi_e]$는 디바이스의 쿼리 데이터 볼륨이며, g_e는 소비율(비트당 줄^{Joule})[1]이며 i_e는 각 장치의 '유휴^{idle}'에너지의 소비량이다. 두 번째 항의 적분은 유휴 모드에서 장치에서의 예상 에너지 소비를 나타낸다. $c_e E[\Psi_e]$는 애플리케이션이 '유휴' 모드를 활성화하는 임계값이며 $P_e(\omega_e)$는 Ψ_e의 확률 밀도 함수$^{density\ function}$를 나타낸다.

$$E_{\exp} = E[\Psi_e]g_e + i_e \int_0^{c_e E[\Psi_e]} (c_e E[\Psi_e] - \omega_e)P_e(\omega_e)d\omega_e$$

방정식 3.2 논문 [17]에서 제안된 에너지 소비 모델

방정식 (3.3)은 n개의 디바이스에서 집계된 쿼리 볼륨 n개를 고려해 클라우드의 예상 청구 비용을 계산한다. $E[\Psi_b]g_b$는 전송/저장 비용을 나타내고, 첫 번째 적분은 유휴 청구

---

1   줄(Joule)은 에너지 또는 일의 단위를 말한다. – 옮긴이

비용을 나타내고, 두 번째 적분은 활성 청구 비용에 해당한다. i_b는 1비트(쿼리당 비트 수) 전송 비용이고 c_b는 예상 과금 비용을 정의하는 연결 지점이다.

$$B_{\exp} = E[\Psi_b]g_b + i_b \int_0^{c_b} (c_b - \omega_b)P(\omega_b)d\omega_b$$
$$+ p_b \int_{c_b}^{\infty} (\omega_b - c_b)P(\omega_b)d\omega_b$$

방정식 3.3 Billing model presented in [15]

논문 [25]에서는 IoT 애플리케이션의 에너지 소비량을 줄이고자 마이크로그리드 microgrid[2]를 이용한 포그 컴퓨팅을 활용한 전략을 검토한다. 에너지 소비량을 평가하고자 두 가지 방정식이 제안됐다. 방정식 (3.4)는 클라우드 컴퓨팅을 사용해 IoT 서비스가 소비하는 에너지 소비량을 계산한다. 이 방정식은 IoT 디바이스 및 센서(E_{GW-r})에서 데이터를 수신할 때 IoT 게이트웨이가 소비하는 에너지, IoT 게이트웨이에서 데이터를 클라우드 데이터 센터(E_{GW-t})로 전송하고자 할 때 소비되는 에너지, IoT 게이트웨이와 클라우드(E_{net}) 간 전송 네트워크에서 소비하는 에너지, 데이터 센터의 구성 요소(E_{DC})에서 소비되는 에너지 등을 고려한다.

$$E_{IoT-cloud} = E_{GW-r} + E_{GW-t} + E_{net} + E_{DC}$$

방정식 3.4 IoT와 클라우드 인프라 사이의 에너지 소비량 계산 [25]

$$E_{IoT-fog} = E_{GW-r} + E_{GW-c} + \beta(E_{GW-t} + E_{net} + E_{DC})$$

방정식 3.5 IoT와 포그 인프라 간의 에너지 소비량 계산 [25]

방정식 (3.5)는 IoT와 포그 컴퓨팅 사이의 통신 에너지 소비량을 계산한다. 이 방정식은 이전 방정식의 동일한 성분과 2개의 다른 성분을 고려한다. E_{GW-c}는 로컬 연산 및 처리를 위한 IoT 게이트웨이에서 소비되는 에너지를 나타내며 β는 동기화를 위해 포그에서 클라우드 컴퓨팅으로 업데이트되는 수의 비율을 의미한다.

논문 [16]에서는 IoT 시나리오의 신뢰성을 추정하기 위한 분석 모델링을 스마트 홈 환

---

2   소규모 지역에서 전력을 자급자족할 수 있는 스마트그리드 시스템을 말한다. – 옮긴이

경에서 제안한다. 이 논문에서는 IoT 서비스의 신뢰성을 추정하기 위한 알고리즘이 제안 됐으며, 이는 n개의 서브 시스템에 의해 형성된다. IoT 시스템의 신뢰성을 위한 연산은 방정식 (3.6)에 정의돼 있다. 가상머신(P_{pr})에서 실행 중인 모든 k 프로그램의 가용성, 프로그램에 대한 f 입력 파일의 가용성(P_f) 및 각 서브 시스템(ISR)의 신뢰성, 즉 실행 중인 VM의 신뢰성을 고려한다.

$$R_s(t_b) = \prod_{i=1}^{N} ISR_i \, ISR_i \times \prod_{i=1}^{f} P_f(i) \times \prod_{i=1}^{k} P_{pr}(i)$$

방정식 3.6 논문 [16]에 제시된 신뢰성 방정식

논문 [15]에서 저자는 C2T 시스템의 보안 수준을 평가하기 위한 모델을 제시했다. 제안한 모델의 초점은 정보의 흐름에 맞춰져 있다. 여기서 시스템의 초기 상태가 정의되고 일련의 작업이 수행된다. 따라서 이러한 작업을 수행한 후 시스템은 새로운 상태에 도달한다.

예를 들어 논문 [11, 23, 32]에서 제시된 연구는 최적화 문제[optimization problems]를 해결하기 위해 분석 모델을 사용했다. 논문 [12]의 저자는 C2F2T 시나리오에서 최적의 서비스 할당을 찾고자 배낭 문제[MKP, Knapsack Problem]3를 사용했다. 연구진은 로드 밸런싱, 네트워크 지연, 에너지 소비량 등 다양한 측면을 고려했다. 따라서 서비스 할당[service allocation]은 배낭 문제로 정의되는데, 여기에서의 세 가지 목표는 디바이스의 에너지 소비량 최소화, 처리 용량 측면에서 과부하 최소화, 인프라에서 서비스의 전체 할당 최소화다. 논문 [32]에서 저자는 클라우드 사업자 간의 상호 작용에 대해 다루고 서비스의 최적화 문제를 다룬다. 연구진은 클라우드의 최적의 결제 방법 및 컴퓨팅 오프로드 문제를 해결하고자 클라우드 서비스를 적극적으로 활용했다. 논문 [11]의 저자는 가용성[availability], 신뢰성[reliability], 응답 시간[response time] 등을 고려해 IoT 복합 서비스의 QoS 문제를 해결할 수 있는 분석 모델링을 제안했다. QoS 제약 조건에서 최적의 비용을 찾기 위한 최적화 알고리즘을 제안했다.

---

3   배낭 문제는 용량이 정해진 배낭과 다른 여러 개의 물건이 주어졌을 때 용량을 초과하지 않으면서 전체 이득이 최대가 되도록 배낭에 집어넣을 물건들을 결정하는 문제를 말한다. 예를 들면 한 여행가가 갖고 가는 배낭에 담을 수 있는 무게의 최대값이 정해져 있고, 일정 가치와 무게가 있는 짐들을 배낭에 넣을 때 가치의 합이 최대가 되도록 짐을 고르는 방법을 찾는 문제를 말한다. – 옮긴이

논문 [27]과 [31]의 저자는 제안된 두 계층의 아키텍처를 비교하기 위해 분석 모델을 사용했다. 논문 [31]에서 분석 모델은 IoT 디바이스에서 QoS 및 에너지 수준을 고려해 오프로드 컴퓨팅을 IoT 디바이스에서 처리할지 클라우드에서 처리할지 결정하는 데 사용된다. 대조적으로 논문 [27]에서는 포그 아키텍처와 기존 클라우드 컴퓨팅 간의 성능을 비교하고자 분석 모델을 제안한다. 논문의 저자는 디바이스의 위치, 작동 모드, 하드웨어 세부 정보, 이벤트 유형과 같은 몇 가지 측면을 고려한다.

논문 [12]와 [19]의 저자는 클라우드 컴퓨팅에 연결된 모바일 노드의 이동성을 고려한 분석 모델을 제시한다. 두 논문에서 제안된 분석 모델은 클라우드에 연결된 디바이스의 이동성을 고려한다. 논문 [19]에서 제시된 모델은 무선 센서 네트워크(WSN, Wireless Sensor Network), 클라우드 인프라, 애플리케이션, 모바일 사용 등 선택된 구성 요소 아키텍처를 자세히 설명한다. 논문 [12]의 저자는 모바일 장치가 데이터를 클라우드로 보내기 위해 셀에 연결돼 있다고 가정한다.

3.3.2 페트리 네트 모델

논문 [34]에 따르면 페트리 네트(Petri Net)는 성능과 신뢰성을 평가하는 시스템으로 잘 알려진 모델이다. 페트리 네트 모델은 (i) 마르코프 체인(Markov chain)을 사용한 분석 솔루션(이 경우 모든 트랜잭션은 지수 분포(exponential distributions)를 따라야 함) 또는 (ii) 불연속 이벤트 시뮬레이션 이론을 사용한 시뮬레이션 두 가지 옵션을 사용할 수 있다. 마르코프 체인은 시스템의 가용성을 표현할 수 있지만, 페트리 네트는 마르코비안(Markovian) 및 비마르코비안(non-Markovian) 분포를 사용해 시스템을 보다 정밀하게 표현할 수 있으며, 더 적은 수의 상태로 시스템 동작을 나타낸다[34]. 논문 [26]과 [29]의 저자는 페트리 네트 모델을 사용했다.

논문 [26]의 저자는 클라우드에서 호스팅되는 서비스에 모바일 디바이스를 통합하는 모바일 클라우드 센싱 프레임 워크를 제안한다. 제안된 프레임워크가 표준 모바일 클라우드 센싱 아키텍처보다 우수하다는 것을 입증하고자 2개의 페트리 네트 모델을 제안한다. 그림 3.4는 이 두 가지 모델을 보여 준다. 그림 3.4a는 제안된 페트리 네트 모델 프레임 워크를 보여 주고, 그림 3.4b는 일반적인 모바일 클라우드 센싱 아키텍처를 보여 준다.

장소는 기여 노드(contributing node)의 네 가지 가능한 상태를 나타낸다. 기여 노드의 가용성

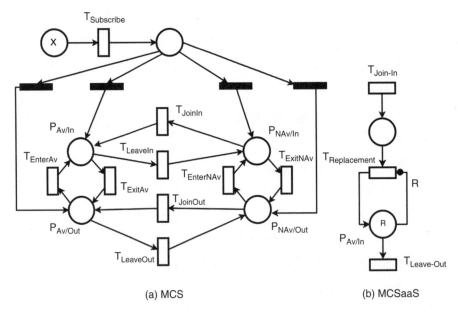

(a) MCS　　　　　(b) MCSaaS

그림 3.4 논문 [26]에서 제안된 페트리 네트 모델

(*Av/ NAv*)과 관심 영역에서의 위치(*In/Out*)를 나타낸다. 트랜잭션은 이러한 상태로 들어가거나 나갈 확률을 나타낸다. 프레임워크 모델은 기여자 등록[contributor enrollment] 및 이탈 방지 관리[churn management]와 같은 추가 모듈을 추가함에 따라 더욱 복잡해진다.

논문 [29]의 저자는 C2T 시나리오에서 데이터의 추적성 관리 문제를 평가한다. 이 논문에서는 데이터의 손상 여부를 감지하는 데 도움이 되는 장치 데이터를 사용자에게 매핑하고 일치시키고자 페트리 네트 모델(그림 3.5)을 제안한다.

이 논문에서 제안한 페트리 네트는 웨어러블[wearable] IoT 아키텍처의 동작을 나타낸다. 장소는 데이터가 생성되거나 수집되는 다양한 소스를 나타낸다. 트랜잭션은 웨어러블 IoT 디바이스에서 새로운 의료 데이터를 판독[4]하는 것과 같이 발생할 수 있는 이벤트를 의미한다.

4　예를 들면 생명 유지에 필수적인 장기들(뇌, 심장, 폐 등의 데이터) – 옮긴이

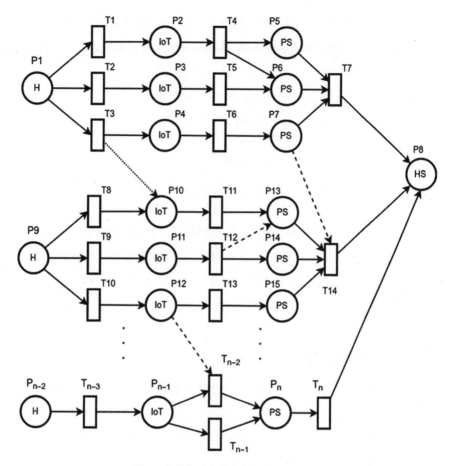

그림 3.5 논문 [29]에서 제시된 페트리 네트 모델

3.3.3 정수 선형 프로그래밍

정수 선형 프로그래밍[ILP, Integer Linear Programming]을 사용해 최적화 문제를 모델링할 수 있다. 여기서 목적 함수[objective function]와 모든 제약 조건은 선형 함수[linear functions]로 표현된다[35]. 그러나 문제에 연속 변수[constraints variables]와 불연속 변수[discrete variables]가 포함돼 있는 경우 혼합 정수 선형 프로그래밍[MILP, Mixed-Integer Linear Programming] 접근법을 사용해 문제를 해결할 수 있다. 두 논문 [28, 14]의 저자들은 각각 ILP와 MILP를 사용해 문제를 모델링했다.

논문 [28]의 저자는 광역 종합 통신망[MAN, Metropolitan Area Network]에 위치한 포그 클라우드 아키텍처의 재정 비용을 계산하고자 ILP 모델을 제안한다. 논문의 저자는 2개의 벡터로

MAN에 있는 각 노드의 애플리케이션 프로파일과 특성을 나타낸다. ILP 모델은 네트워크 토폴로지의 트래픽을 지원하는 데 필요한 운영 비용을 최소화하는 동시에 애플리케이션 제약 조건을 충족시킨다. 방정식 (3.7)은 최소화해야 하는 목적 함수다. $Cost_t$는 총 비용, $Cost_p$는 처리 비용, $Cost_s$는 스토리지 비용, $Cost_u$는 각각 총 업스트림 및 다운 스트림 비용, $Cost_c$는 총 MAN 링크 용량을 나타낸다.

$$Cost_t = Cost_p + Cost_s + Cost_u + Cost_d + Cost_c$$

방정식 3.7 논문 [28]에 제시된 ILP 모델에 사용된 목적 함수

논문 [14]의 저자는 MILP 접근법을 사용해 IoT 아키텍처의 에너지 소비량을 모델링한다. 이 아키텍처는 미니 클라우드로 구성돼 있다. 이 모델의 목표는 IoT 디바이스의 에너지 소비량을 최소화하는 것이다. 여기에서 에너지 소비량은 트래픽으로 인한 에너지 소비와 연산 처리 과정에서 발생하는 에너지 소비량을 말한다.

3.3.4 다른 접근법

논문 [36]에 따르면 마르코프 체인은 시스템 상태에 해당하는 임의의 변수 시퀀스^{sequence of random variables}를 모델링하며, 여기에서 특정 상태(시간)의 확률은 오직 과거의 상태에 의존한다. 마르코프 체인은 실제 문제들을 해결하는 통계적 모델로 널리 적용되고 있다. 이 범주에서 논문 [21]이 확인됐다. 이 연구에서 저자들은 가드 레일에서의 충돌 감지를 위해 IoT 기반 시스템의 에너지 소비량을 나타내는 것을 목표로 마르코프 체인 모델을 제안했다. 이 시스템은 WSN으로 구성돼 있으며, 게이트웨이는 센서 정보를 수집해 클라우드에 전송한다. 마르코프 체인 모델은 그림 3.6에서 확인할 수 있다. 마르코프 체인의 각 상태는 관련된 에너지 소비 수준과 함께 시스템의 상태를 나타낸다. 특정 상태의 실현 가능성을 계산해 시스템의 에너지 소비량을 추정할 수 있다.

C2F2T 통합을 나타내는 데 사용할 수 있는 또 다른 모델링 접근법은 확률 기반^{probability-based} 접근법이다. 확률은 사건의 발생 가능성을 표현하는 데 유용하지만, 베이지안^{Bayesian} 확률은 이용 가능한 정보와 주어진 사건의 발생과 관련된 불확실성의 조건부 측정치를 나타낸다[37]. 논문 [24]의 저자는 클라우드와 연결된 IoT 애플리케이션에서 발생할 수 있는 이벤트를 예측하기 위해 베이지안 모델을 제안했다. 이를 위해 모델은 과

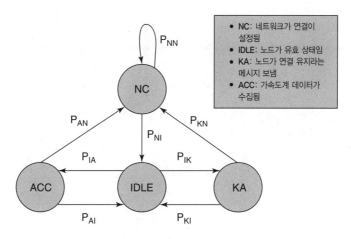

그림 3.6 논문 [21]에서 제시된 마르코프 모델

거 이벤트 데이터를 기반으로 미래 이벤트가 발생할 확률을 계산한다. 또한 저자는 애플리케이션에서 이벤트가 발생하면 여러 체인 이벤트가 발생할 수 있다고 가정한다. 항공기 장비 문제로 인한 비행 지연의 예측은 유즈 케이스use case 시나리오로 사용된다. 따라서 베이지안 모델은 이러한 이벤트가 발생할 조건부 확률을 계산한다.

앞에서 제시한 접근 방법 외에도 다양한 기술을 결합해 목표를 달성할 수 있다. 예를 들어 논문 [17]에서는 WSN 시나리오의 결함을 분석하고자 결함 퍼지 온톨리지fault fuzzy-ontology를 제안했다. 이 논문에서는 온톨로지 퍼지 로직ontology with fuzzy logic과 결합해 온톨로지가 시스템의 오류 및 장애를 진단하는 데 적합하고 반면에 퍼지 로직은 결함 진단을 위한 좋은 접근 방법이라고 주장한다. 이 접근 방식은 다른 관점(예를 들어 애플리케이션, 디바이스 및 통신)에서 장애를 감지할 수 있는 다양성 결함을 확인할 수 있다. 제안된 스키마는 WSN에서 발생하는 결함을 감지하고 분류할 수 있다. 그림 3.7은 하드웨어 시스템의 결함을 감지하기 위한 퍼지 온톨로지fuzzy-ontology를 보여 준다. 오른쪽에서 왼쪽으로 퍼지 온톨로지 모델의 첫 번째 계층은 무선 센서 네트워크에서 발생할 수 있는 장애 가능성을 나타낸다. 두 번째 계층은 장애 범주를 나타낸다. 다음 계층은 무선 센서 네트워크에서 오류 전파를 나타낸다.

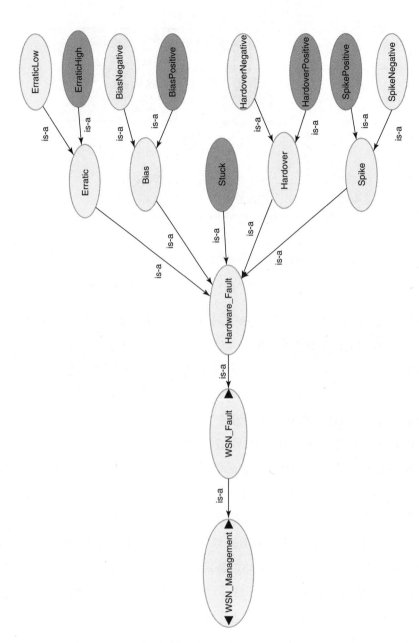

그림 3.7 논문 [13]에서 제안된 퍼지 온톨로지 모델

3.4 유즈 케이스 시나리오에 의한 C2F2T 문헌 통합

3.4절에서는 확인된 논문(예를 들어 자원 관리, 스마트 시티, WSN, 건강, 기타 일반)에서 모델링된 유즈 케이스 시나리오를 설명한다. 이 모든 것은 표 3.3에 요약돼 있다.

다수의 연구 논문은 건강 유즈 케이스 시나리오에서 애플리케이션을 나타내는 모델을 제시한다. 논문 [15]의 저자는 클라우드 인프라와 통합된 IoT 시스템에서 정보 흐름의 보안을 분석하는 사례 연구로 의료 애플리케이션을 사용한다. 논문 [20]의 저자는 여러 애플리케이션의 상태 모니터링을 위해 IoT 연산 장치를 공유할 수 있는 프레임워크를 제안한다. 논문 [29]의 유즈 케이스 시나리오는 의료 시스템을 위한 웨어러블 IoT 아키텍처다.

WSN을 다루는 유즈 케이스 시나리오는 논문 [17]과 [19]에서 확인할 수 있다. 논문 [13]의 저자는 서비스 지향 애플리케이션을 사용해 대규모 WSN에서 내결함성[fault tolerance]을 확인하는 데 사용할 있는 결함 퍼지 온토로지[fault fuzzy-ontology]를 제안하는 반면, 논문 [19]의 저자는 IoT와 클라우드 인프라를 통합하는 서비스를 감지하기 위해 WSN 모델을 제안한다.

표 3.3 논문(기사)에서 제시된 시나리오

시나리오	애플리케이션	논문
일반	일반 IoT/포그/클라우드 애플리케이션	[12, 18, 30]
	에지 오프로딩 컴퓨팅	[32]
헬스	헬스 모니터링	[20, 29]
	의료 연구	[15]
WSN	서비스로서의 감지	[13]
	내결함성	[19]
스마트 시티	스마트 시티 서비스에서 모바일 군중(사람) 감시	[26]
	스마트 트래픽	[26, 31]
	현명한 생활	[10, 16, 20]
	항공기 모니터링	[24]
리소스 관리	리소스 관리/리소스 할당	[23, 28]
	에너지 효율성	[14, 17, 21, 25]
	QoS(서비스 품질)	[11, 22]

다음의 문헌들은 스마트 시티에서 사용되는 사례를 광범위하게 소개한다. 논문 [26]과 [12]의 저자들은 클라우센싱 애플리케이션을 연구한다. 논문 [26]의 저자는 스마트 트래픽 애플리케이션을 사용해 모바일 클라우드 센싱 서비스[mobile crowdsensing-as-a-service] 아키텍처를 평가한다[24]. 논문 [12]의 저자는 제안된 모델에 대한 입력으로서 모바일 센서 및 장치를 사용하는 청정도(공기의 질) 센서 애플리케이션을 제시한다. 논문 [31]의 저자는 에지 컴퓨팅과 상호 작용하는 차량-클라우드 간 모니터링 애플리케이션을 제시한다. 분석 모델은 에지 또는 클라우드 인프라와 같은 데이터 처리를 위한 위치를 결정한다. 저자들은 비디오 스트리밍 애플리케이션을 사용해 그들의 모델을 검증한다. 논문 [16]에서 제시한 유즈 케이스 시나리오는 화재 경보 시스템이다. 저자들은 IoT 신뢰성 모델을 사용해 평가한다. 논문 [24]의 저자들은 항공사의 지연을 추정하고자 C2T 애플리케이션에서 생성된 데이터를 모델을 통해 분석하는 항공기 모니터링 시나리오를 제안한다. 마지막으로 논문 [10]의 저자들은 스케줄링 모델에서 스마트 생활 공간을 게이트웨이와 함께 사용해 클라우드 리소스에 액세스한다.

검색한 논문 중에는 에너지 소비량을 분석하는 연구가 포함돼 있다. 논문 [17]과 [14]의 저자는 클라우드-IoT 환경에서 IoT 디바이스의 에너지 효율을 연구한다. 논문 [17]의 연구진은 에너지 소비와 클라우드 인프라 과금 비용의 관계를 분석한다. 논문 [13]의 저자들은 IoT 디바이스의 에너지 효율을 향상시키기 위한 분석 모델을 사용한다. 논문 [21]의 저자는 WSN의 에너지 소비량을 분석하고자 분석 모델을 사용한다. 이와 유사하게 논문 [25]의 저자도 에너지 소비량을 연구하지만, IoT와 포그의 통합이 어떻게 에너지 소비량을 줄일 수 있는지에 초점을 맞춰 분석한다. C2F2T 환경에서 리소스 할당에 대한 연구는 논문 [23]과 [28]에서 확인할 수 있다. 마지막으로 논문 [11]과 [22]는 각각 IoT 및 클라우드-IoT 환경에서의 QoS를 논의한다. 논문 [11]의 저자들은 수학적 모델을 활용해 IoT 서비스(IoT 센서 네트워크)의 QoS를 계산한다. 또한 IoT와 클라우드 서비스에 대한 QoS 예측할 수 있는 이웃 모델[neighborhood model]을 제안한다.

일부 연구에서는 특정 모델에 대한 특정 유즈 케이스 시나리오 또는 애플리케이션을 설명하지 않는다. 예를 들어 논문 [18]의 저자들은 C2F2T 시나리오를 다루는 3계층 모델을 제안한다. 논문 [30]의 저자들은 포그 컴퓨팅을 중개 플랫폼으로 사용해 클라우드와 통신하는 IoT 시스템의 응답 시간을 향상시키기 위한 모델을 제안한다. 마찬가지로 논문 [27]의 연구는 일반적인 포그 아키텍처에 관한 것이며 논문 [32]의 저자는 모바일 사용자의 경험을 개선하고자 연산을 에지 노드로 오프로드하는 데 초점을 맞춘 아키텍처를 제안한다.

3.5 메트릭스별 통합 C2F2T 문헌

3.5절에서는 C2F2T 시나리오와 관련된 주요 관심사를 이해하는 데 사용되는 평가 지표 (표 3.4)를 바탕으로 논문 샘플을 분석한다. 3.5절에서는 일부 논문에서 다룬 측정 기준은 설명하지 않는다. 논문 [13]의 저자 Benazzouz와 Parissis는 제안된 모델을 평가하지 않지만, 논문 [20, 22] 및 [24]에서는 저자들이 제안한 모델의 효율성만을 평가한다.

3.5.1 에너지 소비

설계상 대부분의 IoT 디바이스는 전원(일반적으로 배터리)에 의해 제한되며 애플리케이션 성능으로 구성된다. 당연하지만, 조사 대상인 논문의 대부분(10개 논문)은 에너지 소비에

표 3.4 논문(기사)에서 관측된 측정 지표

측정	변화(차이)	논문(기사)
에너지 소비	장치 전력 소비	[14, 17, 18, 25, 27, 31]
	에너지 효율	[19]
	에너지 절약 비율	[12, 23]
성능	지연시간	[18, 27, 28]
	유효 도착률	[30]
	평균 시스템 응답	[30]
	시스템 효과	[26, 30]
	캐시 성능	[10]
자원 소비	장치 사용	[23, 32]
	평균 버퍼 점유	[30]
비용	항목별 원가	[28]
	운영비	[17]
서비스 품질	영상에서 패턴 인식 품질	[31]
	응답 시간	[11]
	신뢰성	[11, 16, 29]
보안	불투명도	[15]

관련한 연구인 것을 확인했다. 논문 [18]의 저자는 C2F2T 아키텍처 모델을 제안한다. 또한 각 애플리케이션 계층(IoT, 포그, 클라우드)의 에너지 소비량을 평가하고, 각 계층의 주요 소비원을 파악했으며, 아키텍처의 디바이스 수 증가와 관련해 에너지 소비량을 검증했다.

논문 [17]에서는 IoT 인프라에서 디바이스의 에너지 소비량을 다른 방식으로 제시한다. 이 연구에서 제안한 모델은 활성^{active}, 유휴^{idle}, 애플리케이션이 유휴 상태에서 활성화 상태로 전환될 때의 세 가지 모드로 장치 에너지 비용을 나타낸다. 논문 [12]의 저자는 데이터를 클라우드 환경으로 전송하는 유휴 및 활성화된 장치의 에너지 소비량에 대해서도 설명하지만, 이 논문에서는 전송, 수신, 청취, 감지, 연산에 필요한 에너지 소비량을 고려한다. 그러나 논문 [21]의 저자는 디바이스의 작동 모드를 고려하지만, 이 연구에서 에너지 소비량은 통신 노드 사이의 거리와 전송될 비트 수에 따라 달라진다. 또한 저자들은 통신이 이루어질 매체(예를 들어 개방 공간)를 고려한다.

논문 [12, 14, 27]의 저자들은 에너지 소비량은 계층적 장치 계층 간의 트래픽과 직접적인 관련이 있다고 생각한다. 논문 [14]에 의하면 에너지 소비량은 상위 3개 계층의 네트워킹 요소에 위치한 처리 기반 가상머신에 의해서도 영향을 받는다. 논문 [12]에서는 디바이스의 이동을 추가적인 변수로 간주한다.

논문 [25]의 연구진은 IoT 디바이스와 포그 컴퓨팅, IoT 디바이스와 클라우드 간의 동기화라는 두 가지 관점에서 에너지 소비량을 평가한다. 또한 애플리케이션의 데이터 흐름이 에너지 소비에 어떤 영향을 미치는지 고려한다.

논문 [31]에서 제시된 연구는 포그 디바이스 및 클라우드 디바이스의 에너지 소비량을 평가한다. 포그 디바이스는 연산 용량 측면에서는 IoT 디바이스와 더 유사하다. 이 논문은 포그 디바이스가 태양광 발전 패널에 의해 구동되는 재생 가능한 에너지원을 제공한다는 점에서 비교적 독특하다. 논문의 연구진은 태양광 발전 패널 및 배터리와 같은 다른 에너지원을 위해 생산되는 에너지의 소비량을 평가한다.

논문 [23]의 연구진은 최적의 서비스 할당 방법을 찾고자 C2F2T 아키텍처의 과도한 에너지 소비량을 최소화할 수 있는 방법을 제안했다.

3.5.2 성능

많은 논문에서 사용한 평가 기준^{metric}은 애플리케이션의 성능이다. 논문 [18]과 [27]에서 시스템 성능은 애플리케이션의 대기 시간에 대해 평가한다. 지연 시간은 (i) 처리 지연 시간과 (ii) 전송 지연 시간으로 나눌 수 있다. 처리 지연 시간은 애플리케이션이 모든 작업을 처리하는 데 걸리는 시간이다. 전송 지연 시간은 데이터를 전송하기 위한 통신 지연 시간을 말한다. 논문 [19]에서는 패킷 전달 지연 시간을 평가한다. 이는 목적지로의 홉^{hops} 수, 노드의 휴면 간격^{sleep interval} 및 데이터 패킷 전송 시간으로 계산된다. 논문 [28]에서 애플리케이션 요청 처리 지연은 장치의 계산 복잡성과 애플리케이션의 평균 흐름 크기의 조합으로 분석적으로 정의된다.

논문 [10]의 연구진은 스케줄링 메커니즘의 성능을 평가한다. 이를 위해 스케줄 및 캐싱 해결사^{caching solver}의 확장성을 평가하고 연결된 클라우드 서버에 여러 개의 센서를 추가한다. 또한 평균 대기 시간과 애플리케이션의 처리량을 분석한다.

논문 [26]에서 제안된 페트리 네트 모델을 사용해 시스템의 성능과 효과를 평가하고자 모바일 클라우드 센싱 시나리오를 제안한다.

논문 [30]의 저자는 다양한 수단을 사용해 C2F2T 애플리케이션의 성능을 측정한다. 시스템의 응답 시간은 데이터로부터 생성돼 게이트웨이에 의해 처리될 때까지 경과한 시간으로 정의된다. 효율성 처리는 수학적으로 공식화되며 애플리케이션 데이터 처리 시간, 점유 버퍼^{occupancy buffer}, 모든 게이트웨이의 응답 시간을 고려한다.

3.5.3 리소스 소비

IoT 디바이스의 리소스는 제한돼 있으므로 이러한 디바이스에 작업을 할당할 때는 주의를 기울여야 한다. IoT 디바이스의 작업 부하량을 분석하면 현재 사용 가능한 리소스를 고려해 작업을 보다 최적화해 할당할 수 있다. 또한 포그와 클라우드 컴퓨팅은 IoT 디바이스에 추가 기능을 제공하기 때문에 이러한 업무량을 어디에서 처리해야 하는지 검토해야 한다.

논문 [23]의 저자는 C2F2T 인프라에서 이용할 수 있는 디바이스의 리소스를 고려한 최적의 서비스 할당을 목표로 한다. 연구진은 포그 컴퓨팅 사용의 장점을 제시하고, 할당된 리소스 수와 리소스 디바이스의 사용량을 평가한다.

논문 [32]의 저자는 C2T 시나리오에서 소비 레벨을 평가한다. 클라우드 인프라 소비와 IoT 디바이스 소비라는 두 가지 측면을 평가했다.

IoT 디바이스의 연산 및 저장 용량 제한으로 인해 논문 [30]에서는 게이트웨이의 버퍼 점유율을 검사해 게이트웨이의 효율성을 평가한다. 여기서 게이트웨이에 대한 데이터의 도착은 대기열 시스템^{queuing system}에 의해 표현됐다.

3.5.4 비용

많은 클라우드 컴퓨팅 리소스를 필요로 하는 애플리케이션은 서비스 제공 업체와 궁극적으로는 사용 비용을 크게 증가시킬 수 있다. 에너지 소비에 관한 연구와 비용 연구 사이에는 중복되는 부분이 분명히 있다.

논문 [17]에서 연구진은 연산 리소스가 IoT 애플리케이션에서 업로드한 쿼리를 처리할 수 있도록 예약된 경우 청구 비용을 검토한다. 따라서 청구 비용은 IoT 디바이스에서 생성되는 예상 쿼리량에 정비례한다.

논문 [28]의 연구진은 모든 애플리케이션 제약을 충족하면서 클라우드에 IoT 트래픽을 프로비저닝하는 데 드는 운영 비용을 최소화하려고 시도한다. 총 비용은 처리, 스토리지, 업스트림 및 다운스트림 비용, 로컬 및 글로벌 트래픽, 링크 용량 비용 등 모든 디바이스의 비용을 합한 금액으로 구성된다.

3.5.5 서비스 품질

IoT 시나리오에서 네트워크 관련 지연, 사용 가능한 연산 리소스, 자원을 소비하는 IoT 디바이스의 수 등 많은 요소가 QoS에 영향을 줄 수 있다.

논문 [11]에서는 IoT 환경에서 복합 서비스^{composite service}를 평가한다. QoS를 평가하고자 저자들은 복합 서비스를 보다 더 세분화된 서비스로 나눈 다음, 각 서비스의 QoS를 개별적으로 평가하는 방법을 제안했다.

논문 [31]에서 제시된 사용 사례는 도로를 운행 중인 차량에 의해 생성된 클라우드의 비디오 스트림 데이터를 분석한다. 연구진은 비디오 영상에서 물체의 검출 정확도로 QoS를 나타낸다. 연구진은 CPU, 메모리, 네트워크 대역폭 소비량을 줄이고자 비디오 해상도를 변화시킨다. 또한 $2n + 1$ 차량이 있는 시나리오를 고려하면 결과(이미지에서 감지된 물체)가 $2n + 1$ 결과 중 $n + 1$배를 초과할 확률로 정의된다.

논문 [16] 주장에 따르면 IoT 시스템의 안정성은 서비스 가용성, 서비스할 입력 파일의 가용성, 전체 IoT 시스템을 구성하는 각 하위 시스템의 안정성을 포함한 다양한 요소에 따라 달라진다. 논문 [29]의 저자는 신뢰성은 애플리케이션에 대한 공격을 탐지하고 방지할 수 있는 추적 모델traceability model의 능력이라고 정의했다.

3.5.6 보안

오직 하나의 논문만이 보안 문제를 평가했다. 논문 [15]의 저자는 C2T 상황에서 데이터 흐름의 불투명성Opacity 개념을 평가한다. 불투명성opacity이란 보안 속성을 설명하는 통일된 접근법이다. 저자는 의료 연구 애플리케이션 시나리오에서 데이터 흐름의 불투명성을 확인하고자 분석 모델을 사용했다.

3.6 향후 연구 방향

포그와 클라우드 컴퓨팅은 IoT에서 발생하는 많은 문제를 해결하지만, 반면에 관리 복잡성이 증가된다. 포그와 클라우드 컴퓨팅이 더 큰 가용성availability과 복원력resilience을 제공함에도 불구하고, 취약점 또는 잠재적 장애가 포그와 클라우드에서 발생한다. 따라서 디바이스/엔드 포인트 장애 외에도 포그 노드와 클라우드 인프라 장애에도 주의를 기울여야 한다. 클라우드와 포그 컴퓨팅 통합은 비교적 잘 알려져 있고 공통적인 기술을 공유하고 있지만, 대부분 장치의 이질성과 서비스 요구 사항으로 인해 IoT와 통합/확장은 어려운 작업에 속한다.

앞에서 언급한 바와 같이 조사된 많은 연구는 전체 시스템 성능 및 가용성을 향상시키고 IoT, 포그, 클라우드 인프라를 통합할 수 있는 방법을 이해하기 위해 연산 모델computational model을 제안했다. 이러한 연구에서는 C2F2T 통합 확대에 따른 애플리케이션 에너지 소비 감소와 관련해 광범위한 애플리케이션 및 시나리오, 모델링, 분석을 고려한다. 향후 연구는 게이트웨이를 활용해 클라우드 인프라 또는 포그 디바이스에서 데이터 처리를 분산 또는 로드 밸런싱이 가능하게 하는 연구가 필요하다.

향후 연구를 위한 또 다른 영역은 장애 관리, 특히 디바이스 또는 포그 노드에 관계없이 애플리케이션 장애의 최소화에 관한 것이다. 의료 분야와 관련된 일부 애플리케이션(예를 들어 헬스 모니터링)에서 장애가 발생하면 생명에 큰 영향을 줄 수 있다. 최악의 경우 의료 시스템에서 다운타임^{downtime}이 발생할 경우 환자가 사망하는 경우가 발생할 수 있다. 3장의 주요 목표는 통합 시스템의 병목 현상을 파악하고, 애플리케이션의 다운타임을 최소화하고, 시스템의 장애를 방지하며 의사 결정 전략을 제안하는 것이다.

C2T 연속체에서 리소스 풀의 복잡성을 감안할 때 요청은 지역적으로, 포그 또는 하나 이상의 클라우드에 할당될 수 있기 때문에 리소스 관리는 향후 연구에서 중요한 부분을 차지한다. 디바이스 위치, 사용자 정보, 애플리케이션 처리량, 확장성을 포함해 리소스 할당을 알리는 광범위한 데이터가 있다. 사물인터넷^{IoT}이 활용 사례별로 표준화됨에 따라 좀 더 세분화된 데이터를 활용해 사용자 및 디바이스를 모델링할 수 있다. 그러면 좀 더 정교한 QoS 메커니즘이 애플리케이션 우선순위를 할당할 수 있고, 리소스를 적정하게 할당될 수 있다.

클라우드-포그-IoT 공간은 복잡하며, 이러한 복잡성은 표준화를 어렵게 한다. 모델링 관점에서 볼 때 이것은 훨씬 더 복잡한 모델을 만들어 낸다. 마르코프 체인이나 페트리 네트와 같은 상태 기반$^{state-based}$ 모델은 모델의 크기에 따라 기하급수적으로 증가하며, 이른바 상태 공간$^{state-space}$ 폭발 문제로 고통받을 수 있다[38]. 따라서 모델의 확장성과 런타임 성능에 주의를 기울여야 한다. 또한 급변하는 환경과 클라우드-포그-IoT 공간의 서비스 제공 체인에 따른 불확실성으로 인해 실제 시나리오에 대한 모델을 검증하는 데 상당한 어려움이 발생한다. 연구자들은 방법론적 관점에서 모델의 효율성과 정확성을 향상시키고자 최선의 방법을 고려해야 한다. 이를 위해서는 추가적인 노력이 필요할 수 있다(예를 들어 모델의 성능 정확도를 검증하고자 다른 방법론으로 프로토타이핑한다).

3.7 결론

시스코[5] 네트워크에 따르면 2020년에 약 200억 개의 장치(물체)가 서로 연결될 것이라 예측했다. 이 디바이스는 고속 및 다양한 포맷으로 대량의 데이터를 생성하며 추가적인 처리 및 더 많은 저장 공간이 필요하다. 클라우드 컴퓨팅은 종량제$^{pay-as-you-go}$ 모델을 기반

5　https://www.cisco.com/c/dam/en_us/about/ac79/docs/innov/IoT_IBSG_0411FINAL.pdf

으로 IoT 디바이스에 '무제한' 용량을 제공한다. 그러나 이러한 통합은 보안, 성능, 통신 지연, QoS 등 여러 가지 이유로 관리가 복잡하다. 포그 디바이스는 IoT 디바이스와 지리적으로 가까운 곳에 위치하기 때문에 포그 컴퓨팅은 클라우드와 IoT 사이에 계층을 새롭게 추가하면 통신과 관련된 문제를 해결할 수 있다.

다양한 애플리케이션은 C2F2T 통합에 의존하다. 스마트 시티, WSN, e-헬스$^{e-health}$, 교통 관리, 스마트 빌딩은 검토한 문헌에 수록된 사용 사례 시나리오의 일부다. 모델은 통합 C2TF2 시스템의 많은 구성 요소, 변수, 통합 C2TF2 시스템을 평가하는 데 유용한 역할을 한다.

3장에서는 C2F2T 통합을 대표하는 모델을 체계적인 문헌 검토와 함께 제시했다. 논문에서 평가된 전형적인 시나리오와 지표를 포함해 다양한 측면을 분석했다. 본 논문에서 가장 많이 사용된 모델링 기법은 분석 모델(16개 논문)이며, 페트리 네트(2개 논문), ILP(2개 논문)가 그 뒤를 이었다. 조사된 문헌은 비교적 적은 수의 기법 및 측정 단위를 다루지만, 앞의 단락에서 설명한 바와 같이 사용 사례 시나리오의 변동성은 더 크다. 우리의 기술 분석 방법(C2F2T 구성 요소 및 시스템, 모델링 접근법, 측정 또는 측정 기준의 단위 및 사용 사례 시나리오)은 포그/에지/클라우드 컴퓨팅 통합을 위한 향후 연구에 실질적인 도움이 될 것이다.

분석된 논문을 확인한 결과 C2F2T 시나리오에서 애플리케이션 가용성에 관한 연구가 부족했다. 예를 들어 잠시 동안이라도 건강 모니터링 시스템 또는 의료 애플리케이션을 사용할 수 없다면 환자의 생명에 치명적인 결과를 가져올 수 있다. 또한 각 C2F2T 계층(클라우드, 포그, IoT)이 애플리케이션의 전반적인 가용성에 미치는 영향을 좀 더 심도 있게 논의해야 한다. 그러한 연구는 C2F2T 시나리오에서 애플리케이션의 가용성을 개선하기 위한 새로운 전략으로 이어질 것이며, 그 자체로 추가적인 평가가 필요하다.

IoT 생태계는 사람, 프로세스, 사물, 데이터, 네트워크가 모두 연결되고 만물인터넷^{IoE}으로 진화할 수 있는 중요한 경제적, 사회적 기회를 제공한다. 시스템 모델링은 C2F2T 시스템을 이해하고 최적화하고 IoT의 발전을 가속화해 모두의 이익을 도모하는 데 중요한 역할을 할 수 있다.

감사의 말

본 연구는 보조금 협정 No.732667 RECAP(http://www.recapproject.eu)을 통해 유럽 연합의 Horizon 2020과 FP7 연구 및 혁신 프로그램에 통해 부분적으로 자금을 지원받았다.

참고 문헌

1   F. Gens, TOP 10 PREDICTIONS. IDC Predictions 2012: Competing on the 3rd Platform. https://www.virtustream.com/sites/default/files/IDCTOP10Predictions2012.pdf. March, 2018.

2   S. Aguzzi, D. Bradshaw, M. Canning, M. Cansfield, P. Carter, G. Cattaneo, S. Gusmeroli, G. Micheletti, D. Rotondi, R. Stevens. Definition of a Research and Innovation Policy Leveraging Cloud Computing and IoT Combination — Digital Agenda for Europe — European Commission. https://ec.europa.eu/digital-agenda/en/news/definition-research-and-innovationpolicy-leveraging-clou1d09-0computing-and-iot-combination. March, 2018.

3   J. Bradley, J. Barbier, D. Handler. Embracing the Internet of Everything to Capture Your Share of $4.4 Trillion. Cisco IBSG Group. http://www.cisco.com/web/about/ac79/docs/innov/IoE_Economy.pdf. March, 2018.

4   F. Bonomi, R. Milito, P. Natarajan, et al. Fog computing: A platform for Internet of Things and analytics, *Big Data and Internet of Things: A Roadmap for Smart Environments*. Springer, Switzerland, 2014.

5   A. Botta, W. De Donato, V. Persico, and A. Pescape. Integration of cloud computing and internet of things: A survey. *Future Generation Computer Systems*, 56: 684－700, March 2016.

6   L. Iorga, L. Feldman, R. Barton, M. Martin, N. Goren, C. Mahmoudi. The NIST definition of fog computing — draft, NIST Special Publication 800 (191), 2017.

7   P-O. Ostberg, J. Byrne, P. Casari, P. Eardley, A. Fernandez Anta, J. Forsman, J. Kennedy, T. Le Duc, M. Noya Marino, R. Loomba, M.A. Lopez Pena, J. Lopez Veiga, T. Lynn, V. Mancuso, S. Svorobej, A. Torneus, S. Wesner, P. Willis, and J. Domaschka. Reliable capacity provisioning for distributed cloud/edge/fog computing applications. European Conference on Networks and

Communications (EuCNC), Oulu, Finland, June 12－15, 2017.

8   FQB da Silva, M. Suassuna, A. Cesar C. Franca, et al. Replication of empirical studies in software engineering research: a systematic mapping study. *Empirical Software Engineering*, 19(3): 501－557, June 2014.

9   F. Rowe. What literature review is not: diversity, boundaries and recommendations. *European Journal of Information Systems*, 23(3): 241－255, May 2014.

10 Y. Lyu, F. Yan, Y. Chen, et al, High-performance scheduling model for multisensor gateway of cloud sensor system-based smart-living. *18th International Conference on Information Fusion (Fusion)* 21: 42－56, January 2015.

11 Z. Ming and M. A. Yan. QoS-aware computational method for IoT composite service. *The Journal of China Universities of Posts and Telecommunications* 20 (2013): 35－39.

12 L. Skorin-Kapov, K. Pripuzic, M. Marjanovic, et al, Energy efficient and quality-driven continuous sensor management for mobile IoT applications, *Collaborative Computing: Networking, Applications and Worksharing (CollaborateCom), 2014 International Conference on*, Miami, Florida, October 22－25, 2014.

13 Y Benazzouz and I. Parissis, A fault fuzzy-ontology for large scale fault-tolerant wireless sensor networks, *Procedia Computer Science* 35 (September 2014): 203－212.

14 Zaineb T. Al-Azez, et al. Virtualization framework for energy efficient IoT networks. *4th IEEE International Conference on Cloud Networking (CloudNet)*, Niagra Falls, Canada, October 5－7, 2015.

15 W. Zeng, K. Maciej, and P. Watson. *Opacity in Internet of Things with Cloud Computing. University of Newcastle Upon Tyne*, Newcastle upon Tyne University Computing Science, Newcastle, England, 2015.

16 R. K. Behera, K. Ranjit Kumar, K.R. Hemant, K. Reddy, and D.S. Roy. Reliability modelling of service-oriented Internet of Things. *Infocom Technologies and Optimization (ICRITO)(Trends and Future Directions), 2015 4th International Conference on*, Noida, India, September 2－4, 2015.

17 F. Renna, J. Doyle, V. Giotsas, Y. Andreopoulos. Query processing for the Internet-of-Things: Coupling of device energy consumption and cloud

infrastructure billing. *2016 IEEE First International Conference on Internet-of-Things Design and Implementation (IoTDI)*. Berlin, Germany, April 4 – 8, 2016.

18 W. Li, I. Santos, F.C. Delicato, P.F. Pires, L. Pirmez, W. Wei, H. Song, A. Zomaya, S. Khan. System modelling and performance evaluation of a three-tier cloud of things. *Future Generation Computer Systems* 70 (2017): 104   125.

19 T. Dinh, K. Younghan, and L. Hyukjoon. A location-based interactive model for Internet of Things and cloud (IoT-cloud). *Ubiquitous and Future Networks (ICUFN), 2016 Eighth International Conference on*, Vienna, Austria, July 5 – 8, 2016.

20 J.F. Colom, H. Mora, D. Gil, M.T. Signes-Pont. Collaborative building of behavioural models based on internet of things, *Computers & Electrical Engineering*, 58: 385 – 396, February 2017.

21 T. Gomes, D. Fernandes, M. Ekpanyapong, J. Cabral. An IoT-based system for collision detection on guardrails. 2016 IEEE International Conference on Industrial Technology (ICIT), Taipei, Tawan, May 14 – 17, 2016.

22 H. Wu, K. Yue, C. H. Hsu, Y. Zhao, B. Zhang, G. Zhang. Deviation-based neighborhood model for context-aware QoS prediction of cloud and IoT services. *Future Generation Computer Systems* 76: 550 – 560, November 2017.

23 V. B. Souza, X Masip-Bruin, E. Marin-Tordera, W. Ramirez, and S. Sanchez. Towards Distributed Service Allocation in Fog-to-Cloud (F2C) Scenarios, *Global Communications Conference (GLOBECOM), 2016 IEEE*, Washington, DC, USA, December 4 – 8, 2016.

24 B. Karakostas. Event prediction in an IoT Environment using Naïve Bayesian models. *Procedia Computer Science*, 83: 11 – 17, 2016.

25 F. Jalali, A. Vishwanath, J. de Hoog, F. Suits. Interconnecting fog computing and microgrids for greening IoT. *IEEE Innovative Smart Grid Technologies-Asia (ISGT-Asia)*, Melbourne, Australia, 28 November–1 December, 2016.

26 G. Merlino, S. Arkoulis, S. Distefano, C. Papagianni, A. Puliafito, and S. Papavassiliou. Mobile crowdsensing as a service: a platform for applications on top of sensing clouds. *Future Generation Computer Systems*, 56: 623 – 639, March 2016.

27 S. Sarkar and M. Sudip. Theoretical modelling of fog computing: a green computing paradigm to support IoT applications. *IET Networks* 5.2: 23 – 29, March 2016.

28 E. Sturzinger, T. Massimo, and M. Biswanath. Application-aware resource provisioning in a heterogeneous Internet of Things. *IEEE 21th International Conference on Optical Network Design and Modeling(ONDM), Budapest, Hungary*, May 15-18, 2017.

29 R. K. Lomotey, J. Pry, and S. Sriramoju. Wearable IoT data stream traceability in a distributed health information system. *Pervasive and Mobile Computing*, 40: 692-707, September 2017.

30 K. E. Desikan, M. Srinivasan, and C. Murthy. A Novel Distributed Latency-Aware Data Processing in Fog Computing-Enabled IoT Networks. In *Proceedings of the ACM Workshop on Distributed Information Processing in Wireless Networks*, Chennai, India, July 10-14, 2017.

31 Y. Li, A.C. Orgerie, I. Rodero, M. Parashar, and J.-M. Menaud. Leveraging Renewable Energy in Edge Clouds for Data Stream Analysis in IoT. In *Proceedings of the 17th IEEE/ACM International Symposium on Cluster, Cloud and Grid Computing*, Madrid, Spain, May 14-17, 2017.

32 Y. Liu, C Xu, Y. Zhan, Z. Liu, J. Guan, and H. Zhang. Incentive mechanism for computation offloading using edge computing: a Stackelberg game approach. *Computer Networks* 129: 399-409, 2017.

33 Gregory V. Caliri. Introduction to Analytical Modeling, *Int. CMG Conference*, Orlando, USA, December 10-15, 2000.

34 F. Bause and P. S. Kritzinger. *Stochastic Petri Nets*, Springer Verlag, Germany, 2002.

35 E. Oki. *Linear Programming and Algorithms for Communication Networks: A Practical Guide to Network Design, Control, and Management*, CRC Press, USA, 2012.

36 W. Ching, X. Huang, Michael K. Ng, and T.-K. Siu. *Markov Chains: Models, Algorithms and Applications*, Springer, USA, 2006.

37 T. Ando. *Bayesian Model Selection and Statistical Modeling*, CRC Press, USA, 2010.

38 E.M. Clarke, W. Klieber, M. Novacek, P. Zuliani. Model checking and the state explosion problem. *Tools for Practical Software Verification*, Germany, 2011.

5G, 포그, 에지 및 클라우드에서 네트워크 슬라이스 관리 및 오케스트레이션(조정)

아델 나자란 투시[Adel Nadjaran Toosi], 레도완마흐무드[RedowanMahmud], 칭화 치[Qinghua Chi], 라지쿠마르 부야[Rajkumar Buyya]

4.1 소개

오늘날 전 세계에서 일어나는 디지털 혁명으로 스마트 시티[smart city] 및 차량 간 통신[V2V, Vehicle-to-Vehicle]에서 가상 현실[VR, Virtual Reality], 증강 현실[AR, Augmented Reality], 원격 의료 수술에 이르기까지 다양한 애플리케이션 서비스가 도입되고 있다. 모든 애플리케이션의 필수 연결성 및 성능 요구 사항을 동시에 제공할 수 있는 싱글 네트워크 설계 및 구현은 엄청나게 복잡할 뿐만 아니라 엄청난 비용이 발생한다. 5G 기반 공공-민간 파트너십[5G-PPP, 5G infrastructure Public-Private Partnership]은 5G 물리적 다중 서비스 네트워크를 동시에 실행하고 공유할 수 있는 향상된 초광대역 이동 통신[eMBB, enhanced Mobile Broadband], 대규모 사물 통신[Mmtc, massive Machine-Type Communications], 초저지연 실시간 서비스[uRLLC, ultra-Reliable Low-Latency Communication] 또는 중요한 통신의 다양한 사용 사례 제품군을 식별했다[1]. 이러한 애플리케이션은 본질적으로 매우 다른 서비스 품질[QoS] 요구 사항과 전송 특성을 갖고 있다. 예를 들어 eMMB 카테고리의 주문형 비디오 스트리밍 애플리케이션은 매우 높은 대역폭을 필요로 하고 많은 양의 콘텐츠를 전송한다. 이와는 반대로 사물인터넷[IoT]과 같은 mMTC 애플리케이션은 일반적으로 처리량이 적은 디바이스가 다수 존재한다. 이러한 사용 사례들 간의 차이는 전통적인 네트워크 접근 방식이 이러한 모든 수직적 서비스의 서로 다른 요구 사항을 충족하지 않음을 보여 준다.

이러한 요구 사항을 충족하기 위한 비용 효율적인 솔루션은 물리적 네트워크를 여러 개의 논리적 네트워크로 분할하는 것이다. 클라우드 컴퓨팅 시대에 성공적으로 사용된 서버 가상화 기술과 마찬가지로 네트워크 슬라이싱^{network slicing}은 공유된 물리적 네트워크 인프라를 여러 엔드 투 엔드 논리 네트워크로 분할해 트래픽 그룹화 및 테넌트^{tenant}의 트래픽 분리가 가능하게 하는 가상화 형태로 구축되는 것을 말한다. 네트워크 슬라이싱은 수직적 서비스 제공 업체들이 서비스 요구 사항에 따라 애플리케이션과 서비스를 유연하게 구축할 수 있는 5G 네트워크의 중요한 원동력으로 꼽힌다. 즉 네트워크 슬라이싱은 서비스 제공 업체가 수요에 따라 자체적으로 네트워킹 인프라를 구축 및 설정하고, 다양하고 정교한 시나리오에 맞게 커스터마이징할 수 있는 서비스형 네트워크^{NaaS, Network-as-a-Service} 모델을 제공한다.

소프트웨어 정의 네트워크^{SDN, Software-Defined Networking}와 네트워크 기능 가상화^{NFV, Network Function Virtualization}는 네트워크 프로그래밍 및 가상화를 촉진해 네트워크 슬라이싱의 빌딩 블록^{building block} 역할을 할 수 있다. SDN은 기존의 전통적인 네트워킹 장치에 밀접하게 연결된 제어 평면과 데이터 평면을 분리한다. 이러한 분리 작업을 통해 SDN은 네트워크 제어 기능을 실행하기 위한 단일 관리 지점^{single point of management}에서 논리적으로 중앙 집중화된 네트워크 뷰를 제공할 수 있다. NFV는 빠르게 발전하고 있는 네트워킹의 또 다른 트렌드이며, 네트워크 기능을 전용 하드웨어^{proprietary hardware}에서 실행되는 것이 아니라 범용 하드웨어^{general-purpose hardware}에서 실행되는 소프트웨어 기반 애플리케이션으로 이전하는 것이 목적이다. NFV는 서로 연결되거나 체인으로 연결된 가상 네트워크 기능^{VNF, Virtual Network Functions}을 구축함으로써 비용을 절감하고 네트워크 기능의 탄력성을 높일 수 있다.

4장에서는 이를 염두에 두고 5G, 에지/포그 컴퓨팅, 클라우드 컴퓨팅의 네트워크 슬라이싱에 관한 최신 문헌을 검토하고, 이 개념을 궁극적으로 실현하고자 주파수 및 다양한 문제를 파악하는 것을 목표로 한다. 4장에서는 5G, 에지/포그 컴퓨팅, 클라우드 컴퓨팅 간의 상호 작용을 간략하게 소개하는 것으로 시작한다. 그런 다음 클라우드 컴퓨팅 환경에서 네트워크 슬라이싱과 관련된 연구와 프로젝트를 검토하고, SDN과 NFV 기술에 초점을 맞춘다. 또한 새롭게 부상하고 있는 포그 및 에지 클라우딩 컴퓨팅의 네트워크 슬라이싱 기술을 살펴본다. 이를 통해 플랫폼 내에서 해결되지 않은 네트워크 슬라이싱의 주요 문제점을 파악할 수 있다. 마지막으로 표 4.1에서 4장 전체에서 참조되는 머리글자 및 약어를 확인할 수 있다.

표 4.1 약어 및 두문자어

5G	5세대 모바일 네트워크 또는 5세대 무선 시스템
AR	증강 현실
BBU	베이스밴드 유닛
CRAN	클라우드 무선 액세스 네트워크
eMBB	강화된 모바일 광대역
FRAN	포그 라디오 액세스 네트워크
IoT	사물인터넷
MEC	모바일 에지 컴퓨팅
mMTC	대규모 머신 타입 통신
Naas	네트워크 서비스
NAT	네트워크 주소 변환
NFaaS	서비스로서의 네트워크 기능
NFV	네트워크 기능 가상화
QoS	서비스 품질
RRH	원격 라디오 헤드
SDC	소프트웨어 정의 클라우드
SDN	소프트웨어 정의 네트워크
SFC	서비스 기능 체이닝
SLA	서비스 수준 계약
uRLLC	고 안정성 저지연 통신
V2V	차량 대 차량
VM	가상머신
VNF	가상화 네트워크 기능
VPN	가상 사설 네트워크
VR	가상현실

4.2   연구 배경

4.2.1   5G

통신 표준의 혁신은 지속적으로 발전하고 여전히 진행 중이다. 이를 실현하고자 현재 5G 라고 불리는 5세대 이동통신망 또는 5세대 무선 시스템이 현재의 4G/IMT 고급 표준을 넘어 차세대 통신 표준으로 제안됐다[2]. 5G의 무선 네트워킹 아키텍처는 802.11ac IEEE 무선 네트워킹 표준을 따르고 있으며, 밀리미터파 대역^{millimeter wave band}에서 작동한다. 이것은 궁극적으로 30~300GHz의 극고주파[EHF, Extremely High Frequency]를 캡슐화해 더 높은 데이터 용량과 낮은 대기 시간 통신을 제공한다.

5G의 공식화 작업은 아직 초기 단계에 있으며 2020년까지 완성될 것으로 예상된다. 그러나 5G의 주된 목적은 라운드-트립[round-trip] 지연 시간이 최소인 실제 네트워크에서 Gbps 속도로 데이터 전송이 가능하게 하고, 높은 내결함성[high-fault tolerant] 네트워킹 아키텍처를 통해 연결된 수많은 디바이스 간에 장기적인 통신을 제공하는 것이다[1]. 또한 5G는 네트워크와 연결된 디바이스의 에너지 사용량을 개선하는 것이 목표다. 게다가 5G는 이전 세대 통신에 비해 유연하고 동적이며 관리가 수월할 것으로 예상된다[4].

4.2.2 클라우드 컴퓨팅

클라우드 컴퓨팅은 액세스 디바이스에서 실행되는 수많은 애플리케이션에 우수한 백엔드[backend]를 제공하고자 5G 서비스에서 꼭 필요할 것으로 예상된다. 지난 10년 동안 클라우드 컴퓨팅은 인터넷을 통해 온디맨드 서비스[on-demand service]를 제공하는 성공적인 컴퓨팅 패러다임으로 발전해 왔다. 클라우드 데이터 센터는 리소스와 서비스를 효율적으로 관리하고자 가상화 기술을 채택했다. 서버 가상화 기술의 발전은 클라우드 데이터 센터의 컴퓨팅 리소스를 비용면에서 효율적으로 관리하는 데 기여했다.

클라우드 데이터 센터의 가상화 개념이 최근 SDN과 NFV의 발전 덕분으로 컴퓨팅, 스토리지, 네트워크 등 모든 리소스를 포함하는 소프트웨어 정의 클라우드[SDC, Software Defined Clouds]의 개념으로 확대됐다[5]. SDC는 클라우드 컴퓨팅, 시스템 가상화, SDN, NFV 분야를 접목해 데이터 센터의 리소스 관리를 개선시키는 것이 목표다. 또한 클라우드는 5G에서 지속적으로 증가하는 최종 사용자의 요구 사항을 충족시키는 것을 목표로 하는 셀룰러 프레임워크인 클라우드 무선 접속망[CRAN, Cloud Radio Access Network]의 기반 블록으로 간주된다. CRAN에서 전통적인 기지국[base station]은 라디오[radio]와 베이스 밴드[baseband] 부분으로 나뉜다. 라디오 부분은 리모트 라디오 헤드[RRH, Remote Radio Head] 유닛 형태로 기지국에 상주하고 다른 기지국을 위한 중앙 집중식과 가상화 베이스 밴드 유닛[BBU, Baseband Unit] 풀을 생성하고자 베이스 밴드 부분을 클라우드에 배치한다.

4.2.3 모바일 에지 컴퓨팅

사용자 근거리 컴퓨팅 패러다임 중 하나인 모바일 에지 컴퓨팅^{MEC, Mobile Edge Computing}은 5G 의 핵심 요소 중 하나로 꼽힌다. CRAN[6]과 달리 MEC에는 기지국과 액세스 포인트 에는 에지 네트워크에서 5G와 관련된 문제를 처리할 수 있는 에지 서버가 탑재돼 있다. MEC는 LTE 기반 네트워킹에서 연산 능력이 풍부한 분산형 RAN 아키텍처를 활용한다. 지속적으로 연구 중인 MEC는 실시간 상황 인식^{real-time context awareness}[7], 동적 컴퓨팅 오프 로딩^{dynamic computation offloading}[8], 에너지 효율성^{energy efficiency}[9], 5G 네트워킹을 위한 멀티 미 디어 캐싱^{multi-media caching}[10]을 목표로 한다.

4.2.4 에지 및 포그 컴퓨팅

에지 및 포그 컴퓨팅^{edge and fog computing}은 지리적으로 분산된 수많은 IoT 디바이스의 서비 스 요구 사항을 만족시키고 원격 클라우드의 단점을 보완하고자 만들어졌다. 에지 컴퓨 팅에서는 애드혹^{Ad-hoc} 네트워킹을 통해 액세스하는 IoT 디바이스나 로컬 리소스에 내장 된 연산 기능을 사용해 IoT 데이터를 처리한다. 일반적으로 에지 컴퓨팅 패러다임은 간 단한 연산 작업을 수행하는 데 적합하며, 원격(핵심) 클라우드의 개입이 필요하지 않는 한 글로벌 인터넷을 탐색하지 않는다. 그러나 모든 IoT 디바이스가 연산 작업에 사용되 거나 로컬 에지 리소스가 연산 작업에 사용돼 서로 다른 대규모 IoT 애플리케이션을 동 시에 실행하는 것은 아니다. 이 경우 원격 클라우드에서 대기 시간에 민감한 IoT 애플리 케이션을 실행하면 QoS는 크게 저하될 수 있다[11]. 또한 원격 클라우드로 전송되는 엄 청난 양의 IoT 워크로드로 인해 네트워크가 마비될 수도 있다. 이러한 과제를 해결하고 자 포그 컴퓨팅은 분산 포그 노드를 통해 인프라 및 소프트웨어 서비스를 제공하고 네트 워크 내에서 IoT 애플리케이션을 실행한다[12].

포그 컴퓨팅에서 라우터, 스위치, 셋톱 박스, 프록시 서버와 같은 전통적인 네트워킹 장비는 전용 나노 서버 및 마이크로 데이터 센터와 함께 포그 노드 역할을 할 수 있으며, 독립적 또는 클러스터링된 방식으로 광대역 클라우드와 같은 서비스를 제공할 수 있다 [13]. 모바일 에지 서버 또는 클라우드렛^{cloudlet}[14]도 포그 컴퓨팅 지원 MCC 및 MEC에 서 각각의 작업을 수행하기 위한 포그 컴퓨팅 노드로 활용될 수 있다. 더 넓은 관점에서 에지는 포그 컴퓨팅의 하위 집합으로 간주되지만, 어떤 경우에는 에지와 포그 컴퓨팅이 상호 교환적으로 사용된다[15]. 그러나 에지 및 포그 컴퓨팅에서 5G의 통합은 컴퓨팅 인스턴스 마이그레이션computing instance migration[16] 및 SDN 지원 IoT 리소스 검색SDN-enabled IoT resource discovery의 대역폭 관리 측면에서 이미 논의됐다. 포그 무선 액세스 네트워크FRAN, Fog Radio Access Network[18]의 개념 또한 학계와 업계로부터 많은 주목을 받고 있다. 포그 무선 액세스 네트워크에서 포그 리소스는 기지국을 위한 BBU 풀을 만드는 데 활용된다.

이러한 컴퓨팅 패러다임의 작동 원리는 가상화 기술에 크게 의존한다. 서로 다른 컴퓨팅 패러다임을 가진 5G의 얼라인먼트alignment는 네트워크와 리소스 가상화 기법의 상호 작용을 통해 분석할 수 있다. 네트워크 슬라이스는 5G 네트워크 가상화의 핵심 기능 중 하나다. 컴퓨팅 패러다임은 5G 네트워크 슬라이싱 비전을 데이터 센터 및 포그 노드로 확장할 수도 있다. 후자는 네트워크 슬라이싱 비전을 공유 데이터 센터 네트워크 인프라 및 포그 네트워크에 적용해 전체 스택을 가상화 환경으로 구축함으로써 애플리케이션에 대한 엔드 투 엔드 논리 네트워크를 제공할 수 있음을 의미한다. 이러한 형태의 네트워크 슬라이싱은 데이터 센터 네트워크를 넘어 멀티 클라우드 또는 포그 노드 클러스터로 확장될 수도 있다[19]. 확장이 무엇이든 간에 광역 통신망WAN, Wide Area Network 세그먼트, 클라우드 데이터 센터DC, Data Center, 포그 리소스를 포함해 네트워크에서 해결해야 할 연구 과제들이 등장한다.

4.3 5G에서 네트워크 슬라이싱

최근 몇 년 동안 산업계와 학계는 5G의 다양한 측면을 탐색하고자 수많은 연구를 수행해 왔다. 네트워크 아키텍처와 관련된 MAC 계층 관리는 현재 5G 연구의 주요 연구 분야 중 하나다. 또한 다른 실제 애플리케이션, 지속 가능성, 품질 기대치에 5G가 미치는 영향에 관한 연구도 많이 진행되고 있다. 그러나 진행 중인 5G 연구 중에서 네트워크 슬라이싱은 5G의 다양한 요구 사항을 지원하는 것을 목표로 하기 때문에 더 많은 관심을 불러일으키고 있다[20, 21].

5G의 네트워크 슬라이스는 물리적 네트워크의 리소스를 여러 가상 네트워크에 공유하는 것을 의미한다. 더 정확히 말하면 네트워크 슬라이스는 물리적 네트워크 상단에 있는 가상화된 네트워크의 집합으로 간주된다[22]. 네트워크 슬라이스는 특정 애플리케이션/서비스, 유스 케이스use cases 또는 비즈니스 모델에 할당돼 요구 사항을 충족할 수 있

다. 각 네트워크 슬라이스는 가상 리소스$^{virtual\ resource}$, 토폴로지^{topology}, 데이터 트래픽 플로
$^{data\ traffic\ flow}$, 관리 정책 및 프로토콜을 사용해 독립적으로 운영될 수 있다. 네트워크 슬라
이싱은 일반적으로 이기종 시스템을 지원해야 하기 때문에 엔드 투 엔드 방식으로 구현
해야 한다[23].

네트워크 슬라이싱은 상호 연결된 많은 엔드 투 엔드 디바이스들 간에 맞춤형 연결을
지원한다. 이것은 네트워크 자동화를 향상시키고 SDN과 NFV의 전체 용량을 활용한다.
또한 이것은 기존의 네트워킹 아키텍처를 상황에 따라 확장 가능하도록 만드는 데 도움
이 된다. 네트워크 슬라이싱은 여러 가상화 네트워크와 공통의 기반 인프라를 공유하기
때문에 네트워크 리소스를 사용하고 운용 비용을 절감할 수 있는 가장 효율적인 방법 중
하나다[24]. 또한 하나의 슬라이스에 적용된 신뢰성과 제한(정체 및 보안 문제)이 다른 슬
라이스에 영향을 미치지 않도록 보장한다. 네트워크 슬라이싱은 네트워크 내에서 보안을
강화하고 데이터, 제어 및 관리 평면의 격리 및 보호를 지원한다. 또한 네트워크 슬라이
싱은 에지[25], 포그[13], 클라우드와 같은 여러 컴퓨팅 패러다임으로 확장할 수 있으며,
이는 결국 상호 운용성이 향상되고 서비스 수준 협약서$^{SLA,\ Service-Level\ Agreement}$ 위반을 줄이
면서 최종 사용자에게 보다 질 좋은 서비스를 제공할 수 있다[26].

네트워크 슬라이스의 많은 장점에도 불구하고 현재의 5G 환경에서 네트워크 슬라이
스는 해결해야 할 다양한 과제를 안고 있다. 각 가상 네트워크는 서로 다른 수준의 리소
스 선호도가 존재하고 시간의 경과에 따라 변경될 수 있기 때문에 여러 가상 네트워크
간의 리소스 프로비저닝을 구현하기는 어렵다. 이동성 관리와 무선 리소스 가상화는 5G
에서 네트워크 슬라이싱 문제를 복잡하게 만든다. 또한 엔드 투 엔드 슬라이스 조정 및
관리도 네트워크 슬라이싱을 복잡하게 만들 수 있다. 5G 네트워크 슬라이싱의 최근 연구
는 효율적인 네트워크 슬라이싱 프레임워크를 통해 문제를 해결하는 데 초점을 맞추고
있다. 참고 논문[26, 27]을 확장해 그림 4.1에 5G 네트워크 슬라이싱을 위한 일반적인 프
레임워크를 묘사했다. 프레임워크는 인프라 계층, 네트워크 기능 계층, 서비스 계층의 세
가지 주요 계층으로 구성돼 있다.

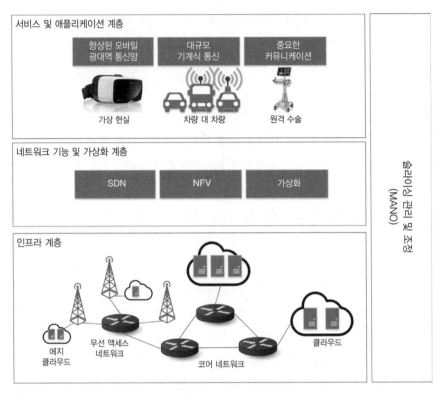

그림 4.1 일반적인 5G 슬라이싱 프레임워크

4.3.1 인프라 계층

인프라 계층은 실제 물리적 네트워크 아키텍처를 정의한다. 인프라 계층은 무선 액세스 네트워크^{radio access network}와 코어 네트워크^{core network}를 통해 에지 클라우드에서 원격 클라우드^{remote cloud}로 확장될 수 있다. 코어 네트워크와 무선 액세스 네트워크 내에서 리소스 추상화를 위해 다양한 소프트웨어 정의 기술^{software defined technique}을 캡슐화한다. 또한 이 계층에서는 기본 인프라 배포, 제어, 관리, 조정을 위한 몇 가지 정책을 수행한다. 이 계층은 상위 계층이 상위 계층의 상황에 따라 처리할 수 있도록 네트워크 슬라이스에 리소스(컴퓨팅, 스토리지, 대역폭 등)를 할당한다.

4.3.2 네트워크 기능 및 가상화 계층

네트워크 기능 및 가상화 계층은 가상 리소스와 네트워크 기능의 라이프 사이클을 관리하는 데 필요한 모든 작업을 수행한다. 또한 네트워크 슬라이스를 가상 리소스에 최적화시켜 배치하고, 슬라이스를 체이닝으로 연결해 특정 서비스 또는 애플리케이션의 특정 요구 사항을 충족할 수 있도록 한다. SDN, NFV, 다른 가상화 기술은 이 계층에서 중요하게 활용된다. 이 계층은 코어 및 로컬 무선 액세스 네트워크의 기능을 명시적으로 관리한다. 이 계층은 또한 세분화된 네트워크 기능을 효율적으로 처리할 수 있다.

4.3.3 서비스 및 애플리케이션 계층

서비스 및 애플리케이션 계층은 연결된 차량^{connected vehicle}, 가상 현실 제품^{virtual reality appliance}, 모바일 디바이스 등에 의해 구성될 수 있다. 특정 사용 사례 또는 비즈니스 모델을 갖고 있으며, 네트워킹 인프라 및 네트워크 기능으로부터의 다양한 기대치를 나타낸다. 서비스, 애플리케이션에 대한 요구 사항, 또는 개략적인 설명을 기반으로 가상화된 네트워크 기능이 물리적 리소스에 매핑된다. 그 방식은 각 애플리케이션 또는 서비스에 대한 SLA를 준수해야 한다.

4.3.4 슬라이싱 관리 및 조정

위 계층의 기능은 슬라이싱 관리 및 조정^{MANO, Slicing Management and Orchestration} 계층에 의해 명시적으로 모니터링되고 관리된다. 이 계층의 세 가지 주요 목표는 다음과 같다.

1. 인프라 계층의 기능을 사용해 물리적 네트워크에 가상 네트워크 인스턴스를 만든다.

2. 네트워크 기능을 가상화된 네트워크 인스턴스에 매핑하고 네트워크 기능과 가상화 계층을 연결해 서비스 체인을 구축한다.

3. 서비스/애플리케이션과 네트워크 슬라이싱 프레임워크 사이의 통신을 유지해 가상 네트워크 인스턴스의 라이프 사이클을 관리하고, 변화하는 상황에 따라 가상화된 리소스를 동적으로 조정하고 확장한다.

5G 네트워크 슬라이싱의 논리적 프레임 워크는 여전히 발전하고 있다. 기본 구조를

유지하면서 네트워크 슬라이싱 프레임워크를 확장하는 것은 5G의 추가적인 표준화를 위한 잠재적인 접근 방식이 될 수 있다.

화웨이[Huawei][28]의 연구 결과에 따르면 5G용 클라우드 네이티브 네트워크 아키텍처 Cloud-Native network architecture에는 다음과 같은 네 가지 특징이 있다.

1. 다양한 애플리케이션 시나리오를 지원하고자 클라우드 데이터 센터 기반 아키텍처와 논리적으로 독립적인 네트워크 슬라이싱을 제공한다.

2. 클라우드-RAN[Cloud-RAN1]을 활용해 무선 액세스 네트워크[RAN, Radio Access Network]를 구축해 대규모 연결을 제공하고 RAN 기능의 온디맨드[on-demand] 구축에 필요한 5G를 구현한다.

3. 좀 더 단순한 코어 네트워크 아키텍처를 제공하고 사용자와 제어 평면[control plane] 분리, 통합 데이터베이스 관리, 구성 요소 기반 기능을 통해 주문형 네트워크 기능을 제공한다.

4. 네트워크 슬라이싱 서비스를 자동으로 구축해 운영비를 절감한다.

4.4절에서는 클라우드 컴퓨팅 관련 문헌에서 제기된 네트워크 슬라이스 관리에 관한 최신 연구를 검토한다. 이 분야에 대한 설문 조사는 5G와 클라우드를 연구하는 연구진들에게 많은 도움이 될 것이다.

4.4 소프트웨어 정의 클라우드의 네트워크 슬라이싱

가상화 기술은 지난 10년 동안 클라우드 데이터 센터의 리소스 관리 및 최적화 기술에 많이 기여했다. 물리적 서버와 가상 서버의 활용도와 효율성을 개선하고자 가상머신[VM] 배포 및 VM 마이그레이션을 위한 많은 연구가 제안됐다[29]. 4.4절에서는 SDC용 네트워크 슬라이싱 관리와 같은 최첨단 네트워크 인식 VM/VNF 관리에 초점을 맞춘다. 그림 4.2는 SDCS의 네트워크 인식 VM/VNF 관리에 대한 분류 체계를 보여 준다. 우리

---

1   CROW-RAN(CRAN)은 무선 액세스 네트워크(RAN, radio access network)를 위한 중앙 집중식 아키텍처로서 무선 송수신기가 디지털 베이스밴드 프로세서로부터 분리된다. 즉 운영자가 여러 베이스 밴드 유닛을 한 곳에서 중앙 집중화할 수 있다. 이를 통해 개별 셀 사이트에 필요한 장비의 수를 줄일 수 있다. 궁극적으로 이 아키텍처의 네트워크 기능은 클라우드에서 가상화된다.

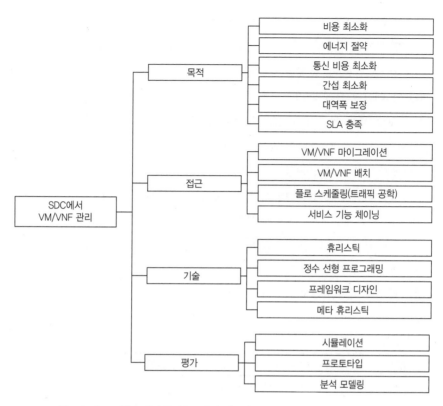

그림 4.2 소프트웨어 정의 클라우드에서 네트워크 인식 VM/VNF 관리의 분류 체계

가 제안한 분류 체계는 문제를 해결하는 데 사용된 접근 방법, 활용된 최적화 기술, 마지막으로 접근 방식을 검증하는 데 사용된 평가 기법을 기반으로 기존 저작물을 분류한다. 4.4절의 나머지 부분에서는 네트워크 슬라이싱을 세 가지 관점(네트워크 인식 VM 관리, 네트워크 인식 VM 마이그레이션, VNF 관리)에서 다루고 제안된 분류 체계를 매핑한다.

4.4.1 네트워크 인식 가상머신 관리

논문 [29]의 저자는 시간 기반 네트워크time-based network 정보를 활용해 VM을 실시간으로 마이그레이션하고 네트워크 비용을 최소화하는 조정 프레임워크를 제안한다. 논문 [30]의 저자는 VM 간의 홉hop 수를 줄이고 에너지를 절약하며, 네트워크 로브 밸런싱을 유지할 수 있는 VM 배치 메커니즘을 제안한다. 논문 [31]의 저자는 SDN을 사용해 네트워크 상태를 모니터링하고 VM 마이그레이션 비용을 예측한다. 이 기술은 정체된 링크를 탐지하고 VM을 마이그레이션해 해당 링크에서 발생하는 정체 문제를 해결한다.

논문 [32]의 연구진은 네트워크 비용을 최소화하고자 데이터 센터의 공동 VM 배포 및 네트워크 라우팅 문제를 연구했다. 연구진은 트래픽 부하를 동적으로 조정하고 VM 배포와 데이터 트래픽 라우팅을 최적화할 수 있는 온라인 알고리즘^{online algorithm}을 제안했다. VM 플래너^{planner}[33] 또한 VM 배포 및 네트워크 라우팅을 최적화할 수 있다. 이 솔루션에는 그룹 간 트랙이 많은 VM을 통합, VM 그룹 배포 및 랙 트래픽^{rack traffic}을 최소화하기 위한 트래픽 통합 등이 포함돼 있다. Jin 연구진[34]은 공동 호스트-네트워크^{host-network} 최적화 문제를 연구했다. 이 문제는 VM 배포 및 라우팅 문제를 결합하는 정수 선형 문제^{integer linear problem}로 공식화된다. Cui 연구진[35]은 네트워크 기능 및 미들박스^{middlebox}에 관한 정책을 고려하면서, 공동 정책 인식 및 네트워크 인식 VM 마이그레이션 문제를 탐구하고 데이터 센터의 네트워크 전체 통신 비용을 절감하기 위한 VM 관리 방법에 대해 논의한다. 표 4.2는 네트워크 인식 VM 관리의 연구 프로젝트를 요약한 것이다.

표 4.2 네트워크 인식 가상머신 관리

프로젝트	목적	접근/기술	평가
Cziva et al. [29]	네트워크 통신 비용 최소화	VM 마이그레이션 – 프레임 디자인	프로토타입
Wang et al. [30]	통신 VM과 네트워크 전력 소비 사이의 홉 수 감소	VM 배치 – 휴리스틱	시뮬레이션
Remedy [31]	네트워크에서 정체 제거	VM 마이그레이션 – 프레임 디자인	시뮬레이션
Jiang et al. [32]	네트워크 통신 비용 최소화	VM 배치 및 마이그레이션 – 휴리스틱(마르코프 근사)	시뮬레이션
VMPlanner [33]	네트워크 전력 소비량 감소	VM 배치 및 트래픽 플로 라우팅 – 휴리스틱	시뮬레이션
PLAN [35]	회의 중 네트워크 통신 비용 최소화	VM 배치 – 휴리스틱	프로토타입/ 시뮬레이션

4.4.2 네트워크 인식 가상머신 마이그레이션 계획

많은 문헌이 VM 마이그레이션 메커니즘의 효율성을 개선하는 데 초점을 맞추고 있다 [36]. Bari 연구진[37]은 효율적인 마이그레이션 방법에 대해 제안한다. 마이그레이션 시간을 최소화하면서 VM 그룹을 최종 대상으로 이동하기 위한 마이그레이션 시퀀스를 찾으려고 한다. 연구진이 제시한 방법에서는 시퀀스의 각 단계를 수행한 후 리소스와 목적지 사이의 링크에서 사용할 수 있는 잔여 대역폭을 모니터링한다. 유사하게 Ghorbani 연구진 [38]도 마이그레이션할 순서가 지정된 VM 목록과 전달 흐름 변경 집합을 생성하는 알고리즘을 제안한다. 이들은 마이그레이션 작업 중에 링크 용량을 위반하지 않도록 링크의 대역폭 보장을 적용하는 데 집중한다. 또한 Li 연구진[39]은 VM 마이그레이션 계획 문제를 해결하려고 노력하고 있다. 이들은 워크로드 인식 마이그레이션 문제[workload-aware migration problem]를 해결하고 후보 가상머신[candidate virtual machine], 대상 호스트, 마이그레이션 순서를 선택하는 방법을 제안했다. Xu 연구진 [40]은 VM 간의 마이그레이션 및 코로케이션[co-location] 간섭을 최소화하는 *iAware*라는 간섭 인식[interference-aware] VM 라이브 마이그레이션 계획을 제안한다. 표 4.3에는 VM 마이그레이션 계획의 연구 프로젝트가 요약돼 있다[40].

표 4.3 가상머신 마이그레이션 계획

프로젝트	목적	접근/기술	평가
Bari et al. [37]	마이그레이션 시간이 최소화되는 동안 마이그레이션 시퀀스 검색	VM 마이그레이션 – 휴리스틱	시뮬레이션
Ghorbani et al. [38]	네트워크 대역폭을 보장하면서 마이그레이션 시퀀스 검색	VM 마이그레이션 – 휴리스틱	시뮬레이션
Li et al. [39]	로드 밸런싱을 위한 마이그레이션 및 대상 호스트의 시퀀스 검색	VM 마이그레이션 – 휴리스틱	시뮬레이션
iAware [40]	VM 간 마이그레이션 및 코로케이션 간섭 최소화	VM 마이그레이션 – 휴리스틱	프로토타입/시뮬레이션

4.4.3 가상 네트워크 기능 관리

NFV는 방화벽, 네트워크, 주소 변환[NAT, Network Address Translation], 가상 사설망[VPN, Virtual Private Networks]과 같은 네트워크 기능이 가상화되고 VNF[Virtualized Network Function]라는 여러 빌딩 블록으로 분할되는 새로운 패러다임이다. VNF는 종종 서로 연결돼 있으며 필요한 네트워크 기능을 제공하고자 서비스 기능 체인[SFC, Service Function Chain]을 구축한다. 논문 [41]의 연구진은 NFV를 위한 아키텍처 프레임워크를 제시하는 NFV의 주요 연구 과제 및 기술적 요구 사항에 대한 포괄적인 설문 조사 결과를 제시한다. 그들의 연구는 VNF의 효율적인 인스턴스화, 배포 및 마이그레이션, 네트워크 성능에 초점을 맞추고 있다.

VNF-P는 VNF의 효율적인 배포를 위해 논문 [42]에서 제안된 모델이다. 연구진은 하이브리드 시나리오$^{hybrid\ scenario}$에서 NFV 버스트 시나리오$^{burst\ scenario}$를 제안한다. 여기서 네트워크 기능 서비스에 대한 기본 요구를 물리적 리소스로 처리하고 추가 로드$^{extra\ load}$는 가상 서비스 인스턴스에 의해 처리된다. Cloud4NFV[43]는 클라우드 플랫폼을 이용한 서비스로서 네트워크 기능을 구축하고자 유럽전기통신 표준연구소$^{ETSI,\ European\ Telecommunications\ Standards\ Institute}$의 NFV 표준을 따르는 플랫폼이다. VNF Orchestrator는 RESTful API를 제공함으로써 VNF 배포를 허용한다. 오픈스택^{OpenStack}과 같은 클라우드 플랫폼은 백그라운드에서 가상 인프라 관리를 지원한다. vConductor[44]는 엔드 투 엔드 가상 네트워크 서비스를 위해 S제안된 또 다른 NFV 관리 시스템이다. vConductor는 가상 네트워크 서비스의 자동 프로비저닝을 위한 간단한 그래픽 사용자 인터페이스$^{GUI,\ Graphical\ User\ Interface}$ 환경을 제공하고 VNF 및 기존의 물리적 네트워크 기능 관리를 지원한다. Yoshida 연구진[45]은 사용자, 클라우드 제공 업체, 통신 네트워크 운영자들이 참여하는 NFV 인프라 구축을 위해 VM을 사용하는 vConductor의 일부로 제안했다.

서비스 체인은 지정된 순서에 따라 VNF를 호스팅하는 일련의 VM으로, VNF를 순차적으로 처리해 원하는 네트워크 기능을 제공한다. 논문 [46]에서 제안한 표 형식의 VM 마이그레이션$^{TVM,\ Tabular\ VM\ Migration}$은 클라우드 데이터 센터에서 네트워크 기능의 서비스 체인의 홉 수(네트워크 요수)를 줄이는 것이 목표다. VM 마이그레이션을 사용해 SLA를 충족시키고자 이동해야 하는 홉 수를 줄인다. SOVWin$^{SLA-driven\ Ordered\ Variable-width\ Windowing}$은 초기 정적 배치를 사용해 동일한 문제를 해결하고자 Pai 연구진[47]이 제안한 휴리스틱^{heuristic}이다. 이와 유사하게 Clayman 연구진[48]이 제안한 것은 리소스 전반에 걸쳐 VNF를 자동으로 배포하기 위한 오케스트레이터^{orchestrator}다.

EU가 후원하는 T-NOVA 프로젝트[49]는 NFaaS 개념을 실현하는 것이 목표다. 또한 VNF의 자동화된 프로비저닝, 관리, 모니터링, 최적화를 위해 통합 관리 및 오케스트레이터 플랫폼을 설계하고 구현했다. UNIFY[50]는 세분화된 SFC 모델, SDN, 클라우드 가상화 기술에 기반한 자동화된 동적 서비스 생성을 지원하기 위한 EU의 또 다른 FP7 프로젝트다. SFC의 자세한 내용은 Medhat 등의 참고 문헌을 참고하자. 표 4.4는 VNF 관

표 4.4 가상 네트워크 기능 관리 프로젝트

프로젝트	목적	접근/기술
VNF-P	서버 수를 최소화하면서 네트워크 서비스 수요 급증 처리	자원 할당 – 정수 선형 프로그래밍(ILP)
Cloud4NFV	서비스로서의 네트워크 기능 제공	서비스 프로비저닝 – 프레임워크 디자인
vConductor	가상 네트워크 서비스 프로비저닝 및 관리	서비스 프로비저닝 – 프레임워크 디자인
MORSA	가상 서비스의 다중 목적 배치	배치 – 다목적 최적화 유전자 알고리즘
TVM	서비스 체인에서 홉 수 감소	VM 마이그레이션 – 휴리스틱
SOVWin	사용자 요청 허용률 증가 및 SLA 위반 최소화	VM 배치 – 휴리스틱
Clayman et al.	가상 노드의 자동 배치 제공	VM 배치 – 휴리스틱
T-NOVA	VNF 시장 구축	시장 – 프레임워크 디자인
UNIFY	자동화된 동적 서비스 생성 및 서비스 기능 체인	서비스 프로비저닝 – 프레임워크 디자인

리에 관한 최첨단 프로젝트를 요약한 것이다.

4.5 에지 및 포그 컴퓨팅에서 네트워크 슬라이싱 관리

포그 컴퓨팅은 실시간 및 저지연^{low-latency} 프로세싱이 필요한 애플리케이션의 서비스 품질의 요구 사항을 해결하기 위해 탄생한 클라우드 컴퓨팅의 새로운 트렌드다. 포그 컴퓨팅은 데이터 리소스에서 가까운 애플리케이션을 지원하고자 에지와 코어 클라우드 사이에서 중간 계층 역할을 하는 반면, 핵심^{core} 클라우드 데이터 센터는 애클리케이션을 위한 대규모 데이터 스토리지, 중요한 연산 또는 광대역 연결을 제공한다.

포그 컴퓨팅의 주요 비전 중 하나는 연산 능력^{compute capabilities}이나 범용 컴퓨팅^{general-purpose computing}을 모바일 기지국, 게이트웨이, 라우터와 같은 에지 네트워크 디바이스에 추가하는 것이다. 한편 SDN과 NFV는 미래의 솔루션^{prospective solutions}으로서 네트워크 서비스를 효율적으로 관리하고 조정하는 핵심적인 역할을 할 것이다. 이러한 기술들 간의 자연스러운 시너지 효과와 친화성에도 불구하고 포그/에지 컴퓨팅과 SDN/NFV의 통합에 대한 연구는 아직 걸음마 단계다. IoT, 5G, 스트림 분석^{stream analytics} 분야에서 SDN/NFV와 포그/에지 컴퓨팅 간의 통합은 새로운 애플리케이션에서 매우 중요하다. 그러나 이러한 상호 작용의 범위와 요구 사항은 여전히 개방형 과제[open problem]다. 다음 내용에서는 이러한 맥락에서 최신 기술을 개략적으로 설명한다.

Lingen 연구진[52]은 NFV, 포그 컴퓨팅, 5G/MEC 통합의 기술적 과제를 해결하기 위한 모델 중심[mndel-driven] 및 서비스 중심 아키텍처[service-centric architecture]를 정의한다. 연구진은 유럽전기통신 표준연구소[ETSI]가 제안한 NFV MANO를 기반으로 하는 개방형 아키텍처를 소개하고, 클라우드를 통해 가장자리(에지)까지 이르는 IoT 서비스를 균일하게 관리할 수 있는 오픈 포그 컨소시엄[OFC, OpenFog Consortioum] 레퍼런스 아키텍처를 사용한다.[2] 클라우드, 네트워크, 포그를 통합하고자 IoT 전용 모듈 및 향상된 NFV MANO 아키텍처와 함께 2계층 추상화 모델을 제안했다. 시범 연구로서 그들은 바르셀로나[Barcelona] 시의 거리 캐비닛[street cabinet]을 통해 포그 노드와 센서 원격 측정기의 물리적 보안을 위한 두 가지 사용 사례를 제시했다.

논문 [53]의 Truong 연구진은 포그 컴퓨팅을 지원하는 SDN 기반 아키텍처를 제안한 최초의 연구자들이다. 연구진은 필요한 구성 요소를 식별하고 시스템에서 역할을 명시했다. 그들은 또한 그들의 시스템이 어떻게 차량 애드혹 네트워크[VANETs, Vehicular Adhoc Networks] 상황에서 서비스를 제공할 수 있는지를 보여 줬다. 그들은 데이터 스트리밍 및 차선 변경 지원 서비스에서 두 가지 사용 사례를 들어 제안된 아키텍처의 장점을 보여 줬다. 제안된 아키텍처에서 SDN 컨트롤러의 중앙 네트워크 뷰[central network view]는 리소스 및 서비스를 관리하고 마이그레이션 및 복제를 최적화하는 데 사용된다.

Bruschi 연구진[54]은 다중 도메인 포그/클라우드 서비스를 지원하기 위해 네트워크 슬라이싱 방식을 제안한다. 그들은 중복되지 않는[non-overlapping] OpenFlow 규칙을 사용해 지리적으로 분산된 인터넷 서비스 환경에서 오버레이 네트워크[overlay network]를 구축하기 위한 SDN 기반의 네트워크 슬라이싱 방식을 제안한다. 이들의 실험 결과는 오버레이 네트워크에 설치된 유니캐스트 포워드 규칙의 수가 OpenStack을 사용한 경우보다 현저하게 감소한 것을 보여 준다.

오픈 네트워크 오퍼레이팅 시스템[ONOS, Open Network Operating System][3] SDN 컨트롤러에서 영감을 얻은 Choi 연구진[55]은 IoT 서비스를 위한 FogOS라는 포그 오퍼레이팅 시스템 아

---

2   OpenFog Consortium, https://opcfoundation.org/

3   ONOS, https://onosproject.org/

키텍처^{fog operating system architecture}를 제안한다. 연구진들이 제안한 포그 컴퓨팅의 네 가지 주요 당면 연구 과제는 다음과 같다.

1. 많은 수의 IoT 디바이스를 처리할 수 있는 확장성
2. 다양한 형태로 연결된 복잡한 인터넷 네트워킹(예를 들어 다양한 무선 접속 기술)
3. 토폴로지 및 서비스 품질^{QOS} 요구 사항의 역동성과 적응
4. 통신, 센서, 스토리지, 컴퓨팅 능력 등의 장비의 다양성과 이질성

이러한 과제를 기반으로 제안된 아키텍처는 다음과 같은 네 가지 주요 구성 요소로 구성된다.

1. 서비스 및 디바이스 추상화
2. 리소스 관리
3. 애플리케이션 관리
4. 에지 리소스: 등록, ID/주소, 제어 인터페이스

그들은 또한 드론 기반의 감시 서비스 시스템에 대한 기술 검증 절차^{proof-of-concept}를 시연을 통해 보여 준다.

최근 연구에서 Diro 연구진[56]은 이기종 IoT 애플리케이션의 QoS 요구 사항을 충족하고자 포그-사물 간^{fog-to-things} 통신에서 네트워크 흐름에 공정성을 보장하면서도 중요한 네트워크 흐름에 우선권을 부여하는 혼합 SDN과 포그 컴퓨팅 아키텍처를 제안한다. 연구진은 패킷 지연^{packet delay}, 패킷 손실^{lost packets}, 처리량 최대화^{maximized throughput} 등과 같은 QoS와 성능 연구 결과에 따르면 제안된 방법은 네트워크 슬라이스를 다른 흐름 클래스에 할당하는 동시에 중요하고 긴급하게 처리해야 할 흐름을 보다 효율적으로 처리할 수 있다.

4.6 향후 연구 방향

4.6절에서는 소프트웨어 정의 클라우드 및 에지 컴퓨팅 환경에서 공개된 이슈와 향후 연구 방향을 함께 논의한다.

4.6.1 소프트웨어 정의 클라우드

SDC에서 네트워크 슬라이싱 관리와 조정의 설문 조사에 따르면 연구 커뮤니티^{community}는 호스트와 네트워크 리소스의 공동 프로비저닝 문제를 매우 잘 인식하고 있다. 초기 연구에서 호스트[57] 또는 네트워크[58]에 초점을 맞추고, 비용/에너지 최적화를 위한 솔루션에 많은 관심을 기울였다. 그러나 시스템 관리 구성 요소는 네트워크 비용과 호스트 비용을 동시에 고려하는 것이 필수적이다. 하나만 만족하는 최적화(시스템 또는 네트워크)는 다른 하나의 상황을 악화시킬 수 있다.

이 문제를 해결하고자 많은 연구는 공동 호스트와 네트워크 리소스 관리에 중점을 뒀다. 그러나 제안된 접근법 대부분은 연산 복잡성이 높거나 최적화된 상태가 아니다. 따라서 공동 호스트와 네트워크 리소스를 공동으로 관리 및 조정하는 알고리즘을 개발하는 것이 중요하다. 공동 호스트와 네트워크 리소스를 공동으로 관리 및 조정할 때는 다음 두 가지 조건이 충족돼야 한다. 주어진 작업 부하를 처리할 수 있는 호스트와 네트워크 리소스의 최소 하위 집합을 찾고 SLA 및 사용자의 QoS 요구 사항(예를 들어 네트워크 지연 시간)을 충족해야 한다. SDC가 VNF와 SFC를 지원할 때 공동 호스트와 네트워크 리소스 프로비저닝 문제는 더욱 복잡해진다.

SFC는 연구 커뮤니티에서 많은 관심을 받고 있는 인기 주제다. 그러나 애플리케이션의 QoS 요구 사항을 충족하는 동안 VNF 배포에는 거의 주의를 기울이지 않았다. PLAN[35]은 네트워크 정책 요구 사항을 충족하면서 네트워크 통신 비용을 최소화하려고 노력했다. 그러나 기존의 미들 박스^{middlebox}만 고려하고, VNF 마이그레이션 옵션을 고려하지 않았다. 따라서 SFC의 관리와 조정은 새로운 최적화 기법의 개발과 함께 더 많은 관심이 필요한 분야 중 하나다.

네트워크 인식 가상머신^{Network-aware virtual machines} 관리는 꾸준하게 연구되고 있는 분야다. 그러나 대부분의 작업은 네트워크 비용을 최적화하고자 VM 마이그레이션과 VM 배포를 고려한다. VM의 마이그레이션과 배포와 결합된 트래픽 엔지니어링 및 동적 플로 스케줄링은 네트워크 통신 비용을 최소화할 수 있다. 예를 들어 시스템의 SDN, 관리 및 조정 모듈을 사용해 최단 경로의 스위치에 VM 마이그레이션 트래픽을 적절한 경로로 리다이렉션할 수 있다.

SDC의 분석적 모델링은 문헌에서 집중적으로 연구되지 않았다. 따라서 SDC 네트워크 분석에 활용할 수 있는 우선순위 네트워크 모델을 구축하고, 시뮬레이션을 통해 수행된 실험 결과를 검증하는 데 초점을 맞춘 연구가 필요하다.

VNF의 오토 스케일링auto-scaling도 연구 커뮤니티에서 좀 더 심도 있는 연구가 필요한 분야다. 애플리케이션을 위한 네트워킹 기능을 제공하는 VNF는 서비스 로드 또는 과부하된 기본 호스트로 인해 성능에 영향을 미칠 수 있다. 따라서 VNF를 호스팅하는 VM의 성능을 모니터링하고 애플리케이션의 SLA 요구 사항을 충족하고자 VM을 추가 또는 제거하는 오토 스케일링 메커니즘의 개발은 네트워크 슬라이스의 관리와 조정에 있어 매우 중요하다. 사실 데이터 스트림을 생성하거나 사용자가 생성하는 서비스 근처의 호스트에 VNF[59]를 효율적으로 배포하면 네트워크 지연 시간을 최소화하고 전체 네트워크 비용이 절감된다. 그러나 네트워크에서 멀리 떨어진 더 강력한 노드에 배포하면 처리 시간이 향상될 수 있다[60]. 기존의 솔루션은 확장이 불가능한 배포에 중점을 두고 있다. 또한 VNF의 오토 스케일링 기술은 일반적으로 단일 네트워크 서비스(예를 들어 방화벽)의 자동 스케일링에 초점을 두지만, 실제로는 VNF의 오토 스케일링이 SFC에 따라 수행돼야 한다. 이와 관련해 노드 및 링크 용량 제한을 고려해야 하며, 솔루션은 다이내믹 패싱dynamic pathing 같은 기술을 사용해 기존 하드웨어에서 얻을 수 있는 장점을 극대화해야 한다. 따라서 VNF의 오토 스케일링의 향후 연구 주제는 최적의 동적 리소스 할당optimal dynamic resource allocation 및 배포 방법에 대한 연구를 하는 것이다.

4.6.2 에지 및 포그 컴퓨팅

에지 및 포그 컴퓨팅 모두에서 지금까지 5G의 통합은 매우 좁은 범위 내에서 논의돼 왔다. 에지/포그 컴퓨팅에서의 5G 네트워크 리소스 관리 및 리소스 검색이 연구됐지만, 이 분야에서 다른 많은 도전적인 연구 과제는 여전히 밝혀지지 않았다. 5G의 이동성 인식 서비스 관리mobility-aware service management를 통해 포그 컴퓨팅을 지원하고, 한 포그 노드에서 다른 노드까지 대량의 데이터를 전송할 때 발생하는 통신 오버헤드overhead를 극복하고 실시간으로 전달하는 것은 매우 어려울 것이다. 또한 포그 노드 간의 분산된 조정과 장비의 이질성으로 인해 5G 네트워크 리소스의 모델링, 관리, 프로비저닝은 다른 컴퓨팅 패러다임만큼 간단하지 않다.

또한 모바일 에지 서버, 클라우드렛, 클라우드 데이터 센터에 비해 포그 노드의 수가 많아서 장애가 발생할 확률이 매우 높다. 이 경우 포그 컴퓨팅에서 SDN(5G의 기초 블록 중 하나)를 구현하는 것이 매우 어려울 수 있다. 반면에 포그 컴퓨팅을 사용하면 기존 네트워킹 장치에서 들어오는 데이터를 처리할 수 있으며, 5G를 사용함으로써 데이터 양이 상당히 커질 수 있다. 이러한 시나리오에서 기존 네트워킹 장비에 더 많은 자원을 추가하는 것은 많은 비용이 발생하고, 보안에 취약하며, 라우팅, 패킷 포워딩 등과 같은 그들의 고유한 기능이 약화될 수 있다. 결과적으로 5G 네트워크와 NFV의 성능에 영향을 미친다.

그럼에도 포그 컴퓨팅 인프라는 5G 기반 포그 컴퓨팅을 위해 여러 공급업체가 소유할 수 있다. 대기 시간에 민감한 IoT 데이터를 전달할 때 우선순위가 지정된 네트워크 슬라이싱은 5G 지원 포그 컴퓨팅을 복잡하게 할 수 있다. 가상 네트워크 리소스의 스케줄링과 예약은 많은 수의 IoT 디바이스를 다루고 있어서 데이터 감지 빈도는 시간이 지남에 따라 변경될 수 있기 때문에 포그에서 구현하기가 어렵다. 서로 다른 가상 네트워크 및 QoS 로드 밸런싱은 효율적인 모니터링이 시행되지 않으면 네트워크의 성능은 크게 저하시킬 수 있다. 포그 컴퓨팅은 분산 컴퓨팅 패러다임이기 때문에 네트워크 리소스를 중앙 집중식으로 모니터링하면 문제가 심각해질 수 있다. 이 경우 분산 모니터링은 전체 네트워크 환경에 적용하지 못하더라도 효율적인 해결책이 될 수 있다. 또한 5G 지원 포그 컴퓨팅의 내결함성fault tolerance을 높이는 데 있어 토폴로지 인식 애플리케이션 배치topology-aware application placement, 동적 결함 감지dynamic fault detection, 사후 대응적 관리reactive management가 중요한 역할을 한다.

4.7 결론

4장에서는 다양한 플랫폼에서 네트워크 슬라이스의 관리 및 조정에 관한 연구를 조사했다. 그리고 소프트웨어 정의 네트워킹SDN 및 NFV와 같은 최신 기술을 논의했다. 4장에서 네트워크 슬라이싱을 위한 5G의 비전을 탐구하고, 이 분야에서 진행 중인 프로젝트 및 연구를 논의했다. 소프트웨어 정의 클라우드에서 네트워크 슬라이싱에 대한 접근 방식과 클라우드 컴퓨팅 환경에 적용할 수 있는 방법을 조사했다. 새롭게 부상하는 포그/에지 컴퓨팅에서 네트워크 슬라이스에 관한 최신 문헌을 갖고 토론했다. 마지막으로 포그/에지 컴퓨팅을 위한 네트워크 슬라이싱의 향후 연구 방향을 제시했다.

감사의 글

이 연구는 화웨이 혁신 연구 프로그램HIRP, Huawei Innovation Research Program을 통해 지원됐다. 또한 우리 연구에 대해 웨이 저우Wei Zhou의 논평과 지지에 감사드린다.

참고 문헌

1   J. G. Andrews, S. Buzzi,W. Choi, S. V. Hanly, A. Lozano, A. C. K. Soong, and J. C. Zhang. What Will 5G Be? *IEEE Journal on Selected Areas in Communications* 32(6): 1065 – 1082, 2014.

2   D. Ott, N. Himayat, and S. Talwar. 5G: Transforming the User Wireless Experience. *Towards 5G: Applications, Requirements and Candidate Technologies*, R. Vannithamby, and S. Talwar (eds.). Wiley Press, Hoboken, NJ, USA, Jan. 2017.

3   J. Zhang, X. Ge, Q. Li, M. Guizani, and Y. Zhang. 5G millimeter-wave antenna array: Design and challenges. *IEEE Wireless Communications* 24(2): 106 – 112, 2017.

4   S. Chen and J. Zhao. The Requirements, Challenges, and Technologies for 5G of terrestrial mobile telecommunication. *IEEE Communication Magazine* 52(5): 36 – 43, 2014.

5   R. Buyya, R. N. Calheiros, J. Son, A.V. Dastjerdi, and Y. Yoon. Software-defined cloud computing: Architectural elements and open challenges. In *Proceedings of the 3rd International Conference on Advances in Computing, Communications and Informatics (ICACCI'14)*, pp. 1 – 12, New Delhi, India, Sept. 24 – 27, 2014.

6   M. Afrin, M.A. Razzaque, I. Anjum, et al. Tradeoff between user quality-of-experience and service provider profit in 5G cloud radio access network. *Sustainability* 9(11): 2127, 2017.

7   S. Nunna, A. Kousaridas, M. Ibrahim, M.M. Hassan, and A. Alamri. Enabling real-time context-aware collaboration through 5G and mobile edge computing. In *Proceedings of the 12th International Conference on Information Technology-New Generations (ITNG'15)*, pp. 601–605, Las Vegas, USA, April 13–15, 2015.

8   I. Ketykó, L. Kecskés, C. Nemes, and L. Farkas. Multi-user computation offloading as multiple knapsack problem for 5G mobile edge computing. In *Proceedings of the 25th European Conference on Networks and Communications (EuCNC'16)*, pp. 225–229, Athens, Greece, June 27–30, 2016.

9   K. Zhang, Y. Mao, S. Leng, Q. Zhao, L. Li, X. Peng, L. Pan, S. Maharjan and Y. Zhang. Energy-efficient offloading for mobile edge computing in 5G heterogeneous networks. *IEEE Access* 4: 5896–5907, 2016.

10 C. Ge, N. Wang, S. Skillman, G. Foster and Y. Cao. QoE-driven DASH video caching and adaptation at 5G mobile edge. In *Proceedings of the 3rd ACM Conference on Information-Centric Networking*, pp. 237–242, Kyoto, Japan, Sept. 26–28, 2016.

11 M. Afrin, R. Mahmud, and M.A. Razzaque. Real time detection of speed breakers and warning system for on-road drivers. In *Proceedings of the IEEE International WIE Conference on Electrical and Computer Engineering (WIECON-ECE'15)*, pp. 495–498, Dhaka, Bangladesh, Dec. 19–20, 2015.

12 A. V. Dastjerdi and R. Buyya. Fog computing: Helping the Internet of Things realize its potential. Computer. *IEEE Computer*, 49(8): 112–116, 2016.

13 F. Bonomi, R. Milito, J. Zhu, and S. Addepalli. Fog computing and its role in the internet of things. In *Proceedings of the first edition of the MCC workshop on Mobile Cloud computing (MCC'12)*, pp. 13–16, Helsinki, Finland, Aug. 17, 2012.

14 R. Mahmud, M. Afrin, M. A. Razzaque, M. M. Hassan, A. Alelaiwi and M. A. AlRubaian. Maximizing quality of experience through context-aware mobile application scheduling in Cloudlet infrastructure. *Software: Practice and Experience*, 46(11): 1525–1545, 2016.

15 R. Mahmud, K. Ramamohanarao, and R. Buyya. Fog computing: A taxonomy, survey and future directions. Internet of Everything: Algorithms, Methodologies, Technologies and Perspectives. Di Martino Beniamino, Yang Laurence, Kuan-Ching Li, and Esposito Antonio (eds.), ISBN 978-981-10-5861-5, Springer, Singapore, Oct. 2017.

16 D. Amendola, N. Cordeschi, and E. Baccarelli. Bandwidth management VMs live migration in wireless fog computing for 5G networks. In *Proceedings of the 5th IEEE International Conference on Cloud Networking (Cloudnet'16)*, pp. 21−26, Pisa, Italy, Oct. 3−5, 2016.

17 M. Afrin, R. Mahmud. Software Defined Network-based Scalable Resource Discovery for Internet of Things. *EAI Endorsed Transaction on Scalable Information Systems* 4(14): e4, 2017.

18 M. Peng, S. Yan, K. Zhang, and C. Wang. Fog-computing-based radio access networks: issues and challenges. *IEEE Network*, 30(4): 46−53, 2016.

19 R. Mahmud, F. L. Koch, and R. Buyya. Cloud-fog interoperability in IoT-enabled healthcare solutions. In *Proceedings of the 19th International Conference on Distributed Computing and Networking (ICDCN'18)*, pp. 1−10, Varanasi, India, Jan. 4−7, 2018.

20 T. D. P. Perera, D. N. K. Jayakody, S. De, and M. A. Ivanov. A Survey on Simultaneous Wireless Information and Power Transfer. *Journal of Physics: Conference Series*, 803(1): 012113, 2017.

21 P. Pirinen. A brief overview of 5G research activities. In *Proceedings of the 1st International Conference on 5G for Ubiquitous Connectivity (5GU'14)*, pp. 17−22, Akaslompolo, Finland, November 26−28, 2014.

22 A. Nakao, P. Du, Y. Kiriha, et al. End-to-end network slicing for 5G mobile networks. *Journal of Information Processing* 2 (2017): 153−163.

23 K. Samdanis, S. Wright, A. Banchs, F. Granelli, A. A. Gebremariam, T. Taleb, and M. Bagaa. 5G Network Slicing: Part 1-Concepts, Principales, and Architectures [Guest Editorial]. *IEEE Communications Magazine*, 55(5) (2017): 70−71.

24 S. Sharma, R. Miller, and A. Francini. A cloud-native approach to 5G network slicing. *IEEE Communications Magazine*, 55(8): 120−127, 2017.

25 W. Shi, J. Cao, Q. Zhang, Y. Li, and L. Xu. Edge computing: vision and challenges. *IEEE Internet of Things Journal*, 3(5): 637−646, 2016.

26 X. Foukas, G. Patounas, A. Elmokashfi, and M. K. Marina. Network Slicing in 5G: Survey and Challenges. *IEEE Communications Magazine*, 55(5): 94−100, 2017.

27 X. Li, M. Samaka, H. A. Chan, D. Bhamare, L. Gupta, C. Guo, and R. Jain. Network slicing for 5G: Challenges and opportunities., *IEEE Internet*

Computing, 21(5): 20 – 27, 2017.

28 Huawei Technologies' white paper. 5G Network Architecture A High-Level Perspective, http://www.huawei.com/minisite/hwmbbf16/insights/5GNework-Architecture-Whitepapcr-en.pdf (Last visit: Mar, 2018).

29 R. Cziva, S. Jouet, D. Stapleton, F.P. Tso and D.P. Pezaros. SDN-Based Virtual Machine Management for Cloud Data Centers. *IEEE Transactions on Network and Service Management*, 13(2): 212 – 225, 2016.

30 S. H. Wang, P. P. W. Huang, C. H. P. Wen, and L. C. Wang. EQVMP: Energy-efficient and QoS-aware virtual machine placement for software defined datacenter networks. In *Proceedings of the International Conference on Information Networking (ICOIN'14)*, pp. 220 – 225, Phuket, Thailand, Feb. 10 – 12, 2014.

31 V. Mann, A. Gupta, P. Dutta, A. Vishnoi, P. Bhattacharya, R. Poddar, and A. Iyer. Remedy: Network-aware steady state VM management for data centers. In *Proceedings of the 11th international IFIP TC 6 conference on Networking (IFIP'12)*, pp. 190 – 204, Prague, Czech Republic, May 21 – 25, 2012.

32 J. W. Jiang, T. Lan, S. Ha, M. Chen, and M. Chiang. Joint VM placement and routing for data center traffic engineering. In *Proceedings of the IEEE International Conference on Computer Communications (INFOCOM'12)*, pp. 2876 – 2880, Orlando, USA, March 25 – 30, 2012.

33 W. Fang, X. Liang, S. Li, L. Chiaraviglio, N. Xiong. VMPlanner: Optimizing virtual machine placement and traffic flow routing to reduce network power costs in Cloud data centers. *Computer Networks* 57(1): 179 – 196, 2013.

34 H. Jin, T. Cheocherngngarn, D. Levy, A. Smith, D. Pan, J. Liu, and N. Pissinou. Joint host-network optimization for energy-efficient data center networking. In *Proceedings of the 27th IEEE International Symposium on Parallel and Distributed Processing (IPDPS'13)*, pp. 623 – 634, Boston, USA, May 20 – 24, 2013.

35 L. Cui, F.P. Tso, D.P. Pezaros, W. Jia, and W. Zhao. PLAN: Joint policy- and network-aware VM management for cloud data centers. *IEEE Transactions on Parallel and Distributed Systems*, 28(4):1163 – 1175, 2017.

36 W. Voorsluys, J. Broberg, S. Venugopal, and R. Buyya. Cost of virtual machine live migration in clouds: a performance evaluation. In *Proceedings of the 1st International Conference on Cloud Computing (CloudCom'09)*, pp. 254 – 265, Beijing, China, Dec. 1 – 4, 2009.

37　M.F. Bari, M.F. Zhani, Q. Zhang, R. Ahmed, and R. Boutaba. CQNCR: Optimal VM migration planning in cloud data centers. In *Proceedings of the IFIP Networking Conference*, pp. 1−9, Trondheim, Norway, June 2−4, 2014.

38　S. Ghorbani, and M. Caesar. Walk the line: consistent network updates with bandwidth guarantees. In *Proceedings of the 1st workshop on Hot topics in software defined networks (HotSDN'12)*, pp. 67−72, Helsinki, Finland, Aug. 13, 2012.

39　X. Li, Q. He, J. Chen, and T. Yin. Informed live migration strategies of virtual machines for cluster load balancing. In *Proceedings of the 8th IFIP international conference on Network and parallel computing (NPC'11)*, pp. 111−122, Changsha, China, Oct. 21−23, 2001.

40　F. Xu, F. Liu, L. Liu, H. Jin, B. Li, and B. Li. iAware: Making Live Migration of Virtual Machines Interference-Aware in the Cloud. *IEEE Transactions on Computers*, 63(12): 3012−3025, 2014.

41　B. Han, V. Gopalakrishnan, L. Ji, and S. Lee. Network function virtualization: Challenges and opportunities for innovations. *IEEE Communications Magazine*, 53(2): 90−97, 2015.

42　H. Moens and F. D. Turck. VNF-P: A model for efficient placement of virtualized network functions. In *Proceedings of the 10th International Conference on Network and Service Management (CNSM'14)*, pp. 418−423, Rio de Janeiro, Brazil, Nov. 17−21, 2014.

43　J. Soares, M. Dias, J. Carapinha, B. Parreira, and S. Sargento. Cloud4NFV: A platform for virtual network functions. In *Proceedings of the 3rd IEEE International Conference on Cloud Networking (CloudNet'14)*, pp. 288−293, Luxembourg, Oct. 8−10, 2014.

44　W. Shen, M. Yoshida, T. Kawabata, et al. vConductor: An NFV management solution for realizing end-to-end virtual network services. In *Proceedings of the 16th Asia-Pacific Network Operations and Management Symposium (APNOMS'14)*, pp. 1−6, Hsinchu, Taiwan, Sept. 17−19, 2014.

45　M. Yoshida, W. Shen, T. Kawabata, K. Minato, and W. Imajuku. MORSA: A multi-objective resource scheduling algorithm for NFV infrastructure. In *Proceedings of the 16th Asia-Pacific Network Operations and Management Symposium (APNOMS'14)*, pp. 1−6, Hsinchu, Taiwan, Sept. 17−19, 2014.

46　Y. F. Wu, Y. L. Su and C. H. P. Wen. TVM: Tabular VM migration for reducing hop violations of service chains in cloud datacenters. In *Proceedings* of the *IEEE International Conference on Communications (ICC'17)*, pp. 1−6, Paris, France, May 21−25, 2017.

47 Y.-M. Pai, C.H.P. Wen and L.-P. Tung. SLA-driven ordered variable-width windowing for service-chain deployment in SDN datacenters. In *Proceedings of the International Conference on Information Networking (ICOIN'17)*, pp. 167−172, Da Nang, Vietnam, Jan. 11−13, 2017

48 S. Clayman, E. Maini, A. Galis, A. Manzalini, and N. Mazzocca. The dynamic placement of virtual network functions. In *Proceedings of the IEEE Network Operations and Management Symposium (NOMS'14)*, pp. 1−9, Krakow, Poland, May 5−9, 2014.

49 G. Xilouris, E. Trouva, F. Lobillo, J.M. Soares, J. Carapinha, M.J. McGrath, G. Gardikis, P. Paglierani, E. Pallis, L. Zuccaro, Y. Rebahi, and A. Koutis. T-NOVA: A marketplace for virtualized network functions. In *Proceedings of the European Conference on Networks and Communications (EuCNC'14)*, pp. 1−5, Bologna, Italy, June 23−26, 2014.

50 B. Sonkoly, R. Szabo, D. Jocha, J. Czentye, M. Kind and F. J. Westphal. UNIFYing cloud and carrier network resources: an architectural view. In *Proceedings of the IEEE Global Communications Conference (GLOBECOM'15)*, pp. 1−7, San Diego, USA, Dec. 6−10, 2015.

51 A. M. Medhat, T. Taleb, A. Elmangoush, G. A. Carella, S. Covaci and T. Magedanz. Service function chaining in next generation networks: state of the art and research challenges. *IEEE Communications Magazine*, 55(2): 216−223, 2017.

52 F. van Lingen, M. Yannuzzi, A. Jain, R. Irons-Mclean, O. Lluch, D. Carrera, J. L. Perez, A. Gutierrez, D. Montero, J. Marti, R. Maso, and A. J. P. Rodriguez. The unavoidable convergence of NFV, 5G, and fog: A model-driven approach to bridge cloud and edge. *IEEE Communications Magazine*, 55 (8): 28−35, 2017.

53 N.B. Truong, G.M. Lee, and Y. Ghamri-Doudane. Software defined networking-based vehicular adhoc network with fog computing. In *Proceedings of the IFIP/IEEE International Symposium on Integrated Network Management (IM'15)*, pp. 1202−1207, Ottawa, Canada, May 11−15, 2015.

54 R. Bruschi, F. Davoli, P. Lago, and J.F. Pajo. A scalable SDN slicing scheme for multi-domain fog/cloud services. In *Proceedings of the IEEE Conference on Network Softwarization (NetSoft'17)*, pp. 1-6, Bologna, Italy, July 3−7, 2017.

55 N. Choi, D. Kim, S. J. Lee, and Y. Yi. A fog operating system for user-oriented IoT services: Challenges and research directions. *IEEE Communications Magazine*, 55(8): 44–51, 2017.

56 A.A. Diro, H.T. Reda, and N. Chilamkurti. Differential flow space allocation scheme in SDN based fog computing for IoT applications. *Journal of Ambient Intelligence and Humanized Computing*, DOI: 10.1007/s12652-017-0677-z.

57 A. Beloglazov, J. Abawajy, R. Buyya. Energy-aware resource allocation heuristics for efficient management of data centers for cloud computing. *Future Generation Computer Systems*, 28(5): 755–768, 2012.

58 B. Heller, S. Seetharaman, P. Mahadevan, Y. Yiakoumis, P. Sharma, S. Banerjee, and N. McKeown. ElasticTree: Saving energy in data center networks. In *Proceedings of the 7th USENIX conference on Networked systems design and implementation (NSDI'10)*, pp. 249–264, San Jose, USA, April 28–30, 2010.

59 A. Fischer, J.F. Botero, M.T. Beck, H. de Meer, and X. Hesselbach. Virtual network embedding: A survey. *IEEE Communications Surveys & Tutorials*, 15(4):1888–1906, 2013.

60 S. Dräxler, H. Karl, and Z.A. Mann. Joint optimization of scaling and placement of virtual network services. In *Proceedings of the 17th IEEE/ACM International Symposium on Cluster, Cloud and Grid Computing (CCGrid '17)*, pp. 365–370, Madrid, Spain, May 14–17, 2017.

포그 및 에지 컴퓨팅의 최적화 문제

졸탄 아담 만Zoltán Adám Mann

5.1 소개

포그/에지 컴퓨팅은 전통적으로 다양한 분야의 융합과 통합을 통해 발전하고 있다. 예를 들어 클라우드 컴퓨팅, 모바일 컴퓨팅 및 사물인터넷^{IoT}, 고급 네트워킹 기술 등이 있다. 주요 아이디어는 이러한 기술의 장점을 결합해 최종 사용자 애플리케이션에 필요한 컴퓨팅 성능을 비용 효율적이고 안전한 방식으로 서비스를 제공하는 것이다. 포그/에지 컴퓨팅은 모든 기본 기술 분야와 융합해 많은 문제를 해결할 수 있다.

포그 컴퓨팅과 에지 컴퓨팅의 개념은 다양한 문헌에서 다소 모호하게 정의돼 있으며, 대체로 중복되는 의미로 사용하고 있다[1]. 5장에서는 클라우드 컴퓨팅과 네트워크 에지 및 최종 사용자 디바이스의 리소스와 결합하는 아키텍처를 표현하기 위해 '포그 컴퓨팅'과 '에지 컴퓨팅'이라는 용어를 서로 혼용해서 사용한다.

클라우드 컴퓨팅은 몇 년 동안 중앙 집중식 아키텍처(하나 또는 몇 개의 대규모 데이터 센터)에서 분산된 아키텍처로 발전해 왔으며, 이는 포그/에지 컴퓨팅으로 진화하는 자연스러운 다음 단계에 해당한다. 지리적으로 분산된 데이터 센터는 데이터 소스(예를 들어 사용자 또는 센서/액추에이터)와 관련된 애플리케이션의 네트워크 대기 시간을 단축시킨다[2]. 각 데이터 리소스는 인근에 분산된 데이터 센터에서 처리할 수 있기 때문이다. 다른 장점으로는 내결함성^{tolerance} 향상과 그린 에너지$^{green energy}$ 소스에 접근할 수 있다는 것이다[3].

모바일 컴퓨팅과 IoT의 관점에서 디바이스의 제한된 연산 능력과 제한된 배터리 수명은 해결해야 할 주요 과제 중 하나다[4]. 리소스 집약적인 컴퓨팅 작업을 좀 더 강력한 노드(예를 들어 데이터 센터의 서버 또는 네트워크 에지의 컴퓨팅 리소스)로 오프로드offload함으로써 가능한 애플리케이션의 범위를 크게 확장할 수 있다[5].

최적화는 포그 컴퓨팅에서 중요한 역할을 한다. 예를 들어 네트워크 지연 시간과 에너지 소비를 최소화하는 것은 보안과 신뢰성을 극대화하는 것만큼이나 중요하다. 일반적인 포그 배포(다양한 유형의 디바이스, 다양한 유형의 상호 작용) 및 디바이스의 동적 특성(모바일 디바이스의 이동성, 디바이스 또는 네트워크 연결이 영구적 또는 일시적으로 실패하는 경우)의 높은 복잡성 때문에 설계상 최상의 솔루션을 보장하는 것은 사실상 불가능해졌다. 그보다는 적절한 최적화 기법을 사용해 문제를 해결해야 한다.

이를 위해 관련 최적화 문제를 정확하게 정의하는 것이 중요하다. 실제로 사용된 문제 유형은 접근 방식의 계산 복잡성뿐만 아니라 접근 방식의 실제 적용 가능성(예를 들어 중요한 제약 조건을 생략하면 실무에서 적용할 수 없는 해결책이 나올 수 있음)에 극적인 결과를 가져올 수 있다.

포그 컴퓨팅에 대한 연구는 아직 초기 단계에 있다. 일부 특정 최정화 문제는 정의됐지만 임시방편으로 서로 독립적으로 정의됐다. 결과적으로 서로 다른 접근 방식을 비교하거나 통합하는 것은 어렵다. 왜냐하면 동일한 문제의 다양한 측면을 다루고 또한 미묘한 차이는 종종 분명하지 않기 때문이다(앞서 클라우드 컴퓨팅 연구에서도 유사한 상황을 목격했다[6, 7]). 또한 기존 문제 유형의 품질과 세부 수준은 상당히 서로 다른 종류들로 이뤄져 있다.

따라서 5장의 목적은 제약 조건 및 최적화 목표에 대한 일관되고 잘 정의되고 공식화된 표기법을 기반으로 포그 컴퓨팅의 최적화 문제에 대한 일반적인 개념적 프레임워크를 제안하는 것이다. 문제 유형의 분류 체계taxonomy of problem formulation를 사용하면 그들의 관계는 분명해질 것이고, 또한 더 많은 추가 연구의 필요성을 확인할 수 있다. 5장에서 언급한 참고 문헌을 통해 포그/에지 컴퓨팅 분야가 좀 더 발전되기를 희망한다.

5.2 연구 배경 및 관련 연구

포그 컴퓨팅의 개념은 클라우드 컴퓨팅 기능을 에지 네트워크까지 확장하기 위해 2012년 시스코에 의해 도입됐고 보다 고급화된 애플리케이션을 구현할 수 있게 됐다[8]. 그 이후로 포그 컴퓨팅에 관한 연구 논문이 점점 더 많이 출판됐다. 그림 5.1은 2017년 12월 7일 스코퍼스 데이터베이스^{Scopus database}[1]에서 이용할 수 있는 포그 컴퓨팅의 논문 수와 인용 횟수를 보여 준다. 사용 된 검색 키워드는 'TITLE-ABS-KEY(포그 컴퓨팅)'이다. 즉, '포그 컴퓨팅'이라는 단어가 논문의 제목, 초록 또는 키워드에 포함된 논문을 대상으로 한다.

이러한 논문들 중 일부는 포그 컴퓨팅 환경에서 기술, 아키텍처, 애플리케이션을 설명한다. 또한 포그 컴퓨팅 최적화를 다루는 논문 수도 빠르게 증가하고 있다. 이는 2017년 12월 7일 스코퍼스 데이터베이스에서 얻은 논문 수와 인용 수를 검색 키워드 'TITLE-ABS-KEY(포그 컴퓨팅)와 TITLE-ABS-KEY(최적화 - optimal)'로 시작하는 단어가 모두 제목, 초록 또는 키워드에 검색돼야 한다. 예를 들어 최적화(optim*) 키워드는 optimal, optimized 또는 optimization으로 시작하는 단어를 의미한다.

5.9절에서는 포그 컴퓨팅의 최적화 문제의 본질적 특성이 이미 정의된 경우 포그 컴퓨팅에서 최적화에 관한 기존 문헌을 어떻게 분류할 수 있는지 보여 줄 것이다.

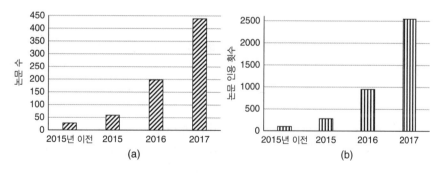

그림 5.1 포그 컴퓨팅에서 (a) 논문 수 및 (b) 인용 횟수

1   스코퍼스(https://www.scopus.com)는 네덜란드의 엘스비어 출판사가 2004년에 만든 전 세계의 우수 학술 논문 인용지수를 말한다. – 옮긴이

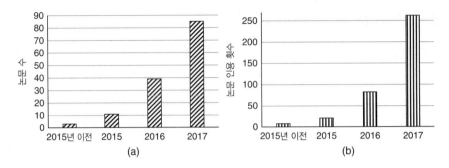

그림 5.2 포그 컴퓨팅의 최적화에 관한 (a) 논문 수 및 (b) 인용 횟수

5.3 예비 단계

포그 컴퓨팅에서 최적화 문제와 최적화 접근법^{optimization approache}을 탐구하기 전에 일반적으로 최적화의 몇 가지 필수적인 특성과 개념을 설명한다.

최적화 문제는 일반적으로 다음과 같이 정의된다[9].

- 변수 목록 $\bar{x} = (x_1, \cdots, x_n)$.
- 각 변수의 도메인(예를 들어 유효한 값의 집합) 변수 x_i의 도메인은 D_i로 표시된다.
- 제약 목록 $(C_1, \cdots, C_m)$: 제한 조건 C_j는 일부 변수 $x_{j_1}, \cdots, x_{j_k}$와 관련되며 $R_j \subseteq D_{J_1} \times \cdots \times D_{j_k}$ 형식으로 해당 변수에 유효한 튜플을 정의한다.
- 목적 함수 $f : D_1 \times \cdots \times D_n \to \mathbb{R}$.

그런 다음 문제는 변수에 대해 적절한 값 $v_1, \cdots, v_n$을 찾아 다음과 같은 모든 조건을 충족시키는 것으로 구성된다.

(1) 각각의 $i = 1, \cdots, n$에 대한 $v_i \in D_i$

(2) 변수 $x_{j_1}, \cdots, x_{j_k}$와 관련된 제약 조건 C_j에 대해

(3) $f(v_1, \cdots, v_n)$는 (1)을 만족하는 모든 $(v_1, \cdots, v_n)$ 튜플 중 최대값이다.

(1) 및 (2)를 만족하는 튜플 $(v_1, \cdots, v_n)$을 문제의 해결 방법이라고 한다. 따라서 목표는 f 값이 가장 높은 솔루션을 찾는 것이다. 적어도 이것은(위에 정의된 바와 같이) **최대화** 문제의 경우 그러하다. 최소화 문제의 목표는 f 값이 가장 낮은 솔루션을 찾는 것이다. 최

소화 문제의 경우 f 값이 가장 낮은 솔루션을 찾는 것이 목표인데, 이는 목표 함수^{objective} ^{function} $f' = -f$ 최소화 문제의 경우 목적 함수는 최소화해야 하는 실제 비용 또는 가상 비용을 나타내기 때문에 종종 비용 함수$^{cost \, function}$라고 불린다.

엔지니어링의 실제 문제(예를 들어 포그 컴퓨팅에서 전력 소비의 최소화)와 위에서 설명한 대로 공식적으로 정의된 최적화 문제를 구별하는 것이 중요하다. 실제적인 문제에서 공식화된 최적화 문제를 도출하는 것은 쉽지 않다. 이를 위해서는 변수, 도메인, 제약 조건, 목적 함수를 정의해야 한다. 특히 실질적인 문제를 공식화하는 방법에는 여러 가지가 있으며, 이는 다른 공식적인 최적화 문제를 야기한다. 문제를 공식화하는 것은 추상화의 과정으로, 일부 비필수적인 세부 사항들이 억제되거나 일부 단순화된 추정$^{simplifying \, assumptions}$이 만들어진다. 따라서 문제의 공식화 과정에서 내린 결정들은 많은 영향을 미친다. 문제 공식화는 한편으로는 정형화된 문제의 일반성과 적용 가능성, 그리고 단순성, 명확성, 연산 추적성 사이에서 가장 적절한 절충점을 찾는 것을 의미한다. 이를 위해서는 전문 지식과 문제를 공식화하는 다른 방법을 평가하는 반복적 접근법이 필요하다.

일부 논문은 문제를 먼저 공식적으로 정의하지 않고 비공식적인 문제 설명에서 직접 알고리즘을 고안하는 단계로 넘어간다는 점을 언급해야 한다. 그러나 이는 문제 자체에 대한 정확한 추론(예를 들어, 연산의 복잡성 또는 기존 알고리즘의 채택으로 이어질 수 있는 알려진 다른 문제와의 유사성에 대해)을 할 수 없다는 단점이 있다.

위의 일반 최적화 문제의 정의에서 하나의 실수형 목적 함수가 있다고 가정했다. 그러나 몇 가지 실제적인 문제에서는 여러 가지 목표가 있으며, 문제의 난이도는 종종 상충되는 목표들 간의 균형을 유지하는 데 있다. 목적 함수를 $f_1, \cdots, f_q$로 설정하고, 여기서 목표는 모든 것을 최대화하는 것이다. 일반적으로 모든 목적 함수를 동시에 최대화하는 솔루션은 없기 때문에 잘 정의된 최적화 문제를 해결하려면 어느 정도 수정이 필요하다. 이에 대한 가장 일반적인 접근 방식은 다음과 같다[10].

- 목적 함수 중 하나를 제외한 모든 함수에 하한선을 추가하고 마지막 함수를 최대화한다. 이는 $f_s(v_1, \cdots, v_n) \geq l_s$ 형식의 제한 조건을 추가하는 것을 의미하며, 여기서 l_s는 모든 상수에 대해 적절한 상수이며, 모든 $s = 1, \cdots, q - 1$에 대해 $f_q(v_1, \cdots, v_n)$를 최대화한다.
- 모든 목적 함수를 결합된 목적 함수로 확장 $f_{combined}(v_1, \cdots, v_n) = F(f_1(v_1, \cdots, v_n), \cdots,$

$f_q(v_1, \cdots, v_n)$. 함수 F의 일반적인 선택은 곱^{product}과 가중치 합계$^{weighted\ sum}$다.

- 파레토 최적의 해$^{Pareto\ optimal\ solution}$를 찾고 있다. 해^{solution} $(v_1, \cdots, v_n)$은 $f_s(v_1, \cdots, v_n)$ $\geq f_s(v'_1, \cdots, v'_n)$가 모든 $s = 1, \cdots, q$를 유지하는 경우 다른 해 $(v'_1, \cdots, v'_n)$을 지배하고, $f_s(v_1, \cdots, v_n) > f_s(v'_1, \cdots, v'_n)$는 s의 값을 최소한 하나 이상 유지한다. 즉 $(v_1, \cdots, v_n)$은 각 목적과 관련해 $(v'_1, \cdots, v'_n)$만큼 좋으며, 적어도 하나의 목적에 대해서는 절대적으로 더 좋다. 해가 다른 해에 의해 지배되지 않는 경우 파레토 최적$^{Pareto\ optimal}$이라고 한다. 다시 말해 파레토 최적의 해는 다른 목적과 관련해 악화된 경우에만 목적과 관련해 개선될 수 있다. 문제에 대한 서로 다른 파레토 최적의 해는 목적 간 서로 다른 교환을 나타내지만, 그 모든 해는 위의 관점에서 최적이다.

5.4 포그 컴퓨팅의 최적화 사례

포그 컴퓨팅으로 발전하는 근본적인 동기는 개선돼야 할 몇 가지 중요한 품질 속성과 밀접한 관련이 있다. 앞에서 설명한 바와 같이 포그 컴퓨팅은 최종 디바이스 내에서 네트워크 지연 시간에 민감한 애플리케이션의 네트워크 지연 시간을 개선하기 위한 클라우드 컴퓨팅의 확장으로 볼 수 있다. 다시 말해 네트워크 지연 시간을 최소화하기 위한 최적화는 포그 컴퓨팅의 중요한 목표 중 하나다[11].

반면에 최종 디바이스의 관점에서 보면 포그 컴퓨팅은 연산 능력을 크게 향상시키고, 디바이스의 에너지 소비에 큰 영향을 주지 않고 연산 집약적인 작업을 신속하게 처리하는 것이 목적이다. 따라서 실행 시간 및 에너지 소비량과 관련된 최적화도 포그 컴퓨팅의 중요한 목표 중에 하나다.

5.6절에서 확인할 수 있듯이 몇 가지 다른 최적화 목표도 포그 컴퓨팅과 관련이 있다. 또한 서로 다른 목표들 사이에 사소한 상호 작용이 있고 때로는 충돌이 발생한다. 따라서 포그 컴퓨팅에서 최적화의 다양한 측면을 체계적으로 연구하는 것이 중요하다.

5.5 포그 컴퓨팅을 위한 공식적인 모델링 프레임워크

개별 최적화$^{individual\ optimization}$ 목표를 논의하기 전에 문제의 다양한 변형을 모델링하기 위한 일반적인 프레임워크를 정의하는 것이 중요하다.

그림 5.3과 같이 포그 컴퓨팅은 계층적인 3계층 모델로 나타낼 수 있다[12]. 계층이 높을수록 더 높은 연산 능력을 발휘하지만 동시에 최종 디바이스와의 거리가 멀어 네트워크 대기 시간이 길어진다. 최상의 계층에는 사실상 무제한, 고성능, 비용 및 에너지 효율적인 리소스가 포함된 클라우드 컴퓨팅이 있다. 중간 계층은 에지 리소스 집합으로 구성된다. 네트워크 에지 근처에서 컴퓨팅(연산) 서비스를 제공하는 시스템을 말한다. 예를 들어 통신 사업자의 기지국, 라우터 또는 지리적으로 분산된 소규모 데이터 센터가 중간 계층에 위치한다. 마지막으로 가장 낮은 계층은 휴대전화나 IoT 디바이스 같은 최종 디바이스를 포함한다. 각 최종 디바이스는 에지 리소스 중 하나에 연결된다.

보다 공식적으로 c는 클라우드를 나타내고, E는 에지 리소스 집합, D_e는 에지 리소스에 연결된 최종 디바이스의 집합 $e \in E$, 그리고 $D = \bigcup_{e \in E} D_e$는 모든 엔드 디바이스의 집합이다. 모든 리소스의 집합은 $R = \{c\} \cup E \cup D$이다. 각 리소스 $r \in R$은 계산 용량 $a(r) \in \mathbb{R}^+$ 및 계산 속도 $s(r) \in \mathbb{R}^+$와 연관된다. 더욱이 각 자원은 어느 정도의 전력 소비량을 갖고 있는데, 이는 그 연산 부하량에 따라 달라진다. 구체적으로 r에 의해 수행될 모든 명령에 대해 리소스 r의 전력 소비량은 $w(r) \in \mathbb{R}^+$씩 증가한다.

리소스 간 링크 집합은 $L = \{ce : e \in E\} \cup \{ed : e \in E, d \in D_e\}$이다. 각 링크 $l \in L$은 지연 시간 $t(l) \in \mathbb{R}^+$ 및 대역폭 $b(l) \in \mathbb{R}^+$와 연관돼 있다. 또한 링크 l을 통해 1바이트 이상의 데이터를 전송하면 전력 소비량이 $w(l) \in \mathbb{R}^+$만큼 증가한다. 표 5.1에는 사용된 표기법의 개요가 수록돼 있다.

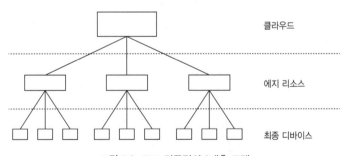

클라우드

에지 리소스

최종 디바이스

그림 5.3 포그 컴퓨팅의 3계층 모델

표 5.1 표기법 개요

표기법	설명
c	클라우드
E	에지 리소스 집합
D_e	에지 리소스에 연결된 최종 디바이스의 집합 $e \in E$
R	모든 리소스의 집합
$a(r)$	리소스 $r \in R$의 계산 용량
$s(r)$	리소스 $r \in R$의 계산 속도
$w(r)$	리소스 $r \in R$의 한계 에너지 소비량
L	리소스 간의 모든 링크 집합
$t(l)$	링크 $l \in L$의 네트워크 지연 시간
$b(l)$	링크 $l \in L$의 대역폭
$w(l)$	링크 $l \in L$의 한계 에너지 소비량

5.6 측정 지표

이미 언급했듯이 포그 컴퓨팅 시스템에서 최적화돼야 하는 몇 가지 측정 지표^{metrics}가 있다. 특정 최적화 문제 변량^{problem variant}에 따라 이러한 측정 기준은 실제로 최적화 목표가 될 수 있지만, 제약 조건으로도 사용될 수도 있다. 예를 들어 한 가지 문제 변량은 전체 실행 시간이 상한에 의해 제한돼야 하는 반면, 에너지 소비는 최소화돼야 하는 실시간 애플리케이션에서 중요하다. 또 다른 애플리케이션에서는 모바일 디바이스의 제한된 배터리 용량으로 병목 현상이 발생할 수 있으므로 에너지 소비량은 상한에 의해 제한돼야 하고, 실행 시간은 최소화돼야 한다.

특정 애플리케이션과 이에 문제 변량과는 독립적으로 일부 측정 지표는 포그 컴퓨팅에서 중요한 역할을 한다.

5.6.1 성능

실행 시간, 네트워크 지연 시간, 처리량과 같은 몇 가지 성능 관련 측정 지표가 있다. 일반적으로 성능은 특정 작업을 수행하는 데 필요한 시간과 관련이 있다. 포그 컴퓨팅 환경에서는 작업을 수행하는 데 일반적으로 종종 그림 5.3 참조 모델의 레벨에서 여러 리소스가 포함된다는 점에 유의해야 한다. 따라서 작업 완료 시간은 다수의 리소스 연산 시간과 리소스 간의 데이터 전송 시간에 따라 달라질 수 있다. 이러한 단계 중 일부는 병렬로 처리될 수 있는 반면(예를 들어 여러 디바이스에서 병렬로 연산을 처리할 수 있음) 다른 단계에서는 순서대로 처리돼야 한다(예를 들어 연산 결과는 연산한 후에만 전송할 수 있음). 총 실행 시간은 연산 및 전송 단계의 경로에 따라 달라진다. 이를테면 최종 디바이스에서 부분적인 연산을 실행하고 최종 디바이스에서 에지 리소스로 부분적으로 데이터가 오프로드되는 경우 그림 5.4와 같은 상황이 발생할 수 있으며, 총 실행 시간은 다중 연산 및 데이터 전송 단계의 합계에 의해 결정된다.

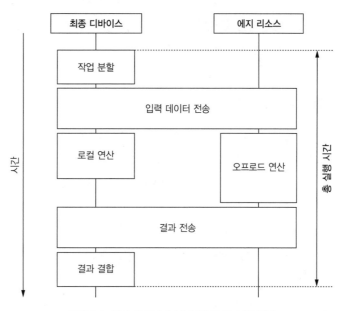

그림 5.4 연산 오프로드 시나리오의 총 실행 시간

5.6.2 리소스 사용량

특히 그림 5.3 참고 모델의 하위 계층에서는 부족한 리소스를 경제적으로 사용하는 것이 중요하다. 이는 특히 CPU 및 메모리 용량이 매우 제한된 최종 디바이스에서 가장 중요한 문제다. 에지 리소스는 일반적으로 더 큰 용량을 제공하지만, 에지 리소스가 전체 연산 기능을 제공하지 않는 라우터와 같은 시스템을 포함할 수 있다는 점을 고려하면 이러한 용량도 제한될 수 있다.

CPU 사용량은 어느 정도 실행 시간과 상관 관계가 있다. 예를 들어 CPU를 오버부킹 overbooking하면 애플리케이션이 여전히 실행되고 있지만 더 느리게 실행되는 상황이 발생할 수 있다. 일부 애플리케이션에서는 허용될 수 있지만 실시간 처리가 필요한 중요한 애플리케이션에서는 허용되지 않을 수 있다. 또한 메모리를 오버부킹하면 애플리케이션 오류와 같은 보다 심각한 문제를 초래할 수 있기 때문에 메모리는 리소스 소비에 더 큰 영향을 끼친다.

CPU와 메모리 외에도 네트워크 대역폭은 최종 디바이스와 에지 리소스 사이, 에지 리소스와 클라우드 사이에서 부족한 네트워크 리소스가 발생할 수 있다. 따라서 네트워크 대역폭의 사용은 상한에 의해 최소화되거나 제한돼야 할 수 있다.

여러 리소스를 포괄하는 글로벌 메트릭스인 성능과 달리 리소스 소비는 각 네트워크 노드와 링크에서 리소스 사용을 고려해야 한다.

5.6.3 에너지 소비량

에너지 소비량 또한 리소스로 볼 수 있지만, 이미 고려된 다른 리소스 유형과는 상당히 다르다. 에너지는 네트워크뿐만 아니라 모든 리소스에 의해 소비된다. 유휴 리소스와 사용되지 않는 네트워크도 에너지를 소비하지만 에너지 소비량은 네트워크 사용량에 따라 증가한다. 일반적으로 리소스의 전력 소비량이 CPU 부하에 의존한다고 가정하면 이것은 좋은 근사치에 해당한다[13]. 그러나 에너지 소비 역시 전력을 소비하는 시간에 따라 다르기 때문에 전력 소비와 에너지 소비의 차이를 강조하는 것이 중요하다. 따라서 예를 들어 더 빠른 장비가 약간 더 높은 전력 소비를 하더라도 연산 작업을 더 빠른 리소스로 이동시키는 것이 전체 에너지 소비 측면에서 유리하다.

에너지 소비량은 포그의 각 계층에서 중요하지만 접근 방식은 다르다. 최종 디바이스의 배터리 전력은 종종 병목 현상이 발생하는 경우가 많으므로 가능한 한 에너지를 적게 사용하는 것이 일차적인 관심사다. 에지 리소스는 일반적으로 배터리로 작동하지 않으므로 에너지 소비의 중요성은 크지 않은 편이다. 클라우드의 경우 에너지 소비는 매우 중요하지만 재정적인 영향으로 인해 전력 사용량은 클라우드 데이터 센터의 주요 비용에 해당한다. 마지막으로 전체 포그 시스템의 전체 에너지 소비량은 환경적 영향 때문에 중요하다.

5.6.4 금융 비용

이미 언급했듯이 에너지 소비는 금융 비용.financial cost에 영향을 미친다. 그러나 다른 측면들도 금융 비용에 영향을 미친다. 예를 들어 클라우드 또는 에지 인프라를 사용하면 비용이 발생할 수 있다. 이러한 비용은 고정fix 또는 사용량에 기반usage-base한 종량제이거나 일부 고정-종량제 조합을 선택할 수 있다. 마찬가지로 데이터를 전송하고자 네트워크를 사용하면 비용이 추가적으로 발생할 수 있다.

5.6.5 추가 품질 속성

지금까지 다룬 모든 측면을 쉽게 정량화할 수 있다. 그러나 사용자들에게 높은 수준의 경험을 보장하기에는 충분하지 않다. 이를 위해서는 신뢰성[14], 보안[12], 프라이버시[16]와 같은 품질 속성도 고려해야 하는데 이를 정량화하기가 어렵다.

전통적으로 이러한 품질 속성은 최적화 문제에 의해 포착되는 것이 아니라 적절한 아키텍처 또는 기술 솔루션으로 해결할 수 있다. 예를 들어 아키텍처에서 고가용성high availability 시스템을 구축함으로써 신뢰성을 달성할 수 있고, 보안은 적절한 암호화 기법을 사용해 달성될 수 있는 한편, 개인 데이터의 익명화를 적용함으로써 프라이버시 문제를 해결할 수 있다. 그럼에도 다음과 같은 대표적인 예에서 볼 수 있듯이 포그 시스템의 최적화 중 품질 속성을 다루는 몇 가지 방법이 있다.

- 신뢰성reliability을 높이려면 시스템 이중화를 통해 리소스가 중요한 연산을 병렬로 수행할 수 있도록 아키텍처를 설계해 일부 리소스가 작동을 멈추거나 연결할 수 없는 경우에도 원하는 결과를 얻을 수 있도록 하고, 또한 결과를 서로 비교해 결함이 있는 리소스를 걸러내는 것이 좋다. 병렬로 처리할 수 있는 리소스의 수가 많을수록 높은 수준의 신뢰성을 유지할 수 있다. 따라서 병렬로 처리할 수 있는 리소스의 수를 최대화하는 것은 최적화의 주요한 목표 중 하나다[15].
- 보안 및 개인 정보 보호에 대한 우려는 신뢰할 수 있는 리소스를 사용함으로써 해결할 수 있다. 예를 들어 평판 점수reputation score[16]를 기반으로 신뢰성을 정량화하고자 기존 기술을 사용하는 경우, 신뢰할 수 있는 리소스의 사용을 최적화의 목표로 해 사용된 리소스의 신뢰 수준을 최대화해야 한다.
- 서로 다른 사용자/테넌트tenant에 속하는 연산 작업의 공동 위치는 테넌트 온 테넌

트$^{tenant-on-tenant}$ 공격의 가능성을 증가시킬 수 있다. 따라서 작업이 함께 배치된 테넌트^{tenant} 수를 최소화함으로써 최적화 목표를 달성할 수 있다. 따라서 테넌트 수를 최소화하는 것이 보안 및 프라이버시 위험을 허용 가능한 낮은 수준으로 유지하는 데 도움이 된다.

- 동일한 사용자에 속하는 작업의 위치를 함께 지정하면 네트워크를 통해 데이터를 교환할 필요가 줄어들어 도청^{eavesdropping}, 중간자 공격$^{MITM, Man-In-The-Middle}$ 기타 네트워크 기반 공격의 가능성을 줄일 수 있다.

품질 속성과 관련된 위의 최적화 목표는 일반적으로 비용, 성능 등과 관련된 다른 최적화 목표와 상충된다는 점에 유의해야 한다. 예를 들어 시스템의 이중화는 신뢰성 향상에 도움이 될 수 있지만, 동시에 더 높은 관리 비용을 지불해야 한다. 마찬가지로 평판이 높은 서비스 제공 업체를 이용하는 것이 보안 측면에서 유리하지만, 더 많은 비용을 지불해야 한다. 코로케이션$^{co-location}$ 옵션을 제한하면 프라이버시 문제가 개선될 수 있지만, 성능이 저하되거나 에너지 소비가 높아질 수 있다. 이러한 이유 때문에 최적화 목표에 품질 속성을 포함시키는 것이다. 이는 충돌하는 최적화 목표(비용, 성능, 품질, 신뢰성, 보안 등) 간의 최적 균형에 대해 명시적으로 추론할 수 있기 때문이다.

5.7 포그 아키텍처에 따른 최적화 기회

포그 컴퓨팅 최적화 문제는 3계층 포그 모델(그림 5.3 참고)의 계층에 따라 분류될 수 있다. 원칙적으로 하나의 계층만을 관여할 수 있다. 그러나 이것은 일반적으로 포그 컴퓨팅으로 간주하지 않는다. 예를 들어 클라우드 계층에서만 이뤄지는 모든 프로세싱은 순수한 클라우드 최적화 문제에 해당한다. 마찬가지로 최종 디바이스만이 관련돼 있다면 이것은 포그 컴퓨팅의 영역이 아니라 모바일 컴퓨팅, IoT, 무선 센서 네트워크에서 다양한 장치와 상호 연결에 따라 달라질 것이다.

따라서 실제 포그 컴퓨팅 문제에는 2개 이상의 계층에 포함된다. 이러한 고려 사항은 포그 컴퓨팅의 최적화 문제를 다음과 같이 분류했다.

- 클라우드 및 에지 리소스와 관련된 문제. 이는 예를 들어 스토리지 용량과 네트워

크 지연 시간 제약 조건에 따라 클라우드와 에지 리소스의 전체 에너지 소비를 최적화할 수 있는 설정이다. 이 설정은 분산 클라우드 컴퓨팅과 어느 정도 유사하다. 다른점은 에지 리소스의 수가 분산 클라우드에 있는 데이터 센터 수보다 몇 배 더 많을 수 있다는 것이다.

- 에지 리소스 및 최종 디바이스와 관련된 문제. 최종 디바이스와 에지 리소스(예를 들어 오프로드 연산)의 협업은 일반적인 포그 컴퓨팅의 최적화 문제이며, 최종 디바이스의 제한된 리소스로 인해 이러한 경우 최적화 중요한 역할을 한다. 이 문제 설정에 대해 자주 연구되는 특별한 경우는 단일 에지 리소스가 서비스를 제공하는 최종 장치와 함께 고려되는 경우다[18]. 그러나 다수의 에지 리소스가 최종 디바이스와 함께 고려되는 일반적인 경우도 주목을 받고 있다[19]. 후자는 더 복잡한 최적화 문제를 야기하지만, 다수의 에지 리소스 사이에서 연산 부하를 균형 있게 조절할 수 있는 장점이 있다.

- 원칙적으로 3계층 모두 함께 최적화할 수 있다. 그러나 3계층 모두를 최적화하는 것은 어렵기 때문에 거의 연구되고 있지 않다. 이러한 어려움은 모든 포그 리소스와 관련된 대규모 최적화 문제의 연산 복잡성과 관련이 있다. 반면에 클라우드, 에지 리소스, 최종 디바이스의 다양한 최적화 문제를 포착하려면 여러 가지 다른 기술적 문제를 단일 최적화 문제로 통합해야 한다. 또한 클라우드, 에지 리소스, 최종 장치에 대한 설정 변경은 일반적으로 서로 다른 이해 관계자가 서로 다른 시간에 수행한다. 이런 이유로 서로 다른 포그 계층을 독립적으로 최적화해야 하는 근거이기도 하다.

각 포그 계층에서 최적화는 데이터, 코드, 작업의 배포를 목표로 할 수 있다. 데이터 관련 최적화의 경우 포그 아키텍처의 어느 위치에 어떤 데이터가 저장되고 처리되는지의 결정해야 한다. 코드 관련 최적화에서 프로그램 코드는 여러 리소스에 배포될 수 있으며, 목표는 프로그램 코드의 최적 위치를 찾는 것이다. 마지막으로 작업 관련 최적화의 목표는 여러 리소스 간에 최적의 작업 분할을 찾는 것이다.

끝으로 포그 컴퓨팅 시스템의 분산 특성 때문에 분산된 방식으로 최적화해야 한다는 점을 유의해야 한다. 이상적으로는 자율적 리소스에 대한 지역적 최적의 결정은 전역적으로 최적의 행동을 이끌어 내야 한다[20].

5.8 서비스 라이프 사이클에 따른 최적화 기회

클라우드 컴퓨팅과 마찬가지로 포그 컴퓨팅도 서비스의 제공 및 소비를 특징으로 한다. 서비스 라이프 사이클의 여러 단계에서 다양한 최적화 기회를 검토함으로써 다음과 같은 옵션을 구별할 수 있다.

- **디자인 타임 최적화** 포그 서비스를 설계할 때는 일반적으로 제공할 최종 디바이스의 정확한 정보를 사용할 수 없다. 따라서 최적화는 설계 시 이미 더 많은 정보를 사용할 수 있는 클라우드 및 에지 계층으로 제한된다. 최종 장치와 관련해 최적화(실행 시간 동안만 알 수 있는 디바이스 인스턴스와 대조적으로)는 디바이스 유형을 처리하는 질문 처리에만 국한된다.
- **배포 시간 최적화** 특정 리소스의 서비스 배포를 계획할 때 리소스의 가용 정보를 활용해 최적화 결정을 내릴 수 있다. 예를 들어 현재 사용되는 에지 리소스의 정확한 용량 정보가 제공될 수 있기 때문에 클라우드와 에지 리소스 간의 작업 분할을 (재)최적화할 수 있다.
- **런타임 최적화** 포그 시스템의 일부는(예를 들어 설계 시간 또는 배포 시간 동안) 미리 최적화할 수 있지만, 많은 중요한 부분은 시스템이 실행되고 사용될 때만 명확해진다. 예를 들어 매개 변수가 있는 특정한 최종 디바이스(예를 들어 컴퓨팅 용량)와 최종 디바이스가 에지 리소스로 오프로드하려는 연산 작업이 포함된다. 이러한 부분은 올바른 최적화 결정을 내리는 데 필수적이다. 또한 이러한 부분은 시스템 작동 중에 계속 변화한다. 따라서 시스템 운영의 상당 부분을 실행 시간 동안 최적화해야 한다. 이를 위해서는 중요한 시스템 매개 변수의 지속적인 모니터링, 시스템이 여전히 효과적으로 작동하는지 분석이 필요할 때마다 재최적화를 할 필요가 있다 [20].

런타임 최적화는 포그 컴퓨팅 시스템의 최적화에서 매우 중요한 역할을 한다. 이것은 몇 가지 중요한 결과를 가져온다. 첫째, 런타임 동안 최적화 알고리즘을 실행할 수 있는 시간이 심각하게 제한되므로 채택된 최적화 알고리즘은 속도가 빨라야 한다. 둘째, 런타임 최적화는 일반적으로 시스템을 처음부터 배포하는 것이 아니라 기존 설정을 조정하는 것이다. 이것은 특히 시스템 변경과 관련된 비용을 고려해야 하는 것을 의미한다.

5.9 포그 컴퓨팅 최적화 문제의 분류에 관한 연구

지금까지 다뤄진 최적화의 다양한 측면은 포그 컴퓨팅에서 최적화 문제의 분류 체계를 고안하고 기초를 형성할 수 있다. 다음에서는 제시된 문헌에서 발췌한 대표적인 출판물을 분류하는 방법으로 이를 설명한다.

첫 번째 예로서, 표 5.2는 Do 연구진의 논문에서의 분류 체계를 보여 준다[21]. 본 논문은 중앙 클라우드 데이터 센터와 지리적으로 분산된 수많은 에지 리소스(논문에는 포그 컴퓨팅 노드 또는 FCN이라고 함)로 구성된 비디오 스트리밍 서비스를 고려하고 있으며, 이 서비스는 최종 디바이스에 스트리밍 비디오를 서비스한다. 목표는 서로 다른 에지 리소스, 데이터 센터 에너지 소비량 및 데이터 센터의 작업 부하량을 고려해 각 에지 리소스에 대한 비디오 스트리밍의 데이터 속도를 결정하는 것이다. 이 논문에서는 ADMM^{Alternating Direction Method of Multiplier} 방법에 의해 영감을 얻은 분산형 반복 개선^{distributed iterative improvement} 알고리즘을 제안한다.

다른 예로서 표 5.3은 Sardellitti 연구진의 논문에서의 분류 체계를 보여 준다[22]. 이 논문에서는 모바일 에지 컴퓨팅^{MEC, Mobile Edge Computing} 설정에서 일부 모바일 엔드 디바이스가 연산 작업을 근처의 에지 리소스로 오프로드하는 컴퓨팅 오프로드 문제를 고려한다. 각 최종 디바이스의 각 연산 작업에 대해 오프로드 여부를 결정할 수 있으며, 오프로드의 경우 통신에 어떤 무선 채널을 사용해야 하는지 결정할 수 있다. 최적화 문제는 에너지 소비와 네트워크 지연 시간 측면을 고려해 진행한다. 이 논문은 먼저 폐쇄적인 형태

표 5.2 제시된 치수에 따른 Do 연구진[21]의 작업 분류

논문:	Do 연구진: 지리적으로 분산된 포그 컴퓨팅에서 공동 자원 할당 및 탄소 배출량 초소화를 위한 proximal 알고리즘[21]
콘텍스트/도메인:	분산된 에지 리소스를 제공하는 중앙 클라우드를 갖춘 비디오 스트리밍 서비스
고려된 측정 항목:	• 유틸리티(에지 리소스의 가중 데이터 전송 속도) • 클라우드 데이터 센터의 컴퓨팅 용량 • 클라우드 데이터 센터의 에너지 소비
고려된 계층/리소스:	• 클라우드 • 에지 리소스
라이프 사이클 단계:	설계/배포 시간
최적화 알고리즘:	분산 반복 개선

표 5.3 제시된 차원에 따른 Sardellitti 연구진[22]의 작업 분류

논문:	Sardellitti 연구진: 멀티셀 모바일 에지 컴퓨팅을 위한 무선 및 컴퓨팅 리소스의 공동 최적화[22]
콘텍스트/도메인:	모바일 최종 디바이스에서 에지 리소스로 오프로드 연산
고려된 지표:	• 최종 디바이스의 에너지 소비량 • 오프로드된 작업을 전송하고 실행하는 총 시간 • 디바이스의 오프로드된 작업이 사용하는 에지 리소스의 컴퓨팅 성능
고려된 계층/리소스:	• 에지 리소스 • 최종 디바이스
라이프 사이클 단계:	런타임
최적화 알고리즘:	연속적인 볼록 근사치(convex approximation)를 사용하는 반복 휴리스틱

표 5.4 제시된 차원에 따른 Mushunuri 연구진[23]의 작업 분류

논문:	Mushunuri 연구진: 포그에서 리소스 최적화를 통해 IoT 구현 가능
콘텍스트/도메인:	모바일 로봇의 컴퓨팅 작업 공유 지원
고려된 지표:	• 최종 디바이스와 에지 리소스 간의 통신 비용 • 최종 디바이스의 배터리 전원 • 최종 디바이스 및 에지 리소스의 CPU 용량
고려된 계층/리소스:	• 에지 리소스 • 최종 디바이스
라이프 사이클 단계:	런타임
최적화 알고리즘:	NLOpt 라이브러리 내 COBYLA(Constrained Optimization by Linear Approximations) 알고리즘을 통한 비선형 최적화

로 명시적으로 해결할 수 있는 단일 최종 디바이스의 문제를 공식화한다. 그러나 잠재적으로 통신을 방해하는 일부 최종 디바이스의 경우 문제가 훨씬 더 어려워진다(특히 비볼록 nonconvex 경우). 저자는 적절한 휴리스틱heuristic을 통해 문제를 해결했다.

마지막으로 표 5.4는 Mushunuri 연구진의 작업을 설명하고 협력하는 로봇(최종 디바이스)들 사이에서 최적의 작업 분포를 찾는 문제를 해결한다. 로봇(최종 디바이스)은 연산 작업을 서버(에지 리소스)로 오프로드해 최종 디바이스의 연산 작업을 분산시킨다. 연산 작업은 임의로 분할할 수 있다고 가정한다. 에지 리소스에 의해 수행되는 런타임 최적화는

통신 비용, 배터리 상태, 디바이스의 연산 용량을 고려하며 오프 더 셸프^{off-the-shelf}[2] 비선형 최적화 패키지^{nonlinear optimization package}를 사용했다.

포그 컴퓨팅 내에서 서로 다른 최적화 문제를 다루는 예에서 알 수 있듯이 제시된 부분은 문헌의 접근법을 분류하고 최적화와 관련된 특성을 파악할 수 있다.

5.10 최적화 기법

5.9절에서 제시된 세 가지 예는 포그 컴퓨팅 최적화 문제에 채택된 최적화 기법이 상당히 이질적이라는 것을 보여 준다. 그러나 다음과 같은 특징은 매우 일반적이다.

- 비선형^{nonlinear}, 때로는 비볼록^{nonconvex} 최적화 기법 채택
- 최적의 알고리즘과 달리 휴리스틱 접근법을 사용하면 연산 활동이 제한돼 어려운 문제가 발생
- 포그 컴퓨팅의 분산 자원 및 분산 지식을 고려한 분산 알고리즘 사용

향후 해당 분야의 발전뿐만 아니라 사용된 방법들의 통합이 이루어질 수 있다. 그러나 고려된 문제 변량도 다양하기 때문에 정확한 알고리즘, 휴리스틱, 하이브리 접근법을 포함해 여러 가지 유형의 알고리즘 기술이 계속 사용될 것으로 예상한다[24].

5.11 향후 연구 방향

포그 컴퓨팅은 아직 초기 단계에 있으며, 최적화는 그 어느 때보다 중요한 역할을 한다. 따라서 중요한 향후 연구가 필요한 영역은 다음과 같다.

- **공동 최적화** 포그 컴퓨팅 시스템을 최적화하는 데 있어 주요 당면 과제 중 하나는 여러 가지 다른 기술 시스템 및 하위 시스템을 조정해 전체적으로 최적화하거나 최소한 충분한 환경 설정을 완료해야 한다는 것이다. 여기에서는 포그 시스템을 구성하는 다른 디바이스와 네트워킹, 연산, 휘발성 메모리 및 영구 저장소, 센

---

2 별다른 개조 없이 사용자가 그대로 쓸 수 있는 소프트웨어 또는 하드웨어 - 옮긴이

서 및 액추에이터 등과 같은 다른 기술적 측면이 포함된다. 이러한 모든 측면을 함께 최적화하거나 이 거대한 최적화 문제를 대부분 독립적으로 해결할 수 있는 하위 문제로 분해할 수 있는 좋은 방법을 찾는 것은 향후 연구에 중요한 과제로 남아 있다.

- **여러 최적화 목표의 균형** 포그 컴퓨팅에서 다기준 최적화(multicriteria optimization)를 다루는 현재의 관행(예를 들어 서로 다른 최적화 목표의 가중 합계를 사용하는 것)은 간단하고 대부분 좋은 결과로 이어지지만 극단적인 상황에서는 신뢰할 수 없는 해결책으로 이어질 수 있어 그러한 최적화의 실질적인 채택을 방해할 수 있다. 따라서 여러 최적화 목표를 통합하는 것보다 강력한 다른 방법을 찾는 것이 향후의 중요한 연구 방향이다.

- **알고리즘 기술** 지금까지 최적화 알고리즘은 주로 다양한 기법에 대한 저자의 이전 경험을 바탕으로 임의로 선택했다. 이 분야가 발전함에 따라 연구 커뮤니티는 어떤 알고리즘 접근법이 어떤 문제 변량에 잘 작동하는지 더 잘 이해해야 한다.

- **최적화 알고리즘 평가** 기존의 접근 방식은 다소 특별하게 평가됐다. 제안된 방법이 연구에서 실제 환경에서 시행되기 전에 제안된 알고리즘의 적용 가능성을 철저하게 반복 가능한 방식으로 평가하는 것이 중요하다. 이를 위해서는 공개 가능한 문제 사례에 대한 벤치마크 문제의 정의, 평가 방법론과 시험 환경에 대한 커뮤니티 내 의견 일치, 신뢰할 수 있고 현실적인 시뮬레이터의 개발 및 현실적 상황(극한 상황 포함)을 포함한 현실적 조건에서 경쟁적 접근 방법의 편견 없는 비교가 필요하다. 또한 알고리즘 속성을 엄격한 방법으로 증명하는 이론적 방법이 필요할 것이다.

5.12 결론

5장에서는 포그 컴퓨팅의 최적화 문제를 검토했다. 특히 포그 컴퓨팅에서 최적화가 중요한 역할을 하는 이유와 공식적인 문제 모델(formal problem model)을 사용해 최적화 문제를 명확하게 정의하는 것이 중요한 이유를 설명했다. 포그 컴퓨팅에서 최적화의 가장 중요한 부분을 다양한 관점(최적화 목표 또는 제약 조건으로 사용되는 측정 지표, 포그 아키텍처 내에서 고려되는 계층, 서비스 라이프 사이클의 관련 단계)에서 검토했다. 이것은 또한 분류 체계를 형성하는 데 적합하며, 기존 또는 미래의 문제 변량을 분류하는 데 사용할 수 있다.

우리는 또한 복수의 최적화 목표의 개선된 처리, 복수의 기술적 측면의 공동 최적화, 어떤 알고리즘이 어떤 문제 변형에 가장 잘 작동하는지에 대한 더 나은 이해, 그리고 훈련된 평가 방법론을 포함해 향후 연구를 위한 몇 가지 중요한 방향이 있다고 주장했다.

감사의 글

Z. Á. Mann의 연구는 헝가리 과학 연구 기금(Grant Nr. OTKA 108947)과 보조금 731678 (Rest Assured)에 따라 유럽 연합의 Horizon 2020 연구 및 혁신 프로그램의 지원을 받았다.

참고 문헌

1   L. M. Vaquero, L. Rodero-Merino. Finding your way in the fog: Towards a comprehensive definition of fog computing. *ACM SIGCOMM Computer Communication Review*, 44(5): 27–32, October 2014.

2   B. Varghese and R. Buyya. Next generation cloud computing: New trends and research directions. *Future Generation Computer Systems*, 79(3): 849–861, February 2018.

3   E. Ahvar, S. Ahvar, Z. Á. Mann, et al. CACEV: A cost and carbon emission-efficient virtual machine placement method for green distributed clouds. In *IEEE International Conference on Services Computing*, pp. 275–282, IEEE, 2016.

4   A. V. Dastjerdi, R. Buyya. Fog computing: Helping the Internet of Things realize its potential, *Computer*, 49(8): 112–116, 2016.

5   K. Kumar, Y.-H. Lu. Cloud computing for mobile users: Can offloading computation save energy? *Computer*, 43(4): 51–56, April 2010.

6   Z. Á. Mann. Modeling the virtual machine allocation problem. In *Proceedings of the International Conference on Mathematical Methods, Mathematical Models and Simulation in Science and Engineering*, pp. 102–106, 2015.

7   Z. Á. Mann. Allocation of virtual machines in cloud data centers – A survey of

problem models and optimization algorithms. *ACM Computing Surveys*, 48(1): article 11, September 2015.

8   F. Bonomi, R. Milito, J. Zhu, S. Addepalli. Fog computing and its role in the Internet of Things. In *Proceedings of the 1st ACM Mobile Cloud Computing Workshop*, pp. 13 – 15, 2012.

9   Z. Á. Mann, *Optimization in computer engineering – Theory and applications*. Scientific Research Publishing, 2011.

10 R. T. Marler, J. S. Arora. Survey of multi-objective optimization methods for engineering. *Structural and Multidisciplinary Optimization*, 26(6): 369 – 395, April 2004.

11 S. Soo, C. Chang, S. W. Loke, S. N. Srirama. Proactive mobile fog computing using work stealing: Data processing at the edge. *International Journal of Mobile Computing and Multimedia Communications*, 8(4): 1 – 19, 2017.

12 I. Stojmenovic and S. Wen. The fog computing paradigm: Scenarios and security issues. In *Proceedings of the 2014 Federated Conference on Computer Science and Information Systems (FedCSIS)*, pp. 1 – 8, 2014.

13 S. Rivoire, P. Ranganathan, C. Kozyrakis. A comparison of high-level full-system power models. In *Proceedings of the 2008 Conference on Power Aware Computing and Systems (HotPower '08)*, article 3, 2008.

14 H. Madsen, B. Burtschy, G. Albeanu, F. Popentiu-Vladicescu. Reliability in the utility computing era: Towards reliable fog computing. *20th International Conference on Systems, Signals and Image Processing*, pp. 43 – 46, 2013.

15 I. Kocsis, Z. Á. Mann, D. Zilahi. Optimised deployment of critical applications in infrastructure-as-a-service clouds. *International Journal of Cloud Computing*, 6(4): 342 – 362, 2017.

16 S. Yi, Z. Qin, Q. Li. Security and privacy issues of fog computing: A survey. *International Conference on Wireless Algorithms, Systems, and Applications*, pp. 685 – 695, 2015.

17 R. Deng, R. Lu, C. Lai, and T.H. Luan. Towards power consumption-delay tradeoff by workload allocation in cloud-fog computing. *IEEE International Conference on Communications*, pp. 3909 – 3914, 2015.

18 X. Chen, L. Jiao, W. Li, and X. Fu. Efficient multi-user computation offloading for mobile-edge cloud computing. *IEEE/ACM Transactions on Networking*, 24(5): 2795 – 2808, 2016.

19 J. Oueis, E. C. Strinati, S. Barbarossa. The fog balancing: Load distribution for small cell cloud computing. *81st IEEE Vehicular Technology Conference*, 2015.

20 J. O. Kephart, D. M. Chess. The vision of autonomic computing. *Computer*, 36(1): 41 – 50, 2003.

21 C. T. Do, N. H. Tran, C. Pham, M. G. R. Alam, J. H. Son, and C. S. Hong. A proximal algorithm for joint resource allocation and minimizing carbon footprint in geo-distributed fog computing. *International Conference on Information Networking*, pp. 324 – 329, IEEE, 2015.

22 S. Sardellitti, G. Scutari, S. Barbarossa. Joint optimization of radio and computational resources for multicell mobile-edge computing. *IEEE Transactions on Signal and Information Processing over Networks*, 1(2): 89 – 103, 2015.

23 V. Mushunuri, A. Kattepur, H. K. Rath, and A. Simha. Resource optimization in fog enabled IoT deployments. *2nd International Conference on Fog and Mobile Edge Computing*, pp. 6 – 13, 2017.

24 D. Bartók and Z. Á. Mann. A branch-and-bound approach to virtual machine placement. In *Proceedings of the 3rd HPI Cloud Symposium "Operating the Cloud,"* pp. 49 – 63, 2015.

Part 2

미들웨어

포그 및 에지 컴퓨팅용 미들웨어: 설계 이슈

마드후리마 포어Madhurima Pore, 비나야 차카티Vinaya Chakati, 아얀 바네르지Ayan Banerjee, 산디프 K. S. 굽타Sandeep K. S. Gupta

6.1 소개

에지 컴퓨팅과 포그 컴퓨팅은 인간의 상호 작용과 관련된 다양한 애플리케이션을 활용하고자 결합됐다. 또한 지리적으로 분산돼 있고 실시간으로 요구 사항을 처리해야 한다. 사물인터넷IoT 또는 만물인터넷IoE은 사용자의 다양한 모바일 디바이스에서 정보를 수집하고 실시간 변화에 지능적으로 대응해야 하는 에지 디바이스를 도입하게 됐다. 애플리케이션의 규모는 단순한 단일 모바일 디바이스에서 지리적으로 분산되고 동적으로 위치를 변경할 수 있는 다수의 에지 디바이스로 확대됐다. 디바이스에서 생성된 데이터를 클라우드 컴퓨팅에서 처리할 수 있지만 클라우드 컴퓨팅과 통신할 때 발생하는 네트워크 지연으로 인해 시간에 민감한 애플리케이션을 실시간으로 처리하는 데 문제가 발생할수 있다. 지리적으로 분산된 위치에서 많은 양의 데이터가 생성되기 때문에 어떤 경우에는 포그 컴퓨팅으로 코드(데이터)를 전송하는 것이 클라우드에서 처리하는 것보다 더 효율적이다. 포그 컴퓨팅은 네트워크 가장자리(에지)에서 연산(처리) 서비스를 제공하는 포그 디바이스, 클라우드렛, 모바일 에지 컴퓨팅MEC, Mobile Edge Computing 형태의 연산(처리) 솔루션을 도입했다. 또한 이러한 애플리케이션의 실시간 요구 사항을 충족시킬 수 있다.

애플리케이션 로직과 관련된 구성 요소 외에도 네트워크, 컴퓨팅, 포그 및 에지 아키텍처FEA, Fog and Edge Architecture의 리소스 관리 작업을 수행하는 대규모 설계 구성 요소가 있다. 에지 디바이스에서 동적으로 변화하는 상황 정보context로 인해 실행 및 데이터 처리를 하려면 기본 알고리즘이 복잡해진다. 분산 애플리케이션의 처리 및 데이터 통신 외에도 컨트롤 데이터^{control data}와 알고리즘 결정^{algorithm decision}이 에지 디바이스에서 실행될 때 과도한 자원을 사용하게 된다. 6장에서는 FEA용 미들웨어 설계의 다양한 측면을 논의한다.

6.2 포그 및 에지 컴퓨팅 미들웨어 요구 사항

포그 및 에지 컴퓨팅은 고가용성^{high availability}, 낮은 네트워크 대기 시간^{low latency}, 저렴한 비용으로 인해 점차 활용되고 있다. 스마트 시티, 가상 현실 및 엔터테인먼트, 차량 시스템과 같이 실시간 처리 및 운영이 필요한 곳에서 에지 프로세싱을 사용한다[1, 2]. 효율적인 미들웨어 설계를 통해 포그 및 에지 컴퓨팅 인프라를 완벽하게 구축할 수 있다. 포그 및 에지 컴퓨팅 미들웨어는 통신 관리, 네트워크 관리, 작업 스케줄링, 이동성 관리, 보안 관리 등 다양한 작업을 통해 분산 모바일 애플리케이션 설계의 복잡성을 줄일 수 있다.

포그/에지 인프라의 미들웨어 설계는 다음과 같은 엄격한 애플리케이션 요구 사항으로 인해 까다로운 편이다. (i) 감지 디바이스의 콘텍스트 가용성^{availability of context} (ii) 다양한 FEA 계층의 데이터 전송 및 처리 비용 (iii) 존재하는 에지 디바이스의 수에 대한 제한 및 디바이스의 콘텍스트 및 이동의 동적 변화 (iv) 엄격한 네트워크 지연 시간 제약. 동적으로 변화하는 사용자 콘텍스트를 포함해 사용자 상호 작용 패턴을 포착하면 애플리케이션을 인텔리전트하게 실행할 수 있다.

6장에서는 포그 및 에지 인프라를 위한 최첨단 미들웨어를 소개하고 특정 애플리케이션의 요구 사항을 충족할 수 있는 분산 모바일 애플리케이션을 지원하는 미들웨어 아키텍처를 제안한다. 제안된 미들웨어는 주로 애플리케이션 인식 작업 스케줄링 및 데이터 수집에 중점을 둔다.

6.3 설계 목표

다양한 종류의 모바일 애플리케이션이 FEA 미들웨어를 활용할 수 있다. 새로운 애플리케이션에 대한 요구 사항은 다음과 같이 요약할 수 있다.

1. 최신 분산 애플리케이션은 실시간 응답 제약 조건을 충족하고자 점점 더 많은 리소스와 짧은 네트워크 지연 시간을 요구한다. 클라우드 컴퓨팅을 사용하면 대규모 분산 모바일 애플리케이션 구현이 쉬워지지만 최신의 많은 애플리케이션은 빠른 실시간 처리를 원칙으로 하기 때문에 에지 컴퓨팅 근처에서 데이터가 처리되지 않으면 네트워크 지연 시간으로 인해 실시간 처리가 불가능할 수 있다.

2. 오일 플랜트^{oil plant} 모니터링 및 전력망 관리와 같은 분산된 에지 애플리케이션은 지리적으로 분산돼 있다. 실시간으로 생성된 방대한 센서 데이터 스트림을 처리하려면 대규모 처리 설비가 필요하지만, 통신 인프라나 네트워크 대역폭이 필요하다. 에지 인프라는 대규모 데이터 스트림과 관련된 통신 오버헤드를 줄일 수 있다.

3. 인터넷에 연결된 철도^{connected railway} 시스템과 스마트 그리드^{smart grid}와 같은 대규모 분산 관리 애플리케이션은 데이터를 실시간으로 처리해 시스템을 안정적으로 운영할 수 있다. 에지에서 실시간 모니터링 및 분석 처리량을 증가시키면 시스템 자체의 동적 결함 및 변화에 적응할 수 있다.

4. 실시간 교통 모니터링 및 커넥티드 교통 수단^{connected vehicles}[1]과 같은 스마트하게 연결된 애플리케이션은 로컬 에지 인프라를 활용해 로컬에서 감지된 데이터를 빠르게 실시간으로 업데이트하고 처리할 수 있다.

FEA가 다른 유형의 애플리케이션을 지원할 수 있지만 이러한 애플리케이션에 필요한 공통 기능들은 미들웨어를 통해 제공될 수 있다. 다음은 FEA 미들웨어의 설계 목표다.

6.3.1 애드혹 디바이스 검색

포그/에지 데이터는 IoT 센서, 모바일 디바이스, 고정 센서 등 다양한 디바이스에서 광범위하게 생성되고 수집된다. 수집된 데이터는 로컬에서 처리하거나 또는 추가 처리를 위해 포그/에지 디바이스로 전송된다. 요청 디바이스와 데이터 수집 및 처리 애플리케이션 태스크를 수행하는 애드혹^{ad-hoc} 감지 디바이스 간에는 통신 채널을 설정해야 한다. 일단 통신 채널이 설정되면 동적으로 변경되는 디바이스에 가입하고 참여할 수 있다. 데이터

---

1 정보통신 기술과 자동차를 연결시켜 양방향 소통이 가능한 차량을 말한다. – 옮긴이

를 수집하고 처리하는 참여 에지$^{participating\ edge}$ 디바이스의 동적 특성을 고려할 때 디바이스 검색을 통해 통신 계층의 설정을 통해 디바이스 간 추가 통신이 가능하다.

6.3.2 런타임 실행 환경

미들웨어는 에지 디바이스에서 원격으로 애플리케이션 태스크를 실행하는 플랫폼을 제공한다. 미들웨어 기능에는 코드 다운로드$^{code\ download}$, 에지 디바이스에서의 원격 실행 및 요청 디바이스가 사용할 수 있는 결과의 전달이 포함된다.

6.3.2 최소 작업 중단

실행 중인 작업을 중단하게 되면 FEA 작업의 실행 신뢰성에 영향을 미친다. 종종 작업이 다시 초기화되거나 사용이 불가능한 장애가 발생한다. 디바이스의 사용 패턴, 이동성, 네트워크 연결이 끊어지면 디바이스 콘텍스트에서 예기치 않는 변경이 발생할 수 있다. 이로 인해 디바이스 감지 또는 연산 작업을 계속 실행하기가 어렵다. 예측 기술$^{anticipatory\ technique}$을 사용해 작업 중단을 최소화함으로써 지능적인 스케줄링 의사 결정을 촉진할 수 있다.

6.3.4 작동 매개 변수의 오버헤드

애드혹 에지 디바이스 간 통신 설정, 후보 에지 디바이스 선택, 여러 에지 디바이스 간 FEA 작업 배포 및 FEA 작업을 원격으로 실행하게 되면 에지 디바이스에서 네트워크 대역폭과 에너지 소비가 추가적으로 발생한다. 이러한 자원은 많은 비용이 발생하기 때문에 매개 변수를 최소화해 미들웨어를 운영하는 것이 효율적이다. 또한 여러 디바이스가 공유할 수 있는 자원에 대해 사용을 제한할 수 있다.

6.3.5 상황 인식 적응형 설계

논문 [3-5]에 언급한 심리 상태$^{mental\ state}$와 논문 [6]에서 언급한 사용자 활동$^{user\ activity}$과 같은 혁신적인 콘텍스트가 현재 유용한 데이터를 감지하고자 모바일 애플리케이션에서 사용되고 있다. FEA에서 성공적으로 실행되려면 디바이스 환경뿐만 아니라 디바이스의 콘텍스트에서의 동적 변화에 미들웨어가 반응해야 한다. 자체 적응형 서비스^{self-adaptive} service는 운영을 개선하고 FEA 서비스 품질을 개선할 수 있다.

6.3.6 서비스 품질

아키텍처의 서비스 품질^{QoS, Quality of service}은 애플리케이션에 따라 크게 달라진다. 많은 에지/포그 애플리케이션은 특정한 목표를 달성하고자 다차원 데이터를 사용한다. 이러한 제약 조건을 충족하려면 실시간 제약 조건 내에서 이러한 대용량의 센서 데이터를 수집하고 처리해야 한다. 실시간 응답^{real-time response}은 서비스 품질의 중요한 측정 요소다. 다른 애플리케이션별 QoS 매개 변수는 수집된 데이터의 관련성, 정확성 및 중단 없는 데이터 수집이 될 수 있다.

6.4 최신 미들웨어 인프라스트럭처

포그 및 에지 컴퓨팅 애플리케이션은 최근 일부 연구에서 논의되고 있다. 실시간 데이터 스트리밍 애플리케이션에는 트래픽 모니터링 Waze[7, 8], 스마트 신호등 시스템^{smart traffic light systems}[9], 경기장에서의 실시간 재생[10], 비디오 분석[12, 13]이 포함된다. 재난 시 긴급 구조 요청 및 실종자 수색 작업[10, 11]을 처리하는 실시간 애플리케이션, 풍력 발전 시설[9], 차량 간 스마트 시스템[14]과 같은 지리적으로 분산된 시스템은 포그/에지 컴퓨팅에서 대중화되고 있다. 이러한 애플리케이션의 공통 요구 사항은 애플리케이션의 쉬운 설계 및 개발을 지원하고자 미들웨어의 필요성을 제시한다.

최근 연구에서 다룬 보안, 이동성, 상황 인지^{context awareness}, 데이터 분석과 같은 미들웨어의 기능 등은 표 6.1에서 확인할 수 있다. Google Fit[15, 16]과 같은 인기 있는 IoT 플랫폼에는 클라우드 기반 스마트폰용 IoT 미들웨어가 탑재돼 있다. 모바일 디바이스에서 감지 서비스^{sensing service}는 M-Sense[17]에서 논의된다. 분산 환경에서 데이터를 처리하고자 GSN[18-20]과 같은 서비스 지향 미들웨어가 제안됐다. 또한 Garrega 연구진은 사용자 인터페이스를 이용한 마이크로서비스^{microservice} 기반 미들웨어를 제안했다.

에지의 모바일 디바이스는 FemtoCloud 시스템에서 요청 디바이스에 서비스를 제공할 수 있도록 구성할 수 있다[21]. 각 디바이스에서 생성된 데이터 스트림을 자체 처리하

표 6.1 포그 및 엣지 아키텍처의 미들웨어 기능

	디바이스	보안	이동성 지원	상황 인식	데이터 분석	최적화된 디바이스 선택
FemtoCloud [21]	모바일	N	N	Y	Y	Y
Nakamura et al. [22]	모바일 및 센서	N	N	N	Y	N
Aazam et al. [27]	포그, MEC, 클라우드		N	N	Y	Y
Bonomi et al. [9]	포그, 클라우드	N	Y	N	Y	Y
Verbelen et al. [28]	모바일 클라우드렛	N	N	N	N	Y
Cloudaware [26]	클라우드렛	N	Y	Y	N	Y
Hyrax [10]	클라우드	N	Y	N	N	Y
Grewe et al. [14]	MEC	Y	Y	N	Y	Y
Carrega et al. [20]	MEC, 포그	Y	Y	N	Y	Y
Piro et al. [16]	클라우드	Y	Y	Y	Y	Y

는 PO3[Process on Our Own] 콘셉트는 Nakamura 연구진[22]이 제안했다. Jaroodi 연구진이 제안한 CoTWare 미들웨어는 클라우드 호스팅 서비스를 사용해 포그 리소스의 IoT 데이터 처리를 관리함으로써 사물, 포그 디바이스, 클라우드를 통합하는 새로운 방법을 제안했다[23]. MobiPADs[24]와 MobiCon[25]는 에지 디바이스에 대한 콘텍스트의 동적 변화와 관련해 서비스를 재구성함으로써 모바일 애플리케이션에서 적응형 설계를 가능하게 하는 콘텍스트 인식 미들웨어 솔루션이다. 최근 제안된 CloudAware[26]는 클라우드렛[cloudlet] 연결과 같이 끊임없이 변화하는 콘텍스트를 위한 적응형 미들웨어다.

6.5 시스템 모델

FEA는 그림 6.1과 같이 크게 다섯 가지 유형으로 분류할 수 있는 디바이스를 포함한다. 센서와 액추에이터로 연결된 모바일 디바이스는 사용자에게 가장 가까운 디바이스다. 프로세싱 디바이스가 에지로부터 멀어짐에 따라 통신의 지연 속도[latency]가 증가한다. 또한 클라우드에 대한 처리 및 데이터 저장소 리소스의 가용성도 증가한다. FEA의 구성 요소는 이후의 절에서 자세하게 설명하겠다.

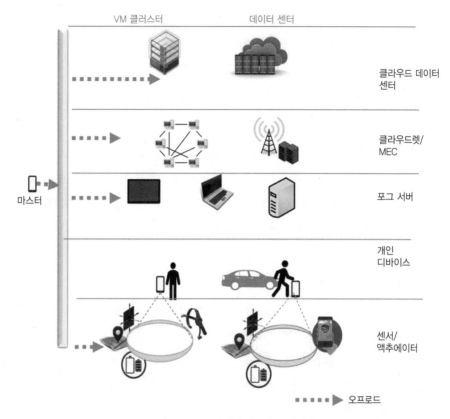

그림 6.1 포그 및 에지 컴퓨팅 디바이스

6.5.1 내장형 센서 또는 액추에이터

임베디드 센서$^{embedded\ sensor}$와 액추에이터는 물리적 구조에 설치되거나 인체에 부착해 사용할 수 있다. 센서는 시스템에 의해 처리되는 환경 또는 생리적 신호를 획득하는 반면, 액추에이터는 시스템에 의해 명령된 동작을 실행한다. 내장된 네트워킹 기능을 통해 이러한 디바이스는 주변 디바이스와 통신할 수 있다. 그러나 연산 기능이 제한적일 수 있다.

6.5.2 퍼스널 디바이스

퍼스널 디바이스$^{personal\ device}$ 또는 스마트폰은 본질적으로 사람이 소지하고 이동할 수 있는 디바이스다. 이러한 디바이스는 내장된 센서 및 액추에이터와 연결된다. 이들은 종종 중간 데이터 허브 또는 연산 플랫폼의 역할을 하거나 서버에 대한 통신 링크를 제공한다.

포그 및 에지 분산 애플리케이션을 실행하고자 리소스의 일부를 공유할 수 있다.

6.5.3 포그 서버

포그 서버$^{fog\ server}$는 개인 모바일 디바이스보다 고사양의 연산 능력을 갖고 있다.

이러한 디바이스는 에지 컴퓨팅과 위치가 가까워질수록 통신 비용이 저렴한 오프로드 옵션을 제공한다. 이러한 노드는 에지 디바이스와 클라우드 사이에 위치한다. 이러한 노드들은 데이터를 처리할 뿐만 아니라 중간 저장소 역할도 할 수 있다. 또한 와이파이^{WiFi}, 블루투스^{Bluetooth}, 와이파이 다이렉트$^{WiFi\ Direct}$와 같은 P2P$^{Peer-to-Peer}$ 또는 D2D$^{Device-to-Device}$ 기법을 통해 다른 에지 디바이스와 통신할 수 있다.

6.5.4 클라우드렛

클라우드렛^{cloudlet}은 Satyanarayan 연구진에 의해 제안됐다[29]. 클라우드렛은 광대역 인터넷 연결이 가능하지만 에지 컴퓨팅 가까운 곳에 위치한 소규모 전용 서버 집합을 말한다. 클라우드렛은 데이터 센터라고도 볼 수 있다. 또 다른 에지 컴퓨팅 구현은 모바일 타워의 기지국에 컴퓨팅 자원을 제공하는 통신 회사들에 의해 제공된다. 이들은 모바일 에지 컴퓨팅^{MEC} 서버로 알려져 있다.

6.5.5 클라우드 서버

클라우드 서버$^{cloud\ server}$는 연산^{computational}, 통신^{communication}, 스토리지^{storage} 기능을 갖고 있다. 클라우드 서버는 일반적으로 종량제 요금 모델과 관련이 있다. 사용자는 클라우드 서버에서 가상머신을 쉽게 확장할 수 있다.

6.6 제안된 아키텍처

포그 및 에지 컴퓨팅 애플리케이션은 다음을 포함한다. (i) 대규모 데이터 수집 및 분산 프로세싱이 필요한 배치 프로세싱 (ii) 실시간 응답이 필요한 애플리케이션 (iii) 실시간 데이터 스트림의 처리가 필요한 애플리케이션[11, 12].

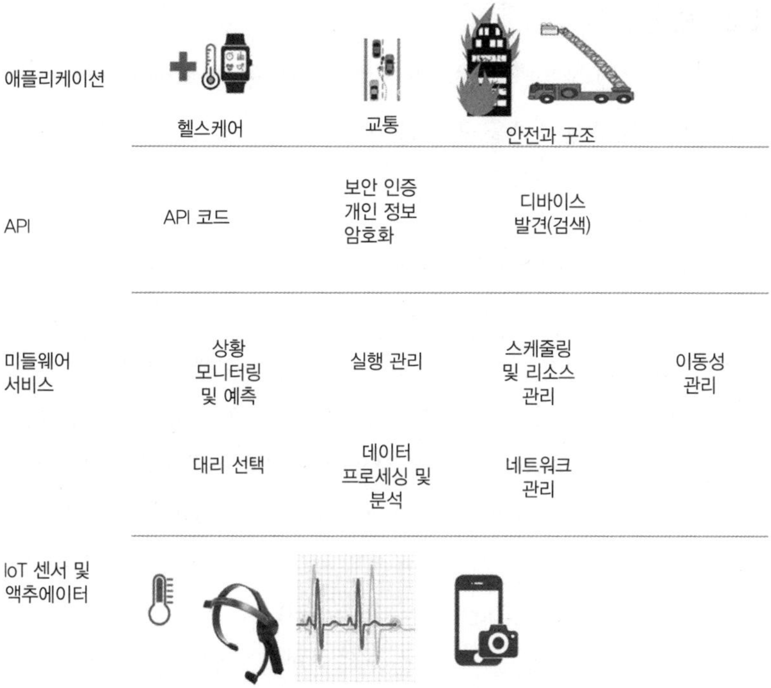

애플리케이션	헬스케어	교통	안전과 구조	
API	API 코드	보안 인증 개인 정보 암호화	디바이스 발견(검색)	
미들웨어 서비스	상황 모니터링 및 예측	실행 관리	스케줄링 및 리소스 관리	이동성 관리
	대리 선택	데이터 프로세싱 및 분석	네트워크 관리	
IoT 센서 및 액추에이터				

그림 6.2 포그 및 에지 컴퓨팅 아키텍처

이러한 애플리케이션은 의료, 응급 구조 및 대응 시스템, 교통 관리, 차량 간 시스템 및 환경 모니터링과 같은 다양한 영역에 존재한다. 다양한 데이터를 처리해야 하는 애플리케이션은 여러 계층에서 데이터를 처리할 수 있게 대규모 분산형 아키텍처가 필요하다. 에지 및 포그 서버가 데이터 처리 및 분석하는 동안 에지 근처의 하위 계층은 유용한 정보 필터링, 데이터 전처리 및 추출 작업을 수행한다. FEA(그림 6.2)는 주로 아래에서 논의한 바와 같이 FEA 애플리케이션에 공통적인 미들웨어 서비스로 구성된다.

6.6.1 API 코드

포그 및 에지 애플리케이션에서 공통적으로 사용하는 서비스는 API로 설계할 수 있다. 그런 다음 API를 앱에 통합해 미들웨어에서 간단하고 사용하기 쉬운 다양한 기능을 설계할 수 있다.

6.6.2 보안

에지 디바이스의 보안[security]은 인증된 사용자에게 액세스를 보장하고 사용자 데이터 통신을 위한 안전한 통신 채널을 구축하는 데 필수적이다.

6.6.2.1 인증

에지 참가자에게는 데이터 소유권과 개인 정보에 대한 보안이 매우 중요하다. 많은 결제 방식[pay-as-you-go] 서비스는 원치 않는 액세스를 차단하고자 인증[authentication]이 필요하다. 분산 키[distributed key] 관리를 위한 사용자 및 디바이스 인증을 위해 공개키[public key] 인프라 기반 시스템이 제안됐다[30]. MEC 및 포그 서버의 VM에는 VM 인스턴스 인증 및 클라우드에서 사용된 마이그레이션된 VM[31]을 사용할 수 있다. Mukherjee 연구진은 인증을 활성화하고자 에지 노드에서 서비스 인증을 제안했다[32]. Ibrahim은 오랫동안 지속 가능한 하나의 마스터 보안키[secret key]를 사용해 로밍 포그 노드를 위한 경량화된 상호 인증 체계를 제안했다[33]. 이 알고리즘은 센서나 액추에이터와 같이 리소스가 제한된 디바이스에 효율적이고 또한 경량화돼 있어 인증을 위해 디바이스를 다시 등록할 필요가 없다.

6.6.2.2 프라이버시

데이터 프라이버시[data privacy]는 사용자 디바이스의 데이터를 처리하는 데 있어 매우 중요하다. FEA의 주요 과제는 에지 컴퓨팅에서 이동성을 가진 디바이스의 프라이버시를 보호하는 것이다. 센서와 에지 디바이스에는 리소스가 제한돼 있지만, 포그 노드는 에지 처리에 필요한 암호화 기능을 제공할 수 있다[34]. 기존 연구는 사용자 신원이 보호되는 익명화[anonymization] 또는 거짓의 익명화[pseudo anonymization]를 제안했다. Lu 연구진은 중국의 나머지 정리[Chinese remainder theorem]를 사용한 경량 프라이버시 보호 체계를 제안했다[35]. 위치 기반 서비스의 정보 보호에 대해 연구한 Wang 팀은[36] 라플라시안 메커니즘[Laplacian mechanism] 쿼리 모델을 제안했다. Dsouza 연구진은 포그 컴퓨팅을 위한 정책 기반 액세스 제어 메커니즘[access control mechanism]을 제안했다[37].

6.6.2.3 암호화

많은 기존 연구에서 데이터 암호화[data encryption] 사용을 제안했다. 최근의 연구에서는 암호화 프로세서 및 암호화 기능을 제안했다. 그러나 암호화를 사용하면 연산, 에너지 사용량, 처리 시간이 증가한다.

6.6.3 디바이스 검색

디바이스 검색device discovery을 통해 새로운 디바이스들은 네트워크 연결이 가능해지면 쉽게 네트워크에 참여하거나 떠날 수 있다. 많은 연구자가 MQTT 프로토콜을 표준 발행-구독 메시지 API로 사용한다. MQTT는 제한된 디바이스 및 낮은 네트워크 대역폭, 긴 대기 시간 및 신뢰할 수 없는 네트워크를 위해 설계된 경량 메시징 프로토콜이다. 포그 및 에지 분산 미들웨어는 발행-구독을 Near Message[40] 또는 미들웨어에 통합될 수 있는 PubNub[41]와 같은 타사의 서비스를 사용할 수도 있다.

6.6.4 미들웨어

포그 및 에지 컴퓨팅 애플리케이션에서 일반적으로 사용되는 미들웨어middleware의 구성 요소는 이후의 절에서 논의한다.

6.6.4.1 상황 모니터링 및 예측

FEA는 상황 인식context-aware 미들웨어 디자인을 사용해 사용자 환경의 동적 변화에 대응할 수 있다. 관련된 상황 정보 및 적응적 조치에 대한 지속적인 모니터링이 포함될 수 있다. 또한 최근의 연구에 따르면 여러 인간 의존적 상황 정보들이 패턴을 갖고 있는 것으로 밝혀졌다. 이러한 패턴을 통해 여러 디바이스 간에 작업을 지능적으로 관리할 수 있다. 시계열time series, 확률론stochastic 또는 머신러닝과 같은 다양한 기술을 사용해 인간-모바일 상황 정보 변화를 모델링하고 예측할 수 있다[42, 43].

6.6.4.2 참여 디바이스 선택

FEA는 FEA 애플리케이션에서 수집한 데이터를 감지 또는 처리할 수 있는 환경의 디바이스를 사용한다. 대안 디바이스surrogate device의 선택은 미들웨어에서 설계된 다양한 정책을 기초로 한다. 연구에 따르면 공정성 기반 선택fairness-based selection, 게임 이론game theoretic[8], 상황 정보 최적화context optimization[44], 대리 선택에 사용되는 리소스 최적화 방법과 같은 몇 가지 정책을 활용한다. 참여 유저는 디바이스의 위치 등 단순한 사용자 콘텍스트에서 사용자 작업 완료 이력의 평판에 근거한 선택까지 다양한 기준에 따라 선택된다[45]. 다음은 서로 다른 대리 선택 기법이다.

에너지 인식 선택 배터리 잔량은 모든 모바일 디바이스 사용자에게 중요하며 디바이스 소유자가 공유할 수 있는 리소스의 양을 결정한다. 대리자 선택selection of surrogate은 인센티브 예산으로 수집된 정보의 품질과 디바이스의 배터리 잔량 사이의 균형점이다[46].

지연 허용 기반 선택 실시간 애플리케이션과 스트리밍 데이터 애플리케이션은 주어진 시간 제약 속에서 처리가 완료돼야 한다[12]. Petri 연구진[47]은 인센티브 기반의 대리자 기법을 제안했다.

상황 인식 선택 상황 인식 기능은 많은 모바일 애플리케이션에서 사용되고 있다. 애플리케이션은 모바일 디바이스 또는 사용자의 상황 정보 변화에 따라 스스로 작동할 수 있도록 설계된다. 최근 제안된 상황 인식 모집 스키마context-aware recruitment scheme는 애플리케이션의 상황 정보 요구 사항에 따라 모바일 선택 기준을 개선하는 데 중점을 뒀다[44]. 개별 상황 정보 예측과는 별도로 논문[48]에서 제안된 대규모 활동 예측large-scale activity prediction은 이제 클라우드 센싱과 같은 응용 분야에서 활용되고 있다. 랜덤 웨이 포인트 모델random waypoint model, 마르코프Markov와 같은 통계 모델 등 서로 다른 기술을 사용해 모바일 사용자의 위치 변화를 모델링할 수 있다[49, 50]. Wang 연구진은 사용자 위치의 공간 모델spatiotemporal model을 제안했다[51].

6.6.4.3 데이터 분석

FEA는 에지 컴퓨팅 근처에서 데이터를 처리한다는 아이디어로 도입했다. 광범위한 분석은 아키텍처의 여러 계층에서 처리되는 애플리케이션과 관련될 수 있다. 일부 분석 작업은 사용자 디바이스에서 얻은 원시 데이터raw data에서 필수 정보를 추출하는 데 사용될 수 있다. 이를 통해 클라우드 저장소에서 처리되는 데이터의 양을 줄일 뿐만 아니라 통신 비용도 절감할 수 있다. 사용자 디바이스의 데이터 분석 모듈을 사용해 필수 데이터를 중앙 서버로 보낼 수 있다[52]. 클라우드 서버 및 데이터 센터는 수집된 정보를 집계하고 고급 데이터를 분석하는 데 사용된다. Bonomi 연구진[9]은 다양한 사례를 통해 포그/에지 환경에서 데이터 분석 작업을 처리하는 방법을 논의했다.

6.6.4.4 스케줄링 및 리소스 관리

이 엔진은 대리 선택 정책surrogate selection policy을 사용해 수신 작업 및 할당을 지속적으로 모니터링한다. 포그 디바이스 및 클라우드에서 데이터를 처리하는 VM과 같은 테넌트 리소스뿐만 아니라 새로운 사용자 디바이스의 가용성과 같은 다른 계층의 리소스 가용성을 모니터링한다.

6.6.4.5 네트워크 관리

FEA는 멀티티어 네트워크^{multitier network}를 사용해 포그 및 에지 컴퓨팅 애플리케이션을 배포한다. FEA는 포그 및 클라우드 디바이스의 멀티테넌트 리소스^{multitenant resource}에서 소프트웨어 정의 네트워크^{software-defined network} 또는 가상 네트워크 토폴로지^{virtual network topology}를 사용할 수 있다. 사용자 디바이스는 일반적으로 TCP 소켓(와이파이 연결, 와이파이 다이렉트 또는 블루투스 통신)을 사용할 수 있는 포인트-투-포인트^{point-to-point} 네트워크 토폴로지를 사용해 연결된다. 이 모듈은 또한 네트워크 연결 상태를 모니터링하고 끊어진 네트워크 연결에 대해 재접속 스케줄링을 통해 연결 상태를 유지한다.

6.6.4.6 실행 관리

이 모듈은 애플리케이션의 특정 코드 기능을 에지 및 포그 노드에서 실행하기 쉽게 하는 역할을 한다. 포그 컴퓨팅의 기존 연구에서는 CISCO IOx[53]가 제공하는 가상 환경 또는 개인 OS 스택을 사용할 것을 제안했다. Bellavista 연구진[54]은 모바일 디바이스에서 마이그레이션을 지원하는 가상화 기술을 제안했다. 일부 연구에서는 안드로이드[55] 또는 .NET의 DEX 컴포지션과 같은 코드 오프로드 기술^{code offload technique}을 제안했다. 다른 연구에서는 런타임 환경에서 앱을 다운로드할 수 있는 통합된 플러그인^{plug-in} 기반 디자인을 제안했다[56].

6.6.4.7 이동성 관리

MEC는 지속적으로 이동하는 모바일 에지 디바이스를 지원한다. 이러한 경우 데이터 및 미들웨어 서비스는 모바일 에지 디바이스를 지원한다. 일반적으로 FMC^{Follow Me Cloud}로 알려져 있으며 LISP^{Locator/ID separation} 프로토콜을 사용한다.

6.6.5 센서/액추에이터

이 센서들은 사용자 주변에서 실시간으로 데이터를 수집하는 중요한 역할을 수행한다. 센서를 통해 수집된 데이터는 여러 가지 형태로 사용된다. 센서 데이터는 FEA 애플리케이션 자체에서도 수집될 수 있다. 또한 디바이스 사용자의 상황 정보를 평가하고 추출하는 데도 사용할 수 있다. 더 복잡한 애플리케이션에서는 폐쇄 루프 정보^{closed-loop information}를 수집 및 분석하고 액추에이터를 사용해 실시간으로 작업을 처리할 수 있다.

6.7 사례 연구

6.7절에서는 6.5절 미들웨어를 통해 설계할 수 있는 가해자 추적 애플리케이션^{perpetrator tracking application}의 예를 설명한다. 이것은 대리 휴대 전화^{surrogate mobile phone}를 사용해 비디오 감시를 통해 가해자를 실시간으로 추적할 수 있는 모바일 애플리케이션이다.

- **디바이스 검색** 이 디바이스 중 하나가 게시-구독 채널에 요청을 보내 가해자 추적 애플리케이션을 시작한다. 참여 디바이스는 요청에 응답하고 더 많은 의사 소통을 위해 통신 채널을 설정한다.
- **상황 모니터링** 위치는 사용자 모바일 디바이스의 GPS를 활용해 획득할 수 있는 주요 정보다. 가속도계 데이터^{accelerometer data}를 사용하면 모바일 사용자의 가속도계 분산 상황 정보를 얻을 수 있다. 가속도계의 변화량은 이동하지 않는 모바일 디바이스에서 영상/비디오를 얻는 데 도움이 되므로 수집된 영상 데이터의 모션 관련 왜곡^{motion-related distortions}을 감소시킨다. 모바일 디바이스의 방향은 가해자의 잠재적 위치를 예측할 수 있다.
- **데이터 분석** 가해자를 인식하고자 사용자 모바일 디바이스에서 모든 이미지 데이터를 전송하지 않고 얼굴 이미지만 전송한다. 얼굴 인식 알고리즘^{face detection algorithm}은 사용자 모바일 디바이스에서 실행돼 얼굴이 포함되지 않은 이미지를 제거한다. 포그 서버에서 얼굴이 포함된 이미지는 입력 이미지에서 가해자가 있는지를 감지할 수 있는 얼굴 인식 애플리케이션의 입력으로 사용된다.
- **이동성 지원** 가해자가 한 장소에서 다른 장소로 이동함에 따라 애플리케이션을 실행하고자 선택된 디바이스의 설정 상태가 변경된다. 또한 선택된 디바이스는 정지해 있어야 하며 이동 중인 모바일 장치는 사용되지 않는다.
- **스케줄링** 애플리케이션 런타임^{runtime} 시 가해자가 이동함에 따라 가해자의 GPS 위치도 함께 변경된다. 스케줄링 모듈은 검색 위치를 후보 디바이스 위치와 일치시

키는 역할을 한다. 최적화된 선택을 하기 위해 고려해야 할 사항은 최소 이동 디바이스$^{minimally\ moving\ device}$, 디바이스 방향, 배터리 가용성, 모바일 디바이스의 네트워크 대역폭이다.

- **보안** 새로운 디바이스의 인증은 포그 서버에서 수행된다. 데이터를 포그 컴퓨팅에 전달하는 동안 데이터는 암호화된다.
- **네트워크 관리** 이 애플리케이션은 와이파이를 사용해 연결된 다른 디바이스와의 포인트 투 포인트$^{point-to-point}$ 연결을 포함한다. 또한 사용자 모바일 디바이스는 와이파이를 통해 포그 서버에 연결된다.
- **실행 관리** 얼굴 인식을 수행하는 웹 애플리케이션이 포그 컴퓨팅에 셋업되는 동안 모바일 얼굴 인식 코드가 모바일 디바이스로 오프로드^{offloaded}된다.

6.8 향후 연구 방향

모바일 분산 애플리케이션의 성능을 개선하고자 향후 연구에서는 미들웨어의 다양한 측면을 고려해 연구돼야 한다.

6.8.1 인적 개입 및 상황 인식

FEA는 미들웨어의 측면에서 상황 기반 결정$^{context-based\ decision}$을 수행할 수 있다. 예를 들어 참여 디바이스 선택, 분산 애플리케이션의 활성화, 과거 상황 정보 데이터에 기반한 예상 스케줄링 등이 여기에 해당한다. 점점 더 포그 및 에지 디바이스의 상황 인지 제어, 관리는 분산된 애플리케이션 스케줄링 작업에 활용될 것이다. 기존의 연구는 주로 사용자의 위치 추적[51]과 애플리케이션 실행을 위한 몇 가지 다른 유용한 상황 정보[58]에 중점을 뒀다. 분산 애플리케이션의 실행을 개선하기 위해 사용자 활동 패턴, 사용자 환경 예측, 디바이스 사용 패턴과 같은 몇 가지 다른 콘텍스트를 연구해 볼 필요가 있다. 예측적 상황 인식 컴퓨팅$^{anticipatory\ context-aware\ computing}$은 모바일 도메인[59] 환경에서 연구됐지만 협업 에지 환경에서는 아직 연구가 진행되고 있지 않다.

6.8.2 이동성

모바일 에지 노드는 디바이스가 한 위치에서 다른 위치로 이동할 때 애플리케이션에서 요청한 대로 서비스를 제공해야 한다. 네트워크 가상화 및 VM 마이그레이션에는 표준 메서드$^{standard\ method}$가 있다. 연구에서는 VM 마이그레이션 비용 관리, 에지 디바이스의 이동성 고려, 간헐적인 연결 및 제한된 시간에서 작업 분할이 포함된다. 차량 대 차량$^{vehicle-to-vehicle}$ 시스템과 같은 모바일 환경에서는 서비스의 사전 설정, 데이터 캐싱, 마이그레이션에 초점을 맞춘다[14]. MEC의 향후 연구는 동적 시나리오에서 서비스 연속성을 보장하는 방법을 연구해야 한다.

6.8.3 안전하고 신뢰할 수 있는 실행

참여 노드에는 클라우드 컴퓨팅 서비스를 제공하는 통신 회사 또는 클라우드 컴퓨팅 서비스를 제공하는 회사의 리소스뿐만 아니라 개인 모바일 디바이스도 포함될 수 있다. 다양한 디바이스가 관련돼 있으므로 모바일 디바이스에서 실행할 수 있는 가벼운 보안 통신 채널을 설정하고 유지하는 방법을 찾는 것이 향후 연구 과제가 될 것이다. 데이터 암호화나 키 기반 인증과 같은 방법은 자원이 제한된 에지 디바이스에서 과도한 에너지 사용뿐만 아니라 과도한 연산도 일어날 수 있다. 가능한 연구의 다른 영역은 아웃소싱을 위해 애플리케이션 작업을 다른 에지 디바이스로 안전하게 오프로드하는 방법을 연구하는 것이다.

6.8.4 작업 관리 및 예약

일반적으로 VM 관리는 한 노드에서 다른 노드로 애플리케이션의 소프트 스테이트$^{soft\ state}$를 쉽게 전송할 수 있는 마이그레이션 및 복제를 포함한다. 이러한 기술은 현재 포그 컴퓨팅 리소스에서 제안되고 있다[60]. 그러나 FEA에서 네트워크와 디바이스의 이질성은 마이그레이션^{migration}하는 데 있어 장애물로 존재한다. 애플리케이션을 실행하고자 동적으로 변화하는 디바이스는 원활한 작업을 위해 핸드오버^{handover}돼야 한다. 이 핸드오버를 원활하게 수행하고 시간 리소스를 효율적으로 사용하려면 체크 포인트, 오프로드 메커니즘을 연구해야 한다. 디바이스는 클라우드 또는 에지 컴퓨팅에서 작업을 실행할지 말지 실시간으로 결정을 내릴 수 있어야 한다. 또한 최적의 작업 스케줄링을 위해 관리

오버헤드 및 기타 보안 기능을 고려해야 한다.

6.8.5 분산 실행 모듈화

모듈형 소프트웨어 구성 요소는 다른 계층 FEA에 수직으로 존재해야 한다. 에지 리소스에서 분산 실행을 조정하고자 네트워크 가상화 및 소프트웨어 정의 네트워킹^{SDN}과 같은 다양한 플랫폼이 연구되고 있다[61]. OpenFlow와 같은 표준 프로토콜은 클라우드, 포그, 에지 디바이스에서 가상 네트워크 설계를 위한 훌륭한 옵션이다. 최근의 연구에서는 에지 프로세싱을 위한 마이그레이션 지원을 제공하는 도커^{docker}의 사용을 제안하고 있다 [11].

6.8.6 청구서 및 서비스 수준 계약

기존 연구에서는 정적 자원인 MEC 아키텍처 또는 MCC[63]에 대한 에지 디바이스[62]의 VM에 대한 서비스 수준 계약$^{SLA, Service-Level Agreement}$를 보여 준다. 그러나 에지 디바이스의 경우 지불 모델과 관련된 연구가 진행되지 않고 있다. 이와 같이 포그 노드와 다른 에지 참가자들에게 분산된 애플리케이션을 실행하는 동안 다양한 자원 및 개인 데이터에 대한 액세스를 제공한다. 그러한 포그 및 에지 노드 서비스에 대한 지불 모델 설계에 관한 연구는 아직 진행되고 있지 않다.

6.8.7 확장성

기존 연구의 일부는 에지 디바이스의 확장성^{scalability}을 위한 서비스 지향 미들웨어 접근법을 제안했다. 지리적으로 분산될 수 있는 많은 수의 에지 디바이스에서 데이터를 수집하고 처리하고자 미들웨어 디자인은 분산 처리 및 의사 결정을 위해 분산될 수 있다[64]. 계층적 클러스터링$^{hierarchical clustering}$은 실시간 응답과 같은 에지 애플리케이션의 특정 목표를 달성하기 위해 사용될 수 있다.

6.9 결론

6장에서는 분산 컴퓨팅에서 포그와 에지 디바이스 도입으로 인한 변화에 대해 논의했다. 포그 및 에지 아키텍처는 이제 실시간, 네트워크 지연 시간 감지, 지리적으로 분산된 모바일 감지 애플리케이션을 지원할 수 있다. 또한 동적으로 변화하는 포그 및 에지 참여 디바이스들은 이러한 분산 애플리케이션을 실행하고자 더 많은 설계 지원이 필요하다. 상황 인식context awareness, 이동성 지원, 네트워크 외에 에지 참가자 선택, 연산 관리와 같은 포그 및 에지 컴퓨팅의 다양한 미들웨어 아키텍처와 기존 연구를 논의했다. 일반적으로 이러한 아키텍처는 FEA의 MEC, 포그, 클라우드렛 구현에 맞게 조정할 수 있다. 또한 FEA의 설계를 개선할 수 있는 새로운 향후 연구 과제에 대해 논의했다.

참고 문헌

1   V. Dastjerdi and R. Buyya. Fog computing: Helping the Internet of Things realize its potential, *Computer*, 49(8): 112 – 116, 2016.

2   E. Koukoumidis, M. Margaret, and P. Li-Shiuan. Leveraging smartphone cameras for collaborative road advisories. *Transactions on Mobile Computing*, 11(5): 707 – 723, 2012.

3   K. S. Oskooyee, A. Banerjee, and S.K.S Gupta. Neuro movie theatre: A real-time internet-of-people. In *16th International Workshop on Mobile Computing Systems and Applications*, Santa Fe, NM, February, 2015.

4   M. Pore, K. Sadeghi, V. Chakati, A. Banerjee, and S.K.S. Gupta. Enabling real-time collaborative brain-mobile interactive applications on volunteer mobile devices. In *Proceedings of the 2nd Intl. Workshop on Hot topics in Wireless*, Paris, France, September 2015.

5   K. Sadeghi, A. Banerjee, J. Sohankar, and S.K.S. Gupta. SafeDrive: An autonomous driver safety application in aware cities. In *PerCom Workshops*, Sydney, Australia, 14 March 2016.

6   X. Bao and R.R. Choudhury. Movi: mobile phone based video highlights via collaborative sensing. In *8th International Conference on Mobile Systems, Applications, and Services*, San Francisco, California, USA, June 15, 2010.

7 D. Hardawar. Driving app Waze builds its own Siri for hands-free voice control. VentureBeat, 2012.

8 Y. Liu, C. Xu, Y. Zhan, Z. Liu, J. Guan, and H. Zhang. Incentive mechanism for computation offloading using edge computing: A Stackelberg game approach. *Computer Networks*, 129(2): 339−409, 2017.

9 F. Bonomi, R. Milito, P. Natarajan, and J. Zhu. Fog computing: A platform for Internet of Things and analytics. In *Big Data and Internet of Things: A Roadmap for Smart Environments, Studies in Computational Intelligence*, 546: 169−186. Springer International Publishing, Cham, Switzerland, March 13, 2014.

10 J. Rodrigues, Eduardo R.B. Marques, L.M.B. Lopes, and F. Silva. Towards a Middleware for Mobile Edge-Cloud Applications. In *Proceeding of MECC*, Las Vegas, NV, USA, December 11, 2017.

11 P. Bellavista, S. Chessa, L. Foschini, L. Gioia, and M. Girolami. Human-enabled edge computing: exploiting the crowd as a dynamic extension of mobile edge computing. *IEEE Communications Magazine*, 56(1): 145−155, January 12, 2018.

12 S. Yi, Z. Hao, Q. Zhang, Q. Zhang, W. Shi, and Q. Li. LAVEA: Latency-Aware Video Analytics on Edge Computing Platform. In *37th International Conference on Distributed Computing Systems (ICDCS)*, Atlanta GA, July 17, 2017.

13 G. Ananthanarayanan, P. Bahl, P. Bodik, K. Chintalapudi, M. Philipose, L. Ravindranath, and S. Sinha. Real-Time Video Analytics: The Killer App for Edge Computing, *Computer*, 50(10): 58−67, October 3, 2017.

14 D. Grewe, M. Wagner, M. Arumaithurai, I. Psaras, and D. Kutscher. Information-centric mobile edge computing for connected vehicle environments: Challenges and research directions. In *Proceedings of the Workshop on Mobile Edge Communications*, Los Angeles, CA, USA, August 21, 2017.

15 Google, GoogleFit, https://www.google.com/fit/, January 15, 2018.

16 G. Piro, M. Amadeo, G. Boggia, C. Campolo, L. A. Grieco, A. Molinaro, and G. Ruggeri. Gazing into the crystal ball: when the Future Internet meets the Mobile Clouds, *Transactions on Cloud Computing*, 55(7): 173−179, 2017.

17 C. Chang, S. N. Srirama, and M. Liyanage. A Service-Oriented Mobile Cloud

Middleware Framework for Provisioning Mobile Sensing as a Service. In *21st International Conference on Parallel and Distributed Systems (ICPADS)*, Melbourne, VIC, Australia, January 18, 2016.

18 K. Aberer. Global Sensor Network, LSIR, http://lsir.epfl.ch/research/current/gsn/, January 18, 2018.

19 computing and internet of things: a survey. *Future Generation Computer Systems*, 56: 684 – 700, 2016.

20 Carrega, M. Repetto, P. Gouvas, and A. Zafeiropoulos. A Middleware for Mobile Edge Computing. *IEEE Cloud Computing*, 4(4): 26 – 37, October 12, 2017.

21 K. Habak, M. Ammar, K.A. Harras, and E. Zegura. Femto Clouds: Leveraging Mobile Devices to Provide Cloud Service at the Edge. In *8th International Conference on Cloud Computing (CLOUD)*, New York, NY, USA, August 20, 2015.

22 Y. Nakamura, H. Suwa, Y. Arakawa, H. Yamaguchi, and K. Yasumoto. Middleware for Proximity Distributed Real-Time Processing of IoT Data Flows. In *36th International Conference on Distributed Computing Systems (ICDCS)*, Nara, Japan, August 11, 2016.

23 J. Al-Jaroodi, N. Mohamed, I. Jawhar, and S. Mahmoud. CoTWare: A Cloud of Things Middleware. In *37th International Conference on Distributed Computing Systems Workshops (ICDCSW)*, Atlanta, GA, USA, July 17, 2017.

24 S.-N. Chuang and A. T. Chan. MobiPADS: a reflective middleware for context-aware mobile computing. *IEEE Transactions on Software Engineering* 29(12), 2003: 1072 – 1085.

25 Y. Lee, Y. Ju, C. Min, J. Yu, and J. Song. MobiCon: Mobile context monitoring platform: Incorporating context-awareness to smartphone-centric personal sensor networks. In *9th annual IEEE Conference on Communications Society Conf. on Sensor, Mesh and Ad Hoc Communications and Networks (SECON)*, Seoul, South Korea, August 23, 2012.

26 G. Orsini, D. Bade, and W. Lamersdorf. CloudAware: A Context-Adaptive Middleware for Mobile Edge and Cloud Computing Applications. In *1st International Workshops on Foundations and Applications of Self* Systems (FAS*W)*, Augsburg, Germany, December 19, 2016.

27 M. Aazam and E.-N. Huh. Fog computing: The cloud-IoT/IoE middleware

paradigm. *Potentials*, 35(3): 40 − 44, May − June 2016.

28 T. Verbelen, S. Pieter, F.D. Turck, and D. Bart. Adaptive application configuration and distribution in mobile cloudlet middleware. *MOBILWARE*, LNICST 65: 178 − 191, 2012.

29 M. Satyanarayanan, P. Bahl, R. Caceres et al. The Case for VM−Based Cloudlets in Mobile Computing, in *Pervasive Computing* 8(4), October 6, 2009.

30 Y.W. Law, P. Marimuthu, K. Gina, and L. Anthony. WAKE: Key management scheme for wide−area measurement systems in smart grid. *IEEE Communications Magazine*, 51(1): 34 − 41, January 04, 2013.

31 R. Chandramouli, I. Michaela, and S. Chokhani. Cryptographic key management issues and challenges in cloud services. In *Secure Cloud Computing*, Springer, New York, NY, USA, December 7, 2013.

32 M. Mukherjee, R. Matam, L. Shu, L. Maglaras, M. A. Ferrag, N. Choudhury, and V. Kumar. Security and privacy in fog computing: Challenges. *In Access*, 5: 19293 − 19304, September 6, 2017.

33 M.H. Ibrahim. Octopus: An edge−fog mutual authentication scheme. *International Journal of Network Security*, 18(6): 1089 − 1101, November 2016.

34 A. Alrawais, A. Alhothaily, C. Hu, and X. Cheng. Fog computing for the Internet of Things: Security and privacy issues. *Internet Computing*, 21(2): 34 − 42, March 1, 2017.

35 R. Lu, K. Heung, A.H. Lashkari, and A. A. Ghorbani. A Lightweight Privacy−Preserving Data Aggregation Scheme for Fog Computing−Enhanced IoT. *Access* 5, March 02, 2017): 3302 − 3312.

36 T. Wang, J. Zeng, M.Z.A. Bhuiyan, H. Tian, Y. Cai, Y. Chen, and B. Zhong. Trajectory Privacy Preservation based on a Fog Structure in Cloud Location Services. *IEEE Access*, 5: 7692 − 7701, May 3, 2017.

37 Dsouza, G.−J. Ahn, and M. Taguinod. Policy−driven security management for fog computing: Preliminary framework and a case study. In *15th International Conference on Information Reuse and Integration (IRI)*, Redwood City, CA, USA, March 2, 2015.

38 R.A. Popa, C.M.S. Redfield, N. Zeldovich, and H. Balakrishnan. Cryptdb: Processing queries on an encrypted database. *Communications of ACM* 55(9), September, 2012): 103 − 111.

39 Stanford-Clark and A. Nipper. Message Queuing Telemetry Transport, http://mqtt.org/, January 21, 2018.

40 Google, Nearby Connections API, https://developers.google.com/nearby/messages/android/pub-sub. Accessed January 17, 2018.

41 PubNub, Realtime Messaging, PubNub, https://www.pubnub.com/. Accessed January 18, 2018.

42 J.H. Rosa, J.L.V. Barbosa, and G.D. Ribeiro, ORACON: An adaptive model for context prediction. *Expert Systems with Applications*, 45: 56−70, March 1, 2016.

43 S. Sigg, S. Haseloff, and K. David. An alignment approach for context prediction tasks in ubicomp environments. *IEEE Pervasive Computing*, 9(4): 90−97, February 5, 2011.

44 Hassan, P.D. Haghighi, and P.P. Jayaraman. Context-Aware Recruitment Scheme for Opportunistic Mobile Crowdsensing. In *21st International Conference on Parallel and Distributed Systems*, Melbourne, VIC, Australia, January 18, 2016.

45 X. Liu, M. Lu, B.C. Ooi, Y. Shen, S. Wu, and M. Zhang. CDAS: a crowdsourcing data analytics system, *VLDB Endowment*, 5(10): 1040−1051, 2012.

46 L. Harold, B. Zhang, X. Su, J. Ma, W. Wang, and K.K. Leung. Energy-aware participant selection for smartphone-enabled mobile crowd sensing. *IEEE Systems Journal*, 11(3): 1435−1446, 2017.

47 O. Petri, F. Rana, J. Bignell, S. Nepal, and N. Auluck. Incentivising resource sharing in edge computing applications. In *International Conference on the Economics of Grids, Clouds, Systems, and Services*, October 7, 2017.

48 Y. Zhang, C. Min, M. Shiwen, L. Hu, and V.C.M. Leung. CAP: Community activity prediction based on big data analysis. *IEEE Network*, 28(4): 52−57, July 24, 2014.

49 S. Reddy, D. Estrin, and M. Srivastava. Recruitment framework for participatory sensing data collections. In *Proceedings of the 8th international conference on Pervasive Computing*. Lecture Notes in Computer Science, 6030, Springer, Berlin, Heidelberg, 2010.

50 A. Banerjee and S. K.S Gupta. Analysis of smart mobile applications for healthcare under dynamic context changes. *Transactions on Mobile Computing*,

14(5): 904 – 919, 2015.

51 L. Wang, Z. Daqing, W. Yasha, C. Chao, H. Xiao, and M. S. Abdallah. Sparse mobile crowdsensing: challenges and opportunities, in *IEEE Communications Magazine*, 54(7): 161 – 167, July 2016.

52 W. Sherchan, P. P. Jayaraman, S. Krishnaswamy, A. Zaslavsky, S. Loke, and A. Sinha. Using on-the-move mining for mobile crowdsensing. In *13th International Conference on Mobile Data Management (MDM)*, Bengaluru, Karnataka, India, November 12, 2012.

53 CISCO. IOx and Fog Applications. CISCO, https://www.cisco.com/c/en/us/solutions/internet-of-things/iot-fog-applications.html, January 21 2018.

54 P. Bellavista, A. Zanni, and M. Solimando. A migration-enhanced edge computing support for mobile devices in hostile environments, in *13th International Wireless Communications and Mobile Computing Conference (IWCMC)*, Valencia, Spain July 20, 2017.

55 Z. Ying, H. Gang, L. Xuanzhe, Z. Wei, M. Hong, and Y. Shunxiang. Refactoring Android Java code for on-demand computation offloading. In *International conference on object-oriented programming systems languages and applications*. Tucson AZ, USA, October 19, 2012.

56 P. P. Jayaraman, C. Perera, D. Georgakopoulos, and A. Zaslavsky. Efficient opportunistic sensing using mobile collaborative platform mosden. In *Collaborative Computing: Networking, Applications and Worksharing (Collaboratecom)*, Austin, TX, USA, December 12, 2013.

57 A. Ksentini, T. Taleb, and F. Messaoudi. A LISP-Based Implementation of Follow Me Cloud. Access 2 (September 24): 1340 – 1347, 2014.

58 P. Perera, P. Jayaraman, A. Zaslavsky, D. Georgakopoulos, and P. Christen. Mosden: An Internet of Things middleware for resource constrained mobile devices. In *47th Hawaii International Conference in System Sciences (HICSS)*, Waikoloa, HI, USA, March 10, 2014.

59 V. Pejovic and M. Musolesi. Anticipatory mobile computing: A survey of the state of the art and research challenges. *ACM Computing Surveys (CSUR)*, 47(3) (April), 2015.

60 T. Taleb, S. Dutta, A. Ksentin, M. Iqbal, and H. Flinck. Mobile edge computing potential in making cities smarter. *IEEE Communications Magazine*, 5(3) (March 13): 38 – 43, 2017.

61 C. Baktir, A. Ozgovde, and C. Ersoy. How can edge computing benefit from software-defined networking: A survey, use cases, and future directions. *Communications Surveys & Tutorial*, 19(4) (June): 2359 – 2391, 2017.

62 T. Katsalis, G. Papaioannou, N. Nikaein, and L. Tassiulas. SLA-driven VM Scheduling in Mobile Edge Computing. In *9th International Conference on Cloud Computing (CLOUD)*, San Francisco, CA, USA, January 19, 2017.

63 M. Al-Ayyoub, Y. Jararweh, L. Tawalbeh, E. Benkhelifa, and A. Basalamah. Power optimization of large scale mobile cloud computing systems. In *3rd International Conference on Future Internet of Things and Cloud*, Rome, Italy, October 26, 2015.

64 Y. Jararweh, L. Tawalbeh, F. Ababneh, A. Khreishah, and F. Dosari. Scalable cloudlet-based mobile computing model. In *Procedia Computer Science*, 34: 434 – 441, 2014.

에지 클라우드 아키텍처를 위한
경량 컨테이너 미들웨어

데이비드 본 레온David von Leon, 로젠조 미오리Lorenzo Miori, 줄리안 사닌Julian Sanin, 나빌엘 로이니Nabil El Ioini,
스벤 헬머Sven Helmer, 클로서 팔Claus Pahl

7.1 소개

일반적으로 클라우드 애플리케이션에서 대부분의 데이터 처리는 백엔드에서 이뤄진다.
사물인터넷IoT 디바이스 및 센서를 이러한 환경에서 간단한 방식으로 통합하면 몇 가지의
문제점이 발생한다. 수십억 개의 새로운 장치가 클라우드에 데이터를 전송하기 시작하면
네트워크 트래픽에 큰 영향을 미친다. 또한 어떤 특정한 애플리케이션은 실시간 동작(예
를 들어 자율 주행차self-driving car)을 필요로 하고, 클라우드에서 처리된 처리 결과가 네트워크
지연으로 인해 실시간으로 응답을 받지 못하면 자율 주행차가 동작하는 데 있어 심각한
문제가 발생할 수 있다. 마지막으로 사용자는 민감한 개인 정보 데이터를 클라우드 컴퓨
팅 데이터 센터로 보내고 싶어하지 않을 수 있으며, 특히 헬스케어 애플리케이션에서 사
용되는 개인의 건강 데이터의 경우 더욱더 민감한 개인 정보다. 결과적으로 클라우드 컴
퓨팅은 대규모의 중앙 집중식 구조에서 멀티 클라우드 환경으로 이동하고 있다. 클라우
드와 센서 기반 IoT 환경이 통합되면 에지 클라우드 또는 포그 컴퓨팅[1, 2]을 활용할 수
있으며, 대부분의 데이터는 IoT 디바이스 자체에서 생성된다. IoT 디바이스에서 수집한
데이터를 클라우드로 보내지 않고 클라우드 에지 컴퓨팅으로 이동한다[3].

그러나 이러한 인프라에서 전송 작업이 실행될 때 여러 가지 문제에 직면하게 된다.
배포된 장치는 연산 능력, 스토리지 기능, 안정적인 연결성, 전원 공급 장치, 기타 리소

스 측면에서 제약을 받게 된다. 우선적으로 제한된 IoT 디바이스에서 실행할 수 있을 만큼 충분히 가벼운 소프트웨어 솔루션이 필요하다. 그럼에도 여전히 확장성^{scalability}, 유연성^{flexibility}, 멀티테넌시$^{multi-tenancy}$를 제공하는 시각화 솔루션$^{visualized\ solution}$을 개발하는 것을 목표로 한다. 컨테이너화^{containerization}를 통해 유연성과 멀티테넌시 문제를 해결할 수 있다. 컨테이너는 애플리케이션 패키징 및 오케스트레이션^{orchestration}의 핵심 이슈인 서비스형 플랫폼$^{PaaS,\ Platform-as-a-Service}$ 클라우드[4, 5]에 적합한 미들웨어 플랫폼의 기초가 된다[6, 8]. 이 연구에서는 연산 능력 및 기타 리소스의 성능을 향상시키고 공유하고자 소형 장치를 클러스터링^{clusters}해 확장성 문제를 해결한다. 또한 기술적으로 실현 가능한지 검증하고자 라즈베리파이^{RPi} 클러스터를 구축해 목표를 달성할 수 있는지 확인한다[9].

에지 클라우드 환경에서 추가적으로 요구되는 사항에는 비용 효율성$^{cost-efficiency}$, 낮은 전력 소비량$^{low\ power\ consumption}$, 견고성^{robustness}이 포함된다. 여기서 제안하는 솔루션은 소프트웨어 플랫폼뿐만 아니라 하드웨어 플랫폼 측면에서도 경량화돼야 한다. 이 연구에서는 라즈베리파이[10-12]와 같은 단일 보드 장치 클러스터에서 컨테이너를 구축해 추가 요구 사항을 충족할 수 있는지 확인한다. 여기서 제안한 경량화된 하드웨어 및 소프트웨어 아키텍처를 활용해 데이터 센터뿐만 아니라 소형 장치에 이르기까지 다양한 노드에서 멀티 클라우드 플랫폼을 기반으로 애플리케이션을 구축할 수 있다.

에지 클라우드 시스템에도 다른 시스템들과 마찬가지로 정보 보안 문제가 존재한다. 데이터, 소프트웨어, 하드웨어는 언제든지 에지 클라우드 시스템에 참여하거나 시스템을 떠날 수 있기 때문에 모든 데이터는 식별되고 추적할 수 있어야 한다. 장치의 추적성^{traceability} 및 감사 가능성^{auditability}은 통합 측면에도 반드시 필요하다. 7장에서는 블록체인 메커니즘을 사용해 IoT 포그 및 에지 아키텍처$^{FEA,\ Fog\ and\ Edge\ Architecture}$에 대한 보안 문제를 해결하는 개념적 아키텍처를 소개한다.

7장은 다음과 같이 구성돼 있다. 먼저 아키텍처 요구 사항을 소개하고 에지 클라우드의 기술 및 아키텍처를 검토한다. 그런 다음 패키징 및 배포 메커니즘의 하나인 컨테이너를 기반으로 하는 에지 클라우드 참조 아키텍처의 핵심 원리를 설명한다. 또한 에지 클라우드 환경의 분산 클러스터에 대한 스토리지, 오케스트레이션, 클러스터 관리를 위한 다양한 옵션을 구체적으로 설명한다. 제안된 아키텍처 솔루션을 검증하고자 라즈베리파이 클러스터를 설계하고 구축해 실험 결과를 도출한다. 여기서는 (i) 자체 구축 스토리지 및 클러스터 오케스트레이션 (ii) OpenStack 스토리지 솔루션 (iii) 도커 컨테이너^{docker}

^{container} 오케스트레이션 (iv) IoT/센서 통합 등이 포함된다. 또한 경량 에지 클러스터는 원격 지역에서 실행되도록 돼 있기 때문에 이 연구에서는 설치 및 관리 작업과 같은 실질적인 문제도 포함돼 있다.

7.2 연구 배경 및 관련 연구

에지 클라우드 컴퓨팅을 위한 참조 아키텍처에 대한 요구 사항을 파악하고 이러한 원칙과 요구 사항을 유즈 케이스^{use case}를 통해 설명한다.

7.2.1 에지 클라우드 아키텍처

통합 IoT 객체를 사용하는 에지 컴퓨팅의 경우 전처리^{preprocessing} 및 추가 배포를 포함한 데이터 수집 관리를 지원하는 것은 기존의 클라우드 컴퓨팅 아키텍처와는 다르다. 분산된 네트워크를 통해 더 작은 장치가 확산되며, 이러한 작은 장치 크기로 인해 다른 리소스 제한이 발생하게 되는데 결국 이런 문제를 해결하고자 소프트웨어 플랫폼뿐만 아니라 하드웨어 플랫폼에서도 경량화가 필요하다. 그러나 소프트웨어 정의 네트워크^{SDN}에 대한 최근 연구에서 볼 수 있듯이 가상화는 에지 클라우드 아키텍처^{edge cloud architecture}에 적합한 메커니즘이다[14, 15]. 컴퓨팅 및 스토리지 리소스는 플랫폼 서비스별로 패키지화, 구축, 조정될 수 있다. 그림 7.1에서는 가상화된 리소스 간의 데이터 전송 지원을 포함해 최종 장치와 기존 데이터 센터 간에 연산, 스토리지, 네트워크 리소스를 제공해야 한다.

다른 요구 사항으로는 풍부한(가상화된) 서비스를 통해 클라우드 엔드 포인트^{cloud end point}를 관리하기 위한 위치 인식^{location awareness}, 낮은 지연 시간^{low latency}, 소프트웨어 이동성 지원 등이 있다. 특정 요구 사항은 지속적인 구성 및 업데이트이며, 특히 서비스 관리에 적용된다. 이러한 에지 아키텍처에서 애플리케이션을 프로비저닝^{provision}하고 관리할 수 있는 개발 계층^{development layer}이 필요하다. 이 연구에서는 일반적인 PaaS 계층에서 에지 클라우드 관리를 위한 추상화 수준^{abstraction leve}을 조정할 것을 제안한다.

7장에서는 패키징 및 배포 메커니즘의 하나인 컨테이너를 기반으로 하는 에지 클라우드 참조 아키텍처를 활용해 여러 가지 우려 사항을 해결한다. 여기서는 일반적인 분산 시스템 서비스인 애플리케이션 구성, 오케스트레이션, 리소스 스케줄링 등이 포함된다. 또

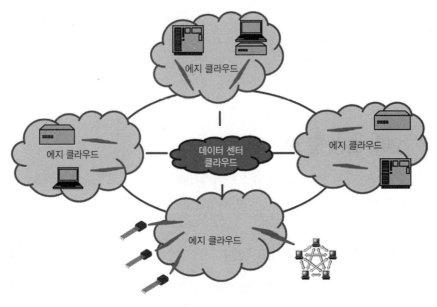

그림 7.1 에지 클라우드 아카텍처

한 제공된 플랫폼 서비스에 애플리케이션이 배포되는 (에지) 클라우드 네이티브 아키텍처를 위한 오케스트레이션 모델이 필요하다. 이러한 유형의 아키텍처를 위해서는 경량 기술의 조합(경량 소프트웨어 플랫폼인 컨테이너와 경량 하드웨어인 단일 보드 장치)이 필요하다. 컨테이너 기술은 애플리케이션을 관리하고 배포할 수 있다. 이것은 특히 에지 컴퓨팅 클러스터의 제한된 리소스에 적합하다.

7.2.2 유즈 케이스

7.2.2절에서는 스키장에서 활용하고 있는 에지 클라우드 아키텍처의 유즈 케이스를 설명한다. 최근에 만들어진 스키장들은 광범위한 IoT 클라우드 인프라^{IoT-cloud infrastructure}를 활용하고 있다. 센서는 날씨(기온/습도, 태양 일조 강도), 눈의 품질(눈의 습도, 기온) 및 이용 고객(이용 고객 위치 및 이용객 숫자)에게서 다양한 데이터를 수집한다. 이러한 데이터 소스의 조합을 통해 두 가지 샘플을 확인할 수 있다.

- **눈 관리 스노 그루머**^{snow groomer}(스노 캣^{snow cat})는 센서 데이터(차량의 기울기 센서^{tilt sensor})와 GPS 위치에서부터 눈 속성에 이르기까지)를 활용해 스키장 슬로프를 짧은 시간에 관리

할 수 있을 뿐만 아니라 쌓여 있는 눈을 초급, 중급, 고급 슬로프에 맞게 눈을 최적화해 분배할 수 있는 중장비 차량이다. 이것은 클라우드 기반의 연산이 불가능한 실시간 애플리케이션이다(적절한 연결이 불가능하기 때문에). 결과적으로 모든 데이터 수집 및 분석을 하려면 로컬에서 데이터를 처리할 필요가 있다.

- **이용객 관리** 스키장을 이용하는 고객은 스키장에서 제공하는 앱^{app}을 자신의 휴대폰에 설치해 눈의 질과 리프트^{lift} 및 슬로프^{slope} 이용객 정보를 실시간으로 확인할 수 있다. 설치된 휴대폰의 앱은 클라우드 컴퓨팅을 활용해 데이터를 수신할 수 있다. 그러나 성능 향상을 위해 애플리케이션 아키텍처는 센서 근처에서 수집된 데이터를 전처리함으로써 로컬 디바이스와 클라우드 서비스 간에 전송되는 데이터 트래픽을 줄일 수 있다.

성능은 수집된 데이터를 로컬 처리함으로써 향상시킬 수 있다. 데이터를 로컬 처리 함으로써 수집된 대량의 데이터를 중앙 집중식 클라우드로 전송하는 것을 피할 수 있다. 특히 스노 그루머를 통해 수집되는 대량의 데이터 및 작업이 동일한 장소에서 발생하는 경우에는 데이터를 로컬 처리하는 것이 유리하지만 직접 관리하기 어려운 장소는 원격으로 작동할 수 있는 적절한 기술을 사용하는 것이 필요하다. 라즈베리파이와 같은 싱글 보드 컴퓨터 클러스터는 이를 해결하기 위한 적절하고 강력한 기술이다.

또 다른 중요한 문제는 유연성이다. 애플리케이션은 단기 및 장기적인 변화를 촉진하고자 서로 다른 위치에 서로 다른 시간에 배포된 유연한 플랫폼 및 애플리케이션 서비스 관리를 통해 장점을 극대화할 수 있다[16]. 예를 들어 스키장에서 낮 시간에 고객 관리를 담당하는 센서가 밤 시간에는 눈 관리를 지원할 수 있는 센서로 활용될 수 있다. 컨테이너가 적합하지만 적절한 지원이 필요하다. 이 점을 잘 설명하는 두 가지 오케스트레이션 패턴이 있다. 첫 번째 패턴은 클러스터에서 완전히 지역화된 처리에 관한 것이다(프로필을 사용해 개별 슬로프를 기준으로 구성돼 있음). 스노 그루머의 로컬 계산이 필요하며, 분석뿐만 아니라 의사 결정 및 작동 기능도 컨테이너로 구현할 수 있다. 두 번째 패턴은 고객 관리를 위한 데이터 전처리에 관한 것이다. 클라우드로 전송되는 데이터 양을 줄이는 것이 목표다. 선택한 에지 노드에 데이터를 필터링하고 집계하는 컨테이너로 패키지된 분석 서비스를 구축해야 한다.

7.2.3 관련 연구

논문 [17]에서 설명한 바와 같이 경량 가상화를 제공하는 컨테이너 기술은 하이퍼 바이 저(가상 플랫폼)에서 실행할 수 있는 유용한 옵션이다. 경량성^{lightweightness}은 축소된 크기와 기능으로 인해 더 작은 디바이스에서 유용하게 사용할 수 있다.

논문 [18]에서는 도커 컨테이너를 호스팅하고자 라즈베리파이$^{RPi, Raspberry Pi}$ 기반 인프라를 구축했다. 그들의 연구는 또한 싱글 보드 디바이스에 적합한지 연구를 통해 확인했다. 글래스고 대학교$^{University of Glasgow}$에서 수행된 연구[19]는 에지 클라우드 컴퓨팅을 위해 라즈베리파이를 사용했다. 실제 작업 환경에서 RPi를 적용해 얻은 교훈을 바탕으로 이 작업을 수행한다. 여기에 제시된 실험 결과 외에도 설치, 성능, 비용, 전력, 보안에 관한 아키텍처를 연구하고 다양한 클러스터 기반 아키텍처와 비교 평가한다. 더 경량화된 디바이스의 클러스터 아키텍처를 위한 미들웨어 플랫폼을 고려한다면 제한된 환경이나 모바일 환경에서 미들웨어 계층의 기능 범위는 적절하게 조정돼야 한다[20].

- 견고성^{robustness}은 연결과 노드의 고장을 처리하는 폴트 톨러런스 메커니즘$^{fault tolerance mechanism}$을 통해 구현될 수 있다.[1] 유연한 오케스트레이션 및 로드 밸런싱$^{load balancing}$이 폴트 톨러런스 메커니즘에 해당한다.
- 정보 보안은 반드시 해결해야 할 문제다. 여기서는 안전하지 않은 환경에서 계정 관리$^{identity management}$ 형식과 관련이 있다. 오케스트레이션 지침과 함께 데이터 출처 또는 스마트 계약과 같은 기타 보안 문제도 관련이 있다. De Coninck 연구진[21] 은 미들웨어의 관점에서 이 문제에 접근한다. Dupont 연구진[22]은 사물인터넷 ^{IoT} 설정에서 중요한 문제인 유연성을 향상시키고자 컨테이너 마이그레이션$^{container migration}$을 검토한다.

---

1   fault toleance란 시스템의 한 부분에서 장애가 발생하더라도 시스템 운영에 전혀 지장이 없도록 설계 및 구현하는 것을 말한다. – 옮긴이

7.3 경량화 에지 클라우드를 위한 클러스터

7.3절에서는 소프트웨어 및 하드웨어 측면에서 경량화된 플랫폼을 구축하는 방법을 설명한다.

7.3.1 경량화 소프트웨어 - 컨테이너화

컨테이너화[containerization]를 통해 개별 이미지(일반적으로 이미지 리포지터리[repository]에서 검색)에서 애플리케이션을 패키지로 묶어 컨테이너를 만들어 경량화된 가상화 서비스를 가능하게 한다. 이는 현재 클라우드 솔루션의 성능 및 소프트웨어 이식 가능성[portability] 문제를 해결할 수 있다. 클라우드의 전반적인 중요성을 고려할 때 현재 활동에 대한 통합적인 관점에서 생각하는 것이 중요하다. 많은 컨테이너 솔루션은 Linux LXC 기술을 기반으로 구축돼 네임스페이스[namespaces]와 cgroups[2]과 같은 커널 메커니즘을 제공해 운영 체제 프로세스를 분리한다. 기본적으로 Linux LXC의 확장 기술인 도커가 현재 가장 인기 있는 컨테이너 플랫폼다[23].

오케스트레이션[3]은 컨테이너 기반 소프트웨어 애플리케이션을 구성하고 관리하는 역할을 한다. 컨테이너 오케스트레이션은 컨테이너 배포, 시작, 중지뿐만 아니라 컨테이너의 가용성, 확장, 네트워킹, 서버 간의 데이터 이동 등 다중 컨테이너를 관리한다. 이와 같이 에지 클라우드 기반 컨테이너 구조는 분산 클라우드 환경 내 오케스트레이션의 한 형태다. 그러나 클러스터 기반의 컨테이너 관리 솔루션은 개발과 아키텍처 지원이 통합돼야 한다. 컨테이너 클러스터 기반의 멀티 PaaS는 클라우드에서 분산 소프트웨어 애플리케이션을 관리하기 위한 솔루션으로 사용될 수 있지만 이 기술은 여전히 여러 가지 문제점이 있다. 여기에는 단순한 ID로 이미지 태킹을 할 수 없는 컨테이너에 대한 적절한 공식적인 설명이나 사용자 정의 메타 데이터가 부족하다. 설명 메커니즘은 컨테이너 클러스터와 오케스트레이션으로 확장돼야 한다[24]. 분산 컨테이너 아키텍처의 토폴로지를 보다 명확하게 설계하고 배포 및 실행을 오케스트레이션해야 한다[25]. 지금까지 이러한 오케스트레이션 문제를 해결할 수 있는 솔루션이 없다.

---

2   control groups의 약자로 프로세스들의 자원의 사용(CPU, 메모리, 네트워크 등)을 제한하고 격리시키는 리눅스 커널 기능 중 하나다. - 옮긴이

3   컨테이너를 배포 관리하는 오케스트레이션 툴에는 Kubernetes, Docker Swarm, Apache Mesos 등이 있다. - 옮긴이

도커는 자체 오케스트레이션 솔루션인 도커 스웜$^{Docker\ Swarm}$을 개발하기 시작했으며 쿠버네티스^{Kubernetes}는 배포, 스케일링, 그리고 컨테이너화된 애플리케이션의 관리를 자동화해 주는 오픈소스 컨테이너 오케스트레이션 엔진이다. 그러나 복잡한 애플리케이션 스택의 오케스트레이션을 해결하는 좀 더 포괄적인 솔루션은 토폴로지 기반 서비스를 기반으로 하는 Docker 오케스트레이션을 포함할 수 있다[26]. 후자는 TOSCA를 지원하는 Cloudify PaaS에 의해 수행된다.

그림 7.2에서는 이전 절의 사용 사례에 대한 오케스트레이션 계획을 설명한다. 컨테이너 호스트는 필요한 노드를 구성하기 위해 스키장에서 이용객 관리 및 눈 관리를 선택한다. 예를 들어 이용객 관리 아키텍처를 로컬에서 데이터를 분석 가능한 로컬 처리 모드로 업그레이드할 수 있다. 오케스트레이션 엔진은 적시에 컨테이너를 배포할 수 있다. 컨테이너 클러스터는 네트워크 지원이 필요하다. 일반적으로 컨테이너는 공유 호스트 주소를 사용해 네트워크에서 컨테이너를 볼 수 있다. 쿠버네티스에서 각 컨테이너 그룹(포드^{pod})은 동일한 물리적 시스템에 배포됐는지 여부에 관계없이 클러스터의 다른 포드에서 도달할 수 있는 고유한 IP 주소를 수신한다. 이것은 특정 라우팅 기능을 가진 네트워크 가

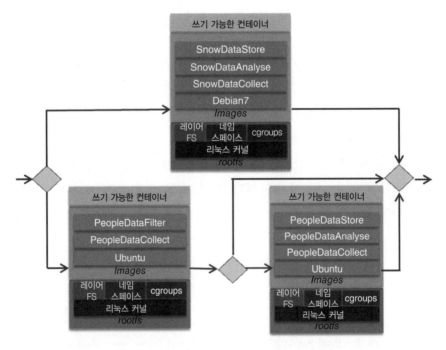

그림 7.2 스키 리조트 사례 연구를 위한 단순화된 컨테이너 오케스트레이션 계획

상화에 의해 지원돼야 한다.

컨테이너 클러스터를 관리하기 위해서는 데이터 스토리지 지원이 필요하다. 쿠버네티스 클러스터에서 컨테이너를 관리하면 쿠버네티스 포드가 데이터와 같은 위치에 있어야 하기 때문에 문제가 발생한다. 컨테이너는 물리적 시스템에 연결된 스토리지 볼륨을 컨테이너에 연결해야 한다.[4]

7.3.2 경량화 하드웨어 - 라즈베리파이 클러스터

7장에서는 하드웨어 인프라로서 라즈베리파이에 중점을 두고 에지 클라우드 환경에서 라즈베리파이 클러스터의 오케스트레이션을 설명한다. 이 작은 싱글 보드 컴퓨터(라즈베리파이)는 에지 클라우드 환경에 적합하고 많은 기능을 수행할 수 있다. 클러스터 생성과 관리는 하드웨어와 시스템 소프트웨어 설정 및 구성, 시스템 모니터링 및 유지 관리, 컨테이너 기반 애플리케이션 호스팅을 포함한 일반적인 PaaS 기능을 포함한다.

라즈베리파이는 상대적으로 저렴하고(버전에 따라 약 $30) 전력 소비량이 적어 첨단 장비의 설치가 불가능한 환경에 특히 적합하며 저렴한 가격으로 에너지 효율적인 클러스터를 구성할 수 있다. 싱글 라즈베리파이는 연산 능력이 부족하기 때문에 일반적으로 연산이 집중적으로 필요한 소프트웨어를 실행할 수 없다. 그러나 이러한 연산의 제한 문제는 여러 개의 라즈베리파이를 클러스터로 구축함으로써 극복할 수 있다. 라즈베리파이를 클러스터로 구축해 플랫폼을 구성하고 커스터마이징할 수 있다. 또한 클러스터를 구축함으로써 시스템 장애에 강력하게 대응할 수 있는 플랫폼을 구축할 수 있다.

7.4 아키텍처 관리 - 스토리지 및 오케스트레이션(조정)

라즈베리파이 클러스터는 하드웨어 기반의 미들웨어 플랫폼이다. 이에 대한 다양한 클러스터 구축 유형은 다음과 같다.

1. 자체 구축 스토리지 및 클러스터 오케스트레이션

2. OpenStack 스토리지 구현

---

4 컨테이너를 삭제할 경우 로컬 저장소에 저장돼 있던 데이터도 함께 삭제되므로 물리적으로 연결할 수 있는 SCSI, 구글 스토리지 등 외부 저장 장치를 반드시 사용해야 한다. - 옮긴이

3. 도커 컨테이너 오케스트레이션

또한 7.4절에서는 IoT/센서 통합을 설명한다. 세 가지 핵심 아키텍처 패턴에 대해 구체적인 평가 및 구현 방법을 설명한다. 그 목적은 아키텍처 성능 측면에서 제안된 아키텍처의 일반적인 적합성을 다루고 물리적인 유지 관리, 전력, 비용과 같은 실제적인 문제를 고려하는 것이다. 따라서 평가 기준은 설치 및 관리 노력, 비용, 전력 소비, 성능 등을 포함한다.

7.4.1 자체 구축 클러스터 스토리지 및 오케스트레이션

7.4.1.1 자체 구축 클러스터 스토리지 및 오케스트레이션 아키텍처

2013년 아브라함손[Abrahamsson]이 증명했듯이 라즈베리파이 클러스터는 최대 300개의 노드로 구성할 수 있다(라즈베리파이 2와 3에 비해 사양이 낮은 라즈베리파이 1을 사용하면 더욱 경량화된 클러스터를 구축할 수 있다). 라즈베리파이 1은 ARM700 MHz 프로세서[CPU], 브로드컴[Boardcom] 비디오 코어 그래픽 프로세서[GPU] 및 256 또는 512MB의 RAM을 포함한 싱글 보드다. 또한 저장을 위해 SD 카드 슬롯, USB, 이더넷, 오디오, 비디오, HDMI 포트가 제공된다. 전원은 마이크로 USB 커넥터를 사용해 활성화시킬 수 있다. 라즈베리안[Raspbian]은 널리 사용되는 리눅스 데비안[Linux Debian] 버전으로 ARMv6 아키텍처에 최적화된 운영체제다. 스토리지 및 클러스터 관리와 같은 핵심 미들웨어를 위해 데비안 7 운영체제를 사용한다. 논문 [12]에서는 RPi 클러스터 관리 솔루션에 대한 기본 스토리지 및 클러스터 관리하는 방법을 연구했다.

이 구성에서 사용하는 클러스터 토폴로지는 스타 네트워크[star network]다.[5] 이 구성에서 한 스위치는 코어 역할을 하고 다른 스위치는 코어를 라즈베리파이에 연결하는 역할을 한다. 마스터 노드와 인터넷에 대한 업링크[uplink]는 코어 스위치에 연결돼 있다. 스웜[Swarm] 또는 쿠버네티스[Kubernetes]와 같은 기존 클러스터 관리 툴을 배포할 뿐만 아니라 아키텍처 옵션으로 클러스터의 로[low] 레벨 환경 설정, 모니터링, 유지 관리와 같은 동적 에지 클라우드 환경의 중요한 기능을 포함하는 전용 애플리케이션을 직접 구축했다. 이 접근 방식은 마스터가 등록 및 취소 프로세스를 처리해 클러스터의 노드 가입 및 탈퇴를 모니터링

---

5 스타 네트워크는 이더넷 LAN에서 가장 널리 사용되는 물리적 토폴로지다. - 옮긴이

할 수 있는 유연성을 제공한다.

7.4.1.2 유즈 케이스 및 실험

이 실험의 핵심 목표는 성능 및 전력 사용 측면에서 개발된 표준 애플리케이션을 실행하기 위한 라즈베리파이의 적합성을 확인하는 것이다. 이전에 수행한 실험에서는 크기가 64.9KB인 샘플 파일을 사용했다. 라즈베리파이 모델 B는 1.2GHz Marvell Kirkwood, 1GHz MK802, 1.6GHz Intel Atom 330, 2.6GHz 듀얼 코어 G620 Pentium 등 다른 프로세서 구성과 비교했다. 테스트를 거친 모든 시스템에는 유선 1GB 이더넷이 연결돼 있다(단, 라즈베리파이는 10/100Mbit 이더넷 카드가 장착돼 있어 완전히 활용할 수 없었다). 성능을 검증하고자 벤치 마크 솔루션은 ApachBench2를 사용했다. 테스트는 총 1,000건의 요청이 포함돼 있으며 그중 10건은 동시에 실행됐다. 표 7.1에는 성능 측정 및 전력 소비량이 요약돼 있다.

표 7.1 라즈베리파이 클러스터의 속도 및 전력 소비

디바이스	초당 페이지	전력 소비량
RPi	17	3W
Kirkwood	25	13W
MK802	39	4W
Atom 330	174	35W
G620	805	45W

표 7.1은 라즈베리파이가 대부분의 센서 통합 및 데이터 처리 요구 사항에 적합하다는 것을 보여 준다. 견고성이 요구되고 전원 공급 장치 문제가 있는 환경에 적합하다.

7.4.2 OpenStack 스토리지

7.4.2.1 스토리지 관리 아키텍처

논문 [29]에서는 OpenStack 스위프트^{OpenStack Swift}6를 라즈베리파이로 포팅하는 설정을 위

---

6 OpenStack은 IaaS 형태의 클라우드 컴퓨팅 오픈소스 소프트웨어로 2010년 나사와 랙스페이스(Rackspace)의 공동 프로젝트로 시작됐고 현재는 오픈스택 재단에서 운영되고 있다. - 옮긴이

한 분산 스토리지 장치로 사용했다. OpenStack 스위프트와 같은 완전한 플랫폼을 사용해 자체 구축된 스토리지 접근 방식을 크게 확장할 수 있다.

OpenStack 스위프트[7]는 스토리지 클러스터를 배포하는 데 유용한 도구다. 네트워크 스토리지 시스템을 사용하면 공통 파일 시스템에서 클러스터 성능을 향상시킬 수 있다. 자체 스위프트Swift 구현에서는 QNAP 시스템의 4베이 NASNetwork Attached Storage를 사용했지만 더 많은 리소스가 필요한 OpenStack 스위프트가 실현 가능한 옵션임을 알 수 있다. 스위프트 클러스터는 시스템 데이터뿐만 아니라 애플리케이션 데이터와 같은 객체를 저장하기 위한 솔루션을 제공한다. 데이터는 서로 다른 노드에 복제 및 배포된다. 이 실험에서는 서로 다른 토폴로지 구성을 고려했다. 이것은 기술적으로 실현할 수 있다는 것을 보여 주지만 OpenStack 스위프트 성능 측면에서는 실질적인 관련 솔루션이 되고자 추가적인 최적화 작업이 필요하다는 것이 단점이다.

7.4.2.2 유즈 케이스 및 실험

스위프트 기반 스토리지를 평가하고자 YCSB 및 ssbench를 기반으로 여러 벤치 마크를 실행했다.

- **싱글 노드**single node **설치** 여기서는 데이터 업로드와 관련해 심각한 병목 현상이 발생한다. 이는 단일 서버가 모든 트래픽을 처리할 수 없기 때문에 캐시Memcached 또는 컨테이너 서버에 장애가 발생할 수 있다.
- **클러스터된 파일 저장소** 여기에서는 자체 클라우드 스토리지 시스템을 사용해 실제적인 사례 연구가 수행됐다. 라즈베리파이 클러스터의 미들웨어 계층을 구성하고 벤치마킹됐다. 클러스터 전체에서 (가상화된) 스토리지 서비스를 지원하는 자체 클라우드를 실행함으로써 효용성을 입증할 수 있다. 성과는 크지 않지만 사용하는 데 무리가 없다.

구현에서는 cloudfuse라는 FUSEFilesystem-in-User Space 모듈을 사용했다. 이 모듈은 스위프트 클러스터에 연결되고 기존의 디렉토리 기반 파일 시스템에서와 같이 콘텐츠를 관리한다. 자체 클라우드 인스턴스는 cloudfuse를 통해 스위프트 클러스터에 액세스한다. 애

---

7 OpenStack 스위프트는 내결함성이 뛰어난 오브젝트 스토리지 서비스로 RESTful API를 사용해 구조화되지 않은 애플리케이션을 저장 및 검색한다. – 옮긴이

플리케이션 GUI가 충분히 빠르게 로딩된다. 파일 목록은 더 느리지만 여전히 허용 가능하다. 여기서 중요한 제한 사항은 cloudfuse에서 비롯된다. 폴더 이름 바꾸기와 같은 일부 작업이 불가능하다. 항상 충분히 효율적인 것은 아니다. 그러나 모듈을 직접 구현하거나 내장된 스위프트 지원을 개선함으로써 문제를 해결할 수 있다.

성능 외에도 확장성은 여전히 해결해야 할 문제다. 더 많은 라즈베리파이를 추가하면 성능이 향상될 것으로 예측할 수 있다. 즉 스위프트는 확장 가능하다. 하드웨어 구성 제한 사항을 기반으로 하지만 트렌드가 선형^{linear}인지 여부는 확인할 수 없다.

다음으로 고려할 사항은 비용이다. 클러스터 비용은 시스템을 운영하는 데 있어 성능 대비 수용 가능한 범위에 있다(일부 클러스터 구성 가격은 표 7.2 참고). 이 실험에서 사용한 PoE$^{Power\ over\ Ethernet}$ 애드온$^{add-on}$ 보드 및 PoE 관리 스위치는 프로젝트에 한정되지 않으며, 시스템 성능에 부정적인 영향을 주지 않고 별도의 전원 공급 장치와 스위치를 포함하는 더 저렴한 솔루션으로 쉽게 교체될 수 있다. 이 실험에서 사용된 구성을 다른 아키텍처와 비교할 때 모든 하드웨어가 포함된 최신 게이트웨이 서버(예를 들어 Dell Gateway 5000 시리즈)가 비용 면에서 더 높을 것이다.

표 7.2 라즈베리파이 클러스터의 대략적인 비용

구성 요소	가격	수량	총가격
Raspberry Pi	35	7	245
PoE module	45	7	315
Cat.5e SFTP Cable	3	7	21
Aruba 2530 8 PoE+	320	1	320
총가격			901

7.4.3 도커 오케스트레이션

이 실험에서는 컨테이너를 통한 경량 가상화 메커니즘인 도커와 쿠버네티스가 성공적으로 라즈베리파이[23]에 배포됐다. 이것은 클러스터된 라즈베리파이 아키텍처에서 컨테이너 클러스터의 실행할 수 있다는 가능성을 보여 준다.

이 실험에서는 에지 클라우드 아키텍처에 중점을 두고 있으므로 에지 클라우드용 미들웨어 플랫폼의 핵심 구성 요소를 살펴본다. 그림 7.3은 에지 클라우드 아키텍처의 컨테

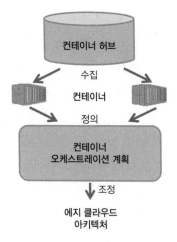

그림 7.3 전체 오케스트레이션 흐름

이너에 대한 완전한 오케스트레이션 흐름을 설명한다. 예를 들어 첫 번째 단계는 컨테이너 허브와 같은 이미지 오픈 저장소에서 개별 이미지로 컨테이너를 구성하는 것이다. 구체적인 애플리케이션 서비스를 위해 다양한 컨테이너로 구성되며, 이는 오케스트레이션 계획을 통해 관리할 수 있다. 이 계획은 오케스트레이션이 적용되는 에지 클라우드 토폴로지를 정의한다. 이 오케스트레이션 메커니즘은 에지 PaaS 지향 미들웨어 플랫폼의 핵심 구성 요소를 구현할 수 있다. 컨테이너화^{containerization}는 7장에서 논의했던 두 가지 해결책의 한계를 극복하는 데 도움이 된다.

7.4.3.1 도커 오케스트레이션 아키텍처

라즈베리파이를 사용하면 로컬 에지 데이터 처리를 위한 중간 계층^{intermediate layer}을 비용 대비 효율적인 방식으로 개선할 수 있다. 라즈베리파이 사용의 장점은 신뢰성, 낮은 에너지 소비량, 저렴한 가격의 디바이스로서 여전히 집약적인 연산을 수행할 수 있다.

구현 - 하드웨어 및 운영체제 이 실험에서는 여러 개의 라즈베리파이를 사용해 클러스터를 구성했다. 라즈베리파이 클러스터를 구성하는 데 있어 설치 및 전원 관리는 초기 관심사였다. 기술적으로 디바이스는 신호 처리 및 장치에 전원을 공급하고자 케이블을 통해 스위치에 연결됐다. 각 디바이스에는 라즈베리파이에 연결된 PoE 모듈이 장착돼 있다. GPIO 인터페이스를 복제하면 추가 모듈을 쉽게 연결할 수 있다. 또한 이더넷 포트를 사용해 스위치에 연결하고 네트워크 연결을 설정한다. 스위치는 IP^{Internet Protocol} 주소와 같은 네트워크 구성 파라미터를 배포할 수 있는 기존의 DHCP^{Dynamic Host Configuration Protocol} 서버에 연결하도록 구성할 수 있다. 또한 가상 LAN을 통해 서브넷^{subnet}을 구성할 수 있다. 운영체제는 리눅스 데비안 계열인 Hypriot OS를 선택했다. 이 실험에서 사용한 Hypriot OS에는 도커 소프트웨어가 이미 설치돼 있다.

스웜 클러스터 아키텍처 및 정보 보안   클러스터 노드는 서로 다른 역할을 한다. 선택한 노드는 클러스터에 접근할 수 있는 사용자 게이트웨이가 된다. 게이트웨이 노드에 도커 시스템을 생성해 초기화한다. 그런 다음 OS와 도커 데몬이 모든 라즈베리파이 클러스터 노드에 구성된다. 도커 머신은 보안 연결된 도커 클라이언트에서 리모트 시스템 도커 명령어를 통해 리모트 호스트를 원격 관리할 수 있다. 신뢰할 수 있는 네트워크를 생성하고자 첫 번째 도커 머신이 생성되면 로컬 시스템에 새 TLS 프로토콜 인증서가 작성되고 원격 시스템으로 복사된다. 보안상의 문제를 해소하고자 클러스터 설정 과정에서 보안에 취약하다고 판단되는 기본 인증을 공개 키 인증^{public-key authentication}으로 대체했다. 이렇게 하면 암호 기반 인증^{password-based authentication}을 피할 수 있다. 원격 시스템의 SSH 데몬이 공개 키 인증만 수락하도록 해 보안을 강화했다.

이 실험에서는 클러스터를 관리하고자 도커 스웜을 사용했다. 클러스터의 일반 노드는 하나의 컨테이너를 실행해 스웜 노드를 식별한다. 스웜 관리자는 클러스터 노드의 이중화를 통해 시스템 장애 발생을 대비할 수 있도록 구성할 수 있다(장애가 발생할 경우 복제본으로 실행). 도커 스웜에는 컨테이너의 잠재적인 오작동을 피하기 위한 메커니즘을 포함하고 있다. 여러 개의 스웜 관리자가 존재한다면 리더가 아닌 관리자로부터 담당자에게 정보를 전달함으로써 스웜에 대한 정보를 공유할 수 있다.

서비스 검색   도커 웜과 도커 이미지가 어떻게 커뮤니케이션할 수 있는지 공유해야 한다. 다중 호스트 네트워크에서는 네트워크 상태에 대한 정보를 보관할 수 있는 키-밸류^{Key-value} 저장소를 사용할 수 있다(예를 들어 검색, 네트워크, 엔드포인트, IP 주소).

이 실험에서는 프로젝트 구현을 위해 키-밸류 저장소로 Consul 솔루션을 사용였다. Consul 솔루션은 중복된 스웜 관리자를 지원하며 지속적인 인터넷 연결없이 작동하므로 간헐적인 인터넷 연결을 지원해야 한다. Consul 솔루션은 간헐적으로 연결을 지원하는 이 프로젝트에서는 중요하고 필수적인 솔루션이다. 폴트 톨러런스^{fault tolerance}를 위해

Consul 솔루션의 복제 기능을 사용할 수 있다. Consul 솔루션은 클러스터에서 리드 노드를 선택하고 노드 전체의 정보 배포를 관리한다.

스웜 처리^{Swarm Handling} 도커 머신의 올바른 스웜 설정에서 노드는 자신의 존재를 Consul 서버 및 스웜 관리자와 통신한다. 사용자는 스웜 관리자와 각 도커 머신과 개별적으로 상호 작용할 수 있다. 이를 위해 도커 머신에게 도커별 환경 변수를 요청할 수 있다. 도커 클라이언트는 관리자와 터널링을 통해 원격 명령을 실행할 수 있다. 사용자는 이러한 방법으로 스웜 정보를 얻고 스웜 작업(예를 들어 새 컨테이너의 시작)을 실행할 수 있다. 그런 다음 관리자는 선택된 스웜 전략에 따라 주어진 제한 조건에 따라 컨테이너를 배포한다.

7.4.3.2 도커 평가 - 설치, 성능, 전력 소비

7.4.3.2절에서는 성능과 전력 소비량과 관련된 주요 문제를 살펴본다. 또한 도커를 설치하고 설정, 관리하는 데 필요한 노력-시간 같은 실질적인 문제도 다룰 것이다. 프로젝트의 평가는 성능과 전력 소비량을 다루기 전에 프로젝트의 구축과 처리에서 복잡한 문제를 처리하는 것에 중점을 둔다[11].

설치 노력과 비용 라즈베리파이 클러스터의 하드웨어를 설치하는 데 특별한 도구나 고급 기술이 필요하지 않다. 따라서 전문가의 지원 없이 원격 지역에 라즈베리파이 클러스터를 설치하고 관리할 수 있다. 일단 실행되면 클러스터를 간단하게 처리할 수 있다. 클러스터와의 상호 작용은 단일 도커 설치와 크게 다르지 않다. 한 가지 단점은 ARM 아키텍처에 의존한다는 것이다. 여기서 도커 이미지를 항상 사용할 수 있는 것은 아니므로 필요에 따라 생성해야 한다.

성능 이 실험에서는 일정 기간 동안 많은 수의 컨테이너(고정 도커 이미지 포함)를 배포해 스웜 관리자에 대한 스트레스 테스트를 수행했다. 여기서는 다음과 같이 측정했다.

- 도커 이미지를 배포하는 데 걸리는 시간
- 컨테이너를 배포하는 데 걸리는 시간

이 실험에서는 클라이언트가 한 번에 5번을 요청하는 250개의 컨테이너를 스웜 솔루션을 통해 배포를 했다. 라즈베리파이의 효율성을 검증하고자 데스크톱 컴퓨터의 가상머신 클러스터와 싱글 라즈베리파이 환경에서 실험했고 분석 실행 시간과 전력 소비량을 모두 측정했다.

이 테스트는 메모리 8GB RAM, 하드디스크 256GB SSD, CPU는 64-bit Inter Core 2 Quad Q9550 @2.83GHz 사양을 갖춘 데스크톱 PC에 윈도우 10 운영체제를 설치해 실행됐다.

라즈베리파이 설정을 표 7.3의 일반적인 가상머신 구성과 비교하면 라즈베리파이 클러스터의 성능이 가상머신보다 더 떨어지는 것을 볼 수 있다. 이는 싱글 보드 아키텍처의 한계 때문에 발생한다. 특히 마이크로 SD 카드 슬롯의 I/O는 두 가지 작업에서 각각 최대 22MB/s, 20MB/s로 읽기 및 쓰기 속도가 느리다. 이는 부분적으로 10/100Mbit/s의 네트워크 연결로 설명할 수 있다.

표 7.3 시간 비교 – 컨테이너의 전체 목록, 평균, 최대 시간

	런칭(launching)	유휴 상태(idle)	부하 상태(load)
라즈베리파이 클러스터	228s	2137ms	9256ms
싱글 라즈베리파이 노드	510s	5025ms	14115ms
가상머신 클러스터	49s	472ms	1553ms
싱글 가상머신 노드	125s	1238ms	3568ms

전력 소비량 전력 소비량의 실험 결과는 표 7.4와 표 7.5에서 확인할 수 있다. 표 7.4와 같이 26W(단위당 2.8W)의 부하가 걸린 상태에서 라즈베리파이 클러스터의 전력 소비량은 적당한 성능을 유지했다. 표 7.5에는 두 가지 상황(유휴 상태 또는 부하 상태)에서의 전력 소비가 상세히 설명돼 있다.

표 7.4 유휴 상태 및 부하 상태에서 전력 소비량 비교

	유휴 상태	부하 상태
라즈베리파이 클러스터	22.5W	25–26W
싱글 라즈베리파이 노드	2.4W	2.8W
가상머신 클러스터	58–90W	128–132W
싱글 가상머신 노드	85–90W	110–114W

표 7.5 유휴 상태 및 부하 상태에서 라즈베리파이 클러스터의 전력 소비

	유휴 상태	부하 상태
싱글 노드	2.4W	2.7W
모든 노드	16W	17~18W
스위치(Switch)	5W	8W
클러스터(Complete system)	22.5W	25~26W

설치 및 운영 측면에서 여전히 허용 가능한 성능과 적합성(전력 소비 포함), 견고성robustness을 요구하는 제한이 있는 환경에 적합하다고 가정할 수 있다.

7.5 IoT 통합

세 가지 아키텍처 옵션의 적합성을 검토하는 것 외에도 센서 통합과 함께 IoT 애플리케이션을 위해 제안된 솔루션의 적합성을 분석해야 한다. 이것을 증명하고자 이 실험에서는 의료 애플리케이션을 참고한다. 의료 애플리케이션을 위해 이 실험에서는 건강 상태 정보를 수집할 수 있는 센서 디바이스를 라즈베리파이 클러스터 인프라와 통합했다.

MQTT와 같은 센서와 인터넷 지원 기술 사이의 브리지 역할을 하는 프로토콜을 활용하면 설치와 관리가 쉬워진다. 이 실험에서는 전력 관리의 필요성을 확인했다. 일부 센서들은 상당한 에너지를 소비하고 센서에 과열 현상이 발생했다. 따라서 센서의 과열을 방지하고 전력 소비량을 줄이기 위한 해결책이 필요하다.

7.6 에지 클라우드 아키텍처를 위한 보안 관리

IoT/에지 컴퓨팅 네트워크는 센서 소유자와 네트워크 및 장치 공급자 간에 서로 신뢰할 수 없는 분산 시스템 환경이다. 믿을 수 있고 안전한 오케스트레이션 설정과 함께 안전한 에지 컴퓨팅 아키텍처를 보장하려면 다음과 같은 여러 가지 측면에서 고려해야 한다.

- 사물(센서, 디바이스, 소프트웨어)이 네트워크에 접속, 탈퇴, 재접속할 수 있으므로 이를 식별할 수 있어야 한다.

- 선서에서 데이터가 생성되고 네트워크를 통해 전달되므로 데이터가 변경되지 않 았는지 출처를 확인하고 추적해야 한다.
- 동적 및 로컬 아키텍처 관리 결정(예를 들어 유지 보수 또는 비상 상황에서 소프트웨어의 변경 및 업데이트)은 관련 참여자의 동의가 필요하다.

7.6절에서는 에지 아키텍처에 대한 위의 문제를 해결하는 보안 플랫폼 제공을 위한 블록체인 기술의 적합성을 살펴본다. 블록체인은 분산 소프트웨어 아키텍처의 형태를 가능하게 하며, 분산 및 트랜잭션 데이터에 대한 공유 상태의 합의가 에지 클라우드의 경우와 같이 신뢰할 수 없는 참가자 참여하는 네트워크를 통해 구축될 수 있다. 이 접근 방식은 신뢰할 수 있는 중앙 통합 시스템에 의존하는 것을 방지할 수 있다. 블록체인에 구축된 에지 플랫폼은 데이터 불변성, 무결성, 공정한 액세스, 투명성 및 거래 거부 방지와 같은 일반적인 블록체인 속성을 활용할 수 있다.

핵심 목표는 낮은 연산 능력과 제한된 연결성을 가진 경량 에지 클러스터에서 로컬에서 신뢰성을 관리하는 것이다. 블록체인 기술은 계정 관리[identity management], 데이터 출처, 트랜잭션 처리에 활용할 수 있다. 오케스트레이션 관리를 위해 스마트 계약과 같은 고급 블록체인 기술을 사용할 수 있다.

7.6.1 보안 요구사항 및 블록체인 원리

블록체인 기술은 중앙 서버에 권한이 없고 신뢰할 수 없는 환경을 위한 솔루션이다. 블록체인의 분산되고, 자율적이고, 신뢰할 수 있는 기능을 사용해 많은 보안 관련 문제를 해결할 수 있다. 또한 블록체인은 변조 방지, 분산 및 공유 데이터에 모든 참가자가 트랜잭션을 추가하고 읽을 수 있지만 누구도 이 데이터베이스를 완벽하게 제어할 수 없다. 추가된 모든 거래는 디지털 서명 및 타임스탬프[timestamped] 처리된다. 이는 모든 작업을 추적할 수 있고 출처를 확인할 수 있다[31].

블록체인에 의해 구현되는 보안 모델은 네트워크 내의 모든 거래에 대해 검증이 가능하게 하는 합의 기반 메커니즘[consensus-driven mechanisms]을 사용해 데이터 무결성을 보장하므로 모든 기록을 쉽게 감시할 수 있다. 이는 네트워크에서 모든 불안전한 트랜잭션의 소스(예를 들어 보안에 취약한 IoT 디바이스)를 추적할 수 있기 때문에 특히 중요하다[32]. 블록체인은 또한 계정 관리 및 액세스 제어 측면에서 에지 컴퓨팅 구성 요소의 보안을 강화하고 데이터 조작을 방지할 수 있다.

블록체인의 원리는 다음과 같이 요약할 수 있다.

- 트랜잭션^{transaction}은 네트워크의 노드에 의해 생성되고 서명된 정보로서 나머지 네트워크로 브로드캐스팅된다. 트랜잭션은 무결성을 유지하고 부인 방지^{nonrepudiation}[8]를 위해 디지털 방식으로 서명된다.
- 블록은 체인에 추가된 트랜잭션의 집합이다. 새로 작성된 블록은 포함된 모든 트랜잭션의 유효성을 확인하고 검증한다.
- 블록체인은 네트워크를 구성하는 생성되고 검증된 모든 블록의 목록이다. 체인은 네트워크의 모든 노드 간에 공유된다. 새로 생성되고 검증된 각 블록은 해당 콘텐츠에 해싱 알고리즘^{hashing algorithm}을 적용하고 생성된 해시 값으로 체인의 블록에 연결된다. 이를 통해 체인은 부인 방지를 유지할 수 있다.
- 공개 키^{public key}는 주소 역할을 한다. 네트워크 참가자는 개인 키^{private key}를 사용해 거래에 서명한다.
- 블록은 구체적인 합의 방법과 각각의 조정 프로토콜을 사용해 기존의 블록체인에 추가된다.
- 세 가지 유형의 블록체인 플랫폼을 식별할 수 있다. (i) 사용 권한 감소, 누구나 데이터베이스 복사본을 갖고 읽기 및 쓰기를 위해 네트워크에 가입할 수 있는 권한 (ii) 허용, 네트워크에 대한 액세스가 사전 선택된 참가자들에 의해 제어되는 경우 (iii) 비공개, 중앙 조직에 의해 참가자가 추가되고 검증되는 경우

블록체인에 도입된 가장 최근의 주요 개념 중 하나는 스마트 계약^{smart contract}이다. 이 계약은 특정 계약 조건이 충족되면 실행되는 블록체인에 상주하는 실행 가능한 코드다. 스마트 계약은 호출 트랜잭션이 새 블록에 포함될 때까지 처리되지 않는다. 블록은 트랜잭션에 명령을 내림으로써 실행 결과에 영향을 미칠 수 있는 비결정성^{non-determinism}[9] 문제를 해결한다. 블록체인 계약은 계약 요건을 준수하는 모든 이해 당사자와 직접 계약을 체결할 수 있도록 에지/IoT 디바이스의 자율성을 향상시킨다.

---

8 부인 방지는 송신자와 수신자 간에 전송된 메시지에 대해 전송하지 않았다고 하거나 발송되지 않은 메시지를 받았다고 주장할 수 없게 하는 보안 기술을 말한다. – 옮긴이

9 다음 동작을 선택할 수 있고, 그 선택에 결과가 의존하는 것을 말한다. – 옮긴이

7.6.2 블록체인 기반의 보안 아키텍처

그러나 블록체인은 대규모 데이터 복제, 성능, 확장성 때문에 에지/IoT 디바이스의 모든 보안 문제를 해결할 수 없다. 이는 이 실험에서 작업하고 있는 제한된 환경에서 해결해야 할 과제다. 블록체인 기술은 이전에도 트랜잭션 처리에 적용됐지만, 이 실험에서 새로운 점은 그림 7.4와 같이 경량 IoT 아키텍처에 대한 애플리케이션이다.

- 참여하는 에지/IoT 디바이스 간의 신뢰성을 관리하고자 에지 디바이스의 지역화된 클러스터에서 합의 방법 및 프로토콜 적용한다.
- 스마트 계약은 아키텍처에서 오케스트레이션 결정을 정의한다.

이러한 환경에서 IoT/에지 엔드포인트^{endpoint}는 일반적으로 절전 노드$^{sleepy\ node}$라 부르며, 이는 배터리 수명을 절약하고자 항상 온라인 상태가 아님을 의미한다. 이로 인해 특히 원격 위치에 배포될 때 인터넷 연결이 간헐적으로만 가능하도록 제한한다. 분산 자율 클러스터$^{distributed\ autonomous\ cluster}$의 보안(신뢰성, 신원 확인)을 관리하고자 블록체인을 사용할 것을 제안한다[10, 12]. 블록 마이닝 시간 측면에서 더 높은 성능을 달성하고 트랜잭션 검증 시간과 비용을 절감할 수 있기 때문에 이 실험에서는 브로커와 함께 허가된 블록체인을 사용한다. 이 실험에서는 트랜잭션 레벨에서 세분화된 작업에 대한 권한(예를 들어 자산 생산 권한)과 부분적으로 중앙 집중화된 설정/분할된 설정을 허용된 블록체인과 함께

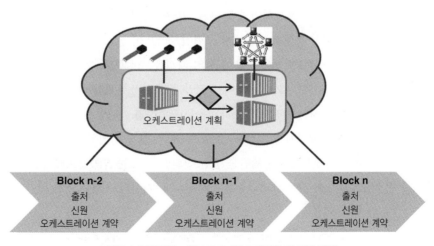

그림 7.4 블록체인 기반 IoT 오케스트레이션 및 보안 관리

사용할 것을 권장한다. 이 실험의 구현에서는 허가된 채굴자^miner(쓰기)와 덜 정상적인 노드(읽기)가 있는 허가된 블록체인을 모두 고려할 수 있다. 또한 모든 IoT/에지 엔드포인트가 전체 블록체인 노드로 동작할 필요가 없다. 오히려 블록체인에 액세스해 명령 또는 신원 확인 정보(예를 들어 센서 데이터에 액세스할 수 있는 사람)를 검색하는 경량 노드 역할을 한다. 예를 들어 각각의 IoT 엔드포인트는 네트워크에 연결될 때 어떤 장치를 신뢰하고 상호 작용해야 하는지에 대한 지급 증명서^proof of payment(지급 증명서는 특정 당사자가 특정 리소스에 액세스하는 데 필요한 자격 증명을 갖고 있음을 증명하는 영수증다)를 받는다. 그런 다음 엔드포인트가 요청을 수신할 신뢰할 수 있는 디바이스 중 하나에 의해 서명돼야 한다. 검증자^verifier는 외부 세계에 대한 정보를 제공하는 제3자를 말한다. 트랜잭션의 유효성 검증이 외부 상태에 따라 달라지는 경우 검증자는 외부 상태를 확인하고 그 결과를 검증자^miner에게 제공하도록 요청하고, 그 후 그 상태를 검증한다. 검증자는 블록체인 외부의 서버로 구현될 수 있으며, 자체 키 쌍^key pair을 사용해 온디맨드^on demand 방식으로 트랜잭션에 서명할 수 있는 권한을 갖고 있다.

비용 효율성, 성능, 유연성과 같은 문제와 관련해 중요한 점은 체인^on-chain에 어떤 데이터와 연산을 배치해야 하며, 어떤 데이터가 체인^off-chain에 속하지 않도록 해야 하는지를 선택하는 것이다.[10]

에지 컴퓨팅은 본질적으로 데이터를 클라우드 센터로 가져오는 대신 소프트웨어를 에지로 가져와 처리한다는(데이터를 로컬로 처리) 아이디어를 기반으로 하기 때문에 컨테이너 기반 오케스트레이션에 기반을 둔 소프트웨어는 신원 확인 및 권한 부여 문제에 영향을 받게 된다. 배포된 소프트웨어와 관련된 디바이스 및 컨테이너 오케스트레이션은 블록체인의 스마트 계약 트랜잭션 내에서 구현될 수 있다.

블록체인은 전문 프로토콜을 사용해 합의 과정을 조정한다. 프로토콜 구성은 보안 및 확장성에 영향을 미친다. 예를 들어 비트 코인과 같은 블록체인에서 이중 지출을 방지하고자 블록체인에 거래가 안전하게 추가됐음을 확인하려고 다양한 전략이 사용된다. 옵션은 트랜잭션이 블록체인에 포함된 후 특정 수(X)의 블록이 생성 될 때까지 기다리는 것이다. 또한 이 실험에서는 블록체인을 통한 신뢰할 수 있는 오케스트레이션 관리에 가장 적합한 체크포인트와 같은 메커니즘을 조사한다. 여기서의 옵션은 모든 참가자가 체크포

---

10 온체인(on-chain) 돌이킬 수 없는 거래를 확인하는 데 충분한 시간이 필요하며 블록체인에 공개적으로 기록된다. 오프체인(off-chain)은 블록체인이 아닌 독립된 외부에 거래 데이터를 기록하는 방식입니다. – 옮긴이

인트까지의 거래를 유효하고 되돌릴 수 없는 것으로 받아들일 수 있도록 블록체인에 체크포인트를 추가하는 것이다. 체크포인트는 커뮤니티가 신뢰하는 개체^{entity}에 의존해 체크포인트를 정의하고(신뢰할 수 있는 브로커와 아키텍처 옵션에 대한 설명 참고) 반면에 전통적인 X-블록 확인은 블록체인을 사용하는 애플리케이션 개발자에 의해 결정될 수 있다.

트랜잭션 처리 속도(샘플 크기는 1~8MB) 측면에서 확장성을 향상시키도록 일치 프로토콜^{consensus protocol}을 구성할 수 있다. 크기가 클수록 더 많은 트랜잭션이 블록에 포함될 수 있으므로 최대 처리량이 증가한다. 또 다른 구성 변경은 블록 생성에 소요되는 시간을 단축하고자 채굴^{mining} 난도를 조정해 지연 시간을 줄이고 처리량을 늘리는 것이다(그러나 블록 간 시간이 짧을수록 포크^{fork}의 빈도수가 증가한다).

7.6.3 통합 블록체인 기반 오케스트레이션

이번 연구의 프레임워크에서 중요한 관심사는 데이터 검증, 데이터 무결성, 계정 관리, 오케스트레이션이다. 그림 7.4는 개요 아키텍처를 기반으로 블록체인이 어떻게 프레임워크에 통합되는지 자세히 설명한다. 출발점은 W3C PROV 표준이다(https://www.w3.org/TR/prov-overview/). PROV 표준에 따르면 검증이란 데이터의 생성에 관여하는 활동 및 사람에 대한 정보를 말한다. 이 출처 데이터는 데이터 생산의 품질, 신뢰성을 평가하는 데 도움이 된다(그림 7.5 참고). PROV의 목표는 XML과 같은 일반적인 형식을 사용해 출처 정보를 표현하고 교환할 수 있도록 하는 것이다.

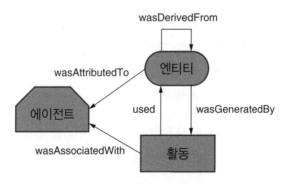

그림 7.5 출처 모델. Adapted fromW3C. "PROV Model Primer," April 30, 2013. © 2013WorldWide Web Consortium, (MIT, ERCIM, Keio, Beihang). https://www.w3.org/TR/2013/NOTE-prov-primer-20130430/.

출처 레코드는 데이터 객체의 엔티티^{entity}의 출처를 나타낸다. 엔티티의 출처는 다른 엔티티를 참조할 수 있다(예를 들어 센서 데이터를 원본 레코드로 컴파일). 활동^{activity}은 엔티티를 작성하고 변경하며, 이를 위해 종종 기존 엔티티를 사용한다. 그것들은 역동적인 부품이고 여기서는 프로세싱 컴포넌트$^{processing\ component}$다. 두 가지 기본 활동은 엔티티 생성 및 사용이다. 활동은 엔티티의 소유자 역할을 하는 에이전트를 대신해 수행된다. 즉 처리를 담당한다. 에이전트는 활동에 대해 어느 정도 책임을 진다. 이 실험에서 행위자들은 소프트웨어 배포와 인프라 관리를 담당하는 오케스트레이터들이다.

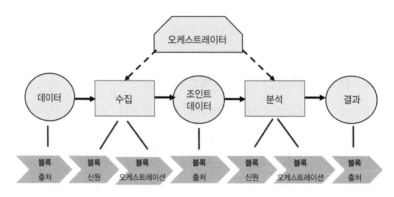

그림 7.6 오케스트레이션 계획의 블록체인 기반 트래킹〉

에이전트의 출처를 고려해 이 아이디어를 확장할 수 있다. 이 실험의 경우 오케스트레이터는 컨테이너이지만 애플리케이션 역할이 아닌 관리 기능을 가진 컨테이너다. PROV에서 에이전트에 대한 출처를 주장하려면 에이전트를 에이전트와 엔티티로 명시적으로 선언해야 한다.

그림 7.6에서 오케스트레이터는 오케스트레이션 에이전트, 즉 데이터 수집 및 분석 컨테이너를 배포하는 에이전트다. 이는 효과적으로 오케스트레이터와 노드 간에 계약을 형성하며, 이때 노드는 수집 및 분석 활동을 수행하기 위해 계약을 형성한다.

- 수집기는 센서 데이터를 사용하고 조인트 데이터를 생성
- 분석기는 조인트 데이터를 사용하고 결과를 생성

이 일련의 활동은 오케스트레이션 계획을 형성한다. 이 계획은 블록체인 스마트 계약에 근거해 제정되며 계약된 활동은 다음과 같다.

- 데이터를 검색할 수 있는 권한 획득(사용)
- 정의된 의무로서 계약서에 출력 엔티티를 생성

스마트 계약은 실시해야 할 작업의 이행을 규정하는 프로그램을 통해 정의된다. 스마트 계약서에는 이행해야 할 의무, SLA에 관한 혜택 및 의무를 이행하지 못할 경우 패널티가 포함된다. 일반적으로 계약자에게 지불한 수수료 및 계약 발행자에게 보상할 수 있는 위약금은 여기에서는 무시된다. 계약에 따른 각 단계는 블록체인에 기록된다.

- 출처 항목을 통한 데이터 생성: 무엇을, 누가, 언제
- 처리 구성 요소의 아이덴티티를 기반으로 인증된 작업을 정의하는 인증 정보 객체 생성
- 오케스트레이터와 활동 노드 간의 공식 계약. 공식화된 의무에는 스토리지, 필터링, 분석과 같은 IoT 에지 콘텍스트 데이터 중심의 활동 및 컨테이너의 배치 또는 재배포(업데이트)와 같은 컨테이너 중심의 활동이 포함된다.

그림 7.7은 모든 구성 요소 간의 상호 작용을 포함해 시스템의 전체 아키텍처를 보여

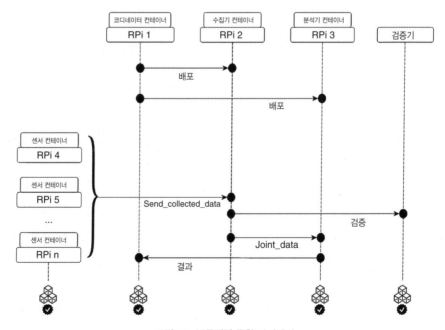

그림 7.7 블록체인 통합 아키텍처

준다. 모든 트랜잭션(거래)은 블록체인에 기록돼 데이터 출처를 보장한다. 또한 모든 구성 요소(예를 들어 컨테이너, 검증기)의 아이덴티티는 신분을 확인하고자 저장된다. 적절한 스마트 계약을 호출해 거래가 실행된다. 예를 들어 센서 컨테이너가 데이터를 수집할 때 수집된 데이터의 서명된 해시hash를 전달해 수집기 컨테이너에 의해 정의된 send_collected_data 스마트 계약을 호출한다. 이때 수집된 컨테이너는 센서 컨테이너의 신원(예를 들어 서명)과 데이터의 무결성(예를 들어 데이터의 해시값)을 확인한 다음 이를 처리하고자 데이터를 다운로드한다.

7.7 향후 연구 방향

이 실험에서는 몇 가지 제한 사항을 확인했고 출처 및 신원 관리를 위한 블록체인 기술의 보안적인 측면에서 추가적인 작업이 필요한 문제를 논의했다.

클라우드 환경에서 일부 기존 PaaS 플랫폼은 오케스트레이션 및 데브옵스DevOps의 한계를 해결하기 시작했다. 일부 관측은 다음을 명확히 해야 한다.

- 컨테이너: 컨테이너 기술은 현재 PaaS 클라우드에서 널리 사용하고 있다.
- 데브옵스: 통합 데브옵스 스타일 파이프 라인에서 관리해야 하는 분산 토폴로지의 복잡한 오케스트레이션이 고려된 개발 및 운영 통합은 아직 초기 단계다.

이 실험에서 데브옵스 스타일의 컨테이너 기반 클러스터 환경을 위한 애플리케이션 설계는 마이크로서비스microservice 스타일의 소프트웨어 설계[33-36]를 통해 해결할 수 있다. 마이크로서비스는 소규모이며 독립적으로 구축 가능한 아키텍처 단위로서 컨테이너 형태로 배포 레벨에 있는 애플리케이션을 발견할 수 있다.

클러스터를 관리하려면 (정적) 아키텍처 문제 외에도 더 많은 작업이 필요하다. 문제는 클러스터의 배포가 어느 정도까지 소형 디바이스와 임베디드 시스템으로 구성된 에지 컴퓨팅까지 도달하는지의 여부와 이를 위한 플랫폼 기술이 무언인지에 관한 것이다[31, 38]. 가장 중요한 질문은 데비안Debian 기반 DSL(약 50MB 스토리지 필요)과 같은 소규모 리눅스 배포를 실행하는 장치가 컨테이너 호스트 및 클러스터 관리를 지원할 수 있는지의 여부다. 데이터 및 네트워크 관리를 안정적으로 지원하려면 여전히 상당한 개선이 필요하다. 현재 클러스터 솔루션에서 실현되는 방식인 오케스트레이션은 궁극적으로 적절하지 않으며 추가적인 개선이 필요하다. 필요한 것은 이러한 신뢰할 수 없는 상황에서 성능, 워크로드, 장애를 관리하는 컨트롤러[39, 40]가 필요하다. 예를 들어 시스템 장애 허용fault-tolerance[41] 및 성능 관리 기술[42]은 클라우드 컴퓨팅, 에지, 포그 컴퓨팅에서 여전해 해결해야 할 과제이다.

좀 더 주의를 기울여서 해결해야 할 문제는 보안이다. 이 실험에서는 보안 문제를 위한 해결책으로 출처 관리 및 기타 보안 문제에 대한 블록체인 기술을 논의했지만 더 많은 구현 및 평가 작업이 필요하다.

이 실험에서의 궁금적인 목표는 에지 클라우드 Pass이다. 이 실험에서는 이러한 에지 클라우드 PaaS의 핵심 요소를 구현, 실험, 평가를 통해 컨테이너가 이 목표를 달성하기 가장 적합한 기술 플랫폼임을 증명했다. 현재 클라우드 관리 플랫폼은 구축한 컨테이너 플랫폼보다 아직 초기 단계에 있다. 최근 일부 3세대 PaaS는 자체 빌드 PaaS를 지원할 뿐만 아니라 경량화됐다. 다음 개발 단계는 IoT와 클라우드 기술 간의 격차를 해소하는 에지 클라우드 PaaS 형태의 4세대 Paas가 될 수 있다고 예상한다.

7.8 결론

에지 클라우드 컴퓨팅 환경은 중앙 집중식 컴퓨팅 인프라[43]에서 벗어나 사용자들에게 특정 서비스를 제공하고자 분산돼 있으며 용량이 큰 데이터 센터 클라우드보다 가벼운 리소스를 컴퓨팅으로 전환한다. 따라서 이 실험을 통해 경량 디바이스에 더 많은 경량 가상화 메커니즘이 필요하다는 것과 이 환경에서 서비스 배포를 조정해야 할 필요성을 확인했다. 이 실험을 통해 PaaS의 주요 관심사로 애플리케이션 서비스 패키징service packaging 및 오케스트레이션을 지원하는 플랫폼 미들웨어 솔루션의 요구 사항을 검토했다.

이 실험에서는 최근에 등장한 컨테이너 기술, 오픈소스 클라우드 솔루션Open-Source Cloud Solution, OpenStack 및 싱글 보드 경량 장치 클러스터(예를 들어 라즈베리파이)에 구축된 에지 클라우드에 대한 이러한 옵션의 적합성을 분석하고자 자체적으로 솔루션을 구축해 서로 다른 클러스터 관리 아키텍처 옵션을 제시하고 평가했다. 컨테이너 기술은 경량성과 상호 운용성을 통해 분산된 이기종 클라우드에 클라우드 PaaS 기술을 마이그레이션하는 데 더 적합하다.

참고 문헌

1   A. Chandra, J. Weissman, and B. Heintz. Decentralized Edge Clouds. *IEEE Internet Computing*, 2013.

2   F. Bonomi, R. Milito, J. Zhu, and S. Addepalli. Fog computing and its role in the internet of things. *Workshop Mobile Cloud Computing*, 2012.

3   N. Kratzke. A lightweight virtualization cluster reference architecture derived from Open Source PaaS platforms. *Open Journal of Mobile Computing and Cloud Computing*, 1:2, 2014.

4   O. Gass, H. Meth, and A. Maedche. PaaS characteristics for productive software development: An evaluation framework. *IEEE Internet Computing*, 18(1): 56–64, 2014.

5   C. Pahl and H. Xiong. Migration to PaaS clouds — Migration process and architectural concerns. *International Symposium on the Maintenance and Evolution of Service-Oriented and Cloud-Based Systems*, 2013.

6   C. Pahl, A. Brogi, J. Soldani, and P. Jamshidi. Cloud container technologies: a state-of-the-art review. *IEEE Transactions on Cloud Computing*, 2017.

7   C. Pahl and B. Lee. Containers and clusters for edge cloud architectures — a technology review. *Intl Conf on Future Internet of Things and Cloud*, 2015.

8   C. Pahl. Containerization and the PaaS Cloud. *IEEE Cloud Computing*, 2015.

9   C. Pahl, S. Helmer, L. Miori, J. Sanin, and B. Lee. A container-based edge cloud PaaS architecture based on Raspberry Pi clusters. *IEEE Intl Conference on Future Internet of Things and Cloud Workshops*, 2016.

10   C. Pahl, N. El Ioini, and S. Helmer. A decision framework for blockchain platforms for IoT and edge computing. *International Conference on Internet of Things, Big Data and Security*, 2018.

11   D. von Leon, L. Miori, J. Sanin, N. El Ioini, S. Helmer, and C. Pahl. A performance exploration of architectural options for a middleware for decentralised lightweight edge cloud architectures. *International Conference on Internet of Things, Big Data and Security*, 2018.

12   C. Pahl, N. El Ioini, and S. Helmer. An Architecture Pattern for Trusted Orchestration in IoT Edge Clouds. *Third IEEE International Conference on Fog and Mobile Edge Computing FMEC*, 2018.

13 J. Zhu, D.S. Chan, M.S. Prabhu, P. Natarajan, H. Hu, and F. Bonomi. Improving web sites performance using edge servers in fog computing architecture. *Intl Symp on Service Oriented System Engineering*, 2013.

14 A. Manzalini, R. Minerva, F. Callegati, W. Cerroni, and A. Campi. Clouds of virtual machines in edge networks. *IEEE Communications*, 2013.

15 C. Pahl, P. Jamshidi, and O. Zimmermann. Architectural principles for cloud software. *ACM Transactions on Internet Technology*, 2018.

16 C. Pahl, P. Jamshidi, and D. Weyns. Cloud architecture continuity: Change models and change rules for sustainable cloud software architectures. *Journal of Software: Evolution and Process*, 29(2): 2017.

17 S. Soltesz, H. Potzl, M.E. Fiuczynski, A. Bavier, and L. Peterson. Container-based operating system virtualization: a scalable, high-performance alternative to hypervisors, *ACM SIGOPS Operating Syst Review*, 41(3): 275–287, 2007.

18 P. Bellavista and A. Zanni. Feasibility of fog computing deployment based on docker containerization over Raspberry Pi. *International Conference on Distributed Computing and Networking*, 2017.

19 P. Tso, D. White, S. Jouet, J. Singer, and D. Pezaros. The Glasgow Raspberry Pi cloud: A scale model for cloud computing infrastructures. *Intl. Workshop on Resource Management of Cloud Computing*, 2013.

20 S. Qanbari, F. Li, and S. Dustdar. Toward portable cloud manufacturing services, *IEEE Internet Computing*, 18(6): 77–80, 2014.

21 E. De Coninck, S. Bohez, S. Leroux, T. Verbelen, B. Vankeirsbilck, B. Dhoedt, and P. Simoens. Middleware platform for distributed applications incorporating robots, sensors and the cloud. *Intl Conf on Cloud Networking*, 2016.

22 C. Dupont, R. Giaffreda, and L. Capra. Edge computing in IoT context: Horizontal and vertical Linux container migration. *Global Internet of Things Summit*, 2017.

23 J. Turnbull. *The Docker Book*, 2014.

24 V. Andrikopoulos, S. Gomez Saez, F. Leymann, and J. Wettinger. Optimal distribution of applications in the cloud. *Adv Inf Syst* Eng: 75–90, 2014.

25 P. Jamshidi, M. Ghafari, A. Ahmad, and J. Wettinger. A framework for classifying and comparing architecture-centric software evolution research. *European Conference on Software Maintenance and Reengineering*, 2013.

26 T. Binz, U. Breitenbucher, F. Haupt, O. Kopp, F. Leymann, A. Nowak, and S. Wagner. OpenTOSCA — a runtime for TOSCA-based cloud applications, *Service-Oriented Computing*: 692 – 695, 2013.

27 P. Abrahamsson, S. Helmer, N. Phaphoom, L. Nicolodi, N. Preda, L. Miori, M. Angriman, Juha Rikkila, Xiaofeng Wang, Karim Hamily, Sara Bugoloni. Affordable and energy-efficient cloud computing clusters: The Bolzano Raspberry Pi Cloud Cluster Experiment. *IEEE 5th Intl Conference on Cloud Computing Technology and Science*, 2013.

28 R. van der Hoeven. "Raspberry pi performance," http://freedomboxblog.nl/ raspberry-pi-performance/, 2013.

29 L. Miori. Deployment and evaluation of a middleware layer on the Raspberry Pi cluster. BSc thesis, University of Bozen-Bolzano, 2014.

30 C.A. Ardagna, R. Asal, E. Damiani, T. Dimitrakos, N. El Ioini, and C. Pahl. Certification-based cloud adaptation. *IEEE Transactions on Services Computing*, 2018.

31 A. Dorri, S. Salil Kanhere, and R. Jurdak. Towards an Optimized BlockChain for IoT, Intl Conf on IoT Design and Implementation, 2017.

32 N. Kshetri. Can Blockchain Strengthen the Internet of Things? *IT Professional*, 19(4): 68 – 72, 2017.

33 P. Jamshidi, C. Pahl, N.C. Mendonca, J. Lewis, and S. Tilkov. Microservices — The Journey So Far and Challenges Ahead. *IEEE Software*, May/June 2018.

34 R. Heinrich, A. van Hoorn, H. Knoche, F. Li, L.E. Lwakatare, C. Pahl, S. Schulte, and J. Wettinger. Performance engineering for microservices: research challenges and directions. In *Proceedings of the 8th ACM/SPEC on International Conference on Performance Engineering Companion*, 2017.

35 C.M. Aderaldo, N.C. Mendonca, C. Pahl, and P. Jamshidi. Benchmark requirements for microservices architecture research. In *Proceedings of the 1st International Workshop on Establishing the Community-Wide Infrastructure for Architecture-Based Software Engineering*, 2017.

36 D. Taibi, V. Lenarduzzi, and C. Pahl. Processes, motivations, and issues for migrating to microservices architectures: an empirical investigation. *IEEE Cloud Computing*, 4(5): 22 – 32, 2017.

37 A. Gember, A Krishnamurthy, S. St. John, et al. Stratos: A network-aware orchestration layer for middleboxes in the cloud. Duke University, Tech

Report, 2013.

38 T.H. Noor, Q.Z. Sheng, A.H.H. Ngu, R. Grandl, X. Gao, A. Anand, T. Benson, A. Akella, and V. Sekar. Analysis of Web-Scale Cloud Services. *IEEE Internet Computing*, 18(4): 55 – 61, 2014.

39 P. Jamshidi, A. Sharifloo, C. Pahl, H. Arabnejad, A. Metzger, and G. Estrada. Fuzzy self-learning controllers for elasticity management in dynamic cloud architectures, *Intl ACM Conference on Quality of Software Architectures*, 2016.

40 P. Jamshidi, A.M. Sharifloo, C. Pahl, A. Metzger, and G. Estrada. Self-learning cloud controllers: Fuzzy q-learning for knowledge evolution. *International Conference on Cloud and Autonomic Computing ICCAC*, pages 208 – 211, 2015.

41 H. Arabnejad, C. Pahl, G. Estrada, A. Samir, and F. Fowley. A Fuzzy Load Balancer for Adaptive Fault Tolerance Management in Cloud Platforms, *European Conference on Service-Oriented and Cloud Computing (CCGRID)*: 109 – 124, 2017.

42 H. Arabnejad, C. Pahl, P. Jamshidi, and G. Estrada. A comparison of reinforcement learning techniques for fuzzy cloud auto-scaling, *17th IEEE/ ACM International Symposium on Cluster, Cloud and Grid Computing (CCGRID)*: 64 – 73, IEEE, 2017.

43 S. Helmer, C. Pahl, J. Sanin, L. Miori, S. Brocanelli, F. Cardano, D. Gadler, D. Morandini, A. Piccoli, S. Salam, A.M. Sharear, A. Ventura, P. Abrahamsson, and T.D. Oyetoyan. Bringing the cloud to rural and remote areas via cloudlets. ACM Annual Symposium on Computing for Development, 2016.

포그 컴퓨팅의 데이터 관리

티나 사미자데 니코위[Tina Samizadeh Nikoui], 아미르 마수드 라흐마니[Amir Masoud Rahmani], 후만 타마사예드[Hooman Tabarsaied]

8.1   소개

포그 컴퓨팅은 사물인터넷[IoT]을 위한 거대한 실시간 데이터 관리 시스템에서 중요한 역할을 한다. IoT는 인기 있는 주제이지만 엄청난 양의 데이터를 즉각 처리하고 분석 결과를 정시에 응답[on-time response]해야 하는 과제를 안고 있다. IoT 생태계에서 기하급수적으로 생성된 데이터를 처리하고 분석하는 데 많은 어려움을 겪고 있다. 연구 결과에 따르면 2012년에는 하루에 2,500페타바이트[petabyte]의 데이터가 생성됐다고 한다[1]. 3,000만 명의 유저가 사용하는 건강 애플리케이션[health application]의 경우 초당 2만 5,000개의 레코드가 생성됐다는 연구 결과를 발표했다[2]. Pramanik 연구진[3]은 급속한 데이터 증가 속도를 감안할 때 가까운 미래에는 보건 관련 데이터의 크기가 제타바이트[zettabyte]가 될 것이라 예상했다. 또한 Qin 연구진[1]은 스마트 시티[smart city]에서 초당 100만 개의 레코드가 생성될 수 있다고 언급했다. 미국의 스마트 그리드[smart grid]는 연간 1엑사바이트[exabyte]의 데이터가 생성하고 미국 의회 도서관은 매달 2.4페타바이트의 데이터가 생성된다[4].

클라우드에서의 처리 시간과 전송 지연은 애플리케이션의 성능에 영향을 미치고 e-헬스[e-Health]와 같은 IoT 애플리케이션에서는 네트워크 지연 속도를 허용하지 않는다. 그 이유는 환자의 긴급한 상황에서 네트워크 지연으로 피드백이 늦어진다면 환자의 생명을 위태롭게 할 수 있기 때문이다.

센서^{sensor}와 엔드 디바이스^{end device}는 주기적으로 쓸모 없거나, 소음이 심하거나, 반복적인 중복 레코드를 포함하는 데이터를 생성하지만, 대량의 데이터를 전송하면 오류, 패킷 손실, 데이터 정체 가능성이 높아진다. 또한 반복적이거나 노이즈가 많은 데이터를 저장하고 처리하면 아무런 소득도 없이 자원을 낭비하게 된다. 따라서 대규모 데이터 생성과 상호 작용 애플리케이션은 엔드 투 엔드^{end-to-end} 지연을 줄이고 실시간 처리 및 분석을 달성해야 한다. 따라서 일부 데이터는 로컬에서 처리할 필요가 있다. 그러나 각 IoT 디바이스의 리소스 제약^{resource constraint}과 집계된 데이터 부족으로 인해 생성된 데이터를 처리하고 저장할 수 없다.

포그 컴퓨팅 패러다임에서는 스토리지, 프로세싱, 네트워크를 엔드 디바이스에 가깝게 배치하는 것을 적절한 해결책으로 생각한다. 포그 컴퓨팅에 대한 많은 정의가 존재한다. Qin은 포그 컴퓨팅에 대해 "최종 장치와 기존 클라우드 컴퓨터 데이터 센터 간에 컴퓨팅, 스토리지, 네트워킹 서비스를 제공하는 고도로 가상화된 플랫폼"으로 정의했다[1]. 이러한 방식으로 현장 처리^{on-site processing} 및 저장만이 가능하다. 그러나 포그 컴퓨팅은 암호화^{encryption} 및 복호화^{decryption}, 데이터 통합^{data integration}[5], 신뢰성^{dependability} 및 로드 밸런싱^{load balancing} 기능을 제공함으로써 개인 정보 보안을 강화한다.

8장 내용의 개략적인 구조는 그림 8.1과 같다. 8장에서는 포그 컴퓨팅의 데이터 관리에 중점을 두고 개념적인 아키텍처를 제안했다. 8.2절에서는 포그 데이터 관리를 검토하고 관리 이슈를 살펴본다. 또한 포그 데이터 관리에 관한 여러 가지 연구 방법을 제시한다. 포그 데이터 관리와 제안된 아키텍처의 주요 개념은 8.3절에 제시돼 있다. 향후 연구 방향은 8.4절에 제시돼 있다. 8장에서 논의된 주요 내용은 8.5절에 요약돼 있다.

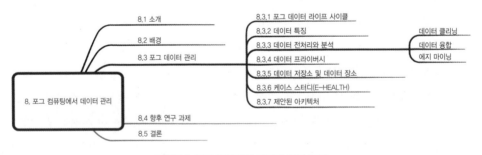

그림 8.1 포그 컴퓨팅의 데이터 관리 구조

8.2 연구 배경

포그 컴퓨팅은 디바이스와 클라우드 사이에서 중재자^{mediator} 역할을 한다. 또한 임시 데이터 저장, 일부 데이터 전처리 및 분석을 담당한다. 이러한 방식으로 포그 컴퓨팅은 IoT 디바이스에서 생성된 데이터에 대해 예비 프로세스$^{preliminary\ process}$를 수행하고, 잠시 동안 데이터를 저장할 수 있다. 이러한 데이터는 클라우드 애플리케이션에서 처리되고 포그 컴퓨팅 또는 클라우드 컴퓨팅에서 적절한 피드백을 생성해 디바이스로 리턴한다. 데이터 뷰$^{data\ view}$가 있는 3계층 포그 다이어그램은 그림 8.2에서 확인할 수 있다.

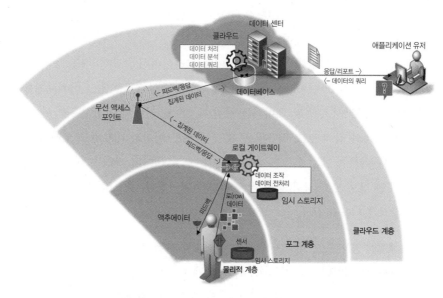

그림 8.2 포그 컴퓨팅의 기본 데이터 관리 다이어그램

8장에서는 포그 컴퓨팅 아키텍처에 대한 설문과 논문을 다룬다. 대표적인 포그 컴퓨팅 아키텍처는 디바이스 계층(또는 물리적 계층), 포그 계층(또는 에지 네트워크 계층), 클라우드 계층의 3계층으로 구성돼 있다[6]. 포그 컴퓨팅을 위한 참조 아키텍처 모델은 논문 [7]에 설명돼 있다. 논문 [8]에서는 포그 컴퓨팅 패러다임에서 데이터 수집 및 관리를 목적으로 3계층 아키텍처를 설계했다. 이 계층은 IoT 센서 노드와 게이트웨이, IoT 미들웨어로 구성돼 있다. 데이터 관리, 처리, 가상화, 서비스 프로비저닝은 포그 계층에서 수행된다. 논문 [9]에서는 데이터 분석을 위한 포그 기반 스키마를 제안했다. 저자들은 클라우

드 센싱 애플리케이션을 위해 3개의 수직 및 수평 계층이 있는 포그 기반 아키텍처를 제안했다. 논문 [10]에서는 데이터 스트림에서 처리 모델을 정의하기 위한 프로그래밍 프레임워크를 제안했다. 데이터 분석을 위한 또 다른 포그 컴퓨팅 멀티 티어 프레임워크를 논문 [11]에서 제안했다.

포그 컴퓨팅을 위한 데이터 중심 플랫폼은 논문 [12]에서 제안했다. 포그 서버, 포그 에지 노드, 포그릿foglet은 포그 컴퓨팅 요소로 도입된다. 포그 서버는 포그 컴퓨팅과 클라우드 컴퓨팅 간에 상호 작용을 담당한다. 다른 엔티티는 데이터 처리, 저장 및 통신에 중점을 둔다. 포그릿은 미들웨어 역할을 하며, 포그 서버와 다른 포그 에지 노드 간에 상호 작용하는 소프트웨어 에이전트다. 또한 모니터링, 제어, 유지 관리에도 사용된다.

포그 데이터 관리는 데이터 통합 접근법data aggregation approache, 데이터 필터링 기법data filtering technique, 데이터 배치data placement, 데이터 프라이버시data privacy 제공 등과 같이 데이터 및 관련 개념을 처리하는 것이다. 그림 8.2에서 언급한 3계층 포그 아키텍처를 바탕으로 시스템의 일부로서 수집된 데이터를 상위 계층으로 전송해 적절히 관리해야 한다. 앞에서 언급한 바와 같이 포그 컴퓨팅은 엔드 투 엔드 지연과 네트워크 트래픽 문제를 해결하고자 사용할 수 있는 솔루션 중에 하나다. 로컬 데이터 관리는 데이터 처리의 효율성 향상, 개인 정보 보호 강화 등과 같은 장점을 제공한다. 포그 컴퓨팅에서 데이터 관리의 주요 장점은 다음과 같다.

- **효율성 향상** 포그 계층에서 데이터에 대한 로컬 처리와 손상되거나 반복되거나 불필요한 데이터를 제거함으로써 네트워크 부하를 줄이고 네트워크 효율성을 높인다. 클라우드로 전송된 데이터는 클라우드 컴퓨팅에서 처리, 저장, 분석돼야 하기 때문에 클라우드에서 처리해야 할 데이터 양을 줄임으로써 클라우드 처리 및 스토리지 요구도 감소할 것이다.

- **개인 정보 보호 수준 향상** 데이터 프라이버시data privacy는 IoT와 클라우드 컴퓨팅에서 해결해야 하는 과제 중 하나다. IoT 시스템에서 센서는 기밀 데이터confidential data를 생성하고 전송할 수 있지만 암호화 없이 전송하면 해킹 위험에 노출될 수 있다. 리소스가 제한된 디바이스는 복잡한 수학 연산을 처리할 수 없다. 또한 엔드 디바이스에서 암호화 알고리즘과 같은 프라이버시 보호 메커니즘privacy-preserving mechanism을 처리하는 것은 불가능할 수 있다. 따라서 프라이버시, 데이터 처리, 암호화 알고리즘은 포그 계층에서 처리될 수 있다. 그럼에도 불구하고 포그 디바이스의 보호는

추가로 연구해야 할 또 다른 과제다.

- **데이터 품질 향상** 반복적^{repetitive}, 손상^{corrupted} 또는 노이즈 데이터^{noisy data}와 같은 낮은 품질의 데이터를 제거하고 포그 계층에서 수신된 데이터를 통합하더라도 데이터 품질은 향상될 것이다.

- **엔드 투 엔드 지연 시간 단축** 네트워크의 특성상 네트워크 지연 시간은 불가피하게 발생하므로 IoT 시나리오에서는 클라우드로부터 피드백을 수집할 때 네트워크 지연 및 처리 시간 등의 문제를 고려해야 한다. 포그 계층의 디바이스에서 데이터 전처리 작업을 처리하면 엔드 투 엔드 네트워크 지연을 최소화할 수 있다.

- **의존성 향상** 시스템 의존성은 서비스를 제공할 수 있는 시스템의 능력에 관한 것이다. 시스템 의존성과 관련된 것은 ISO/IEC/IEEE 24765에서 제공된 의존성 정의^{definition of dependability}를 참조하면 된다[13]. 의존성의 세 가지 주요 요소는 신뢰성^{reliability}, 가용성^{availability}, 유지 관리성^{maintainability}이다. 포그 디바이스 및 로컬 네트워크는 클라우드 네트워크에서 발생할 수 있는 오류를 처리하고 로컬 데이터 처리가 가능하기 때문에 시스템의 가용성과 안정성을 향상시킨다.

- **비용 절감** 포그 계층에서 로컬 데이터 처리 및 데이터 압축은 네트워크 사용량, 클라우드에서 처리 비용 및 스토리지 비용을 줄일 수 있다. 그러나 데이터 처리 및 데이터 압축을 포그 계층에서 처리할 때 포그 디바이스의 비용을 고려해야 하며 포그 컴퓨팅과 클라우드 컴퓨팅에서 균형 있게 처리돼야 한다.

8.3 포그 데이터 관리

8.3절에서는 포그 데이터 관리의 필수 개념인 데이터 라이프 사이클^{data life cycle} 및 포그 데이터 특성, 데이터 클리닝^{data cleaning}, 데이터 융합^{data fusion}, 데이터 분석^{data analysis}, 프라이버시 문제^{privacy concerns}, 포그 데이터 저장과 같은 포그 컴퓨팅의 중요한 문제를 자세히 설명한다. 또한 e-헬스 애플리케이션에서 포그 컴퓨팅을 적용한 연구 사례를 소개한다. 마지막으로 제안된 아키텍처를 설명한다.

8.3.1 포그 데이터 라이프 사이클

포그 데이터 라이프 사이클$^{\text{fog data life cycle}}$은 데이터가 생성되는 디바이스 계층의 데이터 수집을 시작으로 상위 계층에서 데이터 처리 및 저장 프로세스를 실행하고 디바이스 계층으로 피드백을 보내면 마지막으로 디바이스 계층에서 실행이 완료되는 여러 단계로 구성돼 있다. 그림 8.3에서 볼 수 있듯이 데이터 수집, 경량 처리, 처리 및 분석, 연구 피드백, 명령 실행의 다섯 가지 주요 단계를 고려해야 한다. 제안한 주요 5단계를 자세히 설명한다.

8.3.1.1 데이터 수집

서로 다른 유형의 엔드 디바이스$^{\text{end device}}$에서 생성된 데이터를 수집해야 한다. 수집된 데이터는 반드시 상위 계층으로 보내야 한다. 이를 위해 싱크 노드$^{\text{sink node}}$ 또는 로컬 게이트웨이 노드$^{\text{local gateway node}}$를 통해 데이터를 수집하거나 센서 디바이스가 직접 데이터를 포그 계층에 직접 전송할 수 있다.

8.3.1.2 경량 프로세싱

이 단계에서는 수집된 데이터에 대한 경량 데이터$^{\text{lightweight data}}$ 처리 및 로컬 데이터를 처리한다. 경량 프로세싱$^{\text{lightweight processing}}$ 단계에서는 데이터 집계$^{\text{data aggregation}}$, 데이터 필터링$^{\text{data filtering}}$, 불필요하거나 반복적인 데이터 제거, 데이터 클리닝$^{\text{data cleaning}}$, 압축 및 압축 해제 또는 일부 경량 데이터 분석 및 패턴 추출이 포함될 수 있다. 수집된 데이터는 포그 디바이스에 잠시 동안 저장될 수 있으므로 마지막 기간의 데이터$^{\text{last period's data}}$는 로컬에서 액세스할 수 있다. 따라서 데이터 전처리에 대한 더 많은 실현 가능성을 제공할 것이다. 집계된 데이터는 네트워크를 통해 클라우드 컴퓨팅으로 전송한다. 또한 응답 데이터로서의 피드백은 디바이스로 전송돼야 한다. 또한 피드백이 클라우드 계층으로부터 피드백을 받아 디바이스 계층으로 전송함에 따라 데이터 압축 해제$^{\text{data decompression}}$, 데이터 복호화$^{\text{data decryption}}$, 수신된 데이터에 대해 포맷 변경 등의 처리가 추가적으로 필요할 수 있다. 이러한 유형의 변경은 포그 계층에 의해 지원돼야 한다.

8.3.1.3 데이터 프로세싱 및 분석

수신된 데이터는 클라우드 계층에 영구적으로 저장될 수 있으며 사전에 정의된 요구 사항에 따라 처리된다. 또한 애플리케이션 사용자는 보고서 또는 데이터 분석을 위해 데이

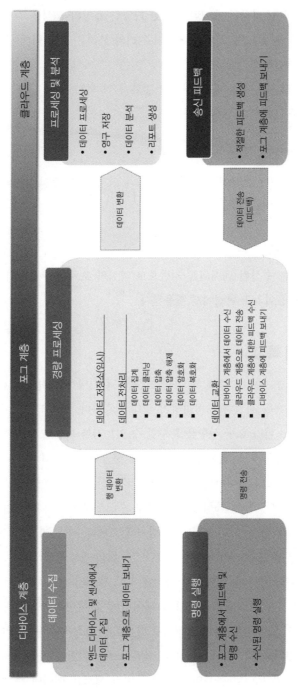

그림 8.3 포그 컴퓨팅에서 데이터 라이프 사이클

터에 접근할 수 있다. 저장된 데이터에 대한 다양한 유형의 분석을 적용해 의미 있는 정보와 지식을 얻을 수 있으며, 이러한 유형의 처리와 분석은 거의 빅데이터의 규모에 속한다. 빅데이터를 분석하려면 HDFS^{Hadoop Distributed File System}와 같은 빅데이터 플랫폼과 맵-리듀스^{map-reduce} 프레임워크를 사용해 처리할 필요가 있다[3]. 빅데이터 개념 및 분석의 자세한 내용은 논문 [14]를 참고하면 된다.

8.3.1.4 피드백 전송

데이터 처리 및 분석에 기초해 적절한 명령이나 의사 결정 등의 피드백을 생성해 포그 계층으로 전송한다.

8.3.1.5 명령 실행

액추에이터^{actuator}는 수신된 데이터를 기반으로 적절한 조치를 수행한다. 이런 식으로 적절한 피드백과 반응이 IoT 환경에서 활용된다.

8.3.2 데이터 특성

데이터 특성 검토는 데이터 품질 및 통합 표준을 정의 및 세분화하고 데이터 관리 프로세스에서 관련 문제를 적절하게 처리하기 위해 필요하다. 데이터 품질은 데이터 특성이 얼마나 적합하고 소비자 요구 사항을 준수할 수 있는지를 확인할 수 있는 척도다.

주요 IoT 데이터 특징 중 일부는 논문 [15]에 언급돼 있으며 다음과 같다. IoT 데이터는 불확실성, 오류, 노이즈 데이터^{noisy data}, 볼륨 및 분산, 지속성, 연관성, 주기성^{periodicity}, 마르코프 행동^{Markovian behavior} 등 특성을 갖고 있다. 언급된 논문 [15]에서는 데이터 품질 차원에서 정확성, 신뢰성, 데이터 볼륨, 적시성을 검토했다. 다른 세 가지 추가 데이터 품질 고려 사항은 접근 용이성, 액세스 보안^{access security}, 해석 가능성^{interpretability}이다.

또한 논문 [1]에서는 IoT 데이터의 특성에 대해 데이터 생성, 데이터 품질, 데이터 상호 운용성, 세 가지 범주로 분류했다. IoT 데이터 품질 특성으로는 불확실성, 중복성, 모호성, 불일치 등이 있다. 전통적인 방식으로 다른 디바이스에서 수집된 데이터를 추가 작업을 하고자 데이터를 저장한다. 데이터를 저장소에 저장한 후에는 일괄 배치 처리한다. 데이터 생성 속도와 데이터 볼륨이 증가함에 따라 새로운 데이터 분석 요구 사항이 높아지고 있다. 그중 하나는 연속적이고 지속적인 데이터 스트림^{stream of data}을 처리할 수 있는 스트림 프로세싱^{stream processing}이다. 요구 사항을 충족하기 위해 포그 데이터 관리 프로세스에서 주요 IoT 데이터 특성 및 관련 문제 처리한다. 다음에서는 이러한 특성을 검토한다.

- **다양성**^{heterogeneity} 분산된 이기종 엔드 디바이스는 서로 다른 형식의 데이터를 생성한다. 생성된 데이터는 구조나 형식 면에서 다양할 수 있다[16, 17].
- **부정확성**^{inaccuracy} 감지된 데이터의 부정확성 또는 불확실성은 데이터의 감지 정밀도, 정확도 또는 데이터 오판독을 의미한다[1, 15, 17, 18].
- **약한 시맨틱**^{weak semantic} 앞에서 언급한 바와 같이 데이터 형식, 데이터 구조, 데이터 리소스 등의 측면에서 이기종의 디바이스에서 수집된 원시 데이터를 처리하고 관리해야 한다. 시맨틱 웹의 개념을 사용하고 원시 데이터에 일부 정보와 추가 데이터를 주입하면 컴퓨터가 데이터를 읽고 이해할 수 있다. 그럼에도 수집된 데이터의 대부분은 약한 시맨틱을 갖고 있다[1, 16, 17].
- **속도**^{velocity}. 데이터 생성 속도와 샘플링 주파수는 엔드 디바이스의 유형에 따라 다르다.
- **중복성**^{redundancy} 하나 이상의 엔드 디바이스에 의해 전송된 반복적인 데이터는 수집된 데이터의 중복이 발생한다.
- **확장성**^{scalability} 서로 다른 시나리오에서 존재할 수 있는 많은 수의 엔드 디바이스와 높은 데이터 샘플링 속도로 인해 엄청난 양의 데이터가 생성될 수 있다[1].
- **불일치**^{inconsistency} 감지된 데이터의 정밀도가 낮거나 잘못 판독되면 수집된 데이터의 불일치가 발생할 수 있다[1].

8.3.3 데이터 전처리 및 분석

8.3.3절에서는 포그 데이터 관리에서 중요한 역할을 하는 데이터 클리닝, 데이터 융합, 에지 마이닝 세 가지 주요 데이터 전처리 및 분석 개념을 검토한다.

8.3.3.1 데이터 클리닝

언급된 특성으로 인해 센서 데이터는 완전히 신뢰할 수 없기 때문에 추가 처리와 의사 의사 결정이 어렵고 이를 해결하기 위해 데이터 클리닝 작업이 필요하다. 제프리^{Jeffery}에

의하면 '더티 데이터dirty data'는 누락된 판독 값과 신뢰할 수 없는 판독 값을 말한다[19]. 더럽고 신뢰할 수 없는 데이터의 영향을 줄이고 데이터 품질을 높이고자 포그 계층에서 수집된 데이터에 클리닝 메커니즘을 적용할 수 있다. 데이터 클리닝 접근 방식은 선언적 데이터 클리닝declarative data cleaning과 모델 기반 데이터 클리닝model-based data cleaning의 두 가지 범주로 나눌 수 있다[18]. 다음에서 각각 간략하게 검토한다.

- **선언적 데이터 크리닝** 연속 쿼리 언어CQL, Continuous Query Language와 같은 고급 선언 쿼리는 센서 값 제약 조건을 정의하는 데 사용된다. 이러한 방식으로 사용자는 제공된 인터페이스를 통해 쿼리를 표현하고 시스템을 쉽게 제어할 수 있다. 확장 가능한 센서 스트림 처리ESP, Extensible Sensor Stream Processing가 이러한 유형의 예다[18]. ESP는 광범위한 애플리케이션에서 사용할 수 있도록 센서 데이터 클리닝을 위한 선언 기반declarative-based의 파이프라인pipelined 프레임워크다.

- **모델 기반 데이터** 클리닝 데이터의 이상 징후는 선택된 모델에 기초해 가장 가능성이 높은 값으로 도출되는 추론된 값과 원시 값을 비교해 감지된다. 모델 기반 접근법model-based approache에는 회귀 모형regression model과 같은 하위 범주가 존재한다. 여기에서는 다항식 회귀polynomial regression 및 체비쇼프 회귀 분석Chebyshev regression[18, 20], 칼만 필터Kalman filter와 같은 확률론적 모델probabilistic models[18], 외부 검출 모델outliner detection models이 포함된다[21].

8.3.3.2   데이터 융합

데이터 융합data fusion은 중복되고 모호한 데이터를 제거하고 데이터를 통합하는 것을 의미하며, 데이터 관리 작업 프로세스 중 하나로 포그 계층에서 실행돼 데이터의 정확성과 효율성을 높일 수 있다. 논문 [22]에서 데이터 융합은 '여러 리소스의 데이터와 정보의 자동 검출, 연관성, 상관 관계, 추정 및 조합을 처리하는 다면적인 프로세스'로 정의하고 있다. 데이터 융합 모델data fusion model은 데이터 기반 모델data-based model, 활동 기반 모델activity-based model, 역할 기반 모델role-based model 세 가지 특정 범주로 분류할 수 있다[23].

칼레기Khaleghi 연구진[24]은 데이터 관련 측면에 기초해 데이터 융합 프레임워크를 (i) 불안전한 데이터 융합 프레임워크imperfect data fusion framework (ii) 상호 연관된 데이터 융합 프레임워크correlated data fusion framework (iii) 일치하지 않는 데이터 융합 프레임워크inconsistent data fusion framework (iv) 이질적인 데이터 융합 프레임워크disparate data fusion framework의 네 가지 클래

스로 분류했다. 첫 번째 범주인 불안전한 데이터 융합 프레임워크는 데이터 불완전성과 관련이 있는데 이는 데이터 품질과 관련된 주요 문제 중 하나이며 데이터의 부정확성, 불완전성, 모호함 또는 불확실성으로 인해 발생할 수 있다[25]. 두 번째 범주인 상호 연관된 데이터 융합 프레임워크는 데이터의 의존성과 관련이 있다. 마지막 두 가지 범주는 데이터의 충돌과 다양성과 관련이 있다. 지능형 사이클[IC, Intelligent Cycle][23] 및 JDL[Joint Directors of Laboratory]과 같은 유명한 데이터 융합의 기법 및 모델이 있다[23, 24].

8.3.3.3 에지 모델링

포그 컴퓨팅은 데이터의 양을 줄이고자 로컬 분석 및 스트림 처리에 효과적일 수 있다. 에지 마이닝[edge mining]은 네트워크 에지(포그 계층)의 디바이스에서 생성되는 행 데이터에 대한 마이닝 접근 방식을 활용하는 것을 말한다. 에지 마이닝 기법을 사용해 전송된 데이터의 크기를 줄일 수 있고 더 많은 에너지를 절약할 수 있다. 논문 [26]의 연구진은 에지 마이닝은 '원시 신호에서 상황에 맞는 정보로 변환하고자 감지된 데이터 근처 또는 감지 지점에서 감각 데이터 처리'로 정의될 수 있다고 언급했다. G-SIP[General Spanish Inquestment Protocol]는 에지 마이닝 알고리즘 중 하나로 3개의 L-SIP[Linear Spanish Inquisition Protocol], ClassAct, BN[Bare Needuities] 인스턴스를 갖고 있다. L-SIP는 로컬 데이터 압축을 위한 경량 알고리즘으로, 상태 추정을 통해 데이터 크기를 줄이고 저장 및 응답성을 향상시키는 것이 목표다. 이 모델에서 엔드 디바이스와 포그 디바이스는 상태 연산[state calculation] 및 예측을 위해 사전에 정의되고 공유된 모델을 사용한다. 예상하지 못한 데이터가 발생할 경우 데이터는 포그 디바이스로 전송된다.

논문 [26]에 따르면 L-SIP, ClassAct, BN은 각각 95%, 99.6%, 99.98%의 패킷 전송을 감소시킨다. 협업 에지 마이닝[collaborative edge mining]은 전송된 데이터 크기를 줄이고자 논문 [27]에서 제안된 에지 마이닝의 또 다른 확장이다.

8.3.4 데이터 프라이버시

개인 정보 보호 및 무단 접근으로부터 데이터를 보호하는 것은 포그 컴퓨팅 기능 중 하나이며 악성 및 무단 엔드 디바이스를 시스템으로부터 차단한다. 그러나 스마트 전송과 같은 일부 애플리케이션에서 디바이스의 이동성으로 인해 인증 단계에서는 네트워크의 이동성과 동적 특성을 고려해야 한다.

장소는 디바이스 소유자의 위치를 나타낼 수 있는 민감한 데이터가 생성되는 지점이고, 포그 데이터 프라이버시 관점에서 개인의 위치 정보는 보호돼야 한다. 이러한 문제를 해결하고자 논문 [28]에서는 시큐어 포지셔닝 프로토콜secure positioning protocol을 사용했다. 저자들은 제안된 프로토콜이 보안을 위해 충족해야 하는 세 가지 특성으로 정확성correctness, 위치 보안positioning security, 위치 프라이버시location privacy를 정의했다.

데이터 통합의 프라이버시를 제공하는 문제는 논문 [5]에서 논의됐으며, 이 논문에서 포그에서 강화된 IoT를 위해 프라이버시 보호 데이터 통합 스키마를 제안했다. 제안된 접근법에서는 포그 계층에서 하이브리드 IoT 디바이스, 인증, 잘못된 데이터 주입 감지를 하고자 중국 나머지 정리Chinese remainder theorem, 단방향 해시one-way hash 및 동형 파일리어homomorphic Paillier를 폴트 톨러런트fault-tolerant 데이터 통합에 사용했다.

8.3.5 데이터 저장 및 데이터 배치

데이터 스토리지 및 데이터 배치data storage and data placement 포그 데이터 관리에서 해결해야 할 문제다. 사전에 정의된 정책에 기초해, 데이터는 전처리 후에 폐기되거나 추가 처리 또는 데이터 통합 목적을 위해 포그 디바이스에 임시로 저장될 수 있다. 스토리지 및 메모리 제약 외에도 엔드 투 엔드 대기 시간을 줄이고 실시간으로 응답하기 위해 스토리지는 대기 시간이 짧은 캐시 사용 및 캐시 관리 기술을 갖춰야 한다.

또한 저장된 데이터의 지속 시간과 볼륨에 대한 의사 결정은 애플리케이션 유형 및 인프라에 따라 크게 달라진다. 또 다른 문제는 데이터 배치 전략이 서비스 대기 시간에 영향을 주기 때문에 노드 특성, 지리적 영역, 애플리케이션 유형에 따라 수집된 데이터를 포그 저장소에 효율적으로 배치해야 한다. 나스Nass 연구진은 포그 디바이스 특성과 이질성 및 위치를 고려한 IFogStore를 사용해 대기 시간을 줄일 수 있는 방법을 제안했다 [29]. iFogStore는 서로 다른 데이터 소비자에 의한 데이터 공유, 데이터 소비자의 동적 위치, 포그 디바이스의 용량 제약 등을 검토한다. 또한 전체 대기 시간을 줄이고자 저장 및 검색 시간을 고려한다.

실시간 의사 결정을 제공하고자 기본 3계층 아키텍처를 기반으로 한 논문 [30]에서 에지(포그) 컴퓨팅의 스토리지 관리 아키텍처가 제안됐다. 에지(포그) 계층에서 아키텍처는 스토리지를 제공하기 위한 6개의 구성 요소(모니터링, 데이터 준비data preparation, 적응 알고리즘

adaptive algorithm, 규격 목록specification list, 스토리지 및 중재인mediator)와 스토리지 제약 시스템의 데이터 관리 메커니즘을 갖고 있다. 다른 두 계층은 클라우드 계층과 수집 계층(디바이스 계층)이다. 첫 번째는 히스토리 데이터(historical data)를 저장하고 후자는 로 데이터row data를 생성한다.

8.3.6 e-헬스 사례 연구

포그 데이터 관리의 효과를 명확히 하고자 IoT 애플리케이션 중 하나인 e-헬스e-Health에서 포그 데이터 관리의 역할을 조사했다. e-헬스는 노인과 환자를 돌보는 데 많은 도움이 되는 IoT 애플리케이션이다. 지난 10년 동안 논문 [30-32]에서 e-헬스에 대한 많은 연구가 진행됐다. 논문 [33]에는 헬스케어 시스템healthcare system의 장점이 설명돼 있다. 주요 장점 중 일부는 사용 편의성, 비용 절감, 가용성 향상, 서비스다. ECG 디바이스와 같은 헬스케어 애플리케이션은 하루에 몇 GB의 데이터를 생성할 수 있다. 전송 및 처리는 네트워크 대역폭, 저장, 처리 주기를 절약한다는 것을 의미한다[33]. 헬스케어 솔루션은 수집된 데이터를 기반으로 응급 상황을 모니터링, 제어 또는 예측하는 데 사용할 수 있다.

응급 상황에서 포그 컴퓨팅은 클라우드 계층에서 수행되는 프로세스보다 빠르게 수행된다. 간호사가 직접 환자를 케어하는 것과 비교하면 e-헬스 애플리케이션은 24시간 동안 환자를 더 저렴한 비용으로 모니터링하고 케어할 수 있다. [35], [36]과 같은 전자 헬스케어 시스템에 관한 많은 논문이 발표됐다. 이러한 종류의 애플리케이션은 혈당blood glucose, 혈압blood pressure, 심장 박동수heartbeat, 뇌파, 심전도electroencephalography, 운동 및 위치 데이터와 같은 일부 매개 변수와 데이터를 활용해 환자의 건강 상태를 원격으로 모니터링할 수 있다. 이 센서는 수집된 데이터를 짧은 간격(예를 들어 1분마다)으로 로컬 게이트웨이(포그 디바이스)로 전송한다. 이 데이터는 포그 디바이스의 로컬 저장소에 임시로 저장된다. 또한 이들 데이터는 140/90mmHg를 초과하는 혈압 또는 400mg/dl을 초과하는 혈당과 같은 응급 상황에서 사전 처리pre-processed된다. 따라서 응급 상황이 발생하면 포그 디바이스를 통해 필요한 조치가 즉시 수행된다. 예를 들어 그림 8.4에 나와 있는 시퀀스 다이어그램에서 볼 수 있듯이 측정된 혈당 400mg/dl을 초과하면 환자가 착용하고 있는 팔찌를 통해 자동으로 인슐린을 주입하거나 140/90mmHg 초과하는 고혈압의 경우 응급 경

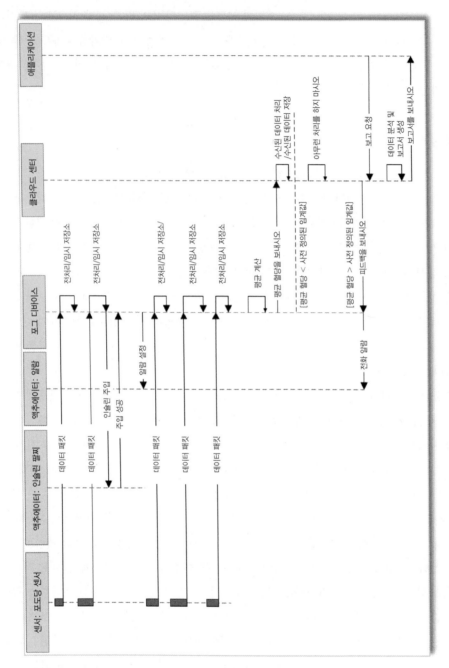

그림 8.4 e-헬스 애플리케이션의 간단한 시퀀스 다이어그램

고 알람을 긴급 구조대^{emergency services}에 전송한다.

효율성과 프라이버시를 높이고자 클라우드 계층으로 데이터를 보내기 전에 포그 계층에서 일부 데이터에 대해 압축 또는 암호화를 수행할 수 있다. 예비 데이터 수집 후 데이터 조정과 처리가 포그 디바이스에서 이뤄진다. 그런 다음 미리 정의된 간격 또는 이벤트로 데이터를 클라우드 계층으로 전송된다. 데이터는 클라우드 계층에서 저장 및 처리될 수 있으며 애플리케이션 사용자는 이러한 데이터를 액세스할 수 있고 분석된 데이터를 확인할 수 있다.

8.3.7 제안된 아키텍처

8.3.7절에서는 데이터 관리 문제를 해결하기 위해 3 계층 모델을 기반으로 하는 개념적 아키텍처를 설명한다. 그림 8.5와 같이 제안된 아키텍처^{proposed architecture}는 디바이스 계층, 포그 계층, 클라우드 계층으로 구성된다. 디바이스 계층에 위치한 센서와 액추에이터는 물리적 환경과 상호 작용한다. 센서는 데이터를 수집하고 액추에이터는 포그 계층에서 수신한 명령을 실행한다.

디바이스 계층은 수집된 데이터를 포그 계층으로 전송하고 해당 계층으로부터 명령을 수신한다. 포그 계층은 2개의 하위 계층으로 나뉜다. 포그 하위 계층은 물리적 장비 루틴 제어^{controlling physical device routine}, 프로토콜 해석^{protocol interpretation}, 수신 신호 노이즈 제거^{de-noising the received signal}, 인증^{authentication}, 데이터 저장을 담당한다. 또한 포그 애플리케이션 비즈니스를 기반으로 한 경량 분석 및 로컬 의사 결정이 이 계층에서 수행된다. 또 다른 하위 계층인 포그 클라우드 계층은 클라우드 계층과 상호 작용한다. 패킷에 대한 압축/압축 해제 및 암호화/복호화를 담당한다. 클라우드 계층은 데이터를 영구적으로 저장하고 수신된 데이터를 처리하고 전체적인 의사 결정을 내린다. 또한 애플리케이션에서 들어오는 쿼리에 대해 저장된 데이터를 분석하고 처리 결과를 리턴한다. 각각의 모듈은 다음과 같이 설명된다.

8.3.7.1 디바이스 계층

디바이스 계층은 등록 모듈^{registration module}, 데이터 수집 모듈^{data collection module}, 명령 실행 모듈^{command execution module}로 구성돼 있다.

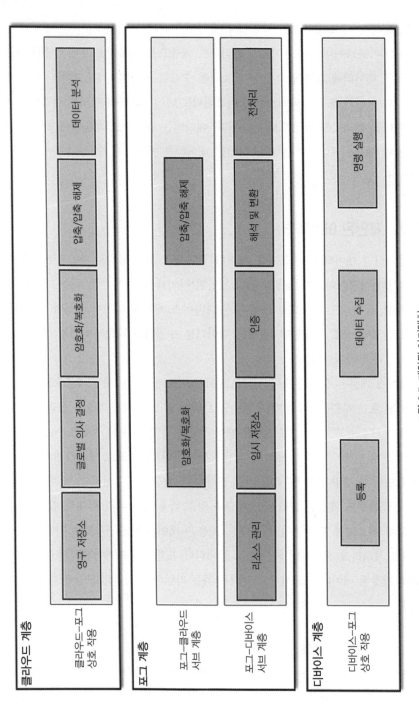

그림 8.5 제안된 아키텍처

클라우드 계층

클라우드-포그
상호 작용

영구 저장소 | 글로벌 의사 결정 | 암호화/복호화 | 암축/암축 해제 | 데이터 분석

포그 계층

포그-클라우드
서브 계층

암호화/복호화 | 암축/암축 해제

포그-디바이스
서브 계층

리소스 관리 | 임시 저장소 | 인증 | 해석 및 변환 | 전처리

디바이스 계층

디바이스-포그
상호 작용

등록 | 데이터 수집 | 명령 실행

242

등록　물리적 장비는 네트워크에 가입하거나 이 모듈을 통해 동적으로 탈퇴할 수 있다. 메시지를 주고 받으려면 디바이스 계층에서 등록이 필요하다. 초기 메시지로서의 등록 요청은 장치에 의해 포그 계층으로 전송돼야 한다. 등록 절차를 통해 디바이스는 인증 절차를 위해 고유한 ID와 키를 받게 된다.

데이터 수집/명령 실행　등록된 센서는 포그 계층으로 전송할 데이터를 수집한다. 액추에이터는 이 모듈에 의해 포그 계층으로부터 수신된 명령어를 실행한다.

8.3.7.2 포그 계층

포그 계층의 모듈은 자원 관리 모듈$^{resource\ management\ module}$, 임시 저장 모듈$^{temporary\ storage\ module}$, 인증 모듈$^{authentication\ module}$, 프로토콜 해석 및 변환 모듈$^{protocol\ interpretation\ and\ conversion\ module}$, 전처리 모듈$^{pre-processing\ module}$, 암호화/복호화$^{encryption/decryption}$, 압축/압축 해제$^{compression/decompression}$ 등이 있다.

리소스 관리　포그 계층은 디바이스 계층으로부터 등록(조인) 요청을 수신하고, 자원 관리 모듈은 디바이스 목록을 쿼리하고 디바이스가 없거나 비활성화될 경우 디바이스 사양을 목록에 추가한다. 또한 포그 애플리케이션 정책에 따라 사전에 정의된 기간 동안 메시지를 전송하지 않는 등록된 디바이스를 비활성화시킨다.

임시 스토리지　임시 스토리지는 데이터베이스에서 추가 처리를 위해 수신되는 데이터 또는 중간 계산된 결과 중 일부를 저장하는 모듈일 수 있다. 또한 등록된 디바이스 사양과 인증 프로세스를 위한 ID 및 키도 저장한다.

인증　인증 모듈은 임시 스토리지에서 등록된 디바이스 목록을 검색해 관련 키 및 ID를 찾아서 수신 메시지를 인증한다.

해석 및 변환　디바이스와 포그 계층 간에 데이터를 수신할 수 있고, 다양한 방식으로 송수신이 가능하므로 와이파이$^{Wi-Fi}$, 블루투스^{Bluetooth}, 지그비^{ZigBee}, RFID 등과 같은 다양한 통신 프로토콜을 사용해 데이터를 전송할 수 있다. 따라서 해석과 변환은 다양한 프로토콜과 변환 방법을 제공한다.

전처리　수신된 데이터를 임시 스토리지에 저장하고 준비 및 집계하는 것은 전처리 모듈이 담당한다. 또한 수신된 데이터에 대해 데이터 클리닝, 데이터 융합, 에지 마이닝, 데이터 필터링 또는 노이즈 제거를 통한 신호의 품질 개선, 수신 또는 수집된 데이터를 사전 정의된 임계값과 비교해 비상 상황의 경우 의사 결정 등 수신 데이터에 대한 전처리 작업이 필요할 수 있다. 경량 분석$^{lightweight\ analyzing}$, 형상 추출$^{feature\ extraction}$, 패턴 인식 $^{pattern\ recognition}$, 의사 결정$^{decision-making}$을 하기 위해서는 보다 구체적인 알고리즘이 필요하다. 그러나 포그 레벨에서 선택된 접근 방식은 단순해야 하며 기존 제약 조건을 준수해야 한다.

암호화/복호화 데이터 프라이버시를 개선하고 메시지의 중요한 데이터를 보호하고자 이 모듈에서는 암호화 및 복호화 알고리즘을 제공한다.

압축/압축 해제 이 모듈은 네트워크의 오버헤드를 줄이기 위해 데이터의 패킷 크기에 압축 기술을 적용할 수 있다.

8.3.7.3 클라우드 계층

클라우드 계층의 모듈은 영구 스토리지$^{permanent\ storage}$, 글로벌 의사 결정$^{global\ decision\ making}$, 암호화/복호화, 압축/압축 해제 및 데이터 분석 모듈$^{data\ analysis\ modules}$ 등이 있다. 8.3.7.3절에서 각각의 모듈을 설명한다.

영구 스토리지 이 모듈은 다른 포그 계층에서 데이터를 수신해 영구 스토리지에 저장한다. 포그 애플리케이션 유형에 따라 영구 스토리지의 크기는 기가바이트^{gigabyte}에서 페타바이트^{petabyte}까지 다양할 수 있다. 따라서 이 계층에는 빅데이터 기술을 활용해 데이터를 저장해야 한다.

글로벌 의사 결정 수신된 데이터는 하위 계층에 적절한 피드백을 보내고, 필요하고 유용한 데이터를 영구 스토리지에 저장한다. 포그 계층에서 압축 또는 암호화된 메시지를 수신/송신하는 경우 압축 해제, 복호화 유닛^{unit}이 각각 사용한다. 앞서 언급했듯이 포그 컴퓨팅 환경에서 IoT와 일부 애플리케이션에서 이동 중인 데이터 및 데이터 스트림 프로세싱$^{data\ stream\ processing}$이 처리 가능하도록 설계돼야 한다.

암호화/복호화, 압축/압축 해제 앞에서 언급한 바와 같이 이 모듈은 프라이버시와 효율적인 암호화 및 압축을 지원하기 위해 클라우드 계층과 포그 계층에 존재해야 한다. 암호화 및 압축 모듈은 클라우드 계층과 포그 계층에서 모두 동의해야 한다.

데이터 분석 데이터 수집은 분석을 통해 데이터 안에 숨겨져 있는 유용한 상관관계를 발견하는 것이 중요하므로 다양한 디바이스에서 수집된 다양한 데이터에서 데이터 분석, 패턴 인식 및 지식 발견은 데이터 라이프 사이클에서 중요한 단계다. 이 모듈은 수집된 데이터에 대한 보고서를 제공하고 전체 분석 수행을 요청하는 애플리케이션 사용자 요청을 기반으로 데이터 분석을 담당한다. 데이터 스토리지에 저장된 데이터의 크기에 따라 데이터 분석 방법과 기술이 다를 수 있다. 대규모 데이터 스토리지의 경우 빅데이터 분석 기술을 활용할 수 있다.

그림 8.5에서 제안된 아키텍처를 기반으로 컴포넌트의 상호 작용은 그림 8.6에서 확인할 수 있다.

8.4 향후 연구 방향

포그 컴퓨팅의 많은 장점에도 불구하고 포그 컴퓨팅 사용자에게 더 개선되고 효율적인 서비스를 제공하고자 향후 연구에서 처리돼야 하고 더 개선돼야 할 점이 있다. 8.4절에서는 데이터 관리 문제와 관련된 몇 가지 주요 문제점을 해결한다.

8.4.1 정보 보안

앞에서 언급했듯이 포그 컴퓨팅은 중요한 데이터를 암호화하고 데이터 분석을 로컬에서 처리함으로써 개인 정보 보안를 향상시킬 수 있다. 정보 보안을 강화하고자 암호화 키를 유지하고 적절한 암호화 알고리즘을 선택해야 한다. 포그 디바이스가 해커로부터 완벽하게 보호되지 않을 수 있기 때문에 분산된 포그 디바이스를 해커로부터 보호하는 것이 중요하다. 또 다른 보안상의 문제는 포그 컴퓨팅의 구조와 동적 특성과 관련해 다양한 디바이스가 한 지역에서 포그 컴퓨팅을 이용할 수 있고 다른 지역의 포그 컴퓨팅을 이용하고자 해당 지역을 떠나 다른 지역으로 이동할 때 발생한다. 분산된 포그 디바이스를 부정확하고 악의적인 해커로부터 데이터를 보호하고 적절한 인증 방법을 활용하는 것이 중요하다.

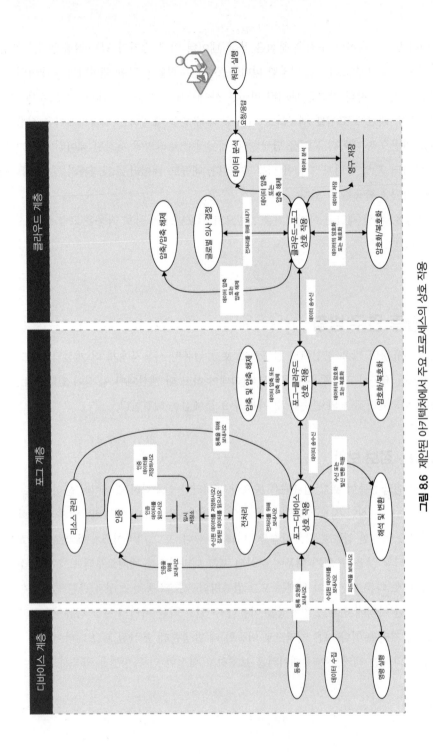

그림 8.6 제안된 아키텍처에서 주요 프로세스의 상호 작용

8.4.2 데이터 연산 및 저장 수준 정의

엔드 디바이스와 비교해 포그 디바이스는 더 많은 연산 능력과 스토리지 리소스를 활용할 수 있지만 여전히 복잡한 처리나 데이터를 영구 저장하기에는 충분하지 않다. 따라서 쇼트 타임 히스토리^{short time history}를 기반으로 하는 데이터 전처리를 위한 경량 알고리즘을 활용해야 한다. 또한 기존 제약 조건에 기초한 포그 디바이스의 처리 및 저장 수준을 정의하는 모듈을 추가로 연구해야 한다.

8.5 결론

IoT 애플리케이션을 위한 실시간 시스템의 응답 시간을 줄이고 IoT 시스템에서 방대한 양의 데이터를 처리하려면 포그 컴퓨팅 패러다임이 좋은 선택일 수 있다. 8장에서는 실시간 IoT 애플리케이션의 서비스 품질을 개선하는 데 중요하고 효과적인 역할을 하는 포그 컴퓨팅의 데이터 관리 방법을 살펴봤다. 포그 데이터 관리의 개념, 주요 장점, 데이터 클리닝 메커니즘과 같은 전처리 프로세스, 데이터 마이닝 방식과 융합, 정보 보안 이슈, 데이터 스토리지를 논의했다. 포그 데이터 관리를 좀 더 쉽게 이해시키고자 e-헬스 애플리케이션의 연구 사례를 상세하게 설명했다. 마지막으로 3계층 모델(디바이스, 포그, 클라우드)을 기반으로 효율적인 포그 데이터 관리를 위한 개념적인 아키텍처를 제안했다.

참고 문헌

1   Y. Qin. When things matter: A survey on data-centric Internet of Things. *Journal of Network and Computer Applications*, 64: 137–153, April 2016.

2   A. Dastjerdi, and R. Buyya. Fog computing: Helping the Internet of Things realize its potential. *Computer*, 49(8): 112–116, August 2016.

3   M. I. Pramanik, R. Lau, H. Demirkan, and M. A. KalamAzad. Smart health: Big data enabled health paradigm within smart cities. *Expert Systems with Applications* 87: 370–383, November 2017.

4   M. Chiang and T. Zhang. Fog and IoT: An overview of research opportunities.

IEEE Internet of Things Journal, 3(6): 854 – 864, December 2016.

5   R. Lu, K. Heung, A. H. Lashkari, and A. A. Ghorbani. A lightweight privacy-preserving data aggregation scheme for fog computing-enhanced IoT. *IEEE Access* 5: 3302 – 3312, March 2017.

6   M. Taneja, and A. Davy. Resource aware placement of data analytics platform in fog computing. *Cloud Futures: From Distributed to Complete Computing, Madrid, Spain*, October 18 – 20, 2016.

7   A. V. Dastjerdi, H. Gupta, R. N. Calheiros, S. K. Ghosh, R. Buyya. Fog computing: Principles, architectures, and applications. *Internet of Things: Principles and Paradigms*, R. Buyya, and A. V. Dastjerdi (Eds), ISBN: 978-0-12-805395-9, Todd Green, Cambridge, USA, 2016.

8   P. Charalampidis, E. Tragos, and A. Fragkiadakis. A fog-enabled IoT platform for efficient management and data collection. *2017 IEEE 22nd International Workshop on Computer Aided Modeling and Design of Communication Links and Networks (CAMAD)*, Lund, Sweden, June 19 – 21, 2017.

9   A. Hamid, A. Diyanat, and A. Pourkhalili. MIST: Fog-based data analytics scheme with cost-efficient resource provisioning for IoT Crowdsensing Applications. *Journal of Network and Computer Applications* 82: 152 – 165, March 2017.

10   E. G. Renart, J. Diaz-Montes, and M. Parashar. Data-driven stream processing at the edge. *2017 IEEE 1st International Conference on Fog and Edge Computing (ICFEC)*, Madrid, Spain, May 14 – 15, 2017.

11   J. He, J. Wei, K. Chen, Z. Tang, Y. Zhou, and Y. Zhang. Multi-tier fog computing with large-scale IoT data analytics for smart cities. *IEEE Internet of Things Journal*. Under publication, 2017.

12   J. Li, J. Jin, D. Yuan, M. Palaniswami, and K. Moessner. EHOPES: Data-centered fog platform for smart living. 2015 International Telecommunication Networks and Applications Conference (ITNAC), Sydney, Australia, November 18 – 20, 2015.

13   International Organization for Standardization. Systems and software engineering — Vocabulary. ISO/IEC/IEEE 24765:2010(E), December 2010.

14   R. Buyya, R. Calheiros, and A.V. Dastjerdi. *Big Data: Principles and Paradigms*, Todd Green, USA, 2016.

15   A. Karkouch, H. Mousannif, H. Al Moatassime, and T. Noel. Data quality

in Internet of Things: A state-of-the-art survey. *Journal of Network and Computer Applications*, 73: 57 – 81, September 2016.

16 S. K. Sharma and X. Wang. Live data analytics with collaborative edge and cloud processing in wireless IoT networks. *IEEE Access*, 5: 4621 – 4635, March 2017.

17 M. Ma, P. Wang, and C. Chu. Data management for Internet of Things: Challenges, approaches and opportunities. *2013 IEEE and Internet of Things(iThings/CPSCom), IEEE International Conference on and IEEE Cyber, Physical and Social Computing Green Computing and Communications(GreenCom)*. Beijing, China, August 20 – 23, 2013.

18 S. Sathe, T.G. Papaioannou, H. Jeung, and K. Aberer. A survey of model-based sensor data acquisition and management. *Managing and Mining Sensor Data*, C. C. Aggarwal (Eds.), Springer, Boston, MA, 2013.

19 S. R. Jeffery, G. Alonso, M. J. Franklin, W. Hong, and J. Widom. Declarative support for sensor data cleaning. *Pervasive Computing*. K.P. Fishkin, B. Schiele, P. Nixon, et al. (Eds.), 3968: 83 – 100. Springer, Berlin, Heidelberg, 2006.

20 N. Hung, H. Jeung, and K. Aberer. An evaluation of model-based approaches to sensor data compression. *IEEE Transactions on Knowledge and Data Engineering*, 25(11) (November): 2434 – 2447, 2012.

21 O. Ghorbel, A. Ayadi, K. Loukil, M.S. Bensaleh, and M. Abid. Classification data using outlier detection method in Wireless sensor networks. *2017 13th International Wireless Communications and Mobile Computing Conference(IWCMC)*, Valencia, Spain, June 26 – 30, 2017.

22 F. E. White. *Data Fusion Lexicon*. Joint Directors of Laboratories, Technical Panel for C3, Data Fusion Sub-Panel, Naval Ocean Systems Center, San Diego, 1991.

23 M. M. Almasri and K. M. Elleithy. Data fusion models in WSNs: Comparison and analysis. *2014 Zone 1 Conference of the American Society for Engineering Education*. Bridgeport, USA, April 3 – 5, 2014.

24 B. Khaleghi, A. Khamis, F. O. Karray, and S.N. Razavi. Multisensor data fusion: A review of the state-of-the-art. *Information Fusion*, 14(1): 28 – 44, January 2013.

25 M.C. Florea, A.L. Jousselme, and E. Bosse. Fusion of Imperfect Information

in the Unified Framework of Random Sets Theory. Application to Target Identification. Defence R&D Canada. Valcartier, Tech. Rep. ADA475342, 2007.

26 E.I. Gaura, J. Brusey, M. Allen, et al. Edge mining the Internet of Things. *IEEE Sensors Journal*, 13(10): 3816−3825, October 2013.

27 K. Bhargava, and S. Ivanov. Collaborative edge mining for predicting heat stress in dairy cattle. *2016 Wireless Days (WD)*. Toulouse, France, March 23−25, 2016.

28 R. Yang, Q. Xu, M. H. Au, Z. Yu, H. Wang, and L. Zhou. Position based cryptography with location privacy: a step for fog computing. *Future Generation Computer Systems*, 78(2): 799−806, January 2018.

29 M. I. Naas, P. R. Parvedy, J. Boukhobza, J. Boukhobza, and L. Lemarchand. iFogStor: an IoT data placement strategy forF infrastructure. *2017 IEEE 1st International Conference on Fog and Edge Computing (ICFEC)*. Madrid, Spain, May 14−15, 2017.

30 A.A. Rezaee, M. Yaghmaee, A. Rahmani, A.H. Mohajerzadeh. HOCA: Healthcare Aware Optimized Congestion Avoidance and control protocol for wireless sensor networks. *Journal of Network and Computer Applications*, 37: 216−228, January 2014.

31 A. A. Rezaee, M.Yaghmaee, A. Rahmani, and A. Mohajerzadeh. Optimized Congestion Management Protocol for Healthcare Wireless Sensor Networks. *Wireless Personal Communications*, 75(1): 11−34, March 2014.

32 S. M. Riazul Islam, D. Kwak, M.D.H. Kabir, M. Hossain, K.-S. Kwak. The Internet of Things for Health Care: A Comprehensive Survey. *IEEE Access* 3: 678−708, June 2015.

33 I. Lujic, V. De Maio, I. Brandic. Efficient edge storage management based on near real-time forecasts. *2017 IEEE 1st International Conference on Fog and Edge Computing (ICFEC)*. Madrid, Spain, May 14−15, 2017.

34 B. Farahani, F. Firouzi, V. Chang, M. Badaroglu, N. Constant, and K. Mankodiya. Towards fog-driven IoT eHealth: Promises and challenges of IoT in medicine and healthcare. *Future Generation Computer Systems*, 78(2): 659−676, January 2018.

35 F. Alexander Kraemer, A. Eivind Braten, N. Tamkittikhun, and D. Palma. Fog computing in healthcare: A review and discussion. *IEEE Access*, 5: 9206−

9222, May 2017.

36 B. Negash, T.N. Gia, A. Anzanpour, I. Azimi, M. Jiang, T. Westerlund, A.M. Rahmani, P. Liljeberg, and H. Tenhunen. Leveraging Fog Computing for Healthcare IoT. *Fog Computing in the Internet of Things*. A. Rahmani, P. Liljeberg, J.S. Preden, et al. (Eds.). Springer, Cham, 2018.

포그 애플리케이션 배포를 지원하기 위한 예측 분석

안토니오 브로기[Antonio Brogi], 스테파노 포티[Stefano Forti], 아흐마드 이브라힘[Ahmad Ibrahim]

9.1 소개

연결된 디바이스들은 우리의 삶과 일하는 방식을 변화시키고 있다. 향후 몇 년 동안 사물 인터넷[IoT]은 우리가 매일 사용하는 물건들 속에 내장되거나 상호 작용을 하면서 사람들에게 점점 더 편리한 세상을 제공할 것이다. 자율 운행 자동차, 에너지 생산 공장, 농경지, 슈퍼마켓, 헬스케어, 임베디드 AI 분야는 우리가 인식하지 못하는 사이에 사용자 디바이스와 사물인터넷[IoT]를 점점 더 활용할 것이다. 시스코[CISCO]는 2020년까지 500억 개의 연결된 개체(사람, 기계, 연결된 사물)들이 서로 연결되고[1] 약 600제타바이트[zettabyte]의 정보가 생성되고, 그중 10%만이 어떤 목적을 달성하는 데 유용하게 사용될 것이라고 예상했다[2]. 또한 클라우드 컴퓨팅은 네트워크 연결 지원 현상으로 인해 생명과 관련이 있는 환자 모니터링 디바이스, 증강 현실 또는 게임과 같은 실시간 작업을 호스팅하기에는 충분하지 않다[3]. 이러한 관점에서 IoT 애플리케이션을 센서 및 액추에이터에서 물리적으로 가까운 곳에서 곳에서 실행하기 위해 처리 능력, 스토리지, 네트워킹 기능이 있어야 된다고 논문 [4, 5]와 같은 다양한 연구자가 강조하고 있다.

포그 컴퓨팅[fog computing][6]은 지리적으로 분산된 다수의 이기종 디바이스(예를 들어 게이트웨이, 마이크로데이터 센터, 임베디드 서버, 개인용 장치)를 활용해 데이터가 생성되는 디바이스 근처에서 연산을 선택적으로 처리하는 것을 목표로 한다. 또한 포그 컴퓨팅은 감지된 이벤트에 대해 네트워크 지연 없이 빠른 응답(또는 분석)이 가능해지고, 반대로 포그 컴퓨팅에서 선택적으로 데이처 처리를 하면 클라우드 컴퓨팅에서 데이터 처리할 네트워크 사용량을 줄일 수 있다[7]. 포그 컴퓨팅은 전반적으로 IoT + Cloud 시나리오를 효과적으로 확장해 품질 관리QoS, Quality of Service 및 상황 인식 애플리케이션context-aware application 배포를 가능하게 한다[5].

최신의 애플리케이션은 독립적으로 구현 가능한 많은 구성 요소(각 하드웨어, 소프트웨어, IoT 요구 사항)로 구성돼 있으며 분산적으로 상호 작용한다. 이러한 상호 작용은 배포된 애플리케이션은 엄격한 QoS 요구 사항(네트워크 지연 시간 및 대역폭)을 충족해야 한다[3]. 일부 애플리케이션 컴포넌트(예를 들어 기능)가 클라우드(예를 들어 서비스 백엔드)에 적합하고 다른 애플리케이션 컴포넌트(산업용 제어 루프)가 에지 디바이스에 적합하다면 기능 분할이 그리 간단하지 않은 애플리케이션이 있다(예를 들어 단기 분석에서 중기 분석). 또한 포그에서 배포 결정을 지원하려면 공급자가 클라우드, IoT, 연합 포그 디바이스, 사용자 관리 장치와 통합된 인프라에 애플리케이션을 배포할 수 있는 다양한 제품을 비교해야 한다. 또한 기능적 또는 비기능적 제약 조건을 만족시키면서 주어진 포그 인프라에 대한 다중 컴포넌트 애플리케이션의 배포를 결정하는 것은 NP-hardNondeterministic Polynomial - hard 문제다 [8].[1] 예를 들어

논문 [9]에서 강조한 바와 같이 새로운 포그 아키텍처는 애플리케이션 배포 및 동작의 정확한 모델을 기반으로 복잡한 애플리케이션 및 인프라를 모델링해 런타임 성능을 예측하고 또한 과거 데이터에 의존해야 한다[10]. 알고리즘과 방법론은 각 애플리케이션 기능(즉 컴포넌트)이 이기종 디바이스에서 사용 가능하고 가변적으로 이용 가능한 노드를 발견하는 방법을 결정하는 데 도움이 되도록 고안돼야 한다[11].

노드 이동성 관리를 포함해 컴포넌트와 컴포넌트component-component 간의 상호 작용을 지원하는 통신 링크의 QoS(시간 경과에 따른 대역폭, 네트워크 지연 시간)의 차이뿐만 아니라 배포된 컴포넌트가 적절한 인터페이스를 통해 IoT와 원격으로 상호 작용할 수 있는 가능성을 고려한다[10]. 또한 배포할 후보를 선택할 때는 QoS 보증, 운영 비용 목표, 관리 또는 보안 정책과 같은 기타 제약 조건이 고려돼야 한다.

분명히 포그 애플리케이션 (재)배포를 수동으로 결정하는 것은 시간이 많이 걸리고 오

---

1   NP-hard는 NP에 속하는 모든 판정 문제를 다항 시간에 다대일 환산할 수 있는 문제들의 집합이다. 예를 들면 모든 NP 문제가 주어진 문제 A에 대해 다항식 시간 변환이 가능하면 A는 NP-hard이다. - 옮긴이

류가 발생하기 쉬우며 비용이 많이 드는 작업이며 어떤 배포가 더 잘 수행될 수 있는지 결정하기가 어렵다. 오늘날의 엔터프라이즈 IT는 What-If 분석[12] 및 예측 방법론을 활용해 불필요한 세부 정보를 추상화해 비즈니스 시나리오를 가상으로 비교하고 가격 정책 체계와 SLA를 모두 설계할 수 있는 툴을 원하고 있다.

9장에서는 포그에서 애플리케이션 배포를 지원하고자 IoT + Fog + Cloud 시나리오 모델을 기반으로 한 프로토타입인 FogTorchΠ[13, 14]의 확장 버전을 제공한다. FogTorchΠ는 애플리케이션의 처리 및 QoS 요건과 함께 포그 인프라의 처리 능력, QoS 속성(네트워크 지연 시간 및 대역폭), 운영 비용(즉 가상 인스턴스 비용, 감지된 데이터)을 표현할 수 있다. 간단히 말해 FogTorchΠ는 다음과 같다.

1. 모든 애플리케이션(처리, IoT, QoS) 요구 사항을 충족하는 포그 인프라를 통해 애플리케이션 배포를 결정한다.

2. 통신 링크communications link의 지연 시간 및 대역폭 변동에 대비해 이러한 배포에 대한 QoS 보장을 예측한다.

3. 포그 리소스 소비량에 대한 추정치와 월별 배포 비용을 반환한다.

전체적으로 현재 버전의 FogTorchΠ 기능은 다음과 같다.

(i) 네트워크 지연 시간 감소, 네트워크 대역폭 절약, 비즈니스 정책 시행을 위한 QoS 인식

(ii) 로컬 및 원격 리소스를 적절히 활용하기 위한 상황 인식context-awareness

(iii) 적합한 포배 중에서 가장 비용 효율적인 배포를 결정하기 위한 비용 인식cost-awareness

FogTorchΠ는 확률 분포(히스토리 데이터 기반)를 사용해 통신 링크의 QoS를 모델링하고, 네트워크 상태에 따라 지연 시간이나 대역폭의 변화를 설명한다. 입력 확률 분포input probability distribution를 처리하고 다양한 배포의 QoS 보증을 추정하고자 FogTorchΠ는 몬테카를로 방법론Monte Carlo method을 이용한다[17]. FogTorchΠ는 또한 클라우드의 기존 가격 체계를 포그 컴퓨팅 시나리오로 확장한 새로운 비용 모델로 활용하는 한편 애플리케이션을 배포할 때 IoT 디바이스(Sensing-as-a-Service[15] 구독 또는 데이터 전송 비용)를 활용함으로써 발생되는 금융 비용과 통합할 수 있는 가능성을 소개한다. 9장에서는 FogTorchΠ

와 같은 예측 도구를 사용해 IT 전문가가 포그 인프라에서 애플리케이션 컴포넌트를 분산하는 방법을 결정하는 데 어떻게 도움이 되는지 논의하고 포그 애플리케이션 구축 비용도 살펴본다.

9장의 나머지 부분은 다음과 같이 구성돼 있다. 스마트 빌딩 애플리케이션의 예제를 소개한 후(9.2절), FogTorchΠ 예측 모델^{predictive models} 및 알고리즘을 설명한다(9.3절). 그 후 일부 관련 작업과 iFogSim 시뮬레이터와의 비교 결과를 제공한다(9.5절). 마지막으로 향후 연구 과제를 제안하고(9.6절) 결론을 도출한다(9.7절).

9.2　실전 예제: 스마트 빌딩

화재 경보, 난방 및 에어컨 시스템, 실내 조명, 스마트 빌딩의 보안 카메라를 관리하는 간단한 포그 애플리케이션(그림 9.1)을 고려한다. 애플리케이션은 세 가지 마이크로서비스로 구성된다.

1. 연결된 사이버 물리 시스템^{cyber-physical system}과 상호 작용하는 IoTController

2. DataStorage는 추후 사용을 위해 모든 감지 정보를 저장하고 IoTController의 감지 행동 규칙을 업데이트하고자 머신러닝 기술을 사용해 이전 경험 또는 사람들의 행동에 따라 난방 및 조명 관리를 최적화한다.

3. Dashboard는 수집된 데이터 및 비디오를 집계 및 시각화하고 사용자가 시스템과 상호 작용할 수 있도록 한다.

각 마이크로서비스는 독립적으로 배포할 수 있는 애플리케이션 구성 요소를 나타내며, 올바르게 작동하기 위한 하드웨어 및 소프트웨어 요구 사항이 있다(그림 9.1의 구성 요소와 관련된 회색 상자에 표시된 대로). 하드웨어 자격 요건은 표 9.1에 나열된 가상머신^{VM} 유형[2]으로 표현되며 배포된 구성 요소를 호스트할 VM에 충족돼야 한다.

애플리케이션 컴포넌트는 애플리케이션에서 잘 정의된 서비스 레벨을 충족하도록 함께 작동해야 한다. 따라서 컴포넌트 간 상호 작용을 지원하는 통신 링크는 적절한 엔드

2　오픈스택 미타카(Openstack Mitaka) 버전에서 채택됨: https://docs.openstack.org/

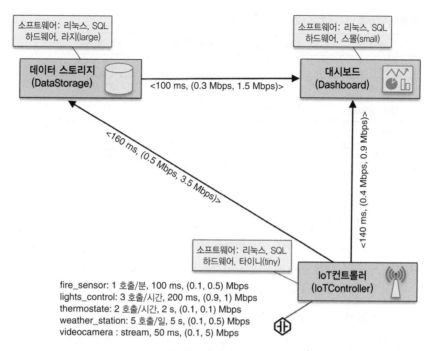

소프트웨어: 리눅스, SQL
하드웨어, 라지(large)

**데이터 스토리지
(DataStorage)**

<100 ms, (0.3 Mbps, 1.5 Mbps)>

소프트웨어: 리눅스, SQL
하드웨어, 스몰(small)

**대시보드
(Dashboard)**

<160 ms, (0.5 Mbps, 3.5 Mbps)>

<140 ms, (0.4 Mbps, 0.9 Mbps)>

소프트웨어: 리눅스, SQL
하드웨어, 타이니(tiny)

**IoT컨트롤러
(IoTController)**

fire_sensor: 1 호출/분, 100 ms, (0.1, 0.5) Mbps
lights_control: 3 호출/시간, 200 ms, (0.9, 1) Mbps
thermostate: 2 호출/시간, 2 s, (0.1, 0.1) Mbps
weather_station: 5 호출/일, 5 s, (0.1, 0.5) Mbps
videocamera : stream, 50 ms, (0.1, 5) Mbps

그림 9.1 동기 유발 예제의 포그 컴퓨팅 적용[3]

투 엔드[end-to-end] 지연 시간과 대역폭을 제공해야 한다(예를 들어 IoTController는 160ms 이내에 DataStorage에 도달해야 하며 최소 0.5Mbps 다운로드 및 3.5Mbps 업로드가 가능한 대역폭을 가져야 한다). 컴포넌트-객체 간의 상호 작용은 유사한 제약 조건을 가지며 또한 IoTController가 런타임에 객체를 쿼리할 것으로 예상되는 샘플링 속도를 지정한다(예를 들어 IoTController는 최소 0.1Mbps 다운로드 및 0.5Mbps 업로드 자유 대역폭을 갖는 100ms 이내에 분당 한 번씩 쿼리되는 fire_sensor에 도달해야 한다).

그림 9.2는 고객을 위한 스마트 빌딩 애플리케이션의 배포를 담당하는 시스템 통합 업체가 선택한 인프라(클라우드 데이터 센터 2개, 포그 노드 3개, 객체 9개)를 보여 준다. 배포된 애플리케이션은 Fog 1과 Fog 3의 weather_station_3에 연결된 모든 것을 이용해야 한다. 또한 고객은 Fog 2를 소유하고 그 노드에 컴포넌트를 무료로 배포할 수 있다.

---

3 링크에는 대기 시간 및 다운로드/업로드 대역폭 측면에서 링크를 지원하는 데 필요한 QoS 레이블이 표시돼 있다. 링크의 화살표는 업로드 방향을 나타낸다.

표 9.1 다양한 VM 유형에 대한 하드웨어 사양

VM Type	vCPUs	RAM(GB)	HDD(GB)
타이니(tiny)	1	1	10
스몰(small)	1	2	20
미디움(medium)	2	4	40
라지(large)	4	8	80
엑스라지(xlarge)	8	16	160

모든 포그 및 클라우드 노드는 특정 VM 유형의 인스턴스(예를 들어 Cloud 2의 월 비용이 7유로)를 임대하거나 특정 컴포넌트를 지원하는 데 필요한 코어 수와 필요한 RAM 및 HDD 사양을 선택해 온디맨드 인스턴스를 구축하기 위한 가격 정책 체계와 연결된다.

모든 포그 노드는 소모성(예를 들어 RAM, HDD) 및 비소모성(예를 들어 CPU) 하드웨어 리소스와 함께 소프트웨어 기능을 제공한다. 마찬가지로 클라우드 노드는 소프트웨어 기능을 제공하는 반면 필요할 때 항상 추가 인스턴스를 구매할 수 있다고 가정하면 클라우드 하드웨어는 무한히 확정할 수 있는 것으로 간주한다.

마지막으로 표 9.2는 그림 9.2의 인프라에서 지원되는 엔드-투-엔드 통신 링크의 QoS를 보여 준다(포그 노드와 클라우드 노드 연결). 실제 데이터[4]를 기반한 확률 분포로 표현되며, 이들이 제공하는 QoS의 변화를 설명한다. Fog 2의 이동 통신 링크는 처음에 3G 인터넷 접속을 특징으로 하고 있다. 현재의 기술 제안(예를 들어 논문 [6]과 [10])에 따라 포그 및 클라우드 노드는 특정 미들웨어 계층을 통해(관련 통신 링크를 통해) 인접 노드의 사물뿐만 아니라 직접 연결된 사물에도 접근할 수 있다고 가정한다.

배포된 솔루션을 월 1,500유로에 판매할 계획인 시스템 통합 업체는 월 배포 비용 한도를 850유로로 설정했다. 또한 고객은 애플리케이션이 지정된 QoS 요구 사항을 최소한 98% 이상 준수할 것을 요구한다. 그런 다음 애플리케이션을 처음 배포하기 전에 시스템 통합 업체에게 다음과 같은 흥미로운 질문을 할 수 있다.

---

4   Satellite: https://www.eolo.it, 3G/4G: https://www.agcom.it, VDSL: http://www.vodafone.it.

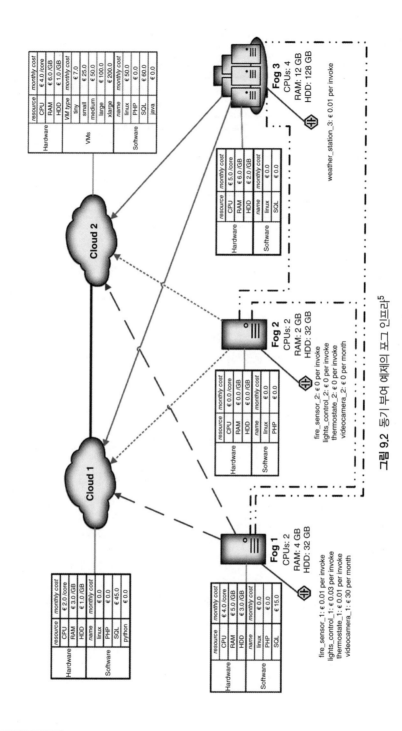

Hardware	resource	monthly cost
	CPU	€ 4.0 /core
	RAM	€ 6.0 /GB
	HDD	€ 1.0 /GB
VMs	VM type	monthly cost
	tiny	€ 7.0
	small	€ 25.0
	medium	€ 50.0
	large	€ 100.0
	xlarge	€ 200.0
Software	name	monthly cost
	linux	€ 50.0
	PHP	€ 0.0
	SQL	€ 60.0
	java	€ 0.0

Fog 3
CPUs: 4
RAM: 12 GB
HDD: 128 GB

weather_station_3: € 0.01 per invoke

Hardware	resource	monthly cost
	CPU	€ 5.0 /core
	RAM	€ 6.0 /GB
	HDD	€ 2.0 /GB
Software	name	monthly cost
	linux	€ 0.0
	SQL	€ 0.0

Fog 2
CPUs: 2
RAM: 2 GB
HDD: 32 GB

fire_sensor_2: € 0 per invoke
lights_control_2: € 0 per invoke
thermostate_2: € 0 per invoke
videocamera_2: € 0 per month

Hardware	resource	monthly cost
	CPU	€ 0.0 /core
	RAM	€ 0.0 /GB
	HDD	€ 0.0 /GB
Software	name	monthly cost
	linux	€ 0.0
	PHP	€ 0.0

Fog 1
CPUs: 2
RAM: 4 GB
HDD: 32 GB

fire_sensor_1: € 0.01 per invoke
lights_control_1: € 0.03 per invoke
thermostate_1: € 0.01 per invoke
videocamera_1: € 30 per month

Hardware	resource	monthly cost
	CPU	€ 4.0 /core
	RAM	€ 5.0 /GB
	HDD	€ 3.0 /GB
Software	name	monthly cost
	linux	€ 0.0
	PHP	€ 0.0
	SQL	€ 15.0

Hardware	resource	monthly cost
	CPU	€ 2.0 /core
	RAM	€ 3.0 /GB
	HDD	€ 1.0 /GB
Software	name	monthly cost
	linux	€ 0.0
	PHP	€ 0.0
	SQL	€ 45.0
	python	€ 0.0

Cloud 1

Cloud 2

그림 9.2 동기 부여 예제의 포그 인프라[5]

---

5 그림 9.2의 링크에 있는 화살표는 업로드 방향을 나타낸다.

표 9.2 통신 링크에 연결된 QoS 프로필

대시 타입	프로파일	레이턴시	다운로드	업로드
—— ——	Satellite 14M	40ms	98%: 10.5Mbps 2%: 0Mbps	98%: 4.5Mbps 2%: 0Mbps
- - - - - - -	3G	54ms	99.6%: 9.61Mbps 0.4%: 0Mbps	99.6%: 2.89Mbps 0.4%: 0Mbps
	4G	53ms	99.3%: 22.67Mbps 0.7%: 0Mbps	99.4%: 16.97Mbps 0.6%: 0Mbps
—————	VDSL	60ms	60Mbps	6Mbps
—————	Fiber	5ms	1000Mbps	1000Mbps
—— · · —— ·	WLAN	15ms	90%: 32Mbps 10%: 16Mbps	90%: 32Mbps 10%: 16Mbps

Q1(a) — Fog 1과 Fog 3에서 필요한 모든 사항에 도달하고 앞서 언급한 재무적 제약(최대 월 최대 850유로)과 QoS 보장(최소 98%) 제약 조건을 충족하는 애플리케이션의 적절한 배포가 있는가?

Q1(b) — 미래에 서비스를 배포하고 다른 고객에게 가상 인스턴스를 판매할 수 있도록 포그 계층에서 리소스 소비를 최소화하는 적절한 배포는 무엇인가?

또한 월 20유로의 추가 투자로 시스템 통합 업체가 Fog 2에서 4G 연결을 활용할 수 있다고 가정한다. 그렇다면:

Q2 — Fog 2에서 3G에서 4G로 업그레이드할 경우 이전의 모든 요구 사항을 준수하고 재정 비용 및/또는 소비되는 포그 리소스를 절감할 수 있는 배포가 있는가?

9.4절에서는 위의 모든 질문에 대한 답을 얻기 위해 FogTorchΠ을 활용하는 방법을 살펴본다.

9.3 FogTorchⅡ를 이용한 예측 분석

9.3.1 애플리케이션 및 인프라 스트럭처 모델링

FogTorchΠ [13, 14]는 포그 인프라에 대한 적합한 QoS, 상황 정보 인식^{context-aware} 및 비용 인식^{cost-aware} 멀티 컴포넌트 애플리케이션 배포를 결정하는 오픈소스 자바 프로토타입 ⁶([8]에 제시된 모델 기반)이다.

1. **인프라스트럭처 *I*** 입력 정보에는 IoT 디바이스, 포그 노드, 애플리케이션 구축에 사용할 수 있는 클라우드 데이터 센터(각각 하드웨어 및 소프트웨어 기능 포함)를 지정하는 인프라스트럭처 *I*에 대한 설명과 함께 가용 가능한(클라우드 대 포그, 포그 대 포그, 포그 대 사물) 엔드 투 엔드 통신 링크⁷가 제공하는 QoS(지연 시간, 대역폭)의 확률 분포 및 감지된 데이터 구입 비용 및 클라우드/포그 가상 인스턴스^{instance}를 포함한다.

2. **멀티 컴포넌트 애플리케이션 *A*** 애플리케이션의 각 컴포넌트에 대한 모든 하드웨어(예를 들어 CPU, RAM, 스토리지), 소프트웨어(예를 들어 OS, 라이브러리, 프레임 워크) 및 IoT 요구 사항(예를 들어 활용할 대상 유형)과 애플리케이션이 배포된 후 컴포넌트-컴포넌트 및 컴포넌트-사물 간 상호 작용을 적절하게 지원하는 데 필요한 QoS(예를 들어 네트워크 대기 시간 및 대역폭)를 지정한다.

3. **구속력 있는 것 *ϑ*** 이것은 애플리케이션 컴포넌트의 각 IoT 요구 사항을 인프라스트럭처 *I*에서 사용 가능한 실제 사물에 매핑한다.

4. **배포 정책 *δ*** 배포 정책은 보안 또는 비즈니스 관련 제약 조건에 따라 *A* 컴포넌트를 배포할 수 있는 화이트 리스트^{white-lists}에 추가한다.

그림 9.3은 왼쪽에 도구에 대한 입력과 오른쪽에 도구의 출력이 있는 FogTorchΠ의 조감도를 제공한다. 9.3.2절에서는 적절한 배포를 결정하고자 FogTorchΠ에 의해 활용된 역추적 검색^{backtracking search}, 포그 자원 소비와 비용을 추정하는 데 사용된 모델, 통신

---

6 https://github.com/di-unipi-socc/FogTorchPI/tree/multithreaded/에서 무료로 사용할 수 있다.

7 포그 환경의 실제 구현은 모니터링 도구(예: [51, 52])의 데이터를 활용해 인프라 I의 상태에 대한 최신 정보를 얻을 수 있다.

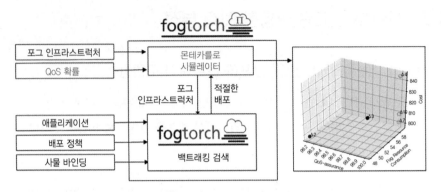

그림 9.3 FogTorchⅡ의 조감도

지연 시간, 대역폭의 변화에 대한 QoS 보장을 평가하고자 채택된 몬테 카를로 방법[17]을 설명할 것이다.

9.3.2 적절한 배포 검색

9.3.1절에서는 설명된 입력을 기반으로 FogTorchⅡ는 인프라 I의 클라우드 또는 포그 노드에 대한 애플리케이션 A의 컴포넌트에 적절한 배포를 결정한다.

적절한 배포 Δ는 A의 각 구성 요소 γ를 I의 클라우드 또는 포그 노드 n에 매핑한다.

1. n은 규정된 배포 정책 δ(즉 $n \in \delta(\gamma)$)를 준수하며 γ의 하드웨어 및 소프트웨어 요구 사항을 충족한다.

2. 사물 바인딩 ϑ에 지정된 사물은 모두 노드 n에서 도달할 수 있다(직접 또는 원격 엔드 투 엔드 링크를 통해서).

3. n의 하드웨어 리소스는 n에 매핑된 A의 모든 컴포넌트를 배포하기에 충분하다.

4. 컴포넌트-컴포넌트 및 컴포넌트-사물 간의 상호 작용 QoS 요구 사항(대기 시간 및 대역폭)이 모두 충족한다.

주어진 인프라 I에서 특정 애플리케이션 A의 적절한 배포를 결정하고자(그림 9.4와 δ 둘 다 포함) FogTorchⅡ는 그림 9.4의 알고리즘에서 설명한 바와 같이 백트래킹 검색^{backtracking search}을 사용한다. 전처리 단계(2번째 라인)는 각 소프트웨어 컴포넌트 $\gamma \in A$에 대해 배포 조건 (1)과 (2)를 충족하는 포그 및 클라우드 노드의 딕셔너리^{dictionary} $K[\gamma]$를 구축하고,

```
1:  procedure FINDDEPLOYMENTS(A, I, δ, ϑ)
2:      K ← PREPROCESS(A, I, δ, ϑ)
3:      if K = failure then
4:          return ∅                          ▷ ∃γ ∈ A s.t. K[γ] = ∅
5:      end if
6:      D ← ∅
7:      BACKTRACKSEARCH(D, ∅, A, I, K, ϑ)
8:      return D
9:  end procedure
```

그림 9.4 검색 알고리즘의 절차(Pseudocode)

컴포넌트 γ의 요구 사항에 대한 대기 시간 요구 사항을 충족한다. $K[\gamma]$가 비어 있는 컴포넌트가 하나라도 존재하면 알고리즘은 즉시 배포의 공집합[empty set](3-5번째 라인)을 반환한다. 전체적으로 전처리는 $O(N)$ 시간 내에 완료되며, N은 사용 가능한 클라우드 및 포그 노드의 수를 나타내고 각 애플리케이션 컴포넌트에 대해 최대 포그 및 클라우드 노드의 기능을 확인해야 한다.

BacktrackSearch($D, \Delta, A, I, K, \vartheta$) 절차(7행)에 대한 호출은 전처리 결과를 입력하고 적절한 배포를 찾는다. 각 레벨 및 높이에서 애플리케이션 A의 컴포넌트 수와 Γ와 동일한 N개 노드를 가진 (유한한) 검색 공간 트리[search space tree]를 방문한다. 그림 9.5에서 확인할 수 있듯이 검색 공간의 각 노드는 (부분) 배포 Δ를 나타내며, 여기서 배포된 컴포넌트의 수는 노드의 레벨에 해당한다. 루트[root]는 빈 배포[empty deployment]에 해당하며 레벨 i의 노드는 i 컴포넌트의 부분 배포이며 레벨 Γ의 리프[leaves][8]에는 적절한 배포를 포함한다. 한 노드에서 다른 노드로의 에지는 포그 또는 클라우드 노드에 컴포넌트를 배포하는 작업을 나타낸다. 따라서 검색은 $O(N^{\Gamma})$시간 내에 완료된다.

각 재귀 호출[recursive call] 시 BacktrackSearch($D, \Delta, A, I, K, \vartheta$)는 먼저 애플리케이션 A의 모든 컴포넌트가 현재 시도된 배포에 의해 배포됐는지 여부를 확인하고, 발견된 배포는 그림 9.6에서 열거한 대로 set$D$(2-3번째 라인)에 추가하고 호출한 곳으로 리턴한다(4번째 라인). 그렇지 않으면 여전히 배포할 컴포넌트 (selectUndeployedComponent(Δ, A))를 선택하고 $K[\gamma]$에서 선택한 노드 (selectDeploymentNode($K[\gamma], A$))에 배포하려고 시도한다. isElitable ($\Delta, \gamma, n, A, I, \vartheta$) 절차(8번째 라인)에서는 배포가 적합한 조건 (3) 또는 (4)

---

8   leaves는 트리의 리프 노드(leaf node)를 말한다. - 옮긴이

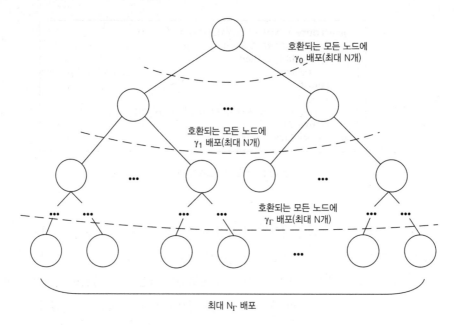

그림 9.5 인프라스트럭처 I에 애플리케이션 A의 적절한 배포를 찾기 위한 검색 공간

```
1: procedure BACKTRACKSEARCH(D, Δ, A, I, K, ϑ)
2:     if ISCOMPLETE(Δ) then
3:         ADD(Δ, D)
4:         return
5:     end if
6:     γ ← SELECTUNDEPLOYEDCOMPONENT(Δ, A);
7:     for all n ∈ SELECTDEPLOYMENTNODE(K[γ], A) do
8:         if ISELIGIBLE(Δ, γ, n, A, I, ϑ) then
9:             DEPLOY(Δ, γ, n, A, I, ϑ)
10:            BACKTRACKSEARCH(D, Δ, A, I, K, ϑ)
11:            UNDEPLOY(Δ, γ, n, I, A, ϑ)
12:        end if
13:    end for
14: end procedure
```

그림 9.6 백트래킹 검색을 위한 절차

를 확인하고, 배포가 유지될 때 배포^{deploy} $(\Delta, \gamma, n, A, I, \vartheta)$ 절차(9라인)는 사용 가능한 하드웨어 리소스와 대역폭을 감소시킨다. 배포 취소^{undeploy} $(\Delta, \gamma, n, A, I, \vartheta)$(11번째 라인)는 배포의 역작업 $(\Delta, \gamma, n, A, I, \vartheta)$을 수행해 배포 연결에서 역추적할 때 리소스를 해제하고 대역폭을 해제한다.

9.3.3 리소스 소비 및 비용 추정

절차^{procedure} FindDeployments$(A, I, \delta, \vartheta)$는 포그 리소스 소비 및 각 배포의 월별 비용[9]의 추정치를 계산한다.

FogTorchΠ에 의해 출력되는 포그 리소스 소비량은 배포된 애플리케이션 컴포넌트 $\delta \in A$를 고려해 포그 노드[10] F 집합에서 소비된 RAM 및 스토리지의 평균 백분율을 나타낸다. 전체적으로 $RAM(\gamma)$과 $HDD(\gamma)$의 리소스 소비량은 컴포넌트 γ에 필요한 리소스의 양을 나타내는 평균값으로 계산되며, $RAM(f)$, $HDD(f)$는 노드 f에서 사용할 수 있는 리소스의 총량을 말한다.

$$\frac{1}{2}\left(\frac{\sum_{\gamma \in A} RAM(\gamma)}{\sum_{f \in F} RAM(f)} + \frac{\sum_{\gamma \in A} HDD(\gamma)}{\sum_{f \in F} HDD(f)}\right)$$

인프라스트럭처 I에 대한 애플리케이션 A의 월별 배포 비용의 추정치를 계산하고자 클라우드 컴퓨팅 비용 모델 [18]을 포그 컴퓨팅으로 확장하고 IoT [19]로 인해 발생하는 비용 및 소프트웨어 비용을 포함하는 새로운 비용 모델을 제안한다.

클라우드 또는 포그 노드 n에서 제안한 비용 모델은 제공하는 하드웨어 H는 고정 월 요금이 발생하는 기본 VM(표 9.1) 또는 주문형 VM(임의의 CPU 코어, 램, 하드)을 고려했다. 주문형 VM(즉 $R = \{CPU, RAM, HDD\}$)을 구축할 때 고려되는 리소스 집합은 R이므로 노드 n에서 제공하는 하드웨어 H의 월 예상 비용은 다음과 같다.

$$p(H, n) = \begin{cases} c(H, n) & H\text{가 기본 } VM\text{인 경우} \\ \sum_{\rho \in R} [H.\rho \times c(\rho, n)] & H\text{가 주문형 } VM\text{인 경우} \end{cases}$$

여기서 $c(H, n)$는 하드웨어 H 또는 클라우드 노드 n을 제공하는 기본 VM의 월별 비용이며, $H.\rho$는 H로 표시되는 주문형 VM이 사용하는[11] 자원 $\rho \in R$을 나타내고 $c(\rho, n)$은

---

9   비용 계산은 검색 단계에서 즉각적으로 수행되며, 검색 알고리즘을 최적의 배포를 이끌 수 있는 휴리스틱으로 비용을 활용할 가능성을 구상한다. 비용 활용 가능성을 생각한다.

10   FogTorchΠ의 실제 구현을 통해 인프라스트럭처 I에서 사용 가능한 모든 포그 노드의 하위 집합을 선택해 포그 리소스 소비를 계산할 수 있다.

11   선택한 클라우드 또는 포그 노드에서 구매할 수 있는 최대 금액에 한도가 적용된다.

자원 ρ에 대한 n의 단위 월간 비용을 말한다.

이와 유사하게 주어진 클라우드나 포그 노드 n에 대해 소프트웨어를 제공하는 S는 미리 결정된 소프트웨어 번들이거나 n에서 이용할 수 있는 소프트웨어 기능의 온디맨드^{on-demand} 부분 집합이 될 수 있다(각각 별도로 판매). 노드 n에서 S의 월별 추정 비용은 다음과 같다.

$$p(S, n) = \begin{cases} c(S, n) & S\text{가 번들인 경우} \\ \sum_{s \in S} c(s, n) & S\text{가 주문형인 경우} \end{cases}$$

여기서 $c(S, n)$은 노드 n의 소프트웨어 번들 S에 대한 비용이고 $c(s, n)$은 n에 있는 단일 소프트웨어의 월별 비용이다.

마지막으로 서비스로서의 감지^{sensing-as-a-service} [15] 시나리오에서 실제 사물^{IoT}을 이용해 T를 제공하는 사물 t는 월 구독료 또는 위치별 지불 메커니즘을 통해 제공할 수 있다. 실제 사물^{IoT} t에서 제공 비용 T는 다음과 같다.

$$p(T, t) = \begin{cases} c(T, t) & T\text{가 구독 기반인 경우} \\ T.k \times c(t) & T\text{가 호출당 지불인 경우} \end{cases}$$

여기서 $c(T, t)$는 t에서 T의 월 구독료다. $T.k$는 t에 대해 예상되는 월 호출 횟수, $c(t)$는 t에서 호출당 비용(사물^{IoT} 사용 및/또는 데이터 전송 비용 포함)이다.

9.3절에서 소개한 바와 같이 Δ는 애플리케이션 A가 인프라스트럭처 I에 적합한 배포라고 가정한다. 또한 $\gamma \in A$는 검토된 애플리케이션 A의 컴포넌트가 되고, $\gamma.\overline{\mathcal{H}}$, $\gamma.\overline{\Sigma}$, $\gamma.\overline{\Theta}$을 각각 하드웨어, 소프트웨어, 사물^{IoT}의 자격 요건이 되도록 한다. 전반적으로 특정 배포에 대한 예상 월 비용 Δ는 이전의 가격 체계를 결합해 대략적으로 추정할 수 있다.

$$cost(\Delta, \vartheta, A) = \sum_{\gamma \in A} \left[p\left(\gamma.\overline{\mathcal{H}}, \Delta(\gamma) \right) + p\left(\gamma.\overline{\Sigma}, \Delta(\gamma) \right) + \sum_{r \in \gamma.\overline{\Theta}} p(r, \vartheta r) \right]$$

위의 공식은 특정 배포에 대한 월별 비용 추정치를 제공하지만 VM, 소프트웨어, IoT 수준에서 애플리케이션 요구 사항에 맞는 '최상의' 제품을 선택할 수 있는 방법이 없다.

특히 애플리케이션 요구 사항이 정확히 기본 제공 또는 번들 제품과 일치하지 않거나 클라우드 제공 업체가 특정한 VM 유형(예를 들어 중간 규모 이상의 VM 제공)을 제공하지 않는 경우 항상 주문형on-demand 및 호출당 지불pay-per-invocation 방식 선택을 유도할 수 있다. 이는 월별 배포 비용을 과대 평가하는 결과를 초래할 수 있다.

예를 들어 그림 9.2의 인프라와 클라우드에 배포할 컴포넌트의 하드웨어 요구 사항 (R = {CPU : 1, RAM : 1GB, HDD : 20GB})을 고려한다. 요구 사항 R과 제공되는 Cloud 2의 리소스 간에 정확히 일치하는 항목이 없기 때문에 첫 번째 비용 모델은 주문형 인스턴스를 선택하고 비용은 30유로로 추정할 수 있다.[12] 그러나 Cloud 2는 25유로의 저렴한 비용으로 요구 사항을 충족할 수 있는 스몰small 인스턴스 VM도 제공한다.

라지larger VM은 항상 더 작은 하드웨어 요구 사항을 충족하므로 제공되는 번들 소프트웨어는 저렴한 가격으로 여러 소프트웨어 요구 사항을 충족시킬 수 있으며, 구독 기반subscription-based 사물IoT 제안은 주어진 항목에 대한 호출 수에 따라 다소 편리할 수 있다. 애플리케이션 컴포넌트의 각 소프트웨어, 하드웨어, 사물IoT 요구 사항에 대한 '최상의' 제품을 선택하는 데 사용된다. 다음에서는 제안한 비용 모델을 수정해 이를 설명한다.

요구 사항 대 제안requirement-to-offering 일치 정책 $p_m(r, n)$은 컴포넌트의 하드웨어 또는 소프트웨어 요구 사항 $r(r \in \{\gamma.\overline{\mathcal{H}}, \gamma.\overline{\Sigma}\})$을 클라우드 또는 포그 노드 n에서 지원할 제안의 월별 예상 비용과 일치시키고, 사물IoT 요구 사항 $r \in \gamma.\overline{\Theta}$은 사물 t에서 r을 지원할 제안의 월별 추정비용과 일치시킨다.

전체적으로, 수정된 비용 모델 버전은 애플리케이션 요구 사항과 인프라 제공(하드웨어, 소프트웨어 및 IoT 용) 사이의 비용 인식 매칭을 포함해 p_m의 월별 비용을 추정할 수 있다.

$$cost(\Delta, \vartheta, A) = \sum_{\gamma \in A} \left[p_m \left[\gamma.\overline{\mathcal{H}}, \Delta(\gamma) \right] + p_m \left[\gamma.\overline{\Sigma}, \Delta(\gamma) \right] + \sum_{r \in \gamma.\overline{\Theta}} p_m \left[r, \vartheta(r) \right] \right]$$

현재 FogTorchΠ의 구현은 하드웨어, 소프트웨어, 사물을 선택하는 데 가장 적합한 최저 비용 정책을 활용한다. 실제로, 노드 n에서 $\gamma.\overline{\mathcal{H}}$를 지원할 수 있는 첫 번째 기본

---

12   €30 = 1 CPU x €4/core + 1 GB RAM x €6/GB + 20 GB HDD x €1/GB

VM(소형에서 대형까지)과 $\gamma.\overline{\mathcal{H}}$에 따라 구축된 주문형 중에서 가장 저렴한 VM을 선택한다. 마찬가지로 $\gamma.\overline{\Sigma}$의 소프트웨어 요구 사항은 노드 n에서 이용할 수 있는 가장 저렴한 호환 버전과 일치하며, 호출 당 사물[IoT] 월간 구독료와 비교해 가장 저렴한 것을 선택한다.[13]

형식적으로 FogTorchΠ에서 사용하는 비용 모델은 다음과 같이 표현할 수 있다. 여기서 $O \vDash R$은 O가 요구 조건 R을 충족한다는 것을 의미한다.

$$p_m(\overline{\mathcal{H}}, n) = \min\{p(H, n)\} \forall H \in \{\text{default VMs}, \text{on-demand VM}\} \wedge H \vDash \overline{\mathcal{H}}$$
$$p_m(\overline{\Sigma}, n) = \min\{p(S, n)\} \forall S \in \{\text{on-demand}, \text{bundle}\} \wedge S \vDash \overline{\Sigma}$$
$$p_m(r, t) = \min\{p(T, t)\} \forall T \in \{\text{subscription}, \text{pay-per-invocation}\} \wedge T \vDash r$$

제안된 비용 모델이 VM 구매 비용과 소프트웨어 구매 비용을 분리한다는 점에서 주목할 만한 가치가 있다. 이 선택은 IaaS 및 PaaS Cloud 제안을 모두 포함할 수 있도록 모델링을 일반화한다. 또한 VM 애플리케이션 컴포넌트의 유일한 배포 단위라고 하더라도 모델을 쉽게 확장해 다른 유형의 가상 인스턴스(예를 들어 컨테이너)를 포함시킬 수 있다.

9.3.4 QoS 보증 추정

포그 자원 소비와 비용 외에도 FogTorchΠ는 출력 배포의 QoS 보증 추정치를 출력한다. FogTorchΠ는 (특정 확률 분포에 따라) 인프라스트럭처 I의 종단 간 통신[end-to-end] 링크에 의해 QoS를 변화시킬 때 얻어진 적합한 배포를 통합함으로써 9.3.2절과 병렬 몬테 카를로 시뮬레이션[14]에서 설명된 알고리즘을 이용해 출력 배포의 QoS 보증을 추정한다. 그림 9.7에서 FogTorchΠ의 전체 기능의 의사 코드[pseudocode]를 확인할 수 있다.

먼저 키-값 쌍[key-value pairs] $\langle \Delta, \text{counter} \rangle$를 포함하도록 빈(스레드-세이프)[15] 딕셔너리[dictionary] D가 작성되는데 여기서 키 (Δ)는 적합한 배포를 나타내고 값 (counter)은 몬테 카를로

---

13 예를 들어 컴포넌트를 수용할 수 있는 가장 큰 제안을 선택하거나 컴포넌트의 요구 사항을 항상 일정 비율(예를 들어 일치 항목을 선택하기 전에 10%) 증가시키는 것과 같은 정책도 가능하다.

14 불확실한 상황에서 의사 결정을 위해 확률적 시스템을 이용한 모의 실험을 말한다. - 옮긴이

15 멀티 프로세서 환경에서 동작해도 원래 의도한 형태로 동작하는 코드를 스레드-세이프(Thread-safe)라고 한다. - 옮긴이

```
 1:  procedure MONTECARLO(A, I, ϑ, δ, n)
 2:      D ← ∅                          ▷ dictionary of ⟨Δ, counter⟩
 3:      parallel for n times
 4:          I_s ← SAMPLELINKSQOS(I)
 5:          E ← FINDDEPLOYMENTS(A, I_s, ϑ, δ)
 6:          D ← UNIONUPDATE(D, E)
 7:      end parallel for
 8:      for Δ ∈ keys(D) do
 9:          D[Δ] ← D[Δ]/n
10:      end for
11:      return D
12:  end procedure
```

그림 9.7 FogTorchΠ에서 몬테 카를로 시뮬레이션 절차(Pseudocode)

시뮬레이션(2라인) 동안 Δ가 몇 번 생성되는지 추적한다. 그런 다음 몬테 카를로 실행의 전체 수 n은 사용 가능한 작업자 스레드 수 w로 나눈다.[16] 각각의 $n_w = \lceil n/w \rceil$는 병렬 for 루프문에서 실행되고 인프라스트럭처 I의 자체 (로컬) 사본을 수정한다(4-6라인). 시뮬레이션이 시작될 때마다 각 작업자 스레드는 인프라스트럭처 I_s의 통신 링크 QoS 확률 분포에 따라 인프라스트럭처의 상태 I_s를 샘플링한다(4라인).

FindDeployments$(A, I_s, ϑ, δ)$(5라인) 함수는 적합한 배포 Δ의 설정 E를 결정하기 위한 백트래킹 검색$^{backtracking\ search}$이다(9.3.2절에서 설명). 즉 인프라 상태의 모든 처리 및 QoS 요구 사항을 충족하는 애플리케이션 A 배포를 말한다. 이 단계의 목표는 네트워크 조건의 변화를 동적으로 시뮬레이션하면서 적합한 배포 방법을 찾는 것이다. 링크 QoS의 샘플링에 사용할 수 있는 샘플링 함수의 예는 그림 9.8과 같다. 그러나 FogTorchΠ는 임의의 확률 분포$^{arbitrary\ probability\ distributions}$를 지원한다.

각 단계의 실행이 끝나면 그림 9.7과 같이 적용 가능한 배포의 설정 E가 D와 병합된다. UnionUpdate (D, E)(6라인) 함수는 마지막 실행 중에 발견된 배포 $\langle Δ, 1\rangle$ $(Δ \in E \setminus keys(D))$를 추가하고 이전 실행에서 $(Δ \in E \cap keys(D))$ 이미 발견된 배포의 카운터를 증가시켜 D를 업데이트한다.

루프의 병렬이 끝나면 각 배포 Δ의 출력 QoS 보증은 Δ는 Δ를 생성한 실행의 백분율로 계산된다. 실제로 시뮬레이션 중에 배포가 더 많이 생성될수록 다양한 QoS에서 실제 인프라에서 원하는 모든 QoS 제한 조건을 충족할 가능성이 높다. 따라서 시뮬레이션 (n

---

16 사용 가능한 작업자 스레드의 수는 FogTorchΠ를 실행하는 시스템에서 사용 가능한 물리적 또는 논리적 프로세서와 동일하게 설정할 수 있다.

```
1:  p ∈ [0,1] ∧ q,q′ ∈ Q
2:  procedure SAMPLINGFUNCTION(p, q, q′)
3:      r ← RANDOMDOUBLEINRANGE(0,1)
4:      if r ⩽ p then
5:          return q
6:      else
7:          return q′
8:      end if
9:  end procedure
```

그림 9.8 베르누이(Bernoulli) 샘플링 함수 예제

$\geq 100,000$) 끝에서 각 배포 $\Delta \in kyes(D)$의 보증은 Δ와 관련된 카운터를 n(8-10라인)으로 나누어 계산한다. 각 배포는 인프라스트럭처 I의 과거 동작에 따라 통신 링크의 변동을 고려해 애플리케이션 A의 QoS 제한 조건을 충족해야 한다. 마지막으로 딕셔너리 D가 반환된다(11라인).

9.4절에서는 시스템 통합 업체의 질문에 대한 답변을 얻고자 9.2절 스마트 빌딩 예제를 실행하는 FogTorchΠ의 결과를 설명한다.

9.4 동기 부여 예제

9.4절에서는 FogTorchΠ를 활용해 9.2절의 스마트 빌딩 예에서 시스템 통합 업체가 제기한 문제를 해결한다. FogTorchΠ는 9.3절에 따라 QoS 보증 추정, 포그 자원 소비, 월간 비용과 함께 적합한 배포를 출력한다.

Q1(a) 및 **Q1(b)** 질문의 경우는 다음과 같다.

Q1(a) ― Fog 1과 Fog 3에서 필요한 모든 항목에 도달하고 위에서 언급한 재무적 제약(최대 월 850유로)과 QoS-보증(최소한 98%의 시간) 제약 조건을 충족하는 애플리케이션을 배포할 수 있는가?

Q1(b) ― 미래에 서비스를 배포하고 다른 고객에게 가상 인스턴스를 판매할 수 있도록 포그 계층에서 리소스 소비를 최소화하는 적절한 배포는 무엇인가?

FogTorchΠ는 11개의 적절한 배포를 출력한다(표 9.3의 Δ1 ― Δ11).

표 9.3 FogTorchΠ에서 Q1 및 Q2용으로 생성한 적절한 배포

배포 ID	IoT 컨트롤러 (IoTController)	데이터 스트로지 (DataStorage)	대시보드 (DashBoard)
Δ1	Fog 2	Fog 3	Cloud 2
Δ2	Fog 2	Fog 3	Cloud 1
Δ3	Fog 3	Fog 3	Cloud 1
Δ4	Fog 2	Fog 3	Fog 1
Δ5	Fog 1	Fog 3	Cloud 1
Δ6	Fog 3	Fog 3	Cloud 2
Δ7	Fog 3	Fog 3	Fog 2
Δ8	Fog 3	Fog 3	Fog 1
Δ9	Fog 1	Fog 3	Cloud 2
Δ10	Fog 1	Fog 3	Fog 2
Δ11	Fog 1	Fog 3	Fog 1
Δ12	Fog 2	Cloud 2	Fog 1
Δ13	Fog 2	Cloud 2	Cloud 1
Δ14	Fog 2	Cloud 2	Cloud 2
Δ15	Fog 2	Cloud 1	Cloud 2
Δ16	Fog 2	Cloud 1	Cloud 1
Δ17	Fog 2	Cloud 1	Fog 1

우리는 다른 클라우드와 포그 노드에서 포그 노드에 연결된 사물인터넷(IoT)에 대한 원격 액세스를 고려하고 있다. 실제로 일부 출력 배포는 모든 필수 항목에 직접 연결되지 않는 노드에 컴포넌트를 매핑한다. 예를 들어 Δ1의 경우 IoTController가 포그 2에 배포되지만 필수 항목(fire_sensor_1, light_control_1, thermostate_1, video_camera_1, weather_station_3)이 포그 1과 포그 3에 첨부돼 여전히 적절한 대기 시간 및 대역폭으로 도달할 수 있다.

그림 9.9는 시스템 통합 업체가 부과한 QoS 및 예산 제약 조건을 충족하는 5가지 출력 배포 만 보여 준다. Δ3, Δ4, Δ7, Δ10은 모두 100 % QoS 보증을 제공한다. 이 중에서 Δ7은 비용면에서 가장 저렴하고 Δ3에 비해 더 많은 포그 리소스를 Δ4 및 Δ10만큼 소비한다. 반면 Δ2는 여전히 98% 이상의 QoS 보증을 보이고 Δ3만큼 많은 포그 자원을 소비하

---

17 그림 13.4 및 13.5에서와 같이 3D 플롯을 생성하기 위한 결과와 파이썬 코드는 https://github.com/di-unipi-socc/FogTorchPI/tree/multithreaded/results/SMARTBUILDING18에서 확인할 수 있다.

는 가장 저렴한 월간 비용인 800유로로 **Q1(b)**에 대한 해답이 될 수 있다.

마지막으로 질문 **Q2**에 대답하면 다음과 같다.

Q2 — Fog 2에서 3G에서 4G로 업그레이드할 경우 이전의 모든 요구 사항을 준수하고 재정 비용 및/또는 소비되는 포그 리소스를 절감할 수 있는 배포가 있는가?

Fog 2의 인터넷 액세스를 3G에서 4G로 변경함으로써 월 비용은 20유로 증가한다. FogTorchΠ를 실행하면 이전 출력 외에 6개의 새로운 적합한 배포 (Δ12 — Δ17)가 표시된다. 그중에서도 Δ16만이 시스템 통합업체가 요구하는 QoS 및 예산 제약 조건을 충족시키는 것으로 나타났다(그림 9.10). 흥미롭게도 Δ16의 비용은 **Q1(b)** (Δ2)에 대한 최상의 후보보다 70유로 저렴하다. 따라서 전체적으로 3G에서 4G로 변경하면 Δ2와 관련해 Δ16으로 월 50유로의 절감 효과가 있을 것으로 예상된다.

현재의 FogTorchΠ 프로토타입은 QoS 보장, 리소스 소비, 비용 중에서 '최상의' 트레이드오프$^{trade-off}$를 자유롭게 선택할 수 있도록 특정 배포를 위한 최종 선택을 시스템 통합업체에 맡긴다. 실제로 애플리케이션별 요구 사항(인프라 행동에 대한 데이터와 함께)을 분석하면 IoT에서 클라우드에 이르기까지 애플리케이션의 다양한 세그먼트에 대한 결정을 내릴 수 있으며, 실제로 애플리케이션별 요구 사항(인프라 동작에 대한 데이터와 함께)을 분석하면 IoT에서 클라우드에 이르기까지 애플리케이션의 다양한 세그먼트에 대한 결정을 내릴 수 있으며 배포의 런타임 동작을 설명하는 메트릭^{metric} 중에서 최상의 트레이드 오프$^{trade-off}$를 결정하고 실제 구현 전에 인프라(또는 애플리케이션)의 변경 사항을 평가할 수 있도록 한다(what-if 분석 [12]).

9.5   관련 연구

9.5.1   클라우드 애플리케이션 배포 지원

멀티 컴포넌트 애플리케이션의 배포 방법을 결정하는 문제는 클라우드 시나리오에서 철저하게 연구됐다. 예를 들어 SeaCloud [20], Aeolus[21] 또는 Cloud-4SOA [22]와 같은 프로젝트는 여러(IaaS 또는 PaaS) 클라우드에 소프트웨어 애플리케이션을 배포하기 위한 모델 중심의 최적화된 계획 솔루션을 제안했다. 논문 [23]은 Cloud + IoT 시나리오

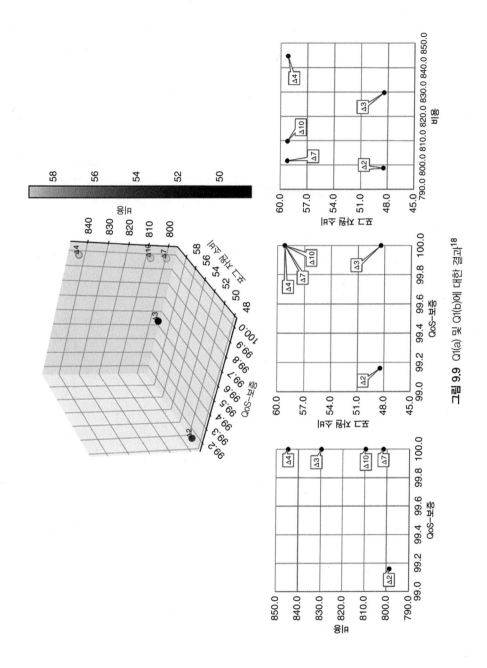

그림 9.9 QI(a) 및 QI(b)에 대한 결과[18]

18 그림의 컬러맵은 포그 리소스 사용량을 보여 준다. 상단의 3D 축에 표시된 데이터는 그림 하단의 3개의 플롯에서도 2D로 투영된다.

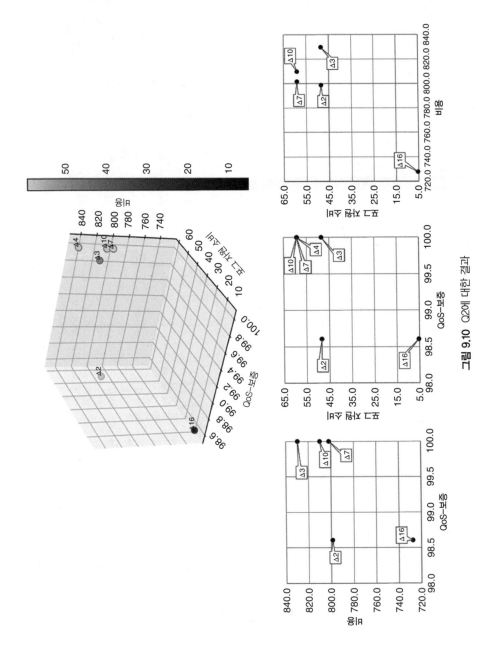

그림 9.10 Q20에 대한 결과

에서 IoT 애플리케이션 모델링하고자 OASIS TOSCA [24]를 사용할 것을 제안했다.

클라우드 패러다임과 관련해 포그는 주로 광범위한 지리적 분포 및 이질성, 연결 인식 connection-awareness, 역동성dynamicity, IoT와의 상호 작용에 대한 필요성으로 인해 이전 환경[19] 에서 고려되지 않았던 새로운 문제를 야기한다(예를 들어 논문 [25-27]). 특히 클라우드 컴퓨팅은 비기능적 요구 사항(논문 [28, 29] 참고)이나 실행의 불확실성(포그 노드에서와 같이), 대화형 및 상호 의존적 컴포넌트(논문 [30] 참고) 간의 보안 위험을 고려했다. 최근 논문 [31]은 클라우드에서 엔드 투 엔드 QoS 요구 사항을 충족시키고자 QoS 및 연결 인식 클라우드 서비스 구성 접근 방법을 제안함으로써 서비스와 네트워크 QoS의 연계를 고려하려는 첫 번째 시도 중 하나다.

클라우드 컴퓨팅과 관련해 애플리케이션 및 리소스를 설명하고자 많은 DSL Domain-specific language[20]이 제안됐다(예를 들어 TOSCA YAML [24] 또는 JSON 기반 CloudML [32]). 우리의 제안은 소프트웨어/하드웨어 제품 사양에 관한 특정 표준에 바인딩되지 않도록 해 제안된 접근법이 일반적이며 잠재적으로 DSL의 적절한 확장(QoS 및 IoT 관련)을 이용할 수 있도록 하는 것을 목표로 한다. 또한 클라우드(또는 다중 클라우드) 시나리오에서 소프트웨어 컴포넌트를 자동으로 프로비저닝 및 구성하는 솔루션은 현재 데브옵스 환경에서 애플리케이션 구축을 자동화하거나 배포 디자인 선택(예를 들어 Puppet [33] 및 Chef [34])을 주도하고자 사용되고 있다.

IoT 배포와 관련해 최근에는 연결성 및 적용 범위 최적화를 달성하고[35, 36], 무선 센서 네트워크 [37]의 리소스 활용을 개선하고, 서비스 구성의 신뢰성과 비용을 추정하고자 공식적인 모델링 접근 방법을 활용하고 있다[38].

우리의 연구는 이전 연구에서 다루지 않았던 포그를 통해 애플리케이션 세분화를 달성하고 소프트웨어 컴포넌트와 IoT 디바이스 간의 상호 작용을 보다 높은 수준으로 추상화함으로써 이러한 노력을 보완하는 것이 목표다.

9.5.2 포그 애플리케이션 배포 지원

포그 인프라와 애플리케이션을 구체적으로 모델링할 뿐만 아니라 서로 다른 메트릭스

---

19 클라우드 컴퓨팅 환경 또는 레거시 IT 인프라 – 옮긴이

20 Domain Specific Languages는 Computer Languages의 하위 개념으로 특정한 도메인에 귀속된 Languages를 말한다. – 옮긴이

하에서 포그 인프라와 애플리케이션의 적절한 배포를 결정하고 비교할 수 있는 접근법이 지금까지 제안된 것은 우리가 아는 한 거의 없다. 서비스 지연 시간과 에너지 소비량은 기존의 클라우드 시나리오와 비교해 IoT에 적용된 새로운 포그 패러다임에 대해 논문 [39]에서 평가됐다. 그러나 논문 [39]에서 제안된 모델은 포그 기반 구조에 이미 배포된 소프트웨어의 동작만을 다룬다.

iFogSim [40]은 대기 시간, 에너지 소비, 운영 비용에 미치는 영향과 관련해 포그 환경에 적용할 수 있는 리소스 관리 및 스케줄링 정책을 시뮬레이션할 수 있는 가장 유용한 프로토타입 중 하나다. iFogSim 모델의 초점은 주로 스트림 프로세싱 애플리케이션과 계층적 트리 같은 인프라에 있으며, 결과를 비교하고자 클라우드 전용 또는 에지 워드edge-ward로 매핑된다. 9.5.4절에서는 iFogSim과 FogTorchΠ를 보완 적으로 사용해 배치 문제를 해결하는 방법을 보여 준다.

논문 [41]에서는 iFogSim을 기반으로 사용자 이동성, 최적의 포그 리소스 활용, 응답 시간을 고려해 서로 다른 작업 스케줄링 정책을 비교한다. 논문 [42]에서는 전체 인프라에서 운영 비용을 최적화할 목적으로 다양한 워크로드 조건에서 비용 효율적인 애플리케이션 배포에 대한 분산 접근 방식을 제시한다. 논문 [43]의 저자는 클라우드와 포그 노드 사이에서 애플리케이션을 동적으로 관리하고 마이그레이션하는 계층 기반 기술을 소개한다. 연구진들은 QoS와 비용 제약이 충족되도록 보장하고자 국내 및 글로벌 노드 관리자 간의 메시지 전달을 이용한다. 마찬가지로 논문 [44]의 저자는 포그 인프라에 대한 작업을 스케줄링하는 동시에 응답 시간을 최소화하고자 포그 집단fog colonies[45] 개념을 활용한다. 논문 [46]의 저자는 프로비저닝된 IoT 서비스의 QoS를 향상시키고자 확률적 기록 기반 리소스 추정probabilistic record-based resource estimation을 위한 첫 번째 방법론을 제공한다.

앞에서 언급한 모든 접근 방식은 모놀리식monolithic 또는 DAG 애플리케이션 토폴로지로 제한되며 컴포넌트와 컴포넌트 간의 상호 작용에 대한 QoS를 고려하지 않으며 포그 인프라 또는 배포 동작에 대한 과거 데이터도 포함하지 않는다. 또한 IoT 애플리케이션을 포그에 배포하기 위한 의사 결정 프로세스가 예측 방법론을 명시적으로 지정하고 지원하려는 시도는 이 작업의 선호도(예를 들어 작업 비용 및 에너지)에 따라 애플리케이션 컴포넌트를 최상의 가상 인스턴스(VM 또는 컨테이너)에 일치시키는 것을 고려하지 않았다.

9.5.3 비용 모델

클라우드에 대한 가격 책정 모델(예를 들어 논문 [18] 참고)은 상당히 정립돼 있지만 IoT 디바이스의 활용으로 발생하는 비용은 고려하지 않았다. 클라우드 가격 모델은 일반적으로 두 가지 유형, 즉 사용량에 따른 요금$^{pay-per-use}$ 체계와 구독 기반$^{subscription-based}$ 체계로 나뉜다. 논문 [18]에서는 주어진 사용자 워크로드^{workload} 요구 사항에 따라 클라우드 브로커는 여러 클라우드 프로바이더 중에서 최적의 VM 인스턴스를 선택한다. 총 구축 비용은 CPU 코어 수, VM 유형, 사용 시간, 인스턴스 유형(예약 또는 선점형$^{pre-emptible}$) 등과 같은 하드웨어 요구 사항을 고려해 총 비용을 계산한다.

반면에 IoT 제공 업체는 일반적으로 IoT 디바이스에서 수집한 센서 데이터를 처리하고 처리 된 정보를 부가가치 서비스로 사용자에게 판매한다. 논문 [19]의 저자는 서로 다른 소유자로부터 데이터를 취득하고 처리된 정보를 번들로 판매하는 방법을 보여 준다. 논문 [19]의 저자는 또한 다양한 IoT 제공자들이 그들의 서비스를 통합하고 최종 사용자를 위해 새로운 서비스를 만들 수 있다는 사실을 고려했다. 이러한 최종 사용자는 데이터 수요에 따라 사용량에 따른 요금제와 구독 기반 요금제와 비교해 IoT 서비스 사용의 총 비용을 추정할 수 있다.

보다 최근 논문 [47]의 저자는 IoT+Cloud 시나리오에 대한 비용 모델을 제안했다. IoT 센서의 유형 및 수, 데이터 요청 수, VM의 가동 시간과 같은 매개 변수를 고려하면 해당 비용 모델은 특정 기간 동안 애플리케이션을 실행할 때 발생하는 비용을 추정할 수 있다. 그러나 포그 시나리오에서는 IoT 전송 비용을 더 세밀하게 계산해야 하며 또한 데이터 전송 비용(예를 들어 이벤트 기반)도 고려해야 한다.

다른 최근의 연구는 QoS 인식$^{QoS-aware}$ 마이크로데이터 센터[48] 배포를 위한 확장 가능한 알고리즘, 낮은 대기 시간과 최대 처리량을 보장하는 데이터 및 스토리지 노드의 최적화 배포, 비용 최적화 또는 지능형 데이터 알고리즘을 배포하기 위한 유전 알고리즘$^{genetic\ algorithms}$의 활용에 초점을 맞추고 있다[50].

포그 시나리오에서 비용을 모델링하려는 우리의 연구는 IoT 구축의 전형적인 비용과 클라우드 가격 정책 체계를 포그 계층으로 확장하는 첫 번째 시도다.

9.5.4 iFogSim과 FogTorchΠ 비교

iFogSim [40]은 포그 컴퓨팅 시나리오를 위한 시뮬레이션 도구다. 이 절에서는 iFogSim 과 FogTorchΠ를 모두 사용해 동일한 입력 시나리오(예를 들어 인프라 및 애플리케이션)를 해결하는 방법에 대해 논의한다. 이 연구에서는 FogTorchΠ의 결과가 iFogSim으로 얻은 결과와 일치하는지 평가한다. 9.5.4절에서는 논문 [40]의 iFogSim에서 사용된 VR 게임 사례 연구를 검토하고 FogTorchΠ를 실행한 다음 두 프로토타입에서 얻은 결과를 비교한다.

VR 게임은 대기 시간에 민감한 스마트폰 애플리케이션이다. 이 애플리케이션은 여러 플레이어가 뇌파 검사[EEG, electroencephalography] 센서를 통해 서로 상호 작용할 수 있다. 세 가지 컴포넌트(예를 들어 클라이언트, 코디네이터, 집중 장치)로 구성된 다중 컴포넌트 애플리케이션이다(그림 9.11). 플레이어가 실시간으로 상호 작용할 수 있도록 하고자 애플리케이션은 컴포넌트 간에 수준 높은 QoS(즉 최소 지연 시간)를 요구한다. 애플리케이션을 호스팅하는 인프라는 싱글 클라우드 노드, ISP 프록시, 여러 게이트웨이, EEG 센서에 연결된 스마트폰으로 구성된다(그림 9.12). 게이트웨이의 수는 가변적이며 (1, 2, 4, 8 또는 16으로) 설정할 수 있으며, 각 게이트웨이에 연결된 스마트폰의 수는 일정하게 유지된다(예를 들어 4개).

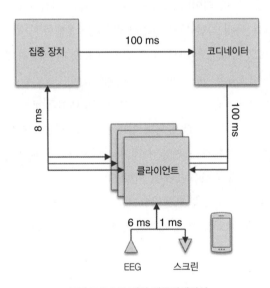

그림 9.11 VG 게임 애플리케이션

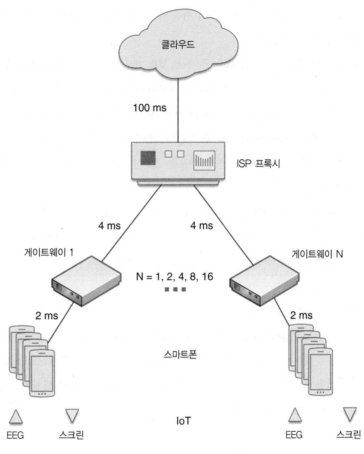

그림 9.12 VR 게임 인프라[21]

지정된 입력 애플리케이션 및 인프라의 경우 iFogSim은 지정된 모든 하드웨어 및 소프트웨어 요구 사항을 충족하는 싱글 배포(클라우드 전용 또는 에지 방향 [40])를 생성하고 시뮬레이션한다. 시뮬레이션은 실제 배포에서와 같이 애플리케이션 내의 컴포넌트들 간의 튜플 교환을 감지한다. 이를 통해 관리자는 클라우드 전용 또는 에지 지향 구축 전략을 채택할 때 시간에 민감한 제어 루프 (EEG-클라이언트-클라이언트-클라이언트-스크린)의 평균 지연 시간을 비교할 수 있다.

한편 FogTorchΠ는 동일한 입력을 선택할 수 있는 다양하고 적절한 배포를 생성한

---

21 인프라의 엔드 투 엔드 통신 링크의 지연 시간이 경로의 지연 시간 합계와 같다고 가정한다.

다.[22] 실제로 FogTorchΠ는 인프라에 사용되는 게이트웨이 수의 변동에 따라 25개의 적절한 배포 집합을 출력한다.

표 9.4와 같이 FogTorchΠ 출력은 주로 VR 게임 애플리케이션 예제의 에지-워드edge-ward 배포를 포함한다. 이는 논문 [40]에서 iFogSim으로 얻은 결과와 매우 유사하다. 여기서 클라우드 전용 배포는 에지-워드(특히 스마트폰과 게이트웨이와 관련된 디바이스 수가 증가할 때)보다 훨씬 더 나쁜 성능을 발휘한다. 또한 이 예제에서는 클라우드를 FogTorchΠ 결과에 따라 이용하는 유일한 출력 배포는 Δ2 및 Δ5이며 매우 낮은 QoS 보증(< 1%)을 특징으로 한다.

논문 [40]에 따르면 iFogSim의 현재 버전은 FogTorchΠ에 의해 구현된 것과 같은 성능 예측 기능을 아직 갖추고 있지 않다. 그러나 그러한 기능성은 툴이 제공하는 모니터링 계층을 활용함으로써 구현될 수 있다. 또한 인프라 동작에 대한 과거 데이터를 보존하는 지식 기반을 포함한다.

요약하면 iFogSim과 FogTorchΠ는 최종 사용자를 돕고자 고안된 다소 보완적인 도구로 볼 수 있다. 또한 iFogSim and FogTorchΠ는 먼저 주어진 배포의 특성을 예측하고 그 후에 임의의 기간 동안 가장 유망한 배포 후보를 시뮬레이션해 포그 애플리케이션을 배치하는 방법을 선택한다. FogTorchΠ의 예측 기능과 iFogSim의 시뮬레이션 기능을 통합하는 것은 향후 연구 과제에 해당한다.

9.6 향후 연구 방향

FogTorchΠ의 향후 연구를 위한 몇 가지 지침은 다음과 같다. 첫째 방향은 적합한 배포를 평가하고, 검색 알고리즘을 개선하고 입력 및 출력을 풍부하게 하는 예측 메트릭스predicted metrics를 포함하는 것일 수 있다.

- 적합한 배포 환경에 대한 특성화 지표로서 에너지 소비량을 추정치를 소개하고, 포그 시나리오에서 재정적인 비용과 함께 SLA 및 비즈니스 모델에 미치는 영향을 평가할 수 있다.

---

22 https://github.com/di-unipi-socc/FogTorchPI/tree/multithreaded/results/VRGAME18

표 **9.4** VR 게임의 FogTorchⅡ 결과

배포 ID	클라이언트	집중 장치	코디네이터	게이트웨이 수				
				1	2	4	8	16
Δ1		게이트웨이 1	ISP 프록시	x	x			
Δ2		ISP 프록시	클라우드	x				
Δ3		게이트웨이 1	게이트웨이 1	x	x			
Δ4		ISP 프록시	게이트웨이 1	x	x	x	x	x
Δ5		게이트웨이 1	클라우드	x				
Δ6		ISP 프록시	ISP 프록시	x	x	x	x	x
Δ7		ISP 프록시	게이트웨이 2		x	x	x	x
Δ8		게이트웨이 2	게이트웨이 2		x			
Δ9		게이트웨이 2	게이트웨이 1		x			
Δ10		게이트웨이 2	ISP 프록시		x			
Δ11		게이트웨이 1	게이트웨이 2		x			
Δ12		ISP 프록시	게이트웨이 4			x	x	x
Δ13	스마트폰	ISP 프록시	게이트웨이 3			x	x	x
Δ14		ISP 프록시	게이트웨이 5				x	x
Δ15		ISP 프록시	게이트웨이 7				x	x
Δ16		ISP 프록시	게이트웨이 6				x	x
Δ17		ISP 프록시	게이트웨이 8				x	x
Δ18		ISP 프록시	게이트웨이 16					x
Δ19		ISP 프록시	게이트웨이 15					x
Δ20		ISP 프록시	게이트웨이 14					x
Δ21		ISP 프록시	게이트웨이 13					x
Δ22		ISP 프록시	게이트웨이 12					x
Δ23		ISP 프록시	게이트웨이 11					x
Δ24		ISP 프록시	게이트웨이 9					x
Δ25		ISP 프록시	게이트웨이 10					x
			실행 시간(초)[23]	4	10	26	89	410

---

23 듀얼 코어 Intel i5-6500 @ 3.2GHz, 8GB RAM에서 실행한다.

- 보안 통신, 노드, 컴포넌트에 대한 액세스 제어, 서로 다른 공급자의 신뢰에 대한 보안 제한 사항을 설명한다.
- 적합한 배포가 (로컬) 사용 가능한 기능을 활용할 수 있는 방법에 특히 중점을 두고 포그 노드 및 IoT 디바이스의 이동성을 결정한다.

또 다른 방향은 향상된 휴리스틱스로 검색을 주도하고 근사치 메트릭스 추정$^{metrics estimation}$을 통해 FogTorchΠ 알고리즘의 기하급수적인 복잡성을 줄이는 것이다.

추가적인 방향은 추정된 메트릭스 및 성과 지표에 따라 적합한 배포의 순위를 정하고자 다목적 최적화 기법을 적용해 최종 사용자 대상 및 애플리케이션 요구 사항을 가장 잘 충족하는 배포(집합)의 선택을 자동화하는 것이다.

FogSim에서 시뮬레이션할 배포를 생성하고자 FogTorchΠ 용으로 설계된 방법을 재사용하는 연구가 진행 중이다. 이를 통해 iFogSim으로 얻은 시뮬레이션 결과와 FogTorchΠ에서 생성된 예측 메트릭을 비교할 수 있으며 프로토타입에 대한 더 나은 검증을 제공할 수 있을 것이다.

포그 컴퓨팅에는 고안된 접근 방식을 테스트하기 위한 중대형 테스트 베드^{testbed} 배포(즉 인프라 및 애플리케이션)가 부족하다. 마지막으로 FogTorchΠ를 추가로 설계하고 현재 연구 중인 실험적인 실제 테스트 베드에 대해 프로토타입의 유효성을 평가하는 것이 흥미로울 것이다.

9.7 결론

9장에서는 포그 애플리케이션 배포와 관련된 몇 가지 기본 문제를 논의한 후 포그 인프라에 대한 복합 애플리케이션의 적절한 환경, QoS, 비용 인식 배포를 결정하고 비교할 수 있는 예측 툴을 통해 포그 애플리케이션 배포자에게 권한을 부여하기 위한 첫 번째 시도로서 FogTorchΠ 프로토타입을 제시했다. 이를 위해 FogTorchΠ는 실시간 포그 애플리케이션과 관련된 처리(예를 들어 CPU, RAM, 스토리지, 소프트웨어), QoS(예를 들어 네트워크 지연 시간, 대역폭), 재정적 제약 사항을 고려한다.

FogTorchΠ는 엔드 투 엔드 통신 링크에 의해 특징지어지는 대역폭과 지연 시간의 확률 분포를 기반으로 복합 포그 애플리케이션 배포의 QoS 보증을 추정할 수 있는 최초의 프로토타입이다. FogTorchΠ는 포그 레이어의 리소스 소비도 추정한다. 이를 통해 다른 사용자가 특정 포그 노드를 독점해 사용하는 것을 최소화하는 데 사용할 수 있다. 마지막으로 IoT + Fog + Cloud 인프라에 대한 멀티 컴포넌트 애플리케이션 배포 비용을 추정하고자 새로운 비용 모델을 포함한다. 이 모델은 다양한 비용 파라미터(하드웨어, 소프트웨어, IoT)를 고려하고, 클라우드 컴퓨팅 비용 모델을 포그 컴퓨팅 패러다임으로 확장하는 동시에 IoT 디바이스와 서비스 사용과 관련된 비용을 고려한다.

참고 문헌

1 CISCO. Fog computing and the Internet of Things: Extend the cloud to where the things are. https://www.cisco.com/c/dam/en_us/solutions/trends/iot/docs/computing-overview.pdf, 30/03/2018.

2 CISCO. Cisco Global Cloud Index: Forecast and Methodology. 2015 – 2020, 2015.

3 A. V. Dastjerdi and R. Buyya. Fog Computing: Helping the Internet of Things Realize Its Potential. *Computer*, 49(8): 112 – 116, August 2016.

4 I. Stojmenovic, S. Wen, X. Huang, and H. Luan. An overview of fog computing and its security issues. *Concurrency and Computation: Practice and Experience*, 28(10): 2991 – 3005, July 2016.

5 R. Mahmud, R. Kotagiri, and R. Buyya. Fog computing: A taxonomy, survey and future directions. *Internet of Everything: Algorithms, Methodologies, Technologies and Perspectives*, Beniamino Di Martino, Kuan-Ching Li, Laurence T. Yang, Antonio Esposito (eds.), Springer, Singapore, 2018.

6 F. Bonomi, R. Milito, P. Natarajan, and J. Zhu. Fog computing: A platform for internet of things and analytics. *Big Data and Internet of Things: A Roadmap for Smart Environments*, N. Bessis, C. Dobre (eds.), Springer, Cham, 2014.

7 W. Shi and S. Dustdar. The promise of edge computing. *Computer*, 49(5): 78 – 81, May 2016.

8 A. Brogi and S. Forti. QoS-aware Deployment of IoT Applications Through the Fog. *IEEE Internet of Things Journal*, 4(5): 1185 – 1192, October 2017.

9 P. O. Östberg, J. Byrne, P. Casari, P. Eardley, A. F. Anta, J. Forsman, J.

Kennedy, T.L. Duc, M.N. Marino, R. Loomba, M.A.L. Pena, J.L. Veiga, T. Lynn, V. Mancuso, S. Svorobej, A. Torneus, S.Wesner, P. Willis and J. Domaschka. Reliable capacity provisioning for distributed cloud/edge/fog computing applications. In *Proceedings of the 26th European Conference on Networks and Communications*, Oulu, Finland, June 12–15, 2017.

10 OpenFog Consortium. OpenFog Reference Architecture (2016), *http:// openfogconsortium.org/ra*, 30/03/2018.

11 M. Chiang and T. Zhang. Fog and IoT: An overview of research opportunities. *IEEE Internet of Things Journal*, 3(6): 854–864, December 2016.

12 S. Rizzi, What-if analysis. *Encyclopedia of Database Systems*, Springer, US, 2009.

13 A. Brogi, S. Forti, and A. Ibrahim. How to best deploy your fog applications, probably. In *Proceedings of the 1st IEEE International Conference on Fog and Edge Computing*, Madrid, Spain, May 14, 2017.

14 A. Brogi, S. Forti, and A. Ibrahim. Deploying fog applications: How much does it cost, by the way? In *Proceedings of the 8th International Conference on Cloud Computing and Services Science*, Funchal (Madeira), Portugal, March 19–21, 2018.

15 C. Perera. *Sensing as a Service for Internet of Things: A Roadmap*. Leanpub, Canada, 2017.

16 S. Newman. *Building Microservices: Designing Fine-Grained Systems*. O'Reilly Media, USA, 2015.

17 W. L. Dunn and J. K. Shultis. *Exploring Monte Carlo Methods*. Elsevier, Netherlands, 2011.

18 J. L. Diaz, J. Entrialgo, M. Garcia, J. Garcia, and D. F. Garcia. Optimal allocation of virtual machines in multi-cloud environments with reserved and on-demand pricing, *Future Generation Computer Systems*, 71: 129–144, June 2017.

19 D. Niyato, D. T. Hoang, N. C. Luong, P. Wang, D. I. Kim and Z. Han. Smart data pricing models for the internet of things: a bundling strategy approach, *IEEE Network* 30(2): 18–25, March-April 2016.

20 A. Brogi, A. Ibrahim, J. Soldani, J. Carrasco, J. Cubo, E. Pimentel and F. D'Andria. SeaClouds: a European project on seamless management of multi-cloud applications. *Software Engineering Notes of the ACM Special Interest*

Group on Software Engineering, 39(1): 1 – 4, January 2014.

21 R. Di Cosmo, A. Eiche, J. Mauro, G. Zavattaro, S. Zacchiroli, and J. Zwolakowski. Automatic Deployment of Software Components in the cloud with the Aeolus Blender. In *Proceedings of the 13th International Conference on Service-Oriented Computing*, Goa, India, November 16 – 19, 2015.

22 A. Corradi, L. Foschini, A. Pernafini, F. Bosi, V. Laudizio, and M. Seralessandri. Cloud PaaS brokering in action: The Cloud4SOA management infrastructure. In *Proceedings of the 82nd IEEE Vehicular Technology Conference*, Boston, MA, September 6 – 9, 2015.

23 F. Li, M. Voegler, M. Claesens, and S. Dustdar. Towards automated IoT application deployment by a cloud-based approach. In *Proceedings of the 6th IEEE International Conference on Service-Oriented Computing and Applications*, Kauai, Hawaii, December 16 – 18, 2013.

24 A. Brogi, J. Soldani and P. Wang. TOSCA in a Nutshell: Promises and Perspectives. In *Proceedings of the 3rd European Conference on Service-Oriented and Cloud Computing*, Manchester, UK, September 2 – 4, 2014.

25 P. Varshney and Y. Simmhan. Demystifying fog computing: characterizing architectures, applications and abstractions. In *Proceedings of the 1st IEEE International Conference on Fog and Edge Computing*, Madrid, Spain, May 14, 2017.

26 Z. Wen, R. Yang, P. Garraghan, T. Lin, J. Xu, and M. Rovatsos. Fog orchestration for Internet of Things services. *iEEE Internet Computing*, 21(2): 16 – 24, March-April 2017.

27 J.-P. Arcangeli, R. Boujbel, and S. Leriche. Automatic deployment of distributed software systems: Definitions and state of the art. *Journal of Systems and Software*, 103: 198 – 218, May 2015.

28 R. Nathuji, A. Kansal, and A. Ghaffarkhah. Q-Clouds: Managing Performance Interference Effects for QoS-Aware Clouds. In *Proceedings of the 5th EuroSys Conference*, Paris, France, April 13 – 16, 2010.

29 T. Cucinotta and G.F. Anastasi. A heuristic for optimum allocation of real-time service workflows. In *Proceedings of the 4th IEEE International Conference on Service-Oriented Computing and Applications*, Irvine, CA, USA, December 12 – 14, 2011.

30 Z. Wen, J. Cala, P. Watson, and A. Romanovsky. Cost effective, reliable and

secure workflow deployment over federated clouds. *IEEE Transactions on Services Computing*, 10(6): 929 – 941, November–December 2017.

31 S.Wang, A. Zhou, F. Yang, and R. N. Chang. Towards network–aware service composition in the cloud. *IEEE Transactions on Cloud Computing*, August 2016.

32 A. Bergmayr, A. Rossini, N. Ferry, G. Horn, L. Orue–Echevarria, A. Solberg, and M. Wimmer. *The Evolution of CloudML and its Manifestations*. In *Proceedings of the 3rd International Workshop on Model-Driven Engineering on and for the Cloud*, Ottawa, Canada, September 29, 2015.

33 Puppetlabs, Puppet, https://puppet.com. Accessed March 30, 2018.

34 Opscode, Chef, https://www.chef.io. Accessed March 30, 2018.

35 J. Yu, Y. Chen, L. Ma, B. Huang, and X. Cheng. On connected Target k–Coverage in heterogeneous wireless sensor networks. *Sensors*, 16(1): 104, January 2016.

36 A.B. Altamimi and R.A. Ramadan. Towards Internet of Things modeling: a gateway approach. *Complex Adaptive Systems Modeling*, 4(25): 1 – 11, November 2016.

37 H. Deng, J. Yu, D. Yu, G. Li, and B. Huang. Heuristic algorithms for one–slot link scheduling in wireless sensor networks under SINR. *International Journal of Distributed Sensor Networks*, 11(3): 1 – 9, March 2015.

38 L. Li, Z. Jin, G. Li, L. Zheng, and Q. Wei. Modeling and analyzing the reliability and cost of service composition in the IoT: A probabilistic approach. In *Proceedings of 19th International Conference on Web Services*, Honolulu, Hawaii, June 24 – 29, 2012.

39 S. Sarkar and S. Misra. Theoretical modelling of fog computing: a green computing paradigm to support IoT applications. *IET Networks*, 5(2): 23 – 29, March 2016.

40 H. Gupta, A.V. Dastjerdi, S.K. Ghosh, and R. Buyya. iFogSim: A Toolkit for Modeling and Simulation of Resource Management Techniques in Internet of Things, Edge and Fog Computing Environments. *Software Practice Experience*, 47(9): 1275 – 1296, June 2017.

41 L.F. Bittencourt, J. Diaz–Montes, R. Buyya, O.F. Rana, and M. Parashar, Mobility–aware application scheduling in fog computing. *IEEE Cloud Computing*, 4(2): 26 – 35, April 2017.

42 W. Tarneberg, A.P. Vittorio, A. Mehta, J. Tordsson, and M. Kihl, Distributed approach to the holistic resource management of a mobile cloud network. In *Proceedings of the 1st IEEE International Conference on Fog and Edge Computing*, Madrid, Spain, May 14, 2017.

43 S. Shekhar, A. Chhokra, A. Bhattacharjee, G. Aupy and A. Gokhale, INDICES: Exploiting edge resources for performance-aware cloud-hosted services. In *Proceedings of the 1st IEEE International Conference on Fog and Edge Computing*, Madrid, Spain, May 14, 2017.

44 O. Skarlat, M. Nardelli, S. Schulte and S. Dustdar. Towards QoS-aware fog service placement. In *Proceedings of the 1st IEEE International Conference on Fog and Edge Computing*, Madrid, Spain, May 14, 2017.

45 O. Skarlat, S. Schulte, M. Borkowski, and P. Leitner. Resource Provisioning for IoT services in the fog. In *Proceedings of the 9th IEEE International Conference on Service-Oriented Computing and Applications*, Macau, China, November 4-6, 2015.

46 M. Aazam, M. St-Hilaire, C. H. Lung, and I. Lambadaris. MeFoRE: QoE-based resource estimation at Fog to enhance QoS in IoT. In *Proceedings of the 23rd International Conference on Telecommunications*, Thessaloniki, Greece, May 16-18, 2016.

47 A. Markus, A. Kertesz and G. Kecskemeti. Cost-Aware IoT Extension of DISSECT-CF, *Future Internet*, 9(3): 47, August 2017.

48 M. Selimi, L. Cerda-Alabern, M. Sanchez-Artigas, F. Freitag and L. Veiga. Practical Service Placement Approach for Microservices Architecture. In *Proceedings of the 17th IEEE/ACM International Symposium on Cluster, Cloud and Grid Computing*, Madrid, Spain, May 14-17, 2017.

49 I. Naas, P. Raipin, J. Boukhobza, and L. Lemarchand. iFogStor: an IoT data placement strategy for fog infrastructure. In *Proceedings of the 1st IEEE International Conference on Fog and Edge Computing*, Madrid, Spain, May 14, 2017.

50 A. Majd, G. Sahebi, M. Daneshtalab, J. Plosila, and H. Tenhunen. Hierarchal placement of smart mobile access points in wireless sensor networks using fog computing. In *Proceedings of the 25th Euromicro International Conference on Parallel, Distributed and Network-based Processing*, St. Petersburg, Russia, March 6-8, 2017.

51 K. Fatema, V.C. Emeakaroha, P.D. Healy, J.P. Morrison and T. Lynn. A survey

of cloud monitoring tools: Taxonomy, capabilities and objectives. *Journal of Parallel and Distributed Computing*, 74(10): 2918 − 2933, October 2014.

52 Y. Breitbart, C.-Y. Chan, M. Garofalakis, R. Rastogi, and A. Silberschatz. Efficiently monitoring bandwidth and latency in IP networks. In *Proceedings of the 20th Annual Joint Conference of the IEEE Computer and Communications Societies*, Alaska, USA, April 22 − 26, 2001.

IoT 시스템의 보안 및 프라이버시를 위한 머신러닝 활용

멜로디 모[Melody Moh], 로빈슨 라주[Robinson Raj]

10.1 소개

오늘날에는 IoT 디바이스는 어디에나 존재하며 우리 삶의 거의 모든 영역에 널리 보급돼
다음과 같이 스마트한 시대가 됐다.

- 스마트 홈은 애플리케이션, 조명 및 온도 조절 장치가 인터넷에 연결돼 있다[1].
- 스마트 의료 디바이스는 원격으로 환자의 상태를 모니터링할 수 있을 뿐만 아니라
  환자에게 필요한 시점에 약을 투여할 수 있다[2].
- 스마트 브리지[smart beidge]에는 하중 부하를 모니터링하는 센서가 부착돼 있다[3].
- 스마트 파워 그리드[1] 전력 시스템의 장애를 감지하고 전력 공급을 관리한다[4].
- 산업계의 스마트 기계는 작업자의 안전을 강화하고 자동화를 향상시키고자 중장
  비 기계에 센서가 내장 또는 탑재돼 있다[5].

IoT의 규모를 보다 잘 이해하고자 몇 가지 검토해야 할 수치는 다음과 같다.

- 2008년에는 인터넷에 연결된 디바이스의 수는 전 세계 인구 약 67억 명을 넘어
  섰다.

1　스마트 파워 그리드(smart power grid)는 전기의 생산, 운반, 소비 과정에 정보통신기술을 접목해 공급자와 소비자가
　상호 작용함으로써 효율성을 높인 지능형 전력망 시스템이다. – 옮긴이

- 2015년에는 핸드폰 제조업체에서 약 14억 개의 스마트폰을 출고했다.
- 2020년까지 61억 명의 스마트폰 사용자와 500억 개의 사물이 인터넷으로 서로 연결될 것으로 예상된다[6].
- 2027년까지 산업 부문에서는 기계 간의 연결^{machine-to-machine connection}이 270억 대에 이를 것으로 예상된다.

수많은 IoT 디바이스에서 생성되는 데이터로 인해 제타바이트^{zettabyte} 시대가 도래됐다[7]. 3만 6000년 분량의 고화질 텔레비전 영상은 1제타바이트에 해당한다.

- 2013년 인터넷에 연결된 디바이스는 3.1제타바이트의 데이터를 생성했다.
- 2014년에는 8.6제타바이트로 급증했다.
- 2018년에는 그 수가 400제타바이트까지 증가할 것으로 예상된다[8].

10.1.1 IoT의 보안 및 개인 정보 문제 예제

9장에서는 IoT의 보편성[2], 생성되는 데이터의 양, 사용된 기술에 대해 설명했지만, 10장에서는 전송되는 데이터의 유형과 이에 따른 보안 및 개인 정보 보호에 대해 중점적으로 다룬다. 유비쿼터스화는 양날의 칼이다. 그 범위는 인간이 생각하는 것보다 더 광범위하지만 유비쿼터스 환경에서 보안 취약성 또한 광범위하게 존재한다. 따라서 독립적으로 제조된 수많은 장비들은 서로 다른 프로토콜을 사용해 통신하고 제타바이트의 데이터를 생성하는 시스템의 보안 및 개인 정보 보호에 미치는 영향은 깊고 광범위하다. 시스코^{Cisco}의 글로벌 클라우드 인덱스^{Global Cloud Index} 백서에는 생성되는 클라우드의 데이터 유형을 설명했다. 파일 공유 서비스 문서 중 7.6%는 기밀 데이터를 포함하고 있다. 개인 식별 정보(예를 들어 주민등록 번호, 세금 ID 번호, 전화 번호, 주소 등)는 모든 문서의 4.3%에 이른다. 다음으로 문서의 2.3%는 결제 데이터(예를 들어 신용카드 번호, 직불카드 번호, 은행계좌 번호 등)가 포함돼 있다. 마지막으로 문서의 1.6%에는 보호된 건강 정보(예를 들어 환자 의료 정보, 치료, 의료 기록 ID 등)가 포함돼 있다.

IoT 사용량이 증가함에 따라 IoT 시스템이 클라우드에 업로드한 데이터의 양이 사용자가 생성한 데이터 양보다 훨씬 많다. IoT 데이터는 클라우드에 있고 IoT 디바이스는

---

2 보편성이란 '어디에나 존재함'을 의미한다. - 옮긴이

인터넷에 연결돼 있기 때문에 다양한 유형의 공격에 취약하다. 사실 우리는 매일 자주 해킹과 관련된 뉴스를 접하고 있다.

- 정수 처리장이 해킹됐고 수돗물을 공급하고자 화학 혼합물이 변경됐다[9].
- 우크라이나 원자력 발전소가 파괴됐다[10].
- Rapidp7 보안 회사의 보안 연구원들은 여러 비디오 유아 모니터 시스템에 영향을 미치는 많은 보안 취약점을 발견했다[11].
- 웨어러블 장치의 데이터는 강도 사건 범죄 계획에 사용된다[12].
- 해커가 어떻게 심박 조율기pacemaker를 공격할 수 있는지에 대한 보고서가 존재한다 [13].

2016년 사이버 범죄 보고서[14]에 따르면 사이버 범죄 피해액은 2015년 32조 달러에서 2021년까지 매년 세계적으로 6조 달러가 증가할 것으로 예상했다.

10.1.2 IoT 계층별 보안 문제

IoT 보안에 관한 2015년 IBM 보고서를 검토한 결과 IoT 생태계의 모든 계층에 적용 가능한 보안 취약점 및 보안 취약점 보호 방법을 설명했다(그림 10.1 참고).

10.1.2.1 센싱 계층

방금 설명한 대부분의 시나리오에서 해커들은 유아 모니터링 시스템이나 환자들을 위한 심박 조율기와 같은 센서에 무단 접근이 가능할 때 가장 큰 피해를 입힐 수 있다. 따라서 해커의 무단 침입을 예방하거나 사용자에게 해커의 침입 시도를 경고할 수 있도록 센서를 보호하고 모니터링하는 것이 중요하다. 센싱 계층sensing layer에서 발생할 수 있는 해커의 위협은 다음과 같다.

- 데이터에 대한 무단 접근
- 서비스 거부 공격
- 잘못된 정보를 보내기 위한 악성 소프트웨어malware
- 인증받지 않은 사용자(예를 들어 해커)에게 데이터를 보내기 위한 악성 소프트웨어
- 계획된 공격으로 이어지는 정보 수집 또는 데이터 유출

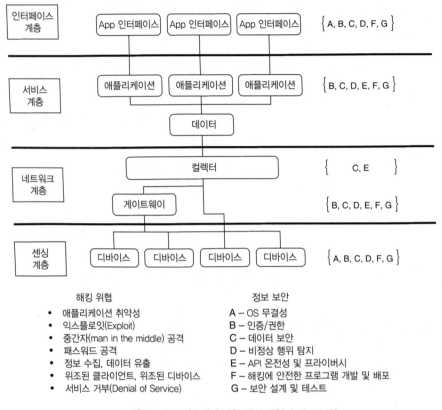

해킹 위협
- 애플리케이션 취약성
- 익스플로잇(Exploit)
- 중간자(man in the middle) 공격
- 패스워드 공격
- 정보 수집, 데이터 유출
- 위조된 클라이언트, 위조된 디바이스
- 서비스 거부(Denial of Service)

정보 보안
A – OS 무결성
B – 인증/권한
C – 데이터 보안
D – 비정상 행위 탐지
E – API 온전성 및 프라이버시
F – 해킹에 안전한 프로그램 개발 및 배포
G – 보안 설계 및 테스트

그림 10.1 IoT 시스템에 대한 해킹 위협과 정보 보안

10.1.2.2 네트워크 계층

IoT를 운영하는 데 있어 네트워크 가용성, 관리의 효율성, 확장성은 매우 중요하다. 모니터링 애플리케이션이 정해진 시간에 데이터를 얻을 수 없는 경우 IoT 디바이스는 무용지물이 된다. 따라서 해커들은 스마트 시스템을 무력화시키고자 더 자주 네트워크를 공격한다. 한 번에 많은 데이터를 전송해 네트워크를 마비시키는 서비스 거부 공격[DoS attack, Denial of Service attack]은 일반적인 해커의 공격 방법 중 하나다.

10.1.2.3 서비스 계층

서비스 계층[service layer]은 하단의 하드웨어 계층[hardware layer]과 상단의 인터페이스 계층[interface layer] 사이의 가교 역할을 한다. 서비스 계층에 대한 해커의 공격은 디바이스 관리 및 정보 관리와 같은 중요한 기능에 영향을 미치므로 최종 사용자가 서비스를 받지 못하는 상황이 발생할 수 있다. 개인 정보 보호privacy protection, 접근 제어access control, 사용자 인증user authentication, 통신 보안communication security, 데이터 무결성data integrity, 데이터 기밀성data confidentiality 은 서비스 계층 보안에서 가장 필수적인 부분이다.

10.1.2.4 인터페이스 계층

여러 면에서 인터페이스 계층interface layer은 IoT 생태계에서 가장 취약한 계층에 해당한다. 이 계층은 IoT 생태계 최상위에 있으며 아래의 다른 모든 계층과 통하는 게이트웨이gateway이기 때문이다. 인터페이스 계층의 인증 및 권한 부여 메커니즘authentication and authorization mechanism이 손상되면 에지 디바이스까지 부정적인 파급 효과를 미칠 수 있다. 해커는 피싱phishing 또는 기타 유사한 공격을 통해 민감한 정보를 얻을 수 있기 때문에 최종 사용자는 해킹 공격 메커니즘에 노출돼 있다. 웹 및 앱 인터페이스는 SQL 인젝션SQL injection, 크로스 사이트 스크립팅cross-site scripting, 알려진 기본 자격 증명known default credential, 안전하지 않은 암호 복구 메커니즘 등과 같은 빈번한 공격에 노출돼 있다.

OWASPOpen Web Application Security Project는 IoT 보안 취약점[16]을 깔끔하게 요약했고 유용한 참고 자료로 활용된다(표 10.1 참고).

10.1.3 IoT 디바이스의 프라이버시 문제

2015년 휴렛팩커드Hewlett Packard가 수행한 IoT 연구 보고서[17]에 따르면 IoT 디바이스의 80%가 정보 보안 취약점에 노출돼 있다. 많은 IoT 디바이스들은 이름, 주소, 생년월일, 결제 정보, 건강 데이터, 가정의 조명 및 소리 정보, 가정 내 활동 정보 등과 같은 다양한 개인 정보 데이터를 수집한다(그림 10.2 참고). 이러한 IoT 디바이스들은 대부분 암호화되지 않는 상태로 홈 네트워크 내에서 데이터를 전송하고 있으며, 수집된 개인 정보 데이터가 가정에서 클라우드로 이동하기 때문에 대부분의 사람들의 개인 정보 데이터가 외부에 노출되는 문제가 발생한다. 이 보고서는 IoT 디바이스당 평균 25개의 보안 취약점이 발견 됐으며 총 250개의 취약점이 발견됐다고 밝혔다.

『패스트 컴퍼니Fast Company』에 실린 기사에서 로렌 자놀리Lauren Zanolli 기자[18]는 IoT가 "프라이버시 지옥Privacy Hell"이라고 언급했으며, 『월 스트리트 저널Wall Street Journal』의 또 다른 기사에서는 IoT로 인해 발생하는 새로운 개인 정보 노출의 위험성을 언급했다. 이탈리아의 의류, 화장품 제조 회사인 베네통Benetton이 자사의 의류에 RFID를 부착하려는 시도에

표 10.1 OWASP IoT 공격 노출 영역

어택 서피스[3]	취약점
에코 시스템 액세스 컨트롤 (ecosystem access control)	• 구성 요소 간의 암묵적 신뢰 • 등록 보안 • 분실 액세스 절차
디바이스 메모리 (device memory)	• 일반 사용자 이름 및 비밀번호 • 서트-파티 자격 증명(third-party credentials) • 암호화 키(encryption key)
디바이스 웹 인터페이스 (device web interface)	• SQL 인젝션(SQL injection) • 크로스 사이트 스크립팅(cross-site scripting) • 크로스 사이트 요청 위조(cross-site request forgery) • 사용자 이름 열거 • 취약한 암호 • 계정 잠금(Account lockout) • 알려진 기본 자격 증명
디바이스 펌웨어 (device firmware)	• 하드코딩된 자격 증명(hardcoded credentials) • 민감한 정보 공개 • 민감한 URL 노출 • 암호화 키 • 펌웨어 버전 표시/또는 마지막 업데이트 날짜
디바이스 네트워크 서비스 (device network service)	• 정보 공개 • 사용자 CLI • 관리 CLI • 인젝션(injection) • 서비스 거부(DoS) • 암호화되지 않은 서비스 • 제대로 구현되지 않은 암호화 • 취약한 UDP 서비스 • DoS
관리 인터페이스 (administrative interface)	• SQL 인젝션(SQL injection) • 크로스 사이트 스크립팅(cross-site scripting) • 크로스 사이트 요청 위조(cross-site request forgery) • 사용자 이름 열거 • 취약한 비밀번호 • 계정 잠금 • 알려진 기본 자격 증명 • 로깅 옵션(logging option) • 이중 인증(two-factor authentication) • 디바이스를 지울 수 없음

---

3   접근할 수 있고 악용 가능한 취약점을 말한다. – 옮긴이

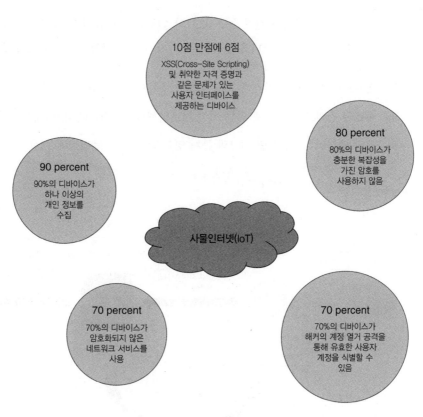

10점 만점에 6점

XSS(Cross-Site Scripting)
및 취약한 자격 증명과
같은 문제가 있는
사용자 인터페이스를
제공하는 디바이스

80 percent

80%의 디바이스가
충분한 복잡성을
가진 암호를
사용하지 않음

90 percent

90%의 디바이스가
하나 이상의
개인 정보를
수집

사물인터넷(IoT)

70 percent

70%의 디바이스가
암호화되지 않은
네트워크 서비스를
사용

70 percent

70%의 디바이스가
해커의 계정 열거 공격을
통해 유효한 사용자
계정을 식별할 수
있음

그림 10.2 IoT의 프라이버시 취약성

맞서 시민 단체들이 불매 운동을 벌인 사례가 있다[20]. 2015년 1월 IoT에 대한 FTC 보고서[21]에는 기업이 소비자 개인정보 보호 및 정보 보안 위험을 해결하는 데 모범 사례를 적용하라고 강력하게 요청했다. IoT 보안과 관련해서 많은 연구가 진행돼 왔으며 대부분의 연구는 네트워킹과 라우팅에 대한 보안 문제를 진행했다. 이에 비해 개인 정보 보호 문제 해결을 위한 연구는 확실히 줄어들었다.

10.1.3.1 정보 프라이버시

프라이버시privacy는 포괄적인 용어로 역사적으로 미디어, 장소, 커뮤니케이션, 신체에 대한 프라이버시를 의미했다. 오늘날 이 용어는 정보 프라이버시를 의미하는 데 점점 더 많이 사용되고 있다. 프라이버시는 1968년 웨스틴Westin에 의해 "개인에 대한 정보가 언제, 어떻게, 어느 정도까지 전달되는지를 스스로 결정하기 위한 개인의 권리"로 정의됐다[22].

사물인터넷 프라이버시에 관한 논문 [23]의 연구진은 다음과 같이 정의했다. 사물인터넷에서의 개인 정보 보호는 다음과 같이 세 가지 주제를 만족해야 한다고 주장했다.

1. 스마트한 사물과 서비스에 의해 부과되는 개인 정보 위험에 대한 인식
2. 주변의 스마트한 사물에 의한 개인 정보의 수집 및 처리에 대한 개별적인 통제
3. 해당 엔티티[entity]가 실험 대상의 통제 영역 밖의 모든 엔티티에 대한 개인 정보 사용 및 배포에 대한 인식 및 통제

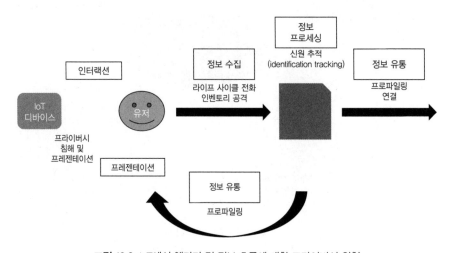

그림 10.3 IoT에서 엔티티 및 정보 흐름에 대한 프라이버시 위협

논문 [23] 연구진은 네트워크를 통해 어디서나 상호 연결돼 있는 사물인터넷의 프라이버시 문제를 신속하게 이해하고 분석하고자 참조 모델을 정의했다. 참조 모델은 네 가지 주요 타입, 즉 (i) 스마트 사물 (ii) 객체 (iii) 인프라 스트럭처 (iv) 서비스를 포함한다. 여기서는 다섯 가지 타입의 정보 흐름, 즉 (i) 상호 작용 (ii) 수집 (iii) 처리 (iv) 배포 (v) 프레젠테이션을 포함한다.

10.1.3.2 IoT 프라이버시 문제의 분류

논문 [23] 연구진은 또한 프라이버시 위협(그림 10.3 참고)을 다음과 같이 분류했다. (i) 식별 (ii) 지역화 및 추적 (iii) 프로파일링 (iv) 개인 정보 보호와 관련된 상호 작용 및 프레젠테이션 (v) 라이프 사이클 전환 (vi) 인벤토리 공격[inventory attack] (vii) 연결

식별 식별identification이란 식별자(예를 들어 이름 및 주소)를 개인과 연관시키는 위협을 말한다. 그것은 또한 사람들의 프로파일링과 추적과 같은 다른 위협들을 가능하게 하고 악화시킨다.

지역화 및 추적 지역화 및 추적localization and tracking은 시간과 공간을 통해 사람의 위치를 결정하고 기록하는 위협을 말한다. 많은 IoT 시스템에서 지역화는 필수 기능이기 때문에 대부분의 애플리케이션에서 개인 정보 데이터를 가져온다. 그러나 이로 인해 질병, 휴가 계획, 작업 일정 등과 같은 개인 정보가 노출될 수 있다.

프로파일링 프로파일링profiling은 사물인터넷IoT 디바이스의 데이터를 활용해 개인을 그룹으로 분류함으로써 생기는 위협을 말한다. 전자상거래의 개인화(예를 들어 추천 시스템, 뉴스레터, 광고)는 대상 콘텐츠를 최적화해 고객에게 제공하고자 프로파일링 기법을 사용한다. 예를 들어 프로파일링으로 인해 개인 정보가 침해되는 경우에는 가격 차별, 원하지 않는 광고, 사회 공학, 잘못된 자동 결정(예를 들어 페이스북의 성범죄자 자동 감지 등)이 있다. 또한 몇몇 데이터 마켓 플레이스는 개인의 프로필 정보를 수집해 판매한다.

개인 정보 보호와 관련된 상호 작용 및 프레젠테이션 개인 정보 침해 행위는 개인의 정보가 원하지 않는 대상에게 공개되고 전달되는 위협을 말한다. 예를 들어 스마트 워치를 착용하고 대중 교통을 이용하는 사람은 친구나 가족으로부터 문자 메시지가 도착하면 자동으로 스마트 워치 화면에 표시되기 때문에 낯선 사람들이 무심코 메시지를 읽을 수 있다.

라이프 사이클 전환 스마트한 사물이 업그레이드되면 데이터가 백업 및 복원된다. 이 과정에서 때로는 잘못된 데이터가 잘못된 디바이스에 저장돼 개인 정보가 노출될 수 있다(예를 들어 디바이스의 사진 및 영상을 다른 디바이스에서 사용할 수 있다).

인벤토리 공격 사물인터넷 디바이스는 인터넷을 통해 관리가 가능하기 때문에 해커들은 사물인터넷 디바이스인 스마트 미터(원격 전력 검침 관리 장치), 스마트 온도 조절기, 스마트 조명 등이 있는지 여부를 검색하고 특정 위치에 있는 스마트 디바이스의 인벤토리를 컴파일할 수 있다.

연결 연결linkage은 서로 다른 상황에서 수집된 다른 출처의 데이터를 결합해 해커가 의미 있는 데이터로 만드는 위협을 말한다. 노출된 데이터에 오류가 있을 수도 있고, 사용자가 이 작업을 수행할 권한을 부여하지 않았을 수도 있다.

요약하면 프라이버시는 IoT 디바이스에서 중요한 문제이며 IoT 생태계의 모든 계층에서 제조부터 배포까지 신속하게 프라이버시 문제를 처리해야 한다.

10.1.4 IoT 보안 침해 심층 분석: IoT 디바이스에 대한 분산 서비스 거부 공격

10.1.4.1 DDoS 소개

서비스 거부$^{DoS, Denial of Service}$ 공격은 해커가 인터넷에 연결된 컴퓨터의 서비스를 방해해 네트워크 리소스를 사용할 수 없게 만드는 사이버 공격 패턴 중 하나다. DoS 공격은 일반적으로 해커가 서비스 중인 시스템에 과부하를 발생시키고자 대량의 허위 접속을 유발시켜 해당 컴퓨터를 마비시키는 것을 말한다. 분산 서비스 거부$^{DDoS, Distributed Denial of Service}$ 공격은 여러 대의 공격자를 분산 배치해 처리할 수 없을 정도로 엄청난 양의 패킷을 동시에 범람시켜 정상적으로 운영 중인 시스템을 동시에 공격함으로써 시스템이 더 이상 정상적으로 서비스를 제공할 수 없도록 만든다. DDOS 공격은 일반 사용자의 PC를 감염시켜 좀비 PC로 만들어 공격력을 증가시킬 뿐만 아니라 공격자의 신원을 숨기고 좀비 PC 통해 자동으로 공격을 수행하는 방식이다. 대부분의 봇넷^{Botnet}은 사용자가 모르게 바이러스와 같은 악성 소프트웨어의 통제를 받는 컴퓨터 자원을 사용한다. 정보 보안의 CIA(기밀성^{confidentiality}, 무결성^{integrity}, 가용성^{availability}) 중에서 DDoS 공격은 시스템의 가용성을 파괴하는 것이 목표다. 그림 10.4는 해커가 정상적으로 운영 중인 시스템에 과부하를 발생시키기 위해 하나의 공격으로 시작해 다수의 공격으로 변화시킬 수 있는지를 보여 준다 [24].

DDoS 공격을 하는 동기는 협박을 통한 금전적 강탈, 사회적 목적을 달성하려는 해킹, 사이버 테러, 개인적 보복, 비즈니스 경쟁 등 다양하지만 DDoS 공격의 피해는 매우 심각하다. 그것은 기업의 평판을 손상시킬 수 있고, 막대한 수익 손실, 수만 시간의 생산성 손실을 초래할 수 있다. DDoS 공격의 규모는 2016년까지 초당 테라비트^{terabit}를 초과해 최근 몇 년 동안 계속 증가했다.

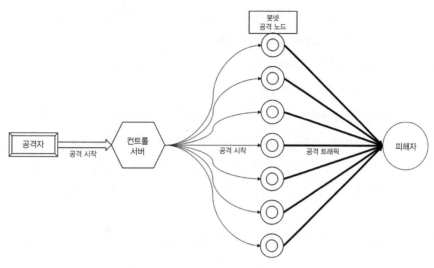

그림 10.4 DDoS 공격

10.1.4.2 주목할 만한 DoS 사건의 타임 라인[25]

- 1988년: 로버트 태판 모리스[Robert Tappan Morris]는 인터넷 전체에 걷잡을 수 없이 퍼지고 의도하지 않은 대규모 DoS를 일으키는 자가 복제 웜[self-replicating worm]을 확산시켰다.

- 1997년: 'AS 7007 사건'은 최초의 주목할 만한 BGP[4] 하이재킹 공격을 통해 인터넷의 상당 부분을 마비시켰다.

- 1999년: trin00의 개발, TFN과 Stacheldraht 봇넷 개발. 해커의 봇넷 DoS 공격의 첫 번째 사례는 미네소타 대학에 대한 trin00 공격이었다.

- 2000년: 당시 15세였던 마이클 칼스[Michael Calce]는 Yahoo!, Fifa.com, Amazon.com, Dell, E*TRADE, eBay, CNN 사이트를 대상으로 DoS 공격을 성공적으로 완료했다.

- 2004년: 4chan의 해커가 익명 및 기타 그룹에서 광범위하게 사용할 수 있는 DDoS 툴 LOIC[Low Orbit Ion Cannon]를 개발했다.

- 2007년: 일련의 DDoS 공격은 발트 3국의 하나인 에스토니아 정부를 대상으로 이

---

4   라우터의 외부 라우팅 프로토콜(Border Gateway Protocol)로써 인터넷 라우팅을 위해 많이 사용되고 TCP 프로토콜을 통해 메시지를 교환한다. – 옮긴이

뤄졌다. 이 공격은 러시아 정부가 공격의 배후로 의심되기 때문에 처음으로 정부가 지원하는 DDoS 공격으로 주목을 받았다.

- 2008년: 익명의 해커 단체 핵티비스트hacktivist[5]는 사이언톨로지 교회Church of Scientology를 겨냥한 첫 번째 DDoS 공격을 했다.
- 2009년: 러시아에 비판적인 조지아 인의 블러거 대상으로 페이스북, 구글 블로거, LiveJournal, 트위터 사이트를 겨냥한 DDoS 공격이 이뤄졌다.
- 2010년: 익명의 해커 단체 핵티비스트는 위키리크스에 기부금을 동결한 은행을 겨냥해 코드명 '오퍼레이션 어뱅지 어산지Operation Avenge Assange'로 DDoS 공격을 시작했다.
- 2013년: 안티 스팸anti-spam 단체인 Spamhaus.org을 겨냥한 대규모 DDoS 공격으로 최고 300Gbps의 트래픽을 발생시켜 공격을 한 사례가 있다.
- 2014년: 해킹 그룹인 리자드 스쿼드Lizard Squad는 소니 플레이 스테이션 네트워크Sony Play station Network과 마이크로 소프트 Xbox Live를 대상으로 DDoS 공격을 시행했다.
- 2015년: 네트워크 보안 하드웨어 업체는 해커가 자사의 익명의 고객의 대상으로 500Gbps 이상의 DDoS 공격이 이뤄졌다고 발표했다.
- 2017년: 2017년 10월 21일 많은 기업에 DNS 서비스를 제공하는 업체인 다인Dyn[26]에 대한 해커의 대규모 DDoS 공격으로 인해 많은 사용자는 DDoS 공격이 이뤄지는 동안 Twitter, Pinterest, Reddit, GitHub, Amazon, Verizon, Comcast 등과 같은 유명한 웹사이트를 이용할 수 없었다.

10.1.4.3 최근의 DDoS 공격이 성공한 이유

가장 최근 일어난 다인Dyn 기업[26]에 대한 해커의 DDoS 공격은 가정용 라우터 및 감시 카메라와 같은 수많은 보안되지 않는 IoT 디바이스를 활용해 이뤄졌다. 해커는 악성 코드에 감염된 수천 개의 디바이스를 사용해 봇넷botnet을 구축했다. 악성 코드에 감염된 각각의 IoT 디바이스는 공격력이 강하지 않지만, 감염된 모든 IoT 디바이스가 한꺼번에 공격 대상 서버에 과부하를 일으킬 수 있는 대량의 트래픽을 발생시켜 공격했다. 구입한 IoT 디바이스의 처음 세팅된 기본 암호를 변경하지 않고 인터넷에 연결하는 순간 DDoS 공격에 사용되는 좀비 디바이스가 될 수 있다. welivesecurity.com[27]의 보고서에 따르

---

5   컴퓨터 시스템에 침입해 정치, 사회 운동과 관련된 안건을 추진하고자 하는 해커 – 옮긴이

면 ESET가 1만 2,000개 이상의 홈 라우터를 테스트한 결과 15% 정도가 보안에 취약한 것으로 나타났다. 스티븐 콥Stephen Cobb은 '10월 21일 IoT DDoS 공격에 대해 알아야 할 10가지 사항'이라는 기사[28]에서 기본으로 세팅된 암호를 변경하지 않는 것이 DDoS 공격의 주요 원인이라고 주장했다. 2014년 mashable.com 보고서[29]에 따르면 웹캠을 구매한 사용자들이 기본으로 세팅된 기본 암호를 변경하지 않았기 때문에 인터넷에서 7만 3,000개의 웹캠이 노출됐다고 밝혔다.

요약하자면 수십 년에 걸친 정보 보안에 대한 연구에도 불구하고 최근에 해커에 의한 DDoS 공격이 성공할 수 있었던 원인은 다음과 같다.

- IoT 디바이스의 확산
- 새로 구입한 IoT 디바이스에 기본으로 세팅된 암호를 변경하지 않고 사용하는 디바이스의 수가 증가했고, 이는 스마트 IoT 디바이스 잘 모르는 사용자의 증가로 인해 보안 취약점에 쉽게 노출되고 있다.

10.1.4.4 IoT 디바이스에 대한 공격 예방 방법

앞서 언급한 바와 같이 IoT 디바이스를 사용하는 이용자 숫자는 놀라울 정도로 급격하고 증가하고 있으며, IoT 디바이스를 생산하는 업체들은 해커에 공격에 대응할 수 있는 안전한 제품을 만들어야 한다. 해커의 공격은 점점 경제에 치명적인 악영향을 미치고 세계 전쟁의 새로운 통화currency가 됐다. 이를 염두에 둔 미국 상원은 2017년 8월 [30] IoT 디바이스의 사이버 보안을 개선하기 위한 법률을 도입했다.

- 미국 연방 정부는 구매한 인터넷 연결 디바이스의 공급 업체에게 보안을 위해 최신 소프트웨어 패치가 가능한지, 업계 표준 프로토콜을 준수하는지, 하드코딩된 암호를 사용하지 않는지, 알려진 보안 취약점을 포함하고 있지 않은지 확인하고 납품하도록 요구해야 한다.
- 미국 관리 예산 관리국OMB, Office of Management and Budget은 데이터 처리 및 소프트웨어 기능이 제한된 디바이스의 대체 네트워크 수준 보안 요구 사항을 준수하고 개발하도록 지시해야 한다.
- 미국 국토 안보부DHS, Department of Homeland Security의 국가 보호 및 프로그램 책임자에게 미국 정부에 연결된 디바이스를 제공하는 계약자가 요구하는 사이버 보안 조정 취

약점 공개 정책에 관한 지침^{guideline}을 발행하도록 지시해야 한다.

- 채택된 취약성 공개 지침에 따라 연구에 참여하는 연구자에게 컴퓨터 사기 및 남용에 관한 법률^{Computer Fraud and Abuse Act} 및 디지털 밀레니엄 저작권법^{Digital Millennium Copyright Act}에 따른 책임을 면제해야 한다.
- 각 집행 기관은 기관에서 사용 중인 모든 인터넷 연결 디바이스의 목록을 작성하도록 요구해야 한다.

10.1.4.5 IoT 디바이스에 대한 공격을 예방하는 단계

IoT 디바이스를 보호할 수 있는 가장 중요한 전략은 다음과 같다. 악용당할 수 있는 IoT 디바이스의 수를 줄이고 핵티비스트^{hacktivist}처럼 공격자가 될 가능성이 있는 해커들을 설득해야 한다. 또한 해커를 처벌하기 위한 글로벌 전략도 필요하다. 악용될 수 있는 디바이스를 줄이려는 노력이 여러 차례 있었다. 위에 언급한 사이버 보안 개선법^{Cybersecurity Improvement Act}, 국토 안보부에서 발송한 경고문, WaterISAC의 10가지 사이버 보안 기본 조치[32]는 정부에서 이를 위한 몇 가지 시도에 해당한다. 최신 공격 이후 US-CERT[33]가 권장하는 상위 네 가지 조치는 다음과 같다.

1. 모든 디바이스의 기본 암호를 강력한 암호로 변경됐는지 확인해야 한다(시스템 및 네트워크 장비를 제조하는 업체에서 초기에 설정한 사용자 ID 및 암호는 인터넷에서 쉽게 찾을 수 있어 기본 사용자 ID 및 암호를 그대로 사용하는 것은 매우 위험하다).

2. IoT 디바이스를 구매한 후 장비 제공 업체에서 제공하는 최신 보안 패치로 업데이트해야 한다.

3. 꼭 필요한 경우가 아니라면 라우터의 UPnP^{Universal Plus and Paly} 기능을 비활성화해야 한다.

4. 최신 보안 취약점을 적용한 기업의 IoT 디바이스를 구입해야 한다.

10.2 연구 배경

10.2.1 머신러닝의 개요

머신러닝은 컴퓨터 게임과 인공지능 분야의 개척자로 알려진 미국의 아서 새뮤얼^{Arthur} ^{Samuel}이 만든 용어[34]로 컴퓨터에 명시적인 프로그래밍 작업 없이 컴퓨터 스스로 학습하고 행동하도록 하는 컴퓨터 과학 기술을 말한다. 머신러닝의 기본 개념은 데이터를 분석하고 패턴을 인식하고 머신이 이전에 볼 수 없었던 데이터를 분석하는 데 사용할 수 있는 모델을 생성할 수 있는 알고리즘을 만드는 것이다. 시스템이 더 많은 데이터를 제공함에 따라 알고리즘은 지속적으로 스스로 학습하고 신뢰할 수 있는 결정을 반복적으로 내릴 수 있게 된다. 지난 10여 년 동안 컴퓨팅 성능이 크게 향상됐고 하둡^{Hadoop}과 같은 분산 시스템이 짧은 시간에 대규모 데이터를 처리할 수 있게 됨으로써 머신러닝은 사람들이 사용하는 많은 분야에서 널리 활용되고 있다. 예를 들어 음성 인식$^{speech recognition}$, 이미지 인식$^{image recognition}$, 지문 인식$^{fingerprint scanning}$, 자율 주행차$^{self-driving car}$에 이르기까지 머신러닝은 거의 모든 분야에서 사용되고 있으며, 최근 들어 가장 영향력 있는 발명품이다.

다양한 시나리오에서 사용되는 많은 머신러닝 알고리즘이 존재한다. 일반적으로 시스템에서 사용할 수 있는 학습의 유형 또는 원하는 출력(결과물)에 따라 분류할 수 있다. 학습의 특성에 따라 머신러닝 알고리즘은 다음과 같이 분류할 수 있다[35].

- **지도학습**$^{supervised learning}$ 여기에서는 해당 라벨이 있는 데이터가 포함된 트레이닝 세트$^{training set}$를 컴퓨터에 제공한다. 그런 다음 알고리즘은 알려지지 않는 입력을 알려진 출력에 매핑하는 모델을 만든다.
- **비지도학습**$^{unsupervised learning}$ 이 유형의 학습에서 트레이닝 세트에는 출력 라벨이 없다. 알고리즘은 데이터에서 숨겨진 패턴을 발견한 다음 이를 사용해 향후 알려지지 않은 입력을 패턴에 매핑^{mapping}한다.
- **강화학습**$^{reinforcement learning}$ 이 프로그램은 지속적으로 입력을 받는 동적인 환경에서 작동하며, 프로그램의 출력(결과물)은 옳고 그름에 대한 피드백을 제공한다.

원하는 출력(결과물)에 따라 머신러닝 알고리즘은 다음과 같이 분류할 수 있다.

- **분류**^{classification} 출력은 한정된 수의 개별 카테고리/클래스다. 분류 알고리즘은 이러

한 클래스 중 하나를 새로운 입력에 할당할 수 있는 트레이닝 데이터로부터 모델을 생성해야 한다. 예를 들어 스팸 필터링^{spam filtering}과 신용카드 회사는 고객의 신용이 신용할 만한지 아닌지를 결정하고자 분류 알고리즘을 사용한다.

- **회귀**^{regression} 출력은 개별적이지 않지만 하나 이상의 연속 변수^{continuous variable}다. 예를 들어 TV 및 라디오 광고 예산에 따른 생산 판매량 예측, 일련의 변수가 주어진 주택 가격 예측 등에 사용된다.

- **클러스터링**^{clustering} 클러스터링의 목표는 입력 데이터를 유사한 데이터 포인트가 포함된 클러스터로 그룹화하는 것이다. 예를 들어 고객의 구매 패턴을 기준으로 사용자를 분류하고 모션 센서를 활용해 활동 유형의 감지 등에 사용된다.

- **차원 축소**^{dimensionality reduction} 차원 축소의 목적은 문제에 중요한 차원(특징)에 초점을 맞춘다는 취지에서 차원의 수를 줄이는 것이 목표다. 또한 복잡성, 공간, 연산 시간을 줄이는 데 도움이 되는 알고리즘이다.

10.2.2 자주 사용되는 머신러닝 알고리즘

10.2.2절에서는 가장 일반적으로 사용되는 머신러닝 알고리즘을 간략하게 설명한다[36]. 이는 IoT에 사용되는 머신러닝 알고리즘을 검토하는 데 도움이 된다.

10.2.2.1 분류

- **로지스틱 회귀**^{logistic regression} 로지스틱 함수를 통해 예측은 0과 1 사이에 매핑된다.

- **분류 트리**^{classification tree} 데이터는 반복적으로 별도의 분기로 분할돼 출력 레이블에 도달한다.

- **서포트 벡터 머신**^{SVM, Support Vector Machine} SVM에서 프로그램은 데이터 요소를 n차원 공간의 점으로 간주한다. 알고리즘은 개별 클래스의 가장 가까운 지점 사이의 거리를 최대화하는 초평면^{hyperplane}(결정 경계^{decision boundary})[6]을 찾는다.

- **나이브 베이즈**^{Naïve Bayes} 나이브 베이즈에서 모델은 트레이닝 데이터의 발생 확률을 사용해 생성되는 확률 테이블^{probability table}이다. 알고리즘은 입력 변수의 확률을 찾

---

6 초평면은 벡터 공간 Rn에서 초평면의 정의는 n-1차원의 아핀 부분 공간(affine subspace)이다. SVM에서 사용되는 경계를 초평면(hyperplane)이라고 한다. SVM은 기본적으로 분류 기법이고, 하나의 클래스에 속하는 점들이 모여 있는 지역에 경계를 설정한다. - 옮긴이

고 조건부 확률을 사용해 새로운 출력을 예측한다.

- **K-최근접 이웃**^{KNN, K-Nearest Neighbor} KNN에서 이 알고리즘은 새로운 입력의 가장 유사한 K개의 이웃에 대한 트레이닝 세트를 검색해 클래스를 예측한다.

10.2.2.2 회귀

- **선형 회귀**^{linear regression} 선형 회귀 분석에서 알고리즘은 데이터를 통해 직선(또는 n차원의 초평면)을 피팅^{fitting}해 모델을 생성한다.
- **회귀 트리/결정 트리**^{regression tree/decision tree} 회귀 트리에서 데이터는 출력에 도달하고자 반복적으로 별도의 분기로 분할된다.
- **K-최근접 이웃**^{K-NN} KNN에서 알고리즘은 새로운 입력의 가장 유사한 K개의 이웃에 대한 트레이닝 세트를 검색하고 출력을 요약함으로써 값을 예측한다.

10.2.2.3 클러스터링

- **K-평균**^{K-means} K-평균에서 알고리즘은 포인트(점) 사이의 기하학적 거리를 기반으로 클러스터를 생성한다. 처음에 알고리즘은 무작위로 데이터 포인트를 k 클러스터에 할당하고, 각 클러스터에 대한 중심점을 계산하고, 각 중심점에 가장 가까운 점을 계산한 다음, 중심점을 다시 계산한다. 알고리즘은 더 이상 개선 사항이 없을 때까지 프로세스를 반복한다. 클러스터는 K-평균에 대해 구형인(공 모양) 경향이 있다.
- **밀도 기반 클러스터링**^{DBSCAN, Density-Based Spatial Clustering of Application with Noise} DBSCAN에서는 밀도를 기반으로 클러스터가 생성된다. 이 알고리즘은 각 데이터 점에 대해 n차원 반경의 엡실론^{epsilon} 구를 만들고 구 안에 있는 점의 수를 계산한다. 숫자가 min_points보다 작으면 알고리즘은 점을 무시한다. 그렇지 않은 경우 구의 중심을 계산하고 동일한 프로세스를 계속 진행한다.
- **계층적 클러스터링**^{hierarchical clustering} 이 알고리즘은 n개의 데이터 포인트(점)에 대해 n개의 클러스터로 시작한다. 가장 가까운 2개의 클러스터를 결합해 새 클러스터를 만든다. 알고리즘은 하나의 클러스터만 남을 때까지 프로세스를 반복한다. 클러스터 사이의 거리를 나타내는 높이를 가진 결과를 덴드로그램^{dendrogram}으로 볼 수 있다. 덴드로그램을 수직으로 가로지르는 수평선을 상상할 수 있다면 다른 클러스터

와 교차하지 않고 적용되는 최대 거리는 클러스터 간의 최소 거리를 제공한다. 수직선 절단 횟수는 군집 수를 나타낸다.

10.2.2.4 차원 축소

- **주성분 분석**PCA, Principal Component Analysis[7] 주성분은 데이터셋에 있는 변수의 정규화된 선형 결합linear combination이다. PCA의 목표는 최대 투영 분산을 갖는 L차원 선형 부분 공간에 데이터 점을 직교 투영orthogonally project하는 것이다. PCA의 경우 변수 값은 숫자여야 한다. 따라서 범주형 변수categorical variable는 숫자로 변환된다.
- **정준상관분석**CCA, Canonical Correlation Analysis은 2개 이상의 변수를 다루며, 그것의 목표는 부분 공간subspace들 중 하위 공간 내에서 각 구성 요소와 다른 부분 공간의 단일 구성 요소 사이에 상호 연관성이 높은 선형 부분 공간의 해당 쌍을 찾는 것이다.

10.2.2.5 머신러닝 알고리즘 결합(앙상블 ML)[8]

많은 경우 단일 유형의 머신러닝 알고리즘은 다양한 유형의 데이터 또는 다른 이유로 인해 최적의 결과를 제공하지 못할 수 있다. 이런 경우에는 서로 다른 장점을 가진 머신러닝 알고리즘을 조합해 개별 모델(알고리즘)보다 더 정확히 예측할 할 수 있다.

- **분류 및 회귀 트리**CART, Classification And Regression Tree에서 데이터는 출력 라벨 또는 값에 도달하고자 반복적으로 별도의 분기로 분할된다. 회귀에 사용되는 트리와 분류에 사용되는 트리는 몇 가지 유사점이 존재하지만, 분할할 위치를 결정하는 알고리즘과 같은 경우에는 차이가 존재한다.
- **랜덤 포레스트**random forest 랜덤 포레스트에서 하나의 트리를 트레이닝하는 대신에 수많은 트리를 트레이닝한다. 알고리즘은 트레이닝 클래스 모드 또는 트레이닝 값의 평균인 클래스를 출력한다.
- **배깅**bagging[9] 배깅은 bootstrap aggregation의 준말이다. 배깅은 분산이 높은 알고리

---

7 주성분 분석은 변수 간의 상관관계가 있는 다차원의 데이터를 효율적으로 저차원의 데이터로 요약하는 방법 중 하나다. – 옮긴이

8 여기서 앙상블(ensemble)은 여러 가지의 머신러닝 모델을 조합해 예측력을 향상시키는 것을 말한다. Bagging, Random Forest 알고리즘은 앙상블 모델에 속한다. – 옮긴이

9 배깅은 통계적 분류와 회귀 분석에서 사용되는 머신러닝 알고리즘의 안정성과 정확도를 향상시키고자 고안된 앙상블 트레이닝 기법의 메타 알고리즘이다. – 옮긴이

즘의 변화량을 줄이는 데 사용할 수 있는 일반적인 절차다. CART/의사 결정 트리는 분산이 많고 트레이닝 데이터에 민감한 알고리즘이다.

10.2.2.6 인공 신경망

인공 신경망[ANN, Artificial Neural Network]은 인간의 신경망과 뇌를 모형화한 딥러닝 알고리즘이다. ANN은 뉴런이라는 단위가 포함돼 있다. 각 뉴런은 시냅스를 통해 서로 연결되고 신호를 서로 전달한다. 각 뉴런은 연결된 다른 뉴런으로부터 입력을 받고 업스트림으로 전송될 출력을 계산한다. 각 입력 신호에는 가중치가 있으며 뉴런은 입력의 가중치 합에 함수를 적용한다. 다층 퍼셉트론[MLP, Multilayer Perceptron]이라고도 하는 전방 전달 신경망[FFNN, Feed Forward Neural Network]은 실제 응용 분야에서 가장 일반적인 유형의 신경망이다. CNN[Convolutional Neural Network], RNN[Recurrent Neural Network], DBN[Deep Belief Network], TDNN[Time Delay Neural Network], DSN[Deep Stacking Network] 등과 같은 다른 유형의 ANN도 존재한다.

10.2.3 IoT에서 머신러닝 알고리즘의 예제

10.2.3.1 개요

머신러닝 시스템의 주요 성분은 데이터다. 사물인터넷이 확산됨에 따라 매일 대량의 데이터가 생성되며 이는 머신러닝을 위한 최적의 환경이다. IoT 스마트 데이터 분석에서 지도학습 및 비지도학습 머신러닝 기술을 광범위하게 사용할 수 있다. 10.1.1절에서 논의된 모든 스마트한 디바이스는 — 가전 제품, 조명, 온도 조절기가 인터넷에 연결돼 있는 스마트 홈[smart homes][1], 원격으로 환자를 모니터링할 수 있을 뿐만 아니라 의약품을 투여하고 관리하는 스마트 의료 제품[smart medical appliance][2], 교량의 하중을 모니터링할 수 있는 스마트 교량[smart bridge][3], 전력의 중단 여부를 모니터링하고 전력 분배를 관리하는 스마트 전력망[smart power grid][4], 센서가 탑재된 산업용 스마트 기계[smart machinery][5] — 어떤 형태든 머신러닝을 사용 중이거나 사용할 가능성이 있다.

10.2.3.2 예제

머신러닝을 활용한 기업이 수백만 달러의 비용을 절감한 구체적인 사례는 다음과 같다.

- **구글 딥마인드 AI**[Google Deepmind AI] 구글은 데이터 센터에 120개 이상의 변수에 머신러닝

을 적용해 냉각 시스템을 최적화했고, 이로 인해 전체 에너지 소비량은 15% 감소했다[37].

- **룸바**[Roomba] **980** 룸바는 인터넷에 연결돼 있고 청소하고자 하는 방의 이미지 캡처할 수 있는 카메라와 캡처한 이미지를 비교해 로봇 주변의 지도를 점차적으로 구축해 위치를 결정하는 소프트웨어를 함께 제공한다[38]. 홈 레이아웃[home layout]을 '기억[remember]'할 수 있고, 가장 효율적인 이동 패턴을 활용해 방을 효율적으로 청소할 수 있으며 배터리 충전이 필요할 때는 충전기에 스스로 접근할 수 있다.

- **NEST 온도 조절기** NEST는 사용자가 선호하는 온도를 '학습[learn]'하고 에너지 사용량을 줄임으로써 사용자의 생활 패턴에 적응한다. 입력은 사용자가 선호하는 온도, 시간 및 요일, 사용자가 집에 있는지 외출했는지 등이며 출력은 분류 문제를 만드는 개별적인 온도 집합이다.

- **테슬라 자동차**[Tesla cars] 테슬라 자동차는 자율 운행 서비스를 활성화해 차선 변경과 같은 복잡한 작업을 포함한 자율 주행에 도움을 준다. 2014년 이후에 제작된 테슬라 차량은 차량 바닥에 12개의 센서, 백미러 옆에 카메라, 자동차 전방에 레이더 시스템이 장착돼 있다[40]. 이러한 감지 시스템[sensing system]은 자동 조정[autopilot work]이 도로에서 작동하도록 돕기 위해 데이터를 지속적으로 데이터를 수집할 뿐만 아니라 향후에 테슬라 차량의 지속적인 성능 개선을 위해 데이터를 축적한다. 모든 테슬라 차량은 상시적으로 무선 연결이 가능하기 때문에 자율 운행 기능을 통해 운전이 가능하고 운행 중 수집된 데이터는 클라우드로 전송돼 분석된다.

10.2.4 IoT 영역별 머신러닝 알고리즘

10.2.4절에서는 다른 영역에 대한 다양한 산업에서 적용할 수 있는 머신러닝 알고리즘을 사용 사례를 요약한다. 이 데이터는 위의 예제와 사물인터넷 분석을 위한 머신러닝 논문의 자료를 요약한 것이다. Mahdavinejad 연구진의 '사물인터넷[IoT]의 가치 실현[Machine Learning for Internet of Things Data Analysis: A survey]' 논문[41]과 Misra 연구진의 'IoT 플랫폼 접근[Unlocking the Value of the Internet of Things (IoT) - A Platform Approach]' 논문[42]을 참조했다.

10.2.4.1 헬스케어

최적화해야 할 메트릭스[Metrics to Optimize] 병원과 가정의 의료 시스템에는 환자 또는 주변을 모니터링할 수 있는 센서가 포함돼 있다. 머신러닝 알고리즘을 사용할 수 있는 일부 메트릭스(업무 수행 결과를 보여 주는 계량적 분석)는 원격 모니터링 및 의료remote monitoring and medication, 질병 관리disease management, 건강 예측health prediction 등이 있다.

머신러닝 알고리즘

- **분류** 알고리즘을 사용해 환자의 건강 상태에 따라 환자를 그룹별로 분류할 수 있다.
- **비정상 행위 탐지**Anomaly detection 알고리즘은 누군가를 모니터링해야 할 상황이 있는 경우 사용한다.
- K-평균과 같은 클러스터링 알고리즘 사용해 비슷한 건강 상태를 가진 환자들을 그룹화해 프로파일을 만들 수 있다.
- **순방향 신경망**feed forward neural network 알고리즘은 환자의 지속적인 변화하는 상태에 따라 빠른 결정을 내려야 할 경우 사용한다.

10.2.4.2 유틸리티 - 에너지/물/가스

최적화해야 할 메트릭스 전기, 수도 또는 가스에 대한 스마트 계량기smart meters의 판독 값은 사용량 예측usage prediction, 수요 공급 예측demand supply prediction, 부하 분산load balancing, 기타 시나리오에 사용할 수 있다.

머신러닝 알고리즘

- **선형 회귀 분석**linear regression 알고리즘을 사용해 특정 날짜 또는 시간에 대한 사용량을 예측할 수 있다.
- **분류**classification 알고리즘을 사용해 소비자의 구매 금액에 따라 구매 금액이 많거나 중간인 소비자 또는 구매 금액이 적은 소비자로 분류할 수 있다.
- **클러스터링**clustering 알고리즘을 사용해 유사한 프로필의 소비자의 소비 패턴을 그룹화하고 사용 패턴을 분석할 수 있다.
- 특정 지역에서 급격한 사용이 발생할 경우 **인공 신경망**artificial neural network 알고리즘을 사용해 부하를 동적으로 분산시키고자 할 때 사용될 수 있다.

10.2.4.3 제조업

최적화해야 할 메트릭스 많은 산업은 지속적인 모니터링을 위한 센서, 생산량을 추적하는 메커니즘, 그리고 지속적으로 감시할 수 있는 보안 시스템을 갖추고 있다. 따라서 최적화해야 할 메트릭스는 문제가 발생할 경우 매우 신속하게 문제를 진단하고 적절한 조치를 취하거나 시설에 대한 보안 침해 또는 물품 도난 여부 등을 탐지하는 것이다.

머신러닝 알고리즘

- **CART/의사 결정 트리**^{decision tree} 알고리즘을 사용해 기계의 문제를 진단할 수 있다.
- **선형 회귀**^{linear regression} 알고리즘을 사용해 실패를 예측할 수 있다.
- **비정상 행위 탐지**^{anomaly detection} 알고리즘은 보안 위반이나 일상에서 발생하는 모든 것을 감지하는 데 사용될 수 있다 .

10.2.4.4 보험

최적화해야 할 메트릭스 보험 회사들은 어떤 종류의 자동차 또는 고객의 프로필이 사고와 어떤 관련 연관성이 있는지 관심을 갖고 있나. 사용자의 운전 행동 패턴은 자동차에 부착된 센서를 통해 데이터를 얻을 수 있다. 보험사들은 적절한 보험료를 부과하고자 운전자의 행동 패턴 정보를 이용할 수 있다. 집 또는 자동차 사용 패턴, 재산 피해 예측, 원격 피해 평가 등을 얻고자 머신러닝을 활용할 수 있다.

머신러닝 알고리즘

- K-평균 또는 DBSCAN과 같은 **클러스터링** 알고리즘을 사용해 고객의 운전 행동 패턴을 분석하고 유사한 패턴으로 운전하는 사용자들의 프로필을 만들 수 있다.
- **나이브 베이즈**^{Naïve Bayes}와 같은 분류 알고리즘을 사용해 운전자의 사고 발생 가능성의 높고 낮음을 분류하고 운전자와 보험 계약을 맺을지의 여부를 예측할 수 있다.
- **의사 결정 트리**^{Decision tree} 알고리즘을 사용해 사용자 분류, 청구 보험료 분류, 할인가 분류 등을 할 수 있다.
- **비정상 행위 탐지** 알고리즘은 도난 또는 재산 파괴 여부를 판단하는 데 사용된다.

10.2.4.5   교통 트래픽

최적화해야 할 메트릭스   교통은 특히 대도시에서 감시돼야 할 매우 중요한 지표^{metric}다. 교통 정보 데이터는 자동차의 센서, 휴대폰의 데이터, 사용자의 디바이스 추적 등을 통해서 얻을 수 있다. 머신러닝 알고리즘을 사용해 교통 트래픽을 예측하고, 병목 정체 구간을 식별하거나 또는 교통 사고를 감지하거나, 심지어 교통 사고를 예측할 수 있다.

머신러닝 알고리즘

- 교통량이 많은 도로와 교차로를 식별하고자 DBSCAN 알고리즘을 사용할 수 있다.
- **나이브 베이즈**$^{Naïve\ Bayes}$ 알고리즘은 도로에 유지보수가 필요한지 또는 도로의 안전 사고에 취약한지를 확인하는 데 사용될 수 있다.
- **의사 결정 트리**$^{decision\ tree}$ 알고리즘을 사용해 운전자에게 교통량이 적은 도로로 안내할 수 있다.
- **비정상 행위 탐지** 알고리즘을 사용해 도로에서 사고가 발생하는지의 여부를 판단할 수 있다.

10.2.4.6   스마트 시티 - 시민 및 공공 장소

최적화해야 할 메트릭스   스마트 시티에서 시민을 위한 시설을 최적화하는 것이 필수적이다. 스마트폰, ATM, 자동 판매기, 교통 카메라, 버스/기차 터미널 또는 기타 추적 디바이스의 데이터를 기반으로 머신러닝 알고리즘은 사람의 이동 패턴, 특정 장소의 인구 밀도, 비정상적인 행동 예측, 에너지 소비량, 주택과 같은 공공 인프라에 대한 수요를 예측할 수 있다.

머신러닝 알고리즘

- DBSCAN 알고리즘은 하루 중 다른 시간대에 사람들이 많은 도시의 장소를 식별하는 데 사용할 수 있다.
- **선형 회귀 분석** 또는 **나이브 베이즈** 알고리즘을 사용해 에너지 소비량 또는 공공 인프라의 개선 필요성을 예측할 수 있다.
- CART 알고리즘은 실시간 승객 예측 및 이동 패턴을 식별하는 데 사용될 수 있다.
- **비정상 행위 탐지** 알고리즘은 테러 또는 금융 사기와 같은 비정상적인 행동을 파악하는 데 사용될 수 있다.

- 도시에서 여러 디바이스에서 생성되는 데이터의 양이 매우 크기 때문에 PCA 알고리즘을 사용해 분석을 단순화시킬 수 있다.

10.2.4.7 스마트 홈

최적화해야 할 메트릭스 스마트 홈은 지난 10년 동안 IoT 디바이스가 여러 배로 증가한 영역 중 하나다. 스마트 홈 디바이스에는 에너지를 모니터링하는 스마트 미터기, Nest, Ecobee와 같이 온도를 자동으로 조절할 수 있고 원격으로 제어가 가능한 디바이스, 원격으로 자동화하고 제어할 수 있는 필립스 휴^{Philips Hue}와 같은 스마트 전구, 스마트 스위치, 피트니스 밴드, 스마트 장금 장치, 보안 카메라 등이 있다. 머신러닝 알고리즘을 활용해 수많은 센서에서 생성된 데이터를 활용해 점유 시간 인식, 침입 탐지, 가스 누출, 에너지 소비 예측, TV 선호도 예측 등과 같은 가치 있는 통찰력을 사람들에게 제공할 수 있다.

머신러닝 알고리즘
- **K-평균** 알고리즘은 에너지의 부하 및 소비 빈도를 분석하는 데 사용될 수 있다.
- **선형 회귀** 또는 **나이브 베이즈** 알고리즘을 사용해 에너지 소비 또는 공간에 대한 점유 시간을 예측할 수 있다.
- **비정상 행위 탐지**는 디바이스 변조^{device malfunction}, 도난, 장치 오작동 등을 확인하고자 사용할 수 있다.

10.2.4.8 농업

최적화해야 할 메트릭스 인구 증가에 따라 식량에 대한 수요가 늘어나면서 대규모 농장에서는 센서, 드론을 활용해 사진을 찍고, 다양한 IoT 디바이스를 사용해 농장의 자원 사용량을 최적화하고 농작물의 질병을 더 빨리 감지할 수 있고 또한 농작물 생산량을 예측할 수 있다.

머신러닝 알고리즘
- **나이브 베이즈** 알고리즘을 사용해 농작물이 건강한지 여부를 판단하는 데 사용될 수 있다.
- **비정상 행위 탐지** 알고리즘을 사용해 수도의 누수^{water leakage}, 균일하지 않게 공급되는 물의 상태를 확인할 수 있다.

- **신경망**^{neural network} 알고리즘은 드론으로 찍은 사진을 분석해 잡초의 성장을 식별하거나 채소나 과일을 기르는 땅의 농작물이 다른 땅에 있는 농작물보다 느리게 성장하는지 확인하는 데 사용할 수 있다. 여러 가지 면에서 머신러닝과 IoT는 공생 관계에 있다. IoT는 센서를 통해 수집된 대량의 데이터를 머신러닝에 제공하고 머신러닝은 단순한 디바이스를 훨씬 더 스마트하게 만들어 사물인터넷 환경에 혁명을 일으키고 있다.

IoT를 혁신하는 머신러닝에 관한 논문 [43]에서는 머신러닝이 IoT를 변화시키는 세 가지 방법을 언급했다.

1. IoT 데이터 활용

2. IoT 보안 강화

3. IoT 사용 범위 확대

10.3절에서는 머신러닝 기술을 활용해 IoT의 보안을 향상시키는 방법을 검토한다.

10.3 IoT 디바이스 보안을 위한 머신러닝 기술 연구

10.3.1 IoT 보안을 위한 머신러닝 솔루션의 체계적인 분류

앞에서는 사물인터넷에 머신러닝 알고리즘을 활용한 사례를 많이 살펴봤다. 기존의 데이터에서 패턴 검색, 이상 값 탐지^{detecting outliers}, 값 추측^{predicting values}, 특징 추출^{feature extraction} 등의 주요 작업은 IoT 보안에 매우 중요하다. 이러한 작업에 사용된 일부 머신러닝 알고리즘은 표 10.2에서 확인할 수 있다.

이 연구 대부분의 논문들의 주요 목표는 보안 취약점을 탐지하는 것이었다. 따라서 표 10.2의 두 번째 요점은 보안 관점에서 매우 중요해진다. 이상치^{detecting outlier}를 검출하는 사용 사례는 다음과 같은 항목으로 분류할 수 있다.

- 멀웨어^{malware} 탐지

- 침입 탐지

- 데이터 이상 탐지

표 10.2 IoT 보안을 위한 머신러닝 솔루션의 분류

유즈 케이스	머신러닝 알고리즘
패턴 발견	• K-means [44] • DBSCAN [45]
비정삭적인 데이터 포인트 발견	• Support vector machine [46] • Random forest [47] • PCA [48] • Naïve Bayes [48, 49] • KNN [48]
값 및 범주 예측	• Linear regression [41] • Support vector regression [41] • CART [41] • FFNN [41]
특징 추출	• PCA [41] • CCA [41]

비정상 행위 탐지는 기본적으로 분류 알고리즘에 속한다. 분류 알고리즘에는 의사 결정 트리, 베이지안 네트워크^{Bayesian network}, 나이브 베이즈, 랜덤 포레스트^{random forest}, 서포트 벡터 머신^{SVM} 등이 포함된다. 많은 새로운 사례에서 인공 신경망^{ANN} 알고리즘이 사용되고 있다. ANN은 데이터 트레이닝에 많은 시간이 걸리기 때문에 일반적으로 멀웨어 탐지에는 사용하지 않는다. 이러한 사용 사례에 대한 머신러닝 알고리즘은 표 10.3에 정리돼 있다.

표 10.3 이상값 탐지(outlier detection)를 위한 머신러닝 솔루션의 분류

유즈 케이스	머신러닝 알고리즘
멀웨어 탐지	• SVM [46] • Random Forest [47]
침입 탐지	• PCA [48] • Naïve Bayes [48,49] • KNN [48]
이상 감지	• Naïve Bayes [48] • ANN [50,51]

10.3.2절에서는 각 머신러닝 알고리즘에 대한 연구 논문의 결과를 요약하고 표 10.3의

사용 사례에 사용된 머신러닝 알고리즘의 예를 검토한다.

10.3.2 IoT 보안을 위한 머신러닝 알고리즘의 예

10.3.2.1 SVM을 사용한 멀웨어 탐지

선형linear SVM을 활용한 안드로이드 악성 코드 탐지에 대한 논문에서 Ham 연구진[46]은 서명 기반signature base, 동작 기반behavior base, 오염 분석 기반taint analysis base 탐지 같은 악성 프로그램을 탐지하고자 다양한 접근 방식을 검토했고 선형 SVM은 악성 프로그램을 효과적으로 탐지하는 데 사용되는 머신러닝 알고리즘 중에서 우수한 성능을 보였다. 행동 기반 탐지 시스템behavior-based detection system에서는 비정상적인 패턴을 검출하고자 메모리 사용량, 데이터 내용, 에너지 소비량 등과 같은 장치의 이벤트 정보를 모니터링한다. 머신러닝 기술은 데이터를 분석하는 데 사용되므로 머신러닝 알고리즘의 특징을 고려한 선택은 매우 중요하다.

10.3.2.2 랜덤 포레스트를 사용한 멀웨어 탐지

랜덤 포레스트 알고리즘을 활용한 안드로이드 멀웨어 탐지와 관련된 논문 Alam 연구진[47]은 각각 42개 특징feature 48919 포인트의 안드로이드 특징feature 데이터셋에 머신러닝 앙상블 러닝 알고리즘인 랜덤 포리스트를 적용했다. 그들의 목표는 안드로이드 애플리케이션 동작을 분류할 때 랜덤 포레스트의 정확도를 측정해 애플리케이션을 악성 또는 양성으로 분류하는 것이었다. 또한 트리의 수, 각 트리의 깊이, 임의의 특징 수와 같은 랜덤 포레스트 알고리즘의 파라미터 변수가 변경됨에 따라 탐지 정확도를 분석했다. 5차 교차 검증cross validation 결과에 따르면 랜덤 포레스트는 일반적으로 99%가 넘는 정확도, 40개 트리 이상 포레스트의 경우 최적의 OOBOut-Of-Bag 오류율은 0.0002이고, 160트리의 경우 평균 제곱근 오차root mean squared error는 0.0171로 매우 우수한 성능을 보였다.

10.3.2.3 PCA, 나이브 베이즈, KNN을 활용한 침입 탐지

이상 침입 탐지를 위한 논문에서 Rajouh 연구진[48]은 2계층 차원 축소 및 2단계 분류 모듈을 기반으로 하는 새로운 침입 탐지 모델을 제안했고, 이 모델은 U2RUser to Root 및 R2LRemote to Local 공격과 같은 악의적인 활동을 탐지하도록 설계됐다. 이들이 제안한 모델은 고차원 데이터셋을 기능이 적은 저차원 데이터셋으로 축소하기 위해 PCA와 선형 판별 분석^{LDA, Linear Discriminate Analysis} 알고리즘을 사용했다. 그런 다음 그들은 나이브 베이즈와 KNN^{K-Nearest Neighbor} 알고리즘의 확실성 팩트 버전^{certainty factor version}을 활용한 2단계 분류 모델^{two-tier classification module}을 적용해 의심스러운 행동을 탐지했다.

10.3.2.4 분류 알고리즘을 이용한 비정상 행위 탐지

Jatti 연구진[49]은 여성의 안전을 위한 IoT 디바이스 설계에 관한 논문[49]에서 여성이 위험에 처해 있는지 여부를 탐지할 수 있는 IoT 디바이스를 설계 방법을 설명한다. IoT 디바이스는 사람의 생리 현상 및 몸의 위치와 관련된 데이터를 수집하고 전송한다. 전달된 생리적 신호에는 전기 피부 반응^{GSR, Galvanic Skin Response}과 몸의 체온^{body temperature}을 포함하고 있다. 몸의 위치는 3축 가속도계^{triple axis accelerometer} 센서에서 원시 가속도계 데이터를 수집해 결정한다. 전제 조건으로는 사람이 위험한 상황에 처했을 때 아드레날린^{adrenalin}이 분비돼 체내의 여러 호르몬 체계에 영향을 미쳐 혈압과 심장 박동수가 높아지고 땀을 흘린다는 것이다. 이것은 GSR에 의해 측정된 피부 전도성^{skin conductance}을 증가시킨다. 이렇게 수집된 데이터는 강간의 위협 등 개인이 위험한 상황에 처해 있는지 여부를 판단하기 위해 머신러닝의 분류 알고리즘을 사용해 분석한다.

10.3.3 인공 신경망을 이용한 IoT 시스템 예측 및 보안

데이터가 인터넷과 클라우드 컴퓨팅으로 전송되기 전에 두 가지 종류의 IoT 디바이스(에지 디바이스 또는 게이트웨이 장치)로부터 데이터를 수집할 수 있다. 일반적으로 우리가 정보를 수집하고 있는 수십억 대의 IoT 디바이스를 언급할 때 보통 에지 디바이스에 대해 이야기한다. 예를 들어 에지 디바이스에는 온도 측정과 같은 특정한 간단한 작업을 수행하도록 프로그래밍된 간단한 디바이스도 포함된다. 에지 디바이스에 비해 게이트웨이 디바이스는 더 많은 리소스와 연산 능력을 갖고 있다. 따라서 모든 에지 디바이스의 보안을 구성하는 데 초점을 맞추기보다는 보안에 더 큰 영향을 미칠 수 있는 게이트웨이 디바이스 보안을 강화하는 것이 더 효율적이다. Kotenko 연구진은 사물인터넷의 상태 예측을 위한 신경망 접근법[50]과 관련된 논문에서 인공 신경망 알고리즘을 사용해 IoT 디바이스의 상태를 예측하고 사물인터넷을 관리하는 데 소요되는 인건비를 절감할 수 있다는 연구 결과를 발표했다. 이 논문에서 게이트웨이 디바이스에 보안을 강화하는 것보다 에지 디바이스에 보안을 강화하는 것이 더 많은 인건비가 발생한다고 언급했다. 이 논문의 접근 방식은 다중 계층 퍼셉트론 네트워크와 확률 신경 회로망과 결합하는 것이다. 이 실험은 다중 계층 퍼셉트론 네트워크multi-layered perceptron network를 사용해 과거에 유사한 값을 탐색하고 IoT 디바이스의 상태를 결정하기 위해 확률 신경망probabilistic neural network을 사용할 수 있다는것을 증명했다.

Canedo 연구진[51]은 IoT 게이트웨이에서 머신러닝 기술을 활용해 시스템 보안을 강화할 것을 제안했다. 이 제안은 게이트웨이 및 애플리케이션 계층에서 머신러닝 기술, 특히 인공 신경망ANN 알고리즘을 사용하자는 것이다. 이 제안을 통해 게이트웨이에서 서브 시스템 구성 요소를 모니터링하고 애플리케이션 계층에서 전체 시스템의 상태를 모니터링할 수 있다. 연구진은 트레이닝 데이터로 시스템을 테스트한 후에 센서를 조작해 10분 동안 유효하지 않는 데이터를 추가했다. 유효하지 않은 데이터가 시스템에서 실행됐을 때 신경망neural network은 유효한 데이터와 유효하지 않는 데이터의 차이를 감지할 수 있다. 그런 다음 중간자 공격man-in-the-middle attack10을 시뮬레이션하기 위해 전송 간 지연을 세 번째 입력으로 추가해 테스트 세트의 약 360개 샘플에 대해 데이터가 유효한지 또는 유효하지 않은지를 예측할 수 있었다. 결론적으로 연구진은 ANN을 사용하면 IoT 시스템의 보안을 강화할 수 있다는 것을 밝혀냈다.

10.3.4 IoT 디바이스에 대한 새로운 공격 요소

과거에는 데이터를 훔치고자 시스템을 해킹하고 원격에서 정보를 파악하고자 스누핑snooping11하는 것이 일반적인 유형의 공격이었지만 최근 발생한 공격은 IoT 디바이스의 환경을 변화시켰고 해커의 공격을 당한 IoT 디바이스가 전 세계 인터넷 망을 마비시킬 수 있다는 주장이 제기됐다. 브루스 슈나이어Bruce Schneier는 "누군가 인터넷을 마비시키는 방법을 배우고 있다"라는 기사[52]에서 최신 공격의 유형을 분석한 결과 공격자가 전통적인 해커, 연구원 또는 범죄자와 같은 유형이 아닐 수도 있다는 연구 결과를 발표했다. 최신 공격의 유형을 분석한 결과 브루스 슈나이어는 정부가 해커를 지원할 수도 있고 세계는 사이버 전쟁의 시대가 도래할 것이라고 기사에서 주장했다. 페리Perry[53]는 연구 논문

---

10 중간자 공격은 통신하고 있는 두 당사자 사이에 끼어들어 당사자들이 교환하는 공개 정보를 도청하는 수법을 말한다. – 옮긴이

11 스누핑(snooping)은 네트워크상에서 남의 정보를 염탐해 불법으로 정보를 가로채는 행위를 말한다. – 옮긴이

에서 멀웨어 공격에 대한 최근 몇 가지 예를 들어 다음과 같이 주장했다.

10.3.4.1 미라이[12]

DDoS 공격에 대한 자세한 설명은 12.3.4절에서 다룬다. 이 공격은 미국과 유럽의 인터넷 망의 절반을 몇 시간 동안 다운시켰다. 미라이^{Mirai}는 인터넷을 통해 텔넷 포트$^{telnet\ port}$가 열려 있는 호스트를 검색하고 유저가 간단한 암호를 사용하고 있는 경우 호스트의 액세스 권한을 얻을 수 있다. 호스트에 침입한 후에는 악성 프로그램을 설치하고 명령 및 제어$^{CNC,\ Command\ and\ Control}$ 센터를 모니터링한다. 공격하는 동안 CNC는 감염된 모든 봇에게 많은 양의 트래픽을 생성해 목표물을 공격하도록 지시한다. 페리^{Perry}[53]는 디바이스를 보호하기 위해서는 다음과 같은 조치를 취해야 한다고 제안했다.

- 반드시 디폴트 암호를 변경해야 한다.
- 텔넷 백도어가 설치된 디바이스를 제거해야 한다.
- 디바이스를 인터넷에 직접 노출시키는 것을 제한해야 한다.
- 모든 디바이스에서 실행 중인 포트를 검사해야 한다.

10.3.4.2 브리커봇

브리커봇^{Brickerbot}은 IoT 디바이스의 기능을 사용하지 못하도록 만드는 악성 코드다. 악성 코드가 디바이스에 설치되면 일련의 명령어를 실행해 IoT 디바이스 스토리지의 데이터를 삭제한다. 이 봇은 스토리지의 데이터를 삭제함으로써 IoT 디바이스를 사용할 수 없게 만든다.

10.3.4.3 FLocker

FLocker(Frantic Locker의 줄임말)는 공격 대상 디바이스를 사용하지 못하게 록^{lock}을 걸고 유효한 사용자의 접근을 막는 봇이다. 이 봇을 통해 해커는 돈을 요구하거나 유효한 사용자가 디바이스에 접근할 수 없게 만들 수 있으며 모든 데이터를 영구 삭제될 수 있다. 백신 업체인 노턴 시큐리티$^{Norton\ Security}$는 FLocker봇이 안드로이드 스마트 TV를 공격한 사례를 발표했다.

---

12 미라이란 리눅스상에서 돌아가는 네트워크 장치들을 공격자가 지정하는 봇으로 바꾸어 봇넷을 구성하는 악성 코드를 말한다. – 옮긴이

10.3.4.4 요약

요약하면 해커에 의한 IoT 공격이 증가하고 있으며 변종된 새로운 형태의 공격이 계속 발생하고 있다. F5 연구실의 보고서[5]에 따르면 2017년 상반기 IoT 공격이 280%나 증가했으며 미라이 공격이 큰 폭으로 증가한 것으로 나타났다. 또한 이 보고서는 83%의 공격이 스페인의 단일 호스팅 제공 업체인 솔로기가비트^{SoloGigabit}에서 발생했다고 주장했다.

10.3.5 IoT 보안을 달성하기 위한 효과적인 머신러닝 기술에 대한 제안

10.3.5.1 연구의 통찰력

IoT 보안에 사용된 머신러닝 기술을 시나리오별로 서로 다른 머신러닝 알고리즘을 사용할 필요가 있다는 것은 분명하게 밝혀졌다. 해킹 방법의 복잡성으로 인해 모든 공격을 막을 수 있는 솔루션은 존재하지 않는다. 또한 IoT 생태계의 여러 계층에서 데이터의 이상이 발생할 수 있다. 다수의 디바이스가 해킹돼 잘못된 액세스 패턴이나 데이터 전송이 잘못되거나 게이트웨이 디바이스가 해킹돼 해커에 의해 데이터가 변조돼 라우팅될 수도 있다. 이것은 트레이닝 시스템이 불완전한 데이터나 다른 유형의 데이터를 얻을 수 있다는 것을 의미한다. 이 경우 전통적인 머신러닝 알고리즘이 작동하지 않을 수 있다. SVM 알고리즘에는 표준화된 수치 데이터가 필요하다. 의사 결정 트리 알고리즘에 대한 입력 값이 누락됐을때 트리의 분기를 통과할 수 없기 때문이다. 이 경우 가장 좋은 방법은 다양한 머신러닝 알고리즘을 결합한 앙상블 머신러닝을 사용하는 것이다.

이 연구를 통해 밝혀진 사실은 스트리밍 데이터가 증가함에 따라 IoT 데이터를 실시간으로 분석하고 의사 결정을 빠르게 내려야 하는 사례가 증가하고 있다는 것이다. 이는 수집된 데이터가 클라우드로 전송돼 처리될 때까지 기다릴 수 없다는 것을 의미한다. 따라서 포그 및 에지 컴퓨팅과 같은 새로운 패러다임은 무엇보다도 IoT 보안과 관련이 있다. 표 10.4에서 Mahdavinejad 연구진[41]이 언급한 스마트 시티 사용 사례의 데이터 특징을 확인할 수 있다. 더 빠른 데이터 처리를 위해 디바이스 근처에서 데이터를 처리해야 하는 사례가 많이 존재한다.

연구 결과를 요약하면 다음과 같다.

1. IoT 디바이스에서 수집된 데이터는 다양하며 시스템의 다양한 측면을 분석하려면 다양한 머신러닝 알고리즘을 조합해서 사용해야 한다.

표 10.4 데이터 처리 장소

유즈 케이스	데이터 유형	처리하기 가장 좋은 곳
스마트 트래픽	스트림/대량 데이터	에지
스마트 헬스	스트림/대량 데이터	에지/클라우드
스마트 환경	스트림/대량 데이터	클라우드
스마트 날씨 예측	스트림 데이터	에지
스마트 시민	스트림 데이터	클라우드
스마트 농업	스트림 데이터	에지/클라우드
스마트 홈	대량/히스토리 데이터	클라우드
스마트 에어 컨트롤	대량/히스토리 데이터	클라우드
스마트 공공 장소 모니터링	히스토리 데이터	클라우드
스마트 인간 활동 제어	스트림/히스토리 데이터	에지/클라우드

2. IoT 데이터는 클라우드 컴퓨팅에서 분석되는 것보다 디바이스 근처에서 분석돼야 한다.

10.3.5.2 제안

제안 1 클라우드 컴퓨팅 환경에서 IoT 데이터 분석하는 데 앙상블 머신러닝^{ensemble machine} ^{learning method}을 사용하면 더 효율적이다. 앙상블 머신러닝은 여러 머신러닝 알고리즘을 조합해 사용해 단일 알고리즘만으로는 얻을 수 없는 더 나은 예측 성능을 기대할 수 있다. 그것은 또한 다양한 유형의 데이터와 누락된 데이터에 대해서도 훨씬 더 나은 성능을 제공할 것이다. 그림 10.5에서 앙상블 머신러닝의 기본 개념을 확인할 수 있다.

제안 2 데이터 분석을 위해 포그 컴퓨팅을 사용하는 것이 더 효율적이다. 이는 신속한 데이터 처리를 통해 의사 결정을 더 빨리 내릴 수 있다는 것을 의미한다. 또한 포그 컴퓨팅 노드가 제공하는 디바이스 또는 디바이스 그룹과 더 관련이 있을 수 있다.

또한 다음 10.4절과 10.5절에서는 포그 컴퓨팅 사용 사례를 기반으로 포그 컴퓨팅에 사용할 수 있는 머신러닝 알고리즘을 집중적으로 설명한다.

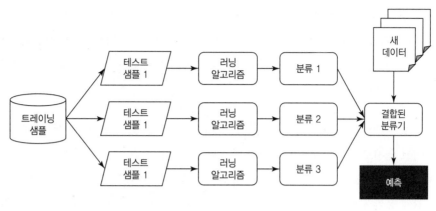

그림 10.5 앙상블 머신러닝

10.4 포그 컴퓨팅에서 머신러닝

10.4.1 소개

앞서 언급했듯이 IoT 디바이스에 생성되는 데이터 양은 2018년까지 400제타바이트까지 급증했으며 매년 기하급수적으로 증가할 것으로 예상된다. 클라우드 전용 아키텍처에서는 IoT 디바이스에서 생성된 데이터를 클라우드 컴퓨팅으로 전송해 처리 및 분석하는 데 있어 다음과 같은 문제가 발생한다.

- **네트워크 트래픽 혼잡** 2020년까지 인터넷에 500억 개 이상의 IoT 디바이스가 연결될 것이며, 만약 클라우드 컴퓨팅에서 데이터를 분석하게 되면 네트워크에 정체 현상이 발생하고 데이터를 클라우드 데이터 센터에 빠르게 전송하지 못할 수도 있다.

- **데이터 병목 현상** 클라우드 컴퓨팅 환경에서만 데이터 저장 및 분석을 수행할 경우 서버의 데이터 볼륨이나 다른 이유로 인해 분석 속도가 늦어지면 네트워크 병목 현상이 발생할 수도 있다.

- **정보 보안 이슈** 데이터는 센서에서 생성돼 게이트웨이, 서비스, 클라우드에 이르는 여러 계층을 통과해야 하기 때문에 각 계층마다 보안 이슈가 발생한다. 또한 클라우드의 보안 솔루션은 대부분의 디바이스에 공통적인 보안 문제를 해결할 수 있으나 에지의 특정 센서나 노드의 보안 문제를 완벽하게 해결하지 못할 수 있다.

- **데이터 교착 상태** 대부분의 경우에는 데이터를 충분히 빠르게 분석할 수 없으면 데이터의 가치는 사라진다. 보안 카메라, 전화, 자동차, ATM 등은 보안 이슈 또는 프라이버시 문제가 발생하는 경우 즉각적으로 분석이 필요한 데이터를 생성할 수 있다.

포그 컴퓨팅은 선택적으로 연산, 스토리지, 의사 결정을 데이터가 생성되는 네트워크 에지 근처로 이동시킴으로써 이를 해결할 수 있다. 포그 컴퓨팅을 위한 OpenFog 참조 아키텍처는 포그 컴퓨팅을 "연산, 스토리지, 제어, 네트워킹 기능을 사용자에게 보다 가깝게 분산시키는 수평적 시스템 레벨 아키텍처"로 정의한다[56]. 포그 컴퓨팅 플랫폼의 필수적인 특성에는 낮은 대기 시간, 위치 인식, 유선 또는 무선 액세스를 포함한다. 포그 컴퓨팅 플랫폼은 다음과 같이 수많은 장점을 갖고 있다.

- **실시간 분석** IoT 사용량이 증가함에 따라 실시간으로 데이터 분석이 필요한 시나리오가 너무 자주 발생한다(예를 들어 집 앞에 숨어 있을 가능성이 있는 침입자를 포착하는 보안 카메라 또는 누군가의 계정을 허가 없이 접근하는 해커). 데이터가 클라우드에 업로드되고 분석될 때 네트워크 지연으로 인해 실시간으로 분석이 불가능할 수 있다. 실시간으로 데이터 분석이 필요한 시나리오에는 포그 컴퓨팅이 제공하는 거의 즉각적인 인텔리전스intelligence가 필요하다.
- **보안 개선** 포그 컴퓨팅은 가장자리(에지)에 가까우므로 디바이스 및 해당 기능에 맞게 보안을 구성할 수 있다. 또한 해커의 접근을 차단할지의 여부에 대한 보안 결정은 거의 즉각적으로 이뤄질 수 있다.
- **에지에서 데이터 감소** 포그 컴퓨팅은 원시 데이터raw data를 소비하고 의사 결정을 내리고 통찰력을 제공한다. 포그 컴퓨팅은 관련성이 높은 통합 정보만을 상위 계층으로 전송한다. 이를 통해 클라우드 컴퓨팅 중앙 데이터 센터로 전송되는 데이터의 양을 크게 줄일 수 있다.
- **비용 절감** 포그 컴퓨팅은 분산된 배포의 특성으로 인해 설치 비용이 높을 수 있지만 전체 시스템의 운용 비용과 장기적인 관점에서 보면 더 많은 비용 절감 효과를 가져올 수 있다.

10.4.2 포그 컴퓨팅 및 보안을 위한 머신러닝

포그 컴퓨팅의 주요 장점 중 하나는 거의 실시간으로 데이터를 분석할 수 있다는 점이다. 이것은 대부분 포그 노드에서 머신러닝을 활용한다는 것을 의미한다.

10.4.3절에서 검토한 사례 연구를 통해 포그 컴퓨팅에서 머신러닝을 활용한 많은 사례를 확인할 수 있다. 머신러닝을 활용하면 기계의 결함 및 결함 감지에 도움이 되고 고장난 시스템의 평균 수리 기간$^{MTTR, Mean Time To Repair}$을 단축해 가용성을 높이는 사례를 산업 현장에서 찾아볼 수 있다. 또 다른 사례로는 스마트 시티의 기차역을 머신러닝을 활용해 관리할 수 있는데 이 기차역에서는 거주, 이동, 전체적인 시스템 사용 및 시간 경과에 따른 모니터링을 통해 머신러닝을 사용해 운영을 최적화할 수 있다. 10.4.3절에서는 더 많은 사례를 소개한다.

포그 노드에서 분석은 반응적일 뿐만 아니라 예측적일 수 있다. 에지에서 가까운 포그 노드는 반응성 분석을 수행할 가능성이 높으며, 에지에서 더 멀리 떨어져 있는 노드는 더 많은 연산 능력이 필요하기 때문에 더 예측 분석을 수행한다. 기본 전제는 클라우드 컴퓨팅에서 연산능력이 가장 크고 N-계층^{tier} 아키텍처의 10.4.4절에서 언급된 계층으로 내려간다는 것이다. 머신러닝 알고리즘은 해당 계층의 작업에 해당하는 연산 처리 능력을 가진 포그 노드에서 실행할 수 있다(표 10.5 참고). 머신러닝 모델은 클라우드 근처의 노드나 클라우드 자체의 노드에서 생성된다. 이 모델은 실행을 돕고자 중간 계층 노드로 다운로드될 수 있다.

10.4.3 포그 컴퓨팅에서 머신러닝의 예제

10.4.3.1 산업에서의 포그 컴퓨팅 머신러닝

기존의 클라우드 기반 또는 비클라우드 중앙 집중식 분석 인프라에서는 과거의 장애 데이터를 사용해 머신러닝 알고리즘을 트레이닝한다. 산업에서는 머신러닝 알고리즘은 기계 또는 장비 고장을 예측하는 데 사용할 수 있는 모델을 만드는 것이다. 그러나 클라우드 기반 인프라에서는 고장 예측을 분석하는 데 많은 시간이 소요돼 고장을 예방할 수 없으며 고장의 영향을 최소화하는 데 사용된다. 반면 포그 컴퓨팅을 사용해 로컬에서 거의 즉각적인 분석을 수행할 경우 시스템은 문제가 발생하지 않도록 빠르게 조치를 취할 수 있다. 그 이유는 분석 시스템이 장비 근처에 위치해 있어서 실시간 처리가 가능하기

표 10.2 IoT 보안을 위한 머신러닝 솔루션의 분류

유즈 케이스	머신러닝 알고리즘
산업에서 포그 컴퓨팅 – 석유 및 가스 작동을 위한 원격 모니터링[57]	• 이상 탐지 모델 • 예측 모델 • 최적화 방법
소매용 포그 컴퓨팅 – 소매 고객 행동 분석[57]	• 통계적 방법 • 시계열 클러스티링
자율 주행차의 포그 컴퓨팅[57]	• 이미지 처리 • 이상 감지 • 강화학습

때문이다.

10.4.3.2 소매점에서 포그 컴퓨팅의 머신러닝

일반적으로 소매점은 고객의 구매 패턴과 계절적 선호도를 기반으로 제품을 진열한다. 그래서 많은 상점은 할로윈 데이, 추수 감사절, 클리스마스 등의 기간 동안 제품을 이벤트에 맞게 제품을 진열한다. 따라서 한 지역의 상섬이나 상점 그룹에 대한 분석 작업을 통해 포그 컴퓨팅을 사용할 경우 시스템은 해당 지역의 사용자의 구매 패턴을 분석하고 상품을 고객별로 타깃 마케팅을 가능하게 하고 또한 고객 경험을 개선할 수 있도록 도울 수 있다.

10.4.3.3 자율 주행 자동차를 위한 포그 컴퓨팅

구글, 테슬라, 우버, GM, 주요 회사들이 자율 주행 자동차 개발과 테스트 진행하고 있으며 고객들이 자율 운행 자동차를 사용할 수 있는 날이 얼마 남지 않았다. 자율 주행 자동차는 많은 연산과 의사 결정이 자동차 내부에서 이뤄지기 때문에 포그 컴퓨팅 환경이 가장 적합하다. 그럼에도 자율 주행 자동차에 생성된 데이터를 클라우드에서 처리하고자 클라우드 데이터 센터로 전송한다. N-계층 모델을 사용하면 시스템의 효율성이 크게 향상된다. 자율 주행 자동차에 사용할 수 있는 머신러닝은 이미지 처리를 위한 인공 신경망 알고리즘, 비정상 행위 탐지, 강화학습을 위한 나이브 베이즈 또는 이와 유사한 알고리즘 등이 있다.

10.4.4 포그 컴퓨팅 보안을 위한 머신러닝

Tang 연구진[58]은 스마트 시티에서 수많은 인프라 구성 요소와 서비스의 통합을 지원하는 계층 구조의 컴퓨팅 아키텍처를 제안했다. 논문에서 제안한 아키텍처는 4-계층^{layer} 모델이며 첫 번째 계층은 클라우드, 중간 계층은 포그, 마지막 계층은 센서 디바이스들이다. 그림 10.6에서 서로 다른 계층과 각 계층의 기본적인 보안 처리 방법을 확인할 수 있다.

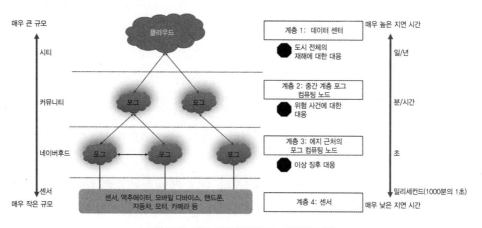

그림 10.6 멀티 계층에서의 포그 컴퓨팅 보안

3계층에서는 센서에서 원시 데이터를 가져오는 포그 노드가 포함돼 있다. 이 계층의 노드는 두 가지 기능을 수행한다. 하나는 머신러닝 알고리즘을 사용해 센서로부터 들어오는 데이터 스트림의 잠재적인 위험 패턴을 식별하고, 다른 하나는 업스트림(상류)에서 전송되는 데이터 양을 줄이고자 특징을 추출^{feature extraction}한다. 논문 [58]에서는 비정상 행위 탐지가 어떻게 수행되는지 명시돼 있지 않다. KNN, 나이브 베이즈, 랜덤 포레스트 또는 DBSCAN과 같은 머신러닝 알고리즘을 사용해 비정상 행위를 탐지할 수 있다.

2계층에서는 그 아래 노드에서 데이터를 가져오는 포그 노드가 포함돼 있으며 데이터는 다양한 위치의 센서 수백 개로부터 수집된다. 이 논문에서는 HMM^{Hidden Markov Model} 및 MAP^{Maximum Aposteriori} 알고리즘은 분류에 사용되며 위험한 이벤트가 발생할 경우 경고 메시지를 보낸다. 표 10.6에서 각 포그 층의 요약된 머신러닝 알고리즘을 확인할 수 있다.

표 10.6 서로 다른 포그 계층에서의 머신러닝 알고리즘

계층	재난 대응	머신러닝 알고리즘
4계층 – 센서	해당 없음	해당 없음
3계층 – 이웃(neighborhood)을 위한 포그 노드	이상 징후 대응	KNN, 나이브 베이즈, 랜덤 포레스트, DBSCAN
2계층 – 커뮤니티를 위한 포그 노드	위험 사건에 대한 대응	HMM, MAP [58], 회귀, ANN, 결정 트리
1계층 – 클라우드	도시 전체의 재해에 대한 대응, 장기 예측 머신러닝 알고리즘	ANN, 딥러닝, 결정 트리, 강화학습, 베이지안 네트워크

10.4.5 포그 컴퓨팅을 위한 기타 머신러닝 알고리즘

10.3.1절에서는 IoT 보안을 위한 머신러닝 솔루션을 패턴 검색pattern discovery, 이상 감지anomaly detection, 값/라벨 예측value/label prediction, 특징 추출feature extraction로 분류했다. K-평균, DBSCAN, 나이브 베이즈, 랜덤 포레스트, CART, PCA 등과 같은 필수 머신러닝 알고리즘을 검토했다. 또한 악성 코드와 침입 탐지에 특히 중점을 둔 이상 탐지 사용 사례도 심도 있게 살펴봤다. 이러한 모든 사용 사례와 예제는 포그 컴퓨팅에서 적용되며, SVM 알고리즘[46]을 활용한 멀웨어 탐지, 랜덤 포레스트 알고리즘을 활용한 멀웨어 탐지[47] 및 침입 탐지[48]는 클라우드 컴퓨팅 대신 포그 컴퓨팅 노드에서 수행할 수 있다. 실제로 코텐코Kotenko[50]의 ANN 알고리즘을 활용한 비정상 행위 탐지는 특히 게이트웨이 계층에서 머신러닝 알고리즘을 사용하는 것을 언급하고 있는데, 이는 중간 계층 포그 노드에서 수행하는 것과 동일하다.

결론적으로 포그 컴퓨팅은 상황에 따라 문제를 더 빠르게 감지하고, 이벤트에 더 빠르게 반응함으로써 IoT 생태계의 보안을 강화할 수 있다.

10.5 향후 연구 방향

앞서 논의된 바와 같이 머신러닝 기술을 활용하는 것은 데이터의 양과 다양성으로 인해 IoT 보안에 매우 중요하다. 인공지능AI과 머신러닝ML은 빠르게 성장하고 있는 분야로 IoT

데이터 분석은 이들 분야 최신 트렌드와 동등해야 한다. 수많은 머신러닝 기법과 IoT의 몇 가지 예를 살펴보면 노드에서 가까운 곳에서 실시간으로 데이터를 분석하는 것이 중요하다는 것을 알 수 있다. 따라서 데이터를 분석하는 데 있어 컴퓨터 메모리를 적게 사용하고 대량의 시계열 데이터^{time series data}를 신속하게 처리할 수 있는 머신러닝 알고리즘의 연구가 필요하다.

향후 연구 방향은 다음과 같이 분류할 수 있다.

- IoT 보안에 대한 인공지능 및 머신러닝의 최신 트렌드 활용
- 포그 컴퓨팅을 위한 머신러닝 알고리즘은 적은 메모리를 사용하고 대량의 데이터를 빠르게 처리할 수 있는 기술에 중점을 둬야 한다.
- 다양한 산업 분야의 새로운 IoT 센서 개발 영역에 대한 머신러닝 알고리즘
- 의료 데이터를 분석하기 위한 머신러닝 알고리즘 — 무선 및 이식 가능한 자체 센서 네트워크^{WIBSN, Wireless and Implantable Body Sensor Network}에 초점을 맞출 수 있다.

10.6 결론

10장에서는 IoT 소개, IoT 아키텍처, IoT 보안 및 프라이버시 문제, 포그 컴퓨팅, IoT 보안을 위한 머신러닝, 포그 컴퓨팅을 통한 IoT 보안의 머신러닝까지 다양한 주제를 다루었다. 각 절에서는 개념을 정의한 후 참고 문헌과 예제를 통해 주제를 확장했다.

먼저 사물인터넷^{IoT}, 일반적인 IoT 디바이스, 4-계층 아키텍처에 중점을 둔 IoT 아키텍처, 특히 헬스케어 분야에서 IoT 애플리케이션에 중점을 둔 IoT 아키텍처의 개념을 소개했다. 다양한 사례를 통해 IoT 디바이스가 어떻게 유비쿼터스화됐으며 스마트한 시대에 우리 삶의 거의 모든 영역에 퍼지게 됐는지를 보여 줬다. 그런 다음 IoT 디바이스 및 생태계와 관련된 중요한 보안 및 프라이버시 문제를 검토했다. 정수 처리장^{water treatment plants} 해킹, 원자력 발전소^{nuclear power plant}, 유아 모니터 비디오^{baby monitor videos}, 웨어러블 디바이스 등의 해킹을 예로 들며 보안 문제의 심각성을 보여 줬다. IoT 디바이스가 어떻게 인터넷을 마비시키고 세계 각지의 사람들에게 필수적인 서비스를 제공하는데 이용돼 왔는지를 보여 주고자 분산 서비스 거부^{DDoS} 공격을 예를 들어 설명했다. 그리고 머신러닝과 일반적으로 사용되는 머신러닝 알고리즘에 대해 간략히 설명한 다음 IoT에서 사용되는 머신

러닝의 예를 자세히 살펴봤다.

스마트 홈, 스마트 의료 디바이스, 스마트 파워 그리드, 룸바 진공 청소기, 테슬라 등의 사례들 살펴봤다. 그런 다음 제조업^{manufacturing}, 헬스케어^{healthcare}, 유틸리티 등과 같은 영역별 사용 사례를 추가로 검토하고 다양한 머신러닝 알고리즘의 사용 사례를 설명했다. 그런 다음 IoT 보안을 위한 머신러닝 기술에 중점을 뒀다. 여러 논문과 웹 사이트를 검토해 IoT 시스템 보안에 사용되는 기본적인 머신러닝 작업을 분류한 후 멀웨어 탐지^{malware detection}, 침입 탐지^{intrusion detection}, 이상 탐지^{anomaly detection} 등을 중심으로 IoT 보안용 머신러닝에 초점을 맞춘 몇 개의 논문을 요약했다. 결국 컴퓨팅을 에지 근처에 두고 앙상블 러닝 기술^{ensemble learning technique}을 사용하면 해커의 IoT 디바이스에 대한 공격을 안정적으로 방어할 수 있다는 결론을 내렸다. 또한 포그 컴퓨팅은 IoT 영역 내에서 중요한 새로운 연구 분야^{emerging field}이며 포그 노드에 사용되는 머신러닝 알고리즘은 IoT의 성공과 확장성에 매우 중요하다는 결론을 내렸다.

참고 문헌

1   IBM Electronics. The IBM vision of a smart home enabled by cloud technology, December 2010. https://www.slideshare.net/IBMElectronics/15-6212631. Accessed September 2017.

2   M. Cousin, T. Castillo-Hi, G.H. Snyder. Devices and diseases: How the IoT is transforming MedTech. *Deloitte Insights* (2015, September). https://dupress.deloitte.com/dup-us-en/focus/internet-of-things/iot-in-medicaldevices-industry.html. Accessed September 2017.

3   S. Wende and C. Smyth. The new Minnesota smart bridge. http://www.mnme.com/pdf/smartbridge.pdf. Accessed September 2017.

4   D. Cardwell. Grid sensors could ease disruption of power. *The New York Times* (2015, February). https://www.nytimes.com/2015/02/04/business/energy-environment/smart-sensors-for-power-grid-could-ease-disruptions.html. Accessed September 2017.

5   K.J. Wakefield. How the Internet of Things is transforming manufacturing. Forbes (2014, July). https://www.forbes.com/sites/ptc/2014/07/01/how-theinternet-of-things-is-transforming-manufacturing. Accessed September

2017.

6   Cisco. Cisco global cloud index: forecast and methodology, 2015 – 2020, 2016. https://www.cisco.com/c/dam/m/en_us/service-provider/ciscoknowledgenetwork/files/622_11_15-16-Cisco_GCI_CKN_2015-2020 AMER_EMEAR_NOV2016.pdf. Accessed September 2017.

7   T. Barnett Jr. The dawn of the zettabyte era [infographic], 2011. http://blogs.cisco.com/news/the-dawn-of-the-zettabyte-era-infographic. Accessed September 2017.

8   D. Worth. Internet of things to generate 400 zettabytes of data by 2018, November 2014. http://www.v3.co.uk/v3-uk/news/2379626/internet-ofthings-to-generate-400-zettabytes-ofdata-by-2018. Accessed September 2017.

9   J. Leyden. Water treatment plant hacked, chemical mix changed for tap supplies. *The Register* (2016, March). http://www.theregister.co.uk/2016/03/24/water_utility_hacked. Accessed September 2017.

10 K. Zetter. Everything we know about Ukraine's power plant hack. Wired (2016, January). https://www.wired.com/2016/01/everything-we-knowabout-ukraines-power-plant-hack. Accessed September 2017.

11 P. Paganini. Hacking baby monitors is dramatically easy, September 2015. http://securityaffairs.co/wordpress/39811/hacking/hacking-baby-monitors.html. Accessed September 2017.

12 A. Tillin. The surprising way your fitness data is really being used. *Outside* (2016, August). https://www.outsideonline.com/2101566/surprising-waysyour-fitness-data-really-being-used. Accessed September 2017.

13 L. Cox. Security experts: hackers could target pacemakers. *ABC News* (2010, April). http://abcnews.go.com/Health/HeartFailureNews/security-expertshackers-pacemakers/story?id=10255194. Accessed September 2017.

14 S. Morgan. Hackerpocalypse: a cybercrime revelation, 2016. https://cybersecurityventures.com/hackerpocalypse-cybercrime-report-2016/. Accessed September 2017.

15 IBM Analytics. The IBM Point of View: Internet of Things security. (2015, April). https://www-01.ibm.com/common/ssi/cgi-bin/ssialias?htmlfid=RAW14382USEN. Accessed October 2017.

16 OWASP. IoT attack surface areas. (2015, November). https://www.owasp.org/

index.php/IoT_Attack_Surface_Areas. Accessed November 2017.

17 Hewlett Packard. Internet of things research study, 2015. http://www8.hp.com/
   h20195/V2/GetPDF.aspx/4AA5-4759ENW.pdf. Accessed March 10, 2016.

18 L. Zanolli, Welcome to privacy hell, also known as the Internet of Things.
   Fast Company (2015, March 23). http://www.fastcompany.com/3044046/
   tech-forecast/welcome-to-privacy-hell-otherwise-known-as-the-internet-
   ofthings. Accessed March 24, 2016.

19 J. Schectman. Internet of Things opens new privacy litigation risks. *The Wall
   Street Journal* (2015, January 28). http://blogs.wsj.com/riskandcompliance/
   2015/01/28/internet-of-things-opens-new-privacylitigation-risks. Accessed
   March 24, 2016.

20 B. Violino. Benetton to Tag 15 Million Items. *RFiD Journal* (2003, March).
   http://www.rfidjournal.com/articles/view?344. Accessed March 23, 2016.

21 FTC. FTC Report on Internet of Things urges companies to adopt best practices
   to address consumer privacy and security risks (2015, January 27). https://
   www.ftc.gov/news-events/press-releases/2015/01/ftc-report-internetthings-
   urges-companies-adopt-best-practices. Accessed March 24, 2016.

22 A. F. Westin. Privacy and freedom. *Washington and Lee Law Review*, 25(1):
   166, 1968.

23 J. H. Ziegeldorf, O. G. Morchon, K. Wehrle. Privacy in the internet of things:
   Threats and challenges. *Security Community Network*, 7(12): 2728–2742,
   2014.

24 Keycdn. DDoS Attack. (2016, July). https://www.keycdn.com/support/
   ddosattack/. Accessed October 2017.

25 Ddosbootcamp. Timeline of notable DDOS events. https://www.ddosbootcamp.
   com/course/ddos-trends. Accessed October 2017.

26 J. Hamilton. Dyn DDOS Timeline. (2016, October). https://cloudtweaks.
   com/2016/10/timeline-massive-ddos-dyn-attacks. Accessed October 2017.

27 P. Stancik. *At least 15% of home routers are unsecured*. (2016, October). https://
   www.welivesecurity.com/2016/10/19/least-15-home-routersunsecure/.
   Accessed October 2017.

28 S. Cobb. 10 things to know about the October 21 IoT DDoS attacks.
   (2016, October). https://www.welivesecurity.com/2016/10/24/10-things-

knowoctober-21-iot-ddos-attacks/. Accessed October 2017.

29 L. Ulanoff. 73,000 webcams left vulnerable because people don't change default passwords. (2014, November). http://mashable.com/2014/11/10/naked-security-webcams. Accessed October 2017.

30 M. Warner. Senators Introduce Bipartisan Legislation to Improve Cybersecurity of "Internet-of-Things" (IoT) Devices. (2017, August). https://www.warner.senate.gov/public/index.cfm/2017/8/enators-introduce-bipartisanlegislation-to-improve-cybersecurity-of-internet-of-things-iot-devices. Accessed November 2017.

31 M. Warner. Internet of Things Cybersecurity Improvement Act of 2017 (2017, August). https://www.scribd.com/document/355269230/Internet-of-Things-Cybersecurity-Improvement-Act-of-2017. Accessed November 2017.

32 WaterISAC. 10 Basic Cybersecurity Measures. (2015, June). https://icscert.us-cert.gov/sites/default/files/documents/10_Basic_Cybersecurity_ Measures-WaterISAC_June2015_S508C.pdf. Accessed November 2017.

33 US-CERT. Heightened DDoS threat posed by Mirai and other botnets. (2016, October). https://www.us-cert.gov/ncas/alerts/TA16-288A. Accessed November 2017.

34 A.L. Samuel. Some studies in machine learning using the game of checkers. *IBM Journal of Research and Development*, 44 (1-2): 206-226, 2000.

35 SAS. Machine Learning: What it is and why it matters. https://www.sas.com/en_us/insights/analytics/machine-learning.html. Accessed November 2017.

36 P.N. Tan, M. Steinbach, and V. Kumar (2013). *Introduction to Data Mining*.

37 J. Vincent. Google uses DeepMind AI to cut data center energy bills. (2016, July). Retrieved November, 2017, from https://www.theverge.com/2016/7/21/12246258/google-deepmind-ai-data-center-cooling. Accessed November 2017.

38 W. Knight. The Roomba now sees and maps a home. *MIT Technology Review* (2015, September 16). https://www.technologyreview.com/s/541326/the-roomba-now-sees-and-maps-a-home/. Accessed October 2017.

39 Nest Labs. Nest Labs introduces world's first learning thermostat. (2011, October). https://nest.com/press/nest-labs-introduces-worlds-first-learningthermostat/. Accessed October 2017.

40 K. Fehrenbacher. How Tesla is ushering in the age of the learning car(2015, October). http://fortune.com/2015/10/16/how-tesla-autopilot-learns/. Accessed October 2017.

41 M. S. Mahdavinejad, M. Rezvan, M. Barekatain, P. Adibi, P. Barnaghi, and A.P. Sheth. Machine learning for Internet of Things data analysis: A survey. *Digital Communications and Networks*, 4(3) (August): 161–175, 2018.

42 P. Misra, A. Pal, P. Balamuralidhar, S. Saxena, and R. Sripriya. Unlocking the value of the Internet of Things (IoT) — A platform approach. *White Paper*, 2014.

43 M. Ahmed. Three ways machine learning is revolutionizing IoT. (2017, October). https://www.networkworld.com/article/3230969/internet-ofthings/3-ways-machine-learning-is-revolutionizing-iot.html. Accessed November 2017.

44 A.M. Souza and J.R. Amazonas. An outlier detect algorithm using big data processing and Internet of Things architecture. *Procedia Computer Science* 52 (2015): 1010–1015.

45 M.A Khan, A. Khan, M.N. Khan, and S. Anwar. A novel learning method to classify data streams in the Internet of Things. In *Software Engineering Conference (NSEC)*, November 2014, National: 61–66.

46 H.S. Ham, H.H. Kim, M.S. Kim, and M.J. Choi. Linear SVM-based android malware detection for reliable IoT services. *Journal of Applied Mathematics* (2014).

47 M.S. Alam, and S.T. Vuong. Random forest classification for detecting android malware. In *Green Computing and Communications (GreenCom), 2013 IEEE and Internet of Things (iThings/CPSCom), IEEE International Conference on and IEEE Cyber, Physical and Social Computing*. (2013, August): 663–669.

48 H. H. Pajouh, R. Javidan, R. Khayami, D. Ali, and K.K.R. Choo. A two-layer dimension reduction and two-tier classification model for anomaly-based intrusion detection in IoT backbone networks. *IEEE Transactions on Emerging Topics in Computing*, 2016.

49 A. Jatti, M. Kannan, R.M. Alisha, P. Vijayalakshmi, and S. Sinha. Design and development of an IOT-based wearable device for the safety and security of women and girl children. In *Recent Trends in Electronics, Information & Communication Technology (RTEICT), IEEE International Conference* on(pp. 1108–1112), 2016, May. IEEE.

50 I. Kotenko, I. Saenko, F. Skorik, S. Bushuev. Neural network approach to forecast the state of the Internet of Things elements. *2015 XVIII International Conference on Soft Computing and Measurements (SCM)*, 2015. doi:10.1109/scm.2015.7190434.

51 J. Canedo, and A. Skjellum. Using machine learning to secure IoT systems. *2016 14th Annual Conference on Privacy, Security and Trust (PST)*, 2016. doi:10.1109/pst.2016.7906930.

52 B. Schneier. Someone is learning how to take down the Internet. (2016, September). https://www.lawfareblog.com/someone-learning-how-takedown-internet. Accessed November 2017.

53 J.S. Perry. Anatomy of an IoT malware attack. (2017, October). https://www.ibm.com/developerworks/library/iot-anatomy-iot-malware-attack/. Accessed November 2017.

54 N. Kovacs. FLocker ransomware now targeting the big screen on Android smart TVs. (2016, June). https://community.norton.com/en/blogs/securitycovered-norton/flocker-ransomware-now-targeting-big-screen-androidsmart-tvs. Accessed November 2017.

55 S., Boddy, K. Shattuck, The hunt for IoT: The Rise of Thingbots. (2017, August). https://f5.com/labs/articles/threat-intelligence/ddos/the-hunt-foriot-the-rise-of-thingbots. Accessed November 2017.

56 OpenFog Consortium Architecture Working Group. OpenFog Reference Architecture for Fog Computing. *OPFRA001*, 20817 (2017, February). 162.

57 H. Vadada. Fog computing: Outcomes at the edge with machine learning.(2017, May). https://towardsdatascience.com/fog-computing-outcomes-atthe-edge-using-machine-learning-7c1380ee5a5e. Accessed November 2017.

58 B. Tang, Z. Chen, G. Hefferman, T. Wei, H. He, and Q. Yang. A hierarchical distributed fog computing architecture for big data analysis in smart cities. In *Proceedings of the ASE BigData & SocialInformatics* 2015 (p. 28). ACM.

Part 3

애플리케이션과 이슈

빅데이터 분석을 위한 포그 컴퓨팅 구현

파하드 메흐디포어[Farhad Mehdipour], 바흐만 자바디[Bahman Javadi], 아니켓 마하나티[Aniket Mahanti],
기예르모 라미레즈-프라도[Guillermo Ramirez-Prado]

11.1   소개

사물인터넷[IoT]은 실시간으로 처리되고 분석돼야 하는 대량의 데이터를 생산한다. 현재
IoT 시스템은 저지연[low-latency] 및 고속 데이터 처리를 지원하지 않기 때문에 데이터 처리
를 위해 클라우드로 오프로드[1]해야 한다. 예를 들어 스마트 그리드, 오일 시설, 공급망 물
류, 홍수 경고 등이 이에 해당한다. 클라우드 컴퓨팅을 사용하면 어디에서나 정보 및 컴
퓨팅 리소스를 액세스할 수 있으며 애플리케이션, 컴퓨팅 및 데이터의 가상 중앙 집중화
를 활용할 수 있다. 클라우드 컴퓨팅은 리소스 활용도를 최적화하지만 빅데이터 애플리
케이션 호스팅을 위한 효과적인 효과적인 솔루션을 제공하지 못한다[1]. 클라우드 컴퓨
팅 환경에서 IoT 기반의 서비스를 제공하는 데 있어 몇 가지 문제가 존재한다.

- 가상화된 컴퓨팅 플랫폼의 노드 간에 대량의 데이터를 이동하면 시간, 처리량, 에
  너지 소비 및 비용 측면에서 상당한 오버헤드가 발생할 수 있다.
- 클라우드는 IoT 디바이스와 물리적으로 멀리 떨어져 있는 데이터 센터에 위치할
  수 있으므로 현재의 네트워크 지연 속도 및 처리량으로는 IoT 서비스를 제공하지
  못할 수 있다.

---

1   컴퓨터 시스템에서 동일한 작업을 수행할 수 있는 장치가 여러 개 존재하는 경우 비교적 작업량이 적게 할당돼 있는
    장치에서 작업량이 많은 장치의 작업 일부를 받아서 처리하는 개념을 말한다. – 옮긴이

- 대량의 IoT 데이터를 클라우드 환경에서 실시간으로 처리하게 되면 클라우드 데이터 센터에 많은 작업 부하량이 증가하고 클라우드 제공업체는 새로운 보안, 용량, 분석 문제에 직면하게 될 것이다.
- 현재의 클라우드 솔루션에는 빅데이터를 효율적으로 처리할 수 있는 분석 엔진을 수용할 수 있는 기능이 부족하다.
- 기존의 IoT 개발 플랫폼은 수직 단편화돼 있다. 따라서 IoT를 도입하려는 사람들은 통합되지 않은 이기종 하드웨어와 소프트웨어 서비스를 고려해야 한다.

이러한 문제를 해결하기 위해 데이터 분석을 네트워크 에지(또는 포그)에서 수행해 데이터 및 네트워크 통신 오버헤드를 줄일 수 있다. 무엇을 저장하고 무엇을 사용할지 결정하는 것은 데이터를 저장할 수 있는 곳을 보유하는 것만큼이나 중요하다[2-6]. 에지(IoT 디바이스로부터 수집된 데이터가 있는 물리적 환경) 분석은 사용자 디바이스와 클라우드 사이 중간에 있는 포그 계층에서 이루어진다. 빅데이터를 분석하는 데 있어 가장 중요한 것은 수집해야 할 데이터, 정리 및 집계해야 할 데이터, 분석 및 의사 결정에 사용할 데이터 등을 선택하는 것이다. 11장에서는 위에 언급한 문제를 해결하고자 포그 엔진이라는 솔루션을 제안한다.

- 데이터가 생성되는 곳 근처에서 온프레미스on-premise2 및 실시간 전처리 및 분석
- 분산되고 동적인 방식으로 IoT 디바이스 간 협업 및 상호 작용 활성화 방안

제안된 솔루션을 사용해 IoT 디바이스는 클라우드 컴퓨팅과 상호 작용을 할 수 있는 포그 컴퓨팅에 배포된다. 사용자들은 제안된 포그 엔진이 장착된 자신의 IoT 디바이스를 사용해 스마트 시스템의 일원이 될 수 있다. 사용자 그룹의 규모에 따라 여러 포그 엔진이 피어(예를 들어 와이파이)와 데이터를 상호 작용 및 공유하고 데이터를 관련 클라우드로 오프로드할 수 있다.

11장의 나머지 부분은 다음과 같이 구성돼 있다. 11.2절에서는 빅데이터 분석을 설명한다. 11.3절에서는 제안된 포그 엔진이 기존의 중앙 집중식 데이터 분석 플랫폼에 어떻게 배포될 수 있는지와 기존의 시스템 기능을 어떻게 향상시킬 수 있는지를 설명한다.

---

2 기업의 서버를 클라우드 같은 원격 환경에서 운영하는 방식이 아니라 자체적으로 보유한 서버에 직접 설치해 운영하는 방식을 말한다. - 옮긴이

11.4절에서는 시스템 프로토타입과 제안된 솔루션에 대한 평가 결과를 설명한다. 제안된 아이디어가 다른 애플리케이션에 어떻게 작용하는지 설명하는 두 가지 사례 연구는 11.5절에서 설명한다. 11.6절에서는 관련 연구를 논의하고 11.7절에서는 향후 연구 방향을 제시하고 11.8절에서는 결론을 제시한다.

11.2 빅데이터 분석

기업, 조직, 연구 기관은 소셜 미디어, 고객 이메일 및 설문조사 응답, 전화 통화 기록, 인터넷 클릭 스트림 데이터, 웹 서버 로그, 센서 등 수많은 리소스에서 테라 바이트 단위의 데이터를 수집한다. 빅데이터는 조직 전반에 걸쳐 지속적으로 생성되는 방대한 양의 비정형unstructure, 반정형semistructure, 정형structure 데이터를 말한다[7]. 빅데이터의 개념은 몇 년 전부터 존재해 왔다. 오늘날 대부분의 조직에서는 데이터 분석을 통해 실행 가능한 통찰력을 얻을 수 있다고 알고 있다. 비즈니스 분석은 비즈니스 운영 및 성능에 대한 기본적인 질문에 대답하는 역할을 하지만, 빅데이터 분석은 예측 분석 모델, 통계 알고리즘 및 고성능 분석 시스템을 what-if 분석[3]과 같은 복잡한 애플리케이션을 포함하는 고급 분석의 한 형태를 말한다. 빅데이터 분석은 많은 양의 데이터를 분석해 데이터 안에 숨겨진 패턴, 상관 관계 및 기타 통찰력을 발견할 수 있다. 빅데이터 처리는 배치 모드batch mode 또는 간소화된 모드streamline mode에서 수행할 수 있다. 이는 일부 애플리케이션의 경우 데이터가 분석되고 저장 및 프로세스 패러다임에 따라 결과가 생성된다는 것을 의미한다[8]. 애플리케이션은 지속적으로 데이터를 생성하고 주식 시장 데이터 처리와 같은 실시간으로 처리된 결과를 기대한다.

11.2.1 장점

빅데이터는 다음과 같은 장점을 제공한다.

- 개선된 비즈니스 빅데이터 분석을 통해 조직은 데이터를 활용해 새로운 기회를 식별할 수 있으며, 이를 통해 보다 현명한 비즈니스의 결정, 새로운 수익 창출, 보다

---

3 어떤 조건이 변화할 때 그에 따른 결과가 어떻게 달라지는지를 가정해 검증하는 시뮬레이션을 말한다. - 옮긴이

효과적인 마케팅, 더 나은 고객 서비스, 향상된 운영 효율성 등 빅데이터 분석을 통해 더 높은 수익을 창출할 수 있다.

- 비용 절감 빅데이터 분석은 보다 효율적인 방식으로 비즈니스를 수행하면서 대량의 데이터를 저장하는 경우 상당한 비용 절감 효과를 제공할 수 있다.
- 더 빠르고 더 나은 의사 결정을 원하는 기업에서는 즉시 정보를 분석하고 결정을 내릴 수 있으며 더 나은 의사 결정을 위해 민첩성을 유지할 수 있다.
- 새로운 제품과 서비스를 빅데이터 분석을 통해 고객의 요구와 만족도를 통계적으로 분석할 수 있는 능력과 함께 고객이 원하는 것을 제공할 수 있다.

11.2.2 일반적인 빅데이터 분석 인프라

빅데이터 분석 인프라의 일반적인 구성 요소와 계층은 다음과 같다[9].

11.2.2.1 빅데이터 플랫폼

빅데이터 플랫폼은 정교한 연산 처리를 통합, 관리, 적용할 수 있는 기능을 포함한다. 일반적으로 빅데이터 플랫폼에는 하둡^{Hadoop}[4]을 기본으로 해 구성돼 있다. 하둡은 기존 데이터베이스의 가격 대비 성능을 크게 뛰어넘는 동시에 대용량 데이터 분석에 최적화돼 설계 및 구축됐다. 하둡은 크고 복잡한 데이터 볼륨 확장성이 뛰어난 통합 스토리지^{storage} 및 처리 환경이다. 빅데이터 분석을 위한 코어 엔진이라고 생각할 수 있다.

11.2.2.2 데이터 관리

우수한 품질의 데이터를 분석하기 위해서는 특별한 관리 및 거버넌스^{governance}가 필요하다. 데이터가 끊임없이 조직 내외부로 흘러가는 상황에서 데이터 품질의 표준을 구축하고 유지하려면 반복 가능한 프로세스를 확립하는 것이 중요하다. 클리닝, 이상 현상 제거 등 데이터를 원하는 형식으로 변환하는 데 상당한 시간이 소요될 수 있다. 정보가 신뢰할 수 있게 되면 조직은 마스터 데이터 관리 프로그램$^{master\ data\ management\ program}$을 구축해야한다.

---

4 http://hadoop.apache.org/

11.2.2.3 스토리지

하드 디스크에 크고 다양한 데이터를 저장하는 것은 비용적인 면에서 효과적이고 하둡은 많은 양의 데이터를 보관하고 신속하게 검색할 수 있는 경제적인 빅데이터 플랫폼이다. 오픈소스인 하둡은 대량의 데이터를 저장할 수 있고 일반적인 서버 클러스터에서 애플리케이션을 실행할 수 있다. 하둡은 다양한 데이터와 대량의 데이터가 지속적으로 증가함에 따라 비즈니스를 수행하는 데 있어 핵심 기술이 됐으며, 분산 컴퓨팅 모델은 대용량 데이터를 신속하게 처리할 수 있다. 하둡의 오픈소스 프레임워크는 무료로 제공되며 일반적인 서버의 하드웨어를 사용해 대량의 데이터를 저장할 수 있는 장점을 갖고 있다. 비정형 및 반정형 데이터 형식은 일반적으로 구조화된 관계형 데이터베이스를 기반으로 하는 기존 데이터 웨어하우스에 적합하지 않다. 또한 일반적인 데이터 웨어하우스는 실시간 증권 데이터, 웹 사이트 방문자의 온라인 활동의 경우와 같은 자주 업데이트해야 하는 환경에서는 대용량의 데이터를 처리하지 못할 수 있다.

11.2.2.4 분석 핵심 및 기능

데이터 마이닝은 대량의 데이터를 분석해 데이터의 패턴을 발견하는 데 도움이 되는 핵심 기술이며, 이 정보는 복잡한 비즈니스 질문에 답하는 데 도움이 되는 추가 분석에 사용될 수 있다. 하둡은 맵리듀스^MapReduce[5]라는 처리 엔진을 사용해 하드 디스크를 활용해 데이터를 분석할 뿐만 아니라 데이터에 복잡한 연산 처리도 가능하다. 플랫폼의 고성능 기능을 유지하면서 맵리듀스 명령어는 대형 데이터 플랫폼의 여러 노드에서 분산 처리^Map하고 다시 합치^Reduce는 과정을 거쳐 새로운 데이터 구조를 생성한다. 비즈니스 애플리케이션에 따라 생성되는 데이터가 달라지듯이 데이터를 조작하고 처리하는 데 사용되는 코드는 다양할 수 있다. 예를 들어 구매한 특정 제품에 대한 고객의 만족도를 확인하고자 할 때 텍스트 마이닝은 사용자의 피드백 데이터를 분석해 예상 정보를 추출할 수 있다.

11.2.2.5 Adaptors

조직의 기존 도구가 빅데이터 분석 도구를 통해 사내에서 사용할 수 있는 기술과 상호

---

5   구글에 의해 고안된 MapReduce는 대용량 데이터를 분산 처리하기 위한 목적으로 개발된 프로그래밍 모델이다. - 옮긴이

작용하고 데이터를 교환할 수 있도록 하는 것이 중요하다. 예를 들어 하이브^{Hive6}는 원시 데이터를 관계형 데이터베이스와 같은 SQL 기반 도구를 통해 액세스할 수 있는 관계형 테이블로 재구성할 수 있게 해주는 도구다.[7]

11.2.2.6 프레젠테이션
기존 툴이나 자체 개발한 툴을 사용해 데이터를 시각화하면 일반 비즈니스 담당자는 직관적이고 그래픽 형식으로 정보를 확인할 수 있고 우수한 통찰력으로 의사 결정을 내릴 수 있다.

11.2.3 기술

데이터의 크기와 다양성으로 인해 일관성 및 관리 문제를 야기할 수 있으며, 데이터 사일로^{data silo8}는 빅데이터 아키텍처에 저장된 서로 다른 플랫폼과 데이터를 사용함으로써 발생할 수 있다. 실제로 대규모 데이터 분석을 위해 함께 작동하는 몇 가지 유형의 기술이 있다. 하둡과 다른 빅데이터 도구와 통합해 조직의 요구 사항을 충족시키는 응집력 있는 아키텍처에 통합하는 것은 플랫폼 엔지니어와 분석팀에게 중요한 과제다. 플랫폼 엔지니어와 분석팀은 적절한 기술적 조합을 통해 이를 통합해야 한다[10].

11.2.4 클라우드 환경에서 빅데이터 분석

초기 빅데이터 시스템은 주로 사내 구축형으로 구축됐으며, 하둡은 원래 물리적 시스템 클러스터에서 작동하도록 설계됐다. 현재는 퍼블릭 클라우드(ASWS, Google Cloud 등)를 사용해 하둡 클러스터를 클라우드 환경에 설치할 수 있다. 점점 더 많은 기술들이 클라우드 환경에서 데이터 처리를 할 수 있게 됐다. 예를 들어 클라우데라^{Cloudera9} 및 호튼웍스

---

6   https://hive.apache.org/

7   하둡에서 동작하는 데이터 웨어하우스 인프라 구조로서 SQL을 사용해 분산 스토리지에 있는 대규모 데이터를 읽고 쓰고 관리할 수 있다. – 옮긴이

8   조직의 다른 부분과 분리돼 액세스할 수 없는 조직의 정보 모음을 말한다. – 옮긴이

9   https://www.cloudera.com/

Hortonworks[10]와 같은 주요 하둡 공급 업체는 AWS^Amazon Web Service[11] 및 마이크로소프트 애저 Microsoft Azure[12] 클라우드에서 대규모 데이터 프레임워크를 지원한다. 빅데이터의 미래는 사내에 직접 설치해 데이터를 분석하거나 기존 상용 클라우드를 혼합해서 사용할 것이다 [11].

11.2.5 인-메모리 분석

하둡의 배치 스케줄링^batch scheduling 처리 및 디스크 기반 데이터 스토리지는 실제 서비스 환경에서는 실시간으로 데이터를 분석하고 처리하는 데 있어 적합하지 않다. 하둡은 많은 입출력 파일을 생성되는 파일 시스템에 의존하기 때문에 맵리듀스의 성능이 제한될 수밖에 없다. 하둡의 배치 처리를 사용하지 않고 인-메모리에서 데이터 분석을 하면 수십 초가 아닌 밀리초 단위로 작업을 수행할 수 있다. 인-메모리 데이터 스토리지는 디스크 또는 네트워크를 통해 데이터를 이동하지 않기 때문에 액세스 시간을 크게 단축할 수 있다. SAS와 Apache Ignite는 인-메모리 데이터 분석 기능을 갖춘 하둡 배포판을 제공한다.

11.2.6 빅데이터 흐름 분석

빅데이터 분석은 일반적으로 그룹화, 집계 또는 반복 프로세스를 포함하는 데이터에 대해 복잡한 분석 작업을 수행하는 프로세스를 말한다. 그림 11.1은 빅데이터 처리에 대한 일반적인 흐름을 보여 준다[7]. 첫 번째 단계는 여러 리소스에서 발생하는 데이터를 수집/통합하는 것이다. 데이터 클리닝은 많은 처리 시간을 필요로 하지만 데이터 분석에 필요한 데이터의 크기를 크게 줄일 수 있다. 원시 데이터^raw data는 일반적으로 사전에 정의된 데이터 모델을 갖지 않으며 사전 정의된 방식으로 구성되지 않도록 구조화하지 않는다. 따라서 데이터 흐름의 다음 단계에서 데이터는 반정형 데이터 또는 정형 데이터로 변환된다. 데이터를 정제하면 데이터의 오류 및 데이터 불일치를 탐지하고 제거해 데이터 품질을 향상시킨다[12]. 여러 데이터 소스를 통합해야 하는 경우(예를 들어 데이터 웨어

---

10 https://hortonworks.com/

11 https://aws.amazon.com/

12 https://azure.microsoft.com/

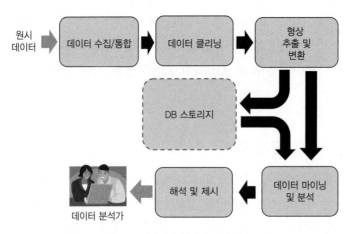

그림 11.1 일반적인 데이터 분석 흐름

하우스) 데이터 정형화 필요성이 크게 높아진다. 이는 원시 데이터는 종종 중복된 데이터를 포함하고 있기 때문이다.

데이터 처리 작업에서 가장 중요한 단계 중 하나는 데이터 값이 올바른지 확인하거나 최소한의 규칙을 준수하는지 확인하는 것이다. 잘못된 데이터 입력, 누락된 정보 또는 기타 잘못 입력된 데이터로 인해 데이터 품질을 저하시킨다. 예를 들어 성별과 같은 변수는 단지 2개의 값(M 또는 F)을 가질 것으로 예상되거나 심장 박동수를 나타내는 변수는 합리적인 범위 내에 있을 것이라고 예상한다. 전통적인 ETL(추출, 로드, 변환) 프로세스는 여러 소스에서 데이터를 추출한 다음 분석, 정형화, 데이터 웨어하우스에 로드해 분석한다[13]. 룰 기반^{rule-based} 모델은 데이터 분석 도구가 데이터를 처리하는 방법을 결정한다.

빅데이터 처리의 주요 단계는 데이터 처리의 복잡성이 있는 데이터를 검색하고 발견하는 것이다. 빅데이터의 고유한 특성은 데이터 속에서 의미 있는 가치를 발견하는 것이다. 데이터 분석을 통해 단순한 합계로 결과를 생성하는 기존의 비즈니스 인텔리전스와는 다르다. 빅데이터 분석은 시각화, 대화형 지식 기반 쿼리^{interactive knowledge-based query} 또는 머신러닝 알고리즘을 활용해 데이터 속에서 의미 있는 지식을 발견할 수 있다[14]. 데이터의 이질적인 특성으로 인해 알고리즘의 수명이 짧을 수 있다.

데이터 볼륨의 증가는 분석 도구에 대해 다음과 같은 문제를 야기한다.

1. 데이터 양은 지속적으로 증가하지만 분석을 위해서는 데이터가 최신 상태여야 한다.
2. 쿼리의 응답 시간은 데이터 양에 따라 증가하는 반면, 분석 작업은 합리적인 시간 내에 대규모 데이터셋^{dataset}에 대한 쿼리 결과를 생성해야 한다[15].

11.3 포그 컴퓨팅 환경에서 데이터 분석

포그 컴퓨팅은 엔드 디바이스$^{end\ device}$와 전통적인 클라우드 컴퓨팅 데이터 센터 사이에 컴퓨팅^{compute}, 스토리지^{storage}, 네트워크^{network} 서비스를 제공하는 고도화된 가상화 플랫폼으로, 일반적으로 네트워크 가장자리(에지)에만 위치하는 것은 아니다. 포그 컴퓨팅은 기존의 클라우드 컴퓨팅과 동일한 컴퓨팅, 스토리지, 네트워킹 리소스로 구성된다. 그러나 포그 컴퓨팅에서는 낮은 대기 시간, 이동성 지원, 실시간 상호 작용, 온라인 분석, 클라우드와의 상호 작용이 필요한 애플리케이션에 더 적합하다[11, 16]. 데이터 크기가 매우 빠르게 증가하고 있지만, 처리 및 스토리지 비용이 감소하고 네트워크 대역폭이 증가함에 따라 수집된 데이터를 클라우드 컴퓨팅 데이터 센터에 보관할 수 있게 됐다. 생성된 모든 데이터를 클라우드 컴퓨팅으로 전송하는 대신 에지 디바이스 또는 소프트웨어 솔루션에서 예비 분석을 수행하고 데이터 또는 메타 데이터를 요약한 것을 클라우드로 전송할 수 있다. 예를 들어 구글은 클라우드 컴퓨팅을 사용해 구글 포토 앱용 사진을 분류한다. 사용자가 사진을 찍어 구글 포토에 업로드하면 앱이 자동으로 사진을 분석하고 분류한다. 모바일 디바이스에서 머신러닝 기능을 갖춘 모비디우스^{Movidius}13라는 전용 칩을 사용하면 클라우드 컴퓨팅을 대신해 실시간으로 정보를 처리할 수 있게 한다[17]. 사용자 디바이스 근처, 클라우드 컴퓨팅, 포그 컴퓨팅 단계에서 무엇을 해야 할지 결정하는 것이 중요하다.

11.3.1 포그 컴퓨팅 분석

IoT 디바이스와 센서에서 생성된 모든 데이터를 수집해 클라우드 컴퓨팅에 전송하는 것은 인터넷 네트워크 인프라에 심각한 트래픽이 발생하고 사용 비용이 종종 터무니 없이

---

13 https://www.movidius.com/

비싸고 기술적으로 비현실적이며 대부분 불필요하다. 데이터 분석을 위해 클라우드 컴퓨팅으로 데이터를 이동하는 것은 낮은 대역폭을 요구하는 대량의 과거 데이터historical data에는 적합하지만 실시간 분석이 필요한 애플리케이션에는 적합하지 않다. 실시간 애플리케이션을 지원하는 IoT가 등장함에 따라 분석을 데이터의 소스로 이동하고 실시간 처리를 가능하게 하는 것이 더 좋은 접근 방식으로 보인다. 포그 컴퓨팅은 생성된 데이터를 클라우드에 보내기 전에 포그 컴퓨팅에서 데이터를 쉽게 처리할 수 있고 대용량 데이터 스토리지의 필요성도 줄일 수 있다. 일반적으로 포그 컴퓨팅은 IoT 애플리케이션과 서비스에 적합한 솔루션이다[18, 19].

짧은 대기 시간과 상황 인지context awareness를 제공하는 포그와 글로벌 중앙 집중화를 제공하는 클라우드를 통해 일부 애플리케이션은 포그 컴퓨팅과 클라우드 컴퓨터의 장점을 모두 활용할 수 있다[11]. 포그 컴퓨팅의 주요 기능은 센서와 IoT 디바이스에서 데이터를 수집한 후 데이터를 실시간으로 분석하고 그 결과를 로컬 스토리지에 저장한다. 그리고 복잡한 분석이 필요한 경우 나머지 데이터를 클라우드 컴퓨팅으로 전송한다. 로컬 커버리지local coverage는 클라우드에서 제공되며, 클라우드는 영구적인 데이터 저장하고 비즈니스 인텔리전스 분석에 사용된다.

포그 컴퓨팅은 여전히 초기 단계에 있으며 포그 컴퓨팅 아키텍처, 프레임워크, 표준화, 분석 모델, 스토리지, 네트워크 리소스 프로비저닝, 스케줄링, 프로그래밍 추상화 및 모델, 보안 및 개인 정보보호 문제와 같은 새로운 연구 과제가 존재한다[20]. 포그 분석에는 장치 및 데이터 인터페이스의 표준화, 클라우드와의 통합, 지속적으로 들어오는 데이터를 처리하기 위한 스트리밍 분석, 실시간 데이터 처리 기능이 가장자리(에지)로 이동하는 유연한 네트워크 아키텍처가 필요하다. 장기 저장 및 기록 분석을 위해 시간에 민감하지 않는 데이터를 클라우드 컴퓨팅 데이터 센터로 보낼 수 있다. 시간이 지남에 따라 IoT 애플리케이션의 성능을 향상 시킬 수 있는 머신러닝 및 데이터 시각화 같은 기술은 향후 빅데이터 분석을 하는 데 있어 중요한 기능이다.

Tang 연구진[9]은 스마트 시티smart city의 빅데이터 분석을 위해 포그 컴퓨팅 개념을 기반으로 한 아키텍처를 제안했다. 이 아키텍처는 계층적이고 확장 가능하며 분산돼 있으며 대량의 사물인터넷과 서비스 통합을 지원한다. 아키텍처는 4개의 계층으로 구성돼 있으며, 수많은 센서를 가진 4계층은 네트워크 가장자리(에지)에 위치하고, 3계층은 많은 고성능 및 저전력 노드로 원시 데이터를 처리하고, 2계층은 중간 컴퓨팅 노드의 잠재적 위험을 식별하며, 1계층은 글로벌 모니터링과 중앙 집중식 제어를 제공하는 클라우드 컴퓨팅을 말한다. [10]에서는 포그 컴퓨팅을 기반으로 하는 지리 공간 데이터^{geospatial data}의 마이닝 분석을 위해 FogGIS 프레임워크가 도입됐다. FogGIS는 압축 및 오버레이 분석을 포함한 예비 분석^{preliminary analysis}에 사용됐으며 압축 기술을 통해 클라우드로의 젠송되는 데이터양을 줄였다. 포그 컴퓨팅은 다양한 의료 기기를 지원하는 의료 IoT 디바이스의 보편화로 인해 의료 분야에서 더욱 인기를 얻고 있다[21]. 시스코^{Cisco}는 확장 가능한 IoT 데이터 솔수션을 구축하는 데 사용할 수 있는 Fog Data Services[14]를 출시했다.

11.3.2 포그 엔진

포그 엔진^{FE, Fog-Engine}[22]이라는 엔드 투 엔드 솔루션은 내부 데이터 분석과 IoT 디바이스가 서로 통신하고 클라우드 컴퓨팅과 통신할 수 있는 기능을 제공한다. 그림 11.2는 일반적인 포그 엔진 배포의 개요를 보여 준다. 포그 엔진은 최종 사용자가 투명하게 관리하며 온프레미스^{on-premise} 및 실시간 데이터 분석 기능을 제공한다.

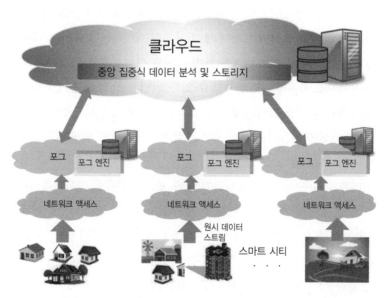

그림 11.2 일반적인 클라우드 기반 컴퓨팅 시스템에서 포그 엔진 배포

---

14 https://www.cisco.com/c/en/us/products/cloud-systems-management/fog-data-services/index.html

포그 엔진은 사용자 지정이 가능하고 IoT 디바이스에 통합된 이기종 플랫폼이다. 포그 엔진은 클라우드 및 네트워크 에지에 연결된 IoT 디바이스의 분산 그리드^{distributed grid}에서 데이터를 처리할 수 있다.

근처의 다른 포그 엔진과 협업해 클라우드 아래에 로컬 P2P^{peer-to-peer} 네트워크를 구축한다. 포그 엔진은 데이터를 오프로드하고 클라우드와 상호 작용해 게이트웨이로 사용할 수 있는 기능을 제공한다. 게이트웨이를 사용하면 인터넷에 직접 연결되지 않은 장치가 클라우드 서비스에 연결할 수 있다. 게이트웨이라는 용어는 네트워킹에서 특정 기능을 수행하지만 장치 그룹 또는 클러스터를 대신해 데이터를 처리하는 장치 클래스를 설명하는 데에도 사용된다. 포그 엔진은 위의 기능을 제공하기 위한 모듈형 API로 구성된다. 소프트웨어적으로 모든 포그 엔진은 동일한 API를 사용하며, 클라우드에서도 사용할 수 있어 IoT 개발자에게 개발 연속성을 보장한다.

11.3.3 포그 엔진을 사용한 데이터 분석

그림 11.3은 데이터 볼륨이 크게 증가하기 전에 포그 엔진을 사용해 데이터 소스 근처에서 수행되는 온프레미스^{on-premise} 데이터 분석을 보여 준다. 인스트림^{in-stream} 데이터는 포그 엔진에서 로컬로 분석되는 반면 포그 엔진의 데이터는 오프라인 데이터 분석을 위해 수집돼 클라우드로 전송된다. 예를 들어 스마트 그리드에서 포그 엔진은 사용자가 에너지를 효율적으로 사용하도록 결정할 수 있다. 반면 수천 명의 전기 소비자가 있는 도시의 데이터는 에너지 공급 업체의 클라우드에서 분석돼 소비자의 에너지 사용 정책을 결정한다. 포그 엔진에 사용되는 분석 모델은 클라우드 분석에 의해 결정되고 전달된 정책을 기반으로 업데이트된다.

데이터를 클라우드로 오프로딩하기 전에 포그 엔진에서 데이터를 사전 처리^{preprocesse}, 필터링^{filtering}, 클리닝^{cleaning}하기 때문에 전송되는 데이터 양이 IoT에 의해 생성된 데이터보다 적다. 또한 포그 엔진 분석은 실시간으로 처리되며, 클라우드 분석은 오프라인으로 처리된다. 포그 엔진은 클라우드 컴퓨팅에 비해 제한된 컴퓨팅 성능과 스토리지를 제공되지만 클라우드 컴퓨팅에서 데이터를 처리하면 네트워크 대기 시간이 더 길어진다. 포그 엔진은 고장이 발생할 경우 근처의 다른 포그 엔진으로 작업을 이전할 수 있기 때문에 높은 수준의 장애 허용 시스템^{fault tolerance}을 제공한다.

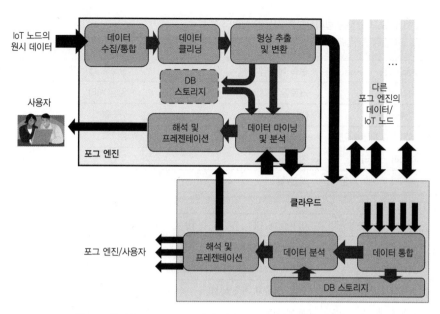

그림 11.3 클라우드로 오프로드하기 전에 포그 엔진을 사용한 데이터 분석

포그 엔진은 클라우드에 있는 유사한 노드의 클러스터에 비해 세분화된 멀티 코어 프로세서multi-core processor, FPGA 또는 GPU와 같은 다양한 유형의 하드웨어를 사용할 수 있다. 각 포그 엔진은 사용자가 구성할 수 있는 고정 하드웨어 리소스를 사용하는 반면 할당된 리소스는 클라우드에서 사용자가 제어할 수 없다. 포그 엔진의 장점은 지능형 교통 시스템ITS, Intelligent Transportation System의 자동차와 같은 모바일 IoT 노드에 통합될 수 있다는 것이다 [23]. 클라우드 컴퓨팅은 종량제 방식으로 요금으로 과금하는 반면 포그 엔진은 사용자가 직접 소유할 수 있는 자산이다. IoT 애플리케이션에 따라 전력 공급원이 제한적일 경우 포그 엔진은 배터리로 구동될 수 있으며 클라우드에 일정한 전원이 공급되는 동안 에너지 효율이 높아야 한다. 표 11.1에서는 포그 엔진과 클라우드 컴퓨팅을 비교했다.

표 11.1 포그 엔진과 클라우드를 사용한 데이터 분석

특징	포그 엔진	클라우드
처리 계층	로컬 데이터 분석	글로벌 데이터 분석
처리 방식	스트림 내 처리	일괄 처리
컴퓨팅 파워	GFLOPS	TFLOPS
네트워크 지연 시간	밀리초	초
데이터 스토리지	기가바이트	무한
데이터 라이프 타임	시간/일	무한
결함 허용성	높은	높은
리소스 및 세분화 처리	이기종(예: CPU, FPGA, GPU) 및 세분화	동종(데이터 센터) 및 코스 그레인드[15]
다목적	요청 시에만 존재	무형 서버
프로비저닝	주변의 포그 엔진 수에 따라 제한됨	무한 확장, 지연 시간 포함
노드의 이동성	이동 가능(예: 차 안에서)	없음
비용 모델	한 번 지불	종량제 요금
전력 모델	배터리 구동/전기	전기

11.4 프로토타입 및 평가

11.4절에서 설명할 포그 엔진 아키텍처의 하드웨어 및 소프트웨어를 개발하고 프로토타입을 제작했다. 또한 시스템 파이프 라인에서 포그 엔진의 다양한 배치를 고려해 광범위한 실험을 수행했다.

11.4.1 아키텍처

포그 엔진은 저가형 디바이스를 주로 사용하는 IoT와 통합돼 있어 (i) 민첩하고 투명하며 (ii) IoT 디바이스에 포그 엔진을 추가하는 것은 기존 시스템에 부정적인 영향을 미치지 않는다. 포그 엔진은 다음과 같은 세 가지 장치로 구성된다.

1. 데이터 분석 및 데이터 저장을 위한 사전 처리(예를 들어 데이터 클리닝, 필터링 등)를

---

15 특정 프로세스(서비스)를 큰 덩어리로 나누는 것 – 옮긴이

하기 위한 분석 및 저장 장치

2. P2P 네트워킹, 클라우드, IoT 통신용 네트워크 엔터페이스로 구성된 네트워킹 및 통신 장치

3. 포그 엔진을 서로 동기화하고 클라우드와 동기화하는 오케스트레이션 장치

그림 11.4(a)는 포그 엔진의 일반적인 구조를 보여 준다. 그림 11.4(b)는 상세한 포그 엔진 구조를 보여 준다. 범용 직렬 버스$^{USB, Universal Serial Bus}$, 중거리용 와이파이, 다른 장치와의 소규모 통신용 블루투스$^{BT, Bluetooth}$, 범용 비동기식 수신기/송신기$^{UART, Universal Asynchronous Receiver/Transmitter}$, 직렬 주변 장치 인터페이스$^{SPI, Serial Peripheral Interface}$ 버스, 범용 입력/출력$^{GPIO, General-Purpose Input/Output}$ 핀을 통해 데이터를 수집하고자 몇 가지 공통 인터페이스를 사용한다. 데이터는 센서 디바이스, 다른 IoT 디바이스, 웹 또는 로컬 스토리지에서 가져올 수 있다. 원시 데이터 또는 반정형화된 데이터는 클리닝, 필터링, 통합은 물론 ETL(데이터 추출, 로드, 변환)과 같은 전처리 작업을 거친다. 라이브러리는 데이터 조작에 사용되는 규칙을 유지한다. 예를 들어 집의 에너지 소비량을 측정하는 스마트 계량기에서 생성된 데이터의 경우 시간당 몇 킬로와트 미만의 양수 값만 허용된다. 전처리된 데이터는 P2P 네트워킹 인터페이스 장치를 통해 피어 엔진과 전송되거나 상호 교환될 수 있다. 포그 엔진 클러스터에서 높은 처리 용량을 가진 포그 엔진은 데이터를 오프로드하는 클러스터의 리더 역할을 수행할 수 있다. 조정(오케스트레이션) 장치는 포그 엔진 클러스터 전반에서 클러스터 형성 및 데이터 배포를 처리한다. 클라우드 인터페이스 모듈$^{cloud interface module}$은 포그 엔진과 클라우드 간의 통신을 원활하게 하는 게이트웨이다. 포그 엔진 스케줄러와 작업 관리자는 위에서 언급한 모든 장치를 조정한다.

11.4.2 구성

포그 엔진은 다음과 같이 다양한 구성으로 다양한 환경에서 사용된다.

11.4.2.1 브로커로서의 포그 엔진

그림 11.5(a)는 포그 엔진이 센서로부터 데이터를 수신하고, 필터링하고, 입력을 정리(클리닝)한 다음, 데이터를 클라우드로 전송하는 브로커 역할을 하도록 구성된 방식을 보여 준다. 센서 인터페이스$^{sensor interface}$는 I2C$^{Inter-Integrated Circuit}$ 프로토콜을 기반으로 한다. 센서

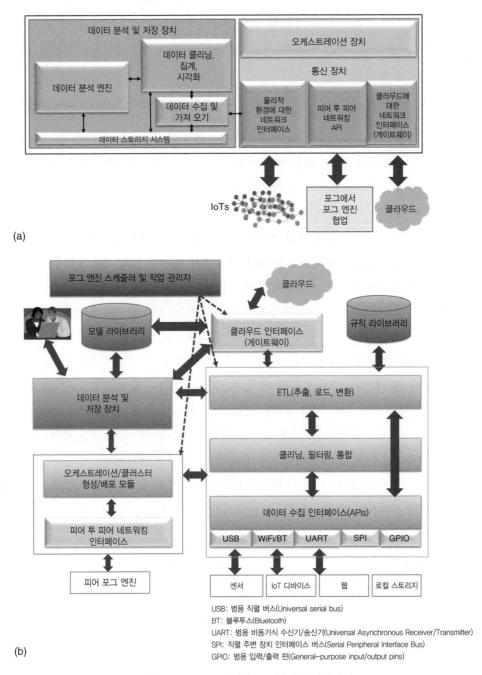

(a)

(b)

USB: 범용 직렬 버스(Universal serial bus)
BT: 블루투스(Bluetooth)
UART: 범용 비동기식 수신기/송신기(Universal Asynchronous Receiver/Transmitter)
SPI: 직렬 주변 장치 인터페이스 버스(Serial Peripheral Interface Bus)
GPIO: 범용 입력/출력 핀(General-purpose input/output pins)

그림 11.4 (a) 포그 엔진의 일반적인 구조 (b) 통신 장치의 세부 구조

에서 수집된 데이터는 포그 엔진의 I2C 인터페이스에서 판독된다. 반면에 기존 시나리오에서는 수집된 데이터에 추가적인 처리 없이 클라우드로 직접 전송된다.

11.4.2.2 데이터 분석 엔진으로서의 포그 엔진

포그 엔진의 데이터 분석 장치(그림 11.5(b))를 사용해 데이터를 분석하고 저장 한도를 초과하거나 잘못된 데이터가 감지될 때까지 로컬 스토리지에 저장한다. 데이터 분석 단위에서 모델은 처음에 첫 번째 데이터 청크$^{chunk\ of\ data}$(예를 들어 샘플 100개)에 적합하며 데이터의 오류를 식별하고 제거하는 데 사용된다. 모델은 새로운 데이터 청크 단위로 정기적으로 업데이트된다(예를 들어 100개 샘플마다). 이 경우 포그 엔진과 클라우드 컴퓨팅 간에 데이터를 스트리밍할 필요가 없다. 클라우드와의 일정한 채널이 필요하므로 더 많은 비용과 안정적인 네트워크 연결이 필요하다. 대신에 일정한 시간 간격으로 포그 엔진에서 클라우드로 데이터를 오프로드할 수 있다. 또한 다양한 소스에서 생성된 데이터는 포그 엔진에서 자체적으로 분석되므로 클라우드에서의 데이터 분석 작업을 단순화시킬 수 있다.

11.4.2.3 서버로서의 포그 엔진

세 번째 구성에서는 여러 개의 포그 엔진이 하나의 클러스터를 구성하고 그중 하나가 클러스터의 리더가 된다. 클러스터 리더는 모든 센서로부터 데이터를 수신하고 데이터를 분석하고 데이터를 클라우드로 전송한다. 이 경우 포그 엔진의 3개의 통신 장치가 모두 연결된다(그림 11.5(c)). 이 구성의 장점으로는 포그 엔진 클러스터 리더가 클라우드 컴퓨팅 사이에 유일한 채널을 관리하기 때문에 포그 엔진과 클라우드 사이에 여러 개의 독립된 채널을 구축할 필요가 없다. 위의 경우와 마찬가지로 포그 엔진을 사용하는 데이터의 양이 적을 뿐 아니라 포그 엔진을 사용할 때의 추가적인 장점은 여러 센서 장치에서 수집된 데이터를 단일 메시지로 클라우드에 전송할 수 있다는 것이다.

이 구성은 사물인터넷 디바이스의 저장 공간과 에너지 소비를 줄일 수 있다. 클러스터 환경에서는 메시지 수를 최소화하고 허용되는 최대 메시지 크기를 조정할 수 있으므로 메시지 전송 수가 감소하므로 클라우드 운용 비용을 절감할 수 있다.

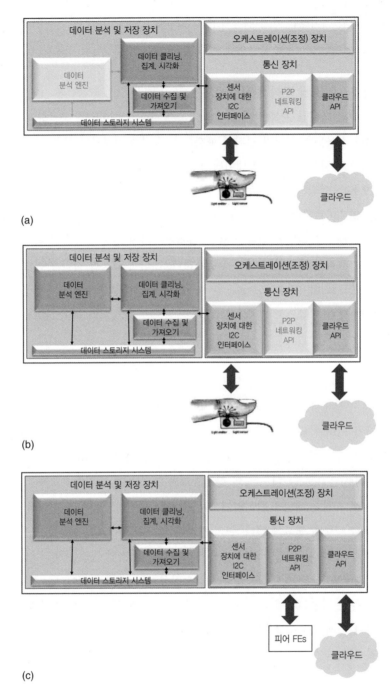

그림 11.5 포그 엔진의 다양한 구성: (a) 브로커로서 (b) 기본 데이터 분석기로서 (c) 서버로서

11.4.2.4 포그 엔진과 클라우드 간의 커뮤니케이션

11장에서는 포그 엔진의 기능과 성능을 확인하고자 몇 가지 실험을 했다. 이 실험에서(그림 11.6) 볼 수 있듯이 포그 엔진은 두 가지 버전으로 구현했다. 하나는 라즈베리파이 3 보드$^{Raspberry\ Pi\ 3\ board}$(IoT 보드)를 이용해 포그 엔진(Rpi)을 설치했고 다른 하나는 데스크톱 컴퓨터에 포그 엔진(PC)을 설치했다. 모든 포그 엔진 모듈은 파이썬^{Python}을 기반으로 구현됐다. Mosquitto[16]와 VerneMQ[17]을 포함한 패킷 송수신에는 2개의 서로 다른 MQTT 브로커를 사용하고 MQTT 브로커는 IoT 보드 또는 데스크톱 컴퓨터에 위치한다. 이 실험에서는 Hive Cloud[18], Eclipse Cloud[19], CloudMQ[20]를 포함한 세 가지 다른 클라우드를 활용했다. 전송 시간은 패킷을 송신하고 수신하는 데 필요한 시간이다. 패킷 크기는 몇 바이트에서 4MB를 초과한다. 각 패킷 크기에 대해 실험을 100회 반복하고 평균 시간을 측정했다.

그림 11.7은 패킷 크기가 증가함에 따라 포그 엔진에서 클라우드로의 전송 시간이 기하급수적으로 증가함을 보여 준다. 실험 결과 Eclipse Cloud의 경우 64KB보다 크고 Hive Cloud, CloudMQTT의 경우 200KB보다 큰 패킷의 전송 시간이 크게 증가하는 것을 관찰했다. 또한 포그 엔진 간 통신은 포그 엔진과 클라우드 간 통신과 비교해 훨씬 빠르다. 특히 큰 패킷 크기(예를 들어 64KB 이상)의 경우는 더욱 빠르다. 64KB 또는 200KB보다 작은 패킷의 경우에는 전송 시간은 1초 미만이며 포그 엔진 간의 피어 통신은 여전히 네트워크 대기 시간이 짧다. 또한 포그 엔진은 Rpi 보드보다 더 강력한 컴퓨팅과 네트워킹 기능을 지원하는 데스크톱 PC에 구현돼 처리 능력이 더욱 향상됐다. 평가된 클라우드 중 Hive는 2MB보다 큰 패킷을 허용하지 않기 때문에 2MB보다 큰 패킷은 여러 단계를 거쳐 전송된다. 32MB보다 큰 패킷을 포그 엔진 간에 교환하는 것이 불가능하며 이는 IoT 보드의 하드웨어와 메모리 제한으로 발생할 수 있다. 결과적으로 포그 엔진 클러스터 리더를 통한 클라우드와 통신하는 구조는 클라우드로 전송되는 메시지를 감소시켜 비용을 절감하고 특정 기간 동안 지원할 수 있는 IoT 디바이스 수가 증가한다는 점에서 더 나은 선택이다.

16　https://mosquitto.org/

17　https://vernemq.com/

18　http://www.thehivecloud.com

19　http://www.eclipse.org/ecd/

20　https://www.cloudmqtt.com

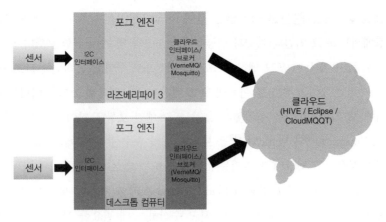

그림 11.6 포그 엔진은 데이터를 수집하고 클라우드와 통신

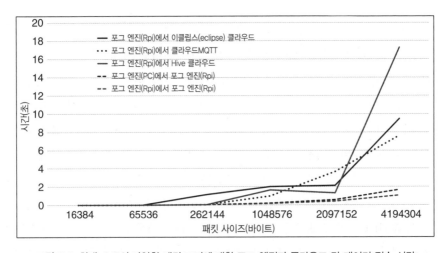

그림 11.7 최대 4MB의 다양한 패킷 크기에 대한 포그 엔진과 클라우드 간 데이터 전송 시간

11.5 사례 연구

11.5절에서는 제안된 포그 엔진을 다양한 애플리케이션에서 활용하는 방법을 보여 주고
자 두 가지 사례 연구를 소개한다.

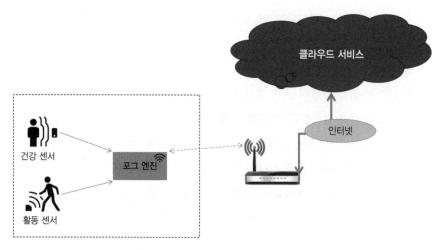

그림 11.8 시스템 파이프 라인에 포그 엔진 배포

11.5.1 스마트 홈

이 사례 연구에서는 심장 박동 모니터링 및 활동 체크 모니터링 시스템을 포함한 스마트 홈smart home 애플리케이션을 개발했다. 그림 11.8은 사용자와 클라우드 간에 통신하고자 중간에 포그 엔진이 배치돼 있는 것을 볼 수 있다. 이 실험에서는 파이썬으로 라즈베리파이 3 보드에 포그 엔진의 프로토타입prototype을 구현했다. 모든 모듈은 와이파이 네트워크를 통해 통신한다. 포그 엔진은 다음과 같은 다른 역할을 수행할 수 있다.

11.5.1.1 브로커로서의 포그 엔진

이 사례 연구에서는 센서는 집에 있는 모니터링 대상 환자의 심장 박동수 데이터를 수집한다. 센서에서 수집된 데이터는 포그 엔진의 I2C 인터페이스를 통해 판독된다. 그런 다음 수집된 데이터는 숫자 형식으로 변환돼 필터링을 거친다. 심장 박동수 샘플링 속도는 초당 50개 샘플이다. 20밀리초msec의 시간 간격으로 수집된 데이터를 처리하기에 충분하다. 실험에 따르면 심장 박동수 데이터의 약 40%는 복제 또는 범위 초과로 인해 폐기됐으며 이는 여전히 시간 단위당 충분한 수의 샘플을 추출했다. 수집된 데이터는 최종적으로 API를 사용해 Thingspeak Cloud[21]로 전송된다. 포그 엔진을 사용하면 데이터의 크기

---

21 https://thingspeak.com/

가 줄어들기 때문에 네트워크 및 처리 리소스의 사용량이 감소하고 네트워크 지연 시간이 감소한다.

클라우드 요금은 일반적으로 일정 기간 동안 처리되고 저장되는 메시지의 수를 기준으로 한다는 점을 감안해 포그 엔진을 사용하는 시스템과 그렇지 않은 시스템 간의 효율성을 비교 분석해 평가한다. 제공된 최대 네트워크 대역폭은 1MB/s라고 가정한다. 각 샘플 크기(예를 들어 심장 박동수 데이터)는 센서 색인, 타임 스탬프^{timestamp}, 심장 박동수 값을 포함하는 10바이트다. 현재 시나리오에서는 각 센서마다 별도의 채널이 생성되므로 데이터 전송 속도는 포그 엔진을 사용하거나 사용하지 않는 경우 모두 거의 비슷하다. 그러나 포그 엔진을 통해 전송되는 데이터의 크기는 40%가 적다. 제공된 대역폭이 1MB/s인 경우 포그 엔진이 있는 경우와 없는 경우 각각 디바이스의 최대 수(채널수)는 각각 2000개와 3330개다.

11.5.1.2 포그 엔진을 데이터 분석 엔진으로 사용

포그 엔진의 데이터 분석 장치(그림 11.5 (b))를 사용하고 데이터는 저장 한계를 초과하거나 심박수의 오작동이 감지될 때까지 로컬 스토리지에 분석 및 저장된다. 이 단위에서 모델은 처음에 첫 번째 데이터 청크(샘플 약 100개 포함)에 적합하며 그 후 이 모델을 사용해 데이터의 이상 유무를 식별하고 제거한다. 모델은 최신 데이터 청크 단위(100개 샘플마다)로 정기적으로 업데이트된다. 정기적으로 데이터를 클라우드로 오프로드할 수 있다. 또한 수집된 데이터를 포그 엔진에서 로컬 분석할 수 있기 때문에 많은 환자의 데이터를 처리해야 하는 병원 클라우드에서 데이터 분석량과 분석 시간을 줄일 수 있다. 이미 주어진 가정을 참조하면 포그 엔진이 있는 시스템과 없는 시스템이 유사하게 수행되며, 전송된 데이터의 크기는 포그 엔진이 있는 시스템이 없는 시스템보다 40%가량 더 작다.

11.5.1.3 서버로서의 포그 엔진

세 번째 구성에서는 여러 개의 포그 엔진이 하나의 클러스터를 형성하고 그중 하나가 포그 엔진 클러스터 리더가 된다. 이 실험에서는 아두이노 나노 보드$^{Arduino\ Nano\ board}$를 사용해 심장 박동수 센서로부터 데이터를 수집하고 포그 엔진 클러스터 리더에게 전송한다. 이 실험에서 포그 엔진 클러스터 리더는 보다 강력한 보드(Raspberry Pi 3)로 구현됐다. 포그 엔진 클러스터 리더는 모든 센서로부터 데이터를 수신하고 데이터를 분석하고 클라우드로 전송한다. 이 경우 포그 엔진의 세 통신 장치가 모드 연결된다(그림 11.5(c)). 이 구성의 장점은 포그 엔진 클러스터 리더가 클라우드의 유일한 채널을 관리하기 때문에 포그 엔진과 클라우드 사이에 여러 개의 독립된 채널을 구축할 필요가 없다는 것이다.

이 시나리오에서 포그 엔진을 사용해 로컬 분석을 통해 데이터 양을 줄일 수 있는 것 외에도 포그 엔진을 사용하는 또 다른 장점은 여러 센서 장치에서 수집된 데이터를 포그 엔진이 단일 메시지로 클라우드로 전송할 수 있다는 점이다. 클러스터된 구조에서는 메시지 수를 최소화하고 허용되는 최대 메시지 크기를 사용할 수 있다. 이는 메시지 전송 횟수를 줄여 결과적으로 클라우드 사용 비용을 줄일 수 있다. 주어진 1MB 데이터 네트워크 대역폭의 경우 100개의 센서가 포그 엔진으로 클러스터링되면 1초에 생성된 전체 데이터(3KB)가 단일 패킷 또는 더 많은 패킷으로 전송될 수 있다. 포그 엔진을 사용하지 않을 경우 데이터는 더 많은 수의 메시지에 보다 작은 패킷 크기(예를 들어 10Byte) 단위로 클라우드로 직접 전송해야 한다. 이를 위해서는 50개의 메시지/초당 전송 속도가 필요하므로 클라우드 사용 비용이 증가한다. 3330개의 디바이스 클러스터로 수집된 데이터를 포그 엔진의 단일 1MB 패킷으로 압축할 수 있다. 표 11.2는 관리되는 데이터 크기의 비율, 각 사례에서 지원할 수 있는 최대 장치 수 등과 같은 다양한 매개 변수 측면에서 서로 다른 포그 엔진 구성을 비교한다.

표 11.2 대역폭, 샘플링, 샘플 크기가 각각 10MB/s, 50개의 샘플/s, 10바이트인 포그 엔진을 포함하거나 포함하지 않는 경우를 다양한 방식으로 비교.

	포그 엔진이 없는 경우	브로커로서의 포그 엔진	데이터 분석 엔진으로서의 포그 엔진	서버로서의 FE
데이터 크기 비율 (포그 엔진 포함/포그 엔진 미포함)	1	0.6	0.6	0.6
지원되는 최대 장치 수 (포그 엔진 포함/포그 엔진 미포함)	2,000	3,330	3,330	3,330
필터링/분석	No	Yes	Yes	Yes
오프라인 처리/전송	No	No	Yes	Yes
최대 패킷 크기	No	No	No	Yes

11.5.2 스마트 영양 모니터링 시스템

두 번째 사례 연구에서는 IoT 센서, 포그 엔진, 계층적 데이터 분석을 활용해 성인의 식습관을 정확하게 분석할 수 있는 스마트 영양 모니터링smart nutrition monitoring 시스템을 고안했으며, 이는 분석된 식습관 데이터를 통해 사용자 자신에게 올바른 식습관을 가질 수 있도록 동기 부여할 수 있고, 영양사는 환자들에게 더 나은 식습관 지침을 제공하는 데 사용할 수 있다[24]. 제안된 아키텍처는 그림 11.9에서 확인할 수 있다. 제안된 스마트 영양 모니터링 시스템은 다양한 센서가 설치된 키오스크kiosk로 구성된다. 이 키오스크에는 다양한 IoT 센서, 포그 엔진이 장착돼 있어 음식의 무게, 부피, 구조(예를 들어 분자 패턴) 데이터를 수집한다. 사용자는 모바일 앱을 통해 키오스크에 인증하고 센서에서 관련 정보를 얻는 2초 동안 키오스크에 음식을 넣고 기다리면 된다. 데이터가 수집되면 사용자는 키오스크와의 상호 작용을 중단하고 일상적인 활동을 진행할 수 있다. 데이터 수집은 사용자가 식품에 대한 정보를 수동으로 입력할 필요가 없는 비침습적 기법noninvasive technique22으로 수행된다. 키오스크에 장착돼 있는 카메라를 사용해 서로 다른 각도에서 음식을 촬영 및 캡처하고 이를 클라우드 서버로 전송해 음식의 3D 모델을 생성하며, 이는 음식 양을 측정하는 데 사용된다. 키오스크에는 수집된 데이터를 처리하고 시스템의 다른 구성요소와 통신하고자 포그 엔진이 장착돼 있다.

데이터 분석data analytics 모듈은 아키텍처에서 통계 분석 및 머신러닝 활동을 담당한다.

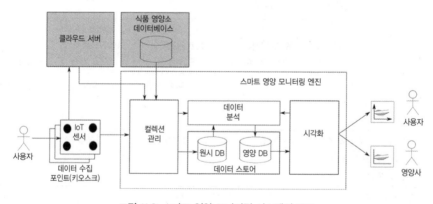

그림 11.9 스마트 영양 모니터링 시스템의 구조

---

22 인체에 고통을 주지 않고 실시하는 기술 – 옮긴이

이것은 사용자, 영양사와 관련된 보고서, 분석 데이터를 생성하고 사용자가 제공한 음식을 식별하는 데 사용된다. 이 모듈의 입력과 출력은 식품의 영양가뿐만 아니라 원시 수집 데이터를 저장하기 위해 2개의 데이터베이스가 있는 데이터 저장소를 사용한다. 시각화 모듈visualizationmodule은 시간 경과에 따른 다양한 영양소 소비와 데이터 분석 모듈에 의해 수행되는 다양한 형태의 복잡한 데이터 분석 결과를 차트를 보여 준다.

이 실험에서는 접근 방법의 실행 가능성과 구현 가능성을 입증하고자 그림 11.10과 같은 스마트 영양 모니터링 시스템의 프로토타입을 개발했다. 데이터 수집 포인트의 프로토타입 버전(예를 들어 키오스크)은 포그 엔진 시스템으로 라즈베리파이 3 모델 B 보드(Quad core 1.2GHZ CPU, 1GB RAM)를 사용해 센서 및 나머지 아키텍처와 상호 작용한다. 해상도가 8M 픽셀인 카메라 5대는 각각 라즈베리파이에 카메라 1대씩 장착된다. 센서 디바이스는 블루투스를 통해 다른 디바이스와 통신할 수 있는 스마트 저울인 SITU Smart Scale[23]을 사용했다. 포그 엔진은 스마트 저울에 연결하고 카메라가 연결된 라즈베리파이에서 사진을 수신하고 아키텍처와 인터페이스하는 데 사용된다. 스마트 저울과 더 잘 통합하고자 이 실험에서 프로토타입 포그 엔진의 운영체제를 Emteria OS[24](라즈베리파이 3에서 실행되도록 최적화된 안드로이드 호환 운영체제)로 대체했다. 정보 수집 프로세스는 직접 개발한 모바일 앱을 통해 사용자에 의해 시작된다. 이 방법에서는 이전에 시스템

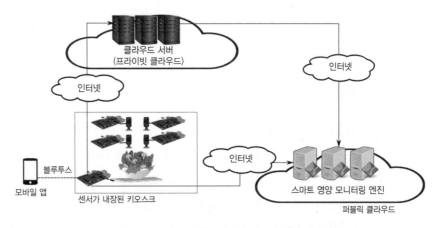

그림 11.10 스마트 영양 모니터링 시스템의 프로토타입

23　http://situscale.com/

24　https://emteria.com/

에 등록된 사용자가 키오스크에서 음식을 스캔하고 앱을 통해 인증한 다음 앱에서 실행 버튼을 클릭한다. 그러면 포그 엔진에서 실행되는 프로세스에 메시지를 전송해 데이터 수집 프로세스를 시작한다. 그런 다음 포그 엔진은 스마트 저울과 다른 라즈베리파이에서 센서를 통해 데이터를 수집하고 와이파이를 통해서 모든 관련 데이터를 스마트 영양 모니터링 시스템으로 전송한다. 포그 엔진은 5대의 카메라로 촬영한 음식 이미지를 프라이빗 클라우드로 전송한다. 프라이빗 클라우드에서는 AgiSoft PhotoScan Pro[25] 소프트웨어를 사용해 3D 모델을 생성한다. 이것은 퍼블릭 클라우드에 있는 스마트 영양 모니터링 엔진에서 스캔한 음식량을 측정하는 데 사용된다.

키오스크 센서에서 얻은 데이터 외에도 포그 엔진 데이터의 또 다른 소스는 그림 11.9에 제안된 외부 식품 영양 데이터베이스external food nutrient database다. 이 실험의 프로토타입은 RESTful API를 통해 액세스되는 FatSecret 데이터베이스[26]를 활용했다. FatSecret과의 상호 작용은 데이터 분석 모듈data analytics module이 컬렉션 관리 모듈collection management module에서 음식 이름(사용자가 제시한 음식에 대한 분석 결과일 수 있음)이 포함된 문자열을 반환할 때 활성화된다. 이 음식 이름은 FatSecret 데이터베이스에서 API를 통해 검색해 사용자가 키오스크를 통해 스캔한 음식의 영양 정보를 확인할 수 있다. 그런 다음 이 정보는 데이터베이스에 저장된다. 데이터베이스에 수집되고 저장돼 있는 모든 영양 데이터는 영양사와 사용자에게 영양소와 일일, 주간, 월간 칼로리 섭취량 차트를 제공할 수 있다. 영양사는 자신의 환자(다른 영양사의 환자가 아닌) 데이터에만 접근할 수 있다.

11.6 관련 연구

최근 주요 클라우드 제공 업체들은 다양한 기능과 특성을 갖춘 IoT 솔루션을 선보이고 있다. 표 11.3은 잘 알려진 클라우드 제공 업체 5개의 IoT 솔루션 목록을 보여 준다. 데이터 수집은 이러한 솔루션의 기본 요소이며 IoT 소프트웨어 플랫폼의 구성 요소 간 통신 프로토콜을 지정한다. IoT 시스템에는 수백만 개의 노드가 있을 수 있으므로 네트워크 대역폭을 최소화하고자 MQTT와 같은 경량 통신 프로토콜을 사용한다. IoT 디바이스와

---

25 http://www.agisoft.com/

26 https://www.fatsecret.com

표 11.3 5개 주요 클라우드 제공 업체의 IOT 솔루션 목록

서비스	AWS	마이크로소프트	IBM	구글	알리바바(Alibaba)
	AWS IoT	Azure IoT Hub	IBM Watson IoT	Google IoT	AliCloud IoT
데이터 수집	HTTP, WebSockets, MQTT	HTTP, AMQP, MQTT, 사용자 프로토콜(프로토콜 게이트웨이 프로젝트 사용)	MQTT, HTTP	HTTP	HTTP
정보 보안	링크 암호화(TLS), 인증(SigV4, X.509)	링크 암호화(TLS), 인증(SAS 토큰이 있는 장치당)	링크 암호화(TLS), 인증(IBM Cloud SSO), 계정 관리 (LDAP)	링크 암호화(TLS)	링크 암호화(TLS)
통합	REST APIs	REST APIs	REST 및 리얼 타임 APIs	REST APIs, gRPC	REST APIs
데이터 분석	아마존 머신러닝 모델 (Amazon QuickSight)	스트림 분석, 머신러닝	IBM bluemix 데이터 분석	클라우드 데이터플로(Cloud dataflow), 빅쿼리(BigQuery), 데이터랩(Datalab), 데이터프록시(Dataproc)	MaxCompute
게이트웨이 아키텍처	디바이스 게이트웨이 (클라우드 내)	Azure IoT 게이트웨이(내부 게이트웨이, 베타 버전)	일반 게이트웨이	일반 게이트웨이 (온프레미스)	클라우드 게이트웨이 (클라우드 내)

소프트웨어 시스템 간에 안전한 통신을 위해 보안은 필수적이다. 표 11.3에서 볼 수 있듯이 링크 암호화는 시스템의 잠재적인 도청을 피하기 위한 일반적인 암호화 기술이다.

통합은 클라우드 컴퓨팅 시스템으로 데이터를 가져오는 과정이며 표 11.3에서 언급했듯이 REST API는 클라우드 플랫폼에서 데이터 및 정보에 대한 액세스를 제공하는 일반적인 기술이다. IoT 디바이스에서 데이터를 수집한 후에는 데이터 안에 숨겨진 패턴, 상관 관계, 통찰력을 발견하고자 데이터를 분석해야 한다. 데이터 분석은 다양한 방법으로 수행할 수 있으며 각 클라우드 제공 업체는 머신러닝 알고리즘, 통계 분석, 데이터 탐색, 시각화를 포함한 다양한 패키지와 서비스를 제공한다.

표 11.3의 마지막 행은 11장의 주요 범위인 게이트웨이 아키텍처다. 게이트웨이는 IoT 디바이스와 클라우드 플랫폼 사이에 있는 계층이다. 대부분의 제공 업체는 게이트웨이에 대한 일반적인 추상적 개념(가정)과 규격만 제공한다. 마이크로소프트와 구글은 온프레미스^{on-premise} 게이트웨이 초기 개발 단계에 있으며 이들 중 어느 기업도 통합을 완벽하게 구현하는 게이트웨이를 개발하지 못했다. 앞서 언급한 바와 같이 포그 엔진은 IoT 디바이스와 서로 통신하고 클라우드와 통신할 수 있는 기능뿐만 아니라 온프레미스의 데이터 분석 기능을 제공하는 게이트웨이로서의 해결책이 될 수 있다.

온프레미스 데이터 분석은 최근 많은 주목을 받고 있는 또 다른 유형의 서비스다. 마이크로소프트 Azure Stack[25]은 하이브리드 클라우드 민첩성을 위해 데이터 센터를 제어하는 동시에 자체 데이터 센터에서 애저^{Azure} 서비스를 제공할 수 있게 해주는 새로운 하이브리드 클라우드 플랫폼이다. CardioLog Analyticss²⁷는 사용자 측 서버에서 실행되는 사내 데이터 분석을 제공한다. 오라클^{Oracle}[26]은 고객이 데이터 센터에 오라클 엔지니어링 시스템을 구축할 수 있도록 주문형 온프레미스 서비스로 오라클 인프라를 제공한다. 온프레미스용 IBM Digital Analytics는 디지털 분석 가속기 솔루션의 핵심 웹 분석 소프트웨어 구성 요소다. 그러나 분석 소프트웨어^{analytic software}는 고성능 IBM 애플리케이션 서버에 설치된다. 분석을 위한 IBM Pure Data System은 네티자^{Netezza28} 기술로 구동되는 데이터웨어 하우스 제품이다[27].

---

27 http://news.intlock.com/on-premise-or-on-demand-solutions/

28 기존 시스템에 비해 10~100배 빠른 속도로 복잡한 분석 질의를 수 시간 내에 처리할 수 있는 데이터 웨어하우징 어 플라이언스의 고성능 분석 기능을 제공하는 기업이다. – 옮긴이

Cisco ParStream[29]은 데이터가 로드될 때 실시간 데이터를 즉각적이고 지속적으로 분석할 수 있도록 설계됐다. Cisco ParStream은 확장 가능한 분산형 하이브리드 데이터베이스 아키텍처를 통해 수십억 개의 레코드를 분석할 수 있으며, 성능 저하를 최소화하고 데이터를 실시간으로 처리할 수 있는 인덱싱 및 압축 기술 특허를 보유하고 있다. ParStream은 고급 분석을 지원하는 머신러닝 엔진과 통합할 수 있다. ParStream은 표준 멀티 코어 CPU와 GPU를 모두 사용해 쿼리를 실행하고, 스트리밍 데이터를 시계열 분석해 대량의 과거 데이터와 통합한다. 이 제품은 경고 및 작업 기능을 사용해 데이터 스트림을 모니터링하고, 경고를 생성하고, 알림을 보내거나, 작업을 자동으로 실행하는 호출하기 쉬운 프로시저를 만들고 자격을 부여한다. 고급 분석을 이용한 통계 함수와 분석 모델을 적용해 대량의 데이터에서 머신러닝 모델과 함께 가설을 도출할 수 있다.

포그 컴퓨팅은 학계에서 많은 관심을 받아 왔다. 연구자들은 건강 모니터링, 스마트 시티, 차량 네트워크와 같은 다양한 시나리오에서 적용 가능한 포그 컴퓨팅 기반의 다양한 애플리케이션을 제안했다[28]. 포그 컴퓨팅이 더 많은 관심을 끌면서 기존의 컴퓨팅 패러다임의 효율성을 개선하려는 노력이 있어 왔다. Yousefpour 연구진[29]은 포그 디바이스에 대한 네트워크 지연 최소화 정책을 제안했다. 연구진은 IoT 디바이스, 포그, 클라우드 컴퓨팅 간의 상호 작용에서 서비스 지연을 평가하는 분석 모델을 개발했다. 분석 모델은 시뮬레이션 연구에 의해 지원됐다. Alturki 연구진[30]은 포그 디바이스에서 배포 및 실행할 수 있는 분석 방법을 논의했다. 라즈베리파이 보드를 사용해 수행한 실험 결과의 정확도는 낮지만 데이터 소비량은 감소했다는 것을 확인했다. 저자들은 결과의 정확성을 향상시키고자 데이터를 전체적인 시각에서 볼 필요성이 있다고 강조했다. Jiang 연구진[31]은 포그 컴퓨팅 시나리오를 활용할 수 있는 클라우드 컴퓨팅 조정 프레임워크를 설계하고 제안했다. Liu 연구진[32]은 자원 할당, 네트워크 지연 시간 단축, 결함 허용, 개인 프라이버시를 포괄하는 포그 컴퓨팅을 위한 프레임워크를 제안했다.

Liu 연구진[32]은 포그 컴퓨팅에서 보안 및 개인 정보 보호의 중요성을 강조했다. 연구진은 생체 인식 기반의 인증biometrics-based authentication이 포그 컴퓨팅에서 유용하게 사용될 것이라고 예측했다. 또한 대규모 포그 컴퓨팅 및 모바일 포그 컴퓨팅 환경에서 침입 탐지 시스템을 구축할 때 해결해야 할 문제점을 제기했다. 연구진은 사용자의 프라이버시를

---

29 https://www.parstream.com/

보호하고자 포그 컴퓨팅과 클라우드 컴퓨팅 간에 동형 암호homomorphic encryption[30]처럼 개인 프라이버시 보호 알고리즘을 적용해야 한다고 강조했다. Mukherjee 연구진은 클라우드에서 사용하던 기존의 솔루션들을 포그 컴퓨팅에 직접 적용할 수 없기 때문에 포그 컴퓨팅 환경에서 사용할 수 있는 새로운 보안 및 개인 정보 보호 솔루션 개발의 필요성을 강조했다. 연구진은 포그 보안과 프라이버시 보호, 인증 및 키 합의authentication and key agreement, 침입 탐지 시스템, 포그 노드의 동적 결합 및 탈퇴, 크로스 이슈cross-issue, 포그 포렌식fog forensic 등 6가지 연구 과제를 제시했다.

많은 연구진은 포그 컴퓨팅, 에지 컴퓨팅, IoT 디바이스를 보다 잘 통합하기 위한 인프라를 실현하고자 많은 노력을 하고 있다. Chang 연구진[33]은 IoT 서비스 제공 업체들에게 포그 컴퓨팅 환경을 제공하고자 사용자의 네트워크 디바이스를 활용할 수 있는 인디 포그Indie Fog 인프라스트럭처를 제안했다. 인디 포그 컴퓨팅은 다양한 방법으로 배치될 수 있다. 클러스터된 인디 포그는 센서 및 기타 장치로부터 수집된 데이터의 전처리 작업을 실행한다. 인디 포그는 정적 센서 장치를 사용해 신속한 데이터 수집 및 분석과 같은 다양한 서비스를 위한 인프라를 제공한다. 차량용 인디 포그는 차량의 인터넷을 사용할 수 있게 하고 스마트폰에 탑재된 인디 포그 서버는 휴대 전화의 데이터를 처리할 수 있다. 인디 포그 시스템은 클라이언트, 서버, 레지스트리의 세 부분으로 구성된다.

포그 컴퓨팅은 의료 분야에서 몇 가지 흥미로운 애플리케이션을 제공한다. 기존의 클라우드 기반 의료 솔루션은 네트워크 지연 시간과 응답 시간 지연으로 인해 어려움을 겪고 있다. 포그 컴퓨팅은 의료 데이터의 분석, 통신, 저장을 수행하고자 에지 디바이스를 사용함으로써 이러한 네트워크 지연 시간을 잠재적으로 줄일 수 있다. Cao 연구진[34]은 뇌졸중 환자의 낙상 감지를 할 수 있는 에지 디바이스(예를 들어 스마트폰)와 클라우드 사이에서 포그 컴퓨팅을 사용해 뇌졸중 환자용 낙상 감지 모니터링fall detection monitoring 애플리케이션을 제안했다. Sood와 Mahajan[35]은 모기에 물려 인간에게 전염되는 치쿤구니아 바이러스Chikungunya virus의 발생을 진단하고 예방하고자 포그 컴퓨팅과 클라우드 컴퓨팅을 기반으로 시스템을 설계했다. 제안된 시스템은 데이터 축적(사용자로부터 건강, 환경, 위치 데이터 수집용), 포그 계층(감염된 카테고리, 기타 카테고리의 데이터 분류 및 경보 생성을 위해), 클라우드 계층(포그 계층에서 관리하거나 처리할 수 없는 데이터를 저장 및 처리하고자) 3개의 계

---

30 암호화된 상태에서 연산을 할 수 있는 차세대 암호 기술이다. – 옮긴이

층으로 구성돼 있다. 실험 평가를 통해 제안된 시스템은 정확도가 높고 빠른 네트워크 응답 처리가 가능한 것으로 확인됐다. Dubey 연구진[21]은 가정 내 의료 서비스를 위해 서비스 지향 포그 컴퓨팅 아키텍처를 제시했다. 연구진은 실험을 위해 인텔 에디슨 보드^{Intel Edison Board}를 포그 컴퓨팅 배포를 위해 사용했다. 첫 번째 실험은 언어 장애를 분석하는 것이었다. 포그 컴퓨팅은 음성 신호를 처리하고 추출된 패턴을 클라우드 컴퓨팅으로 전송한다. 두 번째 실험은 심전도^{ECG, electrocardiogram} 데이터를 처리하는 것이다. 연구진은 포그 시스템이 원격 건강 애플리케이션, 클라우드 저장, 에지 디바이스의 전송 횟수를 감소시켰다고 결론지었다. Vora 연구진[36]은 클러스터링과 클라우드 기반 연산을 사용해 만성 신경 질환 환자^{chronic neurological diseases}를 모니터링하기 위한 포그 컴퓨팅 기반 모니터링 시스템을 제안했다. 무선 인체 영역 통신망^{wireless body area network}31은 중요한 건강 정보를 수집해 데이터를 클라우드렛^{cloudlet}으로 전송한다. 클라우드렛은 데이터를 정리하고 분류해 의사 결정하는 데 도움이 된다. 데이터는 분류를 위해 클라우드 컴퓨팅으로 보내지고 결과는 클라우드렛으로 다시 전송돼 포그 컴퓨팅 처리의 예외 사항을 감지한다. 제안된 시스템의 성능 평가에서 포그 컴퓨팅은 높은 네트워크 대역폭 처리와 더 빠른 응답 처리가 가능하다는 것을 보여 줬다. Guibert 연구진[37]은 통신 및 스토리지 효율성을 위해 포그 컴퓨팅과 결합된 콘텐츠 중심 네트워크^{content-centric network} 접근 방식을 사용할 것을 제안했다. 그들의 시뮬레이션 결과 전통적인 콘텐츠 중심 네트워크에 비해 포그 컴퓨팅 기반 콘텐츠 중심 네트워크의 경우 네트워크 지연이 줄어들었다는 것을 확인했다.

제안된 시스템을 포그 컴퓨팅으로 구현하는 데 몇 가지 제한 사항이 있었다. 예를 들어 E-health를 위한 간단한 게이트웨이는 데스크톱 PC에 구현됐다[38]. 연구진은 신호 처리에 시스템을 사용해 네트워크 대기 시간을 줄일 수 있는 가능성을 조사했다. 제안된 게이트웨이[39]는 온라인 게임에서의 QoS 개선을 위한 게이트웨이 모델로 구현됐다. 연구진은 포그 컴퓨팅 모델을 사용하면 게임 사용자들의 네트워크 응답 시간을 20% 단축할 수 있다는 연구 결과를 발표했다. 포그 컴퓨팅의 구현은 초기 단계에 있지만 포그 엔진은 빅데이터 분석을 위한 다양한 애플리케이션에 맞게 설계 및 구현됐다. 제안된 모델은 다른 비즈니스 및 상업용 애플리케이션을 위해 추가로 탐색하고 개발할 수 있는 탁월한 잠재력을 갖고 있다.

---

31   웨어러블 또는 몸에 부착하는 형태의 센서나 디바이스를 무선으로 연결하는 네트워킹 기술이다. - 옮긴이

11.7 향후 연구 방향

빅데이터 분석에서 포그 엔진을 채택하는 데 고려해야 할 몇 가지 문제점이 있다. 제안된 솔루션의 이점^{benefit}은 비용과 위험을 고려해 평가돼야 하며, 이는 사용 사례마다 달라질 것이다. 센서와 사물인터넷 디바이스는 비교적 가격이 저렴하지만, 넓은 장소를 커버하게 되면 포그 엔진과 관련된 솔루션은 많은 추가적인 비용이 발생할 수 있다. 따라서 솔루션의 확장성 및 비용을 추가적으로 연구해야 한다.

새로운 기술 계층으로 포그 엔진을 추가하는 것은 또 다른 잠재적인 취약점이 생겨날 수 있기 때문에 보안은 해결해야 할 문제다. 또한 개인 정보 보호 문제를 해결하고자 데이터 관리 정책을 조정해야 할 수도 있다. 따라서 포그 엔진이 어떤 데이터를 수집할 수 있는지, 얼마나 오래 데이터를 보존해야 하는지와 같은 근본적인 질문에 대한 명확한 해답을 얻을 수 있도록 전체적인 데이터 관리 정책을 수립해야 한다.

포그 엔진은 중복 자원으로 구성할 수 있지만 시스템의 다른 구성 요소에 장애가 발생하는 경우 신뢰성은 여전히 중요한 문제다. 포그 엔진이 여러 애플리케이션에 맞게 조정될 수 있다는 점을 감안할 때 신뢰성 메커니즘$^{reliability\ mechanism}$은 애플리케이션 요구 사항에 따라 변경돼야 한다. 표 11.1에서 언급한 바와 같이 포그 엔진은 배터리로 작동할 수 있으므로 에너지 최적화는 반드시 해결해야 할 과제다. 포그 엔진에서 데이터 분석을 실행하는 것은 많은 전력을 소비하는 작업이므로 특히 많은 수의 포그 엔진에서 데이터 분석이 필요한 경우 에너지 효율성을 고려해 설계해야 한다.

마지막으로 리소스 관리$^{resource\ management}$는 포그 엔진을 운영하는 데 있어 어려운 작업 중에 하나다. 첫 번째 단계의 빅데이터 분석은 포그 엔진에서 수행되고 나머지는 빅데이터 분석은 클라우드에서 수행되는 경우 자원 관리자는 계층적이고 분산돼야 한다. 따라서 요청된 성능 및 비용으로 빅데이터를 분석을 위해 포그 엔진에 리소스를 프로비저닝하는 것은 리소스 관리자가 해결할 트레이드-오프$^{trade-off}$[32]가 될 것이다.

---

32 새로운 장비를 설계할 때 신뢰성, 성능, 비용 등 경합하는 요인을 차질 없이 마무리하는 것을 말한다. - 역자주

11.8 결론

데이터 분석은 데이터 통신 오버헤드[communication overhead]와 데이터 처리 시간을 줄이고자 데이터가 생성되는 곳 근처에서 수행될 수 있다. 제안된 시스템에서는 첫 번째 계층에는 포그 계층이 존재하고 클라우드는 마지막 계층에 형성되는 새로운 유형의 계층적 데이터 분석 방법을 소개했다. 제안된 솔루션인 포그 엔진을 통해 데이터 크기 감소, 데이터 전송량 감소, 클라우드 사용 비용 절감 등 다양한 이점을 얻을 수 있는 온프레미스 기능을 갖춘 IoT 애플리케이션을 구현할 수 있다. 포그 엔진은 그 목적과 배포되는 위치에 따라 다양한 역할을 수행할 수 있다. 이번 연구에서는 스마트 모니터링 영양 시스템뿐만 아니라 스마트 홈에서 포그 엔진을 적용할 수 있는 두 가지 사례를 소개했다. 이번 연구에서 다루지 않았던 리소스 스케줄링[resource scheduling], 에너지 효율성, 신뢰성 등 몇 가지 해결해야 할 문제는 향후 연구할 예정이다.

참고 문헌

1 A.V. Dastjerdi, H. Gupta, R. N. Calheiros, S.K. Ghosh, and R. Buyya. Fog computing: Principles, architectures, and applications. *Book Chapter in the Internet of Things: Principles and Paradigms*, Morgan Kaufmann, Burlington, Massachusetts, USA, 2016.

2 M. Satyanarayanan, P. Simoens, Y. Xiao, P. Pillai, Z. Chen, K. Ha, W. Hu, and B. Amos. Edge analytics in the Internet of Things. *IEEE Pervasive Computing*, 14(2): 24 – 31, 2015.

3 W. Shi, J. Cao, and Q. Zhang, Y. Li, and L. Xu. Edge computing: Vision and challenges. *IEEE Internet of Things Journal*, 3(5): 637 – 646, 2016.

4 L. M. Vaquero and L. Rodero-Merino. Finding your way in the fog: Towards a comprehensive definition of fog computing. *SIGCOMM Comput. Commun. Rev.*, 44(5): 27 – 32, 2014.

5 S. Yi, C. Li, Q. Li. A survey of fog computing: concepts, applications and issues. In *Proceedings of the 2015 Workshop on Mobile Big Data*. pp. 37 – 42. 2015.

6 S. Yi, C. Li, and Q. Li. A survey of fog computing: concepts, applications and

issues. In *Proceedings of the Workshop on Mobile Big Data* (Mobidata '15). 2015.

7   F. Mehdipour, H. Noori, and B. Javadi. Energy-efficient big data analytics in datacenters. *Advances in Computers*, 100: 59 – 101, 2016.

8   B. Javadi, B. Zhang, and M. Taufer. Bandwidth modeling in large distributed systems for big data applications. *15th International Conference on Parallel and Distributed Computing, Applications and Technologies (PDCAT)*, pp. 21 – 27, Hong Kong, 2014.

9   B. Tang, Z. Chen, G. Hafferman, T. Wei, H. He, Q. Yang. A hierarchical distributed fog computing architecture for big data analysis in smart cities. *ASE BD&SI '15 Proceedings of the ASE BigData and Social Informatics*, Taiwan, Oct. 2015.

10 R.K. Barik, H. Dubey, A.B. Samaddar, R.D. Gupta, P.K. Ray. FogGIS: Fog Computing for geospatial big data analytics, *IEEE Uttar Pradesh Section International Conference on Electrical, Computer and Electronics Engineering (UPCON)*, pp. 613 – 618, 2016.

11 F. Bonomi, R. Milito, J. Zhu, and S. Addepalli. Fog computing and its role in the Internet of Things. In *Proceedings of the first edition of the MCC workshop on mobile cloud computing*, pp. 13 – 16, Helsinki, Finland, August 2012.

12 E. Rahm, H. Hai Do. Data cleaning: Problems and current approaches. *IEEE Data Eng. Bull.*, 23(4): 3 – 13, 2000.

13 Intel Big Data Analytics White Paper. *Extract, Transform and Load Big Data with Apache Hadoop*, 2013.

14 B. Di-Martino, R. Aversa, G. Cretella, and A. Esposito. Big data (lost) in the cloud, *Int. J. Big Data Intelligence*, 1(1/2): 3 – 17, 2014.

15 M. Saecker and V. Markl. Big data analytics on modern hardware architectures: a technology survey, business intelligence. *Lect. Notes Bus. Inf. Process*, 138: 125 – 149, 2013.

16 A.V. Dastjerdi and R. Buyya. Fog computing: Helping the Internet of Things realize its potential. *Computer*, 49(8) (August): 112 – 116, 2016.

17 D. Schatsky, *Machine learning is going mobile*, Deloitte University Press, 2016.

18 F. Bonomi, R. Milito, J. Zhu, and S. Addepalli. Fog computing and its role in the Internet of Things. *MCC, Finland*, 2012.

19 A. Manzalini. A foggy edge, beyond the clouds. *Business Ecosystems* (February 2013).

20 M. Mukherjee, R. Matam, L. Shu, L> Maglaras, M.A. Ferrag, N. Choudhury, and V. Kumar. Security and privacy in fog computing: Challenges. *IEEE Access*, 5: 19293 – 19304, 2017.

21 H. Dubey, J. Yang, N. Constant, A.M. Amiri, Q. Yang, and K. Makodiya. Fog data: Enhancing telehealth big data through fog computing. In *Proceedings of the ASE Big Data and Social Informatics*, 2015.

22 F. Mehdipour, B. Javadi, A. Mahanti. FOG-engine: Towards big data analytics in the fog. *In Dependable, Autonomic and Secure Computing, 14th International Conference on Pervasive Intelligence and Computing*, pp. 640 – 646, Auckland, New Zealand, August 2016.

23 H.J. Desirena Lopez, M. Siller, and I. Huerta. Internet of vehicles: Cloud and fog computing approaches, *IEEE International Conference on Service Operations and Logistics, and Informatics (SOLI)*, pp. 211 – 216, Bari, Italy, 2017.

24 B. Javadi, R.N. Calheiros, K. Matawie, A. Ginige, and A. Cook. Smart nutrition monitoring system using heterogeneous Internet of Things platform. *The 10th International Conference Internet and Distributed Computing System (IDCS 2017)*. Fiji, December 2017.

25 J. Woolsey. *Powering the Next Generation Cloud with Azure Stack*. Nano Server and Windows Server 2016, Microsoft.

26 Oracle infrastructure as a service (IaaS) private cloud with capacity on demand. *Oracle executive brief*, Oracle, 2015.

27 L. Coyne, T. Hajas, M. Hallback, M. Lindström, and C. Vollmar. IBM Private, Public, and Hybrid Cloud Storage Solutions. *Redpaper*, 2016.

28 M.H. Syed, E.B. Fernandez, and M. Ilyas. A Pattern for Fog Computing. In *Proceedings of the 10th Travelling Conference on Pattern Languages of Programs* (VikingPLoP '16). 2016.

29 A. Yousefpour, G. Ishigaki, and J.P. Jue. Fog computing: Towards minimizing delay in the Internet of Things. *2017 IEEE International Conference on Edge Computing (EDGE)*, Honolulu, USA, 2017, pp. 17 – 24.

30 B. Alturki, S. Reiff-Marganiec, and C. Perera. A hybrid approach for data analytics for internet of things. In *Proceedings of the Seventh International*

Conference on the Internet of Things (IoT '17), 2017.

31 Y. Jiang, Z. Huang, and D.H.K. Tsang. Challenges and Solutions in Fog Computing Orchestration. *IEEE Network*, PP(99): 1 – 8, 2017.

32 Y. Liu, J. E. Fieldsend, and G. Min. A Framework of Fog Computing: Architecture, Challenges, and Optimization. *IEEE Access*, 5: 25445 – 25454, 2017.

33 C. Chang, S.N. Srirama, and R. Buyya. Indie Fog: An efficient fog-computing infrastructure for the Internet of Things. *Computer*, 50(9): 92 – 98, 2017.

34 Y. Cao, P. Hou, D. Brown, J. Wang, and S. Chen. Distributed analytics and edge intelligence: pervasive health monitoring at the era of fog computing. In *Proceedings of the 2015 Workshop on Mobile Big Data* (Mobidata '15). 2015.

35 S.K. Sood and I. Mahajan. A fog-based healthcare framework for chikungunya. *IEEE Internet of Things Journal*, PP(99): 1 – 1, 2017.

36 J. Vora, S. Tanwar, S. Tyagi, N. Kumar and J.J.P.C. Rodrigues. FAAL: Fog computing-based patient monitoring system for ambient assisted living. *IEEE 19th International Conference on e-Health Networking, Applications and Services (Healthcom)*, Dalian, China, pp. 1 – 6, 2017.

37 D. Guibert, J. Wu, S. He, M. Wang, and J. Li. CC-fog: Toward content-centric fog networks for E-health. *IEEE 19th International Conference on e-Health Networking, Applications and Services (Healthcom)*, Dalian, China, 2017, pp. 1 – 5.

38 R. Craciunescu, A. Mihovska, M. Mihaylov, S. Kyriazakos, R. Prasad, S. Halunga. Implementation of fog computing for reliable E-health applications. In *49th Asilomar Conference on Signals, Systems and Computers*, pp. 459 – 463. 2015.

39 B. Varghese, N. Wang, D.S. Nikolopoulos, R. Buyya. Feasibility of fog computing. arXiv preprint arXiv:1701.05451, January 2017.

헬스 모니터링 시스템에서
포그 컴퓨팅의 활용

투안 응우엔 지아^{Tuan Nguyen Gia}, 밍제 지앙^{Mingzhe Jiang}

12.1 소개

심혈관 질환을 앓고 있는 사람들의 수는 놀라운 속도로 증가하고 있다. 미국 국립 보건원^{National Center for Health}에 따르면 2015년 조사 결과 미국인 2,440만 명이 심혈관 질환을 앓고 있다고 한다[1]. 심장 질환은 당뇨병, 비만, 신체 활동이 거의 없는 사람들에게 더 많이 발생된다. 심혈관 질환은 신장 손상^{kidney trauma}, 신경 손상^{nerves injury}, 심지어 죽음에 이르는 심각한 결과를 초래할 수 있다. 예를 들어 심혈관 질환 중 하나인 뇌졸중^{stroke}은 매년 약 12만 9,000명의 미국인을 사망에 이르게 한다[2, 3]. 심혈관 질환으로 인해 발생할 수 있는 사망자를 줄이고자 많은 병원과 의료 센터에서는 헬스 모니터링^{health-monitoring} 시스템을 종종 사용한다. 이 시스템은 심전도^{ECG, electrocardiography}, 체온 및 혈압^{blood pressure}과 같은 중요한 신호를 모니터링한다. 수집된 환자의 생체 신호 데이터를 기초로 해 담당 주치의는 적절한 치료 방법을 처방한다.

매년 50세 이상 인구의 30% 이상이 낙상^{falling}으로 인해 건강에 심각한 문제가 발생한다[4]. 이러한 낙상 사례 중 절반만이 의사나 간병인에게 보고된다[5]. 보고되지 않은 낙상으로 인한 부상에 대처하기 어렵고 시간이 많이 걸리며 비용이 많이 든다. 실혈관 질환 환자와 함께 낙상은 성인 장애의 주요 원인 중 하나이며 뇌 손상 같은 심각한 문제를 일으킬 수 있다[2, 4]. 따라서 의사 또는 간병인에게 낙상 사고를 실시간으로 알릴 수 있는 낙상 검출 시스템fall detection system의 도입이 시급히 필요하다. 의사가 환자의 낙상 사고에 신속하게 대응하면 부상의 심각성을 줄이고 환자의 생명을 구하는 데 도움이 될 수 있다.

기존의 헬스 모니터링 시스템(예를 들어 심전도 모니터링)은 데이터에 대한 비유비쿼터스non ubiquitous 액세스 및 비연속 모니터링noncontinuous monitoring 같은 단점이 존재한다. 예를 들어 많은 병원에서 12가지 주요 EGG 모니터링 시스템은 이동성을 지원하지 않으며 심전도 측정은 순간 또는 짧은 시간(예를 들어 몇 분) 동안 적용된다. 또한 이러한 시스템에서 제공하는 측정 결과를 지속적으로 실시간 헬스 모니터링 및 건강 관리 서비스 품질 개선을 위한 기타 고급 서비스를 제공하는 강화된 헬스 관리 시스템에는 적합하지 않다. 구축된 시스템을 통해 의료진은 실시간 분석을 위해 수집된 데이터에 원격으로 액세스할 수 있다. 또한 시스템은 비정상 또는 응급 상황(예를 들어 낙상, 너무 낮거나 너무 높은 심장 박동수)을 의사나 간병인에게 보고해 신속하게 대응할 수 있다[6, 7]

물리적 객체와 가상 객체가 상호 연결된 동적 플랫폼인 사물인터넷IoT은 헬스 모니터링 시스템을 개선하기 위한 적절한 대안책이 될 수 있다[8]. 웨어러블 디바이스, 무선 보디 센서 네트워크wireless body sensor network, 클라우드 컴퓨팅과 관련된 IoT 기반 헬스 모니터링 시스템은 환자의 일상 활동을 방해하지 않으면서 저렴한 비용으로 고품질 서비스(예를 들어 환자 데이터의 장기적인 헬스 히스토리)를 제공할 수 있다. 예를 들어 IoT 시스템의 웨어러블 디바이스는 ECG, 근전도 검사EMG, electromyography, 뇌파 검사EEG, electroencephalography 등 다양한 유형의 생체 신호를 수집할 수 있다.

가속도계accelerometer, 자이로스코프gyroscope, 자기계andmagnetometer 같은 센서는 인간의 움직임과 관련된 파라미터를 제공할 수 있다[9-111]. 수집된 데이터는 게이트웨이로 전송되고 추가적인 처리(예를 들어 데이터 처리 및 데이터 분석)를 위해 주로 데이터를 클라우드 서버로 전송한다. 수집된 헬스 데이터는 사람이 읽을 수 있는 텍스트나 그래픽 형태로 실시간으로 원격 모니터링할 수 있다. 또한 시스템은 클라우드 서버에서 실행되는 알고리즘을 통해 환자의 이상 유무(예를 들어 낙상 또는 높은 심장 박동수)를 감지할 수 있다. 감지된 환자의 응급 상황은 개인(예를 들어 주치의)에게 실시간으로 통보된다[13].

그러나 이러한 IoT 시스템에는 전송 대역폭transmission bandwidth, 웨어러블 센서 노드의 에너지 효율과 같은 문제가 발생할 수 있다. 예를 들어 멀티 채널 EGG 또는 EMG 모니터링 IoT 기반 시스템의 웨어러블 노드는 데이터 속도(예를 들어 ECG 채널당 약 6kbps)가 높은 대량의 데이터를 수집해 네트워크를 통해 무선으로 데이터를 전송하는 경우가 많이 발생한다[6]. 이러한 시스템의 게이트웨이는 주로 수집된 데이터를 저장 및 분석을 위해 클라우드 서버로 전달한다. 이에 따라 웨어러블 센서 노드는 제한된 전력으로 연산 작업과 통신 작업을 모두 수행해야 하는 경우가 많기 때문에 웨어러블 센서 노드의 수명은 장기간 지속될 수 없다. 또한 네트워크와 클라우드 서버는 대량의 데이터를 처리해야 하며, 이는 실시간 의료 시스템의 오류율을 높이고 네트워크 대기 시간이 길어질 수 있다 (예를 들어 ECG 신호의 최대 대기 시간은 500ms다[14]). 따라서 높은 서비스 품질^{QoS}을 유지하면서 네트워크를 통해 전송되는 데이터의 양과 센서 노드의 에너지 소비량을 최대한으로 줄여야 한다.

높은 수준의 의료 서비스를 유지하면서 IoT 시스템에서 이러한 과제를 해결하는 데 적합한 솔루션은 스마트 게이트웨이에서 포그 컴퓨팅을 활용하는 것이다[15-17]. 구체적으로 기존의 게이트웨이와 클라우드 서버 사이에 포그 계층이 추가된다. 포그 컴퓨팅은 웨어러블 디바이스에서 발생하는 연산 부하를 스마트 게이트웨이에서 처리하게 함으로써 웨어러블 센서 노드의 부담을 줄이는 데 도움이 된다. 예를 들어 연산 처리에 많은 부하가 발생하는 복잡한 알고리즘(예를 들어 웨어블릿 변환$^{wavelet\ transform}$에 기초한 ECG 추출 알고리즘)은 센서 노드 대신 스마트 게이트웨이의 포그 계층에서 실행된다[18]. 이에 통해 센서 노드의 수명을 크게 늘릴 수 있다[18-19]. 또한 포그 컴퓨팅은 네트워크 에지에서 향상된 서비스를 제공하고 클라우드 서버의 부담을 줄일 수 있다[20]. 포그 컴퓨팅은 클라우드 컴퓨팅 패러다임을 네트워크 에지에서 실행할 수 있고 클라우드 서버에서 지원하는 고급 기능을 제공한다[18, 20]. 예를 들어 포그 컴퓨팅의 기본적인 특징은 위치 인식$^{location\ awareness}$, 지리적 분산$^{geographical\ distribution}$, 상호 운용성^{interoperability}, 에지 위치$^{edge\ location}$, 낮은 대기 시간$^{low\ latency}$, 온라인 분석 지원이다. 요약하면 스마트 게이트웨이와 웨어러블 디바이스를 사용하는 포그 컴퓨팅과 IoT 시스템의 조합은 원격 연속 헬스 모니터링 시스템의 기존 문제를 해결할 수 있는 지속 가능한 솔루션이 될 수 있다.

12장에서는 건강 관리 서비스 품질을 향상시키고자 헬스 모니터링 IoT 시스템에서 포그 컴퓨팅을 활용한다. 포그 컴퓨팅 및 서비스는 센서 장치(노드)의 에너지 효율성을 향상시키고, 보안 수준을 높이고, 네트워크 대역폭을 절약하는 데 도움이 된다. 또한 포그 지원 시스템은 실시간 분석 결과를 제공하고자 스마트 게이트웨이에서 분산 시스템 방식으로 데이터를 분석하고 처리한다. IoT 시스템에서 포그 컴퓨팅의 장점을 입증하고자 웨어러블 센서 노드, 포그 컴퓨팅이 있는 게이트웨이, 최종 사용자 터미널 등을 포함한 완벽한 전체 시스템을 구현한다. 따라서 주치의 또는 간병인에게 낙상 사고를 실시간으로 알릴 수 있는 낙상 검출 및 심박수 변동과 관련된 두 가지 사례 연구를 제시하고 평가한다.

12장의 나머지 부분은 다음과 같이 구성돼 있다. 12.2절은 포그 컴퓨팅 IoT 기반 시스템의 아키텍처 개요를 보여 준다. 12.3절은 스마트 전자 헬스^{e-health} 게이트웨이에서 포그 컴퓨팅 서비스를 제공한다. 12.4절은 시스템 구현 방법을 논의한다. 12.5절은 사례 연구, 실험 결과를 평가한다. 12.6절은 토론을 제시한다. 12.7절은 포그 컴퓨팅과 관련된 애플리케이션을 소개한다. 12.8절은 향후 연구 방향을 논의한다. 12.9절은 작업을 마무리한다.

12.2 포그 컴퓨팅을 이용한 헬스 모니터링 IoT 기반 시스템의 아키텍처

헬스 모니터링 IoT 시스템은 환자의 모니터링 결과가 주치의의 분석과 처방에 간접적으로 또는 직접적으로 영향을 미치기 때문에 신뢰할 수 있어야 한다. 헬스 모니터링 IoT 시스템의 오류나 분석 결과의 지연은 잘못된 치료나 응급 상황에 대한 늦은 대응과 같은 심각한 결과를 초래해 인간의 건강에 부정적인 영향을 미칠 수 있다. 예를 들어 낙상 검출 모니터링 IoT 시스템에서 환자의 낙상 사고 사실이 주치의에게 늦게 전달되면 심각한 머리 부상에 긴급하게 대처할 수 없으며 이는 사망을 초래할 수도 있다. 이러한 상황에서 주치의에게 사고에 대한 상황을 실시간으로 알린다면 담당 의사는 환자의 생명을 구하고자 응급 처치(예를 들어 출혈 중지^{stopping bleeding})를 할 수 있다. 따라서 헬스 모니터링 IoT 시스템은 고품질의 데이터를 실시간으로 주치의에게 제공해야 한다. e-헬스 신호의 대기 시간 요구 사항은 특정 e-헬스 신호의 특성에 따라 다르다. 예를 들어 EMG 신호의 최대 지연 시간은 15.6ms 미만이다[14]. 또한 제안된 헬스 모니터링 IoT 시스템은 환자의 긴급 상황에 대처하고자 푸시 알림^{push notification}과 같은 유용한 서비스를 실시간으로 제공해야 한다.

그러나 센서 디바이스(노드), 게이트웨이, 클라우드 서버로 구축된 기존의 헬스 모니터링 IoT 시스템은 많은 경우(예를 들어 시스템 게이트웨이와 클라우드 서버 간의 연결 끊김) 엄격한 네트워크 대기 시간 요구 사항을 충족할 수 없다. 우리는 기존의 헬스 모니터링 시스템의 단점을 극복하고자 포그 컴퓨팅을 이용한 첨단 헬스 모니터링 IoT 시스템을 제안한다. 우리가 제안한 포그 컴퓨팅 시스템의 구조는 그림 12.1에서 확인할 수 있다. 이 시스템에는 센서 계층, 포그 계층이 있는 스마트 게이트웨이, 최종 사용자 터미널이 있는 클라우드 서버와 같은 몇 가지 주요 구성 요소를 포함된다. 아키텍처의 개별 계층의 기능은 다음과 같이 설명할 수 있다.

12.2.1 디바이스(센서) 계층

디바이스(센서) 계층은 각 노드가 센서, 마이크로컨트롤러$^{micro\text{-}controller}$, 무선 통신 칩 등 3개의 주요 구성 요소를 갖춘 센서 노드로 구성된다. 일부 애플리케이션에서는 SD 카드를 센서 노드에 통합해 임시 데이터를 저장할 수 있다. 센서(예를 들어 ECG, 포도당, SpO2, 습도 및 온도 센서)는 주변 환경의 상황 데이터와 인체에서 e-헬스 데이터를 수집하는 데 사용된다. 실내 온도, 습도 및 환자 병실의 실내 온도, 습도 및 환자 활동 상태와 같은 상황 데이터는 e-헬스 데이터의 품질 향상과 의사가 처방을 결정을 향상시키는 데 도움이 된다. 예를 들어 건강한 사람이 운동을 위해 달리고 있을 때 심장 박동수/분당 100회는 정상적인 수치이지만 의자에 앉아 쉬고 있을 때 발생하는 정상적인 심장 박동수가 아니며 건강상에 문제가 있는 환자일 수 있다. 상황 데이터를 수집한다고 해서 무게, 크기, 복잡성, 에너지 소비 측면에서 센서 노드의 부담이 크게 증가하는 것이 아니다. 예를 들어 환자의 활동 상태는 3-D 가속도계^{accelerometer}와 3-D 자이로스코프^{gyroscope}를 가진 단일 IC 칩에서 추출할 수 있고, 실내 온도와 습도는 다른 IC칩에서 수집될 수 있다. 이 칩들은 대체로 작고 가벼우며 에너지 효율성이 높다[10, 11]. 센서는 대체로 UART, SPI 또는 I2C와 같은 유선 프로토콜 중 하나를 통해 마이크로컨트롤러와 통신한다.

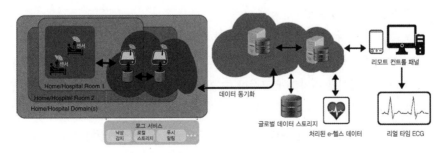

그림 12.1 포그 컴퓨팅을 이용한 원격 실시간 헬스 모니터링 IoT 시스템의 아키텍처

마이크로컨트롤러는 대체로 수면 모드^{sleep mode}와 웨이크업 모드^{waking up mode}를 지원하는 저전력 칩이다. 마이크로컨트롤러의 주파수는 애플리케이션에 따라 달라질 수 있다. 예를 들어 8Mhz 마이크로컨트롤러를 사용해 센서로부터 고품질 데이터를 수집하고 일부 연산 작업(예를 들어 고급 암호 표준(Advanced Encryption Standard - AES 알고리즘)을 수행할 수 있으며, 대기 시간 요건을 충족할 수 있다[11, 15]. 마이크로컨트롤러는 또한 언급된 와이어 방식 중 하나를 통해 무선 칩과 통신한다.

무선 통신 칩은 애플리케이션의 요구 사항에 따라 다양하다. 환자의 낙상 사고 검출이나 심박수 모니터링과 같은 저전력 무선 프로토콜의 최대 대역폭이 250kbps이기 때문에 일반적으로 저전력 무선 프로토콜(예를 들어 BLE 및 6LoWPAN)을 사용하는 편이다[10, 13]. 반면에 에너지 소비량이 가장 중요한 기준이 아닌 고품질 스트리밍 애플리케이션(예를 들어 비디오 감시^{video surveillance} 또는 24채널 EEG 모니터링)은 와이파이를 사용한다.

12.2.2 포그 컴퓨팅을 사용한 스마트 게이트웨이

포그 컴퓨팅은 포그 서비스와 상호 연결된 스마트 게이트웨이의 융합 네트워크^{convergent network}라고 설명할 수 있다. 애플리케이션의 요구 사항에 따라 스마트 게이트웨이는 특정 장소로 이동하거나 고정될 수 있다. 각 게이트웨이 유형(예를 들어 이동형 또는 고정형)에 따라 장단점이 존재한다. 예를 들어 모바일 게이트웨이는 이동성을 지원하지만 배터리 용량과 하드웨어 리소스에 제약이 따른다. 이와 대조적으로 고정 게이트웨이는 대체로 벽면의 콘센트 전원에서 공급되는 전력을 사용해 구축된다. 상대적으로 고정 게이트웨이는 복잡한 연산 작업을 쉽게 수행할 수 있고 고품질 데이터를 활용해 고급 서비스를 제공할 수 있는 반면에 모바일 게이트웨이는 복잡한 연산을 수행하지 못할 수 있다. 일반적으로 고정 게이트웨이는 병원과 가정의 원격 헬스 모니터링 시스템과 같은 많은 헬스 관리 애플리케이션에서 사용된다.

포그 계층의 각 스마트 게이트웨이는 하드웨어, 운영체제, 소프트웨어와 같은 세 가지 주요 구성 요소로 구성된 내장형 장치다. 특정 상황 모니터링 애플리케이션 및 센서 노드에 따라 하드웨어를 다양하게 구성할 수 있다. 예를 들어 스마트 게이트웨이의 무선 통신 칩은 센서 노드에서 사용하는 무선 프로토콜(6LoWPAN, BLE 또는 와이파이)과 호환된다. 또한 스마트 게이트웨이는 인터넷을 통해 클라우드 서버에 연결하고자 이더넷, 와이파이 또는 4G를 장착하는 경우가 많다. 스마트 게이트웨이는 데이터 저장 및 운영체제를 설치하고자 하드 드라이브 또는 SD 카드를 장착할 수 있다. 하드 드라이브나 SD 카드의 저장 용량은 다양하지만 용량이 크지 않는 경우가 대부분이다(예를 들어 128GB 미만)[22].

경량화 운영 체제는 고사양의 하드웨가 필요하지 않기 때문에 스마트 게이트웨이에 선호되는 경우가 많다. 예를 들어 리눅스^{Linux} 커널의 경량 버전은 많은 스마트 게이트웨이에서 사용된다[8, 15]. 운영체제는 유용한 소프트웨어를 쉽게 설치할 수 있는 플랫폼을 제공하고 작업 및 하드웨어 리소스를 보다 효율적이고 정확하게 관리할 수 있도록 지원한다.

스마트 게이트웨이의 소프트웨어는 기본 프로그램과 포그 서비스로 구성될 수 있다. 이러한 프로그램과 서비스는 지연 시간, 대역폭, 상호 운용성과 같은 특정 애플리케이션의 요구 사항을 충족하도록 설계됐다. 기본 프로그램은 데이터 전송, 게에트웨이 관리, 일부 기본 수준의 보안과 같은 게이트웨이의 기본 기능을 제공한다. 예를 들어 우분투^{Ubuntu}에 설치된 가볍고 단순한 보안 소프트웨어인 IPtable은 게이트웨이에서 사용하지 않는 통신 포트를 차단하는 데 사용된다. 오픈소스 데이터베이스인 MySQL 또는 MongoDB는 데이터베이스를 유연하고 신뢰성 있고 효율적으로 관리할 수 있도록 스마트 게이트웨이에 설치해 사용할 수 있다.

포그 서비스는 헬스 관리 서비스의 품질을 향상시키고자 많은 고급 서비스로 구성될 수 있다. 이 서비스는 배터리 수명을 연장하고, 네트워크 대역폭을 절약하며, 클라우드의 부담을 줄이고, 긴급한 상황을 실시간으로 알려 주는 센서 노드의 부담을 줄이는 데 도움이 될 수 있다. 예를 들어 긴급 상황을 알리는 푸시 알림은 포그의 중요한 서비스 중 하나다. 포그 서비스에 대한 자세한 내용은 12.3절에서 설명한다.

12.2.3 클라우드 서버 및 엔드 유저 터미널

일반적으로 포그 서비스가 있는 원격 헬스 모니터링 IoT 시스템의 클라우드와 포그 서비스가 없는 다른 IoT 애플리케이션의 클라우드(예를 들어 자동화, 교육, 엔터테인먼트)에는 큰 차이가 없다. 모두 클라우드의 기본 기능과 기본 서비스(예를 들어 데이터 스토리지 및 데이터 분석)를 제공한다[23]. 그러나 포그 서비스가 있는 IoT 시스템에서는 포그 서비스가 없는 IoT 애플리케이션보다 클라우드의 부담이 적다. 예를 들어 ECG 특징 추출 알고리즘$^{ECG\ feature\ extraction\ algorithm}$과 머신러닝 알고리즘은 포그 계층에서 처리될 수 있고 나머지 프로세스는 클라우드에서 실행될 수 있다. 간단히 말해서 처리된 결과들은 포그의 로컬 스토리지와 클라우드 모두에서 업데이트된다. 이에 따라 전송된 데이터를 대량으로 저장하고 클라우드 스토리지를 효율적으로 사용할 수 있다. 일반적으로 포그가 있는 IoT 시스템 클라우드는 포그 서비스를 지원하고자 맞춤형customized으로 설계되는 경우가 많다. 예를 들어 포그가 없는 IoT 시스템에서 클라우드 서버는 데이터를 게이트웨이로 다시 전송하지 않는다. 대부분의 경우 클라우드 서버는 단순히 명령 및 지시를 게이트웨이로 전송한 다음 게이트웨이는 액추에이터로 전달한다. 명령 및 지시 사항 외에도 이동성 지원과 같은 포그가 있는 IoT 시스템의 클라우드 서버도 일부 포그 서비스를 제공하고자 데이터를 스마트 게이트웨이로 전송한다.

기존의 헬스 모니터링 IoT 시스템과 유사하게 웹 브라우저 및 모바일 애플리케이션은 헬스 모니터링 IoT 시스템의 기본 단말기terminal다. 이러한 단말기는 흔히 사용하고 쉽고 인기가 있으며 스마트 디바이스(예를 들어 스마트폰, Ipad)와 컴퓨터(예를 들어 노트북 및 데스크톱)를 포함한 대부분의 장치에 적합하고 사용이 편리해 인기가 많다. 엔드 유저는 사람이 읽을 수 있는 형태(예를 들어 텍스트 또는 그래픽 파형graphical waveform)로 실시간 데이터에 액세스할 수 있다. 일부 헬스 모니터링 IoT 시스템에는 모니터링되는 데이터에 액세스하고자 실행 프로그램을 다른 단말기와 함께 사용된다. 예를 들어 보안 공격의 위험을 줄이려면 엔드 유저는 병원 시스템에 설치된 실행 가능한 프로그램을 사용해 환자의 데이터에 액세스하고자 가상 사설망VPN, Virtual Private Network 및 가상 플랫폼virtual platform을 사용해야 한다.

12.3 스마트 e-헬스 게이트웨이의 포그 컴퓨팅 서비스

스마트 게이트웨이의 포그 계층에 위치한 포그 컴퓨팅 서비스는 IoT 애플리케이션(예를 들어 의료, 교육, 자율적인 산업autonomous industry)을 지원하고자 다양화된다. 헬스케어용 포그 서비스는 네트워크 지연 시간과 데이터 품질에 대한 엄격한 요구 사항을 충족한다는 점에서 차별화된다. 푸시 알람, 로컬 데이터 스토리지, 데이터 처리와 같이 일반적으로 사용되는 포그 서비스 외에도 헬스케어용 포그 서비스는 보안 관리, 내결함성fault tolerance, 분류, 사용자 인터페이스, 채널 관리를 지원하는 로컬 호스트로 구성될 수 있다. 이러한 서비스는 그림 12.2에서 확인할 수 있으며 다음과 같이 상세하게 설명돼 있다.

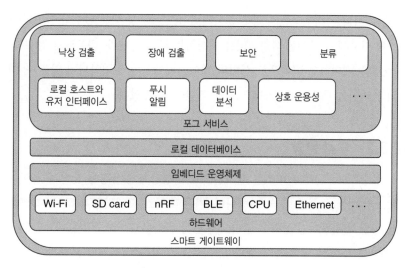

그림 12.2 스마트 게이트웨이의 포그 서비스

12.3.1 로컬 데이터베이스

IoT 애플리케이션에 따라 포그의 로컬 스토리지를 다르게 구성할 수 있다. 일반적으로 포그의 로컬 스토리지는 외부 데이터베이스 및 내부 데이터베이스[15]의 두 가지 기본 데이터베이스로 분류할 수 있다. 외부 데이터베이스는 클라우드로 전송되고 최종 사용자가 액세스할 수 있는 데이터 및 결과를 저장하는 데 사용된다. 외부 데이터베이스에 저장된 데이터의 구조와 포맷은 애플리케이션에 따라 다양하다. 예를 들어 내부 데이터베이스는 표준 형식의 HL7$^{Health\ Level\ Seven}$으로 데이터를 저장할 수 있다. 데이터베이스는 항상 클라우드 서버의 데이터베이스와 동기화된다. 일반적으로 생체 신호^{biosignal}와 상황 데이터는 외부 데이터베이스$^{external\ database}$에 저장된다.

예를 들어 일정 기간 동안 모니터링되는 환자의 심장 박동수는 외부 데이터베이스에 저장된다. 주치의 또는 간병인과 같은 엔드 유저는 단말기와 로컬 네트워크를 사용해 짧은 시간 동안 스마트 게이트웨이와 클라우드 간의 연결이 중단된 경우 포그의 로컬 저장소를 연결해 환자의 심박수 데이터를 신속하게 액세스할 수 있다. 시스템 요구 사항 및 스마트 게이트웨이의 사양에 따라 데이터베이스의 저장 용량은 달라진다. 일반적으로 데이터베이스는 제한된 스토리지 용량을 갖고 있다. 따라서 일정 기간이 지나면 이전 데이터는 수신 데이터로 대체될 것이다. 히스토리 데이터에 액세스하려면 클라우드를 사용해야 한다. 이와는 대조적으로 내부 데이터베이스는 구성 매개 변수와 알고리즘 및 포그 서비스에 사용되는 다양한 파라미터를 저장하는 데 사용된다. 대부분의 경우 데이터베이스는 백업을 제외하고 클라우드 서버의 데이터베이스와 동기화되지 않는다. 시스템 및 시스템 관리자는 데이터베이스에 접근할 권한을 갖고 있다.

12.3.2 푸시 알람

푸시 알람push notification 서비스는 실시간으로 비정상적인 상황을 알릴 수 있기 때문에 포그 서비스의 가장 중요한 기능 중 하나다. 기존의 헬스 모니터링 IoT 시스템에서는 푸시 알람은 항상 비정상적인 상황을 알리고자 항상 클라우드에서 구현됐다. 이것은 게이트웨이의 부담을 줄이는 데 도움이 된다. 그러나 책임자는 네트워크 트래픽에 대한 푸시 알림 메시지를 실시간으로 수신하지 못할 수 있다. 예를 들어 베트남, 라오스, 캄보디아와 같은 개발도상국들은 사용 트래픽이 몰리는 시간에는 Google Firebase 서비스로부터 알림을 받는 데 몇 초 또는 최대 1분이 걸릴 수 있다. 이러한 상황을 피하려면 푸시 알림 서비스는 포그와 클라우드 모두에 적용해야 한다.

12.3.3 분류

대부분의 헬스케어 IoT 시스템에서는 클라우드를 통해 실시간 데이터를 전송하고 메시지를 담당자에게 전달(푸시)한다. 위에 언급한 바와 같이 트래픽이 집중될 경우 데이터 및 푸시 메시지의 지연 시간이 30~60초까지 발생할 수 있다. 엔드 유저와 모니터링 대상자가 동일한 지리적 위치(병원 또는 집)에 있는 경우 포그 기반 푸시 알람 서비스와 함께 분류 서비스 적용하면 높은 네트워크 지연 시간 문제를 피할 수 있다. 분류 서비스는 로컬 및 외부 엔드 유저를 구분하고자 연결된 디바이스를 분류한다. 일반적으로 엔드 유저는 이더넷, 와이파이 또는 4G/5G와 같은 프로토콜 중 하나를 선택해 시스템에 연결된 디바이스를 사용해야 한다. 이 서비스는 디바이스를 정기적으로 검색한다(약 5초). 로컬로 연결된 디바이스를 탐지하면 로컬 데이터베이스에 디바이스 정보를 저장한다. 디바이스가 실시간으로 데이터를 요청하는 경우 시스템은 로컬 데이터베이스를 검색한다. 디바이스가 현재 로컬 네트워크에 연결돼 있는 경우 실시간 데이터는 스마트 게이트웨이에서 디바이스로 직접 전송된다. 디바이스가 히스토리 데이터를 요청하는 경우 클라우드에서 데이터를 검색된다. 이 서비스는 전송 경로가 훨씬 짧기 때문에 모니터링 데이터의 지연 시간을 획기적으로 줄일 수 있다.

12.3.4 사용자 인터페이스가 있는 로컬 호스트

스마트 게이트웨이에 실시간 모니터링 데이터를 제공하려면 사용하기 쉬운 사용자 인터페이스를 갖춘 로컬 호스트가 필요하다. 로컬 서버는 사용하기 쉬운 인터페이스에서 필요한 데이터를 텍스트와 그래픽 형태로 모두 표시할 수 있는 웹 페이지를 호스트한다. 웹 페이지에는 엔드 유저가 자신의 사용자 이름과 비밀번호를 입력할 수 있는 양식을 제공한다. 양식이 제출된 경우 양식의 데이터는 로컬 데이터베이스에 저장된 자격 증명 데이터를 비교해 확인한다. 만약 사용자가 제출한 사용자 이름과 비밀번호가 일치한다면 엔드 유저에게 접근 권한을 부여한다. 엔드 유저가 여러 차례 암호를 잘못 입력한 경우 일정 기간(예를 들어 10분) 사용자 계정을 일시적으로 중지할 수 있다. 보안 수준을 개선하고자 2단계 또는 3단계 검증(예를 들어 메시지나 전화 통화로 확인)을 이용할 수 있다.

12.3.5 상호 운용성

일반적으로 IoT 시스템은 서로 다른 제조 업체의 센서 노드와 호환되며 기능(예를 들어 생체 신호 수집, 상황 데이터 수집 또는 기타 전기 장치 제어)은 서로 다르다. 따라서 IoT 시스템의 상호 운용성interoperability은 주로 다른 무선 통신 프로토콜을 사용하는 다양한 센서 노드에 대한 시스템의 호환성 수준을 나타낸다. IoT 시스템의 상호 운용성 수준은 애플리케이션의 요구 사항에 따라 달라진다. 상호 운용성이 높은 헬스 모니터링 IoT 시스템은 다양한 애플리케이션에 적용할 수 있고 의료 비용(예를 들어 시스템 구축 및 유지 비용)을 절약할 수 있다. 예를 들어 상호 운용성을 갖춘 IoT 시스템은 고품질 다채널 심전도, 와이파이를 사용해 EMG 모니터링 애플리케이션, 6LoWAN을 동시에 사용하는 에너지 효율적인 낙상 검출 애플리케이션을 모두 지원할 수 있다. 그러나 기존의 IoT 시스템에서는 데이터를 수신하고 전달만 하는 기존 게이트웨이의 한계 때문에 높은 수준의 상호 운용성을 달성하기 어렵다. 다행스럽게도 스마트 게이트웨이와 포그 서비스의 도움으로 목표를 성공적으로 달성할 수 있다. 예를 들어 와이파이, 6LoWPAN, 블루투스, BLE, nRF와 같은 서로 다른 무선 통신 프로토콜을 지원하기 위한 몇 가지 구성 요소는 포그 서비스가 나머지 작업을 처리하는 스마트 게이트웨이에 통합돼 있다. 상호 운용성 서비스는 각각의 스레드가 싱글 무선 통신 프로토콜에서 사용되는 경우 멀티스레딩^{multithreading}으로 동작한다. 이러한 스레드는 필요한 경우 서로 통신해 데이터를 교환할 수 있다. 각각의 스레드에서 수집된 수신 데이터는 로컬 데이터베이스에 저장된다.

12.3.6 보안

헬스케어 IoT 시스템은 보안^{security}이 가장 중요한 문제이며 구축 시 주의 깊게 고려해야 한다. 시스템의 보안 취약점은 사이버 범죄자들에 의해 악용되고 해킹될 수 있다. 이에 따라 환자의 생명이 위험하거나 또는 환자의 민감한 개인 데이터 노출 등 심각한 결과를 초래할 수 있다. 예를 들어 인슐린 펌프 장치^{insulin pump device}는 300피트(약 91미터) 거리에서 무선으로 해킹당할 수 있다. 해커는 자신의 해킹 소프트웨어를 사용해 인슐린 펌프 장치의 보안 자격 증명^{security credential}을 훔치고 인슐린 펌프를 제어할 수 있다[24]. 이 경우 환자의 혈액에 주입되는 인슐린의 양을 다량으로 증가시키면 환자 생명이 위험해질 수 있다. 사이버 공격으로 인한 위험을 피하거나 줄이려면 헬스 모니터링 IoT 시스템을 해커로부터 보호해야 한다. 다시 말해 디바이스나 구성 요소(예를 들어 센서 노드, 게이트웨이, 클라우드 서버)와 디바이스 또는 구성 요소 간의 통신을 해커로부터 보호해야 한다. 많은 헬스 모니터링 IoT 시스템에서는 센서 디바이스와 엔드 유저가 보호되는 엔드 투 엔드^{end-to-end} 보안 알고리즘을 사용한다[25-26]. 이러한 방법은 센서 노드와 게이트웨이 간 통신 또는 게이트웨이와 클라우드 서버 간 통신을 대상으로 하는 무선 사이버 공격으로부터 시스템을 보호할 수 있다. 많은 헬스케어 모니터링 IoT 시스템에서는 센서 노드와 게이트웨이 간의 통신은 게이트웨이와 클라우드 서버 간의 통신보다 더 보안에 취약하다. 지연 시간 요구 사항 및 리소스 제약으로 인해 센서 노드에서 복잡한 보안 알고리즘을 구현하기가 어렵거나 불가능하기 때문이다. 반면에 요구 사항을 위반하지 않고 게이트웨이와 클라우드 서버에서 알고리즘을 수행하는 것은 실현 가능하다. 다행히 데이터그램 트랜스포트 계층 시큐리티^{DTLS, Datagram Transport Layer Security} 기반 알고리즘과 같은 경량 보안 알고리즘을 적용해 센서 노드와 해당 통신을 계속 보호할 수 있다[27, 28]. 일부 헬스 모니터링 IoT 애플리케이션에서는 센서 노드와 게이트웨이에 고급 암호 표준^{AES, Advanced Encryption Standard}을 적용해 이들 사이에 전송된 데이터를 보호한다[15]. 많은 시스템에서 종종 엔드 유저가 데이터를 평가하고자 스마트 게이트웨이에 직접 연결하기 때문에 포그 환경의 헬스 모니터링 IoT 시스템은 공격받을 위험성이 더 높은 편이다. 따라서 포그 서비스는 전체 헬스 모니터링 시스템을 보호하고자 높은 수준의 보안을 제공해야 한다. 엔드 투 엔드 보안 방법 외에도 스마트 게이트웨이를 보호하고자 종종 다른 고급 방법들이 사용된다. 예를 들어 엔드 유저가 포그의 로컬 스토리지에 연결할 때 인증 확인^{authentication} ^{checking} 및 검증^{verification}을 사용한다[15].

12.3.7 낙상 검출

낙상을 검출^{detecting a human fall}하고자 많은 알고리즘(예를 들어 카메라 또는 모션 기반)이 제안됐다[10, 13, 29, 30]. 사람의 동작(모션)에 기초한 알고리즘은 모니터링 대상자의 일상 생활을 방해하지 않는 웨어러블 무선 센서 노드를 활용해 언제 어디서나 모션 데이터를 쉽게 수집할 수 있기 때문에 IoT 시스템에 적합한 것으로 보인다. 대부분의 모션 기반 알고리즘^{motion-based algorithm}은 3D 가속도계, 3D 자이로스코프 또는 [10, 13, 30]에서 수집된 데이터를 사용한다. 논문 [11]의 연구팀은 3-D 가속도계와 3-D 자이로스코프를 모두 사용하면 센서 노드의 에너지 소비량이 약간 증가하지만 단일 센서 유형보다 더 정확한 낙상 검출 결과를 얻을 수 있다는 것을 확인했다. 총 벡터 크기^{SVM, Sum Vector Magnitude}와 다른 SVM^{DSVM, Different Sum Vector Magnitude}과 같은 낙상 관련 매개 변수는 모션 기반 낙상 검출 알고리즘(예를 들어 임계값 기반 알고리즘 또는 임계값과 숨겨진 마르코프^{Markov} 모델 알고리즘의 조합)의 입력으로 자주 사용된다[11, 30]. 낙상 관련 매개 변수는 식 (12.1), (12.2), (12.3)[11, 30] 에 의해 제시된 공식을 통해 계산된다. 식 (12.2)은 자이로스코프 센서의 데이터에는 적용되지 않는다.

$$SVM_i = \sqrt{x_i^2 + y_i^2 + z_i^2} \tag{12.1}$$

$$\theta = \arctan\left(\frac{\sqrt{y_i^2 + z_i^2}}{x_i}\right) * \frac{180}{\pi} \tag{12.2}$$

$$DSVM_i = \sqrt{(x_i - x_{i-1})^2 + (y_i - y_{i-1})^2 + (z_i - z_{i-1})^2} \tag{12.3}$$

SVM: 총 벡터 크기^{Sum vector magnitude}

DSVM: 미분 총 벡터 크기^{Differential sum vector magnitude}

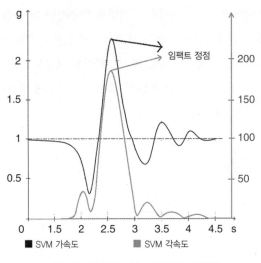

그림 12.3 낙상 중 가속도 및 각속도 변화

i: 샘플 주문서^{the sample order}

x, y, z: 가속도계 또는 자이로스코프의 3차원 값

θ: y축과 수직 방향의 각도

    사람이 넘어질 때 SVM 가속도와 SVM 각속도^{angular velocity}의 변화는 그림 12.3에서 확인할 수 있다. 사람이 서 있거나 앉아 있을 때 SVM 가속도와 XVM 속도는 각각 1g와 0도^{deg}/초다. 사람이 넘어지면 SVM 가속과 SVM 각속도는 급격하게 변화한다.

    12장에서는 그림 12.4에 나타난 다단계 임계값 알고리즘을 적용한다. 알고리즘은 간단하고 구현하기 쉬우며 높은 수준의 정밀도를 제공한다. 첫째, 주변 환경에서 소음과 간섭을 제거하고자 데이터를 필터링한다. 그런 다음 낙상 관련 파라미터(예를 들어 3D 가속 및 3D 각속도의 SVM)를 계산하는 데 사용한다. 가속도 및 자이로스코프의 SVM 값이 첫 번째 임계값과 비교한다. 둘 다 첫 번째 임계값보다 높으면 두 번째 임계값과 비교한다. 두 번째 임계값보다 크면 낙상으로 인식해 상태를 감지한다. 푸시 알람 서비스는 낙상 사고를 보고하고자 트리거된다. 둘 중 하나가 첫 번째 임계값보다 높을 경우(예를 들어 가속의 경우 1.5g, 각속도의 경우 130도/초), 낙상 사례를 정의하고 값을 표시한다. 이 경우 시스템은 표시된 값과 이전 값 20개를 비교한다. 그 결과가 그림 12.3에 나와 있는 낙상 사례의 패턴이 표시되면 낙상 사고가 트리거된다. 푸시 알림 메시지를 보내는 것 외에도 센서

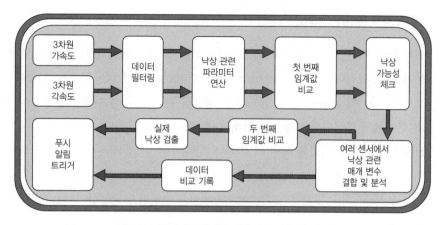

그림 12.4 멀티레벨 임계값 기반 낙상 검출 알고리즘

중 하나가 제대로 작동하지 않음을 알리기 위해 경보 메시지를 시스템 관리자에게 전송한다.

12.3.8 장애 검출

장애 검출$^{fault\ detection}$은 포그 서비스의 오랜 중단을 방지하는 데 도움이 되기 때문에 포그에서 매우 중요한 서비스다. 장애 검출 서비스는 센서 노드와 스마트 게이트웨이와 관련된 이상을 감지한다. 스마트 게이트웨이가 짧은 시간(예를 들어 5~10초) 동안 특정 센서 노드로부터 데이터를 수신하지 못하는 경우 장애 검출 서비스는 미리 정의된 명령이나 지침을 노드에게 전송한다. 여러 명령이 전송된 후 노드가 스마트 게이트웨이에 응답하지 않는 경우 장애 검출 서비스는 시스템 관리자에게 알리고자 푸시 알림 서비스를 트리거한다. 작동하지 않는 게이트웨이를 감지하고자 유사한 메커니즘을 사용한다. 게이트웨이는 주기적으로 미리 정의된 멀티 캐스트 메시지를 이웃 게이트웨이로 보내고 응답을 기다린다. 일정 시간이 지난 후 게이트웨이가 이웃으로부터 응답을 받지 못하면 장애 검출 서비스는 푸시 알림 서비스를 트리거한다. 시스템에서 하나의 게이트웨이만 사용되는 경우 작동하지 않는 게이트웨이를 감지하는 장애 검출 서비스는 클라우드에서 구현할 수 있으며 이와 유사한 메커니즘을 사용한다.

12.3.9 데이터 분석

센서에서 수집한 원시 데이터$^{raw\ data}$는 질병 진단 및 헬스 모니터링을 위해 처리하고 분석해야 한다. 그러나 센서 노드는 일반적으로 디지털화, 무선 데이터 전송 모듈과 통신, 신호 처리, 데이터 분석$^{data\ analysis}$ 등의 모든 작업을 관리할 수 있는 컴퓨팅 성능이 제한적이다. 즉석에서 데이터를 전송, 로컬 데이터를 저장, 높은 데이터 속도로 여러 센서를 통합하는 노드의 경우 처리가 훨씬 더 어렵다. 상대적으로 IoT 시스템의 포그 컴퓨팅은 센서 노드의 에너지 효율적인 마이크로프로세서보다 강력한 컴퓨팅 성능을 갖고 있어 엔드 유저에게 맞춤형 애플리케이션 및 시기적절하게 피드백을 제공할 수 있다.

데이터 분석 방법은 신호 및 애플리케이션에 따라 다르다. 그러나 데이터 분석 절차에는 일반적으로 데이터 전처리 및 특징 추출$^{feature\ extraction}$이 포함된다. 추출된 특징은 통계 분석 또는 머신러닝에서 사용된다.

12.4 시스템 구현

포그 서비스를 갖춘 원격 실시간 헬스 모니터링 IoT 시스템을 구축한다. 이 시스템은 여러 웨어러블 센서 노드, 포그 서비스가 있는 스마트 게이트웨이, 클라우드 서버 및 단말기^{terminal}로 구성된다. 이들 구성 요소의 세부 구현은 다음과 같이 논의된다.

12.4.1 센서 노드 구현

웨어러블 센서 노드와 정적 센서 노드를 포함한 두 가지 유형의 센서 노드가 구현된다. 웨어러블 센서 노드는 심전도, 체온, 몸의 움직임 데이터를 수집하는 데 사용되며, 정적 센서 노드는 실내 온도와 습도를 모니터링하고자 실내에 배치된다. 이 실험에서는 와이파이, nRF, 블루투스, 6LoWPAN 등의 여러 통신 프로토콜을 사용하지만, 12장에서는 nRF에 기초한 센서 노드 구현만 자세히 설명한다. 와이파이, 블루투스, 6LoWPAN을 기반으로 하는 다른 센서 노드의 구현은 다른 작업에서 신중하게 논의된다[6, 7, 13, 19].

위에서 언급한 바와 같이 각 센서 노드는 마이크로컨트롤러, 센서, 무선 통신 칩으로 구성된 세 가지 주요 구성 요소를 갖고 있다. Gia 연구진[11]에 따르면 8비트 마이크로 컨트롤러는 32비트 마이크로컨트롤러보다 많은 연산 작업을 수행하지 않는 IoT 센서 노드에 적합하다. 구현에서는 마이크로컨트롤러는 활성 모드에서 낮은 에너지를 소비하기 때문에 저전력 8MHz Atmega328P가 사용되고 에너지 절약을 위해 다양한 절전 모드를 제공한다. 이 실험에서는 마이크로컨트롤러는 센서로부터 데이터를 수신하고 스마트 게이트웨이로 데이터를 전송하는 경우를 제외하고는 항상 비활성화 모드를 유지한다. 여러 실험에서 마이크로컨트롤러는 암호화 방법(예를 들어 AES 알고리즘)을 수행하고자 활성화된다. 마이크로컨트롤러는 외부 발진기external oscillator로 최대 20MHz를 지원하지만 8MHz는 센서 노드에 가장 적합한 주파수 중 하나다. 16MHz와 20MHz에서 구동하려면 마이크로컨트롤러에 5V 전원이 필요하지만 8MHz에서 구동하려면 3V 전원이 필요하다. Gia 연구진[11]에 따르면 SPI는 I2C 및 UART와 같은 다른 유선 프로토콜보다 에너지 효율이 높기 때문에 마이크로컨트롤러는 1MHz SPI를 통해 센서와 통신하는 것을 목표로 한다[11].

심전도 데이터를 수집하고자 아날로그 프런트 엔드front-end ADS1292 컴포넌트가 사용된다. ADS1292는 2개의 채널로 구성돼 있으며 고품질 심전도ECG 데이터를 수집할 수 있다. 각 채널은 최대 8,000개의 샘플을 지원하며 각 샘플은 24비트다. ADS1292는 낮은 에너지를 소비하고 SPI를 통해 마이크로컨트롤러와 통신한다. 이 실험에서는 1MHz SPI를 통해 2개의 ECG 채널을 사용해 초당 125샘플을 얻었다.

3D 가속도계, 3D 자이로스코프, 3D 자력계3-D magnetometer로 구성된 9축 모션 센서인 MPU9250은 가속도 및 각속도를 수집하는 데 사용된다. 이 센서는 3V 전원 공급 장치로 작동할 수 있으며 낮은 에너지를 소비한다. 센서는 SPI를 통해 마이클로 컨트롤러와 연결할 수 있다. 이 실험에는 3D 가속도계의 샘플 100개와 3D 자이로스코프의 샘플 100개는 1MHz SPI를 통해 1초 간격으로 수집된다.

BME280은 낮은 에너지를 소비하기 때문에 체온과 실내 온도 데이터를 수집하고자 서로 다른 센서 노드에서 사용된다[31]. BME280은 3V 전원 공급 장치로 작동할 수 있으며 SPI를 통해 마이크로컨트롤러와 연결할 수 있다. 체온은 빠르게 변하지 않기 때문에 모니터 담당자의 각 체온 데이터 샘플은 10초 간격으로 수집된다. 마찬가지로 센서 노드의 에너지 소비량을 절약하고자 1분 간격으로 실내 온도를 수집하고 전송한다.

이 실험의 구현 단계에서 nRF는 낮은 에너지 소비량, M2M 통신, 유연한 대역폭 지원의 장점 때문에 사용된다. 예를 들어 전송당 최대 출력은 50mW 미만이고 각 전송의 시간 간격은 약 2ms이다[11]. nRF24L01 칩은 센서 노드에 사용된다. 이 칩은 3V로 전원 공급 장치로 작동할 수 있으며 SPI를 통해 마이크로컨트롤러에 연결된다.

12.4.2 포그 구현이 가능한 스마트 게이트웨이

스마트 게이트웨이[Smart gateways]는 판다보드[Pandaboard], HC05 Bluetooth, nRF24L01, Smart-RF06 보드와 TI CC2538cc25와 같은 여러 장치와 구성 요소의 조합을 기반으로 구축된다. 모든 포그 서비스가 판다보드 위에 설치되고 운영되기 때문에 판다보드는 스마트 게이트웨이 및 포그 서비스의 핵심이다. 판다보드는 듀얼코어 1.2GHz ARM Cortex-A9, 304MHzGPU, 1GB RAM으로 구성돼 있다. 또한 판다보드는 와이파이, 이더넷, SPI, I2C, UART와 같은 다양한 프로토콜을 지원한다. 이 실험의 구현에서 이더넷은 인터넷 연결에 사용되는 반면 와이파이는 와이파이를 고품질 신호 전송을 위한 기본 프로토콜로 사용하는 센서 노드로부터 데이터를 수신하는 데 사용된다. 또한 판다보드는 임베디드 운영체제 설치가 가능하도록 최대 32GB SD 카드를 지원한다. 이 실험의 구현에서는 리눅스 커널을 기반으로 하는 경량 임베디드 운영체제를 사용한다.

HC05는 마스터와 슬레이브 모드를 지원하는 저가형 블루투스 칩이다. HC05는 UART를 통해 판다보드에 연결할 수 있다. 판다보드에 HC05를 설치할 때는 드라이버[driver]가 필요하지 않다.

게이트웨이에 통합된 nRF24L01 칩은 센서 노드에서 사용되는 것과 동일한 nRF24L01 칩이다. 또한 SPI를 통해 판다보드에 연결된다. nRF 프로토콜을 활용하면 판다보드는 다른 센서 노드에서 동시에 데이터를 수신할 수 있다.

TICC2538이 탑재된 스마트-RF06 보드는 6LoWPAN과의 통신 기능을 제공한다. TI CC2538 칩은 Smart-RF06 보드 위에 창작돼 있으며 이더넷을 통해 판다보드에 연결된다. 이 실험의 구현에서는 판다보드에 추가 이더넷 포트를 제공하고자 USB-이더넷 어댑터가 사용된다.

로컬 데이터베이스는 문서 지향 데이터 모델을 사용하는 오프 소스 MongoDB를 사용한다. 예를 들어 생체 신호[biosignal]와 상황 데이터 외에도 사용자 이름, 암호, 기타 중요한 정보는 로컬 데이터베이스에 저장된다.

AES-256(표준)과 IPtables[32]는 어느 정도 보안을 강화하고자 스마트 게이트웨이에 적용된다. AES-256은 전송된 데이터를 보호하기 위한 대칭 블록 암호[symmetric block cipher]다. 생체 신호는 센서 노드에서 암호화되고 암호화된 데이터는 저장 및 처리를 위해 스마트 게이트웨이에서 복호화^{decrypted}된다. Iptables은 패킷 처리에 대한 많은 규칙(예를 들어 트래픽 허용 또는 차단)을 포함하는 리눅스 커널 방화벽이다. Iptables은 스마트 게이트웨이에 연결하려고 할 때 모든 보안 규칙을 적용한다. 보안 규칙이 충족되지 않으면 미리 정의된 작업을 수행한다. 보다 높은 보안 수준을 유지하고자 포그 컴퓨팅에 있는 스마트 게이트웨이에 복잡한 보안 알고리즘[25, 26, 28]을 사용자 시스템에 적용할 수 있다.

위에서 설명한 멀티레벨 임계값^{multilevel threshold}에 기초한 낙상 검출 알고리즘이 시스템에 적용된다. 낙상 검출 애플리케이션에서 대부분의 노이즈는 주변 환경의 모션 인공물^{motion artifact}과 송전선^{power-line}에서 발생한다. 실험에서 가속도계와 자이로스코프에서 100Hz 모션 데이터를 수집한다. 따라서 두 번째 순서 10-40Hz 대역 통과 필터가 사용된다. 필터의 파라미터는 애플리케이션 요구 사항에 따라 다를 수 있다.

가속도 및 각속도를 포함해 필터링된 데이터를 몇 가지 사전 정의된 임계값과 비교한다. 이 실험에서 1.6g와 1.9g는 가속도의 1차 및 2차 임계치인 반면 130deg/s와 160deg/s는 각속도의 1차 및 2차 임계값이다.

또한 이러한 낙상 관련 값은 모니터링 대상자의 활동 상태(예를 들어 정적 활동, 이동 활동 또는 수면)를 분류하는 데 사용될 수 있다. 이 실험에서 모든 사례의 상태 활동은 사전에 정의된 범위(예를 들어 0-100deg/s 및 0.5-1.5g) 사이에 있는 리플^{ripple}의 수를 계산하는 단순한 알고리즘에 의해 성공적으로 감지된다. 그림 12.5의 첫 번째 사례는 정적 활동(예를 들어 앉아 있거나 가만히 서 있는 경우)기간, 낙상 기간, 낙상 후 서 있는 기간 등 세 가지 기간으로 분류된다.

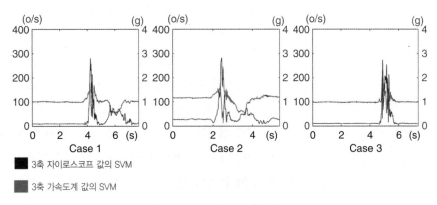

■ 3축 자이로스코프 값의 SVM

■ 3축 가속도계 값의 SVM

그림 12.5 3-D 가속도의 SVM과 3-D 각속도의 SVM

분류 서비스는 리눅스 커널 기반 운영 체제를 위해 구축된 'iw, iwlist' 패키지의 지원을 받아 포그 컴퓨팅에서 구현된다. 이러한 패키지의 검색 방법을 통해 스마트 게이트웨이에 연결된 와이파이 디바이스의 모든 필요한 정보(예를 들어 MAC 주소, SSID, RSSI)를 쉽게 얻을 수 있다. 스마트 게이트웨이는 정기적으로 정보를 검색하고 로컬 데이터베이스를 업데이트한다. 이러한 패키지는 완벽하게 개발되지는 않았지만 분류 서비스에 적합하다.

포그 컴퓨팅에서 데이터 처리는 단순한 필터링과 고급 처리 알고리즘을 사용한다. 이 실험의 구현에서는 주변 환경으로부터 소음과 간섭을 제거하고자 50Hz 필터를 파이썬^{Python} 프로그래밍으로 개발됐다. 특정 국가에 따라 50Hz 또는 60Hz 필터를 적용할 수 있다. 예를 들어 북유럽 국가에서는 50Hz 노치 버터워스 필터^{notch Butterworth filter}를 적용해야 하고 미국 국가에서는 60Hz 필터를 적용해야 한다. 그런 다음 필터링된 데이터는 R 정점^{peak}, R-R 간격^{interval} 또는 U 파형^{wave}을 검출하기 위한 몇 가지 알고리즘(예를 들어 심장 박동수 추출 알고리즘)을 활용한다. 이러한 알고리즘은 파이썬에서 구현됐다.

12.4.3 클라우드 서버와 터미널

구현 시 구글 클라우드와 해당 API를 사용한다. 예를 들어 구글 클라우드 데이터플로^{Google Cloud dataflow}와 파이어 베이스^{Firebase}를 사용한다. 구글 클라우드 데이터플로는 실시간 데이터 및 데이터 로그를 처리하는 서비스인 반면에 파이어 베이스는 푸시 알림에 사용된다. 클라우드의 글로벌 데이터베이스는 포그 로컬 데이터베이스와 동일한 구조를 갖도록 구성돼 있어 이러한 데이터베이스 간에 쉽게 동기화할 수 있다. 헬스 모니터링 애플리케이션에 따라 다양한 Google API 서비스를 사용할 수 있다. 클라우드 서버는 사용하기 쉬운 인터페이스를 가진 웹 페이지를 관리한다. 웹 페이지는 파이썬, HTML5, CSS, XML, 자바스크립트, JSON 등의 최신 기술을 사용해 개발한다. 포그의 웹 페이지와 유사하게 글로벌 웹 페이지는 사용자 이름과 암호를 입력할 수 있는 로그인 기능을 갖고 있다. 인터넷 브라우저를 사용하면 유효한 자격 증명을 가진 최종 사용자가 웹 페이지에 접속해 모니터링되는 데이터를 실시간으로 액세스할 수 있다. 자격 증명 수준^{level of credential}은 특정 사용자에 따라 달라진다. 또한 엔드 유저는 모바일 애플리케이션을 사용해 실시간으로 데이터를 모니터링할 수 있다. 이 모바일 앱은 웹 페이지와 마찬가지로 사용자 이름과 패스워드로 로그인할 수 있는 앱 페이지를 갖고 있으며 자격 증명을 확인하고자 동일한 메커니즘을 사용한다. 애플리케이션은 텍스트와 그래픽 형식으로 데이터를 표시할 수 있다. 현재 이 애플리케이션은 안드로이드 폰에서만 사용할 수 있다. 향후에는 IOS용 모바일 애플리케이션의 또 다른 버전이 출시될 예정이다.

12.5 사례 연구, 실험 결과, 평가

12장에서는 원격 심전도^{ECG} 모니터링, 실시간으로 낙상 사고 검출 사례 연구를 함께 제시한다. 각 사례 연구의 자세한 내용은 다음과 같다.

12.5.1 낙상 검출 연구 사례

낙상 검출 기능을 평가하고자 약 24~32세의 건강한 남성과 여성을 포함한 6명의 자원봉사자가 실험에 참여한다. 각 웨어러블 센서 노드는 실험자들의 체온, 심전도, 신체 움직임 데이터를 수집하고자 4~5 시간 동안 실험 대상자 가슴에 부착된다. 수집된 데이터는 포그 컴퓨팅의 스마트 게이트웨이로 무선으로 전송된다. 이 실험에서 센서의 에너지 소비량은 다른 환경에서 측정된다. 설정 단계에서 데이터가 암호화되는 동안 데이터는 게이트웨이로 전송되기 전에 그대로 유지된다. 포그 컴퓨팅의 스마트 게이트웨이에서 실험자들의 낙상 검출, ECG 분석, 심장 박동수의 변동성을 평가하고자 고급 알고리즘을 사용해 데이터를 처리한다. 또한 서비스의 품질을 향상하고자 많은 고급 포그 서비스가 제공된다. 그런 다음 데이터는 클라우드 서버로 전송되며 분석 및 처리된 데이터를 텍스트 및 그래픽 형식으로 확인할 수 있다.

실험에 참여한 각 참가자들의 정상적인 활동(예를 들어 가만히 서 있거나 정지, 보행 등)과 갑자기 매트리스에 쓰러지는 행동을 연구자들로부터 요청을 받는다. 각 참가자들은 이 행동을 5회 반복한다. 센서 노드에서 수집한 동작 데이터는 포그 컴퓨팅의 스마트 게이트웨이로 전송된다. 3명의 참가자로부터 동시에 수집된 실시간 가속도 및 각속도는 그림 12.5에서 확인할 수 있다. 데이터는 포그 컴퓨팅의 웹 페이지에서 검색할 수 있다. 가속도와 각속도는 첫 번째 기간(예를 들어 첫 번째 경우 0~4초)에는 안정돼 있고 두 번째 기간(예를 들어 첫 번째 경우 4~6초)에는 급격히 변한다는 것을 쉽게 알 수 있다. 이 데이터는 첫 번째 경우에 사람이 4초로 떨어진다는 것을 보여 준다. 마찬가지로 두 번째와 세 번째 사람은 각

각 2.3초와 4.5초로 떨어진다. 이 실험에서 모든 낙상 사례가 성공적으로 검출됐다.

이 실험에서 센서 노드의 에너지 소비량은 전문 전력 모니터링 도구 MonSoon를 활용해 측정되며 총 에너지 소비량은 다음 공식으로 계산된다.

$$E = \text{Average Power}_{active} * \text{Time}_{active} + \text{Power}_{idle} * \text{Time}_{idle}$$

장소^{where}: 평균 전력 활동^{AveragePoweractive} = V_{supply} * Average I_{active}

전력 휴지$^{Power\,idle}$ = V_{supply} * I_{idle}

시간 휴지$^{Time\,idle}$ = 총 측정 시간$^{Total\,measurement\,time}$ − 활성 시간^{Timeactive}

표 12.1 AES 알고리즘을 실행하거나 실행하지 않았을 때의 센서 노드의 에너지 소비량

모드	에너지 소비량
유휴(AES 알고리즘 사용 안 함)	1.26
AES 알고리즘 없이 활성화됨	5.94
AES 알고리즘 사용하지 않았을 때 총 에너지	7.2
유휴(AES 알고리즘 사용)	1.044
AES 알고리즘 사용해 활성화됨	8.71
AES 알고리즘 사용했을 때 총 에너지	9.754

센서 노드의 에너지 소비량은 1초 동안 측정된다. 결과는 표 12.1에서 확인할 수 있다. 결과는 센서 노드에서 AES 암호화 알고리즘을 사용하면 약 2.2mWs의 에너지 소비량이 약간 증가한다는 것을 보여 준다. 1000mWh 배터리를 사용하면 센서 노드를 최대 45시간 동안 사용할 수 있다.

12.5.2 심장 박동수 변동에 관한 사례 연구

앞서 소개한 바와 같이 심전도 신호는 웨어러블 센서 장치 또는 여러 전문 모니터링 장비에 의해 수집될 수 있다. 그림 12.6의 원시 심전도 신호는 1-lead ECG이며 웨어러블 디바이스에서 측정됐다. 전처리 단계에서 이동 평균 필터$^{moving\,average\,filter}$를 먼저 적용해 신호의 기저선 변동 잡음$^{baseline\,wander}$을 제거한 다음 50Hz 노치 필터$^{notch\,filter}$를 적용해 전원 라인 간섭을 제거했다. 이 통증 평가 애플리케이션에서 R 파^{wave}는 분석에 관심이 있다.

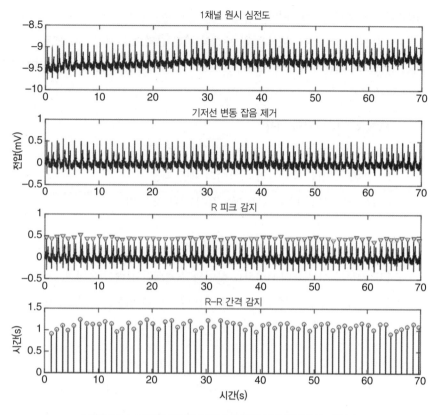

그림 12.6 포그에서 실시간 ECG 모니터링 및 전처리 ECG 데이터

따라서 R 피크^{peak}는 피크 검출 알고리즘을 사용해 검출했고, 심장 박동수의 변동성 분석을 위해 인접한 두 R 피크마다 R 대 R 간격으로 계산했다.

통증 평가 연구에서 심장 박동 변화$^{HRV, Heart Rate Variability}$는 통증 경험을 정량화하기 위한 잠재적인 자동 매개 변수로서 연구됐다[33-35]. 심장 박동 변화^{HRV} 분석은 그림 12.6에 표시된 R-R 간격의 추출에 기초해 작성되며, 보통 N-N으로 표시되며 이것은 정상 정맥동^{sinus1}에 대한 정상 정맥동을 의미한다. HRV는 시간 영역, 주파수 영역 또는 비선형 방법으로 분석할 수 있다[36]. HRV 특징은 특정 길이의 시간 창에서 추출되고 애플리케이션 및 목적에 따라 다를 수 있다. 통증 평가 외에도 HRV 분석은 심장 부정맥$^{cardiac arrhythmia}$과 같은 질병 진단 및 수면 분석과 같은 임상 연구에도 폭넓게 활용될 수 있다. 장기적인

---

1   머리뼈 안에서 뇌를 싸는 두 층의 경막 사이에 있는 정맥 길 - 옮긴이

HRV 분석은 일반적으로 처리된다.

24시간마다 단기 HRV 분석은 몇 분간의 시간 간격으로 처리된다. 또한 1분보다 짧은 시간 간격으로 초단기 분석을 한다. 시간 영역 분석에서 흔히 볼 수 있는 HRV 특징은 다음과 같다.

- AVNN: NN 간격의 평균
- SDNN: NN 간격의 표준 편차$^{a \text{ standard deviation of NN intervals}}$
- RMSSD: 인접한 NN 간격의 차이의 제곱 평균
- pNNx: x밀리초보다 큰 인접 NN 간격 간의 차이 비율

주파수 영역의 일부 HRV 특징은 다음과 같다.

- LF: 저주파 성분, 0.01~0.15Hz 사이의 스펙트럼 전력의 누적 합
- HF: 고주파 성분, 0.15Hz와 0.4Hz 사이의 스펙트럼 전력의 누적 합
- LF/HF: 저주파 성분과 고주파 성분의 비율

HRV 분석의 비선형 방법에는 예를 들어 상관 차원 분석$^{correlation\ dimension\ analysis}$, 탈경향 돌연변이율 분석$^{detrended\ fluctuation\ analysis}$, 엔트로피 분석$^{entropy\ analysis}$ 등이 있다.

통증 모니터링, 심전도 신호의 실시간 모니터링에서 초단기 및 단기 HRV 특징을 추출해 자율신경계의 활동을 색인^{indexing}한다. 헬스 모니터링 시스템에서 웨어러블 센서 노드(예를 들어 바이오하네스 센서$^{bioharness\ sensor}$)가 수집한 심전도 파형은 HRV 특징 측면에서 분석할 수 있고 시스템의 포그 계층에서 통증 강도를 분류할 수 있다. 통증 강도 인식을 위한 분류기는 먼저 통증 데이터베이스를 활용해 훈련되고 테스트된다.

투르쿠 대학교$^{University\ of\ Turku}$의 의료 연구 그룹을 위한 사물인터넷은 15명의 건강한 여성과 15명의 건강한 남성 지원자들로부터 실험적인 통증 자극 데이터베이스를 구축했다. 각 실험은 같은 날 4회 연속 테스트를 시행했다. 두 가지 테스트에서 통증 자극은 팔뚝에 열을 가하고, 직경이 3cm인 둥근 발열체$^{round\ heating\ element}$를 사용했다. 발열체는 온도가 30℃일 때 왼쪽 또는 오른쪽 팔뚝에 올려놓고 45℃가 되기 전까지 3초마다 1℃씩 증가시켰다. 45℃ 이후 온도는 5초마다 1℃ 증가했고 가열은 52℃.에서 중단됐다. 나머지 2회의 테스트에서 통증 자극은 100Hz의 주파수에서 반복되는 250μs의 폭을 갖는 전기 펄스를 사용했다. 펄스는 상용 TENS 장치에 의해 생성됐으며 전극은 왼쪽 또는 오른쪽

약지 손가락에 설치했다. 펄스 강도는 최대 50으로 3초마다 1씩 증가시키고 연구자에 의해 조절했다. 네 가지 테스트 순서는 무작위로 정해졌다. 각각의 테스트에서 각 참가자는 통증 한계점pain threshold에 도달한 다음 통증 저항력pain tolerance에 도달한 시점을 보고했다. 그런 다음 통증 저항력을 보고하거나 자극이 최대 강도에 도달했을 때 통증 자극 장비를 피시험자로부터 제거했다. 주관적인 통증 강도는 VAS 점수의 각 테스트가 끝날 때마다 자체 보고됐다.

무통증No pain 데이터는 실험 시작 30초 전의 데이터로 정의했다. 시작과 통증 임계값 사이의 데이터는 가벼운 고통으로, 통증 한계점과 통증 저항력 사이의 데이터는 주제별로 다르기 때문에 중간/심각한 고통으로 분류했다. 자가 보고된 통증 점수는 피실험자마다 다르기 때문에 시작값과 통증 저항력 사이의 데이터는 가벼운 통증으로 표시되고 통증 임계값과 통증 저항력 사이의 데이터는 적당한/심각한 통증으로 표시됐다. 테스트와 함께 일부 HRV 특징의 내용 변경 사항은 그림 12.7과 같이 각 통증의 범주별로 특징의 제곱 평균RMS, Root Mean Square으로 표시된다. 시간 간격이 패턴에 미치는 영향을 조사하고자 10초에서 60초 사이의 시간 간격으로 HRV 특징을 추출했다. 서로 다른 휴식할 때의 심

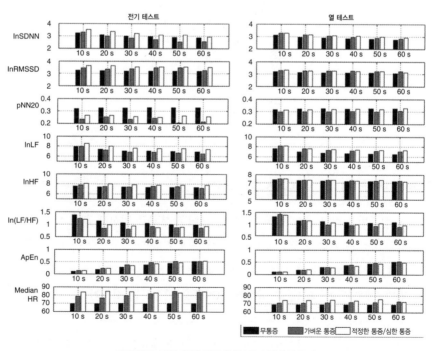

그림 12.7 다른 통증 강도에서 HRV 특징의 RMS

박수가 HRV 분석에 미치는 영향을 줄이고자[37] NN 간격은 AVNN을 참조해 정규화됐다. 또한 형상 분포를 정규 분포로 조정하고자 일부 특징은 자연 로그와 함께 로그로 변환되고 이름에 ln이 추가됐다.

그런 다음 무통증과 통증 사이에서 분류가 수행됐으며 여기서 통증은 다른 두 카테고리의 병합이다. 서포트 벡터 머신 분류기는 그림 12.7의 HRV 특징을 사용해 10배 교차 검증^{fold cross validation}으로 훈련 및 테스트됐다. 각 시간대 길이의 분류에 대한 ROC 곡선은 그림 12.8에서 확인할 수 있다. AUC 값은 HRV 특징의 분류가 더 큰 시간 간격에서 더 나은 성능을 보였음을 보여 준다.

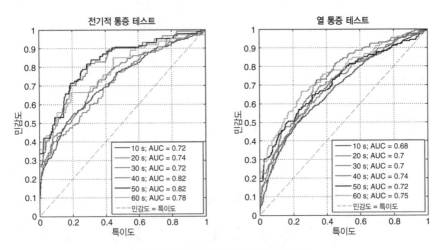

그림 12.8 무통증과 통증 분류의 ROC 곡선

12.6 연결된 구성 요소의 논의

포그 컴퓨팅은 보조 포그 스마트 게이트웨이로 부하를 전환해 센서 노드의 과중한 연산 부담을 줄이는 기능을 갖고 있다. 따라서 충전에 따라 센서 노드는 더 오랫동안 사용할 수 있다. 특정 용도에 따라 에너지 효율의 증가 측면에서 포그의 역할은 어느 정도 중요해진다. 예를 들어 포그는 복잡한 알고리즘을 이용하는 실시간 모니터링 애플리케이션(예를 들어 ECG 기능 추출을 통한 실시간 다채널 심전도 모니터링)에서 중요한 반면에 간단한 모니터링 애플리케이션(예를 들어 온도 모니터링)에서 센서 노드의 수명을 극적으로 증가시키

지 않는다. 포그를 사용하면 전체 시스템의 높은 에너지 효율을 달성할 수 없다. 이러한 다양한 문제를 해결하려면 센서 노드, 스마트 게이트웨이에서 최종 사용자 터미널에 이르기까지 시스템의 모든 구성 요소를 신중하게 고려해야 한다.

12.7　포그 컴퓨팅 관련 애플리케이션

건강 관리를 위한 많은 IoT 시스템이 제안되고 있다[38-40]. 그러나 이러한 기존의 IoT 시스템에는 여전히 지원되지 않는 상호 운용성^{nonsupport interoperability}, 에너지 비효율성^{energy inefficiency}, 지원되지 않는 분산 로컬 스토리지 또는 비효율적인 대역폭 활용 등 몇 가지 제한 사항을 갖고 있다. 논문 [18]의 연구진은 ECG 특징 추출을 위해 포그 기반 접근법을 제안했다. 이 접근법은 심전도 신호에서 심박수, P파, T파를 추출한다. 또한 이 접근 방법은 약 90%의 네트워크 대역폭을 절약할 수 있다. 논문 [41]의 연구진은 헬스케어 IoT를 위한 계층형 포그 지원 컴퓨팅 아키텍처를 제시했다. 이 접근 방법은 포그 지원 스마트 게이트웨이와 클라우드 서버 모두에서 구현된 알고리즘으로 부정맥을 감지할 수 있다. 논문 [25]의 연구진은 헬스 IoT 시스템을 위한 포그 컴퓨팅에 기반한 엔드 투 엔드 보안 접근법을 제안했다. 이 접근 방법은 센서 노드가 기존의 게이트웨이에서 다른 게이트웨이로 임의로 이동하더라도 높은 수준의 보안을 제공할 수 있다. 논문 [22]의 연구진은 헬스케어 모니터링 IoT 시스템을 향상시키기 위한 포그 기반 접근법을 제안했다. 제안된 시스템은 포그 기반 스마트 게이트웨이를 사용해 분산된 로컬 스토리지, 데이터 융합, 데이터 분석을 제공한다. 논문 [42]의 연구진은 포그 계층이 있는 스마트 게이트웨이의 미들웨어를 제안했다. 이 접근 방법은 표준 프로토콜 애플리케이션과 비표준 프로토콜 애플리케이션 간의 다중 통신을 지원한다. 마찬가지로 논문 [43]의 연구진은 ZigBee, 와이파이, 2G/3G/4G, WiMax, 6LoWPAN과 같은 서로 다른 무선 프로토콜 간의 통신을 위한 포그 기반 접근 방식을 제시했다. 또한 이 접근 방식은 원시 데이터와 처리된 데이터를 클라우드 서버로 보내기 전에 적절한 형식을 선택하기 위한 몇 가지 수준의 자기 의사 결정^{self-decision-making}을 제공한다. 논문 [44]의 연구진은 낙상 검출 시스템을 위한 포그 기반 접근 방식을 제안했다. 이 접근 방식은 에지 디바이스 간에 감지 작업을 분할해 실시간으로 사람의 추락을 분석하고 감지한다. 마찬가지로 Gia 연구진[10] 및 Igor 연구진[13]은 실시간으로 낙상 검출을 위한 포그 기반 접근 방식을 제안했다. 이러한 접근 방식은 스마트 게이트웨이의 3-D 가속도 및 3-D 각속도와 같은 모션 데이터를 분석한다. 수집된 데이터가 사전 정의된 임계값을 통과하면 푸시 알림 메시지가 실시간으로 담당자에게 전송된다. 논문 [45]의 저자들은 가벼운 치매와 COPD 환자를 모니터링하기 위한 포그 컴퓨팅 시스템을 제안했다. 수집된 데이터는 통신 과부하를 줄이고 환자의 사생활을 보호하고자 포그에서 처리된다.

12.8 향후 연구 방향

많은 고급 서비스를 갖춘 포그 컴퓨팅은 헬스케어 서비스의 품질을 개선하는 데 중요한 역할을 하는 것이 입증됐다. 그러나 우수한 헬스케어 서비스 품질을 달성하려면 포그 서비스를 강화해야 한다. 예를 들어 데이터 분석과 데이터 융합을 통해서 질병 진단의 질을 향상시킬 수 있다(즉 잘못된 질병 진단을 피할 수 있다). 이러한 포그 서비스들은 사전 정의된 임계값을 이용한 기존 방식보다는 딥러닝deep learning 또는 강화학습reinforcement learning 등의 머신러닝을 활용해 보다 정확한 결과를 얻을 수 있다. 또한 머신러닝은 포그 환경에서 인공지능AI을 보다 쉽게 배포할 수 있다. AI가 탑재된 포그 기반 시스템은 실시간으로 정확하고 현명하게 반응하는 의사 결정decision-making 성능을 크게 개선하는 데 도움이 된다. 미래의 헬스 모니터링 시스템은 서로 다른 분석 방법을 동일한 생리 신호에 적용해 다양한 애플리케이션을 제공할 수 있을 것이며, 이는 보다 정밀한 서비스를 제공하는 다른 사람들의 수요를 충족시킬 것이다. 예를 들어 통증 모니터링뿐만 아니라 HRV 분석은 현재의 질병을 반영하고, 심장병 이슈들을 나타내며, 우울증이나 스트레스를 반영하는 데도 유용하게 사용할 수 있다.

12.9 결론

12장에서는 주로 포그 컴퓨팅 기반의 헬스 모니터링 IoT 시스템을 소개했다. 포그는 분산된 로컬 스토리지, 푸시 알림, 인간 낙상 검출, 데이터 분석, 보안, 사용자 인터페이스가 있는 로컬 호스트, 장애 감지 등으로 구성된 고급 서비스를 제공한다. 이러한 서비스는 헬스케어 서비스를 개선하는 데 중요한 역할을 한다. 이러한 서비스를 통해 환자의 일상적인 활동이 중단되지 않는 한 담당 의사 또는 간병인은 환자의 건강 상태를 지속적으로 원격 모니터링할 수 있다. 인간 낙상 검출 및 심장 박동 변화$^{heart\ rate\ variability}$로 구성된 사례 연구 통해 포그와 그 서비스의 장점을 확인할 수 있다. 이러한 서비스는 실시간으로 데이터를 처리하고 분석한다. 일부 이상(예를 들어 낙상)이 발생하면 푸시 알림 서비스가 수행돼 의사 및 간병인 같은 보호자에게 환자의 상태를 실시간으로 통보한다. 또한 포그 컴퓨팅 서비스는 헬스케어 IoT 문제를 해결할 수 있다. 예를 들어 포그는 많은 연산 처리를 스마트 게이트웨이에서 처리함으로써 센서 노드의 에너지 효율성을 향상시킬 수 있다. 포그는 시스템 오류(예를 들어 하드웨어 및 소프트웨어 결함)를 탐지하고 시스템 관리자에게 실시간으로 통지한다. 포그는 고급 서비스를 지원할 뿐 아니라 클라우드의 처리 부담을 줄여 줄 수 있다. 포그 컴퓨팅은 헬스케어 및 기타 영역에서 IoT 시스템을 강화하기에 가장 적합한 후보 중 하나임을 입증했다.

참고 문헌

1   Summary Health Statistics: National Health Interview Survey 2017, National Center for Health Statistics, 2017.

2   National diabetes statistics report: Estimates of diabetes and its burden in the United States, Centers for Disease Control and Prevention, Atlanta, 2014.

3   E.J. Benjamin, M.J. Blaha, and S.E. Chiuve, et al. Heart disease and stroke statistics, American Heart Association. *Circulation*, 135(10): e146 – e603, 2017.

4   D.A. Sterling, J.A. O'Connor, J. Bonadies. Geriatric falls: injury severity is high and disproportionate to mechanism. *Journal of Trauma and Acute Care Surgery* 50(1): 116 – 119, 2001.

5   J.A. Stevens, P.S. Corso, E.A. Finkelstein, T. R Miller. The costs of fatal and nonfatal falls among older adults. *Injury Prevention*, 12(5): 290 – 295, 2006.

6   T.N. Gia, N.K. Thanigaivelan, A.M. Rahmani, T. Westerlund, P. Liljeberg, and H. Tenhunen. Customizing 6LoWPAN Networks towards Internet-of-Things Based Ubiquitous Healthcare Systems. In *Proceedings of 32nd IEEE NORCHIP*, 2014.

7   T.N. Gia, A.M. Rahmani, T. Westerlund, T.Westerlund, P. Liljeberg, and H. Tenhunen. Fault tolerant and scalable iot-based architecture for health monitoring. In *Proceedings of IEEE Sensors Applications Symposium*, 2015.

8   A.M. Rahmani, N.K. Thanigaivelan, T.N. Gia, J. Granados, B. Negash, P. Liljeberg, and H. Tenhunen. Smart e-health gateway: bringing intelligence to Internet-of-Things based ubiquitous healthcare systems. In *Proceedings of 12th Annual IEEE Consumer Communications and Networking Conference*, 2015.

9   V.K. Sarker, M. Jiang, T.N. Gia, M. Jiang, T.N. Gia, A. Anzanpour, A.M. Rahmani, P. Liljeberg. Portable multipurpose biosignal acquisition and wireless streaming device for wearables. In *Proceedings of IEEE Sensors Applications Symposium*, 2017.

10 T.N. Gia, I. Tcarenko, V.K. Sarker, A.M. Rahmani, T. Westerlund, P. Liljeberg, and H. Tenhunen. IoT-based fall detection system with energy efficient sensor nodes. In *Proceedings of IEEE Nordic Circuits and Systems Conference*, 2016.

11 T.N. Gia, V.K. Sarker, I. Tcarenko, A.M. Rahmani, T. Westerlund, P. Liljeberg, and H. Tenhunen. Energy efficient wearable sensor node for IoT-based fall detection systems. *Microprocessors and Microsystems*, Elsevier, 2018.

12 M. Jiang, T.N. Gia, A. Anzanpour, A.M. Rahmani, T. Westerlund, S. Salanterä, P. Liljeberg, and H. Tenhunen. IoT-based remote facial expression monitoring system with sEMG signal. In *Proceedings of IEEE Sensors Applications Symposium*, 2016.

13 I. Tcarenko, T.N. Gia, A.M. Rahmani, T. Westerlund, P. Liljeberg, and H. Tenhunen. Energy-efficient IoT-enabled fall detection system with messenger-based notification. In *Proceedings of 6th International Conference on Wireless Mobile Communication and Healthcare*, Springer, 2017.

14 F. Touati and T. Rohan. U-healthcare system: State-of-the-art review and challenges, *Journal of medical systems* 37 (3) (2013).

15 T.N. Gia, M. Jiang, V.K. Sarker, A.M. Rahmani, T. Westerlund, P. Liljeberg, and H. Tenhunen. Low-cost fog-assisted health-care IoT system with energy-efficient sensor nodes. In *Proceedings of 13th IEEE International Wireless Communications & Mobile Computing Conference*, 2017.

16 B. Negash, T.N. Gia, A. Anzanpour, I. Azimi, M. Jiang, T. Westerlund, A.M. Rahmani, P. Liljeberg, and H. Tenhunen. Leveraging Fog Computing for Healthcare IoT, *Fog Computing in the Internet of Things*, A. M. Rahmani, et al. (eds), ISBN: 978-3-319-57638-1, Springer, 2018, pp. 145 – 169.

17 T.N. Gia, M. Ali, I.B. Dhaou, A.M. Rahmani, T. Westerlund, P. Liljeberg, and H. Tenhunen. IoT-based continuous glucose monitoring system: A feasibility study, *Procedia Computer Science*, 109: 327 – 334, 2017.

18 T.N. Gia, M. Jiang, A.M. Rahmani, T. Westerlund, P. Liljeberg, and H. Tenhunen. Fog computing in healthcare Internet-of-Things: A case study on ECG feature extraction. In *Proceedings of 15th IEEE International Conference on Computer and Information Technology*, 2015.

19 T.N. Gia, M. Jiang, A.M. Rahmani, T. Westerlund, K. Mankodiya, P. Liljeberg, and H. Tenhunen. Fog computing in body sensor networks: an energy efficient approach. In *Proceedings of IEEE 12th International Conference on Wearable and Implantable Body Sensor Networks*, 2015.

20 F. Bonomi, R. Milito, J. Zhu, S. Addepalli. Fog computing and its role in the Internet of Things. In *Proceedings of 1st ACM MCC Workshop on Mobile Cloud Computing*, 2012.

21 M. Peng, T. Wang, G. Hu, and H. Zhang. A wearable heart rate belt for ambulant ECG monitoring. In *Proceedings of IEEE International Conference on E-health Networking*, Application & Services, 2012.

22 A.M. Rahmani, T.N. Gia, B. Negash, A. Anzanpour, I. Azimi, M. Jiang, and P. Liljeberg. Exploiting smart e-health gateways at the edge of healthcare internet-of-things: a fog computing approach, *Future Generation Computer Systems, 78(2) (January)*: 641 – 658, 2018.

23 M. Armbrust, A. Fox, R. Griffith, A.D. Joseph, R. Katz, A. Konwinski, G. Lee, D. Paterson, A. Rabkin, I. Stoica, and M. Zaharia. A view of cloud computing. *Communications of the ACM*, 53(4) (April): 50 – 58, 2010.

24 D. C. Klonoff. Cybersecurity for connected diabetes devices. *Journal of Diabetes Science and Technology*, 9(5): 1143 – 1147, 2015.

25 S. R. Moosavi, T.N. Gia, E. Nigussie, et al. End-to-end security scheme for mobility enabled healthcare Internet of Things. *Future Generation Computer Systems*, 64 (November): 108 – 124, 2016.

26 S.R. Moosavi, T.N. Gia, E. Nigussie, A.M. Rahmani, S. Virtanen, H. Tenhunen, and J. Isoaho. Session resumption-based end-to-end security for healthcare Internet-of-Things. In *Proceedings of 15th IEEE International Conference on Computer and Information Technology*, 2015.

27 T. Kothmayr, C. Schmitt, W. Hu, M. Brünig, and G. Carle. DTLS based security and two-way authentication for the Internet of Things, *Ad Hoc Networks*, 11(8): 2710−2723, 2013.

28 S. R. Moosavi, T.N. Gia, A.M. Rahmani, S. Virtanen, H. Tenhunen, and J. Isoaho. SEA: A secure and efficient authentication and authorization architecture for IoT-based healthcare using smart gateways. *Procedia Computer Science*, 52: 452−459, 2015.

29 Z.-P. Bian, J. Hou, L.P. Chau, N. Magnenat-Thalmann. Fall detection based on body part tracking using a depth camera, *IEEE Journal of Biomedical and Health Informatics*, 19(2): 430−439, 2015.

30 D. Lim, C. Park, N.H. Kim, and Y.S. Yu. Fall-detection algorithm using 3-axis acceleration: combination with simple threshold and hidden Markov model. *Journal of Applied Mathematics*, 2014.

31 M. Ali, T.N. Gia, A.E. Taha, A.M. Rahmani, T. Westerlund, P. Liljeberg, and H. Tenhunen. Autonomous patient/home health monitoring powered by energy harvesting. In *Proceedings of IEEE Global Communications Conference*, Singapore, 2017.

32 R. Russell. Linux iptables HOWTO, url: http://netfilter. samba. org, Accessed: December 2018.

33 A.J. Hautala, J. Karppinen, and T. Seppanen. Short-term assessment of autonomic nervous system as a potential tool to quantify pain experience. In *Proceedings of 38th Annual International Conference of the IEEE Engineering in Medicine and Biology Society*, 2684−2687, 2016.

34 J. Koenig, M.N. Jarczok, R.J. Ellis, T.K. Hillecke, and J.F. Thayer. Heart rate variability and experimentally induced pain in healthy adults: a systematic review *European Journal of Pain*, 18(3): 301−314, 2014.

35 M. Jiang, R. Mieronkkoski, A.M. Rahmani, N. Hagelberg, S. Salantera, and P. Liljeberg. Ultra-short-term analysis of heart rate variability for real-time acute pain monitoring with wearable electronics. In *Proceedings of IEEE International Conference on Bioinformatics and Biomedicine*, 2017.

36 U.R. Acharya, K.P. Joseph, N. Kannathal, C.M. Lim, and J.S. Suri. Heart rate variability: a review. *Medical & Biological Engineering & Computing*, 44(12): 1031−1051, 2006.

37 J. Sacha. Why should one normalize heart rate variability with respect to average heart rate. *Front. Physiol*, 4, 2013.

38 G. Yang, L. Xie, M. Mantysalo, X. Zhou, Z. Pang, L.D. Xu, S. Kao-Walter, and L.-R. Zheng. A health-iot platform based on the integration of intelligent packaging, unobtrusive bio-sensor, and intelligent medicine box. *IEEE transactions on industrial informatics*, 10(4): 2180–2191, 2014.

39 M.Y. Wu and W.Y. Huang. Health care platform with safety monitoring for long-term care institutions. In *Proceedings of 7th International Conference on Networked Computing and Advanced Information Management*, 2011.

40 H. Tsirbas, K. Giokas, and D. Koutsouris. Internet of Things, an RFID-IPv6 scenario in a healthcare environment. In *Proceedings of 12th Mediterranean Conference on Medical and Biological Engineering and Computing*, Berlin, 2010.

41 I. Azimi, A. Anzanpour, A.M. Rahmani, T. Pahikkala, M Levorato, P. Liljeberg, and N. Dutt. HiCH: Hierarchical fog-assisted computing architecture for healthcare IoT. *ACM Transactions on Embedded Computing Systems*, 16(5), 2017.

42 D. Bimschas, H. Hellbrück, R. Meitz, D. Pfisterer, K. Rümer, and T. Teubler. Middleware for smart gateways. In *Proceedings of 5th International workshop on Middleware Tools, Services and Run-Time Support for Sensor Networks*, 2010.

43 Y. Shi, G. Ding, H. Wang, H.E. Roman, S. Lu. The fog computing service for healthcare. In *Proceedings of 2nd International Symposium on Future Information and Communication Technologies for Ubiquitous HealthCare*, 2015.

44 Y. Cao, S. Chen, P. Hou, and D. Brown. FAST: A fog computing assisted distributed analytics system to monitor fall for stroke mitigation. In *Proceedings of 10th International Conference on Networking, Architecture, and Storage*, 2015.

45 O. Fratu, C. Pena, R. Craciunescu, and S. Halunga. Fog computing system for monitoring mild dementia and COPD patients — Romanian case study. In *Proceedings of 12th International Conference Telecommunications in Modern Satellite, Cable and Broadcasting Service*, 2015.

에지 컴퓨팅 환경에서 실시간 인간 객체 추적을 위한 스마트 보안 감시 비디오 스트림 프로세싱

세예드 야햐 니코에이[Seyed Yahya Nikouei], 롱후아 수[Ronghua Xu], 유첸[Yu Chen]

13.1 소개

지난 10년간 대도시의 혜택과 다양한 생활 방식으로 인해 전 세계 도시화가 목격됐다. 전 세계의 도시화는 시민들에게 높은 삶의 질을 갖다 주지만 도청이나 시청의 도시 관리자, 도시 계획자, 정책 입안자들은 대도시화로 발생하는 여러 가지 문제를 해결해야 한다. 이렇게 밀도가 높은 대도시에 점점 많은 사람들이 거주하게 될 때는 안전과 보안이 가장 큰 관심사 중 하나다. 도시에서 범죄에 적극적으로 대처하고자 상황 인식[SAW, Situational Awareness]은 긴급한 문제를 적시에 처리할 수 있는 핵심 기능 중 하나로 인식됐다. 이를 위해 도시 지역에 점점 더 많은 감시 카메라와 센서가 설치돼 주민들의 일상 활동을 모니터링한다. 예를 들어 2016년까지 북미 지역에만 6200만 대 이상의 카메라가 설치됐다 [1]. 이 CCTV 카메라들에 의해 생성된 거대한 감시 데이터는 유용한 정보를 추출하고자 특별한 감시 조치가 필요하다. 보편적으로 설치된 수많은 CCTV 카메라를 사람이 직접 관리하는 것은 현실적인 방법이 아니다. 최근의 머신러닝 알고리즘은 실시간으로 영상을 감시하고 상황에 따라 현명한 의사 결정[decision-making]를 내릴 수 있다. 그러나 머신러닝을 통한 의사 결정 방식은 아직까지 성숙한 단계는 아니다.

현장에서 수집된 CCTV 영상 데이터는 반드시 데이터 센터로 전송하고 추가적인 작업이 필요하다. 오늘날 비디오 데이터는 실시간으로 수집되고 통신 네트워크에 많은 트래픽을 발생시킨다. 온라인 비디오 스트리밍은 2017년 온라인 트래픽의 74%를 차지하고[2], 2021년에는 모바일 트래픽의 78%는 비디오 데이터가 차지할 것이다[3]. 카메라 한 대가 하루에 9600GB 이상의 데이터를 생성한다. 첫째, 통신 네트워크의 부담을 줄이려면 중요하지 않은 원시 데이터$^{raw\ data}$를 다른 곳으로 전송하지 않는 것이 중요하다. 또한 일부 지연에 민감한 임무 수행에 필수적인 애플리케이션에서는 원시 영상이 데이터 센터에 도달하는 전송 시간이 매우 중요하다. 네트워크 지연 시간을 최대한 줄이는 것이 바람직하다. 둘째, 중요한 문제 중 하나는 전송 중 데이터 손실, 또는 더 나쁜 상황은 제3자에게 데이터를 도청당하는 것이다. 데이터 센터에 저장해야 할 방대한 비디오 데이터를 고려하면 반드시 해결해야 할 문제다. 데이터 스토리지 시설의 용량이 점점 커지고 있지만, 오늘날 보안 감시 비디오 소유자들은 최근 몇 주 동안 캡처한 가장 최근 영상을 보관할 수 있다. 저장 용량이 제한되면 포렌식 분석이나 기타 목적으로 중요한 정보가 포함된 영상이 손실된다. 따라서 운영자가 관심 있는 비디오 클립을 더 오랫동안 식별하고 선택적으로 저장할 수 있도록 원시 비디오의 특징을 적시에 추출할 수 있어야 한다.

이러한 문제를 해결하고자 에지 및 포그 컴퓨팅에서 분산 실시간 데이터 처리 기술은 보안 감시 커뮤니티[5]에서 많은 관심을 끌고 있다. 특징 추출$^{feature\ extraction}$과 의사 결정$^{decision\ making}$을 포함한 기능은 네트워크 에지로 마이그레이션되고 단일 또는 2개의 참조 지점이 아닌 분산 환경이 생성된다. 13장에서는 에지 컴퓨팅 기반 스마트 감시 시스템을 소개한다[6]. 사람의 행동을 인식하고 탐지에 중점을 둔 이 시스템은 지능적인 의사 결정을 하고자 세 단계를 수행한다. 첫째, 주어진 각 프레임에서 인간의 행동을 인식하고 탐지하며 각각의 인간의 행동을 추적하고 특징을 추출한다. 각 인간의 행동의 속도 또는 이동 방향은 다음 단계를 위한 기능으로 다른 특정 정보와 함께 배열로 저장된다. 마지막 단계에서는 시계열 기능을 기초한 머신러닝 알고리즘을 사용해 의사 결정을 내릴 수 있으며, 알람(경고)이 상위 레벨에서 생성돼야 하는지 아니면 담당 관리자로부터 생성돼야 하는지를 결정한다. 그림 13.1은 네트워크 구조와 각 계층에 할당된 작업을 보여 준다. 이 그림에서 사람의 행동 감지 및 추적은 네트워크 가장자리(에지)에서 수행되는 것으로 간주하며 태블릿 또는 노트북을 사용할 수 있는 포그 레벨에서 더 많은 컴퓨팅 집약적인 의사 결정 알고리즘을 수행한다. 그리고 사고가 발생한 경우 최종 결정은 담당자 또는 최초 응답자에게 전송된다.

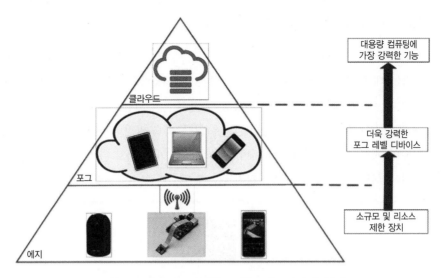

그림 13.1 에지-포그-클라우드 기반 스마트 감시 아키텍처

13장에서는 에지 및 포그 레벨에서 사용되는 연산 및 알고리즘을 논의하고 이러한 자동화된 감시 시스템을 만들고 비교한다. 13장의 나머지 부분은 다음과 같이 정리돼 있다. 13.2절은 에지 컴퓨팅 환경에서 실현 가능한 인간의 행동을 인식하는 알고리즘을 간략히 소개하고 이어서 13.3절에서는 객체 추적 알고리즘object identification algorithm을 소개한다. 13.4절은 경량화된 인간의 행동 감지 체계의 설계 문제와 사례 연구에 중점을 두고 있으며 라즈베리파이를 에지 디바이스로 사용하는 방법은 13.5절에서 확인할 수 있다. 마지막으로 13.5절에서는 몇 가지 논의와 함께 요약한다.

13.2 인간 객체 탐지

일반적으로 인간 객체 탐지human object detection에 관한 연구 논문[4, 7]은 많이 존재하지만 에지 컴퓨팅처럼 컴퓨팅 리소스가 제한된 디바이스 환경에서의 인간 객체 탐지 연구는 많이 이뤄지지 않았다. 인간 객체 탐지는 여러 알고리즘을 사용해 수행할 수 있다. 13장에서는 이들 중 세 가지를 중점적으로 다루며, 이는 잠재적으로 에지 컴퓨팅 환경에 적용할 수 있다.

13.2.1 하르 캐스케이드 특징 추출

하르 캐스케이드 특징 추출^{Haar cascaded-feature extraction} 알고리즘은 사람의 얼굴이나 눈을 감지하는 데 많이 사용된다[8]. 이 알고리즘은 또한 사람의 행동을 감지하는 데 사용할 수도 있다. 이 알고리즘은 유사 하르 특징^{Haar-like feature}을 기반으로 픽셀 값을 서로 뺀다.[1] 픽셀 값을 선택하고 뺄 수 있는 방법은 매우 많다. 학습 과정^{learning process}은 일반적으로 고사양 CPU에서 수행되고 24×24 이미지로 약 16만 개의 서로 다른 특징이 추출 가능하다. 트레이닝한 후에는 뺄셈 연산만 하기 때문에 알고리즘 수행 시간은 빠른 편이다.

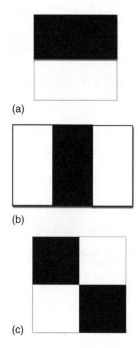

(a)

(b)

(c)

그림 13.2 유사 하르 특징: (a) 2개의 직사각형 특징 (b) 3개의 직사각형 특징 (c) 4개의 직사각형 특징

그림 13.2는 몇 가지 전형적인 유사 하르 특징을 보여 준다. 특징에는 세 가지 유형이 있는데 첫 번째는 2개의 직사각형 특징(그림 13.2(a)), 두 번째는 3개의 직사각형 특징(그림 13.2(b)), 세 번째는 4개의 직사각형 특징(그림 13.2(c))이 있다. 각 특징에서 검은색 영

---

1   사람의 얼굴 이미지 위에 흑백의 사각형을 겹쳐 놓은 다음 밝은 영역에 속한 픽셀 값들의 평균에서 어두운 영역에 속한 픽셀 값들의 평균의 차이를 구한다. – 옮긴이

역의 픽셀 값은 흰색 영역의 픽셀 값에서 뺀다. 학습 단계에서는 약 2000개의 긍정적인 이미지(관심 대상 포함)와 이 크기의 약 절반의 부정적인 이미지가 선택된다. 이러한 특성은 이미지 위에 융통성 있게 설정되고 가치의 벡터가 생성된다. 그런 다음 에이다부스트 AdaBoost[2]라는 이름의 알고리즘이 탐지detection와 임계점threshold을 찾고자 가장 성능이 좋은 특징feature을 선택하게 될 것이다. 따라서 선택한 특징과 임계값을 초과하는 매칭 스코어를 적용해 영상에서 객체의 존재 여부가 결정된다.

그러나 속도 면에서는 정확도를 높이고자 사용되는 특징feature 수가 많기 때문에 성능은 만족스러운 편은 아니다. 따라서 이를 해결하고자 계층적 방법hierarchy method이 도입됐다. 추출된 이미지에서 가장 중요한 특징feature을 먼저 실행해 입력 이미지를 스크린한다. 결과가 긍정적이면[3] 더 많은 특징이 테스트된다. 예를 들어 첫 번째 단계에서는 가장 지배적인 특징 하나만을 적용된다. 부정적인 결과[4]는 프레임에서 관심 대상의 존재 가능성이 매우 낮다는 것을 의미한다. 긍정적인 결과[5]는 미세한 위치 조정과 높은 정확도를 위해 더 많은 특징을 갖고 추가적인 테스트가 이뤄진다. 논문 [9]의 연구에 따르면 첫 번째 단계에는 1개의 특징이 있고 두 번째 단계에서는 10개의 특징이 있으며 세 번째 단계에는 25개의 특징이 있다[9].

13.2.2 HOG+SVM

HOG+SVM은 정확도가 높기 때문에 널리 사용되는 또 다른 알고리즘이다. HOG Histogram of Oriented Gradients와 SVM Support Vector Machine은 특징 추출feature extraction과 관련된 알고리즘이다 [11, 12]. 이러한 특징은 관심 객체를 분류하거나 탐지하는 데 사용된다. 일반적으로 특징 추출 작업은 높은 컴퓨터 비용이 발생하기 때문에 에지 컴퓨팅에서 객체 전체를 탐지하는 것은 효율적이지 않다. 그러나 에지 컴퓨팅에 보다 강력한 연산 기능을 갖춘 디바이스가 배포되면 HOG+SVM 알고리즘의 정확도를 높일 수 있다. 분류기가 아무리 복잡하거나 단순화되더라도 분류에 사용된 특징 추출이 관심 객체를 잘 설명하지 못하면 검출

---

2 머신러닝 메타 알고리즘으로 Adaptive Boosting의 줄임말이다. – 옮긴이

3 예를 들어 대상 이미지 전체를 스캔 중 해당 이미지 프레임이 찾고자 하는 관심 또는 핵심 영역에 해당하면 – 옮긴이

4 대상 이미지 전체를 스캔하는 과정에서 부정적인 결과란 스캔 중인 이미지에서 찾고자 하는 관심 객체가 없는 것을 말한다. 예를 들어 이미지의 배경을 찾았을 경우를 말한다. – 옮긴이

5 관심 객체를 찾은 경우 – 옮긴이

결과가 부정확해진다. 예를 들어 오렌지를 사과에서 분리하고자 할 때 과일의 오렌지색은 좋은 특징인 반면에 구형이라는 특징은 분류에 유용한 정보에 해당하지 않는다.

HOG는 이미지의 특징을 추출하는 데 유용한 머신러닝 알고리즘이다. 대상 픽셀에 대한 수직 인접 픽셀의 차이는 수직 격차$^{vertical\ differential}$로 간주하고, 동일한 방법을 사용해 수평 격차$^{horizontal\ differential}$를 계산할 수도 있다. 어떤 경우에는 2개의 인접한 이웃을 사용하는 대신에 각 방향의 여러 픽셀의 벡터를 사용할 수 있으며, 이것은 각 픽셀에 대한 더 많은 정보를 포함하고 있다. 수평 및 수직 값은 2개의 도함수^{derivative} 대신 진폭^{amplitude} 및 각도^{angle}로 간주한다. 수평 도함수$^{horizontal\ derivative}$는 수직선에서 발생하고 수직 도함수$^{vertical\ derivative}$는 수평선에서 발생한다. 채널이 3개인 RGB 영상과 같은 입력 채널이 둘 이상일 경우 해당 각도와 함께 가장 높은 진폭을 선택해 픽셀의 기술기^{gradient}을 나타낸다.

9개의 빈^{bin6}이 있는 히스토그램은 일반적으로 각 구간에 0-20도로 사용해 부호화되지 않은 기울기를 나타내며 해당 구간의 각도의 진폭을 고려한다. 그러나 각도가 빈의 경계에 더 가까운 경우 진폭의 일부가 이웃한 빈^{bin}에 주어진다. 히스토그램은 일반적으로 8×8픽셀의 윈도우^{window}에 생성된다. 픽셀값과 관련된 급작스러운 일시적인 변화의 영향을 해결하려면 정규화가 필요하다[10]. 대부분의 물체 감지 사례에서는 처리 시간을 줄이고자 32×32개의 윈도우를 선택한다. 이는 8×8픽셀 크기의 4×4 윈도우 배치가 선택되고 하나의 8×8은 32×32 윈도우에서 왼쪽으로 나가고 다른 하나는 오른쪽에서 들어간다. 각 32×32 윈도우에는 16개의 히스토그램 빈이 있으며 144개의 벡터로 나타낼 수 있다. 벡터는 벡터 값의 두 번째 표준으로 정규화된다. 각 벡터는 SVM에서 객체 탐지를 위한 이미지의 한 부분에 대한 특징으로 사용된다. 그림 13.3(a)는 8×8 슈퍼 픽셀에 대해 정규화되기 전의 히스토그램 중 하나를 보여 주고, 그림 13.3(b)는 64×64 윈도우에서의 기울기 계산을 나타낸다(윈도우는 더 나은 가시성으로 인해 8×8픽셀보다 크다).

설치된 카메라에서 사람이 카메라에 너무 가깝거나 너무 멀리 떨어져 있을 때 또 다른 문제가 발생한다. 만약 사람과 카메라가 너무 가깝거나 너무 멀리 있을 때 16×16 윈도우가 너무 클 경우 8×8과 같은 윈도우를 사용하는 것은 유용하지 않다. 이 경우 이미지 피라미드$^{image\ pyramid}$가 구현돼 이미지의 해상도를 변경하고 가능한 모든 물체를 감지한다. 각 단계는 픽셀을 줄여 더 작은 이미지 버전을 만들어 슈퍼 픽셀이 이미지의 더 큰 부분

---

6 빈은 히스토그램의 한 구간을 말한다. - 옮긴이

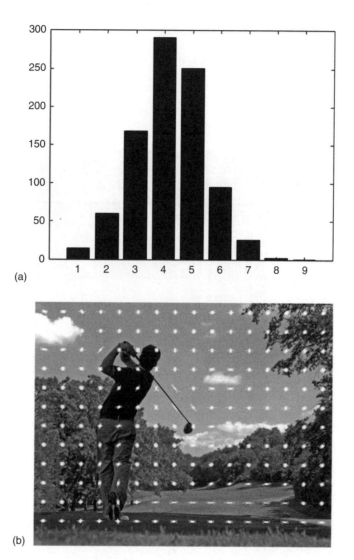

(a)

(b)

그림 13.3 (a) HOG (b) 이미지에서 HOG 표현

을 덮도록 한다. 이미지의 여러 단계를 고려하는 것은 동일한 객체에 대해 여러 개의 포
지티브 출력이 발생할 수 있다. 그림 13.4는 이러한 시나리오를 보여 준다. 최상의 결과
를 보장하고자 모든 구체적인 사용에서 변수를 변경해야 하는데 이는 알고리즘을 일반
화하는 데 적합하지 않다.

13.2.3 콘볼루션 신경망

콘볼루션 신경망[CNN, Convolutional Neural Network][7]은 가장 유명한 신경망 유형 중 하나 인 MLP[Multi-Layer Perceptron] 네트워크를 기반으로 하며, 이미지의 특징을 담는 피처 맵[feature map]을 생성하고자 콘볼루셔널 계층[convolutional layer][8]를 갖고 있다.

그림 13.4 단일 객체에 대한 다중 탐지의 예

CNN은 보통 콘볼루션 레이어와 완전히 연결된 신경 네트워크[FCNN, Fully Connected Neural Network] 또는 경우에 따라 콘볼루션 레이어에 의해 생성된 피처 맵을 사용해 객체를 분류하는 SVM 분류기의 두 부분으로 구분된다. 각 콘볼루션 레이어에서 입력과 내적[dot product][9]

---

7 Convolutional Neural Network는 심층 신경망(DNN, Deep Neural Network)의 한 종류로 하나 또는 여러 개의 콘볼루션 계층(convolutional layer)과 통합 계층(pooling layer), 완전하게 연결된 계층(fully connected layer)들로 구성된 신경망을 말한다. – 옮긴이

8 콘볼루셔널 계층은 입력 데이터로부터 특징을 추출하는 역할을 한다. 콘볼루션 연산을 통해 feature map의 크기를 줄인다. – 옮긴이

9 내적은 두 벡터를 표준 기저 벡터로 나타냈을 때 각 성분끼리의 곱의 합을 말한다. – 옮긴이

이 포함된 일련의 필터filter10는 다시 출력으로 간주한다. 선형 레이어로 간주되는 컨볼루션 레이어 뒤에 ReLU 레이어가 추가돼 네트워크에 비선형성nonlinearity11이 도입된다. 차원수dimensionality를 변경하지 않고 유지하고자 0의 값을 가진 입력 주위에 픽셀 패딩padding12이 추가된다. 피처 맵feature map의 공간 크기 축소는 2×2 제곱의 값에서 가장 높은 값을 선택하거나 평균 값을 계산하는 풀링 레이어pooling layer13를 사용해 수행한다. 마지막 콘볼루션 레이어에서는 입력 이미지에 수열의 합series만 남아 분류에 사용된다.

이미지 분류는 일반적으로 컴퓨터에 하나의 이미지를 제공하는 프로세스를 말하며 컴퓨터에 저장돼 있는 촬영된 이미지에서 가장 지배적인 객체에 대한 라벨label을 출력하는 과정을 말한다. 2012년 알렉산더 크리제프스키Alexander Krizhevsky의 네트워크는 이미지 분류 분야에서 매우 좋은 성능을 보여 줬다[13]. 이 아키텍처는 AlexNet으로 알려져 있으며 2012년 ImageNet 콘테스트에서 16.4%의 에러율을 기록했으며 과거 우승 모델과 큰 성능 격차를 보이며 우승을 차지해 유명해진 CNN 모델이다. 2014년에는 VGG14가 소개됐다[14]. 이 모델은 AlexNet과 동일한 구조로 필터 크기와 레이어 번호가 약간 변경됐다. VGG는 2013년 우승자다. ImageNet 콘테스트에서 경쟁하고자 아키텍처들은 1000개의 객체를 분류해야 하기 때문에 트레이닝training에는 각 클래스의 이미지 1000-1500개가 필요하고, ImageNet은 광범위하게 라벨이 지정된 데이터셋을 공용으로 제공한다.

2014년 구글은 ImageNet 콘테스트에서 최고의 정확도를 자랑하는 또 다른 아키텍처(모델) GoogleNet를 출시했다[15]. GoogleNet의 아키텍처는 기존에 발표된 모델과는 다르다. GoogleNet은 여전히 콘볼루션 레이어와 완벽하게 연결된 네트워크fully comectd network로 구성돼 있지만, 병렬로 실행되는 일부 콘볼루션 레이어인 인셉션 모듈inception module을 채택한 다음 레이어의 입력으로 연결한다. 2015년에는 마이크로소프트가 ResNet 모델[16]을 출시했으며, 현재까지 ResNet의 잔여의 블록residual block을 기반으로 하는 많은 수정된 아키텍처가 도입됐다. 이 모델에는 즉시 상위 레벨의 콘볼루션에 대한 출력뿐만 아니라 이미디엇 레이어immediate layer보다 높은 레이어에도 출력을 제공한다.

---

10 필터(filter)는 그 특징이 데이터에 있는지 없는지를 검출해 주는 함수다. - 옮긴이

11 비선형성(nonlinearity)이란 함수의 값이 독립변수의 값과 비례 관계에 있지 않는 것을 말한다. - 옮긴이

12 패딩(padding)은 결과 값이 작아지는 것을 방지하고자 입력 값 주위로 0 값을 넣어서 입력 값의 크기를 인위적으로 키워서, 결과 값이 작아지는 것을 방지하는 기법이다. - 옮긴이

13 풀링 레이어(pooling layer)는 이미지의 크기를 줄여서 연산을 빠르게 하는 기법 중 하나다. - 옮긴이

14 VGGNet은 2014년 ILVRC 대회에서 준우승을 하며 유명해진 CNN 모델이다. - 옮긴이

필터 크기와 네트워크 아키텍처는 미리 정의돼 있다. 트레이닝 단계에서 무작위로 생성된 필터 값은 최고의 성능을 발휘하고자 조정된다. 또한 네트워크 끝에서 분류기의 가중치weights는 트레이닝 단계를 기반으로 한다. 이후 네트워크 속도는 비교적 빠르다. 트레이닝은 일반적으로 역전파back propagation 알고리즘에 기반으로 하며 모든 트레이닝 이미지 세트를 통한 각 라운드가 1개 에포크epoch15로 정의되는 약 10만 에포크가 소요된다.

CNN과의 협력을 위해 특별히 설계된 모델들이 있다. 버클리 대학교의 카페Caffe 모델 [20]은 잘 알려진 딥러닝 프레임워크다. 이 모델은 로 레벨low-level 아키텍처로 알려져 있다. 가장 큰 장점은 데이터의 빠른 트레이닝과 구현에 있다. 한편 카페 모델의 주요 단점은 통합되고 완전한 문서가 없기 때문에 초보자들이 접근하기에는 어려운 편이다.

널리 사용되고 있는 또 다른 딥러닝 프레임워크는 구글의 텐서플로TensorFlow다. 이 모델은 병렬 GPU 환경에서 잘 작동하며 케라스Keras[22]와 같은 다른 상위 모델의 백 엔진back engine으로 사용된다. 이 모델의 라이트 버전lighter version은 작년에 포그 레벨 또는 일부 강력한 에지 디바이스에 도입됐다. OpenCV 3.3에는 카페 또는 텐서플로에서 생성한 아키텍처에서 로드 및 전달에 필요한 라이브러리를 제공한다. 케라스는 CNN을 보다 쉽게 설계, 트레이닝, 테스트할 수 있도록 개발됐다. 파이썬을 통해 액세스할 수 있는 높은 수준의 접근 방식을 제공한다. 그런 다음 케라스 모델은 코드를 텐서플로로 변환하고 트레이닝 또는 순전파Forward Propagation16를 수행한다. 로 레벨low-level 모델은 케라스를 통해 접근할 수 없지만 작업하기가 편리하다. 카페의 모델은 간단한 텍스트로 돼 있고 큰 아키텍처의 경우 코드를 처리하기가 어렵다. 그러나 케라스에서는 압축률이 높고 파이썬으로 개발돼 관리하기가 쉽다. MxNet17은 또 다른 하이 레벨high-level 모델인 파이썬으로 구현돼 있고 병렬 처리에 매우 적합한 딥러닝 프레임워크다.

스마트 감시 시스템에서 카메라가 감지한 물체의 위치를 알려 줘야 한다. 카메라에서 감지한 영상의 한 프레임에는 여러 사람이 있을 수도 있고, 그 이미지를 사람이 포함돼 있는 것으로 분류하는 것은 가치 없는 분류에 해당하기 때문에 이미지 분류에는 도움이 되지 않을 수 있다. 이와 관련해 객체 감지object detection가 요구되는데 여기서 검출기는

---

15 epoch는 트레이닝 데이터의 최대 전달 횟수를 말한다. – 옮긴이

16 순전파(forward propagation)는 뉴럴 네트워크 모델의 입력층부터 출력층까지 순서대로 변수들을 저장하고 계산하는 것을 의미한다. – 옮긴이

17 Apache MXNet은 오픈소스 딥러닝 소프트웨어 프레임 워크로 딥 뉴럴 네트워크를 트레이닝 및 배포하는 데 사용된다. – 옮긴이

검출 대상의 라벨과 함께 관심 대상 주위에 경계 박스^bounding box를 제공한다. 싱글 샷 멀티 박스 탐지기^SSD, Single Shot Multi-box Detector[17] 또는 R-CNN^Regional CNN[18, 19]는 다른 모델과 함께 도입돼 전체 이미지가 아닌 객체^object가 위치한 인근 지역에 대한 예측을 수행한다. 이러한 종류의 아키텍처를 트레이닝하려면 라벨이 지정된 객체의 이미지가 필요하며 이미지 내에 객체가 표시돼야 한다. SSD 구조에서 소스 이미지에서 추출된 특징을 기반으로 네트워크는 특정 지역에 존재할 수 있는 객체를 예측한다.

신경망^neural network의 성능은 에지 디바이스에서 적당하고 GoogleNet과 같은 최신 아키텍처는 매우 정확한 속도를 갖고 있지만, 이러한 모델은 엄청난 양의 RAM이 필요하기 때문에 이는 리소스가 제한된 디바이스에서는 사용할 수 없다. 예를 들어 선택된 에지 디바이스(라즈베리파이)에 VGG 네트워크를 로드할 때 사용 가능한 RAM 공간이 부족하기 때문에 프로그램이 중단되고 모델에 오류가 발생할 수 있다. 그러므로 네트워크 에지에서 사용할 수 있는 보다 콤팩트한 아키텍처가 필요하다.

13.3 객체(사물) 추적

객체(사물) 추적^object tracking은 스마트 감시 시스템에서 인간 행동 분석에서 중요한 역할을 한다. 추적 알고리즘의 주된 목적은 비디오 스트림(영상)의 모든 프레임에서 그 위치를 계산함으로써 시간에 따른 물체의 궤적을 추적하는 것이다.[18] 비디오 스트림 프레임의 특정 영역을 분리하고 대상 객체를 식별하는 객체 탐지^object detection에 비해, 객체 추적^object tracking은 비디오 스트림 프레임에서 객체 인스턴스 간의 대응 관계를 설정하는 데 중점을 둔다[25]. 객체 추적 접근법에서는 탐지 및 추적이 개별적으로 또는 공동으로 작동해 객체의 궤적을 생성할 수 있다. 첫 번째 경우 객체 탐지 알고리즘은 모든 프레임에서 관심 영역^ROI, Region Of Interest를 추출한다. 그런 다음 추적 알고리즘은 표시된 객체 영역을 사용해 프레임 전체의 객체 인스턴스에 대응한다. 후자의 경우 객체 감지 및 추적은 이전 프레임에서 얻은 객체 특징을 반복적으로 업데이트해 객체의 궤적을 계산한다. 객체 추적의 문제점은 다음과 같이 요약할 수 있다[27].

---

18 비디오 추적은 카메라를 사용해 시간 경과에 따라 움직이는 물체를 찾는 과정이다 - 옮긴이

- 2D 이미지에서 3D 영역 추정으로 인한 증거 손실
- 이미지의 노이즈
- 어려운 객체(물체) 움직임
- 불완전하고 전체 객체 폐색^{object occlusions}
- 복합 객체(물체) 구조

이러한 과제는 주로 객체 특징 표현과 관련이 있다. 13.3.1절에서는 선택한 객체 특징에 따른 객체 추적 방법의 특징 표현과 분류를 논의한다.

13.3.1 특징 표현

비디오 스트림의 객체 추적을 하려면 정확한 객체의 특징을 추출하는 것이 중요하다. 객체 감지 알고리즘을 통해 식별된 객체는 형상 모델^{shape model} 또는 형태 모델^{appearance model}이라고 한다. 형상 또는 형태 모델이든 특징 선택(추출)은 객체 모델을 설명하는 데 어떤 특성을 사용할지에 따라 엄격하게 달라진다. 객체(물체)는 색상, 에지(물체의 테두리), 질감을 사용해 설명할 수 있다.

- **컬러**^{color} 비디오의 각 프레임은 그레이스케일, RGB, YCbCr, HSV 범위의 특정 유형의 색 공간 모델을 사용해 표현되는 이미지다. 각 이미지에서 데이터는 스펙트럼 대역의 밝기인 각 셀에 계층 매트릭스로 저장된다. 예를 들어 컬러 이미지는 빨강(R), 녹색(G), 파랑(B)으로 구성된 3개의 계층 매트릭스로 표시되며 회색 이미지는 색상을 하나의 채널 회색 값으로 분해한다. HSVorHLS는 색상을 색조(H)^{Hue}, 채도(S)^{Saturation}, 값/휘도(V)^{Value/luminance} 구성 요소로 분해한다.
- **에지**^{edge} 에지(물체의 테두리)는 반대 방향으로 강도가 크게 변하는 이미지의 영역이다. 에지 검출 알고리즘^{edge-detection algorithm}은 강도 변화를 활용해 에지 영역을 찾은 다음 에지를 연결해 객체의 윤곽을 그린다. 에지의 가장 중요한 특징은 색상 특성에 비해 조명 변화에 덜 민감하다는 것이다. 그러나 여러 물체가 겹쳐 있는 경우 다른 물체 간의 경계선을 판단하는 것이 어렵다. 에지 검출은 영상 처리, 특히 특징 검출 및 특징 추출하는 데 많이 사용되는 기법이다.
- **질감**^{texture} 질감은 매끄러움과 규칙성과 같은 특징을 열거하는 표면의 강도 차이 정도를 말한다. 이미지 텍스처는 일반적으로 이미지나 선택한 영역에서 색상 또는

강도의 공간 배열에 대한 정보를 포함하고 있으며, 이는 객체 탐지 및 추적하는 데 유용한 특징이 될 수 있다. 색 공간 모델에 비해 질감은 통계적 속성에 따르며 유사한 구조를 갖는다. 이미지의 특징을 계산하려면 분석 처리 단계가 필요하다. 텍스처 분석 접근법$^{\text{texture analysis approache}}$은 구조 접근법$^{\text{structural approach}}$, 통계 접근법$^{\text{statistical approach}}$, 푸리에 접근법$^{\text{fourier approach}}$이 있다. 에지 특징과 마찬가지로 질감의 특징은 이미지의 색상 공간보다 조명 변화에 덜 민감하다.

객체(물체)를 나타내는 모델은 움직임과 변형과 같은 추적 알고리즘에서 활용할 수 있는 특징의 타입을 제한한다. 예를 들어 물체가 점으로 표현되는 경우에는 변환 모델$^{\text{translational model}}$만 사용할 수 있다. 타원과 같은 기하학적 형태 표현이 객체를 표현하는 데 사용될 때 아핀^{affine} 또는 투영 변환$^{\text{projective transformation}}$과 같은 파라메트릭 모션$^{\text{parametric motion}}$ 모델이 적합하다[26].

13.3.2 객체 추적 기술의 범위

그림 13.5은 추적 접근 방식의 분류법을 보여 준다. 일반적으로 객체 추적 기술은 포인트 기반 추적$^{\text{point-based tracking}}$, 커널 기반 추적$^{\text{kernel-based tracking}}$, 실루엣 기반 추적$^{\text{silhouette-based tracking}}$의 세 가지 그룹으로 분류할 수 있다[27].

13.3.3~13.3.5절에서는 추적 알고리즘을 제시하고 특징을 분석해 객체 추적 방법을 상세히 논의한다.

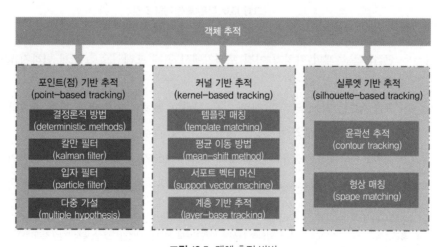

그림 13.5 객체 추적 방법

13.3.3 포인트 기반 추적

포인트(점) 기반 추적$^{point-based tracking}$은 프레임 전체에서 점으로 표시되는 감지된 객체의 대응으로서 공식화할 수 있다[25]. 일반적으로 포인트 기반 추적은 포인트 대응 방법에 따라 결정론적 방법$^{deterministic methods}$과 통계적 방법$^{statistical methods}$의 두 가지 범주로 나눌 수 있다. 결정론적 접근 방식은 퀄리티브 모션 휴리스틱$^{qualitative motion heuristic}$19을 활용해 대응 문제를 해결하고 통계학적 방법은 대응 관계를 확립하고자 확률론적 모델을 사용한다. 칼만 필터$^{Kalman filter}$, 입자 필터(particle filter, 다중 가설$^{multiple hypotheses}$)와 같이 널리 사용되는 몇 가지 방법들은 통계적 방법에 속한다.

13.3.3.1 결정론적 방법

결정론적 방법$^{deterministic method}$은 본질적으로 대응 비용$^{correspondence cost}$을 최소화하려는 조합 최적화 문제로 공식화할 수 있다. 대응 비용은 그림 13.6에서 확인할 수 있듯이 일반적으로 서로 다른 모션(움직임) 제약 조건의 조합으로 정의된다[27].

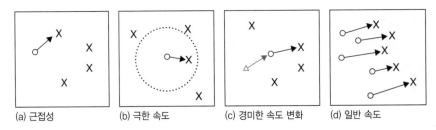

(a) 근접성 (b) 극한 속도 (c) 경미한 속도 변화 (d) 일반 속도

그림 13.6 다른 모션 제약 조건

- **근접성**은 물체의 위치가 이전 프레임에서 현재 프레임으로 크게 변하지 않는다고 가정한다(그림 13.6(a)).
- **극한 속도**는 물체 위치의 상한 값을 정하고 원형의 지역에서 객체 주위의 가능한 인접 지역으로 대응 가능성을 제한한다(그림 13.6(b)).
- **경미한 속도**(완만한 움직임)는 물체의 방향과 속도가 눈에 띄게 변하지 않아야 한다고 가정한다(그림 13.6(c)).

---

19 휴리스틱은 어떤 사안 또는 상황을 엄밀한 분석에 의하기보다 제한된 정보만으로 즉흥적 또는 직관적으로 판단–선택하는 의사 결정 방식을 의미한다. – 옮긴이

- **일반 속도**(부드러운 움직임)는 이웃에 있는 물체가 프레임 사이의 방향과 속도가 비슷해야 한다고 가정한다(그림 13.6(d)).

위의 모든 제약 조건은 결정론적 방법에만 국한되지 않는다. 또한 포인트(점) 추적을 위한 통계적 방법에도 사용할 수 있다. 일반적으로 결정론적 방법은 주변 상황에 비해 작은 객체를 추적하는 작업 환경에 적합하다.

13.3.3.2 칼만 필터

선형 이산 추정^{LQE, Linear Quadratic Estimation}으로도 알려진 칼만 필터^{Kalman Filters}[28]는 최적의 반복적 처리 알고리즘^{optimal recursive data processing algorithm}을 기반으로 한다. 시간 경과에 따라 관측된 일련의 측정치를 사용해 칼만 필터는 재귀적(반복되는) 계산 방법을 기반으로 해 미지의 변수를 추정할 수 있다.[20] 칼만 필터는 상태와 노이즈에 정규 분포가 있는 선형 시스템^{linear system}의 최적 상태를 추정하는 데 적합하다. 칼만 필터는 예측과 보정(수정)이라는 2단계 프로세스로 작동한다. 예측 프로세스^{prediction process}는 현재 관측치 집합을 제공하는 변수의 새로운 상태를 예측한다. 보정 단계^{correction step}는 예측된 값을 점진적으로 업데이트하고 다음 상태의 최적의 근사치를 생성한다[27].

13.3.3.3 파티클(입자) 필터

객체 상태가 정규 분포^{Gaussian distribution}로 가정되지 않는 경우, 칼만 필터는 상태 변수를 정규 분포(가우스 분포)로 해야 하는 한계로 인해 상태 변수에 대한 잘못된 추정치를 제공한다. 이러한 상황에서 파티클 필터^{particle filter}[29]가 상태 추정을 수행하는 것이 더 좋다. 파티클 필터는 다음 변수를 처리하기 전에 한 변수에 대한 모든 모델을 생성한다. 파티클 필터는 일련의 입자와 함께 유전자 돌연변이 선택^{genetic mutation-selection} 샘플링 접근 방식을 사용해 확률적 과정^{stochastic process}의 사후 분포^{posterior distribution}를 나타내기 위해 t 시간의 조건부 상태 밀도를 계산한다. 파티클 필터는 실제로 베이지안 순차 중요도^{Bayesian sequential importance} 기법으로, 한정된 가중 시험 집합을 사용해 후분포^{later distribution}에 재귀적으로 접근한다[27]. 윤곽선, 색상, 질감은 모두 파티클 필터 알고리즘에서 사용되는 특징이다. 칼만 필터와 마찬가지로 파티클 필터도 예측과 보정(수정)의 두 가지 기본 단계로 구성된다.

---

20 칼만 필터를 활용하는 목적은 노이즈를 포함한 정확하지 않는 데이터들로부터 좀 더 정확한 값을 추정하고자 함이다.
   – 옮긴이

13.3.3.4 다중 가설 추적

모션 대응 프로세스에서 단지 2개의 프레임만이 사용된다면 정확한 대응 가능성은 제한 적이다. 더 나은 추적 결과를 얻기 위해 여러 프레임을 평가할 때 대응 결정을 수행할 수 있다. 따라서, 다중 가설 추적HMT, Multiple Hypothesis Tracking 알고리즘은 각 프레임의 각 객체에 대해 다중 대응 추정치를 유지한다. 최종 객체 추적은 관측 기간 동안의 전체 대응 집합을 포함한 궤적이다. MHT는 반복 알고리즘이다. 반복은 일련의 현재 추적 가설을 제공함으로써 시작되며 각각의 가설은 상호 독립적인 추적의 집합이다[25]. 거리 측정에 기초한 가설에 대한 대응 관계를 확립함으로써 예측 프로세스의 결과로서 새로운 추적 집합을 나타내는 새로운 가설이 생성된다. MHT는 특히 객체가 시야FOV, Field Of View(영상 화면)에 들어오거나 나가는 시나리오에서 다수의 객체를 추적하는 데 탁월한 성능을 보인다.

13.3.4 커널 기반 추적

커널 기반 추적kernel-based tracking 알고리즘은 각 프레임에서 커널의 움직임을 계산해 객체의 움직임을 추정한다.[21] 커널 기반 추적에서 커널은 직사각형 모양, 타원형 모양 또는 객체 외관의 형태로 객체를 가리킨다. 커널 기반 추적 알고리즘은 템플릿 매칭template matching, 민시프트mean-shift 방법, 서포트 벡터 머신SVM, Support Vector Machine, 계층 기반 추적layering-based tracking의 네 가지 범주로 구분된다.

템플릿 매칭 추적 알고리즘template-matching tacking에서는 객체 템플릿 집합 O_i는 이전 프레임에서 정의되고 추적 알고리즘은 미리 정의된 객체 템플릿과 가장 유사한 영역을 검색하고자 무차별 대입법brute force method을 사용한다. 현재 프레임에서 가능한 템플릿의 위치는 유사도 측정similarity measurement 후에 생성된다. 템플릿은 조명 변화에 민감한 영상 강도 또는 색상 특징을 통해 생성되기 때문에 기준 영상의 작은 조각을 감지하고자 템플릿 매칭 알고리즘을 사용하는 것이 바람직하다. 템플릿의 유사성을 측정하는 무차별 대입 검색brute force searching은 높은 계산 비용이 발생한다. 따라서 템플릿 매칭 추적 알고리즘은 리소스가 제한된 디바이스의 다중 객체 추적multiple-object tracking 시나리오에는 적합하지 않다.

민시프트mean-shift 기반 알고리즘은 무차별 대입법을 사용하는 대신 민시프트 클러스터링 기술을 활용해 참조 모델과 가장 유사한 객체 영역을 감지한다[30]. 객체의 히스토그

---

21 커널 기반 추적 알고리즘은 주로 움직이는 객체를 계산하며 수행하는 방식으로 진행된다. – 옮긴이

램과 가설 객체 위치 주변의 윈도우를 비교함으로써 민시프트 추적 알고리즘은 외관 유사성을 반복적으로 최대화하려고 시도한다. 수렴^{convergence}이 달성될 때까지 일반적으로 5-6회 반복적으로 수행된다. 따라서 민시프트 추적 알고리즘은 템플릿 매칭 추적^{template-matching tacking} 알고리즘보다 계산 비용을 절약할 수 있다. 그러나 민시프트 추적 알고리즘은 객체의 일부가 초기 상태의 원형 영역 안에 있다고 가정한다. 추적 작업을 초기화하는 물리적 초기화가 필요하다. 또한 민시프트 알고리즘은 하나의 단일 객체만을 추적할 수 있다.

Avidan은 SVM 분류기를 광학적 흐름^{optic-flow} 기반 추적기^{tracker}에 통합했다[31]. 일련의 긍정적이고 부정적인 트레이닝 데이터 샘플을 고려할 때 SVM 알고리즘은 두 클래스 사이에서 최상의 분리 초평면^{separating hyperplane}을 찾아 이진 분류 문제를 처리하는 것이 바람직하다. SVM 기반 추적에서 추적된 객체는 양수로 표시되고 추적되지 않은 객체는 음수로 표현된다. 추적기는 트레이닝된 SVM 분류기를 사용해 이미지 영역에서 SVM 분류 스코어를 최대화해 객체의 위치를 추정할 수 있다. SVM 기반 추적은 추적 객체의 부분적 중첩^{partial occlusion}을 처리할 수 있다. 그러나 추적 작업을 수행하기 전에 SVM 분류기를 준비하려면 주어진 데이터를 통해 트레이닝 과정이 필요하다.

계층화 기반 추적^{layering-based tracking}에서 각 프레임은 형상 표현(타원), 모션(예를 들어 평행 이동 및 회전) 및 계층 모양(강도에 기반)의 세 가지 계층으로 구분된다[32]. 계층화 기반 추적에서 처음에는 백그라운드 모션을 보정해 계층화를 수행한 다음 객체의 위치는 객체의 움직임 및 형태 특징을 기반으로 픽셀의 확률을 계산해 객체 위치를 추정한다. 여러 객체를 추적하거나 객체가 중첩되는 시나리오에서는 계층화 기반 추적 알고리즘이 적합하다.

13.3.5 실루엣 기반 추적²²

예를 들어 손, 머리, 어깨와 같은 기하학적 특징만으로는 설명하기 어려운 복잡한 모양의 물체에 대해서는 실루엣 기반 알고리즘^{silhouette-based algorithm}을 사용하는 것이 더 나은 해결책을 제공한다. 객체 모델에 따르면 실루엣 기반 추적 접근 방식은 윤곽 추적^{contour tracking}

---

22 실루엣 기반 추적(silhouette-based tracking)은 주로 손, 손가락, 어깨와 같은 복잡한 모양을 추적할 때 사용한다. - 옮긴이

또는 형상 매칭shape matching으로 분류된다. 윤곽 추적에서 초기 윤곽은 현재 프레임에서 새로운 위치로 진화해 객체를 추적할 수 있다. 이와 대조적으로 형상 매칭은 밀도 함수density functions, 실루엣 경계, 객체 에지(객체의 테두리)를 사용해 때때로 하나의 프레임에서만 객체를 검색한다[32].

위에서 논의는 객체 추적 알고리즘에 관한 연구의 종합적인 요약을 제공한다. 13.3.6 절에서는 커널 상관 필터KCF, Kernelized Correlation Filter 추적 방법에 대한 상세 그림을 제시한다. KCF는 리소스 소비 측면에서 우수한 성능을 발휘한다.

13.3.6 커널 상관 필터

추적-학습-탐지TLD, Tracking-Learning-Detection 프레임워크는 현재 객체 추적 기술 분야에서 널리 사용되고 있다 부스팅boosting[33]과 다중 인스턴스 학습MIL, Multiple Instance Learning[35]은 온라인 트레이닝에서 객체를 추적하면서 분류자가 적응할 수 있는 기능을 보여 준다. 그러나 업데이트 프로세스는 많은 리소스를 소비한다. 추적 성공률이 높을수록 리소스 소비가 적기 때문에 커널 상관 필터KCF는 지연에 민감한 감시 시스템에서 선호되는 온라인 추적 알고리즘이다.

KCF는 처음에 추적 작업에서 상관 필터correlation filter를 성공적으로 적용해 영감을 얻었다. 다른 복잡한 접근 방식과 비교해 상관 필터는 연산 능력이 엄격하게 제약이 있는 환경에서 경쟁력 있는 것으로 입증됐다. KCF를 이용한 객체 탐지는 커널 리지 회귀KRR, Kernel Ridge Regression[37]에 기반한 결정론적 문제로 정의할 수 있다. KCF 알고리즘은 기본적으로 선형 상관 필터linear correlation filter의 커널화된 버전이다. 강력한 커널 트릭을 활용하면 구조화되지 않은 선형 상관 필터를 선형 공간으로 전송할 수 있기 때문에 KCF는 다중 채널 형상의 비선형 회귀 문제를 처리할 때 선형 상관 필터와 동일한 계산상의 복잡성을 갖게 된다.

현재 프레임에서 객체 위치를 결정하고자 먼저 특수 필터special filter h와의 상관 관계를 계산해 템플릿 매칭을 수행한 다음 이후 획득한 상관 관계 이미지 c에서 최대 값을 검색한다[38].

$$(x, y)^* = \underset{(x,y) \in c}{argmax}(c), where \ \ c = s \circ h \tag{13.1}$$

c: 상관 이미지^{correlated image}

s: 검색할 이미지 영역

h: 객체 템플릿에서 생성된 필터

$\circ$: 2차원 상관 관계를 계산하는 연산자

$(x,y)*$: 상관된 영상 c의 최대 값에 해당하는 대상 객체 위치

    방정식 (13.1)은 추적 영역 f와 필터 h가 동일하다고 가정한다. 상관된 필터 h는 템플릿 t에 대한 스퀘드 오류^{squired error}를 최소화하고자 리지 회귀^{ridge regression}[23] 분석에 의해 계산된다. 수식은 다음과 같다.

$$\min_h \sum_i^c (\|f(x_i) - g\|^2 + \lambda \|h_i\|^2) \tag{13.2}$$

λ: SVM과 같은 정규화 파라미터

$f(x_i)=t_i \circ h_i$: 템플릿과 필터 이미지 사이의 상관 함수^{correlation function}

c: 2차원 영상의 채널

g: 2차원 정규 분포 함수^{Gaussian distribution function}, $g(u,v) = \exp[-(u^2 + v^2)/2\sigma^2]$

    방정식 (13.2)에 정의된 최적화 문제^{optimization problem}의 목적은 객체 템플릿 t와 상관 관계가 있는 함수 h를 찾아 정규 분포^{Gaussian distribution} 함수 g와의 최소 차이를 출력하는 것이다. 주파수 영역^{frequency domain}에서 작업하는 것은 간단하다. 방정식 (13.2)을 푸리에 표현^{Fourier expression}으로 직접 변환할 수 있다.

$$H^* = \frac{G \odot T^*}{T \odot T^* + \lambda} \tag{13.3}$$

X^*: X의 켤레 복소수^{complex-conjugation} 연산

$\odot$: 요소별 제품 연산자

H: 푸리에 도메인의 필터

T: 푸리에 도메인의 객체 템플릿

G: 푸리에 영역의 가우스 함수^{Gaussian function}

---

23 리지 회귀(ridge regression)는 최소 제곱법과 매우 유사한 형태다. - 옮긴이

필터 H와 주파수 영역의 검색 지역 F를 주어진 식 (13.1)과 식 (13.3)을 조합하면 다음과 같이 푸리에 영역에서 상관 이미지$^{correlation\ image}$ C를 계산할 수 있다.

$$C = F \odot H^* = \frac{F \odot G \odot T^*}{T \odot T^* + \lambda} \tag{13.4}$$

마지막으로 식 (13.1)과 식 (13.4)에서 객체 추적 알고리즘은 다음과 같다.

$$(x, y)^* = \underset{(x,y) \in \mathcal{F}^{-1}(C)}{argmax} (\mathcal{F}^{-1}(C)) \tag{13.5}$$

여기서 $\mathcal{F}^{-1}()$은 역 DFT 연산을 나타낸다.

KCF 추적 알고리즘에서 객체 추적 영역을 늘리고자 템플릿 t는 객체 크기보다 큰 크기를 갖는 영역으로 선택된다. KCF 추적 방법의 최상의 결과를 얻으려면 템플릿 크기는 객체 크기보다 2.5배 큰 것을 선택하는 것이 좋다[36]. KCF는 HOG 특징을 활용해 객체의 모양이 다르더라도 객체의 특징이 비슷하다는 가정하에 객체를 추적한다. 그림 13.7은 KCF 객체 추적 과정을 보여 준다.

특징 추출 및 객체 추적 단계의 자세한 그림은 다음과 같다.

- **기울기 계산** 색상 및 감마 값을 정규화하는 것은 특징 검출자$^{feature\ detector}$를 계산하는 첫 번째 단계이며, 그다음에는 기울기의 크기 및 방향을 계산하다.
- **오리엔테이션 셀에서 가중 투표** 슬라이딩 검출 윈도우를 기준으로 영상이 분할되고 셀 히스토그램$^{cell\ histogram}$이 생성된다. 셀 내의 각 픽셀은 이전의 기울기 계산 단

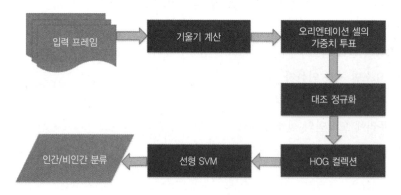

그림 13.7 KCF 추적 프로세스

계에서 계산된 값에 따라 오리엔테이션 기반 히스토그램 채널^{orientation-based histogram channel}에 대한 가중 투표와 연관된다.

- **콘트라스트 정규화** 조명과 콘트라스트 변화로 인한 영향를 고려할 때 중첩된 셀을 더 크고 공간적으로 연결된 블록으로 그룹화함으로써 기울기 강도^{gradient strength}를 국소적으로 정규화한다.
- **HOG 컬렉션** 이 단계에서는 모든 블럭 영역에서 정규화된 셀 히스토그램의 구성 요소에 대한 연결 벡터를 계산해 HOG 디스크립터^{descriptor}를 생성한다.
- **KCF 추적기** 추출된 HOG 특징 벡터를 포함하는 HOG 디스크립터는 KCF 추적기로 이송돼 대상 위치의 가설을 생성한다.

13.4 경량화 인간 객체 탐지

리소스의 제약으로 인해 에지 디바이스에는 경량 머신러닝 알고리즘이 필요하다. 일반적으로 기존 알고리즘의 경량 버전을 설계할 때 신중하게 고려해야 할 사항들이 있는데 이는 정확성 또는 처리 속도를 희생시키는 것을 의미한다. 좋은 객체 검출기를 만드는 데는 특징 추출기와 분류기라는 두 가지 중요한 구성 요소가 있다. 13장에서 논의된 알고리즘을 고려하면 분류기는 알고리즘에서 가장 많은 리소스를 소비하지만 이러한 SVM과 FCNNN의 아키텍처에서 취할 수 있는 변화는 많지 않다. 한편 특징 추출 알고리즘은 개선할 여지가 많은 편이다. 특히 사람 객체 감지 및 주변 환경에서 추출하는 데 중점을 둔 시스템에서는 더욱 그렇다. 따라서 추출된 특징들은 주어진 입력 데이터로 적용해 분류자가 구별할 수 있도록 한다.

하르 캐스케이드 알고리즘^{Haar cascade algorithm}은 처리 속도가 빠른 알고리즘이며 특징 추출을 위해 필요한 픽셀 값을 다른 공간에 매핑하지 않는다. 또한 이 알고리즘은 매우 빠른 내적^{dot product24}과 같은 간단한 수학 함수만을 사용한다. 따라서 이 알고리즘은 모바일 및 에지 디바이스에 적합하다. 그러나 정확도^{accuracy}는 만족스럽지 않다.

HOG 알고리즘은 동일한 원칙을 따를 수 있다. 그러나 비디오 프레임은 알고리즘에 전달하기 전에 크기를 조정할 수 있다. 또한 알고리즘의 정확도를 높이고자 조정해야 하

---

24 내적은 두 벡터를 표준 기저 벡터로 나타냈을 때 각 성분끼리의 곱의 합을 말한다. - 옮긴이

는 많은 파라미터가 존재한다. 예를 들어 히스토그램을 생성하고자 픽셀을 사용하는 윈도우 크기가 더 커질 수 있어 알고리즘은 더 빠르게 처리되지만 반대로 보행자 객체를 감지하지 못하고 무시될 가능성이 더 크다. 윈도우 크기가 작을수록 알고리즘은 매우 느리게 실행되지만 보행자의 대부분은 감지할 수 있어 사람 객체에 대한 다중 경계 상자 multi-bounding box를 가질 가능성이 높아진다. 한 카메라 위치에 대해 정확하게 지정할 수 있는 변수 집합이 다른 비디오에 대해 최상의 성능을 발휘하지 못할 수 있다. 이로 인해 모든 카메라에 대한 알고리즘을 미세 조정할 필요가 있다.

CNN은 소형 디바이스에 적합하도록 알고리즘을 단순화하는 것에 초점을 맞추고 있다. 더 많이 압축된 CNN을 만들 수 있는 여러 아키텍처가 도입됐다. 그중 일부는 수학적으로 연산 부담을 줄일 수 있는 것으로 입증됐다. 이러한 아키텍처 중 하나는 스퀴즈넷 SqueezeNet에서 사용되는 Fire 모듈이다[22]. 이 아키텍처는 매개 변수가 50배 정도 적으며, 성능 정확도는 알렉스넷AlexNet과 거의 동일하다. Fire 모듈에는 두 세트의 필터가 있다. 첫 번째는 1×1 콘볼루션 필터가 있는 콘볼루션 레이어다. 1×1 필터에서 아무 일도 일어나지 않는 것처럼 보이지만 채널 개수를 변경할 수 있다. 이 계층을 스퀴즈squeeze 레이어라고 한다. 또 다른 하나는 1×1 세트 및 3×3 세트의 콘볼루션 필터로 확장 구성된 콘볼루션 레이어다.

2017년 구글이 도입한 모바일넷MobileNet 모델[23]은 매우 우수한 성능을 갖고 있으며 분리 가능한 뎁스 와이즈depth-wise 콘볼루션 레이어를 통해 연산 부담을 줄일 수 있다[24]. 기존의 각 콘볼루션 레이어는 두 부분으로 나뉜다. 기존 콘볼루션은 입력으로부터 $D_f \times D_f \times M$ 크기의 F를 취하고, $D_k \times D_k \times M \times N$ 크기의 필터 K를 사용해 $D_g \times D_g \times N$ 크기의 출력으로 G에 매핑한다.

$$CB = D_k \times D_k \times M \times N \times D_f \times D_f \qquad (13.6)$$

이 작업의 계산 복잡도computational complexity는 식 (13.6)과 같으며 두 부분으로 나눌 수 있다. 첫 번째는 $D_k \times D_k \times 1 \times M$ 크기로 $\hat{G}$를 만들 수 있는 $D_k \times D_k \times 1 \times M$ 크기의 뎁스 와이즈depth-wise 콘볼루션 레이어다. 그런 다음 $1 \times 1 \times M$ 크기의 N 포인트 와이즈 pointwise 콘볼루션 필터 세트는 이전과 동일한 G를 생성한다. 계산 복잡도는 식 (13.7)이된다.

$$CB = D_k \times D_k \times M \times D_f \times D_f + N \times M \times D_f \times D_f \qquad (13.7)$$

이것은 식 (13.8)와 같이 $\frac{1}{N} + \frac{1}{D_k^2}$의 인수만큼 계산 부담의 감소를 보여 준다.

$$\frac{D_k \times D_k \times M \times D_f \times D_f + M \times N \times D_f \times D_f}{D_k \times D_k M \times N \times D_f \times D_f} \qquad (13.8)$$

그림 13.8은 분리 가능한 뎁스 와이즈 콘볼루션 레이어 및 기존의 레이어와 네트워크를 비교한다. 여기서 뎁스 와이즈와 포인트 와이즈 단계는 싱글 필터 형태로 함께 있다. 왼쪽은 분리 가능한 구조이며 각 뎁스 와이즈 또는 포인트 와이즈 콘볼루션한 후 일괄 정규화(딥러닝에서 일회성 정규화로 충분하지 않기 때문에 데이터 정규화를 위해) 및 ReLU 레이어가 배치된다.

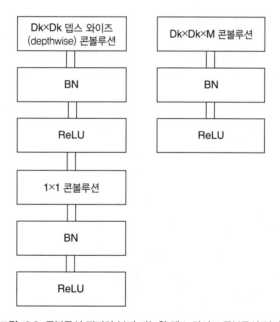

그림 13.8 콘볼루션 필터와 분리 가능한 뎁스 와이즈 콘볼루션 필터

13.5 사례 연구

13.5절의 사례 연구는 13장에서 논의된 머신러닝 알고리즘을 자세히 설명한다. 물리적 에지 디바이스에서 구현됐다. 물리적 에지 디바이스에 구현된 이러한 알고리즘은 샘플 감시 비디오 스트림을 처리하는 데 활용된다.

선택된 에지 컴퓨팅 디바이스는 1.2GHz 64비트 쿼드 코어 ARMv8 CPU 및 1GB LPDDR2-900 SDRAM을 갖춘 라즈베리파이 3 모델 B를 사용했다. 운영체제는 리눅스 커널 기반의 라즈비안Raspbian을 설치했다. 포그 컴퓨팅 계층 기능은 2.3GHz Intel Core i7, RAM 메모리는 16GB, 운영체제는 우분투Ubuntu 16.04로 노트북에서 구현된다. 인간 객체 탐지와 추적을 위해 적용된 소프트웨어는 C++와 파이썬 프로그래밍 언어와 OpenCV 라이브러리(버전 3.3.0)을 사용해 구현했다[39].

13.5.1 인간 객체 탐지

하르 캐스케이드 알고리즘Haar cascade algorithm은 트레이닝 데이터셋에서 개별 객체를 인식하는 데 매우 강력하지만 변경 사항이 있는 경우 적합하지 않다. 인간 객체human object의 위치 또는 각도가 트레이닝 샘플과 일치하지 않으면 하르 캐스케이드 알고리즘은 이를 인식하지 못하는 경우가 많다. 실제 감시 시스템에서는 항상 같은 각도에서 보행자 객체를 포착한다는 보장은 없다. 그림 13.9는 알고리즘이 생성하는 샘플 비디오 및 긍정 오류 탐지false positive detections를 보여 준다. 이 샘플 감시 비디오에서 탐지의 평균 26.3%가 거짓인 경우 이 수는 비디오 및 초기 변수에 따라 다를 수 있다. 속도 면에서 이 알고리즘의 성능은 에지에서 초당 약 1.82프레임FPS, Frames Per Second으로 매우 빠르다. 보행자 객체의 걷는 속도를 고려하면 초당 두 번의 샘플링이면 충분하다. 리소스 유틸리티의 관점에서 볼 때 평균적으로 CPU의 76.9%와 111.6MB의 RAM을 사용한다.

반면에 HOG+SVM 알고리즘은 평균 93%의 CPU를 사용하는데 이는 스마트 감시 시스템 및 139MB의 RAM을 달성하고자 다른 작업과 기능에 리소스가 필요하기 때문에 비용이 많이 드는 단점이 있다. HOG+SVM 알고리즘은 매우 느리고 0.304FPS에 도달한다. 그림 13.10은 이 알고리즘에 의해 경계 박스가 생성되는 샘플 비디오의 다른 인스턴스를 보여 준다. 일부 경계 박스는 사람의 객체와 정확하게 일치하지 않는다. 예를 들어 차량의 왼쪽 아래 스크린 샷 부분도 경계 박스가 있기 때문에 추적 알고리즘의 성능

그림 13.9 하르 캐스케이드 인간 탐지 결과

그림 13.10 HOG + SVM 알고리즘의 성능

에 부정적인 영향을 미칠 것이다.

앞에서 설명한 접근 방식에 따라 경량 버전의 CNN이 만들어진다. 일반적으로 CNN 알고리즘은 최대 1000개의 서로 다른 종류의 객체를 인식하며 네트워크가 너무 커서 에지 디바이스에 적합하지 않다. 모바일넷^{MobileNet}, 스퀴즈넷^{SqueezeNet} 또는 이러한 CNN의 다른 모델을 사용하더라도 최대 500MB의 RAM을 사용할 수 있다. 객체 감지를 위해 VOC07이 자주 사용되며 21개의 클래스가 있다.

그러나 스마트 감시 시스템의 중요 목표는 사람의 행동을 감지하는 것이다. 즉 네트워크의 각 계층에 많은 필터를 유지할 필요가 없도록 하나의 클래스만이 존재한다는 것을 의미한다. 이러한 관찰을 바탕으로 각 콘볼루션 레이어에서 경량 CNN 네트워크는 모바일넷^{MobileNet}보다 4배 적은 파라미터를 갖도록 트레이닝됐다. 그림 13.11은 라즈베리파이 3의 모델 B의 결과를 보여 준다. 경량 CNN은 170MB 미만의 RAM을 사용해 비교적 정확하고 다양한 각도에서 인간 객체를 탐지할 수 있다.

그림 13.11 사람 물체 감지를 위한 라이트 버전 CNN의 예

432

13.5.2 객체 추적

에지 컴퓨팅 디바이스에서 비디오 스트림을 처리해 객체 추적^{object tracking}의 가능성을 테스트하고자 KCF 기반 객체 추적 알고리즘을 사용해 개념에 입각한 시스템 프로토타입을 제작했다. 여기에서는 알고리즘의 성능은 프레임 인/아웃 단계, 추적된 객체 손실 후 재추적 등과 같은 객체 추적 및 다중 추적기에 표시된다.

13.5.2.1 멀티 객체 추적

그림 13.12에서 멀티 객체 추적^{multi-object tracking} 결과의 예를 보여 준다. 멀티 추적 객체 큐^{multi-tracker object queue}는 추적기 수명을 관리하도록 설계돼 있다. 객체 탐지 처리가 완료된 후 탐지된 모든 객체는 추적기 필터에 공급되며, 이 필터는 검출된 대상 영역과 멀티 추적기 객체 큐를 비교해 중복된 추적기를 배제한다. 새로 감지된 객체만 KCF 추적기로 초기화되며 멀티 추적기 객체 대기열에 추가된다. 실행 시간 동안 각 추적기는 객체가 단계적으로 사라지거나 시나리오에서 객체를 잃을 때까지 프레임 단위로 비디오 스트림을 처리해 대상 영역에서 KCF 추적 알고리즘을 독립적으로 실행한다.

(a) 보행자   (b) 자동차

그림 13.12 다중 객체 추적의 예

13.5.2.2 객체 추적 단계

경계 영역^{boundary region}은 움직이는 객체가 프레임의 현재 뷰에 진입하거나 사라지는 시나리오를 다루기 위해 정의된다. 객체 추적 단계^{object tracking phase}에서는 객체가 경계 영역에 진입하면 활성 상태의 새로운 추적 대상으로 인식돼 멀티 추적기 대기열에 추가된다. 객체 추적기 단계별 시나리오에서는 경계 영역에서 벗어난 추적 객체는 삭제되고 해당 추

(a) 진입   (b) 이탈

그림 13.13 객체 추적 단계의 예

적기는 비활성화 상태로 전환된다. 프레임이 처리된 후에는 해당 비활성 추적기가 멀티 추적기 객체 대기열에서 제거돼 컴퓨팅 리소스는 향후 작업을 위해 대기한다. 추가 분석을 위해 이동 기록을 추적 기록 로그로 이동시킨다. 그림 13.13은 객체 추적 단계 입출력(진입-이탈) 결과의 예를 보여 준다.

13.5.2.3 추적 객체 분실

영상의 배경과 추적된 객체 사이의 색상 및 조명 조건의 차이로 인해 추적기^{tracker}는 대상 객체를 추적하지 못할 수 있다. 이러한 객체를 추적하지 못하는 시나리오 문제를 해결해야 한다. 추적 대상을 잃은 추적기는 멀티 추적기 대기열에서 삭제될 수 있으며 손실된 대상은 새로운 관심 대상으로 다시 검색 또는 재추적될 수 있다. 그림 13.14에서 추적기는 객체가 나무의 그림자를 가로질러 움직일 때 객체(왼쪽의 자동차가 객체 #3으로 표시됨)를 더 이상 추적하지 못하는 시나리오를 보여 준다. 영상의 후속 프레임에서 감지 알고리즘은 이 차량을 새로운 객체로 식별하고 이를 새로운 활성 추적기에 할당했다(물체 # 8으로 표시).

위의 실험 결과에서 HOG 특징에 기초한 KCF 알고리즘이 객체를 추적하는 데 높은 신뢰성을 갖고 있음을 입증했다. 그러나 색의 현시$^{color\ appearance25}$와 조명은 추적 정확도에 큰 영향을 미친다. 그림 13.14에 표시된 예와 같이 영상의 배경과 추적된 객체의 색의 현

---

25 색의 현시는 어떤 색채가 주변의 색, 조도, 광원 등이 서로 다른 환경에서 관찰될 때 서로 다르게 보이는 현상을 말한다. – 옮긴이

(a) 객체 분실   (b) 재추적

그림 13.14 목표 객체 분실 후 재추적의 예

시와 조명이 비슷한 경우 HOG 특징만으로 관심 영역을 추정하기에 충분하지 않으므로 추적기가 추적 대상 객체를 계속 추적하지 못할 수 있다. 따라서 폐색^{occlusion26}이 발생할 때 추적기와 객체 간의 연결을 설정해 더 효율적이고 정확한 방식으로 객체를 재추적할 수 있어야 한다.

13.6 향후 연구 방향

에지에서 객체 탐지 및 추적을 실질적으로 구현하려면 아직도 해결해야 할 과제가 몇 가지 있다. 에지 환경에서 가장 중요한 문제 중 하나는 지능적이고 경량화된 의사 결정 알고리즘을 사용해야 한다는 것이다. 이상적인 모델은 보행자에게 발생할 수 있는 사고를 다루기 위해 일반적이어야 한다. 분류기와 달리 의사 결정 알고리즘이나 예측 모델은 매우 정확할 필요가 없으며 경우에 따라 알고리즘을 미세하게 조정할 수 있다. 예상치 못한 사건을 능동적으로 감지하는 머신러닝 알고리즘을 설계하는 것은 어려운 일이다. 그러나

---

26   폐색은 면과 면이 만나 빛이 차단되는 부분을 말한다. – 옮긴이

일반적인 규칙이 있다. 정확하게 예측하거나 정확하게 객체를 검출하려면 과거 기록 데이터를 살펴보는 것도 한 방법이다. 현재의 프레임보다 여러 개의 프레임을 확인하는 것은 의사 결정을 위해 더 많은 정보를 제공할 수 있다. 메모리를 유지하고 이전 단계의 정보를 유지하도록 설계된 LSTM^{Long Short-Term Memory} 또는 HMM^{Hidden Markovmodel}과 같은 알고리즘이 있다. 향후 연구에는 이러한 알고리즘을 심층적으로 연구해야 한다.

이 연구에서는 보안 감시 환경을 세분화하고 고려해야 할 제약 조건과 문제가 있는 에지 레벨의 디바이스를 사용해 네트워크 지연을 최소화하고자 노력했다. 아직 풀어야 할 과제는 많이 남아 있다. 첫 번째는 성능은 향상시키고 RAM과 컴퓨팅 파워를 덜 사용하는 방법에 대한 과제다. 이 과제는 엔지니어링의 모든 분야에 존재하지만 포그 컴퓨팅 시스템과 같은 새로 개발된 영역에서 발생한다. CNN 알고리즘은 최근 몇 년 동안 광범위하게 연구되고 있으며 크기는 매우 작지만 성능 정확도는 매우 우수한 편이다. 해결해야 할 또 다른 중요한 과제는 포그 시스템과 에지 디바이스의 연결 및 네트워킹 분야다. 이를 위해 새로운 프로토콜이 도입될 것으로 예상되며 머신러닝 분야가 성숙할수록 더 많은 연구가 수행될 것이다.

13장에서는 기능 개발 측면에 중점을 뒀다. 그러나 감시 시스템에는 강력한 보안 조치가 필요하다. 정교한 운영체제가 부족하고 제한된 에너지 리소스를 사용하는 소형 포그/에지 디바이스가 스스로를 보호하는 것은 더욱 어렵다. 블록체인은 소형 센서와 포그 시스템의 네트워크를 보호할 것으로 예상되며 더 많은 연구가 필요하다.

13.7 결론

13장에서는 최신 보안 감시 시스템의 중요한 문제를 개괄적으로 설명했다. 네트워크 에지에서의 온라인 인간 객체 탐지 및 추적은 실시간 추적 및 비디오 마킹과 같은 장점을 제공하므로 더 적은 수의 영상을 저장할 필요성이 있다. 신경망을 포함한 몇 가지 인기 있는 알고리즘을 소개한 후에 그 장단점을 철저히 논의했다. 이러한 통찰력을 바탕으로 경량 CNN을 도입하고 선택된 에지 디바이스에서 이러한 알고리즘을 구현하고 이를 실제 샘플 감시 비디오 스트림에 적용해 비교 실험 연구를 수행했다. 13장에서 소개한 경량 CNN과 같이 주어진 작업의 요구 사항에 부합하는 미세한 조정을 통해 에지 환경에 적합하도록 잘 설계된 검출기와 추적기를 소개했다.

또한 선택된 에지 디바이스에서 관심 대상 객체 및 초당 프레임 추적의 성능 및 정확성 등을 고려한 몇 가지 추적 알고리즘을 검토하고 논의했다.

참고 문헌

1 N. Jenkins. North American security camera installed base to reach 62 million in 2016, https://technology.ihs.com/583114/north-american-securitycamera-installed-base-to-reach-62-million-in-2016, 2016.

2 Cisco Inc. Cisco visual networking index: Forecast and methodology, 20162021 White Paper. https://www.cisco.com/c/en/us/solutions/collateral/service-provider/visual-networking-index-vni/mobile-white-paper-c11-520862.html, 2017.

3 L.M. Vaquero, L. Rodero-Merino, J. Caceres, and M. Lindner. A break in the clouds: towards a cloud definition. *SIGCOMM Computer Communications Review*, 39(1): 50 – 55, 2008.

4 Y. Pang, Y. Yuan, X. Li, and J. Pan. Efficient hog human detection. *Signal Processing*, 91(4): 773 – 781, April 2011.

5 O. Mendoza-Schrock, J. Patrick, and E. Blasch. Video image registration evaluation for a layered sensing environment. *Aerospace & Electronics Conference (NAECON), Proceedings of the IEEE 2009 National*, Dayton, USA, July 21 – 23, 2009.

6 S. Y. Nikouei, R. Xu, D. Nagothu, Y. Chen, A. Aved, E. Blasch, "Real-time index authentication for event-oriented surveillance video query using blockchain", arXiv preprint arXiv:1807.06179.

7 N. Dalal and B. Triggs. Histograms of oriented gradients for human detection. *IEEE Conference on Computer Vision and Pattern Recognition*, San Diego, USA, June 20 – 25, 2005.

8 P. Viola and M. Jones. Robust real-time face detection. *International Journal of Computer Vision*, 57(2): 137 – 154, May 2004.

9 P. Viola and M. Jones. Rapid object detection using a boosted cascade of simple features. *Proceedings of the 2001 IEEE Computer Society Conference on Computer Vision and Pattern Recognition*, Kauai, USA, December 8 – 14, 2001.

10 J. Guo, J. Cheng, J. Pang, Y. Gua. Real-time hand detection based on multi-stage HOG-SVM classifier. *IEEE International Conference on Image Processing*, Melbourne, Australia, September 15 – 18, 2013.

11 H. Bristow and S. Lucey. Why do linear SVMs trained on HOG features perform so well? *arXiv:1406.2419*, June 2014.

12 N. Cristianini and J. Shawe-Taylor. *An Introduction to Support Vector Machines and other kernel-based learning methods*. Cambridge University Press, UK, 2000.

13 A. Krizhevsky, I. Sutskever, and G.E. Hinton. ImageNet Classification with Deep Convolutional Neural Networks. *Advances in Neural Information Processing Systems*, pp. 1072 – 1105, 2012.

14 K. Simonyan and A. Zisserman. Very deep convolutional networks for large-scale image recognition. *arXiv:1409.1556*, April 2015.

15 C. Szegedy, W. Liu, Y. Jia, P. Sermanet, S. Reed, D. Anguelov, D. Erhan, V. Vanhoucke, A. Rabinovich. Going deeper with convolutions. *IEEE Conference on Computer Vision and Pattern Recognition*, Boston, USA, June 07 – 12, 2015.

16 K. He, X. Zhang, S. Ren, and J. Sun. Deep residual learning for image recognition. *IEEE Conference on Computer Vision and Pattern Recognition*. Seattle, USA, June 27 – 30, 2016.

17 G. Cao, X. Xie, W. Yang, Q. Liao, G. Shi, J. Wu. Feature-Fused SSD: Fast Detection for Small Objects. *arXiv:1709.05054*, October 2017.

18 R. Girshick. Fast R-CNN. *arXiv preprint arXiv:1504.08083*, 2015.

19 S. Ren, K. He, R. Girshick, and J. Sun. Faster R-CNN: Towards Real-Time Object Detection with Region Proposal Networks. *Advances in Neural Information Processing Systems*, 91 – 99, 2015.

20 Y. Jia, E. Shelhamer, J. Donahue, S. Karayev, J. Long, R. Girshick, S. Guadarrama, and T. Darrell. Caffe: Convolutional architecture for fast feature embedding, *In Proceedings of the 22nd ACM international conference on Multimedia*, Orlando, USA, November 3 – 7, 2014.

21 M. Abadi, A. Agarwal, P. Barham, E. Brevdo, Z. Chen, C. Citro, G. S. Corrado, A. Davis, J. Dean, M. Devin, S. Ghemawat, I. Goodfellow, A. Harp, G. Irving, M. Isard, R. Jozefowicz, Y. Jia, L. Kaiser, M. Kudlur, J. Levenberg, D. Mané, M. Schuster, R. Monga, S. Moore, D. Murray, C. Olah, J. Shlens, B. Steiner, I. Sutskever, K. Talwar, P. Tucker, V. Vanhoucke, V. Vasudevan, F. Viégas, O.

Vinyals, P. Warden, M. Wattenberg, M. Wicke, Y. Yu, X. Zheng. TensorFlow: Large-scale machine learning on heterogeneous systems. *arXiv preprint arXiv:1603.04467*, March 2016.

22 F. N. Iandola, S. Han, M. W. Moskewicz, et al. SqueezeNet: AlexNet-level accuracy with 50x fewer parameters and <0.5MB model size, *arXiv:1602.07360*, November 2016.

23 A. G. Howard, M. Zhu, B. Chen, K. Ashraf, W. J. Dally, and K. Keutzer. MobileNets: Efficient Convolutional Neural Networks for Mobile Vision Applications. *arXiv:1704.04861*, April 2017.

24 L. Sifre. Rigid-motion scattering for image classification, *Diss. PhD thesis*, 2014.

25 A. Yilmaz, O. Javed, and M. Shah. Object tracking: A survey. *ACM Computing Surveys*, 38(4): 13, December 2006.

26 M. Isard and Maccormick. Bramble: A bayesian multiple-blob tracker. *IEEE International Conference on Computer Vision*, Vancouver, Canada, July 7 – 14, 2001.

27 S. Y. Nikouei, Y. Chen, T. R. Faughnan, "Smart Surveillance as an Edge Service for Real-Time Human Detection and Tracking", ACM/IEEE Symposium on Edge Computing, 2018.

28 R. E. Kalman. A new approach to linear filtering and prediction problems. *Journal of Basic Engineering*, 82(1): 35 – 45, 1960.

29 P. Del Moral. Nonlinear Filtering: Interacting Particle Solution. *Markov Processes and Related Fields*, 2(4): 555 – 581, 1996.

30 D. Comaniciu, P. Meer. Mean shift: A robust approach toward feature space analysis, *IEEE Transactions on Pattern Analysis and Machine Intelligence*, 24(5): 603 – 619, May 2002.

31 S. Avidan. Support vector tracking. *IEEE Transactions on Pattern Analysis and Machine Intelligence*, 26(8): 1064 – 1072, August 2004.

32 V Tsakanikas and T. Dagiuklas. Video surveillance systems-current status and future trends. *Computers & Electrical Engineering*, November 2017.

33 Z. Kalal, K. Mikolajczyk, and J. Matas. Tracking-learning-detection. *IEEE Transactions on Pattern Analysis and Machine Intelligence*, 34(7): 1409 – 1422, July 2012.

34 H. Grabner, M. Grabner, and H. Bischof. Real-time tracking via on-line boosting. *BMVC*, 1(5): 6, 2006.

35 B. Babenko, M.-H. Yang, and S. Belongie. Visual tracking with online multiple instance learning. *IEEE Conference on Computer Vision and Pattern Recognition*, Miami, USA, June 20−25, 2009.

36 J. F. Henriques, R. Caseiro, P. Martins, and J. Batista. High-speed tracking with kernelized correlation filters. *IEEE Transactions on Pattern Analysis and Machine Intelligence*, 37(3): 583−596, August 2014.

37 R. Rifkin, G. Yeo, and T. Poggio. Regularized least-squares classification. *Science Series Sub Series III Computer and Systems Sciences*, 190: 131−154, 2003.

38 A. Varfolomieiev and O. Lysenko. Modification of the KCF tracking method for implementation on embedded hardware platforms. *IEEE International Conference on Radio Electronics & Info Communications (UkrMiCo)*, Kiev, Ukraine, September 11−16, 2016.

39 opencv.org, http://www.opencv.org/releases.html, 2017.

IoT + 포그 + 클라우드 인프라 통합: 시스템 모델링 및 연구 과제

무자키르 후세인[M. Muzakkir Hussain], 모하마드 사드 알람[Mohammad Saad Alam], 수피안 베그[M.M. Sufyan Beg]

14.1 소개

스마트 및 산업용 애플리케이션에 연결된 사물의 수가 증가함에 따라, 좀 더 구체적으로 말하면 지능형 교통 시스템[ITS, Intelligent Transportation System], 사물인터넷[Internet of Things] 데이터 교환의 속도 및 증가로 인해 데이터 처리, 데이터 대기 시간, 트래픽 오버 헤드 등 네트워크 병목 현상을 해결하는 데 엄격한 통신 리소스 관리가 절실히 필요하다[1]. 포그 컴퓨팅은 기존의 클라우드 컴퓨팅의 대체 솔루션으로 등장해 지리적으로 분산되고 네트워크 지연 시간에 민감한 IoT 애플리케이션을 지원하는 한편 기존 클라우드 컴퓨팅 데이터 센터의 처리 부담을 덜어 주는 역할을 한다[2]. 특히 이기종 디바이스 및 실시간 애플리케이션을 지원하는 특성(예를 들어 낮은 네트워크 지연 시간, 위치 인식, 무선 액세스를 통한 다수의 노드를 처리할 수 있는 용량)을 가진 포그 컴퓨팅은 네트워크 지연 및 리소스 사용이 제약되는 대규모 산업 응용 애플리케이션에 적합한 솔루션이다[3].

그러나 포그 컴퓨팅의 장점과 함께 이러한 애플리케이션을 포그 컴퓨팅에서 실현하려면 해결해야 할 과제가 있다[4]. 예를 들어 포그 계층에서 서로 다른 데이터 소스의 서로 다른 프로토콜과 데이터 형식을 어떻게 처리해야 하는가? 클라우드에서 처리해야 하는 데이터 또는 포그 레이어에서 처리해야 하는 데이터를 어떻게 결정하는가?(작업 연결, 리소스 할당/프로비저닝, VM 마이그레이션)[5] 산업용 애플리케이션의 대규모 이기종 소스에서 어떻게 실시간으로 응답하고 동시에 데이터를 수집할 수 있는가? 14장에서는 새롭게 등장한 스마트 교통 아키텍처^{smart transportation architecture}에서 포그 컴퓨팅 방식의 실현 가능성을 엄격하게 평가한다[6]. 제시한 개념을 증명하고자 우리 연구진들은 지능형 교통 관리^{intelligent traffic light management, ITLM} 시스템의 포그 컴퓨팅 요구 사항에 대한 사례 연구를 조사했다. 이전 질문 및 기타 문제를 어떻게 해결할 수 있는지 사례 연구를 통해 확인할 수 있다[7]. 이러한 애플리케이션을 조정하면 유지 보수를 단순화하고 데이터 보안 및 시스템의 안정성을 향상시킬 수 있다[8]. ITS 도메인에서 이러한 활동을 효율적으로 관리하기 위해 포그 서비스의 동적 정책 기반 라이프 사이클을 관리하는 분산 포그 조정 프레임워크^{distributed fog orchestration framework}를 정의한다. 마지막으로 14장에서는 스마트 교통 도메인 내 IoT 서비스를 위한 포그 오케스트레이션(조정)의 핵심 이슈, 과제, 향후 연구 방향을 개괄적으로 설명한다.

14장은 다음과 같이 구성돼 있다. 14.2절에서는 데이터 드라이브 전송^{data-drive transportation} 아키텍처 채택의 필요성과 전망을 살펴보고 이러한 데이터 기반 이동성^{data-driven mobility} 모델을 통해 지원되는 스마트 애플리케이션 환경을 소개한다. 포그 롤아웃^{fog rollout}이 필요한 클라우드 컴퓨팅을 통해 어떤 컴퓨터 요구 사항을 가장 잘 충족할 수 있는지를 논의한다. 14.3절에서는 임무 수행에 필수적인^{mission-critical} 아키텍처와 같은 ITS의 포그 컴퓨팅 요구 사항을 설명한다. 또한 이러한 애플리케이션에 대한 지원을 저장하고 연산하기 위한 클라우드 플랫폼의 상태를 평가하고, 스마트 운송 애플리케이션의 미션 크리티컬 컴퓨팅^{mission-critical computing} 요구 사항을 가장 잘 충족하기 위해 두 컴퓨팅 모델을 적절히 혼합하는 방법에 대해 설명한다. 14.4절은 네트워크 대기 시간에 민감한 ITS 애플리케이션을 지원하고자 맞춤화된 포그 컴퓨팅 프레임워크를 소개한다. 인식^{cognition}, 효율성^{efficiency}, 민첩성^{agility}, 대기 시간^{latency}에 대한 약어인 CEAL에는 네 가지 장점이 포함돼 있다. ITS 영역의 포그 오케스트레이션 요건은 지능형 신호등 관리^{ITLM, Intelligent Traffic Light Management} 시스템 사례 연구를 통해 14.5절에서 입증한다. 스마트 운송 애플리케이션을 위한 실용적인 포그 오케스트레이터^{orchestrator}를 개발하는 동시에 주요 빅데이터 문제, 과제, 향후 연구 방향을 간략히 설명한다.

14.2 데이터 기반 지능형 교통 시스템

첨단 정보 통신 기술[ICT]의 발전과 인구 증가로 인해 지능형 교통 시스템[ITS]은 현대 인류 생활의 필수적인 부분이 됐다[9]. ITS 아키텍처는 교통 관리 및 운송을 위한 QoS 및 QoE 보증 서비스를 제공하고자 ICT 기술을 접목한 고급 애플리케이션으로 구성돼 있다 [10, 11]. 그림 14.1은 대표적인 ITS 아키텍처의 기본 구성 요소를 보여 준다[12]. 전 세계 인구의 40%는 매일 최소한 1시간을 출퇴근에 소비한다는 사실에서 알 수 있듯이 교통 시스템에 대한 의존성은 필수적이다[13, 14]. 실제로 국가의 경쟁력, 경제적인 특성 및 생산성은 교통 인프라가 얼마나 잘 구축돼 있는지에 크게 좌우된다[15]. 그러나 현재 교통 시스템 구조에서 차량의 증가는 다양한 문제점을 야기한다[16]. 이것은 교통 혼잡, 주차 문제, 카본 풋프린트[carbon footprint][1] 또는 교통 사고의 형태일 수 있다(논문 [17] 참고). 이러한 교통 문제를 해결하기 위해서는 효율적인 교통 규약과 정책의 선택이 필요하다. 예를 들어 2016년 델리 정부가 채택하고, 2018년 베이징 올림픽[18]에서 중국이 채택한 홀

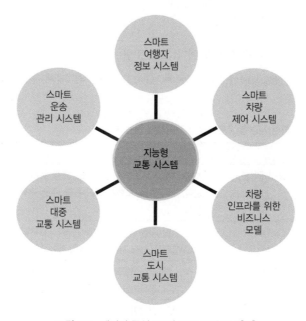

그림 14.1 데이터 중심 ITS의 주요 구성 요소[12]

---

1   카본 풋프린트는 온실 효과를 유발하는 이산화탄소의 배출량을 말한다. – 옮긴이

수/짝수 차량 운행 정책은 도시의 교통 혼잡과 대기 오염을 완화하려는 주목할 만한 시도 중 하나다[19].

그러나 이러한 접근 방식은 특정 이벤트 및 기간에만 적합하며 전국적으로 모든 시간대에 적용할 수 있는 교통 정책으로 확장되기 어렵다. 새로운 도로 건설과 도로 확장과 같은 추가적인 인프라를 투입하면 상당한 효과를 볼 수 있지만 먼저 도로 건설을 위한 예산과 도로 확장을 위한 공간이 마련돼야만 실행 가능하다. 최적의 전략은 ITS 데이터 스트림의 데이터 분석을 통해 이용 가능한 교통 자원을 효율적으로 활용하는 것이다. 카메라, 루프 검지기$^{inductive-loop\ detector}$, GPS$^{Global\ Positioning\ System}$ 기반 수신기 및 마이크로파 검출기와 같은 IoT 지원 교통 텔레매틱스^{Telematics2}에서 생성된 데이터를 수집하고 분석해 궁극적으로 ITS의 의사 결정$^{intelligent\ decision\ making}$에 활용할 수 있다[20].

표 14.1은 IoT 영역에서 ITS가 지원하는 주요 애플리케이션의 카테고리를 보여 준다[21]. 현대의 스마트 시티에서 신뢰할 수 있고 유비쿼터스한 교통 솔루션을 찾고자 ITS 유틸리티가 차량 네트워킹, 트래픽 통신 프로토콜 및 표준 개발과 같은 많은 노력을 기울이고 있다[22]. 예를 들어 미국 연방 통신위원회$^{Federal\ Communications\ Commission}$는 전용 단거리 통신$^{dedicated\ shot-range\ communication}$을 독점 사용하기 위해 5.850GHz에서 5.925GHz까지 75MHz의 주파수를 할당했다[23]. 또한 일부 승인된 개정안은 차량의 무선 액세스(WAVE IEEE 802.11p)와 마이크로파 접속을 위한 전 세계 상호 운용성(WiMAX IEEE

표 14.1 데이터 중심 지능형 교통 애플리케이션의 응용 사례

애플리케이션	사용법
비전 중심 ITS 애플리케이션	차량 감지[27], 보행자 감지[28], 교통 표지판 감지, 차선 추적, 교통 행동 분석, 차량 추돌, 보행자 밀도 추정, 주행 궤적 구성[28], 통계 교통 데이터 분석
멀티 소스(센서 및 IoT) 기반 ITS 애플리케이션	비전 기반 자동 사고 감지(AID)[29], DGPS[30], 협력 충돌 경고 시스템(CCWS)[31], 차량 자동 식별(AVI)[32], 무인 항공기(UAV)
학습 중심 ITS 애플리케이션	온라인 학습[16], 궤도/모션 패턴 분석, 데이터 융합, 규칙 추출, ADP 기반 학습 제어, 강화학습(RL), ITS 지향학습
인식된 시각화를 위한 데이터셋	라인 차트, 양방향 바 차트, 로즈 다이어그램, 데이터 이미지

---

2 텔레매틱스는 Telecommunications(통신)과 Informatics(정보과학)의 합성어다. - 옮긴이

802.16) 표준을 ITS 기술에 적용했다[11]. 기존의 기술 중심 ITS와 데이터 중심 ITS의 차이점은 기존 ITS는 주로 역사적 경험과 인간 경험에 의존하며 실시간 ITS 데이터 또는 정보 활용에 덜 중점을 둔다는 것이다[13]. 현대의 ICT 기술 덕분에 수집된 데이터를 유용한 정보로 가공할 수 있을 뿐만 아니라 다양한 ITS 영역에서 새로운 기능과 서비스를 창출하기 위해 사용될 수 있다[24].

일반적인 ITS에서 IoT 디바이스 대부분은 원시적이기 때문에 필요한 컴퓨팅 및 스토리지 리소스의 배포가 언제 어디서나 보장되는 것은 아니며 외부 에이전트external agent가 연산 및 분석 작업을 수행해야 한다. IoT 인식 교통 프레임워크IoT-aware transportation framework의 스토리지 및 처리 로드는 방대한 영역에 걸쳐 있는 수십억 개의 정적 또는 모바일 센서 노드를 위해 사용될 것이다[25]. 이상적인 ITS 인프라는 임무 수행에 필수적인 서비스mission-critical service 제약 조건에 의해 운용된다. 즉 제약 조건은 낮은 대기 시간low-latency, 실시간 의사 결정real-time decision making, 엄격한 응답 시간strict response time 및 분석 일관성analytical consistency을 말한다[12].

사실 IoT 인식 ITS 생태계IoT-aware ITS ecosystem는 저전력 통신 백본low-power communication backbone, 최적 에너지 거래optimal energy trading, 적절한 재생 에너지 보급proper renewable penetration, 기타 전력 모니터링 유틸리티other power monitoring utilities와 같은 엄격한 서비스 요구 사항에 의해 제약을 받는다[16]. ITS의 데이터 아키텍처에서 다양한 기술적 문제를 극복하기 위해 고급 스토리지 및 연산 플랫폼의 사용을 예상했다. 기존의 시스템과 같이 마스터-슬레이브master-slave 연산 모델에 의존하기보다는 클라이언트-서버client-server 패러다임에 따라 운영되는 데이터 센터 레벨의 분석으로 전환하는 것이 현재의 트렌드다[7].

컴퓨팅 및 스토리지 리소스를 어디에 설치할 것인지에 대한 문제는 학계, 산업, R&D, 입법 기관이 함께 합의를 통해 결정해야 한다. 클라우드 컴퓨팅은 최소한의 관리 노력이나 서비스 프로바이더 상호 작용으로 언제 어디서나 편리하게 온디맨드on-demand 방식으로 액세스가 가능하기 때문에 ITS를 지원할 수 있는 유망한 기술로 떠올랐다[21]. 또한 클라우드 서비스는 가상화를 통해 사용량 기반 과금 리소스pay-per use resources를 활용해 IoT 디바이스를 배터리 소모 처리 작업으로부터 해방시킨다[26]. 그러나 클라우드 컴퓨팅 패러다임에 의해 생성된 다양한 형태의 서비스는 데이터 중심 ITS의 임수 수행에 필수적mission critical인 요구 사항을 충족하기 위해 소멸된다. 기존 클라우드 컴퓨팅 패러다임은 IoT 공간에서 ITS의 엄격한 요구 사항을 해결할 수 있는 공통 플랫폼과 다목적 플랫폼을 구축하는 데 충분하기 때문에 더 이상 업계에서 환영받지 못하고 있다. 14.3절에서는 임무 수행에 필수적인 스마트 교통 애플리케이션의 컴퓨팅 요구 사항을 분석하고 일반적인 클라우드 컴퓨팅 모델을 평가한다. 또한 일반적인 클라우드 컴퓨팅 기반의 중앙 집중식 연산에서 분산된 포그 컴퓨팅 모델로의 패러다임 전환이 임무 수행에 필수적인 스마트 교통 애플리케이션을 수행하는 데 얼마나 이상적인 솔루션으로 변화하는지 설명한다.

14.3 임무 수행에 필수적인 컴퓨팅 요구 사항

실시간 교통 상황을 처리하는 전형적인 스마트 신호등^{smart traffic light} 활용 사례를 보면 여러 개의 스마트 신호등과 도로의 자동차 트래픽 상태를 실시간으로 파악해야 하기 때문에 모든 스마트 교통 실시간 애플리케이션을 클라우드 컴퓨팅에서 실행하는 것은 사실상 불가능하다. 따라서 이러한 스마트 신호등은 상호 간에 자율적으로 협력하고 도로변 장치^{RSU, Roadside Unit}와 같은 국지적으로 이용 가능한 모든 컴퓨팅 자원과 협력해 운용을 조정하는 방식으로 프로그램돼야 한다. 그 밖의 예로는 차량 검색 애플리케이션[9], 차량 클라우드 소싱^{vehicular crowd sourcing}[21], 스마트 주차^{smart parking} 등이 있다[33 34]. 이러한 사례에서 보듯이 다양한 교통 영역에서 유비쿼터스 및 실시간 분석 서비스를 제공할 컴퓨팅 프레임워크의 필요성이 대두되고 있다. 스마트 교통 인프라의 몇 가지 핵심 데이터 수집, 처리, 배포 요구 사항은 14.3절에서 설명한다.

14.3.1 모듈화

현대의 지능형 교통 네트워크는 다양한 처리 알고리즘을 요구하는 수많은 데이터 유형의 이질적인 IoT 및 비IoT 디바이스를 포함하고 있기 때문에 크고 복잡한 시스템이다. 따라서 ITS 애플리케이션을 지원하는 소프트웨어 플랫폼은 고유한 모듈 방식과 유연성을 지원해야 한다. 애플리케이션은 시스템이 자체적으로 장애 허용^{fault tolerant}이 가능한 방식으로 점진적으로 배포돼야 한다. 예를 들어 부분적인 시스템 장애는 운영 중인 전체 시스템에 영향을 미치지 않아야 한다. 또한 모듈화^{modularity}를 통해 최소의 노력으로 다양한 데이터 처리 알고리즘을 설계하고 시스템에 연결할 수 있다. 이는 스마트 교통 인프라에서 생성된 다양한 데이터 스트림^{data stream}으로 인해 중요하다. 따라서 애플리케이션 개발

프로세스는 개별 모듈 개발과 모듈 상호 연결 로직 개발이라는 두 가지 독립 단계로 수행될 수 있다. 초기 단계는 컴포넌트 또는 모듈 제공 업체가 수행할 수 있는 반면에 후자는 스마트 교통 시스템 개발자가 수행할 수 있다. 클라우드 컴퓨팅 플랫폼은 ITS 애플리케이션 배포를 위한 충분한 모듈화와 유연성을 제공하지만 중앙 집중식 실행 전략은 종종 이해 관계자에게 열악한 체감 품질$^{QoE, Quality of Experience}$을 제공한다.

14.3.2 확장성

이상적인 ITS 아키텍처는 많은 수의 차량 이용자에게 효율적으로 서비스를 제공할 수 있을 만큼 충분히 분산되고 확장 가능해야 한다. 클라우드 컴퓨팅 인프라는 확장 가능한 리소스 풀$^{resource pool}$을 제공하지만 ITS 환경에서 생성되는 방대한 실시간 데이터로 인해 짧은 네트워크 지연이 요구되는 스마트 교통 애플리케이션의 요구 사항을 충족하지 못할 수 있다. 현재의 클라우드 기반 ITS 애플리케이션은 종종 '비일관성 수용$^{embrace inconsistency}$'이 발생하기 때문에 일관성을 유지하는 연산 구조를 구현하는 것은 R&D 분야의 유망한 투자 영역에 해당한다. 이러한 트렌드는 움직이는 차량과 같은 동적 객체의 연산 리소스도 애플리케이션에 참여할 수 있는 포그 컴퓨팅 모델과 같이 보다 유연한 인프라를 추구한다.

14.3.3 상황 인식 및 추상화 지원

차량 및 기타 인프라와 같은 ITS 구성 요소가 이동 가능하고 대규모 지역에 드물게 분산돼 있기 때문에 포그 컴퓨팅은 안정적인 교통 서비스를 위한 상황 인식 플랫폼$^{context-aware computing platform}$을 제공할 것이다. 또한 지리적으로 분산된 상황 정보는 개발자가 상황 인식 애플리케이션을 개발할 수 있도록 공개돼야 한다. 일반적인 ITS 애플리케이션의 높은 수준의 디바이스 이질성과 많은 수의 IoT 디바이스로 인해 스마트 주차는 디바이스 이질성을 고려한 연산 방법과 조정 또는 상호 작용하는 방식에 대한 높은 수준의 추상화를 필요로 한다. 중앙 집중식 클라우드 기반 ITS 솔루션을 전용 포그 솔루션으로 업그레이드해 모델이 차량 풀과 동시에 작동할 수 있도록 해야 한다. 예를 들어 이러한 프로그래밍의 추상화는 "이 위치에 있는 차량 그룹의 충전 상태$^{SoC, State of Charge}$를 확인하라"와 같은 명령을 설명할 수 있어야 한다.

14.3.4 탈 중앙화

ITS 애플리케이션은 일반적으로 모바일/자율 주행 차량$^{autonomous\ vehicle}$ 또는 도로변 장치 ^{RSU}와 같은 수많은 이기종 디바이스 및 동적 교통 텔레매틱스를 통해 작동하기 때문에 분산 실행 또는 프로그래밍 모델이 필요하다. 중앙 집중식 클라우드 기반 애플리케이션 은 이러한 디바이스의 이질성과 동적 특성을 처리하고자 모든 종류의 조건과 예외 처리 를 구현해야 한다. 포그 애플리케이션을 에지 디바이스에 구성 요소를 배포하는 모듈 방식으로 개발할 수 있는 경우 포그 플랫폼은 확장 가능한 실행을 보장한다. 포그 컴퓨팅은 원격 클라우드 데이터 센터에 의존하는 대신 ITS 애플리케이션의 네트워크 대기 시간 요구 사항을 충족시키고자 차량 및 센서와 같은 ITS 구성 요소의 컴퓨팅 리소스를 활용 해 애플리케이션을 실행할 수 있는 강력한 분산 환경을 제공한다.

14.3.5 클라우드 데이터 센터의 에너지 소비량

메가 데이터 센터의 에너지 소비량은 향후 10년 동안 3배로 증가할 가능성이 높다[35]. 따라서 에너지 인식 전략을 채택하는 것은 연산 전문가들에게 절실히 필요하다. 교통 애플리케이션의 전체 영역을 클라우드 데이터 센터로 오프로드하면 감당할 수 없는 에너지 수요가 발생하며, 이는 합리적인 에너지 관리 전략을 채택해야만 완화할 수 있는 문제다. 또한 에너지 소비에 영향을 미치지 않는 많은 ITS 애플리케이션이 있으며, 사소한 작업으로 클라우드 데이터 센터에 과부하를 주는 대신에 차량과 관련된 플래툰$^{vehicular\ platoon}$, 주차된 차량 네트워크, RTU, SCADA 시스템, 도로변 장치^{RSU}, 기지국, 네트워크 게이트웨이와 같은 ITS 포그 노드 내부에서 분석을 수행할 수 있다.

위에서 언급한 IoT 인식 스마트 교통 애플리케이션의 임무 수행에 필수적인 컴퓨팅 요구 사항으로 인해, 이러한 요구 사항을 충족하기 위한 현재의 클라우드 컴퓨팅 인프라 의 단점, 그리고 교통 설계 커뮤니티가 전용 인터넷 인프라를 재구축하거나 그러한 모든 요건을 충족하는 컴퓨팅 플랫폼과 요소를 처음부터 개발할 수 있는 상황에 있지 않다고 가정한다. 본 연구에서는 시간과 리소스에 중요 작업을 코어에서 가장자리(에지)로 오프로드하는 것을 원칙으로 하는 포그 컴퓨팅 프레임워크를 제안한다. 여기서 주장하는 것은 ITS에 대한 기존의 중앙 집중식 클라우드 지원을 무력화시키는 것이 아니라, 새로운 유형의 실시간 및 대기 시간에 민감한 유틸리티와 상호 작용하는 핵심 클라우드 컴퓨팅 알고리즘의 적용 가능성을 이해하는 것이다. 또한 컴퓨팅 및 스토리지 리소스를 엔드포인트에 적절하게 조정 및 할당하고 클라우드 및 포그 기술을 활용해 시너지 효과를 발휘하도록 통합해 IoT 공간 영역에서 IT 아키텍처를 위한 실행 가능한 컴퓨팅 프로토타입을 개발하는 것이 목표다.

14.4 스마트 교통 애플리케이션을 위한 포그 컴퓨팅

그림 14.2는 스마트 교통 애플리케이션을 위해 맞춤화된 대표적인 포그 지원 클라우드 아키텍처를 보여 준다. 포그 컴퓨팅 패러다임은 클라우드 컴퓨팅 플랫폼을 대체하는 것이 아니라 오히려 클라우드의 단점을 보완하고 클라우드 인프라와 상호 작용할 수 있는 협업 모듈의 확장을 실현하는 것을 목표로 한다. 실제로 논문 [4]에 따르면 탄성력elasticity, 분산 연산distributed computation 등과 같은 속성은 클라우드뿐만 아니라 포그에서도 공통적으로 정의된다. 그러나 센서 노드와 같이 자원이 제한된 엔티티entity의 연산 집약적인 작업이 전용 포그 노드의 연산 자원 블록CRB, Computational Resource Block에 매핑되기 때문에 응답 시간이 상당히 줄어든다. 포그 배포에 의해 제공되는 차별화된 분산 인텔리전스는 중요하

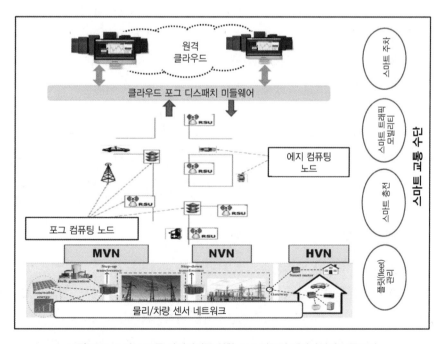

그림 14.2 스마트 교통 아키틱처를 위한 포그 컴퓨팅 패러다임의 토폴로지

고 민감한 로컬 포그 노드에서 선택적으로 처리되며 공급 업체가 규제하는 메가 데이터 센터로 오프로드하는 대신 사용자 컨트롤 내에서 유지되기 때문에 보안에 민감한 서비스에 더욱 적합하다. 또한 포그 서비스 모델도 전력 집약적인 연산을 배터리 절약 모드로 오프로드해 에너지 효율성을 향상시킨다[12]. 필요할 때 언제 어디서나 추가 포그 노드를 동적으로 연결이 가능하기 때문에 클라우드 컴퓨팅 모델의 성공을 방해하는 확장성^{scalability} 문제를 제거할 수 있다. 원시 애플리케이션 요청이 로컬 컴퓨팅 노드에서 필터링, 처리, 분석, 캐싱됨에 따라 네트워크 대역폭 문제가 획기적으로 해결돼 클라우드 게이트웨이의 데이터 트래픽이 감소한다. 강력하고 예측 가능한 캐싱 알고리즘을 사용하는 경우 포그 노드는 소비자 요청의 상당 부분을 로컬에서 처리할 수 있기 때문에 클라우드 데이터 센터 연결에 대한 의존도를 줄일 수 있다. 포그 노드는 데이터에 대한 상황 및 상황 인식을 통합하도록 효율적으로 프로그래밍할 수 있어 시스템의 신뢰성을 향상시킨다.

포그의 기본 개념은 에지로부터 원격 클라우드 연속체^{cloud continuum}까지 리소스를 저장, 통신, 제어, 컴퓨팅하는 것이다. 포그 아키텍처는 완전히 분산되거나 대부분 중앙 집중화되거나 또는 그 중간 어딘가에 위치할 수 있다. 가상화뿐만 아니라 전문 하드웨어 및 소프트웨어 모듈을 사용해 포그 애플리케이션을 구현할 수 있다. IoT 지원 ITS의 경우, 맞춤형 포그 플랫폼을 통해 특정 애플리케이션을 어디서나 실행할 수 있기 때문에 클라우드 전용 애플리케이션, 엔드포인트 전용 애플리케이션 또는 에지 디바이스 전용 애플리케이션은 필요하지 않다. 이를 통해 여러 공급 업체의 애플리케이션이 상호 간섭 없이 동일한 물리적 시스템에서 실행될 수 있다. 또한 포그 아키텍처는 모든 애플리케이션에 공통적인 라이프 사이클 관리 프레임워크를 제공해 애플리케이션의 구성, 배포, 활성화 및 비활성화, 추가 및 제거, 업데이트 기능을 제공한다. 또한 포그 서비스와 애플리케이션을 위한 안전한 실행 환경을 제공할 것이다. 포그 특성의 강력한 기능 중 여기서는 CEAL로 약칭된 전형적인 포그 플랫폼 구조의 네 가지 주요 장점을 정의한다[6].

14.4.1 인식

포그 플랫폼에서 가장 독특한 특성은 지리 분산 인텔리전스^{geo-distributed intelligence}라고도 하는 클라이언트 중심 목표에 대한 인식^{cognition}이다. 이 프레임워크는 고객의 요구 사항을 인식하고 클라우드-투-싱^{cloud-to-thing} 연속체를 따라 컴퓨팅, 스토리지, 제어 기능을 수행할 위치를 가장 잘 결정할 수 있다. 따라서 포그 애플리케이션은 ITS 엔드포인트 근처에 설치 될 수 있으며 고객 요구 사항을 보다 잘 인식하고 반영할 수 있다.

14.4.2 효율성

포그 아키텍처에서는 컴퓨팅, 스토리지, 제어 기능이 풀링되고 클라우드와 에지 노드 (cloud-to-thing) 전반에 걸쳐 분산돼 클라우드 간 연속성을 통해 사용 가능한 다양한 리소스를 최대한 활용한다. IoT 지원 IT 인프라에서 포그 모델을 사용하면 유틸리티와 애플리케이션이 네트워크 에지(HAN, NAN, MAN 등)[3]와 최종 사용자 디바이스(예를 들어 스마트 미터기, 스마트 홈 가전, 커넥티드 차량[connected vehicles], 네트워크 에지 라우터) 모두에서 충분히 사용할 수 있는 유휴 컴퓨팅, 스토리지 및 네트워킹 리소스를 활용할 수 있다. 포그는 엔드포인트[endpoint]에 더 가깝기 때문에 소비자 애플리케이션과 더 밀접하게 통합될 수 있다.

14.4.3 민첩성

일반적으로 대규모 네트워크 및 클라우드 박스 공급 업체가 혁신을 시작하거나 채택하기를 기다리는 것보다 클라이언트와 에지 디바이스를 실험하는 것이 훨씬 더 빠르고 저렴하다. 포그는 개인과 소규모 팀이 개방형 애플리케이션 프로그래밍 인터페이스, 개방형 소프트웨어 개발 키트[SDK, Software Development Kit]를 사용할 수 있는 개방형 시장을 보다 쉽게 만들 수 있도록 하며, 모바일 디바이스의 확산으로 새로운 서비스를 확장, 혁신, 개발, 배포, 운영할 수 있도록 지원한다.

14.4.4 지연 시간

포그 컴퓨팅은 네트워크 에지에서 데이터 분석을 가능하게 하며 사이버 물리 시스템과 같은 ITS에서 시간에 민감한(실시간 처리가 필요한) 서비스를 제공할 수 있도록 빠른 네트워크 응답 시간을 보장한다. 이는 안정적인 제어 시스템 개발뿐만 아니라 밀리세컨드[millisecond] 단위의 응답을 필요로 하는 임베디드 AI 애플리케이션을 구현하려는 촉각 인터

---

3 MAN은 Metropolitan Area Network의 줄임말로 중거리 통신망, 대도시 통신망을 의미한다.
   NAN은 Neighborhood Area Network의 줄임말로 배전망에서 변전소에서까지 최종 소비자 사이의 데이터 전송을 담당하는 통신 네트워크를 말한다.
   HAN은 Home Area Network의 줄임말로 디지털 디바이스들 사이의 통신 전달 네트워크 기술이다. – 옮긴이

넷 비전tactile Internet vision에도 필수적이다. 이러한 장점은 새로운 서비스와 비즈니스 모델을 가능하게 하며 수익을 확대하고 또한 비용을 절감해 IoT 지원 ITS 구축을 가속화할 수 있다. 또한 표 14.2는 스마트 교통 애플리케이션에서 클라우드와 포그 컴퓨팅 배포 성능을 비교했다.

3계층 포그 지원 클라우드 컴퓨팅 아키텍처는 그림 14.2에서 확인할 수 있으며 ITS 제어 및 연산 작업의 상당 부분이 클라우드 컴퓨팅 지원과 함께 지리적으로 분산된 포그 컴퓨팅 노드에 하이브리드화돼 있다. 하이브리드화의 목표는 다양한 디바이스 에지 또는 엔드포인트 전반에 걸쳐 제어, 스토리지, 네트워킹, 컴퓨팅 리소스의 적극적인 확산을 요구하는 IT 인프라에 IoT 유틸리티가 침투penetration해 발생하는 중단을 극복하는 것이다. 지상에서 가까운 계층을 물리적 스키마physical schema 또는 데이터 생성기 계층data generator layer 이라고 부르며 주로 ITS 지역에 분산돼 있는 광범위한 지능형 IoT 지원 디바이스로 구성된다. 이것은 ITS 이해 관계자들로부터 상황 정보를 캡처하기 위한 신뢰성이 높은 저비용 무선 감지 노드와 스마트 모바일 디바이스로 구성된 감지 네트워크sensing network다.

데이터 캡처/생성 디바이스는 수많은 ITS 엔드포인트에 광범위하게 분포돼 있으며 이렇게 지리적으로 분산된 센서에서 생성된 방대한 데이터 스트림은 전체적으로 일관성

표 14.2 스마트 교통 애플리케이션에서 클라우드 및 포그 컴퓨팅 모델의 성능 비교

특성 및 요구 사항	순수한 클라우드 플랫폼	포그 보조 클라우드 플랫폼
1. 지리적 분포	중앙 집중식	분산
2. 콘텍스트/위치 인식	아니오	예
3. 서비스 노드 배포	인터넷 내	코어 및 에지
4. 지연 시간	높음	낮음
5. 딜레이 지터(delay jitter)	높음	낮음
6. 클라이언트-서버 분리	원격/멀티 홉	싱글 홉(hop)
7. 보안	정의되지 않음	정의된 보안 수준
8. 노드 개체	많지 않음	매우 큼
9. 이동성 지원	제한됨	풍부한 이동성 지원
10. 라스트 마일 연결 지원	리스 라인(leased line)	유선/무선
11. 실시간 분석	지원됨	지원됨
12. 엔라우트 데이터 공격/DoS	높은 확률	낮은 확률

있게 처리돼야 한다. 그러나 이 계층은 때때로 로컬 사용(에지 컴퓨팅)을 위해 데이터 스트림을 필터링하는 동시에 나머지는 전용 게이트웨이를 통해 상위 계층으로 오프로드할 수 있다. 이러한 엔티티는 ITS 운영 편의성에 의해 직접 또는 간접적으로 영향을 받는 애플리케이션별 논리 클러스터로 추상화될 수 있다. 연결된 차량 네트워크에서 이러한 클러스터는 온보드 센서$^{OBS, On-Board Sensor}$와 같은 감지 장치가 장착된 지능형 차량에서 자체적으로 구성되는 차량 애플리케이션에서 형성된다. 종종 셀룰러 전화, 온보드 센서^{OBS}, 도로변 장치$^{RSU, Roadside Unit}$, 스마트 웨어러블 장치와 같은 교통 텔레매틱스 지원은 잠재적인 네트워킹 기능뿐만 아니라 컴퓨팅 기능도 발견할 수 있다. 활용도가 낮은 차량리소스는 통신 및 분석 용도로 변환될 수 있으며 여기서 다수의 최종 사용자 클라이언트 또는 근거리에 있는 에지 디바이스가 각각의 차량의 개별 스토리지, 통신 및 계산 리소스의 더 나은 활용도를 바탕으로 통신 및 연산을 수행한다[36].

마찬가지로 ITS 운영에 주목할 만한 기여를 한 스마트 홈 네트워크$^{Smart Home Networks, HAN}$에서도 클러스터의 존재를 추적할 수 있다. 스마트 주차장, CCTV 카메라, 가정용 충전 디바이스와 같은 IoT가 탑재된 지능형 홈 에이전트는 로컬 의사 결정 서비스(에지 컴퓨팅)를 충족하기 위한 저장, 분석, 컴퓨팅 지원을 위해 액추에이터로 활용될 수 있다.

2계층은 라우터, 스위치, 하이-엔드 프록시 서버$^{high-end proxy server}$, 지능형 에이전트 및 상용 하드웨어와 같은 저전력 지능형 포그 컴퓨팅 노드$^{FCN, Fog Computing Node}$를 포함하는 포그 컴퓨팅 노드$^{FCN, Fog Computing Nodes}$로 구성되며 스토리지 연산과 패킷 라우팅 기능을 갖고 있다. 소프트웨어 정의 네트워킹$^{SDN, Software-Defined Networking}$은 물리적 클러스터를 결합해 생성된 데이터를 포그 컴퓨팅 계층에 걸쳐 있는 포그 디바이스로 라우팅하는 가상화된 클러스터 간 사설망$^{ICPN, Inter Cluster Private Networks}$을 형성한다. 포그 디바이스와 그에 상응하는 유틸리티는 ITS의 처리 및 컴퓨팅 요구를 충족하고자 지리적으로 분산된 가상 컴퓨팅 스냅샷 또는 하위 계층 디바이스에 매핑된 인스턴스를 생성한다. 각 포그 노드는 인접 지역 또는 소규모 커뮤니티를 포괄하는 로컬 센서 클러스터에 매핑되어 실시간으로 데이터를 분석한다. 그러나 1계층의 IoT 디바이스는 종종 동적(즉 차량 센서)인 경우가 많기 때문에 일관되고 신뢰할 수 있는 데이터 전송 정책을 실현하기 위해 이러한 엔티티를 2계층 포그 노드와 유연하게 연결할 수 있도록 강력한 모빌리티^{mobility} 관리 기술을 사용해야 한다.

종종 2계층의 FCN은 작업을 수행하기 위해 계층 아래에 있는 노드와 병렬로 배치되

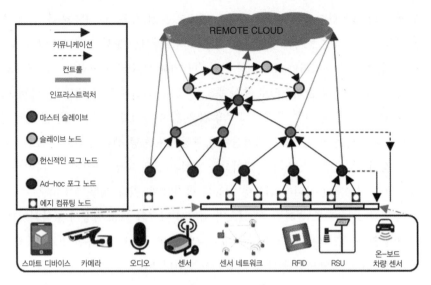

그림 14.3 2계층의 FCN 간 데이터/제어 흐름

는 경우가 있다. 대부분의 경우 FCN은 마스터-슬레이브 패러다임에서 각 노드를 더 깊이 있게 해 FCN의 하위 트리를 형성할 수 있다. 이러한 계층 구조의 일반적인 연결은 그림 14.3에서 확인할 수 있다. VANET 시나리오를 고려할 때 도로 교통 네트워크에서 차량 도난 또는 침입자 차량과 같은 잠재적인 위험을 식별하고자 FCN에 공간 및 시간 데이터가 할당될 수 있다. 이러한 상황에서 컴퓨팅 노드는 짧은 시간 동안 로컬 실행을 중단할 수 있으며 데이터 분석 결과는 대규모의 행동 분석 및 상태를 모니터링 하기 위해 상위 계층(도로층street-level에서 스마트한 도시 교통 트래픽 모니터링 기관으로)으로 보고된다. 다시 말해 제안된 포그 계층에서 수행된 멀티 계층 포그(많은 사례 연구에서 통합 분석에 따른)의 분산 분석은 잠재적인 우발적 사고를 피하고자 지역화된 '반사적인 반응reflex' 결정으로 작용한다. 한편 스마트 그리드 애플리케이션에서 생성된 IoT 데이터의 상당 부분은 데이터를 원격 클라우드에 전송할 필요가 없으므로 응답 대기 시간과 네트워크 대역폭 사용 문제를 쉽게 해결할 수 있다.

맞춤형 포그 아키텍처에서 최상위 계층은 2계층에서 제공되는 지역화, 지리 분산 인텔리전스, 낮은 대기 시간, 상황 인식 지원 등과 대조적으로 도시 전체의 ITS 모니터링 및 글로벌 중앙 집중화를 제공하는 메가 데이터 센터로 구성된 클라우드 컴퓨팅 계층이다. 이 계층의 연산 요소는 동적 의사 결정을 지원하기 위해 대규모 이벤트 감지, 장기 패턴 인식, 관계 모델링과 같은 복잡하고 장기적이며 도시 전체의 행동 분석을 생성하는 데 초점을 맞춘다. 이를 통해 ITS 커뮤니티는 천재 지변이나 대규모 서비스가 중단이 된 경우 광역 상황 인식^{WASA, Wide Area Situational Awareness}, 광역 수요 대응, 리소스 관리를 수행할 수 있게 된다. 2계층에서 처리된 산출물은 2차원^{two dimension}으로 분류될 수 있다. 첫 번째는 분석 및 상태 보고서와 대규모의 장기적인 행동 분석 및 상태 모니터링이 필요한 데이터로 구성된다. 이러한 데이터셋^{dataset}은 고속 WAN 게이트웨이 및 링크를 통해 3계층에 위치한 클라우드 컴퓨팅 메가 데이터 센터로 오프로드된다. 분석 결과의 또 다른 부분은 정렬된 데이터 소비자에 대한 추론, 결정, 빠른 피드백 제어다.

14.5 사례 연구: 지능형 신호등 관리 시스템

스마트 교통 관리 프로토타입은 교차로마다 감지 기능을 갖춘 지능형 신호등^{ITL, Intelligent Traffic Light}을 배치해야 한다. 이러한 센서는 모든 방향에서 접근하는 차량의 거리와 속도를 측정한다. 이 센서는 또한 횡단 보도를 건너는 보행자 및 자전거 탑승자의 움직임을 감지하고 조절한다. ITLM 아키텍처의 주요 QoS 속성은 다음과 같이 요약할 수 있다.

1. **사고 예방** ITL은 차량에 대한 정지 또는 감속 신호를 트리거하거나 실시간으로 충돌을 방지하기 위해 실행 주기를 수정해야 할 수도 있다.

2. **차량 이동성 보장** ITL에는 차량 역학^{fleet dynamics}을 학습할 수 있는 효율적인 소프트웨어 프로그래밍 인터페이스가 필요하다. 따라서 거의 실시간으로 일정한 트래픽 흐름을 보장하고자 그린 펄스^{green pulse}를 유지한다.

3. **신뢰성** ITML 시스템에서 생성된 과거 데이터셋을 수집해 백엔드 대형 데이터베이스에 저장한 후 BDA^{Big Data Analysis} 툴을 사용해 분석하고 아키텍처 신뢰성을 평가하고 향상시킨다. 따라서 이러한 활동은 장기간에 걸친 글로벌 데이터의 저장 및 분석과 관련이 있다.

이러한 ITML의 주요 연산 요구 사항을 설명하고자 40mph 속도에서 차량의 움직임을 나타내는 그린 펄스^{green pulse}를 고려한다(즉 차량이 100마이크로초당 1.7미터 이동). 차량과 보행자와의 충돌이 예상되는 경우에는 관련 ITL은 접근하는 차량에 긴급 경보를 발령해야 한다. 여기에서 제어 루프 서브 시스템^{control loop sub-system}은 약 100마이크로초에서 수 밀리초 내에 반응해야 하기 때문에 포그 컴퓨팅에서 실행된다. 이러한 임무 수행에 필수적인 작업에 대한 집계된 로컬 하위 시스템 응답 대기 시간은 10ms 미만이다. 이러한 교통 사고를 예방하고자 모든 행동을 트리거하면 다른 작업보다 연속적으로 발생할 수 있다. 따라서 로컬 ITL 네트워크는 실행 주기를 변경할 수 있는데 이는 녹색 신호등에 교란을 일으켜 전체 지능형 교통 시스템 역학 관계에 영향을 미칠 수 있다. 이러한 영향을 줄이려면 글로벌 시스템의 모든 ITL과 함께 재동기화 신호를 전송해야 한다. 이 작업은 수백 밀리초에서 몇 초의 시간 단위로 수행된다. 포그 컴퓨팅과 클라우드 컴퓨팅과의 상호 작용이 여기에서 강조된다. 이 연구의 목적은 컴퓨팅 및 스토리지 리소스를 엔드포인트에 적절하게 조정 및 할당하고 IoT 공간 영역에서 ITLM 시스템의 실행 가능한 컴퓨팅 프로토타입을 개발하는 것이다. 또한 클라우드와 포그 기술은 상호 작용하고 시너지 효과를 발휘하기 위해 조정한다. 맞춤형 ITLM의 중요한 컴퓨팅 요구 사항은 표 14.3에서 확인할 수 있다.

표 14.3 지능형 신호등 관리(ITLM) 시스템의 컴퓨팅 요구 사항

속성	설명
모빌리티	통근자 및 ITL(이상적으로 일반적인 적색–녹색 펄스)에 대한 엄격한 이동성 제약
지리적 분포	넓음(지역 간)과 밀집(교차로 및 진입로 접근)
로(low)/예측 가능한 대기 시간	교차로의 범위 내에서 타이트함
포그–클라우드 상호 작용	다양한 시간 척도의 데이터(교차로의 센서/ 차량, 다양한 수집 지점의 교통 정보)
멀티–에이전시 오케스트레이션	시스템을 운영하는 대행사는 실시간으로 제어 법률 정책을 조정해야 함
일관성	교통 상황을 파악하려면 수집 지점 간의 일관성이 필요함

모듈식 컴퓨팅 및 스토리지 디바이스와 함께 활용되는 포그 모델은 다양한 폼 팩터^{form factor}와 언캐싱^{encasing}을 갖고 있지만 ITL 네트워킹 인프라에 대한 공통 인터페이스와 프로그래밍 환경을 제공한다. ITLM은 확장된 지역에 걸쳐 데이터를 수집하는 고도로 분산된 시스템이기 때문에 효율적인 트래픽 정책을 구현하려면 서로 다른 애그리게이터 지점^{aggregator point} 간의 허용 가능한 수준의 일관성을 보장하는 것이 중요하다.

포그 비전fog vision은 새로운 서비스와 애플리케이션의 배포를 간소화하고 보다 효율적으로 만들 목적으로 통합된 하드웨어 인프라와 소프트웨어 플랫폼을 기대한다. ITL 포그 노드는 멀티테넌트이며 ITLM과 같은 임무 수행에 필수적인 시스템에 대해 엄격한 서비스 보증strict service guarantees을 제공하지만, 동일한 공급자에 대해 실행되는 경우는 보다 부드러운softer 보장(예를 들어 교육 오락 프로그램infotainment)을 제공한다. ITL 네트워크는 단일 제어 기관의 영역을 넘어 확장될 수 있다. 따라서 여러 기관이 참여하는 일관된 정책의 조정은 포그 컴퓨팅에서 해결해야 할 과제다. ITML 하위 시스템의 일반적인 조정 시나리오는 그림 14.4에서 확인할 수 있다.

클라우드-포그 디스패치 미들웨어CFDM, Cloud-Fog Dispatch Middleware는 광범위한 지역에 구축되는 전체 시스템에 걸쳐 수많은 중요 소프트웨어 구성 요소를 처리하기 위한 조정 플랫폼을 정의한다. ITLM에 사용되는 CFDM에는 제어 정책을 생성하고 개별 ITL에 푸시하는 의사 결정 모듈DMM, Decision-Making Module이 있다. DMM은 중앙 집중식, 분산 또는 계층 방식으로 구현할 수 있다. 후자의 경우 지역 범위의 DMM 기능이 있는 가장 가능성이 높은 구현 노드가 전체 시스템에 걸쳐 정책을 조정해야 한다. 어떤 구현이든 시스템은 모든 지식을 갖춘 단일 DM에 의해 조정된 것처럼 작동해야 한다. CFDM은 신호등에서

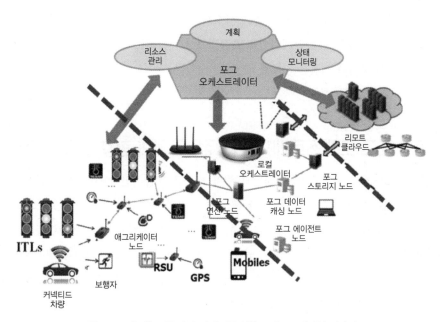

그림 14.4 지능형 교통 관리 서비스를 위한 오케스트레이션 시나리오

DMM 노드로 데이터를 전달하고, DMM 노드에서 ITL로 정책을 푸시하고, ITL 간에 정보를 교환하는 연합 메시지 버스[federated message bus]용 프로토콜을 정의한다.

센서에 의해 생성되는 실행 가능한 실시간[RT, Real-Time] 정보 외에 거의 실시간[near-RT] 데이터는 DMM으로 전달되고 일련의 ITL간에 교환되는 경우 ITLM 시스템에 의해 수집되는 유용한 데이터가 많이 있다. 이 데이터는 시간(일, 월, 심지어 년) 및 해당 영역에 걸쳐 확장되는 심층적인 빅데이터 분석을 위해 데이터 센터[DC, Data Center]/클라우드에서 수집돼야 한다. 이러한 과거 데이터 배치 처리 분석 결과는 향후 실행의 신뢰성과 QoS를 개선시키고자 추가로 사용될 수 있다. 이러한 대량의 분석 결과는 다음 솔루션으로 사용될 수 있다.

- 다양한 정책이 트래픽에 미치는 영향(경제와 환경에 미치는 영향) 평가
- 도시 오염 물질 모니터링
- 트래픽 동향 및 패턴

방금 논의한 ITLM 유즈 케이스[use-case]는 ITS 데이터 보안 및 시스템 안정성을 단순화, 유지 관리, 개선할 수 있는 강력한 오케스트레이션 프레임워크의 필요성이 반영됐다. 데이터 기반 ITS는 기존의 네트워크 인프라와 상호 작용할 수 있는 물리적 환경 및 가상 구성 요소를 포함하는 사이버 물리 시스템[CPS, cCyber-Physical System]의 이상적인 예다. 따라서 IoT 공간에서 ITS 애플리케이션을 효율적으로 처리하는 방법, 동적인 변화, 일시적인 작동 동작을 해결하는 것은 지루한 과제다.

14.6 포그 오케스트레이션(조정) 과제와 향후 연구 방향

지난 10년간 고도화된 연구 개발과 투자 노력은 효율적인 프레임워크, 구축 플랫폼, 시뮬레이션 툴킷, 비즈니스 모델을 통해 성숙한 클라우드 기반 기술을 이끌어 왔다. 그러나 포그 배포와 관련해 이러한 노력은 아직 초기 단계에 있으며 포그 플랫폼의 실행 시나리오와 관련된 연구는 증가하고 있지만 여전히 개념 및 시뮬레이션 단계에 머물고 있다 [17]. 포그 서비스의 롤-아웃[roll-out]은 클라우드 서비스의 속성을 이어받아야 하며 FCN[Fog Computing Node]에 컴퓨팅 워크로드를 배포해야 한다는 요구 사항을 올바르게 파악해야 한다.

또한 포그에서는 고유한 사일로^{silo}가 포함돼 있으며 정답에 대한 합의를 찾는 과정에서 많은 의문을 제기한다. 이들 중 일부는 워크로드를 배치할 위치, 연결 정책, 프로토콜 및 표준, 포그 노드 간의 상호 작용을 모델링/해석하는 방법 및 워크로드를 라우팅하는 방법 등이 될 수 있다. 14.6.1절에서는 ITS 애플리케이션을 위한 포그 지원 오케스트레이션의 주요 과제를 설명한다. 그런 다음 그러한 문제에 의해 도출된 초기 연구 방법을 논의한다.

14.6.1 IoT 공간이 지능형 교통 애플리케이션을 위한 포그 오케스트레이션 과제

14.6.1.1 확장성

ITS에 사용되는 다양한 이기종 센서, 스마트 디바이스는 여러 IoT 제조 업체와 공급 업체에서 설계했기 때문에 맞춤형 하드웨어 구성 및 개인화된 ITS 요구 사항을 고려하면서 최적의 디바이스를 선택하는 작업이 점점 더 복잡해지고 있다. 또한 특정 하드웨어 아키텍처에서만 작동하는 애플리케이션이 있을 수 있다. ARM 또는 인텔^{Intel} 등 다양한 운영체제를 통해 제공된다. 또한 엄격한 보안 요구 사항이 있는 ITS 애플리케이션이 작동하려면 특정 하드웨어 및 프로토콜이 필요할 수 있다. 오케스트레이션 프레임워크는 이러한 기능 요구 사항을 충족할 뿐만 아니라 동적으로 변화하고 점점 커지는 워크플로에 맞춰 효율적으로 확장해야 한다. 오케스트레이터는 클라우드 리소스, 센서, 포그 컴퓨팅 노드^{FCN}로 구성된 조립된 시스템이 지리적 분포 및 제약 조건과 함께 정확하고 효율적으로 복잡한 서비스를 프로비저닝할 수 있는지 여부를 평가해야한다. 특히 오케스트레이터는 맞춤형 ITS 아키텍처의 애플리케이션 확장으로 인해 발생할 수 있는 병목 현상과 관련된 문제를 자동으로 예측 및 감지하고 해결할 수 있어야 한다.

14.6.1.2 프라이버시 및 보안

ITML이나 스마트 주차와 같은 IoT 지원 ITS 사례 연구에서 특정 애플리케이션은 다수의 센서, 컴퓨터 칩, 디바이스로 구성된다. 따라서 다양한 지리적 위치에 배포하면 관련된 객체의 공격 벡터^{attack vector}가 증가하게 된다. 공격 벡터의 예로는 인간이 공격하는 네트워크 인프라 파괴, 데이터 누출을 유발하는 악성 프로그램 또는 디바이스에 대한 물리적 접근 등이 있을 수 있다[37]. 동적 IoT 기반 애플리케이션 오케스트레이션의 보안 평가가 보안 데이터 배포 및 처리에 점점 중요해짐에 따라 보안을 효과적이고 동적으로 평가하고 위험을 측정하려면 전체적인 보안 및 위험 평가 절차가 필요하다. 스위치, 라우터, 기지국과 같은 포그 지원을 위한 IoT 통합 디바이스가 공개적으로 액세스할 수 있는 컴퓨팅 에지 노드로 사용되는 경우, 이러한 디바이스뿐만 아니라 이러한 디바이스를 사용할 퍼블릭 및 프라이빗 벤더와 관련된 리스크에 대해 더 명확하게 설명해야 한다. 또한 포그 노드로 사용되고 있다고 해서 그러한 디바이스(예를 들어 네트워크 트래픽 처리를 위한 인터넷 라우터)의 의도된 목적을 훼손할 수는 없다. 포그 인프라는 엄격한 보안 프로토콜이 시행되는 경우에만 멀티테넌트를 만들 수 있다.

14.6.1.3 동적 워크플로

IoT 지원 ITS 애플리케이션의 또 다른 중요한 특징과 과제는 워크플로 구성을 발전시키고 동적으로 변경하는 능력이다. FCN을 통한 소프트웨어 업그레이드 또는 네트워크 객체의 빈번한 결합-제거 동작으로 인해 내부 속성 및 성능이 변경돼 전반적인 워크플로 실행 패턴이 변경될 수 있다. 또한 ITS 이해 관계자가 사용하는 포켓용 디바이스는 필연적으로 소프트웨어와 하드웨어 노화로 인해 워크플로 동작 및 디바이스 속성이 변경될 수 있다(예를 들어 배터리가 부족한 디바이스는 데이터 전송 속도를 저하시킨다). 또한 ITS 하위 시스템 내에서 리소스 소비 급증이나 빅데이터 생성과 같은 일시적인 동작 또는 짧은 동작으로 인해 전송 애플리케이션의 성능이 변화할 것이다. 이로인해 워크플로 내에서 토폴로지 구조와 할당된 리소스, 그리고 FCN에 할당된 리소스를 자동적이고 지능적으로 재구성해야 한다.

14.6.1.4 장애 허용

ITS 애플리케이션 수요에 비례해 포그 컴퓨팅 프레임워크를 확장하면 장애 발생 가능성이 증가한다. 소규모 또는 테스트 환경에서 나타나지 않는 희귀한 소프트웨어 버그 또는 하드웨어 오류는 시스템 성능 및 신뢰성에 영향을 줄 수 있다. 우리가 예상하는 규모, 장비 또는 디바이스의 이질성, 복잡성에 따라 서로 다른 고장이 한꺼번에 발생할 가능성이 있다. 이러한 시스템 장애를 해결하려면 개발자는 중복 복제와 사용자를 투명하고 내결함성fault-tolerant이 있는 배포 및 실행 기술을 오케스트레이션 설계에 통합해야 한다.

14.7 향후 연구 방향

이전 하위 절에서 설명한 과제를 통해 포그 지원 IT 아키텍처의 성공적인 구현을 위한 몇 가지 주요 연구 방향을 파악할 수 있다. 포그 라이프 사이클 관리를 위해 정의된 향후 연구 방향은 크게 세 단계로 진행될 수 있다. 배포 단계에서는 최적의 노드 선택 및 라우팅뿐 아니라 확장성 문제를 처리하기 위한 병렬 알고리즘 연구도 포함된다. 런타임 단계에서 증분 설계incremental design 및 분석, 리엔지니어링re-engineering, 동적 오케스트레이션 등은 동적 QoS 모니터링을 지원하고 QoE를 보장하는 잠재적인 연구 분야다. 평가 단계에서 빅데이터 기반 분석big-data-driven analytics 및 최적화 알고리즘은 오케스트레이션 품질을 개선하고 문제 해결을 위한 최적화를 가속화하기 위해 계속 연구돼야 한다.

14.7.1 배포 단계의 기회

포그 컴퓨팅은 노드 선택, 라우팅, 병렬화, 휴리스틱 분야의 연구 기회를 제공한다.

14.7.1.1 최적의 노드 선택 및 라우팅

클라우드 패러다임에서 리소스와 서비스를 결정하는 것은 쉽게 이해할 수 있지만 분산

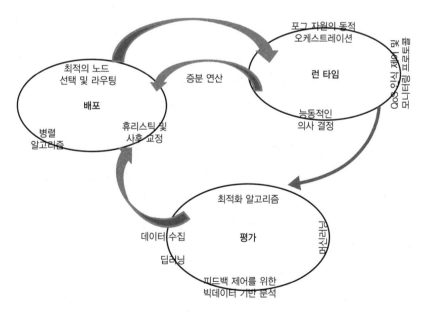

그림 14.5 각 단계의 주요 요구 사항과 과제를 보여 주는 전형적인 포그 오케스트레이터의 기능적 요소

된 포그 설정에서 네트워크 에지를 활용하려면 노드를 연결하기 위한 검색 메커니즘이 필요하다[38]. 포그 컴퓨팅 리소스 검색은 밀접하고 느슨하게 연결된 분산 환경에서는 쉽지 않으며, 포그 계층에서 이용할 수 있는 FCN의 총량 때문에 수동 메커니즘은 실현 가능하지 않다. ITS 유틸리티가 머신러닝 또는 빅데이터 작업을 실행해야 하는 경우 리소스 할당 전략은 온라인 워크로드뿐만 아니라 다양한 이기종 디바이스의 데이터 스트림까지 수용할 수 있어야 한다.

FCN의 가용성 및 기능을 효율적으로 평가하려면 벤치 마크 알고리즘을 개발해야 한다. 이러한 알고리즘은 지연 속도나 QoE를 손상시키지 않으면서 다양한 계층 레벨에서 연산 워크플로에서 FCN을 원활하게 확대 또는 해제할 수 있어야 한다.

기존의 클라우드 기반 솔루션은 적합하지 않으므로 FCN 네트워크 아키텍처에서 결함이 감지됐을 때 시스템의 일관성 및 신뢰성을 보장하고자 자동으로 노드가 복구되는 메커니즘을 고안해야 한다. 뿐만 아니라 포그 컴퓨팅 환경에서 워크플로 파티셔닝workflow partitioning을 고려해야 한다. 클라우드 데이터 센터에 수많은 작업 분할 기술, 언어, 도구가 성공적으로 구현돼 있지만 FCN 간의 작업 할당에 관한 연구는 여전히 기초 단계에 머무르고 있다.

후보 FCN의 기능과 지리적 분포를 명시하지 않으면 해당 노드 간에 연산 오프로딩을 실현하기 위한 자동화된 메커니즘을 구현하기가 어렵다. 우선순위 인식 리소스 관리 정책을 통해 관련 호스트 노드 목록 유지, 워크로드의 순차적 오프로딩을 위한 계층 또는 파이프라인 작성, 여러 노드에 분산된 작업을 동적으로 배포하기 위한 스케줄러 개발, FCN, 데이터 센터 또는 데이터 입력 등의 병렬화 및 멀티태스킹 알고리즘은 등은 R&D 커뮤니티뿐만 아니라 학계에서 철저하게 연구돼야 한다.

14.7.1.2 규모 및 복잡성을 관리를 위한 병렬화 접근 방식

최적화 알고리즘optimization algorithm이나 그래프 기반 접근 방식graph-based approache은 대규모로 적용할 경우 일반적으로 시간과 자원이 많이 소비되며, 최적화 프로세스를 가속화하려면 병렬 접근 방식이 필요하다. 최근 연구는 인메모리 컴퓨팅 프레임워크를 활용해 클라우드 인프라에서 작업을 병렬로 실행할 수 있는 솔루션을 제공한다. 그러나 IoT 컴포넌트의 규모와 동적화dynamicity에서 비롯된 해결 가능한 솔루션의 공간 이동에 적용하고자 런타임 시 동적 그래픽 생성 및 파티셔닝을 실현하는 것은 여전히 해결되지 않은 문제다.

14.7.1.3 휴리스틱 및 후기 보정

IoT 애플리케이션 개발 중 실시간에 가까운 개입을 보장하기 위해 최적(차선책)이 아닌 솔루션을 초기에 배포해도 적용할 수 있는 보정^{calibration} 메커니즘을 활용하는 것도 한 방법이다. 예를 들어 오케스트레이터가 신뢰성 및 데이터 전송 요구 사항을 거의 만족하는 후보 솔루션을 찾은 경우에는 추가적인 최적의 솔루션에 대한 검색을 일시적으로 중단할 수 있다. 런타임 시 오케스트레이터는 새로운 제약 조건을 재평가해 의사 결정 결과를 지속적으로 개선하고 작업 및 데이터 마이그레이션 접근 방식을 사용해 워크플로 재배치를 실현할 수 있다.

14.7.2 런타임 단계에서의 기회

런타임 단계에서 포그 컴퓨팅을 위한 연구 기회는 동적 리소스 오케스트레이션, 증분 전략$^{incremental\ strategies}$, QoS, 주도적인 의사 결정$^{proactive\ decision-making}$이 포함된다.

14.7.2.1 포그 자원의 동적 오케스트레이션

초기 배포를 제외하고 모든 워크플로 구성 요소는 내부 변환 또는 비정상적인 시스템 동작에 따라 동적으로 변경된다. IoT 애플리케이션은 실행 변형$^{execution\ variations}$이 흔한 불확실한 환경에 노출된다. 소모품 디바이스 및 센서의 성능 저하로 인해 초기에 보장됐던 보안 및 신뢰성과 같은 기능이 달라져 초기 워크플로는 더 이상 최적 상태가 아니거나 완전히 무효화된다.

또한 구조 토폴로지$^{structural\ topology}$는 작업 실행 진행률(예를 들어 연산 작업이 완료 또는 제거됨)에 따라 변경되거나 실행 환경의 발전에 영향을 받을 수 있다. 하드웨어 및 소프트웨어 충돌 조합의 가변성으로 인해 시스템에 이상이 발생하거나 비정상적인 데이터 및 요청 폭주로 인해 서로 다른 디바이스 관리 영역에서 데이터 왜곡이 발생할 수 있다. 이로 인해 데이터 통신의 불균형이 발생하고 애플리케이션의 신뢰성은 떨어진다. 따라서 작업 실행 및 리소스 재분배를 동적으로 오케스트레이션(조정)하는 것은 필수적이다.

14.7.2.2 증분 연산 전략

ITS 애플리케이션은 워크플로 또는 작업 그래프를 통해 여러 IoT 애플리케이션을 조합해 구성할 수 있다. 일부 도메인에서는 오케스트레이션에 지리적 위치 및 속성이 다른 수

많은 후보 디바이스가 제공된다. 경우에 따라 오케스트레이션은 모든 지정된 제약 조건과 목표를 고려하면서 사전 필터링, 후보 선택, 조합 연산을 포함한 작업을 수행하는 데 매우 많은 시간이 소요되기 때문에 일반적으로 너무 연산 집약적인 작업으로 간주될 수 있다. 정적 모델static model과 방법은 설계 시 애플리케이션 작업 부하 및 병렬 작업을 알 수 있는 경우 실행 가능해진다. 이와 반대로 변동과 장애가 발생할 경우 오케스트레이션(조정) 방법methods은 일반적으로 런타임 시 증분 스케줄링에 의존해(정적 방법을 다시 실행해 완전히 재연산하는 것이 아니라) 불필요한 계산을 줄이고 일정 소요 시간을 최소화한다.

14.7.2.3 QoS 인식 제어 및 모니터링 프로토콜

동적 변화dynamic evolution 및 변수(예를 들어 동적 변화, 상태 전이, 새로운 IoT 운영 등)를 포착하려면 대기 시간, 가용성, 처리량 등의 측면에서 동적 QoS 임계값의 정략적 기준과 측정 방식을 미리 정의해야 한다. 이러한 임계값은 일반적으로 런타임 시 원하는 대로 메트릭스metrics의 상한과 하한을 지정한다. 일반적인 설정에서는 하이퍼 스케일 매트릭스 업데이트hyper-scale matrix update 및 연산과 같은 복잡한 QoS 정보 처리 방법은 많은 확장성 문제를 야기한다.

14.7.2.4 주도적 의사 결정

지역화된 자체 업데이트 영역은 포그 환경 내에서 어디서나 존재한다. 오케스트레이터는 정기적으로 또는 이벤트 기반 방식으로 포그 구성 요소에 의해 생성된 스테이징된 상태staged states 및 데이터를 기록해야 한다. 이 정보는 일련의 시계열 그래프를 형성하고 비정상적인 이벤트의 분석 및 주도적 인식proactive recognition을 가능하게 해 핫스팟hotspot을 동적으로 결정한다[40]. 데이터와 이벤트 스트림은 포그 구성 요소 간에 효율적으로 전송돼야 하므로 시스템 중단system outage, 어플라이언스 장애appliance failure 또는 로드 스파이크load spikes는 의사 결정을 위해 중앙 오케스트레이터로 신속하게 피드백된다.

14.7.3 평가 단계의 기회: 빅데이터 중심 분석 및 최적화

일반적인 ITS 프레임워크는 다양한 교통 엔티티를 IoT 영역에서 클리크-라이크 구조clique-like structure로 통합하고 자산 최적화를 촉진하기 위해 이해 관계자들 간에 에너지와 데이터의 양방향 흐름을 가능하게 한다. 데이터 기반 ITS의 주요 데이터 소스는 연결된 차량connected vehicles, 온보드 센서OBS, On-Board Sensor, 로드 사이드 유닛RSU, Road-Side Unit, 교통 센서 및 액추에이터, GPS 장치, ITL 및 추천 시스템recommender system, 크라우드소싱crowdsourcing 및 피드백 모듈의 웹 데이터와 같은 ITS 감지 객체를 포함한다.

또한 IT 애플리케이션의 IoT 영역은 실시간 분석과 데이터 집계의 조합을 필요로 하는 다차원, 고용량 동적 데이터 스트림을 생성하는 지리적으로 분산된 수많은 디바이스로 확장된다[41]. 그림 14.6은 클라우드와 포그 플랫폼을 기반으로 한 BD2A와 지능형 트래픽 관리의 최적화를 위한 개념 프레임워크를 보여 준다. 포그 오케스트레이션 모듈은 복잡한 IoT 지원 ITS 엔드포인트에서 안정적인 데이터 관리를 위해 효율적인 데이터 중심 최적화 및 계획 알고리즘planning algorithm을 사용해야 한다.

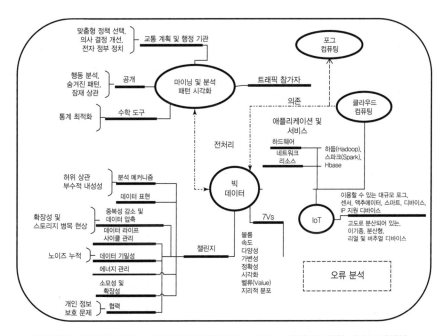

그림 14.6 클라우드 및 포그 플랫폼에 기반한 BD2A 및 TLM 최적화를 위한 개념 프레임워크

포그 컴퓨팅에 충실한 ITS 애플리케이션을 개발하고 포그 환경의 여러 계층에서 이러한 애플리케이션의 적절하게 교환하는 동안 개발자는 스키마 정의schema definition, 매핑mapping, 모든 중첩all overlapping 및 계층 간의 상호 연결(있는 경우)을 안정화하는 강력한 최적화 절차를 사용해야 한다. 데이터 전송 지연 시간을 줄이고자 데이터 처리 활동 및 데이

터베이스 서비스를 파이프라인으로 연결할 수 있다. 이동 데이터 동작의 빈번한 트리거trigger보다는 다중 데이터-로컬 원칙(예를 들어 시간, 공간 등)과 효율적인 캐싱 기법을 사용하면 센서 근처에 있는 FCN의 연산 작업을 분산시키거나 다시 스케줄링해 네트워크 지연을 개선할 수 있다. 데이터 생성 속도 또는 데이터 압축 비율과 같은 QoS 파라미터와 관련된 속성을 사용자 정의하고 데이터 품질과 지정된 응답 시간 목표 간의 균형을 맞추기 위해 리소스를 할당할 수 있다.

중요한 과제는 의사 결정자들이 여전히 연산 작업에 많은 시간을 소비하고 있다. 이 문제를 해결하기 위해 온라인 머신러닝은 각 시스템 요소의 지속적인 동작을 포착하고자 여러 온라인 학습(예를 들어 분류, 클러스터링 알고리즘)과 예측 모델prediction model을 프로비저닝해 시스템 리소스 사용량, 장애 발생을 지능적으로 예측할 수 있다. 모든 작업은 히스토리 데이터 및 히스토리 기반 최적화 절차HBO, Historical History-Based Optimization에서 학습할 수 있다. 연구원 또는 개발자는 지속적인 피드백 루프feedback loop를 생성하기 위해 기존 의사 결정decision-making 프레임워크에 적용된 해당 휴리스틱heuristics과 함께 스마트 기술을 연구해야 한다. 클라우드 머신러닝은 분석가들에게 일련의 데이터 탐색 도구와 머신러닝 모델과 알고리즘을 사용할 수 있는 다양한 선택권을 제공한다.

14.8 결론

14장에서는 데이터 중심 교통 아키텍처의 필요성에 대해 살펴보고, 핵심 구성요소의 기능과 이와 관련된 특정 배포 문제에 대해 논의했다. 그런 다음 우리는 이러한 데이터 중심 교통 아키텍처에서 지원되는 애플리케이션의 서비스 크리티컬 저장소service-critical store 및 컴퓨팅 요구 사항을 파악하고, 클라우드 배포의 현재 상태를 분석하고 이러한 요구 사항을 충족하기 위해 지리적으로 분산된 포그 방법론의 필요성을 설명했다. 또한 스마트 교통 애플리케이션에 맞춤화된 포그 컴퓨팅 프레임워크를 제시하고 지능형 교통 관리 시스템ITLM 사용 사례를 통해 포그 모델 대한 요구 사항을 살펴봤다. 포그 모델을 성공적으로 배포하려면 유지 보수를 단순화하고 데이터 보안 및 시스템 신뢰성을 향상시킬 수 있는 오케스트레이션 프레임워크가 필요하다. 14장에서는 IoT 영역에서의 스마트 교통 서비스를 위한 포그 지원 오케스트레이션의 핵심 문제와 향후 연구 과제를 살펴봤다.

참고 문헌

1   Intel Corporation. Designing Next-Generation Telematics Solutions. *White Paper*, 2018.

2   B. Varghese, N. Wang, S. Barbhuiya, P. Kilpatrick, and D. S. Nikolopoulos. Challenges and Opportunities in Edge Computing. In *Proceedings of the 2016 IEEE Int. Conf. Smart Cloud, SmartCloud 2016*, pp. 20 –26, 2016.

3   O. Skarlat, S. Schulte, and M. Borkowski. Resource Provisioning for IoT Services in the Fog. *9th IEEE International Conference on Service Oriented Computing and Applications*, November 4 –6, 2016, Macau, China.

4   S. Park, O. Simeone, and S.S. Shitz. Joint Optimization of Cloud and Edge Processing for Fog Radio Access Networks. *IEEE Trans. Wireless Communications*, 15(11): 7621 –7632, 2016).

5   C. Perera, Y. Qin, J. C. Estrella, S. Reiff-marganiec, and A.V. Vasilakos. Fog computing for sustainable smart cities: A survey. *ACM Computing Surveys*, 50(3): 1 –43, 2017.

6   M. Chiang and T. Zhang. Fog and IoT: An overview of research opportunities. *IEEE Internet Things Journal*, 3(6): 854 –864, 2016.

7   M.M. Hussain, M.S. Alam, and M.M.S. Beg. Computational viability of fog methodologies in IoT-enabled smart city architectures — a smart grid case study. *EAI Endorsed Transactions*, 2(7): 1 –12, 2018.

8   C. Byers and P. Wetterwald. Fog computing: distributing data and intelligence for resiliency and scale necessary for IoT. *ACM Ubiquity Symposium*, November, 2015.

9   Z. Wen, R. Yang, P. Garraghan, T. Lin, J. Xu, and M. Rovatsos. Fog orchestration for Internet of Things services. *IEEE Internet Computing*, 21(2): 16 –24, 2017.

10 N.K. Giang, V.C.M. Leung, and R. Lea. On developing smart transportation applications in fog computing paradigm. *ACM DIVANet'16, November 13–17, Malta*, pp. 91 –98, 2016.

11 W. He, G. Yan, L. Da Xu, and S. Member. Developing vehicular data cloud services in the IoT environment. *IEEE Trans. Industrial Informatics*, 10(2): 1587 –1595, 2014.

12 S. Bitam. ITS-Cloud: Cloud Computing for Intelligent Transportation System.

IEEE Globecom 2012 — Communications Software, Services and Multimedia Symposium, California, USA, 2054 – 2059.

13 J.M. Sussman. *Perspectives on Intelligent Transportation Systems (ITS)*. New York: Springer-Verlag, 2005.

14 T. Gandhi and M. Trivedi. Vehicle surround capture: Survey of techniques and a novel vehicle blind spots. *IEEE Trans. Intelligent. Transp. Syst.*, 7(3): 293 – 308, September 2006.

15 M.M. Hussain, M.S. Alam, and M.M.S. Beg. Federated cloud analytics frameworks in next generation transport oriented smart cities (TOSCs) — Applications, challenges and future directions. *EAI Endorsed Transactions. Smart Cities*, 2(7), 2018.

16 J. Zhang, F. Wang, K. Wang, W. Lin, X. Xu, and C. Chen. Data-driven intelligent transportation systems : a survey. *IEEE Trans. Intelligent. Transp. Systems*, 12(4): 1624 – 1639, 2011.

17 X. Hou, Y. Li, M. Chen, et al. Vehicular Fog Computing : A Viewpoint of Vehicles as the Infrastructures. *IEEE Trans Vehicular Tech.*, 65(6): 3860 – 3873, 2016.

18 A. O. Kotb, Y. C. Shen, X. Zhu, and Y. Huang. IParker — A new smart car-parking system based on dynamic resource allocation and pricing. *IEEE Trans. Intell. Transp. Systems*, 17(9): 2637 – 2647, 2016.

19 O. Scheme. Central Pollution Control Board. Delhi Central Pollution Control Board, Delhi, pp. 1 – 6, 2016.

20 X. Wang, X. Zheng, Q. Zhang, T. Wang, and D. Shen. Crowdsourcing in ITS : The state of the work and the networking. *IEEE Trans. Intell. Transp. Systems*, 17(6): 1596 – 1605, 2016.

21 Z. Liu, H. Wang, W. Chen, et al. An incidental delivery based method for resolving multirobot pairwised transportation problems. *IEEE Trans. Intell. Transp. System*, 17(7), 1852 – 1866, 2016.

22 D. Wu, Y. Zhang, L. Bao, and A. C. Regan. Location-based crowdsourcing for vehicular communication in hybrid networks. *IEEE Trans. Intell. Transp. System*, 14(2), 837 – 846, 2013.

23 M. Tubaishat, P. Zhuang, Q. Qi, and Y. Shang. Wireless sensor networks in intelligent transportation systems. *Wirel. Commun. Mobile. Computing. Wiley InterScience*, 2009, no. 9, pp. 87 – 302.

24 White Paper. Freeway Incident Management Handbook, Federal Highway Administration, *Available*: http://ntl.bts.gov/lib/jpodocs/rept_mis/7243.pdf.

25 M.M. Hussain, M.S. Alam, M.M.S. Beg, and H. Malik. A Risk averse business model for smart charging of electric vehicles. In *Proceedings of First International Conference on Smart System, Innovations and Computing, Smart Innovation, Systems and Technologies*, 79: 749 – 759, 2018.

26 M. Saqib, M.M. Hussain, M.S. Alam, and M.M.S. Beg. Smart electric vehicle charging through cloud monitoring and management. *Technology Economics Smart Grids Sustain Energy*, 2(18): 1 – 10, 2017.

27 C.-C. R. Wang and J.-J. J. Lien. Automatic vehicle detection using local features — A statistical approach. *IEEE Trans. Intell. Transp. System*, 9(1): 83 – 96, 2008.

28 L. Bi, O. Tsimhoni, and Y. Liu. Using image-based metrics to model pedestrian detection performance with night-vision systems. *IEEE Trans. Intell. Transp. System*, 10(1): 155 – 164, 2009.

29 S. Atev, G. Miller, and N.P. Papanikolopoulos. Clustering of vehicle trajectories. *IEEE Trans. Intell. Transp. System*, 11(3): 647 – 657, September 2010.

30 Z. Sun, G. Bebis, and R. Miller. On-road vehicle detection: A review. *IEEE Trans. Pattern Anal. Mach. Intell.*, 28(5): 694 – 711, 2006.

31 J. Huang and H.-S. Tan. DGPS-based vehicle-to-vehicle cooperative collision warning: Engineering feasibility viewpoints. *IEEE Trans. Intell. Transp. System*, 7(4): 415 – 428, 2006.

32 J.M. Clanton, D.M. Bevly, and A.S. Hodel. A low-cost solution for an integrated multisensor lane departure warning system. *IEEE Trans. Intell. Transp. System*, 10(1): 47 – 59, 2009.

33 K. Sohn and K. Hwang. Space-based passing time estimation on a freeway using cell phones as traffic probes. *IEEE Trans. Intell. Transp. System*, 9(3): 559 – 568, 2008.

34 M.M. Hussain, F. Khan, M.S. Alam, and M.M.S. Beg. Fog computing for ubiquitous transportation applications — a smart parking case study. *Lect. Notes Electrical. Engineering*, 2018 *(In Press)*.

35 T. N. Pham, M.-F. Tsai, D. B. Nguyen, C.-R. Dow, and D.-J. Deng. A cloud-based smart-parking system based on Internet-of-Things technologies. *IEEE*

Access, 3: 1581 – 1591, 2015.

36 B.X. Yu, F. Ieee, Y. Xue, and M. Ieee. Smart grids: A cyber — physical systems perspective. In *Proceedings of the IEEE*, 24(5): 1 – 13, 2016.

37 E. Baccarelli, P.G. Vinueza Naranjo, M. Scarpiniti, M. Shojafar, and J.H. Abawajy. Fog of everything: energy-efficient networked computing architectures, research challenges, and a case study. *IEEE Access*, 5: 1 – 37, 2017.

38 A. Beloglazov and R. Buyya. Optimal online deterministic algorithms and adaptive heuristics for energy and performance efficient dynamic consolidation of virtual machines in cloud data centers. *Concurrency Comput., Practice. Experience*, 24(13): 1397 – 1420, September 2012.

39 H. Zhang, Y. Xiao, S. Bu, D. Niyato, R. Yu, and Z. Han. Computing resource allocation in three-tier IoT fog networks: A joint optimization approach combining stackelberg game and matching. *IEEE Internet of Things Journal*, 1 – 10, 2017.

40 K.C. Okafor, I.E. Achumba, G.A. Chukwudebe, and G.C. Ononiwu. Leveraging fog computing for scalable IoT datacenter using spine-leaf network topology. *Journal of Electrical and Computer Engineering, Hindawi*, 1 – 11, 2017.

41 J. Gubbi, R. Buyya, S. Marusic, and M. Palaniswami. Internet ofThings (IoT): A vision, architectural elements, and future directions. *Future Generation Computer System*, 29(7): 1645 – 1660, 2013.

15

포그 기반 IoT 애플리케이션의 테스트 관점

프리얀카 차왈라 Priyanka Chawla 로히트 차왈라 Rohit Chawla

15.1 소개

포그 컴퓨팅은 네트워크 에지에 컴퓨팅 인텔리전스(가상화된 리소스 형태로), 스토리지, 네트워킹 서비스를 제공함으로써 클라우드 컴퓨터의 장점을 활용할 수 있다. 이는 (클라우드를 통한 통신 필요성을 줄임으로써) 네트워크 지연 시간을 단축하고, 간헐적인 연결, 강화된 보안 및 대규모 통신 지원을 통해 중단 없는 서비스를 운영하는 데 도움이 된다. 따라서 포그 컴퓨팅 패러다임은 IoT 애플리케이션 개발을 위한 실용적인 대안 중 하나다.

IoT는 기존의 인터넷 연결을 통해 정보를 수집하고 교환하고자 센서, 마이크로 칩, 소프트웨어 등이 탑재된 실제 물리적 디바이스(예를 들어 가전 제품, 의료 기기, 차량, 건물 등)의 유비쿼터스 네트워크라고 불린다. 이는 컴퓨팅 인텔리전스를 물리적 객체에 직접 통합해 성능, 효율성 및 재정적 이익을 높이는 방식이다. IoT 분야의 호황은 기업들이 시장 수요에 맞게 IoT 제품을 만들도록 동기를 부여했다. IDC 보고서에 따르면 2020년까지 IoT에 대한 전 세계 지출은 약 1조 2900억 달러에 이르게 될 것으로 예상했다[1]. 신흥 기술에 대한 가트너 Gartner의 기술 보고서에 따르면 2020년까지 204억 개의 디바이스가 서로 연결될 것이라 예상했다[2]. IoT의 연결이 확장함에 따라 의료 기기와 시스템, 자동차 안전 등 공공의 안전과 개인의 생활에 직접 영향을 미치는 IoT 시스템의 범위와 기능도 나날이 발전하고 있다. 그러므로 시스템 장애와 네트워크 장애의 발생 빈도는 이전보다 더 높을 수밖에 없다. 그러나 급속한 혁신과 고속성장으로 인해 IoT 시스템이 시장에 출시되기 전에 신뢰성을 확보하기 위해 IoT 테스트(품질 보증) 전략이 필요할 것으로 예상된다.

품질 보증^{quality assurance}은 개발된 소프트웨어의 정확성과 품질을 보장하는 가장 중요한 개발 단계 중 하나다. 소프트웨어 설계가 잘못되면 애플리케이션에 오류가 발생하고 최종 사용자 환경에 영향을 미칠 수 있기 때문에 마찬가지로 품질 보증은 IoT 시스템에서도 중요하다. IoT 아키텍처는 이기종 하드웨어, 통신 모듈, 대용량 및 다양한 데이터로 구성돼 매우 복잡하며 IoT 시스템의 성능과 동작을 분석하는 데 중요한 역할을 한다. IoT 시스템의 기능적 및 비기능적 요구^{functional and nonfunctional requirement} 사항(예를 들어 건전성, 신뢰성, 보안, 성능 등)은 다양한 종류의 운영체제^{OS}, 소프트웨어, 하드웨어 조합에 대해 다양한 디바이스를 테스트한 경우에만 보장될 수 있다.

IoT에 대한 QA 프로세스는 머신러닝 및 데이터 마이닝과 같은 관련 신기술에 대한 검증을 정기적으로 수행해 기존 및 미래의 시스템을 개선하는 데 필요하다. 또한 IoT 디바이스에서 백엔드로 전송되는 대량의 데이터는 운영 중인 시스템과 네트워크에 병목 현상을 일으키고 성능을 저하시킬 수 있다. 이는 개발팀에서 해결해야 할 과제이며 IoT 시스템의 전체를 커버할 수 있는 고급화된 테스트 전략이 필요하다.

15장에서는 IoT 애플리케이션 구현을 위한 포그 컴퓨팅 패러다임의 기본 개념과 장점을 설명한다.

15.3절은 가정, 건강, 교통 분야의 스마트 애플리케이션에 대한 테스트 관점에서 접근한다. 지금까지 적용된 테스트 접근 방식과 솔루션을 결과에 따라 설명하고 비교했다. 또한 기존의 작업을 평가하고자 스마트 홈, 스마트 헬스, 스마트 교통 등 세 가지 스마트 기술과 관련된 평가 기준이 제안됐다. 마지막으로 15.4절에서는 공개적인 이슈와 향후 연구 방향을 제시한다.

15.2 연구 배경

지연 시간^{latency}과 위치 인식^{location awareness}이 가장 중요한 IoT 애플리케이션이 등장하면서 포그 컴퓨팅이 등장하게 됐다. 포그 컴퓨팅은 클라우드 컴퓨팅의 연산, 네트워크, 스토리지 서비스를 네트워크 에지로 확장하는 개념적 모델이다. 포그 컴퓨팅의 패러다임은 분산형 아키텍처를 제공하고 클라우드 컴퓨팅의 방법론과 특성(예를 들어 가상화, 멀티테넌시 등)을 네트워크 에지까지 확장한다. 게임, 화상 회의, 지리적으로 분산된 애플리케이션(예를 들어 파이프라인 모니터링$^{pipeline\ monitoring}$, 센서 네트워크 환경 모니터링), 고속 모바일 애플리케이션(예를 들어 스마트 커넥티드 차량, 커넥티드 철도), 대규모 분산 제어 시스템(예를 들어 스마트 그리드, 커넥티드 철도, 스마트 교통 조명 시스템), 엔터테인먼트 및 광고 산업 등의 애플리케이션은 서비스 품질$^{QoS,\ Quality\ of\ Service}$ 개선과 네트워크 대기 시간 단축으로 인해 포그 컴퓨팅 패러다임으로 대규모 혜택을 누릴 수 있다. 또한 포그 모델은 셋업 박스$^{setup\ boxe}$, 액세스 포인트$^{access\ point}$ 등의 엔드 서비스$^{end\ service}$를 설정해 데이터 분석 및 분산 데이터 수집 포인트에 적합하다. 따라서 IoT 애플리케이션 개발을 위해 포그 컴퓨팅 모델을 선택하면 다음과 같은 많은 장점을 활용할 수 있다. 장점 중 일부는 다음과 같다.

- **클라우드 기반의 구독 서비스로부터의 자유** 포그 컴퓨팅 모델은 애플리케이션 개발자가 인터넷 연결에 크게 의존하지 않고 네트워크 에지에서 IoT 애플리케이션을 제어, 관리, 운영할 수 있도록 해준다. 또한 포그 컴퓨팅의 분산 아키텍처를 통해 에지 노드는 IoT 애플리케이션에 대한 로컬 의사 결정과 추가 분석을 위해 데이터를 로컬에 저장할 수 있다. 따라서 이러한 방식으로 클라우드 서비스 및 로컬 데이터 스토리지에 대한 의존도를 줄일 수 있다.

- **혼잡, 비용 및 네트워크 대기 시간 감소** 포그 노드는 원격 데이터 센터에서 수행하는 분석과 비교해 매우 빠른 속도로 데이터를 처리하고 분석한다. 포그 컴퓨팅 모델은 마감 시간 요구 사항에 따라 데이터 분석 작업의 우선 순위를 지정한다. 실시간 요구 사항이 있는 IoT 애플리케이션의 데이터를 처리 및 분석해 네트워크의 지연 및 혼잡을 낮춘다. 필요한 경우 처리된 데이터를 정기적으로 메인 데이터 센터로 보내 추가로 분석할 수 있다. 이러한 방식으로 네트워크 대역폭뿐만 아니라 리소스의 최적화에 도움이 되며 이로 인해 사용 비용까지 절감할 수 있다.

- **보안 강화** 포그 컴퓨팅 패러다임은 임무 수행에 필수적인 애플리케이션의 민감한 데이터를 로컬에서 처리해 WAN을 통해 전송되는 데이터를 줄이는 데 도움이 된다. 따라서 데이터가 이동하는 동안 데이터 보안과 관련된 리스크가 줄일 수 있다.

- **장애 허용, 신뢰성, 확장성** 포그 계층은 클라우드 노드뿐만 아니라 중복 데이터 처리 기능을 향상시켜 높은 수준의 신뢰성을 제공한다. 또한 많은 수의 로컬 노드를 가상화된 시스템 형태로 활용할 수 있어서 확장성이 크게 향상된다. 또한 중앙 집중

식 컴퓨팅 환경을 사용하지 않음으로써 주요 블록과 장애 포인트^{point of failure}를 줄일 수 있다.

포그 컴퓨팅 모델의 장점을 고려할 때 대량의 데이터를 생성하는 IoT 애플리케이션에는 포그 컴퓨팅 패러다임을 활용할 수 있는 광범위하고 밀도가 높은 디바이스 네트워크가 필요하다.

- 스마트 시티^{smart city}
- 스마트 빌딩^{smart building}
- 스마트 교통^{smart transportation}
- 스마트 에너지^{smart energy}
- 스마트 농업^{smart agriculture}
- 스마트 조명^{smart lighting}
- 스마트 헬스^{smart health}
- 스마트 파워 그리드^{smart power grid}
- 정유 공장^{oil refineries}
- 기상 시스템^{meteorological system}

15장에서는 스마트 홈, 스마트 헬스, 스마트 교통 등 세 가지 연구 사례를 테스트 관점에서 논의하고 연구의 한계 및 향후 연구 방향에 대해 논의한다. 이러한 세 가지 사례 연구를 선택한 이유는 홈, 헬스, 교통은 사회의 주요 관심 사항이기 때문이다. 농업 또한 사회의 가장 중요한 기본적인 요구 사항 중 하나이며 첨단 기술을 접목해 농업을 스마트하게 만드는 것은 전 세계의 성장과 번영에 크게 기여할 것이다. 그러나 시간과 공간의 제약으로 인해 스마트 농업 사례 연구는 여기에서는 설명하지 않을 것이다. 스마트 농업 분야는 향후 연구에서 다뤄질 것이다.

15.3 테스트 관점

스마트 기술이 가능한 환경의 시대에 디바이스는 시스템 구성을 공유하기 위해 다른 디바이스 또는 인간과 상호 작용해야 한다. 이로 인해 애플리케이션의 작동이 중단될 수 있으며 최종 사용자 환경에 영향을 미칠 수 있다. 따라서 스마트 시스템의 핵심인 소프트웨어는 신뢰할 수 있고 강력해야 하고 이를 위해서는 소프트웨어를 효과적으로 테스트해야만 신뢰성이 보장될 수 있다. 15.3절에서는 다양한 스마트 시스템을 위해 산업계와 학계에서 선택한 테스트 관점과 접근 방법을 설명한다.

15.3.1 스마트 홈

NTS는 스마트 미터smart meter, 스마트 도어 장금 장치, 조명 제어 장치, 온도 조절 장치, 연기 센서smoke sensor와 같은 홈 영역 네트워크HAN, Home Area Network 디바이스의 유효성을 검사하는 테스트 서비스 제공 업체 중 하나다. 가전 제품의 상호 운용성을 시험하고 다양한 디바이스의 에너지 소비량을 반영해 효과적인 에너지 관리에 도움이 된다[3, 4]. 또한 이 테스트 도구는 가전 제품의 기능을 시뮬레이션해 자체 테스트를 수행하는 고객을 지원한다. NTS는 스마트 에너지용 무선 제품을 테스트하고자 지그비 얼라이언스ZigBee Alliance1를 사용했다. 지그비 스마트 에너지ZigBee Smart Energy는 HAN의 초기 상호 운용 가능한 표준으로 미국 에너지부US Department of Energy와 미국 국립표준기술연구소NIST, National Institute of Standards and Technology에 의해 선정됐다. 또한 NTS는 아이컨트롤 플랫폼iControl Platform에서 스마트 도어 장금 장치, 조명 제어 장치, 온도 조절 장치, 연기 센서와 같은 보안 및 홈 자동화 상품을 테스트한다.

휴대 전화 제조 분야의 주요 업체(예를 들어 Apple, MI 등)는 휴대 전화 애플리케이션을 통해 보안, 효과적인 에너지 관리, 연기나 가스 누출을 자동 감지할 수 있는 스마트 홈 애플리케이션을 제공한다. 문과 창문에 보안 센서 시스템을 구축하면 스마트 홈의 보안을 강화할 수 있다. 연기 또는 가스 감지기는 모바일 애플리케이션을 통해 모니터링하고 관리할 수 있다. 비슷한 방식으로 스마트 조명의 스케줄과 밝기를 원격으로 제어할 수도 있다. 아리온 스마트 홈Allion Smart Home은 클라우드 서비스/데이터 교환, 'UI/APP', '최종 사

---

1   지그비 얼라이언스는 IEEE 802.15.4에서 정의된 물리 계층과 MAC 계층과 더불어 네트워크, 시큐리티, 응용 계층까지 표준화하고 있다. - 옮긴이

용자 장치'라는 세 가지 중요한 스마트 홈 환경의 제품 개발, 테스트, 디버깅에서 고객을 지원하는 테스트, 검증 서비스를 제공한다[5]. 알리온^{Alion}에 설립된 연구소는 3개의 침실, 2개의 거실 및 소파, TV 캐비닛, 침대, 책상, 옷장 등과 같은 가정 용품을 포함한 2개의 욕실이 있는 실제 가정 환경을 시뮬레이션한다. 2.4GHz 대역의 다른 전기 제품과의 간섭을 유발하고자 텔레비전, 무선 스피커, 컴퓨터(데스크톱, 노트북), 무선 LED 조명 등과 같은 일반 가전 제품 및 전자 제품은 전력선 무선 익스텐더$^{powerline\ wireless\ extender}$, 무선 전화, 주방의 전자 레인지가 있는 공간에 설치돼 있다. 이는 실제 환경에서 사용자 행동 패턴과 습관을 시뮬레이션하고자 설계됐다[5].

eInfochips는 iOS 및 Android 앱 성능 테스트를 수행하고 가정용 디바이스의 성능을 개선하고 iOS와 Android 플랫폼 간의 불일치를 방지하기 위해 Android 및 iOS 플랫폼용 UI를 재설계했다. 애플리케이션 응답 시간은 24×7 성능 평가 도구를 사용해 측정하고 데이터 흐름 및 로그 파일의 도움을 받아 성능 비효율성을 식별하고 데이터 병목 구간을 분석한다. 성능 최적화 기법은 비용 편인 분석$^{cost-benefit\ analysis}$을 사용해 구현한다. 충돌 문제$^{crash\ issue}$는 세부 분석과 충돌 로그 리뷰를 작성해 해결한다. SonarQube와 XClarify 툴을 사용해 코드 분석을 수행한다[6].

UL은 실리콘 밸리 캠퍼스 근처에 위치한 2,500제곱피트(약 232제곱미터)에 내부 인테리어가 완비돼 있는 UL 생활 연구소를 설립해 실제 사용자 환경 시나리오에서 스마트 홈 디바이스를 테스트할 수 있는 환경을 구축하고 생태계 통합, 대규모 상호 운용성, RF 성능, 오디오 품질과 같은 다양한 장점을 제공한다[7].

TUV는 데이터 보호 규정의 지침에 따라 데이터의 프라이버시를 보장하고자 스마트 홈 제품을 테스트하는 업체다. 디바이스의 기본 설정, 암호화된 데이터의 로컬 통신 테스트, 상호 운용성 테스트 등과 같은 다양한 유형의 테스트가 수행돼 사용자 데이터의 프라이버시 효율성을 테스트한다. 스마트 홈 디바이스는 동작 센서 및 화재 경보기와 같은 제품을 테스트해 기능, 기계적 및 전기적 안전을 인증하도록 테스트됐다. 또한 스마트 홈 디바이스에 대한 사용 적합성 테스트$^{usability\ test}$도 수행한다[8].

VDE Institure에 설치된 스마트 홈 테스트 플랫폼$^{Smart\ Home\ Test\ platform}$은 규정 준수^{compliance}, 결함 없는 기능$^{faultless\ functionality}$, 사용자 데이터 보호, 상호 운용성에 대해 스마트 홈 네트워크 디바이스를 평가하고 인증하는 테스트를 수행한다[9].

미국 국립재생에너지연구소^{NREL, National Renewable Energy Laboratory}는 산업, 제조 업체, 대학, 기타 정부 기관을 위한 배전망^{power distribution grid}을 시뮬레이션하고자 스마트 홈 테스트 베드^{test bed}를 고안했다. NREL 테스트 베드에는 전원이 공급되는 하드웨어 및 소프트웨어가 시뮬레이션에 포함돼 있다. 스마트 홈 하드웨어는 전기 차량 공급 장치^{EVSE, Electric Vehicle Supply Equipment}, 홈 로드^{home load}, 온수기, 온도 조절 장치^{thermostat2}, 에어컨으로 구성되며 모든 태양광 인버터와 교류 전력^{AC, Alternating Current} 증폭기에 의해 전력(적색선을 통해)이 공급되고 그리드 전력^{grid power}을 에뮬레이트^{emulates}한다. 고성능 컴퓨터^{HPC, High-Performance Computer}인 페레그린^{Peregrine}은 배전 공급기를 시뮬레이션하는 첨단 가정용 에너지 관리 시스템^{HEMS, Home Energy Management System} 최적화 알고리즘을 실행하고자 활용됐으며, 또한 날씨 및 가격 데이터를 사용해 HEMS를 통해 시뮬레이션된 주택으로 전송되는 신호를 결정하고 HEMS를 통해 스마트 홈 하드웨어에 적용된다. 스마트 홈 테스트 베드의 핵심 구성 요소는 전력 시스템과 가정 시뮬레이션을 관리하는 통합 에너지 시스템 모델, HEMS 알고리즘, HEMS 하드웨어와 통신, 실험실의 HIL^{Hardware-In-the-Loop} 제어 컴퓨팅에서 실행되는 스마트 홈(에너지 플러스 사용) 시뮬레이션이다. 또한 IESM은 HEMS에 대한 입력으로 가격 신호를 제공해 사용자가 스마트 홈 기술이 소매 가격 구조에 어떻게 반응하는지를 평가할 수 있다[10]. 논문 [11]의 Zipperer 연구진은 스마트홈에서 전기 에너지 관리 메커니즘을 개발했다. 논문 [12]의 Cordopatri 연구진은 칼리브리아 대학^{University of Calabria} 캠퍼스에 테스트 연구소를 설립해 에너지 흐름^{energy flow}, 쾌적성 관리 시스템^{comfort management systems} 등 스마트 홈의 다양한 관리 시스템과 관련해 실험했다. 칼리브리아 대학에서 개발한 쾌적성 관리 시스템^{energy and comfort management system, ECMS}의 주요 목표는 스마트 홈 시스템의 향상된 편안함과 안정성과 더불어 에너지 비용 및 사용량을 감소시키는 것이다. 여러 연구자들은 퍼지 논리^{fuzzy logic}, 신경망 및 유전 알고리즘을 기반으로 하는 유사한 종류의 프레임워크를 제안했다[13-16]. 논문 [17]의 연구진은 교육용으로 사용할 수 있는 SHEMS라는 개방적이고 스마트한 가정용 테스트 베드를 개발했다. 이러한 제품의 요약은 표 15.1에서 확인할 수 있다.

---

2 온도 조절 장치(thermostat)는 온도를 자동적으로 일정하게 조절하는 장치다. – 옮긴이

표 15.1 스마트 홈을 테스트하고자 수행한 작업 개요

저자/회사	목표	접근법	결과
국가 기술 시스템 (NTS, National Technical Systems)[2, 3]	Simple HomeNet 어플라이언스를 위한 ZigBee 스마트 에너지 인증 테스트	• 테스트 도구는 디바이스의 기능을 시뮬레이션해 사용자가 자체 테스트를 쉽게 수행할 수 있도록 설계됐다. • NTS 테스트는 온도 조절기, 계량기, 부하 조절기, 수영장 펌프, 온수기, 디스플레이 장치 등과 같은 다양한 홈 네트워크 디바이스들과 함께 작동하는지 검증하고 에너지를 효율적으로 관리하는 데 도움이 되는 에너지 소비량을 정확하게 측정할 수 있다.	스마트 에너지 디바이스 테스트; 소비자의 신뢰성 향상 및 비용 절감
Allion 스마트 홈 테스트 서비스[5]	하드웨어 개발 지원, 소프트웨어 앱 유효성 검사 및 사용자 경험 최적화, 클라우드 서비스 유효성 검사, RF 신호 및 간섭 검증, 상호 운용성 테스트 성능 테스트; 신뢰성 및 유용성 테스트	Allion은 기능 테스트를 수행하고 제품이 인증 프로세스의 사양 및 검증 표준을 충족하는지 확인한다. Allion에서 설립된 랩은 사용자의 습관과 행동 패턴의 시뮬레이션을 포함하는 실제 가정 환경을 시뮬레이션한다. 다른 제품 및 테스트 시나리오에 대한 테스트를 수행한다.	모든 18Wi-Fi 인증 서비스를 인증한다.
eInfochops[6]	성능 테스트; 신뢰성 및 유용성 테스트	SonarQube 및 XClarity 도구는 코드 분석에 사용된다. 앱의 성능은 기술 요건과 모바일 앱이 실제 예상 성능 간의 차이를 분석을 통해 결정한다. 병목 현상 분석을 사용해 성능 비효율성을 해결한다. 모바일 성능 최적화 기술은 비용 편익 분석을 통해 실현된다. 충돌의 해결은 상세한 분석을 통해 이뤄진다.	모바일 앱 성능 최적화, 모바일 UI 재설계, 코드 검토 및 성능 테스트 전문 지식, 애플리케이션 신뢰성 향상

TUV 스마트 홈 테스트 및 인증[8]	사용자 친화성을 위한 보안, 개인 정보 보호, 테스트	• 무선 센서와 화재 경보기 같은 제품이 디바이스 및 전기 안전 기능을 철저히 테스트해 기능을 보장한다. • 보호되는 프라이버시 테스트는 디바이스의 확인 및 유효성 검사, 데이터 및 IP 프로토콜뿐만 아니라 로컬 및 온라인 통신, 모바일 앱의 개인 정보 설정, 관련 문서의 법적 요구 사항 및 예상, 데이터 사용 조건, 제품 테스트, 상호 운용성 테스트 등이 포함된다.	인증서로 명명된 인증 및 투명성 향상
UL Living Lab [7]	상호 운용성 테스트	실제 가정과 동네에서 제품을 사용할 수 있는 2500 평방피트(약 232제곱미터)	실제 사용자 시나리오 테스트 즉각적인 체험 물리적 설치 생태계 통합 대규모 상호 운용성 오디오 품질 및 RF 성능
VDE 스마트 홈 테스트 플랫폼[9]	상호 운용성, 정보 보안, 기능 안전, 데이터 보호	• 통신 디바이스 및 게이트웨이와 같은 디바이스 테스트 • 백엔드 및 클라우드 시스템, 스마트폰 및 태블릿용 앱 • 사용자 문서 테스트 • 데이터 보호	적합성 평가 미국 연방경제기술부(BMWi[u4])의 자금 지원 인증 프로그램
NREL 스마트 홈 테스트 베드[10]	에너지 효율을 테스트	• 홈 에너지 관리 시스템(HEMS) 최적화 알고리즘 • 통합 에너지 시스템 모델(IESM) • HIL(Hardware-in-the-Loop) 기술 • GridLAB-D 소프트웨어	제어 가능하고 유연하고 완변한 계 통합된 스마트 홈 테스트 베드

(계속)

표 15.1 (계속)

저자/회사	목표	접근법	결과
Zipperer et al.[11]	전기 에너지 관리	• 유틸리티 지원 기술 • 고객 지원 기술	• 에너지 효율성 증가 • 에너지 사용 비용 감소 • 탄소 배출량 감소
A. Cordopatri et al.[12]	에너지 및 편의 관리 시스템(ECMS, Energy and Comfort Management System)	• 전용 웹 기반 및 모바일 그래픽 인터페이스 앱을 통해 전력선 또는 무선 기술을 통해 시스템 주변 디바이스(전환기, 스마트 플러그 등)와의 통신관리 • 통계 및 훈련 목적을 위한 기계와 기계간의 상호 작용(예를 들어 모니터링 데이터, 해석, 저장 및 데이터 실시간 수집, 해석, 저장 및 정교화 • 저장된 과거 데이터를 기반으로 가정용 에너지 소비량 예측 • 특정 사용자의 요청만 아니라 수행되나 예측을 고려해 정의된 의사 결정 알고리즘 및 상호 운용성 규칙에 기초한 에너지 제어 조치를 실행하고자 주변 디바이스에 제어 신호 전송	• 에너지 비용 및 사용량 감소 • 스마트 홈 시스템의 편안함과 안전성 개선
I. Dounis et al.[13]	다중 에이전트 제어 시스템(MACS, Multi-Agent Control System)	TRNSYS/MATLAB	• 사용자의 선호 온도 관리 • 조명의 쾌적성, 실내 공기 품질 • 에너지 절약

참고문헌	제목/주제	방법	비고
R. Baos et al.[14]	재생 가능하고 지속 가능한 에너지에 적용되는 컴퓨터 최적화 방법의 현재 기술 검토		현대적인 연구 발전에 대한 명확한 시각화
J.-J.Wang et al.[15]	다중 기준 의사 결정 분석(MCDA) 방법 검토	가중 합계, 우선순위 결정, 순위 및 퍼지 집합 방법론의 조합에 의해 계산된 에너지 의사 결정	지속 가능한 에너지 의사 결정을 위한 MCDA 방법 및 통합 방법 확인
T. Teich et al.[16]	에너지 효율적인 스마트 홈	신경망	에너지 절약
Q. Hu et al.[17]	스마트 그리드를 기반으로 한 에너지 절약을 위한 개방적이고 확장 가능한 모델	머신러닝 및 패턴 인식 알고리즘	교육 목적으로 사용할 수 있게 개발된 SHEMS 스마트 홈 테스트베드

15.3.2 스마트 헬스

헬스케어 산업의 주요 목표는 효율적인 비용으로 24시간 내내 환자에게 양질의 서비스를 제공하는 것이다. 의료 소프트웨어 산업은 환자의 프라이버시를 보호하고 병원 운영에 도움이 되는 다양한 소프트웨어 애플리케이션을 제공함으로써 의료 산업의 발전을 가능하게 한다. 따라서 애플리케이션이 충돌하면 의료 프로세스에 심각한 영향을 미칠 수 있으며 환자의 건강에도 심각한 악영향을 미칠 수 있다. 따라서 의료 서비스의 품질과 생산성을 보장하고자 의료 소프트웨어의 테스트는 필수적이다. 의료 산업은 엄격한 규제와 규정 준수 규범을 따라야 하며 새로운 수익 창출 전략을 파악하고 R&D 예산을 효과적으로 활용해야 한다. 이에 따라 소프트웨어 전문가들은 의료 산업의 규정과 표준을 철저히 이해해야 한다. 수행된 작업은 아래에 설명돼 있으며 표 15.2에서 확인할 수 있다.

Virtusa는 헬스케어 도메인 테스트, 사용자 승인 테스트UAT, User Acceptance Testing 최적화, ICD-10 테스트 및 엔터프라이즈 엔드 투 엔드 테스트를 제공하는 전용 센터를 설립했다[18]. 마인드 파이어 솔루션Mindfiresolution은 QTP, 셀레니움Selenium, 앱피움Appium, 로보티움Robotium 등 다양한 툴을 사용해 매뉴얼 및 자동화된 헬스케어 애플리케이션 테스트 서비스를 제공한다. 제공되는 테스트 서비스는 적합성 테스트conformance test, 상호 운용성 테스트interoperability test, 기능 테스트functional test, 보안 테스트security test, 플랫폼 테스트platform test, 부하 및 성능 테스트, 시스템 통합 및 엔터페이스 테스트 및 엔터프라이즈 워크플로 테스트workflow test다[19]. QAInfotech가 제공하는 헬스케어 관리 테스트 서비스에는 기능 테스트functional test, 데이터베이스 테스트, 성능 테스트performance test, 콘텐츠 QA 테스트, 개발, 구현을 포함된다. 또한 테스트 전문가는 HIPAA 지침을 관리하고 성능 및 보안 테스트를 수행한다[20]. ALTEN Calsoft Labs가 설립한 클라우드 랩은 임상 시스템clinical system, 비임상 시스템nonclinical system, 전문 테스트 서비스 분야에서 헬스케어 영역 테스트를 제공한다. 임상 시스템에는 HER/EMR, 병원 ERP, 방사선 정보 시스템radiology information system, 영상 시스템 및 HIPPA와 같은 규정 준수 관련 표준 및 지침이 포함된다. 비임상 시스템에는 약국, 빌링billing, 수익 사이클 관리revenue cycle management 모듈을 포함한다. 전문화된 테스트 서비스는 호환성 및 현지화, 보안 테스트, 성능 테스트, 레거시 현대화 및 테스트, 모바일 헬스케어, BI/분석 및 클라우드 마이그레이션 테스트를 포함한다. Precise Testing Solution는 전자 의료 기록, 환자 설문 조사 솔루션, 품질 및 규정 준수 솔루션, 엔터프라이즈 콘텐츠 관리, 의료 장비 소프트웨어 솔루션 및 규정 준수 테스트 서비스 영역에서

표 15.2 스마트 헬스 테스트를 위해 수행된 작업 개요

저자/회사	목표	접근법	결과
버츄사 COE[18]	의료 도메인 테스트, 사용자 수락 테스트 (UAT) 최적화, ICD-10 테스트 및 엔터프라이즈 엔드 투 엔드 테스트(end-to-end testing)	비즈니스 프로세스 관리, 고객 체험 관리, 기업 정보 관리, 클라우드, 이동성, SAP	· 운영 최적화를 통한 비즈니스 전환 · 효율성 · 대상 고객 확대 · 독특한 미테리얼 및 소비자 참여 경험
Mindfire 솔루션[19]	적합성 테스트, 상호 운용성 테스트, 기능 테스트, 보안 테스트, 플랫폼 테스트, 부하 및 성능 테스트, 시스템 통합 및 인터페이스 테스트, 엔터프라이즈 워크플로 테스트	여러 플랫폼에서 QTP, 셀레니움(Selenium), 앱티움(Appium) 및 Robotium	· 수작업을 줄이는 효과적인 자동화 전략 · 생산 시간 단축 · 고품질 제품을 보장하는 즉시 사용 가능한 QA 프레임워크
인포텍[20]	기능 테스트, 데이터베이스 테스트, 성능 테스트, 콘텐츠 QA 테스트 및 개발, QA 및 테스트 전략 구현, 성능 구현, 성능 및 보안 테스트	· HIPAA 지침을 종교적으로 따랐다. · 기능 관리자와 긴밀한 상호 작용을 통해 성능 및 보안 테스트와 같은 비기능 테스트 유형에 대한 중요한 워크플로를 식별 · 숙력된 테스트	QAInfotech에서 테스트한 의료 애플리케이션이 선의 보안, 개인 정보 보호 및 의무 준수 보장
ALTEN Calsoft Labs' [21]	· 임상 시스템, 비임상 시스템 및 전문 테스트 서비스 영역의 의료 영역 테스트 · 호환성 및 현지화, 보안 테스트, 성능 테스트, 레거시 현대화 및 테스트, 모바일 의료, BI/분석 및 클라우드 마이그레이션 선 및 테스트	· 숙련된 테스터 · 테스트 컨설팅 · COE 테스트 · 전문 테스트 · 승낙	· 신속한 테스트 프레임워크 · 향상된 테스트 커버리지 · 주기 시간 단축 · 프로덕션에서 버그 제로

(계속)

표 15.2 (계속)

저자/회사	목표	접근법	결과
정밀한 테스트 솔루션[22]	전자 의료 기록, 환자 설문 조사 솔루션, 품질 및 규정 준수 솔루션, 엔터프라이즈 콘텐츠 관리, 의료 장비 소프트웨어 및 규정 준수 테스트 서비스 영역의 의료 애플리케이션 테스트	부하 테스트용 JMeter, ZAP 프록시	버그프리 소프트웨어
젠큐(ZenQ) [23]	기능/회귀 테스트, 사용성 테스트, 상호 운용성 테스트, 모바일 애플리케이션 테스트, 규정 준수/인증 테스트, 성능 및 보안 테스트	• HIPAA와 같은 의료 데이터 개인 정보 보호 법률/규정 준수 • 사내 의료 분야 전문 지식 전문가	품질, 환자 중심 치료, 높은 효율성 및 비용 효율성의 보장 • 오류 및 중복 최소화 • 예방적 치료로의 원활한 전환
테스트 트리[24]	기능 테스트, 통합 테스트, 상호 운용성 테스트, 보안 테스트, 디바이스 호환성 테스트, 수동 또는 자동화 테스트 방법 선택, 부하 테스트 및 확장성 및 규정 준수 테스트와 같은 성능 테스트	• 건강정보관리시스템(HIMS) • 실습 및 환자 치료 • 임상 의사 결정 시스템(CDSS) • 규정 준수 솔루션 • 임상 IVR 시스템 • 개인 건강 기록 및 전자 처방 • 정책 관리 • 클레임 관리 • 혜택 관리 • 비즈니스 인텔리전스	• 포괄적인 품질 보증 • 정책, 결제, 청구, 혜택의 효과적인 관리 • 사기 청구에 대한 절차적 효율성 보장 • 구성 요소 시스템의 원활한 통합 • 업데이트 및 표준 규정 준수의 적절한 지 통화
키위(Kiwi)QA [25]	규정 준수 테스트, 제품 일관성 테스트, 플랫폼 테스트, 보안 테스트	테스트 접근 방식은 • 분석적 • 모델 기반 • 동적 • 방법적 • 감독 • 회귀 혐오 • 표준 준수	• 소프트웨어의 잠재적 위험 제거 • 모든 종류의 취약점 문제로부터 자유를 보장

XBOSoft [26]	• 전자 건강 기록(EHR)의 준수 작업 • 자동화된 약물 분사 기계 • 약국 관리 • EMAR • 모바일 앱이 포함된 EPCS	• 테스트 적용 범위를 보장하는 테스트 케이스의 세심한 설계 • 크로스 플랫폼 • 다중 디바이스 • 다중 브라우저 호환성	• 효율성 및 생산성 향상 • 정보의 정확성 및 보안 • 비즈니스 지식과 향상된 환자 경험을 통해 환자 관계 개선 • 오류에 대한 절대 허용치를 필요로 한 비즈니스 규칙의 정확한 구현
인포아이콘 테크놀로지 [27]	상호 운용성 테스트, 기능 테스트, 보안 테스트, 부하 및 성능 테스트, 시스템 통합 테스트 및 수락 테스트	• 다중 플랫폼 테스트 • 테스트를 위한 수동 및 자동화된 접근 방식	• 비용 효율적인 서비스 • 고품질 표준 유지 • 의료 산업 표준 및 규제 프레임워크의 준수 보장
W3Softech [28]	의료 및 제약 산업을 위한 테스트 및 QA 서비스(예를 들어 보험금 보험급 관리 테스트) 임상 의사 결정 지원 시스템(CDSS), 의료비 청구 소프트웨어 테스트 임상 데이터 관리 시스템, CRO 워크플로 관리 시스템에 개인 건강 기록 및 전자 차리 시스템에 개인 건강 기록 및 전자 차 이식된 애플리케이션 테스트 QA, 규정 요구 사항에 대한 테스트 지원	• 애자일 기반 의료 및 의약품 테스트 서비스 • 라이프 사이클 단계별 테스트 활동	• 보장된 우수성 • 강력한 QA 서비스 • 효율성 증대 • 비즈니스 효율성 향상

(계속)

표 15.2 (계속)

저자/회사	목표	접근법	결과
프로바(Prova) [29]	수동 테스트, PLM 테스트 및 자동화 테스트	자동화 테스트 • 셀레니움 웹 드라이버, 성능 테스트 • PHP 및 JMeter 모바일 테스트 • 실크 모바일	우수한 품질의 제품 및 서비스 • 향상된 테스트 범위 • 오류 없는 소프트웨어 응용 프로그램
캄피온(Calpiion) [30]	• 요구사항 분석 • 의료 워크플로의 기능 테스트 • 적합성 테스트 • 상호 운용성 테스트 • 모바일 플랫폼 테스트 • 부하 및 성능 테스트	HP 품질 센터(QC), 퀵 테스트 프로페셔널(QTP, Quick Test Professional) 및 HP ALM - 진정한 하이브리드 프레임워크 및 데이터 기반 테스트를 제공하는 테스트 솔루션 - HP QC를 사용해 수동 테스트 실행 및 결함 보고를 가속화 - 서로 다른 테스트 단계에서 테스트 재사용의 일괄 실행 모드 - 의료 테스트 사례 저장소에서 사전 구축된 테스트 사례는 테스트 주기를 단축 - 새로운 프로세스를 자동화 또는 기존 테스트 사례를 더 빠르게 업데이트	• 품질 향상 • 낮은 비용 활용 • 재사용성 및 자동화 • 글로벌 제공 모델
추상화 [31]	자동화된 기능 테스트, 보안 테스트, 성능 테스트 서비스	- 지속적인 테스트 - 자동화 프레임워크 - 셀레늄 또는 엠퍼옴 • 파포먼스 테스트 • JMeter • 모바일 테스트 자동화 - Monkop	- 규정 준수 및 표준 준수(예: Sarbanes Oxley, HIPAA 등) • 보안, 데이터 정확도, 환자 안전 등과 관련된 위험 최소화 • 니어쇼어링(nearshoring)으로 시간과 비용 절약

참조	유형	도구	설명
360 logica labs [32]	• 의료비 청구 소프트웨어 테스트 • R&D 소프트웨어 테스트 • 엠베디드 애플리케이션 테스트 • 제약 및 의료 산업을 위한 테스트 및 QA 서비스		• 최소 리소스 낭비 및 최대 비즈니스 최적화 보장 • 호환성, 안정성, 보안 및 안전성에 초점을 맞춘 의료 소프트웨어 선별 테스트 • 즉시 사용 가능하고 재사용 가능 • 소프트웨어 테스트 비용 절감 • 정시 납품 및 고품질 보장 • 더 나은 확장성, 리소스 최적화 및 상호 운용성을 보장하는 오픈소스 도구 사용 • 숙련된 내부 전문가로 구성된 테스트 팀
Renate Löffler [35]	모델 기반 테스트 케이스 생성 전략	UML 2.0	요구 사항 사양에 대한 모델 기반 접근 방식 개발 후 의료 애플리케이션에 대한 통합 테스트
Bastien et al. [36]	사용자 기반 평가	KALDI, 모래(Morae), 놀두스(Noldus)	사용성 테스트에서 해결되지 않은 문제 식별
R. Snelick [33]	적합성 테스트	NIST HL7 v2 적합성 테스트 도구	EHR 기술 인증
P. Scott et al. [34]	적합성 테스트	스키마트론(Schematron), 마인드 매핑	개방형 개발HL7 및 I나트 구현 아티팩트를 생성하기 위한 EHR 원형 모델

애플리케이션을 테스트한다[22].

ZenQ는 전자 건강 기록EHR, Electronic Health Record, 전자 의료 기록EMR, Electronic Medical Record, 병원 관리 시스템, 의료 데이터 상호 운용성, 메시징 표준 구성 및 모바일 보건 분야에서 전문화된 의료 테스트 솔루션을 제공해 의료 조직의 품질, 효율성, 비용 효율성을 달성하도록 돕는다. 테스트 서비스는 기능/회귀functional/regression 테스트, 유용성 테스트usability testing, 상호 운용성 테스트interoperability testing, 모바일 앱 테스트, 적합성/인증conformance/certification 테스트, 성능 테스트 및 보안 테스트를 포함한다[23]. Testree는 적절한 관리, 정책 주장 및 혜택의 제어, 환자 및 질병 관리, 청구 및 보고 등을 위한 인증을 포함하는 품질 보증 및 의료 애플리케이션 테스트의 완전한 패키지를 제공한다[24]. Kiwi QA에서 제공하는 의료 테스트 서비스는 컴플라이언스 적합성 테스트compliance conformance testing 제품 일관성 테스트product consistency test, 플랫폼 테스트platform test, 보안 테스트security test를 포함한다[25].

XBOSoft는 건강 관리 분야에서 테스트 서비스를 제공하고 전자 건강 기록HER, Electronic Health Record, 자동화된 약물 분사 장비automated drug dispensing machine, 약국 관리, EMAR, EPCS의 작업을 모바일 앱과 연동 가능한 솔루션을 제공한다. 이는 테스트 적용 범위ensures test coverage, 크로스 플랫폼cross-platform, 멀티디바이스multidevice, 멀티 브라우저 호환성multi browser compatibility을 보장하는 테스트 사례를 신중하게 설계함으로써 수행된다[26]. Infoicon Technologies Pvt. Ltd는 제약 산업pharmaceutical industry, 임상 시스템clinical system, 헬스케어 스타트업healthcare startup, 신체 건강body fitness, 치과 치료dental care, 물리 치료physiotherapy, 의사 상담doctor consultation, 동종 요법homeopathy의 영역을 다루는 비용 효율적인 건강 관리 테스트 서비스를 제공한다. 상호 운용성 테스트, 기능 테스트, 보안 테스트, 로드 및 성능 테스트, 시스템 통합 테스트, 승인 테스트를 포함한 자동화된 테스트뿐만 아니라 수동 테스트 플랫폼을 제공한다. W3Softech는 에자일Agile 기반 의료 및 제약 테스트 서비스를 제공한다[28].

이와 유사한 방법으로 Prova는 의료 산업을 위해 비용 효율적인 소프트웨어 테스트 및 QA 서비스도 제공한다[29]. Calpion은 HP QCQuality Center, 퀵 테스트 프로페셔널QTP, Quick Test Professional, HP ALM을 활용해 웹 및 모바일 헬스케어 애플리케이션에서 작동하는 편리하고 빠른 테스트 프레임워크를 제공한다[30]. Abstracta는 표준과 규정을 준수하면서 환자 포털patient portal, 의료 영상 및 전자 건강 기록HER을 위한 건강 관리 테스트 시스템을 제공한다. 또한 자동화된 기능 테스트, 보안 테스트, 성능 테스트 서비스를 제공한다[31]. 360logica 연구소는 안정적이고 비용 효율적인 표준 준수 헬스케어^{standard compliant} ^{healthcare} 소프트웨어 테스트 서비스를 제공한다. 테스트 서비스는 병원, 제약 및 임상 실험실의 의료 빌링 소프트웨어 테스트, R&D 소프트웨어 테스트, 임베디드 애플리케이션 테스트가 포함된다[32].

Löffler 연구진[35]은 UML 2.0 시퀀스 다이어그램을 확장해 새로 도입된 공식 언어로 기술된 유즈 케이스^{use case} 시나리오에서 모델 기반 테스트 유즈 케이스 생성 전략을 고안했다. 테스트 모델은 규격서^{specification}에서 도출됐으며 이 규격서는 테스트 모델의 각 흐름과 일치하는 테스트 사례를 생성하는 데 사용된다. J.M.C. Bastien 연구진[36]은 애플리케이션의 사용 적합성을 평가하고자 단일 사용자 및 페어 사용자^{paired-user} 테스트를 헬스케어 애플리케이션을 대상으로 사용자 기반 평가를 수행했다. 이 방법에서는 사용자에게 특정 작업을 수행하도록 요청하고 사용자 오류를 유발하는 특정 설계 결함을 인식하기 위한 작업 완료율^{task completion rate}, 합의된 오류의 유형과 같은 사용자의 성과를 포함한다. 이러한 관찰을 바탕으로 프런트 엔드 디자이너에게 설계 변경을 제안할 수 있다. Snelick[33]은 HER 기술 인증을 위해 적합성 테스트^{conformance testing} 및 HL7^{Health Level Seven} v2-기반 적합성 테스트를 수행하는 데 사용되는 툴을 조사했다. Scott 연구진[34]은 전문 표준^{professional standard}을 기반으로 적합성 방법의 개발을 시연했다. 표 15.2는 스마트 헬스에서 수행된 작업을 요약한 것이다.

15.3.3 스마트 교통

UMTRI의 연구원들은 승용차 충돌 사고를 방지하고자 오프로드에서 지능형 교통 시스템 개발 및 테스트를 수행한다. 차량 충돌 방지, 차량 내의 운전자 지원 및 안전 시스템, 차량과 인프라 간의 통합 기술 등에 대한 연구를 수행한다. 미국 교통부^{USDOT, US Department of Transportation}는 무선 연결을 통해 교차로, 도로, 차량이 통신할 수 있는 실제 환경을 조성하고자 미시간, 버지니아, 플로리다, 뉴욕, 애리조나 주에 커넥티드 차량 테스트 베드^{test bed}를 설치했으며, 이 시스템은 미시간주의 노비^{Novi}에 있는 고속도로, 간선도로, 신호 있는 교차로, 신호 없는 교차로들을 따라 설치된 50개의 도로변 장비^{RSE, Roadside Equipment}로 구성돼 있다. 이러한 RSE는 5.9Ghz 전용 단거리 통신^{DSRC, Dedicated Short-Range Communication}을 통해 메시지를 전달한다. 이 테스트 베드는 커넥티드 차량 기술의 진화를 위한 새로운 하드웨어 및 소프트웨어 테스트를 제공한다. 다양한 유형의 테스트(신호 위상 및 타이밍^{SPaT, Signal Phase}

^{and Timing}, 보안 시스템 운영, 기타 연결된 차량 애플리케이션, 개념 및 장비 등)를 무료로 수행할 수 있다. 또한 복잡한 시나리오 테스트를 수행하기 위한 전문가도 포함돼 있다. 또한 지역 기관과 도로 사업자 간에 사전 계약으로 인해 테스트 준비를 할 필요도 없다. 커넥티드 차량 테스트 베드 고객은 덴소^{Denso}, 델파이^{Delphi}, 허쉬만^{Hirschmann}, 이튼^{Eaton}, 에르게니아^{Argenia}, 웨인 주립대학^{Wayne State University}, MET 랩스^{MET Labs}, 리카르도^{Ricardo}, 노스텍사스 대학^{University of North Texas}이 포함돼 있다[39].

IBS에 설립된 테스트 랩은 여행, 교통, 물류 기업에 엔드 투 엔드 소프트웨어 테스트 서비스를 제공한다. 엔터프라이즈 QA 자동화 서비스, 제품 승인 테스트 서비스, 관리 테스트 서비스, NRF 테스트 서비스를 포함한 네 가지 타입의 테스트 서비스를 제공한다. 엔터프라이즈 QA 자동화 서비스는 데브옵스 환경을 지원하는 자동화, 품질 릴리즈를 위한 빌드를 검증하는 프로세스 자동화, TTL 고객을 위한 재사용 가능한 프레임워크 및 변환 모델을 제공한다. 제품 인수 테스트 서비스^{Product Acceptance Test Service}에는 시스템 통합, 최종 승인 및 UAT 지원, 비즈니스 요구 사항을 검증하기 위한 도메인 전문가, 테스트 데이터 관리^{TDM, Test Data Management}를 위한 재사용 가능한 자산, 자동화 및 항공사의 IT 솔루션을 테스트하기 위한 성능 및 다양한 공급 업체 관리 등이 포함된다. 관리 테스트 서비스는 아웃소싱을 위한 컨설팅 서비스, 기존 공급 업체에서의 전환, 기능 테스트에서 인수 테스트^{acceptance test}까지 엔드 투 엔드 테스트, 전달을 위한 확실한 출력/결과 모델로 구성된다. NRT 테스트 서비스는 성능 벤치마킹 및 용량 계획, SMAC, 가용성, 보안, 성능 적용, 전용 실험실 시설 및 규정 준수로 지원되는 프로젝트, 이동성 및 멀티테넌시^{multitenancy}/클라우드에서의 산업 표준 및 프레임워크로 구성된다[40].

ETSI는 리보노^{Livorno}에서 ITS 테스트 베드를 출범하고자 텔레콤 이탈리아^{Telecom Italia}, ERTICO, 지방 정부, 지방 고속도로 당국, 항만 당국^{port authority}과 협력했다. 테스트 베드에는 신호등, IoT 센서, 카메라, 도로 전광판, 고속도로 관제 센터와 연결돼 있다. RSU와 차량 내 탑재된 디바이스는 도로 옆에 배치해 효과적으로 테스트할 수 있다. 교통 표지 위반, 도로 위험, 교차로 및 충돌 경고, 적재 구역 같은 기타 ITS 테스트 활동도 성공적으로 수행할 수 있다[41].

Woo 연구진[42]은 적응형 정속 주행 시스템^{ACC, Adaptive Cruise Control}, 차선 이탈 경고 시스템^{LDWS, Lane Departure Warning System}, 협력 교차로 경고 시스템^{cooperative intersection warning system}, 롤오버 스태빌리티 컨트롤^{RSC, Rollover Stability Control}, 전자식 스태빌리티 컨트롤^{ESC, Electronic Stability Control}

등 다양한 ITS 및 첨단 운전자 지원 시스템^{ADAS, Advanced Driver Assistance System} 기술에 대해 테스트할 수 있는 테스트 베드를 설계했다. 테스트 베드는 ISO/TC204 표준의 요구 사항을 충족하도록 고안됐다. ITS의 테스트 베드는 ITS 고속 트랙^{high-speed track}, 협력 차량 인프라 테스트 교차로^{cooperative vehicle-infra test intersection}, 특수한 테스트 트랙이라는 3개의 트랙을 포함한다. ITS 하이 스피드 트랙^{high-speed track}의 주요 목적은 ACC, LDWS, LKA 등의 성능을 시험하는 것이다. 최대 허용 속도는 204km/h에 길이가 1,360m인 3개 하이 스피드 트랙이 있다. 주요 목표는 보행자 보호 및 교차로 안전을 테스트하는 것이다. 특별한 테스트 트랙은 총 면적이 490 × 35m의 4차선으로 구성돼 있다. 예를 들어 벨기에 도로, 세차장 도로, 자갈길, 워터 스플래시 샤워 터널^{water splash shower tunnel}이 포함돼 있다. 이러한 트랙에서 내구성 및 신뢰성 테스트가 수행된다.

에스토니아 정부는 자율 주행차를 도입해 대중교통 체계를 개편할 목적으로 국가의 국도와 지방 도로에서 자율 주행차 테스트를 합법화했다. 일반 도로 및 교통 상황에서 자율 주행차를 위한 사이버 위험 관리 프레임워크 개발을 위해 많은 노력을 기울이고 있다. 에스토니아 정부는 차량 관리 시스템과 대중 교통 시스템에 통합하고 주문형 버스 정류장^{call-to-order bus stop}을 구현할 계획을 갖고 있다[44].

Transit Windsor는 지능형 교통 시스템을 위한 테스트 서비스뿐만 아니라 개발 서비스를 제공한다. 이 회사는 효율적이고 안전한 사용자 친화적인 시스템을 갖춘 10대의 버스를 생산했다. 곧 출시될 버스 정류장 메시지에 대한 온보드 음성^{onboard voice} 및 시각적 안내를 디스플레이 보드에 제공한다. 또한 실시간으로 Transit Windsor 버스 도착 정보와 인터넷을 통해 버스 진행 경로를 확인할 수 있다[45].

Siphend은 UBS II와 ARAI 테스트를 통해 지능형 교통 시스템^{ITS, Intelligent Transportation System} 제품 준수 규정을 달성했다. 이 테스트는 엄격한 절차를 거치는 것으로 유명하다. Siphen는 인도 정부와 협력해 차량 위치^{automatic vehicle location}, 차량 상태 모니터링^{vehicle health monitoring} 및 진단^{diagnostics} 등 지능형 교통 시스템^{ITS} 같은 기능을 갖춘 24 × 7 버스 운행 서비스를 제공하고 있다. 또한 그것은 정부 당국이 제시한 인증 절차뿐만 아니라 엔드 투 엔드 테스트를 수행하고 있다[46].

Anritsu는 테스트 시간 및 테스트 주기를 줄이면서 V2X, 테스트 및 제조를 위한 ITS 솔루션을 효율적인 방식으로 제공한다. 테스트 솔루션은 네 가지 구성 요소, 즉 MD8475A 신호 테스터, MS2830A 스펙트럼 분석기, MS269xA 시리즈, V2X 802.11p

메시지 평가 소프트웨어의 도움을 받아 제공된다. MD8475A 신호 테스터는 M2M 표준 뿐만 아니라 셀룰러^{cellular}도 지원한다는 점에서 유사하다. 지원되는 서비스는 eCall, IMS, VoLTE, WLAN 오프로드 테스트 및 차량용 콜 처리 테스트다. GUI 기반 SmartStudio 소프트웨어와 GUI의 자동 원격 제어를 위해 제공되는 테스트 시퀀스로 인해 테스트 작업이 쉽고 빠르며 안정적이다. 멀티 모드 터미널^{multimode terminal}과 LTE(2×2 MIMO), LTE-Advanced^{Carrier Aggregation} 등 모든 셀룰러 표준이 잘 지원되고 있다. SmartStudo GUI 는 손쉬운 테스트 환경과 기능 테스트 설정을 제공한다. 또한 사용 가능한 테스트 시퀀스와 함께 자동 이동 단말 검증 테스트^{automated mobile terminal verification test}도 수행할 수 있다. MS2830A 스펙트럼 분석기는 차량 간 또는 차량 간 테스트 환경에서 2G, 3G, LTE, LTE-Advanced 신호를 테스트하는 데 사용된다. 제품 품질을 개선하기 위해 캡처 및 재생 기능을 시뮬레이션된 설계와 성능을 가진 실제 효과와 비교한다. 지원되는 주파수 범위는 9kHz~26.5GHz/43이다. MS269xA 시리즈 디바이스에는 스윕 스펙트럼 분석^{swept spectrum analysis}, FFT 신호 분석 및 정밀 디지타이저 기능^{precision digitizer function3}이 포함돼 있으며 차세대 통신 애플리케이션을 위한 최신 고성능 신호 분석기다. 여기에는 신호 발생기 옵션이 추가된 원박스 테스터^{One-Box Tester}를 갖고 있다. 일괄 캡처 측정^{batch capture measurement} 지원으로 인해 분석 시간을 단축할 수 있다[47].

펜타 시큐리티 시스템^{Penta Security Systems}은 한국의 3개 도시의 커넥티드 차량에 구현된 보안 데이터 솔루션 Auto Crypt를 통해 안전한 스마트 교통을 시작했다. 또한 자율 운행 자동차를 시험 인증하고자 K-City로 명명된 테스트 베드를 설립했다. 공용 키 인프라^{public key infrastructure}와 V2X 보안 시스템은 도로변 장치의 보안 및 암호화뿐만 아니라 차량 대 차량 또는 차량 대 인프라 간의 보안 및 암호화된 통신을 보장하고자 구현됐다[43].

시뮬레이션 기반 테스트 베드는 조지아 공과대학^{Georgia Institute of Technology} 토목 및 환경 공학부^{School of Civil and Environmental Engineering}에 의해 개발됐으며, ITS의 센서 및 액추에이터 시스템을 신속하게 평가하고 통합하는 데 사용할 수 있다. 이 테스트는 또한 ITS 애플리케이션을 지원하고자 다양한 데이터 네트워크 아키텍처 가능성을 연구하고 조사하는 데 사용될 수 있다. 테스트 베드는 통합 병렬 시뮬레이션 기능을 지원하고 교통 인프라^{transportation infrastructure}, 유무선 통신 네트워크 및 분산 컴퓨팅 애플리케이션의 상호 운용 가

---

3 디지타이저는 아날로그 데이터를 디지털 형식으로 입력하는 데 사용되는 장치를 말한다. ─ 옮긴이

능한 시뮬레이션도 포함된다. 또한 가상 교통 시스템에 내장된 시제품^{prototype} 하드웨어와 소프트웨어가 포함된 생생한 실험을 수행할 수 있는 에뮬레이션 기능을 갖고 있다. 테스트 베드에는 애틀랜타 도시 지역에서 작동하는 차량에 내장된 센서(예를 들어 위치, 속도, 가속도 센서 등)에서 생성된 데이터가 통합돼 있다. 이 데이터는 시뮬레이션 검증뿐만 아니라 모델링 및 시나리오 개발에도 사용할 수 있다[37]. 위에서 언급한 작업은 표 15.3에 요약돼 있다.

15.4 향후 연구 방향

15.4절에서는 스마트 홈, 스마트 헬스, 스마트 교통과 같은 스마트 기술을 위한 테스트 방법 및 향후 연구 방안을 논의한다. 기존 작업에 대한 평가와 한계 및 연구 방향을 확인하고자 평가 기준을 제시한다.

15.4.1 스마트 홈

스마트 홈 테스트 베드의 기존 작업을 평가하고자 다음과 같은 평가 기준을 제안한다. 이러한 테스트 평가 기준의 관련성은 15.4.1절에 설명돼 있다.

- **에너지 효율성 테스트** 이 테스트는 스마트 홈의 에너지 소비량 감소량을 검증하고자 사용된다.
- **신뢰성 테스트** 기능 테스트와 함께 스트레스 테스트, 네트워크 테스트를 포함한 다양한 특정 테스트에서 시스템의 안정성을 보장한다.
- **기능성 테스트** 요구 사항에 만족하는 소프트웨어 애플리케이션의 각 기능을 검증하고자 사용된다. 장애 경로$^{failure\ path}$ 및 경계 사례$^{boundary\ case}$와 관련된 모든 시나리오를 포함한다.
- **상호 운용성 테스트** 상호 운용성은 디바이스가 서로 통신하는 방법과 정보를 수신할 때 처리 방법과 그에 상응하는 조치가 생성되는 방법을 결정한다. 만약 디바이스가 정보를 수신할 수 없는 경우 해당 정보에 따라 작업을 수행하면 소비자가 원하는 대로 작동하지 않을 것이다. 완전한 기능이 없으면 제품이 가치를 제공하지 못할 수 있다. 실제 테스트에서는 문제의 실제 시나리오를 묘사하기 때문에 상호 운

표 15.3 스마트 교통 테스트를 위해 수행된 작업 개요

저자/회사	목표	접근법	결과
UMTRI[38]	• 교통사고 방지를 위한 차량 기반 기술 개발 • 차량 내 운전자 지원 • 안전 시스템	• 충돌 방지 알고리즘 • 차량과 인프라 간의 통합 기술	차량 안전
US DOT 커넥티드 차량 테스트 베드 [39]	• 차량과 같은 디바이스를 테스트하기 위해 • 인식 디바이스(VAD, Vehicles Awareness Devices) • 애프터마켓 안전 디바이스(ASD, Aftermarket Safety Devices) • 차량 내 안전 디바이스(ISD, In-vehicle Safety Devices), • 라디오 및 도로변 장비(RSE, Radios and Roadside Equipment) 개발 및 테스트 • DSRC 표준 개발 및 테스트 연결차량 보안인증서 자격관리 구축 • SPaT 및 GID(Geometric Intersection Description) 데이터를 이용한 응용 프로그램 개발 및 테스트	테스트 베드는 최신 IEEE 1609/802 및 SAE J2735 표준의 지침에 따라 작동한다. - 정기적인 업데이트 지원 - 최신 새 보안 구현 기능은 물론 최신 하드웨어 및 소프트웨어 애플리케이션	• 실제 환경에서 SPaT 데이터를 수신 및 처리하는 기능을 테스트할 수 있다. • 보안 증명 관리 시스템(SCMS, Security Certificate Management System) 또는 SCMS 에뮬레이터를 사용해 실제 도로에서 출시하기 전에 시스템에 대한 신뢰도 향상 • 테스트 베드에서 제공하는 인프라로 인한 시스템 테스트 및 검증 비용 절감 • 보다 분산적이고 단순화된 개방형 구조 • 동작 및 진화하는 환경
IBS Lab [40]	- 엔드 투 엔드 소프트웨어 테스트 • 엔터프라이즈 QA 자동화 서비스, 제품 수락 테스트 서비스, 관리 테스트 서비스 및 NFR 테스트 서비스를 포함한 네 가지 유형의 테스트 서비스 제공	• 요구 사항 개발 • 테스트 계획 및 실행 • 프로젝트 조정 • 불일치 해결 결과 보고	품질 결과물 강조 • 테스트 메커니즘의 효율성과 유효성에 대한 지속적인 개선 • 새롭고 혁신적인 방법론 및 관행의 통합

494

항목		
ETSI 테스트 베드 [41]	교통 표지 위반, 도로 위험, 교차로 및 충돌 경고, 적재 구역과 같은 테스트 활동	• 테스트 베드의 인프라는 신호등, IoT 센서, 카메라, 가변 메시지 표지판, 고속도로 관제 센터와의 연결로 구성 • 대규모 분산 감지 및 작동을 위한 IoT 테스트 베드	ETSI의 ITS Release 1 표준 준수 및 무선 장비와의 상호 운용성
JWWoo et al. [42]	• 적응형 크루즈 컨트롤(ACC), 차선 이탈 경고 시스템(LDWS, Lane Departure Warning System), 롤오버 스테빌리티 컨트롤(RSC, Rollover Stability Control) 및 전자식 스테빌리티 컨트롤(ESC, Electronic Stability Control)의 성능 테스트 • 보행자 보호 및 교차로 안전성 테스트 • 내구성 및 신뢰성 테스트	• ITS 테스트 베드에는 ITS 고속 트랙, 차량 인프라 협동 테스트 교차로, 특수 테스트 트랙이라는 3개의 트랙으로 구성된다. • 시뮬레이터: KATECH 진보된 자동화 시뮬레이터, CarSimond dSPACE 시스템, 3D 가상 테스트 트랙	ISO/TC204 표준 요건에 따름
E-Estonia [44]	자율 주행차를 활용한 대중교통 체계 개편	• 국가 및 지방 도로에서 자율 주행 차량 테스트 • 자율 주행차를 위한 사이버 리스크 관리 프레임워크	일반 도로 및 교통 조건에서 안전한 자율 차량 테스트를 위한 법적 및 사이버 위험 관리 프레임워크 제공
Transit Windsor 테스트 솔루션[45]	To improve the functionality of transportation services	교통 서비스의 기능을 개선하기 위해 음성 안내방송은 버스 내부의 디스플레이 표지된 메시지와 동기화	• 비용 효율적이고 안전하며 사용자 친화적인 시스템 • 정류장에서 대기하는 통근자에게 자동 차량 안내

(계속)

표 15.3 (계속)

저자/회사	목표	접근법	결과

Siphen [46]	• UBS II 및 ARAI 테스트의 엄격한 준수에 따른 테스트
	• 엔드 투 엔드 테스트를 제공하고 시스템 프로세스를 인증한다.
		• 더 보다 높은 기술 사양에 따라 업데이트된 회로 기판의 통합
		• 인도 교통 인프라 및 운영 조건과 호환되는 새로운 디바이스 제작
			• 정부 기관에서 정한 기한에 맞춰 테스트 및 인증 프로세스를 적시에 완료
			• 인도 작동 조건에서 상시 작동하는 맞춤형 솔루션
			  • 비상 대응 시간 단축
			  • 자동 차량 위치
			  • 자동 차량 상태 모니터링 및 진단
			  • 고품질 표준 보장 및 최신 기술 구현

Anritsu 테스트 베드 [47]	기능 테스트; 이동 단말기 검증 테스트; 차량 간 또는 차량 간 테스트 환경에서 2G, 3G, LTE 및 LTE 고급 신호 테스트	네 가지 구성 요소: MD8475A 신호 전달 테스터, MS2830a 스펙트럼 분석기, MS269xA 시리즈 및 V2X 802.11p 메시지 평가반 소프트웨어; GUI 기반 SmartStudio 소프트웨어	ITS 시스템 테스트를 편리하고 안정적이며 효율적으로 수행할 수 있도록 지원
Penta 보안 시스템 K-City 테스트 베드 [43]	자율 주행 자동차 AutoCrypt의 테스트 및 인증 수행	공개키 인프라 및 V2X 보안 시스템	ITS의 안정적이고 안전한 시스템
조지아 공과대학교 [37]	ITS의 센서 및 액추에이터 시스템에 대한 신속한 평가 및 통합	• 교통 인프라, 유무선 통신 네트워크 및 분산 컴퓨팅 애플리케이션이 상호 운용이 가능한 시뮬레이션 • 실제 실험을 수행하기 위해 가상 교통 시스템에 프로토타입 하드웨어 및 소프트웨어가 내장되어 있다. • 애틀랜타 지역의 도로 센서로부터 수신된 실시간 데이터를 사용해 시뮬레이션의 모델, 시나리오 개발 및 검증	지능형 교통 시스템(ITS, Intelligent Transport System)의 실제 환경에 실제 배포하기 전에 가상 운영 조건에서 새로운 메커니즘을 조사하고 평가하는 네 프레임워크를 사용할 수 있다.

용성 문제를 해결하는 가장 좋은 방법이다.

- **성능 테스트** 스프트웨어 애플리케이션이 예상되는 작업 부하 환경에서 제대로 작동하는지를 검증하고자 사용된다. 다양한 작업 부하 환경에서 시스템의 응답성 및 신뢰성을 결정하고, 시스템의 품질 속성(예를 들어 확장성, 신뢰성, 자원 사용량)을 측정한다.

- **사용 적합성 테스트** 사용 적합성 테스트는 시스템을 이해하는 데 필요한 기술 수준, 익숙해지는 데 필요한 시간, 사용자 생산성 등의 매개 변수가 포함된 최종 사용자의 편리한 시스템 학습 수준을 측정한다.

- **보안 테스트** 보안 테스트는 애플리케이션이나 제품이 안전한지 판단하기 위한 테스팅 기법이다. 비밀 보장^{confidentiality}, 무결성^{integrity}, 인증^{authentication}, 허가^{authorization}, 가용성^{availability}, 부인 방지^{nonrepudiation} 등과 같은 기본 원칙을 확인하는 것이 목표다.

이미 설명한 평가 기준에 따라 향후 연구에 대한 제안뿐만 아니라 연구의 한계와 향후 연구 방향도 설명돼 있으며 표 15.4에서 확인할 수 있다. 스마트 홈 기술을 활용하는 데 첫 번째 걸림돌은 스마트 홈이 해킹에 취약하다는 점이다. 따라서 스마트 홈을 보호하기 위한 사이버 보안을 고려한 테스트 베드를 구축해야 한다. 두 번째 걸림돌은 높은 비용이다. 보다 저렴한 비용으로 사용자가 사용할 수 있는 기술을 개발하고자 노력해야 한다. 포그 컴퓨팅 및 IoT에서 조합 테스트^{combinatorial test} 전략을 사용해 분산된 자원 풀링을 지원하는 가격 책정 모델에서 제안한 저렴한 가격을 보장할 수 있다. 세 번째 장애는 스마트 홈 기술에 익숙하지 않는 사용자에게 발생할 수 있는 러닝 커브^{learning curve}다. 따라서 사용 적합성 테스트에서도 최우선적으로 고려돼야 한다. 스마트 홈을 활성화하는 것을 방해하는 또 다른 가장 중요한 요인 중 하나는 산업 표준화가 부족하다는 것이다. 산업 표준이 아닌 독점 기술^{proprietary technology}을 사용하면 스마트 홈 사용자에게 많은 문제가 발생할 수 있다. 따라서 적합성 테스트^{conformance test}에도 우선순위를 부여해야 한다. 인터넷 연결에 대한 의존성도 해결해야 하며 스마트 시스템의 환경에 적합하도록 특별히 설계된 신뢰성 테스트 방법론^{reliability testing methodology}이 우선적으로 해결돼야 한다.

표 15.4 스마트홈에 대한 제한 사항 및 연구 방향 요약

기준	연구 방향	작업	제한 사항	제안
에너지 효율 테스트	스마트 홈의 에너지 소비 감소를 확인한다.	[3, 10, 11, 12, 13, 16, 17]	1. 높은 비용	다음과 같은 목적을 위해 테스트 베드를 설치해야 한다.
신뢰성 테스트	다양한 특정 테스트에서 시스템의 안정성을 확인한다.	[3]	2. 신뢰성	1. 스마트 홈을 보호하기 위한 사이버 보안 메커니즘을 탐색한다.
기능 테스트	요구 사항에 따라 소프트웨어 애플리케이션 각 기능을 확인한다.	[3, 5, 6, 8–10]	3. 보안 및 개인 정보 보호 4. 사용자 편의성	2. 저렴한 가격으로 스마트 홈 기술을 이용할 수 있다.
상호 운용성 테스트	디바이스 간 상호 운용성을 보장한다.	[3, 5–10]	5. 표준화 부족 6. 인터넷 연결 의존도	3. 사용성 테스트를 실시해야 한다.
성능 테스트	소프트웨어 애플리케이션이 예상 워크로드에서 제대로 작동하는지 확인한다.	[5, 6]	7. 해킹에 취약	4. 적합성 테스트.
사용성 테스트	제품 또는 서비스를 대표 사용자와 함께 테스트해 평가한다.	[6, 8]	8. 러닝 커브(learning curve)	5. 신뢰성 테스트 전략은 스마트홈을 위해 특별히 개발돼야 한다.
보안 테스트	애플리케이션 또는 제품이 보안 상태를 확인한다.	[8, 9]		

15.4.2 스마트 헬스

기존의 스마트 헬스 테스트 베드를 평가하고자 다음과 같은 기준을 제시했다.

- **적합성 테스트** 적합성 테스트는 Sarbanes-Oxley, HIPAA, FDA 등과 같은 표준을 준수하는지 확인하고자 수행한다.
- **플랫폼 테스트** 운영체제, 다양한 브라우저, 여러 디바이스를 포함한 다양한 플랫폼에서 애플리케이션이 잘 실행되는지를 검증하고자 사용된다.
- **상호 운용성 테스트** 상호 운용성 테스트는 연결된 디바이스와 EHR 시스템이 서로 효과적이고 정확하게 통신이 이뤄지는지 여부를 평가한다. 또한 HL7과 DICOM 간의 원활한 운영이 가능한지를 평가한다.
- **기능 테스트** 사용자의 요구 사항을 기반으로 하는 소프트웨어 애플리케이션의 각 기능을 검증하는 데 사용한다. 고장 경로$^{failure\ path}$ 및 경계 사례$^{boundary\ case}$와 관련된 모든 시나리오를 포함한다.
- **엔터프라이즈 워크플로 테스트** 예상 활동이 실행되고 워크플로 데이터 속성이 정확한 값을 가지는지를 검증한다.
- **성능 테스트** 소프트웨어 애플리케이션이 예상되는 작업 부하 환경에서 제대로 작동하는지를 검증하고자 사용된다. 다양한 작업 부하 환경에서 시스템의 응답성 및 신뢰성을 결정하고 확장성^{scalability}, 신뢰성^{reliability}, 리소스 사용량$^{resource\ usage}$ 등과 같은 시스템의 품질 특성을 측정한다.
- **사용 적합성 테스트** 사용 적합성 테스트는 시스템을 이해하는 데 필요한 기술 수준, 시스템에 친숙해지는 데 필요한 시간, 사용자의 생산성 등의 파라미터를 포함하는 최종 사용자가 새로 개발된 시스템을 학습하는 데 필요한 사용 편의성 수준을 측정한다.
- **보안 테스트** 보안 테스트는 애플리케이션 또는 소프트웨어 제품의 보안을 검증하고자 사용된다. 비밀 보장^{confidentiality}, 무결성^{integrity}, 인증^{authentication}, 허가^{authorization}, 가용성^{availability}, 부인 방지^{nonrepudiation} 등과 같은 기본 원칙을 검증하는 것이 목표다.
- **모바일 앱 테스트** 모바일 애플리케이션 테스트는 손바닥 크기의 모바일 디바이스용으로 개발된 애플리케이션 소프트웨어 기능, 유용성, 일관성을 테스트하고자 사용된다.

위에서 설명한 평가 기준은 기존 스마트 헬스 테스트 솔루션의 한계와 향후 연구 방향을 추론하는 데 도움이 된다. 15.4.2절에는 동일한 내용이 설명돼 있으며, 향후 연구 방향에 대한 연구 제안과 함께 표 15.5에 설명돼 있다.

이것은 다양한 웨어러블 디바이스로부터 수집된 데이터를 체계적으로 관리할 수 있는 효과적인 방법론이 부족하다는 것을 의미한다. 이러한 문제를 해결하고자 빅데이터, 머신러닝, AI 기술을 활용할 수 있다. 언급된 기능을 달성하려면 예를 들어 스마트 시계, 안경 디스플레이, 전자발광 의류electroluminescent clothing와 같은 웨어러블 디바이스에서 수집된 방대한 데이터를 사용해 블록체인 기반의 반복 가능한 테스트를 실행하는 테스트 베드에 관한 연구가 필요하다.

또한 스마트 헬스케어의 다양한 장점에도 불구하고 많이 활성화돼 있지 않고 시장 성장에 많은 걸림돌이 있는 것으로 밝혀졌다. 높은 IoT 인프라 구축 비용, 데이터 프라이버시, 보안 불안 등이 그 원인일 수 있다. 이는 다양한 이해 관계자들 간의 신뢰를 구축함으로써 해결할 수 있으며, 이는 위에서 언급한 문제를 해결하려고 취해진 사이버 보안 문제를 조사하고자 특별히 설계된 보안 테스트를 실행함으로써 실제로 실현될 수 있다.

또 다른 과제는 연결된 디바이스를 관리하고 HER 시스템과의 상호 운용성이 부족하다는 것이다. 이것은 상황 인식 테스트context-aware test 기술을 활용해 이를 해결할 수 있다. 따라서 스마트 헬스 시스템을 위해 상황 인식 테스트 사례 생성 방법론context-aware test case generation methodology을 수행해야 한다. 스마트 안경과 관련된 한계(예를 들어 배터리 수명이 짧고 의사의 의학 용어를 음성 제어 시스템에서 이해할 수 없음)를 해결하려면 시스템이 작동하는지 확인하고자 상황 인식 테스트 데이터 생성을 적용해야 한다. 블록체인 기술은 대규모 데이터 공유의 문제를 해결하고 환자와 의사 그리고 다양한 의료 사업자 사이의 데이터 프라이버시와 보안 및 투명성을 확보해야 한다. 이 경우 의사와 환자 간에 공유되는 데이터 프라이버시와 보안을 보장하고자 블록체인 기반의 반복 가능한 회귀 테스트regression test를 활용할 수 있다.

유전체학genomics은 로봇 공학이 중요한 역할을 하는 유전자 편집genes edit과 유전체 순서 결정genomic sequence을 다루는 분야다. 유전체의 적절한 기능을 보장하는 이러한 테스트 베드는 환자들이 중추 신경계central nervous system나 전염병과 같은 질병으로부터 회복하는 데 도움을 줄 것이다. 따라서 이러한 목적을 달성하고자 효율적인 테스트 전략을 파악하고 설계해야 한다. 정형외과에서 환자의 재활을 위해 가상 현실 기술을 활용할 수 있는 더

표 15.5 스마트 건강을 위한 제한 사항 및 연구 방향 요약

기준	연구 방향	작업	제한 사항	제안
작업성 테스트	표준 준수를 확인	[18, 19, 20, 21, 22, 23, 24, 25, 26, 27, 30, 31, 32, 34, 35]	1. 다양한 웨어러블 디바이스에서 수집된 데이터를 체계적으로 관리할 수 있는 방법이 없다.	테스트 베드는 다음 영역에서 연구를 행할 수 있도록 개발해야 한다.
Platform Testing	Ensure application runs across all platforms.	[19, 25, 26]		1. 빅데이터, 머신러닝, 인공지능(AI)의 탐색을 통해 웨어러블 디바이스에서 수신되는 방대한 데이터 관리 및 활용
상호 운용성 테스트	애플리케이션(또는 소프트웨어 시스템)이 서로 효과적이고 정확하게 통신할 수 있는지 평가한다.	[19, 21, 23, 24, 27, 30]	2. 스마트 헬스케어가 제대로 도입되지 않아 시장 성장이 제한적이다.	2. 스마트 연결과 관련된 제한 사항 해결
기능 테스트	요구 사양에 따라 소프트웨어 애플리케이션의 각 기능을 확인한다.	[18, 19, 20, 21, 22, 23, 24, 25, 26, 27, 28, 29, 30, 31, 32]	3. EHR 시스템과 연결된 디바이스의 상호 운용성 부족	3. 강력하고 신뢰할 수 있는 데이터 개인 정보 보호 및 보안 메카니즘을 구축
엔터프라이즈 워크로드 테스트	예상되는 작업이 실행되고 워크로드 데이터 속성이 값이 올바른지 확인한다.	[18, 19, 21, 22, 23, 26, 27, 28, 30, 31, 32]		4. 관련 IoT 인프라 배공 점감
성능 테스트	소프트웨어 애플리케이션이 예상 워크로드에서 제대로 작동하는지 확인한다.	[18, 19, 20, 21, 23, 24, 27, 28, 29, 30, 31]		5. 5G 애플리케이션 탐색
보안 테스트	애플리케이션 또는 제품의 보안 상태를 확인한다.	[19, 20, 21, 23, 24, 25, 26, 27, 31]		6. 유전체학을 위한 테스트 베드
모바일 앱 테스트	핸드헬드 디바이스에서 애플리케이션이 제대로 작동하는지 확인한다.	[21, 23, 27, 28, 29, 30, 31]		7. 환자와 의사, 다양한 의료 제공자 간의 대규모 데이터 공유, 데이터 프라이버시, 보안 및 투명성 문제를 해결하기 위한 블록체인 기반 테스트 베드
				8. 정형외과에서 재활을 위한 가상현실
				9. 수술 중 시각화 도구로 사용하기 위한 증강 현실 탐색하고 플랫폼 테스트를 애플리케이션이 모든 플랫폼에서 실행되는지 확인한다.

많은 연구가 필요하다. 상황 인식 테스트 사례 설계는 시스템에 대한 신뢰도를 강화할 수 있다.

증강 현실[augmented reality]은 또한 자기 공명 영상[MRI, Magnetic Resonance Imaging], 초음파 영상 또는 CT 스캔과 같은 센서를 사용해 실시간으로 환자의 3D 데이터를 수집해 효과적으로 사용될 수 있도록 광범위하게 연구돼야 한다. 또한 수술 중 시각화 도구로 활용하기 위한 연구도 필요하다. 이를 해결하고자 잘 작동하는 적절한 테스트 메커니즘을 확인해야 한다. 또한 환자의 건강 상태를 모니터링하고자 스마트 장치(예를 들어 웨어러블 센서)에 사용하는 5G 애플리케이션을 개발하는 것도 시급한 문제다. 개발된 소프트웨어가 원하는 기능을 달성하려면 포괄적이고 맞춤화된 테스트 전략을 개발해야 한다. 또한 포그 컴퓨팅과 사물인터넷에서 분산된 리소스 풀링을 장려해 관련 IoT 인프라의 비용 절감을 위해 투명한 가격 결정 모델을 구현해야 한다. 또한 유비쿼터스 시스템의 원하는 기능(예를 들어 스마트 홈, 스마트 헬스, 스마트 교통)을 확보하고자 맞춤형 테스트 전략을 활용할 수 있는 테스트 베드를 구축해야 한다. 이러한 테스트 베드는 연구 커뮤니티가 자유롭게 이용할 수 있어야 이 영역에서 광범위한 연구를 수행할 수 있다.

15.4.3 스마트 교통

스마트 교통 시스템을 위한 테스트 베드 구현을 위한 기존 작업은 다음과 같은 검증 기준에 따라 평가됐으며, 향후 연구 방향과 제한 사항은 표 15.6에서 확인할 수 있다.

- **프라이버시 테스트** 교통 디바이스의 프라이버시와 보안, 차량 간에 통신되는 데이터 암호화 및 프라이버시와 보안을 위한 도로변 인프라[roadside infrastructure]가 구축돼야 한다. 이는 침입 탐지/예방 시스템[detection/prevention system], 센서 스푸핑/조작[sensor spoofing/manipulation], 보안 컨트롤러 영역 네트워크, 보안 소프트웨어 업데이트, 탄력성, 복원 등을 위한 전용 교통 사이버 보안 랩을 구축해 달성할 수 있다.
- **에너지 효율 테스트** ITS 시스템은 연료 소비량을 테스트해야 한다. 운행 차량이 단위 거리당 이동하고자 소비되는 연료가 적을수록 효율성은 더 높아지고 비용은 낮아진다. 이는 교통 체증으로 인해 차량이 서행하거나 주차 공간을 찾고자 주차장 주위를 빙빙 도는 차량의 수를 줄임으로써 에너지 효율성을 달성할 수 있다. 더 나은 대안은 전기 자동차와 태양열 자동차와 같은 지속 가능한 자원을 기반으로 차량을

표 15.6 스마트 교통에 대한 제한 사항 및 연구 방향 요약

기준	연구 방향	작업	제한 사항	제언
개인 정보 보호 테스트	교통 시스템 디바이스 및 관련 데이터의 개인 정보 보호 및 보안을 보장한다.	[37, 39, 43, 44]	1. 하계에서 불충분한 작업이 이루어졌다.	1. 테스트 베드는 연구 커뮤니티에서 자유롭게 사용할 수 있도록 휴대할 수 있도록 설계돼야 한다.
에너지 효율 테스트	차량의 연비를 유지한다.	[37, 38, 47]	2. 운송 차량의 보안을 검증하는 테스트 방법론을 설명하는 연구를 찾을 수 없다.	2. 학생들이 테스트 베드를 사용할 수 있도록 해야 한다.
충돌 회피 테스트	충돌 회피 알고리즘의 효과를 확인한다.	[38, 41]	3. 대기오염이 어느 정도까지 감소하고 여행 경험이 풍부해지는지를 정량적으로 측정하는 테스트 베드는 발견되지 않았다.	3. 충돌 회피 알고리즘의 포괄적인 테스트를 위해 새로운 테스트 방법을 제안해야 한다.
자율 주행차 테스트	실제 환경에서 자체 스티어링 차량을 검증한다.	[38, 43, 44]	4. 기술의 장점을 경험적으로 입증하는 사례 연구는 논의되지 않았다.	4. 스마트 교통 시스템의 회귀 테스트를 수행하기 위한 블록 체인 기술을 기반으로 한 테스트 베드
교통 체증 관리	평가할 테스트 베드 교통 체증 관리 전략	[38, 41, 42, 44, 47]	5. 자율 주행차 테스트를 적극적으로 수행하는 테스트 베드는 거의 개발되지 않았다.	5. 상황 인식 시험 방법론을 사용할 수 있다.
커넥티드 차량 기술 표준 준수	커넥티드 차량 기술을 검증한다. 표준을 준수한다.	[38, 39, 37, 44, 47]	6. 교통 시스템의 사용자 친화성을 테스트하는 연구가 발견되지 않았다.	6. 실제 테스트 베드는 생명 위험에 노출되기 쉽기 때문에 제어되는 스마트 운송 시스템의 사전 평가를 위한 새로운 효율적인 시뮬레이터의 개발이 필요하다.
안정성 테스트	전송 디바이스의 견고성과 복원력을 보장한다.	[39, 41, 42, 46]	7. 오염 모니터링 디바이스에 대한 테스트 베드가 제안되지 않았다.	
성능 테스트	디바이스의 성능을 확인한다.	[38]	8. 신뢰성 테스트에 대한 연구가 충분하지 않다.	
사용성 테스트	모바일 앱의 사용자 친화성을 보장한다.	[37, 42]		
오염 관리 테스트	도로변 오염 모니터링 장비의 기능을 확인한다.	[37] ●		
상호 운용성 테스트	디바이스 및 도로변 인프라 간의 상호 운용성을 보장한다.	[41, 44, 43]		

설계하는 것이다. 이러한 엔진은 실제 환경에서 작동하기 전에 포괄적으로 완벽하게 테스트돼야 한다.

- **충돌 회피 테스트** 교통 사고 방지를 위해 충돌 사고 회피 알고리즘^{collision avoidance algorithms}을 ITS의 효과성을 검증하고자 테스트해야 한다.

- **자율 주행차 테스트** 자율 주행차는 운전자가 핸들에 손을 대지 않고 작동 가능하며, 고장이 발생하면 운전자에게 생명을 잃을 수 있는 위험을 초래할 수 있으므로 이를 종합적으로 검증하는 것이 가장 중요하다.

- **교통 체증 관리** 교통 체증은 운전자들이 직면하는 가장 큰 어려움 중 하나다. 불필요한 연료 사용이 지속되면 대기 오염을 유발하는 탄소 배출량도 증가한다. 이 문제는 교통 체증 및 사고와 관련된 정보를 송수신하고자 차량과 도로에 포그 노드를 설치함으로써 해결할 수 있다. 따라서 차량으로부터 수집된 정보는 자동 브레이크 활성화 또는 경고 메시지 같은 특정 동작을 트리거해 속도를 늦추거나 특정 차선으로 피해 다른 차량과의 충돌을 방지할 수 있다. 교통 혼잡 메커니즘을 모니터링하고 평가할 수 있는 테스트 베드를 구축해야 한다.

- **커넥티드 차량 기술** 커넥티드 차량 기술은 무선 통신을 사용해 차량의 사고, 교통 체증 등의 정보를 다른 차량 및 도로변 인프라로 전송을 가능하게 한다. 이는 교통 사고를 예방하고 불필요하게 교통 체증이 발생하는 것을 방지할 수 있다. 테스트 베드는 차량을 실제 작동하기 전에 새로운 하드웨어와 소프트웨어를 테스트할 수 있는 시설을 포함해 구축해야 한다.

- **표준 준수 테스트** 베드는 대중 교통 도로와 거리에서 실제 운행되기 전에 작업 시스템의 실제 그림^{real picture}을 제공할 수 있도록 교통 표준을 준수해야 한다.

- **신뢰성 테스트** 교통 시스템은 디바이스가 고장나거나 인터넷 연결이 끊길 경우에도 강력하고 탄력적으로 운영할 수 있어야 한다. 교통 시스템의 신뢰성을 검증하는 강력한 메커니즘이 필요하다.

- **성능 및 사용 적합성 테스트** 이 테스트는 디바이스가 잘 작동하고 모바일 앱 애플리케이션이 사용자 친화적인지 검증한다.

- **오염 컨트롤 테스트** 대기 오염을 조절하려면 탄소 배출량을 줄이고 적절한 점검을 해야 한다. 배출 가스(예를 들어 이산화탄소(CO_2) 또는 질소산화물(NO))를 감지하고 측정하고자 설치된 도로변 모니터링 디바이스는 그 효과를 테스트해야 한다. 배출

가스는 환경 파괴 없이 지속 가능한 전기 차량을 사용함으로써 제어할 수 있다.

- **상호 운용성 테스트** 부족한 상호 운용성은 스마트 교통 시스템을 구축하는 데 가장 큰 장벽 중에 하나다. 상호 운용성은 장치가 서로 통신하는 방식과 정보를 수신하는 방식 및 처리 방법과 그에 상응하는 조치가 생성되는 방법을 결정한다. 만약 디바이스가 정보를 수신할 수 없는 경우 해당 정보에 따라 작업을 수행하면 사용자가 원하는 대로 작동하지 않을 수 있다. 완전한 기능이 없으면 제품이 가치를 제공하지 못할 수 있다. 실제 테스트에서는 문제의 실제 시나리오를 묘사하기 때문에 상호 운용성 문제를 해결하는 가장 좋은 방법이다.

많은 회사에서 스마트 교통을 위한 테스트 솔루션을 제공하지만 학계에서는 이 분야에 대한 연구가 많이 이뤄지지 않았으며 이를 개선하려면 연구자들의 특별한 관심이 필요하다. 또한 몇몇 스마트 교통 연구에서는 사이버 물리 시스템^{cyber-physical system}의 중요성을 논의했지만, 스마트 교통 차량의 보안을 검증하는 새로운 테스트 방법을 설명하는 연구는 없었다. 마찬가지로 대기 오염을 줄이고 효율성을 개선하는 데 있어 커넥티드 차량 기술의 중요성을 논의하는 연구는 있었지만, 대기 오염 감소율을 정량적으로 측정하는 테스트 베드 연구는 발견되지 않았다. 또한 경험적으로 기술의 장점을 입증하는 사례 연구도 논의되지 않았다. 또한 자율 주행차 테스트를 적극적으로 수행하는 테스트 베드는 거의 개발되지 않았으며, 교통 시스템의 사용자 친화성을 테스트하는 연구도 발견되지 않았다. 스마트 교통 시스템의 소프트웨어 품질 보증 문제를 해결하고자 블록체인 기술에 기초한 반복 가능한 회귀 테스트의 테스트 베드 실행을 연구해야 한다.

환경 오염 모니터링 디바이스도 효과를 검증해야 한다. 환경 오염 모니터링에 대한 테스트 베드는 제안되지 않았다. 신뢰성은 교통 디바이스와 관련 인프라가 가져야 할 가장 중요한 기능 중 하나다. 따라서 시스템의 탄력성과 견고성을 보장하고자 사이버 보안 대책을 검증하는 적절한 방법론 개발이 필요하다. 사이버 보안 대책을 검증하는 관련 연구 논문은 하나만 발견됐다. 충돌 회피 알고리즘의 종합적인 테스트를 위해 새로운 테스트 방법론이 제안돼야 하며 테스트 베드는 학계에서 자유롭게 사용할 수 있고 휴대 가능하도록 설계돼야 한다.

15.5   결론

포그 컴퓨팅은 에지 및 클라우드 컴퓨팅과 관련된 단점을 극복할 수 있고 포그 컴퓨팅 기반의 스마트 애플리케이션을 구현해 스마트 환경에서 성공적으로 활용할 수 있는 패러다임이다. 시장에 애플리케이션이 출시되기 전에 포그 기반 IoT 애플리케이션의 품질과 신뢰성을 확보하는 것은 매우 중요하다. 잘못된 애플리케이션 설계로 인해 애플리케이션 작업이 지연되고 최종 사용자 경험에 영향을 미칠 수 있으므로 포그 기반 IoT 애플리케이션의 품질과 신뢰성 테스트는 시장에 출시되기 전에 완벽하게 검증돼야 한다.

15장에서는 세 가지 연구 사례(스마트 홈, 스마트 헬스, 스마트 교통)의 테스트 관점과 목표, 접근 방법, 달성된 결과를 설명했다. 포그 기반의 IoT 애플리케이션 소프트웨어 테스트는 신뢰성 검증 및 유효성 검사, 해킹으로부터의 보안 강화, 인터넷 연결 독립성, 사용자 친화성, 비용 절감, 산업 표준화에 대한 향후 연구에서 큰 잠재력이 있다. 실무자는 상황 인식 테스트 사례 생성, 조합 테스트, 블록 체인 기반 회귀 테스트와 같은 고급 테스트 전략을 사용해 포그 기반 스마트 애플리케이션의 유비쿼터스 테스트 환경을 구축해 품질 보증 문제를 해결할 수 있다.

15장에서 언급했듯이 산업계와 학계 모두 해결하지 못한 연구 과제를 해결해야 한다. 그것은 먼 미래에 스마트 기술에서 포그 컴퓨팅에 유리한 결과를 보장할 것이다. 이 영역의 동향에는 표준의 구체화, 현재의 컴퓨팅, 스토리지, 네트워크 서비스를 활성화 및 통합함으로써 향상된 테스트 서비스의 시작, 클라우드와 함께 허용 가능한 QoS, 거버넌스를 제공하는 포그 컴퓨팅의 활용 등이 포함된다. 스마트 기술 개발자와 운영자의 기하급수적인 성장 가능성으로 혁신이 확대될 것이다. 연구원들과 실무자들은 포그 컴퓨팅을 사용해 스마트 기술의 장애를 해결하기 위한 솔루션을 개발할 수 있는 무한한 기회를 발견할 것이다.

참고 문헌

1   Internet of Things spending forecast. https://www.businesswire.com/news/home/20170104005270/en/Internet-Spending-Forecast-Grow-17.9-2016-Led. Accessed January 4, 2018.

2   Gartner says 8.4 billion connected Things. https://www.gartner.com/newsroom/id/3598917. Accessed January 4, 2018.

3   National Technical Systems (NTS). Completes ZigBee Smart Energy Certification Testing for SimpleHomeNet Appliance, https://www.nts.com/ntsblog/national-technical-systems-nts-completes-zigbee-smart-energycertification-testing-for-simplehomenet-appliance/. Accessed January 3, 2018.

4   NTS Selected by PG&E as first provider of ZigBee HAN device validation testing. https://www.nts.com/ntsblog/nts_pge_selection/. Accessed January 3, 2018.

5   Smart home testing: Allion creates a new smart home test environment that simulates real life to provide innovative test services. http://www.technical-direct.com/en/smart-home-testing-allion-creates-a-new-smart-home-test environment-to-simulate-real-life-to-provide-innovative-test-services/. Accessed January 3, 2018.

6   *Performance testing for smart home app.* https://www.einfochips.com/resources/success-stories/performance-testing-for-smart-home-app/#wpcf7-f4285-p12635-o1. Accessed January 3, 2018.

7   Living Lab. https://www.ul.com/media-day/living-lab/. Accessed 4 January 2018.

8   Smart home testing and certification. https://www.tuv.com/world/en/smarthome-testing-and-certification.html. Accessed January 3, 2018.

9   VDE testing and certification. https://www.vde.com/tic-en/industries/smarthome. Accessed January 3, 2018.

10 Energy System Integration. https://www.nrel.gov/docs/fy17osti/66513.pdf. Accessed January 3, 2018.

11 A. Zipperer, P. Aloise-Young, S. Suryanarayanan, R. Roche, L. Earle, and D. Christensen. Electric energy management in the smart home: perspectives on enabling technologies and consumer behavior. In *Proceedings IEEE 2013*, 101(11): 2397−2408.

12 A. Cordopatri, R. De Rose, C. Felicetti, M. Lanuzza, and G. Cocorullo. Hardware implementation of a test lab for smart home environments. *AEIT International Annual Conference (AEIT)*, Naples, 2015, pp. 1−6.

13 I. Dounis, C. Caraiscos. Advanced control systems engineering for energy

and comfort management in a building environment a review. *Renewable and Sustainable Energy Reviews*, 13: 1246 – 1261, 2009.

14 R. Baos, F. Manzano-Agugliaro, F. Montoya, and C. Gil, A. Alcayde, J. Gomez. Optimization methods applied to renewable and sustainable energy a review. *Renewable and Sustainable Energy Reviews*, 15(4): 1753 – 1766, 2011.

15 J-J. Wang, Y-Y. Jing, C-F. Zhang, and J-H. Zhao. Review on multi-criteria decision analysis aid in sustainable energy decision-making. *Renewable and Sustainable Energy Reviews*, 13(9): 2263 – 2278, 2009.

16 T. Teich, F. Roessler, D. Kretz, and S. Franke. Design of a prototype neural network for smart homes and energy efficiency. *Procedia Engineering 24th {DAAAM} International Symposium on Intelligent Manufacturing and Automation*, 69(0): 603 – 608, 2014.

17 Q. Hu, F. Li, and C. Chen. A smart home test bed for undergraduate education to bridge the curriculum gap from traditional power systems to modernized smart grids. *IEEE Transactions on Education*, 58(1): 32 – 38, February 2015.

18 Insight driven healthcare services. http://www.virtusa.com/industries/healthcare/perspective/. Accessed January 3, 2018.

19 Healthcare QA and Testing Services. http://www.mindfiresolutions.com/HealthCare-QA-and-Testing-Services.htm. Accessed January 3, 2018.

20 Healthcare. https://qainfotech.com/healthcare.html. Accessed January 3, 2018.

21 Product testing. http://healthcare.calsoftlabs.com/services/product-testing.html. Accessed January 3, 2018.

22 Healthcare and fitness. http://www.precisetestingsolution.com/healthcaresoftware-testing.php. Accessed January 3, 2018.

23 Healthcare. http://zenq.com/Verticals?u=healthcare. Accessed January 3, 2018.

24 Healthcare testing services. https://www.testree.com/industries/healthcarelife-sciences/healthcare. Accessed January 3, 2018.

25 Health care. http://www.kiwiqa.com/health_care/. Accessed January 3, 2018.

26 Healthcare software testing. https://xbosoft.com/industries/healthcaresoftware-testing/. Accessed January 3, 2018.

27 Healthcare testing. http://www.infoicontechnologies.com/healthcare-testing. Accessed January 3, 2018.

28 Healthcare and pharma. https://www.w3softech.com/healthcare.html. Accessed January 3, 2018.

29 Healthcare. http://www.provasolutions.com/industries/software-qaapplication-testing-services-for-healthcare-europe/. Accessed January 3, 2018.

30 Healthcare testing as a service. http://www.calpion.com/healthcareit/?page_id=1451. Accessed January 3, 2018.

31 Healthcare testing services. https://abstracta.us/industries/healthcaresoftware-testing-services. Accessed January 3, 2018.

32 Healthcare software testing services. https://www.360logica.com/verticals/healthcare-testing-services/. Accessed January 3, 2018.

33 R. Snelick. Conformance testing of healthcare data exchange standards for EHR certification. *International Conference Health Informatics and Medical Systems*. Las Vegas, USA, 2015.

34 P.J. Scott, S. Bentley, I. Carpenter, D. Harvey, J. Hoogewerf, and M. Jokhani. Developing a conformance methodology for clinically-defined medical record headings: A preliminary report. *European Journal of Biomedical Informatics*, 11(2): 23-30, 2015.

35 R. Loffler, M. Meyer, and M. Gottschalk. Formal scenario-based requirements specification and test case generation in healthcare applications. In *Proceedings of the 2010 ICSE Workshop on Software Engineering in Health Care* (SEHC '10). ACM, New York, USA, 57-67, 2010.

36 J.M.C. Bastien. Usability testing: a review of some methodological and technical aspects of the method. *International Journal of Medical Informatics*, 79: e18-e23, 2010.

37 A simulation-based test bed for networked sensors in surface transportation systems. https://www.cc.gatech.edu/computing/pads/transportation/testbed/description.html. Accessed January 3, 2018.

38 Intelligent transportation systems. http://www.umtri.umich.edu/our-focus/intelligent-transportation-systems. Accessed January 3, 2018.

39 Intelligent transportation systems. https://www.its.dot.gov/research_archives/connected_vehicle/dot_cvbrochure.htm . Accessed January 3, 2018.

40 Independent verification and validation. https://www.ibsplc.com/services/independent-verification-and-validation. Accessed January 3, 2018.

41 K. Hill. ETSI plugfest to test smart transportation in November. *RCR Wireless News*. https://www.rcrwireless.com/20160920/wireless/etsi-test-smarttransportation-latest-plugfest-tag6. Accessed January 3, 2018.

42 J.W.Woo, S. B. Yu, S. B. Lee, et al. Design and simulation of a vehicle test bed based on intelligent transport systems. *International Journal of Automotive Technology*, 17(2) : 353 − 359, 2016.

43 Intelligent transportation system leads to first test bed 'K-City' for connected cars in South Korea. http://markets.businessinsider.com/news/stocks/Intelligent-Transportation-System-Leads-to-First-Test-Bed-K-Cityfor-Connected-Cars-in-South-Korea-1008355700. January 3, 2018.

44 Intelligent transportation systems. https://e-estonia.com/solutions/locationbased-services/intelligent-transportation-system/. Accessed January 3, 2018.

45 Transit Windsor begins testing intelligent transportation system. *CTV News*, https://windsor.ctvnews.ca/transit-windsor-begins-testing-intelligenttransportation-system-1.3289934. Accessed January 3, 2018.

46 Achieved Intelligent Transportation System product compliance with UBS II and ARAI testing standards, http://www.siphen.com/case-studies/productcompliance/, Retrieved January 3, 2018.

47 Automotive, intelligent transport systems. https://www.anritsu.com/en-AU/test-measurement/industries/automotive/automotive-intelligent-transportsystems. Accessed January 3, 2018.

CHAPTER

16

포그 컴퓨팅에서 IoT 애플리케이션 운영의 법적인 측면

굴테킨 바코니[G. Gultekin Varkonyi], 바라디[Sz. Varadi], 아틸라 케르테스[Attila Kertesz]

16.1 소개

점점 더 많은 통신 디바이스가 인터넷에 연결됨에 따라 곧 서로 연결된 스마트 디바이스들로 이뤄진 안개[foggy]가 자욱하고 흐린[cloudy] 세상을 마주하게 될 것이다. 클라우드 시스템[1]은 인터넷을 지배하기 시작했으며 사물인터넷[IoT]의 출현으로 여전히 상당한 양의 연구가 필요한 IoT 클라우드 시스템[2]이 도입됐다. IoT는 센서, 액추에이터, 스마트 디바이스가 클라우드 시스템에 연결되고 관리되는 신기술이다. IoT 환경은 클라우드에서 처리할 엄청난 양의 데이터를 생성할 수 있다. 서비스 지연 시간을 줄이고 서비스 품질을 향상시키고자 데이터를 사용자 가까운 곳에서 처리할 수 있는 포그 컴퓨팅[5] 패러다임이 도입됐다.

유럽위원회[European Commission]는 최근 다음과 같은 주요 유럽 데이터 보호 규칙[data protection rules]을 시행했다. (i) 새로운 기술의 사용에 대응하기 위한 개인 데이터의 보호를 위한 유럽연합[EU, European Union]의 법적 시스템을 현대화한다. (ii) 개인 데이터에 대한 사용자의 영향력을 강화하고 관리 절차를 줄인다. (iii) 개인 데이터 보호를 위해 EU 규칙의 명확성과 일관성을 개선한다. 이러한 목표를 달성하고자 유럽위원회는 일반 데이터 보호 규정[GDPR, General Data Protection Regulation][3]을 제정하고 데이터 보호 지침[DPD, Data Protection Directive][4]을 만들었다. IoT 클라우드 시스템에서는 개인 사용자 데이터는 점점 국경을 넘어 전송되고 EU 지역뿐만 아니라 여러 국가에 있는 서버에 저장되고 있다. 데이터 흐름의 세계화는 국제적으로 개인의 데이터 보호 권한을 더욱 강화하는 정책이 필요하다. 이를 위해서는 개인의 데이터 보호를 위한 강력한 원칙이 필요한데, 이는 개인 데이터의 국경을 넘는 흐름을 완화하면서 여전히 허점이나 불필요한 복잡성 없이 높고 일관된 수준의 보호를 보장하는 것을 목표로 한다. 이러한 법률 문서에서 위원회는 데이터 보호에 관한 단일 규칙의 도입을 목표로 한다.

GDPR은 이전 DPD와 달리 관할 구역을 EU 이외의 지역으로 확대하고 EU 시민들에게 서비스를 제공하는 모든 행위자는 거주 여부와 상관없이 규칙을 준수해야 한다. GDPR은 또한 디자인에 의한 데이터 보호와 잊힐 권리$^{right\ to\ be\ forgotten}$ 등 기술 발전의 당연한 결과였던 새로운 권리들 중 일부를 소개한다. 그러나 IoT와 포그 컴퓨팅의 기술적 구조와 복잡성으로 인해 구현이 어려워지고 결과적으로 법을 준수하기 어렵게 된다. 이러한 이유로 디자인에 의한 데이터 보호라고도 하는 '시스템 개발 초기 단계부터 사람들의 데이터 보호 권리를 생각하는 것'의 중요성이 규정[3]돼 있다. 설계에 의한 데이터 보호는 포그 애플리케이션이 데이터 보호 영향 평가$^{DPIA,\ Data\ Protection\ Impact\ Assessment}$ 및 데이터 보호 강화 기술과 결합해 포그 애플리케이션으로 인해 발생할 수 있는 개인 정보 노출 위험을 줄이려고 한다.

16장에서는 포그/에지/IoT 애플리케이션을 분류하고 GDPR에 의해 도입된 최신 제약^{restriction} 사항을 분석해 이러한 법적 제약이 포그 및 클라우드 환경에서 IoT 애플리케이션의 설계 및 운영에 어떻게 영향을 미치는지 논의한다.

16.2 관련 연구

IoT 관련된 보안 문제는 Escribano[6]에 의해 이미 조사됐으며 이와 관련해 제29조 데이터 보호 특별 조사 위원회$^{WP29,\ Article\ 29\ Data\ Protection\ Working\ Party}$의 1차 의견을 제시했다. 그들은 이 보고서에서 어떤 이해 관계자가 데이터 보호를 책임지고 있는지 파악하고 인식하는 것이 중요하다고 언급했다. WP29는 개인 정보 보호 및 데이터 보호와 관련해 사용자 제어 부족, 낮은 사용자 동의$^{low\ quality\ of\ user\ consent}$, 보조 데이터 사용, 침입 사용자 프로파일링$^{intrusive\ user\ profiling}$, 익명 서비스 사용에 대한 제한 사항$^{limitations\ for\ anonymous\ service\ usage}$, 통신 및 인프라 관련 보안 위험 등과 같은 문제를 제기했다.

Yi 연구진[8]은 포그 컴퓨팅의 보안 문제의 심각성을 제기했다. 연구진은 보안 및 개인 데이터 연산 처리 방법론이 필요하며 개인 정보는 데이터, 사용량, 위치 개인 정보 등 세 가지 차원에서 다뤄져야 한다고 주장했다. 포그 노드는 지리적으로 분산될 수 있기 때문에 데이터와 위치를 실시간으로 추적하고 모니터링하는 것은 훨씬 어렵다. 또한 분산 및 처리된 데이터가 병합될 때 데이터의 무결성이 보장돼야 한다. 포그 노드는 최종 사용자의 디바이스를 추적해 위치 기반 서비스와 애플리케이션의 변화 요인이 될 수 있는 이동성(위치 인식)을 지원할 수 있다. 이는 사용자의 위치 정보가 노출돼 보안에 많은 문제점을 발생할 수 있기 때문에 적절한 위치 보안-프라이버시 메커니즘을 사용해야 한다. 보안 관점에서 볼 때 중간자^{man-in-the-middle} 공격[1]은 포그 컴퓨팅에서 전형적인 공격 유형이될 가능성이 높다. 이 공격은 포그 디바이스 역할을 하는 노드가 손상되거나 가짜 노드로 교체될 수 있다. 기존의 이상 징후 탐지^{anomaly detection} 방법은 포그로부터 수집된 뚜렷한 특징 없는 중간자 공격은 탐지할 수 없다[9].

Mukherjee 연구진은 이러한 문제를 더욱 상세하게 설명했다[10]. 연구진은 포그-클라우드, 포그-포그, 포그-사물 등 세 가지 인터페이스를 통해 통신이 수행되는 3계층 포그 아키텍처를 설계했다. 연구진은 다양한 플랫폼 간의 통신에서 안전한 의사 소통이 가장 중요한 문제이며, 프라이버시를 보호하는 데이터 관리 체제가 필요하다고 주장했다. 연구진들은 16장의 목적인 입법 과제^{legislation challenge}를 언급했지만 자세히 설명하지는 않았다.

16.3 포그/에지/IoT 애플리케이션 분류

지난 10년 동안 우리는 클라우드 컴퓨팅 진화 과정을 지켜봤다. 첫 번째 클라우드는 단일 가상화 데이터 센터로 형태로 등장한 이후 다양하게 상호 연결된 여러 데이터 센터 시스템으로 확장됐다. 다음 단계로 서로 다른 클라우드의 자원을 공유하고자 클라우드 버스팅^{cloud bursting}[2] 기술을 개발해 서로 다른 클라우드의 리소스를 공유한 후 이전의 개별 클라우드 시스템을 상호 운용해 클라우드 연합^{cloud federation}을 실현했다[11]. 이러한 클라우드

---

1   중간자 공격은 권한이 없는 공격자가 정상적으로 통신(예를 들어 유저와 웹서버)을 주고받는 패킷을 감청하거나 통신 내용을 바꾸는 암호 통신을 도청하는 방법 중 하나다. – 옮긴이

2   클라우드 버스팅은 데이터 센터 내 컴퓨팅 자원이 부족할 때 추가 워크로드가 온디맨드 형태로 외부 데이터 센터에서 처리돼 데이터 센터 내 최대 부하를 관리하는 것이다. – 옮긴이

연합에서 리소스 관리를 최적화하는 데는 여러 가지 이유가 있는데 그것은 더 많은 사용자에게 동시에 서비스를 제공하고, 서비스의 질을 높이고, 리소스 임대로 인한 수익을 높이거나, 에너지 소비 또는 CO_2 배출을 줄이고자 함이다. 이러한 리소스 자원의 최적화 문제가 해결되면서 연구 방향은 IoT 같은 새롭게 부상하는 영역을 지원하기 위한 클라우드 환경에 집중하기 시작했다. IoT 시스템의 경우 데이터 관리 작업이 리소스 근처에서 처리되고 사용자와 더 가깝게 배치되므로 네트워크의 에지 디바이스를 더 잘 활용할 수 있다.

마지막으로 이 진화의 가장 최근 단계로서 에지 노드 그룹이 포그 컴퓨팅 플랫폼을 형성했다. Dastjerdi와 Buyya는 포그 컴퓨팅을 분산 패러다임으로 정의했으며[5] 여기서 클라우드 스토리지 및 컴퓨팅 서비스는 네트워크 에지에서 수행된다. 이 새로운 패러다임은 분산된 방식으로 데이터 처리 및 분석 애플리케이션을 실행할 수 있으며 또한 클라우드와 주변 리소스를 모두 활용할 수 있다. 포그 컴퓨팅 분산 패러다임의 주요 목표는 네트워크 대기 시간을 단축하는 것이지만 실시간 분석, 스트림 처리, 전력 소비, 보안 등 새롭게 해결해야 할 문제들이 존재한다.

IoT 응용 분야와 관련해 Want 연구진[12]은 세 가지 범주를 설정해 다음과 같이 분류했다. (i) 인접한 다양한 상호 연결된 것으로 구축된 복합 시스템^{composable system} (ii) 해당 지역의 자동차 위치 및 차량 교통량을 감지할 수 있는 스마트 신호등 시스템과 같은 현대 도시의 유틸리티를 포함하는 스마트 시티 (iii) 전기 및 물과 같은 자원의 모니터링 및 최적화에 사용되는 리소스 관리 애플리케이션. Atzori 연구진[13]은 설문 조사를 통해 교통 및 물류, 의료, 스마트 환경(가정, 사무실, 공장), 개인 및 사회, 미래 영역 등 다섯 가지

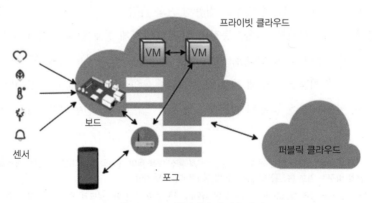

그림 16.1 포그 환경에서 데이터 관리

영역으로 구분했다. 16장에서는 모든 애플리케이션 분야에 대해 분류하는 것이 아니라 클라우드, IoT, 포그 컴퓨팅 활용 등과 같은 대부분의 애플리케이션 사례에 적합한 특정 아키텍처를 정의하고 보안 및 개인 정보 보호에 관한 추가 연구가 가능하도록 하는 것이 목표다.

이 논의를 통해 사용자 데이터 수집, 집계, 처리가 다양한 방법으로 수행된다는 것을 알 수 있다. 그림 16.1은 특정 데이터 흐름을 조사할 수 있는 아키텍처를 보여 준다.

16.4절에서는 이러한 과제에 영향을 미치는 법률을 요약하고 확인된 사례에서 규정을 준수하는 방법의 지침을 소개한다.

16.4 클라우드, 포그, IoT 애플리케이션에 영향을 미치는 GDPR 제한 사항

EU는 현재 유럽 데이터 보호 규칙^{data protection rule}을 개혁하는 데 마지막 단계에 있으며, 주요 목표는 다음과 같다. (i) 새로운 기술의 사용에 대응하고자 개인 정보 보호를 위한 EU 법률 시스템을 현대화한다. (ii) 개인 데이터에 대한 사용자의 영향력을 강화하고 관리 절차를 간소화한다. (iii) 개인 정보 보호에 대한 EU 규칙의 명확성과 일관성을 개선한다. 이러한 목표를 달성하고자 위원회는 유효한 DPD를 대체할 데이터 보호를 위해 일반적인 EU 프레임워크를 규정하는 일반 데이터 보호 규정^{GDPR, General Data Protection Regulation}이라는 새로운 입법안을 만들었다. 개인의 데이터는 점점 국경을 넘어 전송되고 EU 내외의 여러 국가에 있는 서버에 저장되고 있다. 데이터 흐름의 세계화된 특성은 개인의 데이터 보호 권한을 국제적으로 강화해야 한다. 이를 위해서는 허점이나 불필요한 복잡성을 없애고 국경을 넘어 데이터를 보호하기 위해서는 강력한 원칙이 필요하다. EU 기본권 헌장 제8(1)조와 EU 기능 조약^{TFEU, Treaty on the Functioning of the European Union} 제16조(1)에 따르면 개인 데이터 처리와 관련해 자연인^{natural person}을 보호하는 것은 기본권에 속한다. 그러나 GDPR은 절대적인 권리를 갖는 것은 아니며 다른 기본 권리와 균형을 이뤄야 한다고 정의돼 있다.

급속한 기술 개발과 세계화로 인해 개인 데이터 수집과 공유의 규모가 크게 증가했다. 민간 기업과 공공 기관 모두 자신의 활동을 추구하고자 전례 없는 규모로 개인 데이터를 사용할 수 있으며, 자연인³들은 점점 더 공개적으로 그리고 전 세계적으로 개인 정보를 이용할 수 있다. 따라서 EU는 장벽 없이 개인의 데이터가 자유롭게 흐르면서도 일관되고 강력한 데이터 보호가 가능한 디지털 경제 발전에 중점을 두고 있다. 개인의 정보 보호는 기술적으로 중립적이어야 하므로 사용된 기술에 의존적이지 않아야 한다. 그렇지 않으면 심각한 위험을 초래할 수 있다.

16.4.1 GDPR의 정의 및 용어

EU의 새로운 데이터 보호 프레임워크인 GDPR[3]은 이러한 목표를 달성하고자 새로운 규칙과 도구가 포함돼 있다. 2018년 5월부터 시행돼 모든 EU 회원국에서 이러한 데이터의 처리에 관련해 개인의 권리와 자유를 보장한다. 다음은 GDPR의 새로 도입된 관련 용어 및 규칙을 수집한 후 포그 컴퓨팅의 운영 측면에서 분석한다.

16.4.1.1 개인 데이터

개인 데이터personal data는 이름, 식별 번호identification number, 위치 데이터 및 온라인 식별자online identifier 같은 식별 가능한 정보 개인 정보 또는 식별 가능한 자연인과 관련된 정보이거나 물리적, 생리적, 유전적, 정신적, 경제적, 문화적 또는 사회적 정체성과 관련된 하나 이상의 지표와 관련된 정보일 수 있다.

16.4.1.2 데이터 주체

데이터 주체data subject는 자연인으로서 신원이 확인되거나 식별될 수 있다. 식별 가능한 자연인은 특히 자신의 개인 데이터를 참조해 직접 또는 간접적으로 식별될 수 있는 사람을 말한다.

16.4.1.3 관리자

자연인 또는 법인legal person, 공공 기관 또는 기타 기관이 이 역할을 수행할 수 있다. GDPR에 속해 있는 이 새로운 요소는 관리자controller에 의해 개인 데이터 처리 조건도 결정한다는 것이다.

---

3 법인과 대비해 – 옮긴이

16.4.1.4 프로세서

프로세서^{processor}는 또한 중요한 행위자이며, 자연인 또는 법인, 공공 기관, 에이전시 또는 기타 단체로서 관리자를 대신해 개인 데이터를 처리한다.

16.4.1.5 필명

새로운 용어인 필명^{pseudonymization}은 추가 정보를 사용하지 않고 개인 데이터가 더 이상 특정 데이터에 귀속되지 않도록 개인의 데이터를 처리하는 것을 의미한다. 그러한 추가 정보는 별도로 보관되며, 개인 데이터가 식별되거나 식별할 수 있는 자연인에게 귀속되지 않도록 하고자 기술적으로 해결돼야 한다.

16.4.1.6 제한

개인 데이터 처리와 관련된 원칙 중에서 가장 중요한 것은 제한^{limitation}이다. 개인 데이터의 수집 목적, 데이터 품질, 보관 기간은 필요에 따라 제한된다. 특히 새로운 요소는 투명성 원칙^{transparency principle}, 데이터 최소화 원칙의 명확화, 관리자의 포괄적인 책임의 확립이다.

16.4.1.7 동의

개인 데이터의 처리가 합법적으로 이뤄지려면 하나 이상의 구체적인 목적을 위해 데이터 소유자의 동의^{consent}에 근거해야 한다. 데이터 주체가 당사자이거나 계약을 체결하기 전에 데이터 소유자의 요청에 따라 조치를 취하는 경우 계약 이행을 위한 처리가 선행돼야 한다. 더 구체적으로 말하면 다음과 같다.

- 데이터 관리자의 법률적인 의무^{legal obligation}를 준수하려면 데이터 소유자의 동의가 필요하다.
- 데이터 주체의 중대한 이익을 보호하려면 데이터 소유자의 동의가 필요하다.
- 공공의 이익 또는 데이터 관리자에게 부여된 공식 권한을 행사해 수행되는 작업을 수행하려면 데이터 소유자의 동의가 필요하다.
- 개인 정보 보호가 필요한 데이터 소유자의 이해 또는 기본 권리 및 자유 특히 데이터 소유자(주체)가 아동인 경우를 제외하고는 관리자가 추구하는 합법적 이익을 위해서는 데이터 소유자의 동의가 필요하다.

동의 조건과 관련해 데이터 주체(소유자)는 언제든지 동의를 철회할 수 있는 권리를 갖는다. 이 경우 동의 철회에 의해 이전에 적법하게 이뤄진 행위에 영향을 받아서는 안 된다. 동의는 데이터 소유자와 관리자의 위치 사이에 상당한 불균형이 발생할 경우 처리에 대한 법적 근거를 제공하지 않는다. GDPR에서의 '동의^{consent}'는 자신과 관련된 개인 데이터의 처리 대상인 개인 데이터의 공개 범위에 대해 구체적이며 모호하지 않은 합의를 의미한다. 그것은 진술^{statement}이나 명확한 동의에 의해 이뤄져야 한다. 따라서 데이터 소유자가 원하는 개인의 정보 공개 범위를 구체적이고 자유롭게 의사를 표시할 수 있는 방법을 명확하게 제공해야 한다. 그러므로 침묵^{silence}이나 무활동^{inactivity}이 동의라고 생각해서는 안 된다. 동의는 동일한 목적을 위해 수행된 모든 처리 활동을 포함해야 한다. 아동의 개인 데이터 처리는 자녀가 적어도 16세 이상일 때 그리고 자녀의 동의가 이뤄진 후에 적법하게 처리해야 한다. 자녀의 나이가 16세 미만인 경우 부모가 동의하는 경우에만 합법적인 동의로 간주한다.

16.4.1.8 잊힐 권리

GDPR은 개인 정보 데이터의 삭제 권리를 더욱 상세히 기술돼 있으며, 데이터가 수집되거나 처리된 목적과 관련해 더 이상 필요하지 않을 경우 잊힐 권리$^{right to be forgotten}$의 조건을 제공한다. 또 다른 경우는 데이터 소유자가 개인 정보 공개에 대한 동의를 철회, 보관 기간이 만료된 경우 데이터 처리에 대한 다른 법적 근거가 없는 경우다. 이것은 개인 정보를 공개하는 관리자의 의무를 의미한다. 제3자에게 개인 데이터에 대한 링크나 복사 또는 복제를 삭제하도록 알리는 의무를 말한다. 개인 정보의 제3자 정보 공개와 관련해 관리자는 제3자에 의한 정보 공개를 승인한 경우 관리자는 정보 공개에 대한 책임을 지는 것으로 간주해야 한다. 관리자는 지체 없이 개인 정보 삭제를 수행해야 하지만 개인 데이터의 보존이 필요한 경우(예를 들어 표현의 자유권 행사 또는 공공 보건 분야에 대한 공익적 이유, 역사적, 통계적, 과학적 연구 목적 등)에는 예외적으로 한다. 개인 정보 삭제가 수행되는 경우 관리자는 다른 방법으로 처리하지 않아야 한다.

이 권리는 개인 정보 소유자(주체)의 나이가 어려서 부모 동의를 받을 경우, 개인 정보 처리에 수반되는 위험을 완전히 인식하지 못했을 경우, 특히 인터넷에서 개인 정보 데이터를 삭제하고자 할 때 중요하다.

16.4.1.9 데이터 이동성

GDPR은 데이터 이동성^{data portability}에 대한 데이터 소유자(주체)의 권리를 도입했다(예를 들어 관리자에 의해 방해받지 않고 하나의 웹 서비스 시스템에서 소셜 네트워크와 같은 다른 시스템으로 데이터를 전송하는 것을 말한다). 개인의 데이터에 대한 접근을 개선하기 위한 전제 조건으로 관리자로부터 구조화되고 일반적으로 사용되는 전자 형식으로 데이터를 얻을 수 있는 권리를 제공한다. 이 옵션은 데이터 소유자(주체)의 동의나 계약의 이행에 근거해 자동화된 처리 시스템에 제공한 경우에 적용될 수 있다.

16.4.2 GDPR에 의해 정의된 의무

데이터 소유자(주체)는 관리자가 자연인과 관련된 어떤 개인적인 측면을 평가하거나 특히 직장, 경제 상황, 위치, 건강, 개인적 취향, 신뢰성 또는 행동 분석, 예측하고자 자동화 처리를 목적으로 한 경우에는 이의를 제기할 권리가 있다.

16.4.2.1 관리자의 의무

GDPR은 특히 개인 데이터와 개인 정보 보호에 관한 국제 표준에 대한 마드리드 결의안(Madrid Resolution, 2009)에서 영감을 받아 관리자에게 투명하고 쉽게 액세스할 수 있고 이해할 수 있는 정보를 제공해야 하는 의무를 도입했다. 관리자의 또 다른 의무는 전자 요청을 포함해 정해진 기한(요청을 받은 후 1개월 이내) 내에 데이터 소유자의 요청에 응답 및 거절의 동기 등 개인 데이터 소유자의 권리를 행사하기 위한 절차와 메커니즘을 제공해야 한다.

관리자는 데이터 소유자에 대한 정보도 책임져야 한다. 관리자는 다음에 대한 모든 정보를 제공해야 한다.

- 관리자의 신분 및 연락처 정보(해당되는 경우)
- 데이터 보호 담당자의 연락처 정보(해당되는 경우)
- 개인 정보의 처리 목적 및 처리의 법적 근거
- 관리자 또는 제3자가 추구하는 합법적인 이익에 대해 처리한다(합법적인 이익의 목적으로 처리가 필요한 경우).
- 개인 데이터의 수신자 또는 수신인 범주(있는 경우)

- 관리자가 개인 데이터를 제3국 또는 국제 조직^{international organization}으로 전송하려는 의도와 위원회의 적합성 결정의 유무(해당되는 경우)

개인 정보 보호 관리자가 제공해야 할 추가 정보는 다음과 같다. 1) 보존 기간 2) 언제든지 동의를 철회할 권리 3) 개인 데이터에 대한 접근 및 수정 또는 삭제, 또는 개인 정보 데이터 소유주(주체)에 관한 처리 제한, 데이터 이동 권한 4) 감독 기관에 불만을 제기할 권리 5) 프로파일링뿐만 아니라 데이터 소유자에 대한 처리의 중요성과 예상 결과를 포함해 자동화된 의사 결정의 존재.

데이터 소유자는 본인과 관련된 개인 정보 데이터 처리되고 있는지에 관계없이 언제라도 관리자에게 확인을 요청할 수 있다.

설계에 의한 데이터 보호와 기본적으로 개인 정보 보호 및 데이터 보안을 보장하기 위해 GDPR은 설계별 데이터 보호(또는 GDPR 초안에서는 설계별 개인 정보 보호)라는 새로운 용어를 도입한다. 즉 개인 정보 데이터의 처리 수단을 결정할 때와 처리 자체를 동시에 할 때 개인 정보 보호 관리자는 기술의 상태와 구현 비용을 고려해 처리가 GDPR의 요구 사항을 충족시키고 데이터 소유자의 권리를 보호할 수 있는 방법으로 적절한 기술적 및 조직적 조치와 절차를 구현해야 한다. 이러한 조치에는 개인 데이터 처리를 최소화하고 가능한 한 빨리 개인 데이터에 익명을 적용하는 것이 포함돼야 한다. 적절한 시스템은 또한 데이터 소유자가 데이터 처리를 모니터링하고 관리자가 보안 기능을 생성 및 개선할 수 있도록 해야 한다. 이 원칙과 조치는 포그 컴퓨팅 환경을 설계할 때 특히 중요하다. 이러한 조치는 개인 데이터를 우발적이거나 불법 파괴 또는 우발적 손실로부터 보호하고 특히 개인 데이터의 무단 공개, 배포 또는 액세스 또는 변경을 방지하려는 조치여야 한다. 16.4.2.2절에서는 이러한 문제를 자세히 설명한다.

최신 기술과 구현 비용과 관련해 개인 정보 보호 관리자는 개인 정보 데이터터 처리 수단의 결정 시점과 처리 자체의 시점 모두 적절한 기술적, 조직적 조치와 절차를 이행해야 한다. 이러한 처리는 GDPR의 요구 사항을 충족하고 데이터 소유자의 권리를 보호한다.

GDPR의 제26조 및 제27조는 클라우드 컴퓨팅이 제기한 몇 가지 이슈를 다루는 데 특히 클라우드 연합^{federation}에서 발생하는 일부 문제를 다룬다. 이러한 조항은 아웃 소싱 담당자가 공통 데이터 관리자인지 여부를 나타내지 않지만 1명 이상의 데이터 관리자가 있을 수 있다는 사실을 인정한다. GDPR의 조항은 데이터 소유자의 대한 내부적 관계와 관련해 개인 정보 보호 공동 관리자의 책임을 명확히 한다. 관리자가 개인 정보를 다른 사람과 함께 처리하는 목적, 조건, 수단을 결정할 경우 공동 관리자는 합의를 통해 GDPR에 따른 의무 준수에 대한 각자의 책임을 결정해야 한다.

EU에 설립되지 않은 기업의 관리자 또는 가공 업체는 GDPR이 개인 정보 보호 데이터 처리 활동을 위해 EU의 대표자를 서면 형태로 대리인을 지정할 의무가 있다. 데이터 처리가 가끔 발생하고 특별한 범주의 데이터를 포함하지 않거나 관리자가 공공 기관 또는 기관인 경우는 예외다. 개인 정보 보호 담당자는 관리자나 가공 업체를 대신해 행동해야 하며 감독 기구^{supervisory authority}에서 처리할 수 있다.

EU에 설립돼 있는 개인 정보 데이터 보호 관리자의 주요 임원들은 객관적 기준에 따라 결정돼야 하며 안정적인 배치를 통한 처리의 목적, 조건, 수단에 관해 경영 활동의 효과적이고 실제적인 실행을 의미해야 한다. 관리자는 프로세서의 주요 설립은 EU의 중앙 관리 장소가 돼야 하며 GDPR에 따라 안정적인 조치를 통해 효과적이고 실질적인 활동을 수행해야 한다.

16.4.2.2 프로세서(데이터 가공자)의 의무

GDPR은 또한 컨트롤러의 지시를 넘어 데이터를 처리하는 프로세서를 공동 컨트롤러로 간주하는 것을 포함해 새로운 요소를 추가하는 프로세서의 위치와 의무를 명확히 한다. 이 규정은 데이터 소유자의 권리를 보호하고자 개인 정보 보호 관리자가 적절한 조치를 이행하기 충분한 검증된 프로세서만을 사용해야 한다고 규정돼 있다. 프로세서는 개인 정보 보호 관리자의 구체적인 사전 서면 승인 없이 다른 프로세서에 적용해서는 안 된다.

프로세서에 의한 개인 정보 데이터 처리 수행은 서면 계약서 또는 기타 합법적인 법률 행위를 기반으로 하며 프로세서는 다음과 같이 수행하도록 규정한다.

- 특히, 사용된 개인 데이터의 전송이 금지된 경우 개인 정보 보호 관리자의 지침에 따라 작업해야 한다.
- 기밀 유지를 약속했거나 법적인 기밀 유지의 법적 의무를 가진 직원만을 고용해야 한다.
- 필요한 모든 조치를 취한다.
- 개인 정보 보호 관리자의 사전 허가를 받은 경우에만 다른 프로세서 직원을 등록

할 수 있다.

- 개인 정보 데이터 처리 특성을 고려할 때 프로세서가 개인 정보 보호 관리자의 의무를 이행하고자 가능한 한 필요한 기술 및 조직 요구 사항을 개인 정보 보호 관리자와 합의해 작성해야 한다.
- 개인 정보 보호 의무를 준수할 수 있도록 개인 정보 보호 관리자를 지원한다.
- 개인 정보 보호 관리자의 선택에 따라 개인 정보 데이터 처리와 관련된 서비스 제공이 종료된 후 모든 개인 데이터를 삭제하거나 개인 정보 보호 관리자에게 반환하고, EU 또는 회원국 법률에 개인 정보 저장이 필요한 경우가 아니라면 기존의 데이터 사본을 삭제해야 한다.
- 프로세서는 GDPR에 명시된 의무와 함께 규정 준수를 제어하는 데 필요한 모든 정보를 개인 정보 보호 관리자 및 감독 기관에 제공해야 한다.

계약 또는 법률 행위는 표준 계약 조항 전체 또는 일부를 포함해야 한다. 표준 계약 조항은 인증에 관한 GDPR의 규정에 따라 개인 정보 보호 관리자나 프로세서에 부여된 인증의 일부인 경우 포함한다. 유럽위원회는 추가적인 표준 계약 조항을 결정할 수 있다.

개인 정보 보호 관리자와 프로세서는 개인 정보 보호 관리자의 지침과 프로세서의 의무를 서면으로 문서화해야 한다. 프로세서는 해당 개인 정보 데이터 처리와 관련해 개인 정보 보호 관리자로 간주돼야 하며 프로세서가 개인 정보 보호 관리자의 지시 이외의 개인 데이터를 처리하는 경우 공동적인 개인 정보 관리자에 대한 규칙에 따라야 한다.

GDPR은 개인 정보 보호 관리자와 프로세서가 EU의 이전 개인 정보 데이터 보호 지침에 따라 감독 기관에 일반적인 통지 대신에 서면 및 전자적 형태로 그들의 책임하에 개인 정보 데이터 처리 작업 기록을 보관해야 할 의무를 포함한다. 데이터 처리의 목적, 개인 정보 보호 관리자 또는 프로세서의 이름과 연락처 세부 정보, 데이터 소유자의 카테고리, 개인 데이터의 카테고리 설명 등과 같은 일부 관련 정보가 포함돼 있어야 한다.

GDPR은 2002/58/EC의 전자 프라이버시 지침 제4조 3항의 개인 데이터 침해 통지를 바탕으로 개인 데이터 침해에 대해 통지할 의무를 도입한다. 또한 이전 DPD는 개인 데이터의 처리를 감독 기관에 통보해야 하는 일반적인 의무를 제공했고, 이를 통보하면 행정적, 재정적 부담이 생길 수 있다. 위원회에 따르면 이 일반적인 의무는 효과적인 절차로 대체돼야 한다. 따라서 새로운 규정은 새로운 요소, 즉 개인 정보 보호 관리자와 프로세서가 위험한 개인 정보 데이터 처리 작업 전에 데이터 보호 영향 평가를 수행해야 하는 의무를 도입함으로써 데이터 주체의 권리와 자유에 대해 구체적이고 높은 위험을 사전에 공지할 수 있다. GDPR에 따르면 특히 다음과 같은 개인 정보 데이터 처리 작업은 특히 데이터 주체의 개인 정보 보호 침해 위험이 발생할 수 있다.

- 프로파일링을 포함한 자동화된 처리에 기초하고 자연인에 대한 법적 영향을 발생시키거나 자연인에 상당한 영향을 미치는 의사 결정에 기초하는 자연인과 관련된 개인적 측면에 대한 체계적이고 광범위한 평가
- 범죄 유죄 판결 및 범죄와 관련된 대규모의 특수 범주의 데이터 또는 개인 데이터 처리
- 공개적으로 접근 가능한 지역에 대한 체계적인 모니터링

데이터 보호 영향 평가가 필요한 처리 작업에 대해서는 감독 기관이 공개 목록을 작성해야 한다. 영향 평가에는 최소한 다음을 포함해야 한다.

- 개인 정보 보호 관리자가 추구하는 정당한 이익을 포함해 예상되는 개인 정보 데이터 처리 작업 및 처리의 목적에 대한 자세한 설명(해당되는 경우)
- 개인 정보 데이터의 처리 목적과 관련해 처리 작업의 필요성과 비례성에 대한 평가
- 데이터 소유자(주체)의 권리와 자유에 대한 위험 평가
- 이러한 조치들은 개인 정보 데이터 프라이버시 위험을 해결하고자 계획됐다. 여기에는 데이터 소유자(주체) 및 관련 당사자의 권리와 정당한 이익을 고려해 개인 정보 보호 및 GDPR 준수를 입증하기 위한 보호 조치, 보안 조치, 메커니즘이 포함된다.

특히 이 규정 조항은 지역, 국가 또는 초국가적^supranational 수준에서 상당량의 개인 데이터를 처리하는 것을 목표로 하고 다수의 데이터 소유자(주체)에 영향을 미칠 수 있는 새로 구축된 대규모 파일 시스템에 적용돼야 한다.

GDPR은 DPD 제20조의 사전 점검 규정을 바탕으로 데이터 보호 영향 평가에서 위험 완화를 위해 개인 정보 보호 관리자가 취한 조치가 없는 경우와 높은 위험이 발생하는 개인 정보 데이터를 처리하기 전에 감독 기관과 협의해야 한다고 명시돼 있다.

DPD 제18(2)조에 근거한 새로운 규정은 또한 강제적인 데이터 보호 책임자의 책임 규정을 포함하고 있으며, 이 규정은 공공 부문이나 대기업을 대상으로 처리할 때 또는 컨트롤러나 프로세서는 정기적이고 체계적인 모니터링이 필요한 처리 작업으로 구성되거나 대규모의 특수 데이터 범주 안에서 처리된다. 데이터 정보 책임자^{data protection officer}는 데이터 정보 보호 관리자 또는 프로세서에 고용되거나 서비스 계약에 따라 자신의 업무를 수행할 수 있다.

DPD의 제40조는 행동 강령에 관한 것으로 제27조 제1항을 기초로 해 개인 정보 보호 내용과 절차를 명확히 규정했다. 회원국, 위원회, 감독 당국, 이사회는 특히 유럽 차원에서 데이터 보호 인증 메커니즘 및 데이터 보호 인증 기관 설립을 장려해 데이터 소유자(주체)가 개인 정보 보호 관리자와 프로세서가 제공하는 데이터 보호 수준을 신속하게 평가할 수 있다. 행동 강령 준수의 모니터링은 행동 강령의 주제와 관련해 적절한 수준의 전문 지식을 보유한 기관이 수행할 수 있으며 해당 감독 기관의 승인을 받아야 한다.

16.4.3 EU 국가 외부로 데이터 전송

16.4.3.1 제3국으로 데이터 전송

GDPR의 V장에는 개인 데이터를 제3국 또는 국제 기구로 전송하는규칙이 포함돼 있다. 새로운 규정에 따르면 적절한 수준의 개인 데이터 보호가 해당 제3국 내의 영토에서 적절한 수준의 보호를 보장된 경우에만 개인 정보의 전송이 이뤄질 수 있다. 새로운 규정은 EU 위원회가 제3국 내의 영역에서 적절한 수준의 보호가 제공되는지를 결정할 수 있다고 명시돼 있다.

적절한 개인 정보 보호 수준을 위원회가 평가하고자 고려해야 할 기준에는 명시적으로 법의 규율, 인권 및 기본적 자유에 대한 존중, 관련 법규 및 독립적인 감독이 포함돼 있다. 또한 제3국 또는 관련 국제 기구가 체결한 국제 약정 또는 기타 의무는 특히 개인 데이터의 보호와 관련해 다자간의 참여로부터 이뤄지는 것이 중요하다.

위원회가 적절한 수준의 개인 정보 보호가 보장됐다고 결정한 경우 제3국 또는 국제 기구는 최소한 4년마다 정기적인 검토를 위한 메커니즘을 위해 시행법이 제정돼야 한다. 위원회는 이러한 상황을 감시할 의무가 있다.

위원회가 적절한 수준의 개인 정보 보호가 보장되거나 보장되지 않는다고 결정한 경우 제3국 및 국제기구 내의 제3국, 영토 및 개인 정보 데이터 처리 목록은 위원회가 EU 공식 저널에 게시해야 한다.

위원회가 그러한 적합성 결정을 채택하지 않은 경우 GDPR은 적절한 보호 조치를 제 공하고자 제3국으로 이전을 요구한다. 특히 다음과 같다.

- 공공 기관 또는 단체 간에 법적 구속력이 있고 집행 가능한 기구
- 법적 구속력이 있는 기업 규정
- 위원회 또는 감독 기관이 채택한 표준 데이터 보호 조항
- 데이터 소유자(주체)의 권리와 관련해 적절한 보호 조치를 적용하고자 제3국 개인 정보 보호 관리자 또는 프로세서의 구속력 있고 집행 가능한 약속과 함께 승인된 행동 강령, 또는
- 데이터 소유자(주체)의 권리와 관련해 적절한 보호 조치를 적용하고자 제3국 개인 정보 보호 관리자 또는 프로세서의 구속력 있고 집행 가능한 약속과 함께 승인된 인증 메커니즘

GDPR은 위원회와 제3국의 감독 기관 사이의 개인 데이터 보호를 위해 상호 지원과 같 은 국제 협력 메커니즘을 명시적으로 제공한다.

GDPR 초안에는 위원회가 제3국의 영토에서 적절한 개인 정보 보호 수준을 보장하지 않는다고 결정한 경우 제3국 또는 제3국 내의 영토 또는 국제 기구와 같이 해당 장소로 개인 데이터를 전송하는 것을 금지해야 한다는 조항이 포함돼 있다. 이 경우 위원회는 부 적절한 결정으로 인한 상황을 해결하고자 제3국 또는 국제 기구와 협의해야 한다. 그러 나 위원회의 이 조항은 GDPR의 최종 버전에는 누락됐다.

법적 구속력이 있는 회사 규칙을 포함해 개인 데이터의 제3국 또는 국제기구로의 전 송 등을 포함한 적절한 개인 정보 보호 조치가 없는 경우 다음 조건 중 하나에 대해서만 발생한다.

1. 데이터 소유자(주체)는 타당한 결정 및 적절한 보호 조치가 없기 때문에 개인 정 보를 이전함으로써 발생 가능한 위험에 대한 정보를 통보받은 후 제안된 전송(이 전)에 명시적으로 동의했다.

2. 데이터 소유자(주체)와 개인 정보 보호 관리자 간의 계약 이행 또는 데이터 소유

자의 요청에 의해 취해진 사전 계약상의 조치의 이행을 위해 전송이 필요하다.

3. 전송은 관리자와 다른 자연인 또는 법률인 사이의 데이터 주체의 이해관계에 의해 체결된 계약의 체결이나 이행에 필요하다.

4. 중요한 공익상의 이유로 전송이 필요하다.

5. 법적 청구권의 성립, 행사 또는 방어를 위해 전송이 필요하다.

6. 데이터 소유자(주체)가 물리적 또는 법적으로 동의를 할 수 없는 경우에는 데이터 소유자 또는 타인의 중대한 이익을 보호하고자 전송이 필요하다.

7. 개인 정보 데이터의 전송은 노동 조합 또는 회원국 법률에 따라 일반인에게 정보를 제공하려는 목적으로 합법적인 이해 관계가 있는 사람에 의해 가능하다. 그러나 협의를 위해 노조 또는 회원국 법률에 의해 규정된 조건이 충족되는 경우에만 전송이 가능하다.

개인 정보 보호 관리자는 감독 기관에 전송 사실을 통보해야 한다. 또한 개인 정보 보호 관리자는 또한 추구하는 적법한 이익에 관한 사항을 데이터 소유자(주체)에게 알려야 한다.

16.4.3.2 구제 방법, 법적 책임, 제재

이 규정에는 구제 방법[remedy], 법적 책임[liability], 제재[sanction] 조항이 포함돼 있다. 새로운 규정은 개인 정보 보호 관리자가 회원국의 공공 기관인 경우가 아니라면 데이터 소유자(주체)가 거주하는 회원국의 법정에 갈 수 있는 선택권을 제공한다고 규정돼 있다. 또한 개인 정보 보호 관리자나 프로세서에 대한 사법적 구제권도 포함돼 있다.

  GDPR 침해로 인해 물질적 또는 비물질적 손상이 발생한 경우 개인 정보 보호 관리자 또는 프로세서는 데이터 주체에게 발생한 피해를 보상해야 한다. 가능한 처벌 중 하나는 행정 과징금[administrative fine]일 수 있다. 그 외에도 다른 형벌 규칙은 회원국들에 의해 내려져야 한다.

16.4.4 요약

요약하자면 EU법에 따른 규정의 법적 특성으로 인해 GDPR은 직접적이고 일률적으로 적용되는 단일 규칙을 제정했다. EU 규제는 EU법의 가장 직접적인 형태다. 규정은 회원국에 직접적인 구속력을 가지며 회원 내에서 직접 적용된다. 규정이 발효되는 즉시 자동적으로 각 회원국의 국가 법 체계의 일부가 되며, 회원국별로 새로운 또는 다른 입법 체계를 만드는 것은 허용되지 않는다. 이와는 대조적으로 EU 지침은 EU 법률에 비해 유연하게 적용된다. EU 지침은 서로 다른 국가법을 조화시키고자 사용된다. 지침은 모든 회원국이 달성해야 하는 최종 결과만을 규정한다. 지침에 포함된 원칙을 구현하는 형식과 방법은 각 회원국이 스스로 결정해야 할 문제다. 각 회원국은 그 지시를 법체제 지침을 이행해야 하지만 그 자체로 그렇게 할 수 있다. 지침은 해당 조치를 구현하는 국가 법률을 통해서만 효력이 발생한다.

이전의 DPD 제4조에 따르면 데이터 관리자의 설립 위치에 따라 특정 클라우드 사용 사례에서 볼 수 있듯이 우리는 이전 클라우드 연합에 관한 연구에서[14] 가변적일 수 있는 해당 국가법에 따라 결정된다는 것을 밝혀냈다. 그러나 통일된 규칙을 가진 GDPR은 모든 회원국에서 동일한 방식으로 적용돼야 하므로 그들 사이에 불일치가 있을 수도 있고 없을 수도 있다. 또한 회원국의 국내법이 국제법에 의해 적용되는 경우 이 규정은 또한 회원국의 외교 사절 또는 영사관(GDPR의 서문 (22))과 같이 EU에 설립되지 않은 개인 정보 보호 관리자에게도 적용된다.

16.5절에서는 설계 원칙에 따라 데이터 보호를 자세히 설명하고 구현 필요성과 가능한 원인을 설명한다.

16.5 설계 원리에 대한 데이터 보호

디자인에 의한 프라이버시^{PbD, Privacy by Design} 개념은 1990년대 캐나다 온타리오주의 전 정보 및 프라이버시 위원^{former information and privacy commissioner}인 앤 카보키안^{Ann Cavoukian}에 의해 포괄적으로 설명됐다. 그의 철학은 개인 정보 보호 학자뿐만 아니라 입법자들에게도 높은 관심을 받았다. 따라서 제25조는 GDPR에 적용됐으며 관련법을 준수하고자 여러 가지 기술적, 조직적 조치를 취하도록 데이터 개인 정보 관리자를 법적으로 구속하고 있다. GDPR은 데이터 보호에만 초점을 맞추기 때문에 '디자인에 의한 데이터 보호^{DPbD, Data Protection by Design}'라는 제목을 사용한다. 그러나 법적 의미와 실제적 의미 모두에서 두 용어에는 차이가 없다. 우리는 또한 16장에서 GDPR의 개념을 따를 것이다.

카보키안[15]은 DPbD 원칙의 근거로 공정 정보 관행 원칙^{Fair Information Practices Principle}을

사용한다. GDPR에서 알 수 있듯이 이러한 원칙은 데이터 최소화$^{data\ minimization}$, 데이터 보존 및 데이터 사용 제한(목적 사양), 개인 동의$^{individual\ consent}$, 책임 통지(투명성), 저장된 데이터 보안, 자신의 개인 정보에 접근할 권리, 책임 등이 있다. 카보키안은 성장하는 기술 환경에서 심각한 사생활 위험에 대한 해결책으로 프라이버시 규칙에 의해 중단되지 않는 시스템의 개발을 제시했지만 이러한 규칙을 '조직 우선순위$^{organizational\ priorities}$, 프로젝트 목표$^{project\ objectives}$, 설계 프로세스 및 계획 운영$^{design\ processes,\ and\ planning\ operations}$'의 필수적인 부분으로 만든다. 그러기 위해서는 시스템 설계[16]의 시작부터 DPbD 철학을 채택해야 하며, 구축한 시스템이 필요없을 때까지 시스템의 라이프 사이클을 따라야 한다. 오늘날 시스템 설계는 코드 개발과 같은 시스템 생성의 기술적 부분만을 의미하지 않는다. IT 기업이 제공하는 다양한 기술 솔루션은 시스템 설계 중에 법적 준수에 대한 조직 측면을 고려해야 한다. 이러한 이유로 DPbD의 개념은 조직적 측면뿐만 아니라 법적 및 기술적 측면 모두 관련돼 있다고 말할 수 있다. 법의 발전이 DPbD의 채택을 촉진시켰기 때문에 이것은 합법이다. 그것은 프라이버시 친화적인 기술에 도달하기 위한 자기 평가$^{self-assessment}$, 자기 규제$^{self-regulation}$, 자기 대응$^{self-reaction}$을 의미하기 때문에 조직적이다. 그것은 기술적인데 법적 요건과 조직 계획의 결과로 프라이버시 친화적인 시스템을 향한 가시적인 단계가 요구되기 때문이다. 이 단계에서는 일반적으로 시스템과 관련된 기술 솔루션, 즉 프라이버시 강화 기술$^{PET,\ Privacy\ Enhancing\ Technology}$을 적용할 것을 요구한다. PET를 통해 최종 사용자가 DPbD를 볼 수 있게 된다. DPbD는 개인 데이터의 비즈니스 모델뿐만 아니라 개인 데이터 수집, 사용, 전송, 액세스, 저장, 모든 처리 활동에 대한 맵을 작성하는 것을 의미하며, 사용자의 데이터 보호를 강화하는 특정 시스템에서 데이터의 보안을 보장하고자 필요한 기술적 안전장치를 사용한다.

16.5.1 데이터 보호 원칙을 채택하는 이유

세부 사항을 살펴보기 전에 DPbD 원칙이 채택돼야 하는 이유를 생각해 볼 필요가 있다. 첫째, 데이터 보호가 기본적인 권리이고 시스템 설계 초기부터 고려해야 하는 경우라면 DPbD 개념은 '데이터 보호 우선$^{data\ protection\ first}$[17]' 문화를 만들 수 있다. 이러한 문화는 회사가 사용자의 신뢰를 얻을 수 있는 데 도움이 된다. 인터넷 사용자가 온라인에서 개인 데이터를 공유할 때마다 그들은 데이터 수집, 사용, 저장, 안전에 대한 서비스 제공 업체의 약속을 신뢰한다. 더 많은 DPbD 친화적인 시스템이 더 많은 사람들에 의해 사용될 것이기 때문에[19] 사용자 신뢰가 있어야만 인터넷 경제가 성장할 수 있다[18]. 애플이 성장했던 이유는 "애플에서 우리의 신뢰는 그들에게 모든 것을 의미한다. 그래서 그들은 우리의 사생활을 존중하고 강력한 암호화로 그것을 보호하는 것이다[20]"라는 철학과 그외 기술 때문일 것이다.

둘째, 이 단체들은 법적 의무를 완전히 준수해 막대한 벌금에 직면하지 않고 손해를 보지 않도록 할 것이다. 이와 유사하게 위험을 예견할 수 있는 한, 단체는 제품을 출시한 후보다 그것을 수정하는 데 더 적은 비용을 지출한다[21]. 더 많은 제재는 더 많은 평판을 잃게 한다. 또한 조직은 회사에서 자동으로 데이터 보호 문화를 조성할 것이다. 또한 기술이 빠르게 변화하고 발전함에 따라 시스템 사용 중 사생활 보호에 대한 우려를 통제하기가 쉽지 않다. 기본 시스템 설계 초기부터 이러한 위험을 예견하고 올바른 일을 해야 한다. 또한 이러한 철학은 데이터 보호에 대한 이해와 구현이 다르기 때문에 글로벌 데이터 보호에 기여할 수 있다.

마지막으로 DPbD는 세계 데이터 보호의 비대칭성, 파워 게임, 정치적 충돌을 줄이는 데 도움이 되며, 또한 정보, 국가 안보, 민주주의의 자유로운 흐름을 촉진한다. 이것은 감시, 오용, 불법 사용에 맞서 포용해야 할 철학이다. 세계화와 페이스북^{Facebook}과 같은 인터넷 덕분에 데이터 보호 선도국들의 법적 압력은 모두에게 이익이 된다. 즉 데이터 보호 실드^{data protection shields}는 전 세계 모든 국가를 포괄한다[16].

16.5.2 GDPR에서의 프라이버시 보호

DPbD의 원리를 자세히 살펴보면 DPbD가 사생활 보호에 대해 정확히 무엇을 나타내는지 더 포괄적으로 이해할 수 있다. 그 명령과 상관없이 첫 번째 원칙은 DPbD 이해에 대한 로직을 나타낸 것으로 보이며 일단 발생하면 이를 해결할 수 없는 현재의 문제를 지적한다. 상호 연결된 온라인 네트워크는 온라인 개인 데이터의 가능한 모든 연결을 찾을 수 없기 때문에 원치 않는 데이터 공개를 수정하는 데 도움이 되지 않을 것으로 보인다. 일단 데이터가 온라인 상태가 되면 데이터를 파괴하는 것은 거의 불가능하다.

개인 데이터 보호에 대한 사전 예방적 접근 방법은 이미 알려진 것보다 훨씬 높은 기준을 채택함으로써 사용자와 파트너 사이의 프라이버시 네트워크를 구축하고, 시스템의 프라이버시 취약점을 인식을 통해 공개된 위험을 줄일 수 있다. 시스템 관점에서 볼 때 시스템 아키텍처에 개인 정보를 포함시켜야 한다. 시스템에 어떤 종류의 프라이버시 도구가 포함돼야 하는지 정확히 알아내는 한 가지 방법은 프라이버시 영향 평가^{privacy impact} ^{assessment}를 살펴보는 것이다. GDPR 제35조는 데이터 처리가 '자연인의 권리와 자유에 큰 위험을 초래할 가능성이 높은' 경우 데이터 개인 정보 보호 관리자에게 데이터 보호 영향 평가^{DPIA, Data Protection Impact Assessment} 책임을 부여한다. 사실은 개인 데이터를 다루는 모든 시스템은 어느 정도의 위험이 따를 수 있다. 위험 수준을 정의하고 필요한 조치를 취하고자 DPIA는 PDbD로 가는 첫 번째 시도이며, PDbD의 성공은 성공적인 DPIA[23]에 크게 좌우된다.

DPIA는 특정 시스템에서 데이터 보호와 관련된 위험을 무엇과 어떻게 처리해야 하는지 알 수 있도록 이해관계자 및 직원과 함께 기업을 이끄는 리스크를 평가하는 체계적인 방법이다. DPIA는 조직이 이러한 프로세스에 나타나는 위험의 개인 데이터 수집, 저장, 사용, 전송, 관리에 대한 전체 그림을 작성할 수 있도록 돕는다. DPbD와 DPIA이 관계는 두 가지다. 결국 데이터 보호 대책과 기법이 시스템에 능동적으로 구축될 것이기 때문이다. 평가 결과는 의사 결정자가 데이터 보안 강화 방법에 대한 계획을 세우는 데 도움이 되며 이는 구현할 PET를 결정하도록 지시한다.

PET는 특히 데이터 보호 관점에서 EU 문헌에서 가장 잘 설명될 수 있다.

그것은 정보 시스템의 기능 손실 없이 개인 정보를 제거하거나 최소화해 개인 정보를 보호함으로써 개인 정보의 불필요한 처리 또는 원치 않는 처리를 방지하는 정보 통신 기술 측정 시스템이다[24].

PET는 EU의 데이터 보호 문헌에 새롭게 언급되지 않았지만 GDPR을 확대해 설명했다(Recital 79). 그것들은 DPIA를 통해 드러난 위험을 줄이는 데 도움이 되는 기술적인 도구들이다. 이러한 도구에는 일반적으로 암호화, 전자 메일 프라이버시 툴, 익명화 및 필명 툴, 인증 툴, 쿠키 커터^{cookie cutters}, 프라이버시 기본 설정 플랫폼 등이 있다. GDPR이 본격화되면서 개인 정보 보호, 특히 데이터 보호 기술이 계속해서 더 빠르게 성장할 것이기 때문에 이 목록이 완전한 것은 아니다.

16.5.3 기본 데이터 보호

데이터 처리 원칙과 결합된 보안 시스템은 기본적으로 개인 정보 보호 또는 GDPR 단어와 함께 기본 데이터 보호^{DPbD, Data Protection by Default}로 구성된다. 기본적으로 DPbD는 데이터 최소화 원칙과 관련이 있으며, 서비스 중에 가능한 최소 개인 데이터를 수집하고자 데이터 개인 정보 보호 관리자에게 명령한다. 이는 시스템 기능을 방해해서는 안 되며 데이터 관리자가 시스템을 실행하는 데 필요한 데이터를 수집하는 것을 방해하지 않아야 한다. 사용자가 일부 개인 데이터를 공유하는 경우에만 사용할 수 있는 기능이 있을 수 있다. 이러한 기능은 필요한 개인 데이터를 처리하는 데 대한 동의 없이 사용자가 이용할 수 없어야 한다. 실제로 동의서는 정보에 기초해 자유롭게 제공돼야 하며 특정 기능의 목적에 따라 구체적이어야 하며 모호하지 않거나 명시적이어야 한다(예를 들어 민감한 데이터인지 아닌지를 불문하고 개인 데이터의 유형에 따라 달라야 한다). 그리고 긍정적으로 조치를 취해야 한다(GDPR의 리사이틀^{Recital} 32). 후자의 기준은 수신 동의$^{opt-in}$ 과정으로, 기본적으로 프라이버시와 거의 같은 의미를 갖는다. 수신 동의는 필요한 개인 데이터를 수집하고 추가 데이터 처리 활동이 데이터 소유자에 의해 수동으로 결정할 수 있도록 한다. 데이터 소유자(주체)는 개인 정보 공개에 동의하거나 개인 정보 공개 종료를 선택할 수 있는 옵션이 있어야 한다. 이는 2008년과 2017년 페이스북의 사례를 볼 때 매우 중요하다. 이전에는 개인 페이스북 사용자는 종교, 정치적 견해, 국적과 같은 민감한 정보를 포함해 많은 개인 정보를 공유해야 했다. 사용자가 프로필에 이러한 정보를 표시할지 선택할 수 있는 설정 기능이 없었다(개인 데이터 관리 도구). 또한 사용자에게 자신의 프로필을 표시할 사용자를 제한할 수 있는 선택권이 없었다. 여기에는 자신의 사진, 게시물, 비디오뿐만 아니라 프로필 작성 중에 제공한 다른 정보도 포함될 수 있다. 2014년 이후 페이스북은 '모든 것은 공개된다' 설정 방식에서 '모든 것이 비공개이고 관리를 통해 공개된다' 접근 방식으로 변경됐다. 지금은 기본 개인 정보 설정 외에도 페이스북 사용자는 제3자에게 대한 데이터 공개를 관리하고 게시할 때 공개 또는 비공개 게시 규칙을 설정할 수 있으며 사용자는 친화적인 인터페이스 환경에서 전체적으로 개인 정보 보호와 관련된 설정을 관리할 수 있다. 페이스북은 데이터 수집, 사용, 공개와 관련해 사용자가 공개 여부를 설정할 수 있게 했다.

이해 관계자 간의 협력은 물론 개인과의 협력을 통해 성공적인 프라이버시 친화적인 시스템을 구축할 수 있다. 가시성 및 투명성 원칙은 개인 데이터 보호 정책 및 절차 문서를 작성해 관련 기관 및 개인과 공유한다. 이 경우 개인에게 권리(제12조~제23조)와 구제책(GDPR 제82조)에 관한 포괄적이고 이해 가능하고 명확한 정보를 제공한다. 또한 데이터 컨트롤러는 이러한 정책에 대해 데이터 보호 기관$^{DPA, Data Protection Authority}$에 알리는 것이 중요하다. DPA는 컨트롤러가 법을 준수하는지 모니터링한다. 규정 준수는 중요한 문제지만 모든 단계는 사용자의 프라이버시와 관련해 수행된다. 카보키안Cavoukian은 사용자 스스로 데이터를 관리할 수 있도록 필요한 도구와 정보를 제공해 '디자인 사용자 중심 유지'를 제안했다. GDPR은 동의 조건을 명확하게 해석(제7조), 아동을 위한 동의 메커니즘 도입(제8조), 잊힐 권리(제17조), 데이터 이동권(제20조) 등 이러한 도구들의 많은 부분을 강화한다. 회사는 사용자에게 데이터에 액세스하고 관리할 수 있는 창의적이고 사용자 친화적인 인터페이스를 제공한다. 구글Google은 짧고 이해하기 쉬운 문서, 구글이 수집한 모든 관련 데이터와 정보를 관리할 수 있는 제어판을 포함해 그림과 애니메이션으로 설계된 데이터 관리 및 개인 정보 보호 검사 플랫폼을 제공한다. 개인 데이터가 처리되는 만큼 이러한 데이터 관리 가능은 모든 사용자가 이해하고 사용할 수 있도록 설계돼야 한다.

마지막으로 "만약 DPbD 원칙이 실행된다면 무슨 일이 일어날까?" 하는 의문이 들 수 있다. 우선 라이프 사이클 보호에 있어 데이터뿐만 아니라 시스템도 안전하게 보호될 것이며, 이는 연속적이고 표준적인 데이터 보안 애플리케이션의 중요성과 시스템의 기능과 사용자의 권한 사이의 균형을 강조한다. 인공지능이나 로봇과 같은 새로운 기술의 발전이 사람들의 일상생활의 일부가 되는 상황에서 합법적이고 실질적인 관점에서 데이터 보호 분야의 지속적인 변화와 개선을 위한 긍정적인 신호다. 이런 이유 때문에 데이터 보호는 보호 수준 또는 구현 수준을 유지하거나 훨씬 더 높은 보호 도구를 만들고자 지속적인 시스템 모니터링이 필요한 역동적인 분야다.

둘째, DPbD의 원칙을 따를 경우 데이터 처리 활동에 관련된 모든 행위자는 상생할 수 있다. 이러한 방식으로 사용자는 자신의 데이터가 어떻게 사용되고 있는지에 대해 의심 없이 시스템을 사용할 수 있으며, DPbD의 결과로 시스템 이해 당사자들은 개인 정보 보호 정책, 규칙을 준수하는지 여부에 관계없이 사용자와 데이터 보호 당국에 반영할 수 있는 시스템 내에서 적절한 수준의 데이터 보안을 보장할 수 있다.

이러한 생각을 요약하면 EU 회원국과 관련된 포그 애플리케이션을 운영하고 사용하는 모든 당사자는 GDRP을 알아야 하며, PET는 IoT/fog/cloud 환경에서 적용될 수 있는 방식이다. 그림 16.1에서 설명한 가능한 포그 사용 사례는 멀티테넌시multitenancy가 순수한 클라우드 설정보다 IoT 및 포그 환경에 훨씬 더 존재하며 참여 엔티티 수가 더 많다는 것을 강조하는데, 이는 개인 정보 보호 관리자와 프로세서 역할을 정확하게 식별하는 것이 중요하다는 것을 의미한다.

16.6 향후 연구 방향

조사 결과에 따르면 DPbD 원칙은 데이터 보호 영향 평가와 데이터 보호 강화 기술을 결합해 클라우드 및 포그 환경에서 IoT 애플리케이션의 개인 정보 보호 침해 위험을 줄일 수 있는 것으로 나타났다. 향후 IoT/fog/cloud 활용 사례를 더욱 분석하고, 법적 역할 매핑을 수행해 책임을 밝히고 이러한 분야에서 애플리케이션을 설계하고 운영하기 위한 힌트를 제공할 계획이다.

16.7 결론

최신 기술 동향에 따라 IoT 환경에서는 전례 없이 많은 양의 데이터를 저장, 처리, 분석해야 한다. 클라우드 및 포그 기술은 이러한 작업을 지원할 수 있지만 그러한 애플리케이션은 데이터 관리로 인해 법적 문제가 발생하는 복잡한 시스템을 탄생시킨다. 유럽위원회[EC]는 개인 데이터 보호를 위해 이러한 새로운 기술의 사용에 대응해 개인 데이터에 대한 사용자의 영향력을 강화하고 행정 절차를 줄이며 유럽연합[EU] 규칙의 명확성과 일관성을 향상시키고자 법률 시스템을 지속적으로 현대화하고 있다. 이러한 목표를 달성하기 위해 위원회는 16장에서 자세히 분석한 일반 데이터 보호 규정을 만들었다.

16장에서는 또한 새로운 유럽 입법 법안을 기준으로 포그 특성과 보안 문제를 소개했다. 설계 원칙에 따라 데이터 보호를 자세히 설명하고, 규정을 준수하고 포그 환경을 쉽게 관리할 수 있도록 개인 정보 보호 기술을 사용할 것을 제안했다.

감사의 글

이 연구는 헝가리 인적 자원부의 세계 우수 프로그램(UNKP-17-4)과 헝가리 정부 및 유럽 지역개발기금European Regional Development Fund의 지원(보조금 번호 GINOP-2.3.2-15-2016-00037)을 받았다.

참고문헌

1   R. Buyya, C. S. Yeo, S. Venugopal, J. Broberg, and I. Brandic. Cloud computing and emerging IT platforms: vision, hype, and reality for delivering computing as the 5th utility. *Future Generation Computer Systems* 25: 599−616, 2009.

2   H. Sundmaeker, P. Guillemin, P. Friess, and S. Woelffle. Vision and challenges for realising the Internet of Things. CERP IoT — Cluster of European Research Projects on the Internet of Things, CN: KK−31−10−323−EN−C, March 2010.

3   European Commission. REGULATION (EU) 2016/679 of the European Parliament and of the Council of 27 April 2016 on the protection of natural persons with regard to the processing of personal data and on the free movement of such data, and repealing Directive 9546EC (General Data Protection Regulation). Official Journal of the European Union, Last visited on June 17, 2017.

4   Directive 95/46/EC of the European Parliament and of the Council of 24 October 1995 on the protection of individuals with regard to the processing of personal data and on the free movement of such data. *Official Journal L*, 281,: 31−50, 1995.

5   A. V. Dastjerdi, R. Buyya. Fog computing: Helping the Internet of Things realize its potential. *Computer*, 49: 112−116, August 2016.

6   B. Escribano. Privacy and security in the Internet of Things: Challenge or opportunity. OLSWANG. http://www.olswang.com/media/48315339/privacy_and_security_in_the_iot.pdf. Accessed November 2014.

7   Opinion 8/2014 on the Recent Developments on the Internet of Things. http://ec.europa.eu/justice/data−protection/article−29/documentation/opinion−recommendation/files/2014/wp223_en.pdf. Accessed October 2014.

8   S. Yi, Z. Qin, and Q. Li. Security and privacy issues of fog computing: A survey. In *International Conference on Wireless Algorithms, Systems, and Applications* (pp. 685−695). Springer, Cham, August 2015.

9   K. Lee, D. Kim, D. Ha, and H. Oh. On security and privacy issues of fog computing supported Internet of Things environment. In *IEEE 6th International Conference on the Network of the Future (NOF)*, September 2015: 1−3.

10 M. Mukherjee et al. Security and privacy in fog computing: challenges. *IEEE Access*, 5: 19293−19304, 2017.

11 A. Kertesz. Characterizing cloud federation approaches. In *Cloud Computing: Challenges, Limitations and R&D Solutions. Computer Communications and Networks*. Springer, Cham, 2014, pp. 277 – 296.

12 R. Want and S. Dustdar. Activating the Internet of Things. *Computer*, 48(9): 16 – 20, 2015.

13 L. Atzori, A. Iera, and G. Morabito. The Internet of Things: A Survey. *Computer Network*, 54(15): 2787 – 2805, 2010.

14 A. Kertesz, Sz. Varadi. Legal aspects of data protection in cloud federations. In S. Nepal and M. Pathan (Ed.). *Security, Privacy and Trust in Cloud Systems*. Berlin, Heidelberg. Springer-Verlag, 2014, pp. 433 – 455.

15 A. Cavoukian. *Privacy by Design: The 7 Foundational Principles Implementation and Mapping of Fair Information Practices*, 2011. http://www.ontla.on.ca/library/repository/mon/24005/301946.pdf.

16 I. Rubinstein. Regulating Privacy by Design. *Berkeley Technology Law Journal* 26 (2011): 1409.

17 E. Everson. Privacy by Design: Taking CTRL of big data. *Cleveland State Law Review*, 65: 27 – 44, 2016.

18 A. Rachovitsa. Engineering and lawyering Privacy by Design: understanding online privacy both as a technical and an international human rights issue. *International Journal of Law and Information Technology*, 24(4): 374 – 399, 2016.

19 P. Schaar. Privacy by Design. *Identity in the Information Society*, 3(2): 267 – 274, 2010.

20 Apple Inc. Apple's commitment to your privacy. Available: https://www.apple.com/privacy/. December 2017.

21 Information Commissioner's Office (ICO). Conducting privacy impact assessments code of practice, 2014. Available: https://ico.org.uk/media/fororganisations/documents/1595/-pia-code-of-practice.pdf.

22 N. Hodge. The EU: Privacy by default analysis. *In-House Perspective* 8: 19 – 22, 2012.

23 K.A. Bamberger and D.K. Mulligan. PIA requirements and privacy decision-making in us government agencies. In *Privacy Impact Assessment*. D. Wright and P. De Hert, Eds. Dordrecht: Springer Netherlands, 2012, pp. 225 – 250.

24 Privacy and data protection by design — from policy to engineering. European Union Agency for Network and Information Security (ENISA), 2014.

CHAPTER

17

iFogSim 툴킷을 사용한 포그 및 에지 컴퓨팅 환경의 모델링 및 시뮬레이션

레두완 아흐무드[Redowan Mahmud], 라지쿠마르 부이야[Rajkumar Buyy]

17.1 소개

하드웨어 및 통신 기술의 빠른 발전으로 인해 사물인터넷[IoT]은 사이버 물리 환경의 모든 영역을 지속적으로 발전시키고 있다. 결과적으로 스마트 헬스케어[smart healthcare], 스마트 시티[smart city], 스마트 홈[smart city], 스마트 팩토리[smart factory], 스마트 교통[smart transport], 스마트 농업[smart agriculture]과 같은 다양한 IoT 지원 시스템이 전 세계적으로 주목을 받고 있다. 클라우드 컴퓨팅은 IoT 지원 시스템을 개발하기 위한 인프라, 플랫폼, 소프트웨어 서비스를 제공하기 위한 플랫폼이다[1]. 그러나 클라우드 데이터 센터는 IoT 데이터 소스와 멀티홉[multihop][1] 거리에 있어 수집된 데이터 전송하는 데 많은 지연 시간을 발생한다. 이 문제는 IoT 지원 시스템의 서비스 제공 시간에도 악영향을 미치며, 중환자의 건강 모니터링[monitoring health of critical patients], 비상 화재[emergency fire], 교통 관리[traffic management] 등 실시간 처리가 필요한 경우에는 네트워크 지연 시간을 허용하지 않는다.

또한 IoT 디바이스는 지리적으로 분산돼 있으며 단위 시간당 엄청난 양의 데이터를 생성한다. 모든 싱글 IoT 디바이스에서 생성된 데이터를 처리하고자 클라우드 컴퓨팅으로 데이터를 전송하면 글러벌 인터넷 네트워크에 과부하가 발생한다. 이러한 과제를 극복하고자 에지 컴퓨팅 리소스에서 데이터 처리가 가능하게 함으로써 잠재적인 문제를

---

1 중간 노드들이 패킷을 전달해 주는 것을 말한다. – 옮긴이

해결할 수 있다[2].

에지 컴퓨팅으로 상호 교환해 정의되는 포그 컴퓨팅은 컴퓨팅 패러다임 영역에 최근에 포함된 것으로, 에지 네트워크에서 많은 IoT 디바이스를 지원하는 클라우드와 유사한 서비스를 제공하는 것을 목표로 한다. 포그 컴퓨팅에서는 일반적으로 포그 노드로 알려진 시스코Cisco IOx 네트워킹 장비, 마이크로 데이터 센터, 나노 서버, 스마트폰, 개인용 컴퓨터, 클라우드렛cloudlet과 같은 다양한 이기종 디바이스는 IoT 데이터를 로컬에서 처리하고자 광범위하게 분포돼 있다. 따라서 포그 컴퓨팅은 다양한 IoT 지원 시스템의 서비스 제공 지연 시간을 최소화하고 클라우드 컴퓨팅 데이터 센터에서 엄청난 양의 데이터를 로드해 처리하는 부담을 덜어 주는 중요한 역할을 한다[3]. 클라우드 데이터 센터에 비해 포그 노드는 처리 리소스가 풍부하지 않다. 따라서 대부분의 경우 포그 및 클라우드 컴퓨팅 패러다임은 통합 방식으로 작동해(그림 17.1) 대규모 IoT 지원 시스템의 리소스 및 서비스 품질QoS 요구 사항을 모두 해결한다[4].

포그 컴퓨팅의 리소스 관리는 분산된 방식으로 IoT 지원 시스템의 컴퓨팅 요구를 충족시키고자 다양한 리소스 제약이 있는 많은 수의 포그 노드를 사용하기 때문에 매우 복잡하다. 그리고 포그 컴퓨팅은 클라우드 컴퓨팅과의 통합으로 관리하는 데 있어 추가적인 어려움이 발생한다. IoT 디바이스의 다양한 감지 빈도, 분산 애플리케이션 구조 및 조정은 포그 컴퓨팅 환경의 리소스 관리에 영향을 준다[5]. 포그 컴퓨팅 및 리소스 관리를 개선하려면 의심할 여지없이 광범위하게 연구해야 한다.

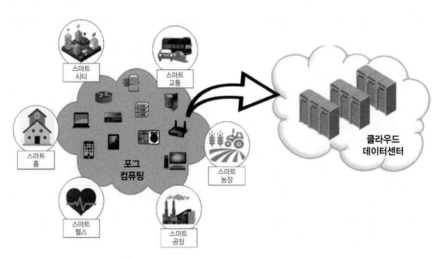

그림 17.1 IoT 지원 시스템과 포그 및 클라우드 컴퓨팅 간의 상호 작용

다양한 아이디어와 자원 관리 정책을 개발하고 평가하려면 포그 컴퓨팅 환경에서 경험적 분석이 중요하다. 포그 컴퓨팅 환경은 IoT 디바이스, 포그 노드, 클라우드 데이터 센터와 대량의 IoT 데이터 및 분산 애플리케이션을 통합하기 때문에 포그 컴퓨팅 환경에 실제 구현하는 데 있어 많은 비용이 들 것이다. 또한 실제 포그 컴퓨팅 환경에서 엔티티를 수정하는 것은 지루할 것이다. 이러한 환경에서 실제로 엔티티를 수정하는 대신 포그 컴퓨팅 환경을 시뮬레이션하는 것이 매우 유용할 것이다. 시뮬레이션 툴킷은 맞춤형 실험 환경을 설계하기 위한 프레임워크를 제공할 뿐만 아니라 반복 가능한 평가에도 도움이 된다. 포그 컴퓨팅 환경을 모델링하고 실험을 수행하기 위한 Edgecloudsim[6], SimpleIoTSimulator[7], iFogSim[8]과 같은 시뮬레이터가 있다. 17장에서는 iFogSim을 학습하는 데 중점을 두고 있다. iFogSim은 현재 포그 컴퓨팅 연구원들로부터 많은 주목을 받고 있으며 17장에서는 iFogSim을 연구 작업에 적용할 수 있는 간단한 방법을 소개할 것이다.

17장의 뒷부분에서 iFogSim 시뮬레이터의 기본 구성 요소를 간략하게 설명한다. iFogSim 설치 방법을 다시 검토하고 포그 환경을 모델링하기 위한 지침을 제공한다. 일부 포그 컴퓨팅 시나리오와 이에 대응하는 사용자 확장[user extension]도 17장에 포함돼 있다. 마지막으로 간단한 애플리케이션 배포 정책과 사례 연구를 시뮬레이션해 17장을 마친다.

17.2 iFogSim 시뮬레이터 및 구성 요소

iFogSim 시뮬레이션 툴킷은 CloudSim의 기본 프레임워크를 기반으로 개발됐다[9]. CloudSim은 클라우드 컴퓨팅 환경을 모델링하고자 널리 사용되는 시뮬레이터 중 하나다. 기본 CloudSim 클래스의 추상화를 확장한 iFogSim은 많은 수의 포그 노드와 IoT 디바이스(예를 들어 센서, 액추에이터)를 갖춘 맞춤형 포그 컴퓨팅 환경을 시뮬레이션할 수 있는 범위를 제공한다. 그러나 iFogSim에서 클래스에는 CloudSim에 대한 사전 지식이 없는 사용자가 쉽게 포그 컴퓨팅을 위한 인프라, 서비스 배포 및 리소스 할당 정책을 쉽게 정의할 수 있는 방식으로 주석을 달아 놓았다. iFogSim은 포그 컴퓨팅 환경에서 모든 애플리케이션 시나리오를 시뮬레이션하면서 Sense-Process-Actuate 및 distributed dataflow 모델을 적용했다. 이 모델은 엔드 투 엔드 대기 시간, 네트워크 지연, 전력 사용량, 운영 비용, QoS 만족도를 쉽게 평가할 수 있다. 많은 연구에서 iFogSim은 이미 자원

[12], 이동성[13], 네트워크 대기 시간[14], 경험 품질[QoE][15], 에너지[16], 보안[17], 컴퓨팅 환경의 QoS 인식 관리를 시뮬레이션하는 데 사용됐다. iFogSim은 세 가지 기본 요소로 구성돼 있다.

17.2.1 물리적 구성 요소

물리적 구성 요소[physical component]에는 포그 디바이스(포그 노드)가 포함된다. 포그 디바이스는 계층적 순서로 오케스트레이션(조정)된다. 하위 포그 디바이스는 관련 센서 및 액추에이터와 직접 연결하게 된다. 포그 디바이스는 메모리, 네트워크, 컴퓨팅 리소스를 제공함으로써 클라우드 컴퓨팅 패러다임에서 데이터 센터처럼 작동한다. 각 포그 디바이스는 기능과 에너지 효율성을 반영하는 특정 명령 처리 속도 및 전력 소비 속성(비지 및 유휴 전력[busy and idle power])으로 생성된다.

iFogSim의 센서는 클라우드 컴퓨팅의 작업이라고 할 수 있는 튜플[tuple]을 생성한다. 튜플(태스크[task])의 생성은 이벤트에 의해 이뤄지며 2개의 튜플 생성 간격은 센서를 생성하는 동안 결정론적 분포에 따라 설정된다.

17.2.2 논리적 구성 요소

애플리케이션 모듈[AppModules]과 애플리케이션 에지[AppEdge]는 iFogSim의 논리적 구성 요소[logical component]이다. iFogSim에서 애플리케이션은 결과적으로 분산 애플리케이션의 개념을 촉진하는 상호 의존적인 앱 모듈의 집합으로 간주된다. 두 모듈 사이의 종속성은 AppEdges의 특징으로 정의된다. 클라우드 컴퓨팅 도메인에서 AppModules는 가상머신[VM, Virtual Machine]과 매핑할 수 있으며 AppEdges는 두 VM 사이의 논리적 데이터 흐름이다. iFogSim에서 각 AppModule[VM]은 데이터 흐름의 이전 AppModule[VM]에서 특정 유형의 튜플(태스크)을 처리한다. 두 AppModules 간의 튜플 전달은 주기적일 수 있으며 특정 유형의 튜플을 수신하면 모듈이 다음 모듈에 대해 다른 튜플(다른 유형)을 트리거할지의 여부는 fractional selectivity 모델에 의해 결정된다.

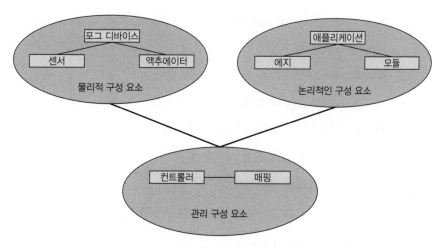

그림 17.2 iFogSim 구성 요소 간의 상호 작용에 대한 하이 레벨 뷰

17.2.3 관리 구성 요소

iFogSim의 관리 구성 요소^{management component}는 컨트롤러 및 모듈 매핑 객체^{module mapping object}로 구성된다. AppMoudels 요구 사항에 따른 모듈 매핑 객체는 포그 디바이스에서 사용 가능한 리소스를 식별해 그 안에 배치한다. 기본적으로 iFogSim은 모듈의 계층적 배포를 지원한다. 포그 디바이스가 모듈의 요구 사항을 충족하지 못하면 모듈은 상위 포그 디바이스로 전송된다. 컨트롤러 객체는 모듈 매핑 개체에서 제공한 배치 정보에 따라 할당된 포그 디바이스에서 AppModules를 시작하고 포그 디바이스의 리소스를 정기적으로 관리한다. 시뮬레이션이 종료되면 컨트롤러 객체는 시뮬레이션 작업을 하는 동안 포그 디바이스에서 비용, 네트워크 사용량, 에너지 소비량 등의 데이터를 수집한다. iFogSim 구성 요소 간의 상호 작용은 그림 17.2에서 확인할 수 있다.

17.3 iFogSim 설치

iFogSim은 호주 멜버른 대학교의 클라우드 컴퓨팅 및 분산 시스템^{CLOUDS} 연구소에서 개발한 자바^{Java} 기반의 오픈소스 시뮬레이터다. iFogSim 소스 코드의 다운로드 링크는 해당 웹 사이트에서 제공된다. iFogSim을 설치하는 매우 간단한 방법은 다음과 같다.

1. https://github.com/Cloudslab/iFogSim 또는 http://cloudbus.org/cloudsim/에서 iFogSim 소스 zip 파일을 다운로드한다.

2. *iFogSim-master*라는 zip 파일의 압축을 푼다.

3. Java Standard Edition Development Kit(jdk) / Runtime Environment(jre) 1.7, Eclipse Juno 최신 버전을 개인용 컴퓨터에 설치한다.

4. Eclipes를 위해 작업 공간을 정의한다.

5. 작업 공간에 폴더를 생성한다.

6. iFogSim-master 폴더의 모든 내용을 새로 만들 폴더에 복사한다.

7. Eclipse applicationwizard를 열고 동일한 이름의 새로 작성된 폴더로 새 자바 프로젝트를 생성한다.

8. 프로젝트의 *src*(소스)에서 org.fog.test.perfeval 패키지를 열고 예제 시뮬레이션 코드를 실행한다.

17.4 iFogSim을 이용한 시뮬레이션 구축

17.4절에서는 iFogSim에서 포그 컴퓨팅 환경을 모델링하고 시뮬레이션하기 위한 고급 단계를 살펴본다.

1. 물리적 구성 요소는 특별한 환경 설정을 통해 만들어진다. 구성 매개 변수에는 메모리, 밀리초당 명령^{MIPS, Million Instructions Per Second} 처리 능력, 100만 개당 명령 처리 비용, 업링크 및 다운링크 대역폭, 사용 중 또는 유휴 전력 및 계층적 레벨이 포함된다. 낮은 수준의 포그 디바이스를 만드는 동안 관련 IoT 디바이스(예를 들어 센서 및 액추에이터)를 만들어야 한다. 전송 분배 객체의 특정한 값은 IoT 센서를 생성할 때 설정되며 센서를 감지하는 간격과 관련이 있다. 또한 센서와 액추에이터를 생성하려면 애플리케이션 ID와 브로커 ID의 참조가 필요하다.

2. 다음으로 AppModule, AppEdge, AppLoop와 같은 논리 구성 요소를 만들어야 한다. AppModules를 생성하는 동안 AppEdge 객체는 소스 및 대상 모듈의 참조와 함께 튜플의 유형, 방향, CPU, 네트워크 사용량 정보를 제공한다. AppEdge

객체의 지정된 사양에 따라 다른 유형의 튜플이 백그라운드 작업을 통해 생성된다.

3. 다른 스케줄링 및 AppModule 배포 정책을 정의하고자 관리 구성 요소(모듈 매핑)를 시작한다. 사용자는 총 에너지 사용량, 네트워크 서비스 지연 시간, 네트워크 사용량, 운영 비용, 다양한 디바이스의 이질성을 고려하면서 포그 디바이스에 AppModules를 할당하고 그에 따라 모듈 매핑 클래스의 추상화를 확장할 수 있다. AppEdges의 정보를 기반으로 AppModule의 요구 사항은 해당 튜플 유형의 사양과 일치해야 하며 사용 가능한 포그 자원에 의해 충족돼야 한다. AppModules와 포그 디바이스의 매핑이 수행되면 물리적 및 논리적 구성 요소의 정보가 컨트롤러 객체로 전달된다. 컨트롤러 객체는 시뮬레이션하고자 나중에 전체 시스템을 CloudSim 엔진에 전달한다.

17.5 시나리오 예제

iFogSim을 사용하려면 VRGameFog 및 DCNSFog와 같은 내장된 예제 코드를 따르는 것이 좋다. 여기서는 iFogSim을 사용해 시뮬레이션할 수 있는 몇 가지 포그 환경 시나리오를 논의한다.

17.5.1 이질적이고 복잡한 구성으로 포그 노드 생성

iFogSim의 FogDevice 클래스는 사용자에게 다양한 유영의 포그 노드를 생성할 수 있는 퍼블릭 생성자^{public constructor}를 제공한다. 특정 계층 레벨에서 이기종 포그 디바이스(노드)를 생성하기 위한 샘플 코드 일부는 아래에 제시돼 있다.

Code Snippet-1
- Main 클래스에 배치

```
static int numOfFogDevices = 10;
static List<FogDevice> fogDevices = new ArrayList<FogDevice>();
static Map<String, Integer> getIdByName = new HashMap <String,
    Integer>();
```

```java
private static void createFogDevices() {
    FogDevice cloud = createAFogDevice("cloud", 44800, 40000, 100,
        10000, 0, 0.01, 16*103, 16*83.25);
    cloud.setParentId(-1);
    fogDevices.add(cloud);
    getIdByName.put(cloud.getName(), cloud.getId());
    for(int i=0;i<numOfFogDevices;i++){
        FogDevice device = createAFogDevice("FogDevice-"+i,
            getValue(12000, 15000), getValue(4000, 8000),
                    getValue(200, 300), getValue(500, 1000), 1, 0.01,
                            getValue(100,120), getValue(70, 75));
        device.setParentId(cloud.getId());
        device.setUplinkLatency(10);
        fogDevices.add(device);
        getIdByName.put(device.getName(), device.getId());}
}
private static FogDevice createAFogDevice(String nodeName, long mips,
    int ram, long upBw, long downBw, int level, double ratePerMips,
    double busyPower, double idlePower) {
    List<Pe> peList = new ArrayList<Pe>();
    peList.add(new Pe(0, new PeProvisionerOverbooking(mips)));
    int hostId = FogUtils.generateEntityId();
    long storage = 1000000;
    int bw = 10000;
    PowerHost host = new PowerHost(hostId,
        new RamProvisionerSimple(ram), new
        BwProvisionerOverbooking(bw), storage, peList,
        new StreamOperatorScheduler(peList),
        new FogLinearPowerModel(busyPower, idlePower));
    List<Host> hostList = new ArrayList<Host>();
    hostList.add(host);
    String arch = "x86";
    String os = "Linux";
    String vmm = "Xen";
    double time_zone = 10.0;
    double cost = 3.0;
    double costPerMem = 0.05;
    double costPerStorage = 0.001;
    double costPerBw = 0.0;
    LinkedList<Storage> storageList = new LinkedList<Storage>();
    FogDeviceCharacteristics characteristics = new
        FogDeviceCharacteristics(arch, os, vmm, host, time_zone, cost,
                costPerMem, costPerStorage, costPerBw);
    FogDevice fogdevice = null;
```

```
try {
    fogdevice = new FogDevice(nodeName, characteristics,
                new AppModuleAllocationPolicy(hostList),
                storageList, 10, upBw, downBw, 0, ratePerMips);}
catch (Exception e) {
    e.printStackTrace();}
fogdevice.setLevel(level);
return fogdevice;}
```

Code Snippet-1은 고정된 범위 내의 구성을 가진 특정 개수의 포그 노드를 생성한다.

17.5.2 다양한 애플리케이션 모델 생성

iFogSim을 통해 다양한 유형의 애플리케이션 모델을 시뮬레이션할 수 있다. 다음 하위 절에서는 이러한 애플리케이션 모델의 두 가지 유형을 설명한다.

17.5.2.1 마스터-워커 애플리케이션 모델

마스터-워커$^{\text{Master-Worker}}$ 애플리케이션 모델에서 애플리케이션 모듈 간의 상호 작용은 그림 17.3에 나와 있다.

iFogSim에서 이러한 애플리케이션을 모델링하고자 Code Snippet-2를 사용할 수 있다. IoT 센서의 이름과 emitted tuple 유형의 이름은 동일해야 한다.

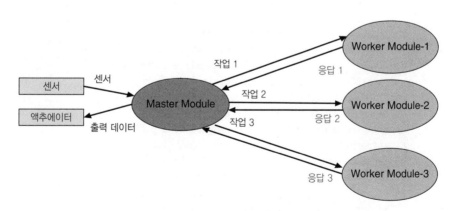

그림 17.3 마스터-워커(Master-worker) 애플리케이션 모델

Code Snippet-2

• Main 클래스에 배치

```
private static Application createApplication(String appId,
    int brokerId){
        Application application = Application.createApplication(appId,
            brokerId);
        application.addAppModule("MasterModule", 10);
        application.addAppModule("WorkerModule-1", 10);
        application.addAppModule("WorkerModule-2", 10);
        application.addAppModule("WorkerModule-3", 10);

        application.addAppEdge("Sensor", "MasterModule", 3000, 500,
            "Sensor", Tuple.UP, AppEdge.SENSOR);
        application.addAppEdge("MasterModule", "WorkerModule-1", 100,
            1000, "Task-1", Tuple.UP, AppEdge.MODULE);
        application.addAppEdge("MasterModule", "WorkerModule-2", 100,
            1000, "Task-2", Tuple.UP, AppEdge.MODULE);
        application.addAppEdge("MasterModule", "WorkerModule-3", 100,
            1000, "Task-3", Tuple.UP, AppEdge.MODULE);
        application.addAppEdge("WorkerModule-1", "MasterModule",20,
            50, "Response-1", Tuple.DOWN, AppEdge.MODULE);
        application.addAppEdge("WorkerModule-2", "MasterModule",20,
            50, "Response-2", Tuple.DOWN, AppEdge.MODULE);
        application.addAppEdge("WorkerModule-3", "MasterModule",20,
            50, "Response-3", Tuple.DOWN, AppEdge.MODULE);
        application.addAppEdge("MasterModule", "Actuators", 100, 50,
            "OutputData", Tuple.DOWN, AppEdge.ACTUATOR);

        application.addTupleMapping("MasterModule", " Sensor ",
            "Task-1", new FractionalSelectivity(0.3));
        application.addTupleMapping("MasterModule", "Sensor ",
            "Task-2", new FractionalSelectivity(0.3));
        application.addTupleMapping("MasterModule", " Sensor ",
            "Task-3", new FractionalSelectivity(0.3));
        application.addTupleMapping("WorkerModule-1", "Task-1",
            "Response-1", new FractionalSelectivity(1.0));
        application.addTupleMapping("WorkerModule-2", "Task-2",
            "Response-2", new FractionalSelectivity(1.0));
        application.addTupleMapping("WorkerModule-3", "Task-3",
            "Response-3", new FractionalSelectivity(1.0));
        application.addTupleMapping("MasterModule", "Response-1",
            "OutputData", new FractionalSelectivity(0.3));
        application.addTupleMapping("MasterModule", "Response-2",
```

```
        "OutputData", new FractionalSelectivity(0.3));
    application.addTupleMapping("MasterModule", "Response-3",
        "OutputData", new FractionalSelectivity(0.3));

    final AppLoop loop1 = new AppLoop(new ArrayList<String>(){{
        add("Sensor");add("MasterModule");add("WorkerModule-1");
        add("MasterModule");add("Actuator");}});
    final AppLoop loop2 = new AppLoop(new ArrayList<String>(){{
        add("Sensor");add("MasterModule");add("WorkerModule-2");
        add("MasterModule");add("Actuator");}});
    final AppLoop loop3 = new AppLoop(new ArrayList<String>(){{
        add("Sensor");add("MasterModule");add("WorkerModule-3");
        add("MasterModule");add("Actuator");}});
    List<AppLoop> loops = new ArrayList<AppLoop>(){{add(loop1);
        add(loop2);add(loop3);}};
        application.setLoops(loops);

    return application;}
```

17.5.2.2 순차적 단방향 데이터 흐름 애플리케이션 모델

그림 17.4의 샘플은 순차적 단방향 애플리케이션 모델을 보여 준다. Code Snippet-3은 iFogSim에서 이러한 애플리케이션을 모델링하기 위한 지침을 참조한다.

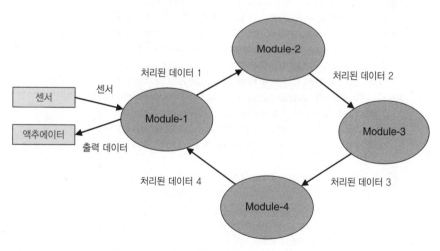

그림 17.4 순차적 단방향 데이터 흐름 애플리케이션 모델

- Main 클래스에 배치

```
private static Application createApplication(String appId,
   int brokerId){
    Application application = Application.createApplication(appId,
       brokerId);
    application.addAppModule("Module1", 10);
    application.addAppModule("Module2", 10);
    application.addAppModule("Module3", 10);
    application.addAppModule("Module4", 10);

    application.addAppEdge("Sensor", "Module1", 3000, 500,
       "Sensor", Tuple.UP, AppEdge.SENSOR);
    application.addAppEdge("Module1", "Module2", 100, 1000,
       "ProcessedData-1", Tuple.UP, AppEdge.MODULE);
    application.addAppEdge("Module2", "Module3", 100, 1000,
       "ProcessedData-2", Tuple.UP, AppEdge.MODULE);
    application.addAppEdge("Module3", "Module4", 100, 1000,
       "ProcessedData-3", Tuple.UP, AppEdge.MODULE);
    application.addAppEdge("Module4", "Module1", 100, 1000,
       "ProcessedData-4", Tuple.DOWN, AppEdge.MODULE);
    application.addAppEdge("Module1", "Actuators", 100, 50,
       "OutputData", Tuple.DOWN, AppEdge.ACTUATOR);

    application.addTupleMapping("Module1", "Sensor",
       "ProcessedData-1", new FractionalSelectivity(1.0));
    application.addTupleMapping("Module2", "ProcessedData-1",
       "ProcessedData-2", new FractionalSelectivity(1.0));
    application.addTupleMapping("Module3", "ProcessedData-2",
       "ProcessedData-3", new FractionalSelectivity(1.0));
    application.addTupleMapping("Module4", "ProcessedData-3",
       "ProcessedData-4", new FractionalSelectivity(1.0));
    application.addTupleMapping("Module1", "ProcessedData-4",
       "OutputData", new FractionalSelectivity(1.0));

    final AppLoop loop1 = new AppLoop(new ArrayList<String>(){{
       add("Sensor");add("Module1");add("Module2");add("Module3");
       add("Module4");add("Module1");add("Actuator");}});
    List<AppLoop> loops = new ArrayList<AppLoop>(){}add(loop1);}};
    application.setLoops(loops);
    return application;}
```

17.5.3 구성이 다른 애플리케이션 모듈

다음 Code Snippet-4는 구성이 다른 모듈을 만든다.

Code Snippet-4
- Main 클래스에 배치

```
private static Application createApplication(String appId,
    int brokerId){
        Application application = Application.createApplication(appId,
            brokerId);
        application.addAppModule("ClientModule", 20,500, 1024, 1500);
        application.addAppModule("MainModule", 100, 1200, 4000, 100);

        application.addAppEdge("Sensor", "ClientModule", 3000, 500,
            "Sensor", Tuple.UP, AppEdge.SENSOR);
        application.addAppEdge("ClientModule", "MainModule", 100,
            1000, "PreProcessedData", Tuple.UP, AppEdge.MODULE);
        application.addAppEdge("MainModule", "ClientModule", 100,
            1000, "ProcessedData", Tuple.DOWN, AppEdge.MODULE);
        application.addAppEdge("ClientModule", "Actuators", 100,
            50, "OutputData", Tuple.DOWN, AppEdge.ACTUATOR);

        application.addTupleMapping("ClientModule", "Sensor",
            "PreProcessedData", new FractionalSelectivity(1.0));
        application.addTupleMapping("MainModule", "PreProcessedData",
            "ProcessedData", new FractionalSelectivity(1.0));
        application.addTupleMapping("ClientModule", "ProcessedData",
            "OutputData", new FractionalSelectivity(1.0));

        final AppLoop loop1 = new AppLoop(new ArrayList<String>(){{
            add("Sensor");add("ClientModule");add("MainModule");
            add("Actuator");}});
        List<AppLoop> loops = new ArrayList<AppLoop>(){{add(loop1);}};
        application.setLoops(loops);
        return application;}
```

- Application 클래스에 배치

```
public void addAppModule(String moduleName, int ram, int mips,
    long size, long bw){
        String vmm = "Xen";
        AppModule module = new AppModule(FogUtils.generateEntityId(),
```

```
        moduleName, appId, userId, mips, ram, bw, size, vmm,
        new TupleScheduler(mips, 1), new HashMap<Pair<String,
        String>, SelectivityModel>());
    getModules().add(module);
}
```

17.5.4 튜플 방출 속도가 다른 센서

다른 튜플 방출 속도로 센서를 생성하고자 Code Snippet-5를 사용할 수 있다.

Code Snippet-5

- Main 클래스에 배치

```
private static FogDevice addLowLevelFogDevice(String id,
    int brokerId, String appId, int parentId){
    FogDevice lowLevelFogDevice = createAFogDevice
        ("LowLevelFogDevice-"+id, 1000, 1000, 10000, 270, 2, 0,
        87.53, 82.44);
    lowLevelFogDevice.setParentId(parentId);
    getIdByName.put(lowLevelFogDevice.getName(),
        lowLevelFogDevice.getId());}
    Sensor sensor = new Sensor("s-"+id, "Sensor", brokerId,
        appId, new DeterministicDistribution(getValue(5.00)));
    sensors.add(sensor);
    Actuator actuator = new Actuator("a-"+id, brokerId, appId,
        "OutputData");
    actuators.add(actuator);
    sensor.setGatewayDeviceId(lowLevelFogDevice.getId());
    sensor.setLatency(6.0);
    actuator.setGatewayDeviceId(lowLevelFogDevice.getId());
    actuator.setLatency(1.0);
    return lowLevelFogDevice;}

private static double getValue(double min) {
    Random rn = new Random();
    return rn.nextDouble()*10 + min;}
```

17.5.5 센서에서 특정 수의 튜플 보내기

Code Snippet-6을 사용하면 센서는 특정 개수의 튜플을 만들 수 있다.

Code Snippet-6

- Sensor 클래스에 배치

```java
static int numOfMaxTuples = 100;
static int tuplesCount = 0;
public void transmit(){
    System.out.print(CloudSim.clock()+": ");
    if(tuplesCount<numOfMaxTuples){
        AppEdge _edge = null;
        for(AppEdge edge : getApp().getEdges()){
            if(edge.getSource().equals(getTupleType()))
                _edge = edge;
        }
        long cpuLength = (long) _edge.getTupleCpuLength();
        long nwLength = (long) _edge.getTupleNwLength();
        Tuple tuple = new Tuple(getAppId(), FogUtils.generateTupleId(),
            Tuple.UP, cpuLength, 1, nwLength, outputSize,
                new UtilizationModelFull(), new UtilizationModelFull(),
                new UtilizationModelFull());
        tuple.setUserId(getUserId());
        tuple.setTupleType(getTupleType());
        tuple.setDestModuleName(_edge.getDestination());
        tuple.setSrcModuleName(getSensorName());
        Logger.debug(getName(), "Sending tuple with tupleId = "
            +tuple.getCloudletId());
        int actualTupleId = updateTimings(getSensorName(),
            tuple.getDestModuleName());
        tuple.setActualTupleId(actualTupleId);
        send(gatewayDeviceId, getLatency(), FogEvents.TUPLE_ARRIVAL,
            tuple);
        tuplesCount++;
    }
}
```

17.5.6　포그 디바이스의 이동성

계층적 순서로 특정 레벨의 각 포그 디바이스는 상위 포그 노드와 연결된다. Code Snippet-7은 iFogSim의 이동성 문제를 처리하는 방법을 나타낸다. 여기서는 임의의 하위 수준 포그 디바이스를 특정 목적지로 이동시키는 것을 고려했다.

Code Snippet-7

- Main 클래스에 배치

```
static Map<Integer, Pair<Double, Integer□ mobilityMap = new HashMap
    <Integer, Pair<Double, Integer□();
    static String mobilityDestination = "FogDevice-0";
    private static FogDevice addLowLevelFogDevice(String id,
        int brokerId, String appId, int parentId){
    FogDevice lowLevelFogDevice = createAFogDevice
        ("LowLevelFogDevice-"+id, 1000, 1000, 10000, 270, 2, 0,
        87.53, 82.44);
    lowLevelFogDevice.setParentId(parentId);
    getIdByName.put(lowLevelFogDevice.getName(),
        lowLevelFogDevice.getId());

    if((int)(Math.random()*100)%2==0){
        Pair<Double, Integer> pair = new Pair<Double,
        Integer>(100.00, getIdByName.get(mobilityDestination));
        mobilityMap.put(lowLevelFogDevice.getId(), pair);}

    Sensor sensor = new Sensor("s-"+id, "Sensor", brokerId, appId,
        new DeterministicDistribution(getValue(5.00)));
    sensors.add(sensor);
    Actuator actuator = new Actuator("a-"+id, brokerId, appId,
        "OutputData");
    actuators.add(actuator);
    sensor.setGatewayDeviceId(lowLevelFogDevice.getId());
    sensor.setLatency(6.0);
    actuator.setGatewayDeviceId(lowLevelFogDevice.getId());
    actuator.setLatency(1.0);
    return lowLevelFogDevice;}
```

- Main 메서드에 포함

```
Controller controller = new Controller("master-controller",
    fogDevices, sensors, actuators);
controller.setMobilityMap(mobilityMap);
```

- Controller 클래스에 배치

```
private static Map<Integer, Pair<Double, Integer>> mobilityMap;
public void setMobilityMap(Map<Integer, Pair<Double,
    Integer>> mobilityMap) {
    this.mobilityMap = mobilityMap;
}
private void scheduleMobility(){
    for(int id: mobilityMap.keySet()){
        Pair<Double, Integer> pair = mobilityMap.get(id);
        double mobilityTime = pair.getFirst();
        int mobilityDestinationId = pair.getSecond();
        Pair<Integer, Integer> newConnection = new Pair<Integer,
            Integer>(id, mobilityDestinationId);
        send(getId(), mobilityTime, FogEvents.FutureMobility,
            newConnection);
    }
}
private void manageMobility(SimEvent ev) {

    Pair<Integer, Integer>pair =
        (Pair<Integer, Integer>)ev.getData();
    int deviceId = pair.getFirst();
    int newParentId = pair.getSecond();
    FogDevice deviceWithMobility = getFogDeviceById(deviceId);
    FogDevice mobilityDest = getFogDeviceById(newParentId);
    deviceWithMobility.setParentId(newParentId);
    System.out.println(CloudSim.clock()+" "+deviceWithMobility
        .getName()+" is now connected to "+mobilityDest.getName());}
```

- Controller startEntity 메서드에 포함

```
scheduleMobility();
```

- Controller processEvent 메서드에 포함

```
case FogEvents.FutureMobility:
        manageMobility(ev);
        break;
```

- FogEvents 클래스에 배치

```
public static final int FutureMobility = BASE+26;
```

Code Snippet-7에서 사용자는 Manage-Mobility 메서드에 대한 다른 필수 지침을 추가해 AppModule 마이그레이션 및 대기 시간 연결과 같은 이동성 관련 문제를 처리할 수 있다.

17.5.7 하위 레벨 포그 디바이스와 인접 게이트웨이 연결

Code Snippet-8은 하위 레벨 포그 디바이스를 인근 게이트웨이 포그 디바이스에 연결하기 위한 간단한 방법을 나타낸다. 여기서는 게이트웨이 포그 디바이스는 해당 x 및 y좌표 값으로 만들어진다.

Code Snippet-8
- Main 클래스에 배치

```
private static FogDevice addLowLevelFogDevice(String id,
    int brokerId, String appId){
        FogDevice lowLevelFogDevice = createAFogDevice
            ("LowLevelFogDevice-"+id, 1000, 1000, 10000, 270, 2, 0,
            87.53, 82.44);
        lowLevelFogDevice.setParentId(-1);
        lowLevelFogDevice.setxCoordinate(getValue(10.00));
        lowLevelFogDevice.setyCoordinate(getValue(15.00));
        getIdByName.put(lowLevelFogDevice.getName(),
            lowLevelFogDevice.getId());
        Sensor sensor = new Sensor("s-"+id, "Sensor", brokerId,
            appId, new DeterministicDistribution(getValue(5.00)));
        sensors.add(sensor);
        Actuator actuator = new Actuator("a-"+id, brokerId,
            appId, "OutputData");
```

```
        actuators.add(actuator);
        sensor.setGatewayDeviceId(lowLevelFogDevice.getId());
        sensor.setLatency(6.0);
        actuator.setGatewayDeviceId(lowLevelFogDevice.getId());
        actuator.setLatency(1.0);
        return lowLevelFogDevice;}


private static double getValue(double min) {
        Random rn = new Random();
        return rn.nextDouble()*10 + min;}
```

- Constructor 클래스에 배치

```
private void gatewaySelection() {
        // TODO Auto-generated method stub
        for(int i=0;i<getFogDevices().size();i++){
           FogDevice fogDevice = getFogDevices().get(i);
           int parentID=-1;
           if(fogDevice.getParentId()==-1) {
              double minDistance = Config.MAX_NUMBER;
              for(int j=0;j<getFogDevices().size();j++){
                  FogDevice anUpperDevice = getFogDevices().get(j);
                  if(fogDevice.getLevel()+1==anUpperDevice.getLevel()){
                      double distance = calculateDistance(fogDevice,
                          anUpperDevice);
                      if(distance<minDistance){
                          minDistance = distance;
                          parentID = anUpperDevice.getId();}
                  }
              }
           }
           fogDevice.setParentId(parentID);
        }
    }
private double calculateDistance(FogDevice fogDevice,
    FogDevice anUpperDevice) {
        // TODO Auto-generated method stub
        return Math.sqrt(Math.pow(fogDevice.getxCoordinate()-
            anUpperDevice.getxCoordinate(), 2.00)+
                Math.pow(fogDevice.getyCoordinate()-anUpperDevice
                    .getyCoordinate(), 2.00));}
```

• FogDevice 클래스에 배치

```
protected double xCoordinate;
protected double yCoordinate;

public double getxCoordinate() {
    return xCoordinate;}

public void setxCoordinate(double xCoordinate) {
    this.xCoordinate = xCoordinate;}

public double getyCoordinate() {
    return yCoordinate;}

public void setyCoordinate(double yCoordinate) {
    this.yCoordinate = yCoordinate;}
```

• Controller constructor 메서드에 포함

```
gatewaySelection();
```

• Config 클래스에 포함

```
public static final double MAX_NUMBER = 9999999.00;
```

17.5.8 포그 디바이스 클러스터 만들기

Code Snippet-9에서는 포그 디바이스 클러스터를 만드는 매우 간단한 원칙을 제시한다. 여기에는 동일한 레벨에 있고 특정 기준을 충족하는 거리(임계치)에 위치한 경우에는 동일한 상위 포그 노드와 연결된 2개의 포그 디바이스는 동일한 포그 클러스터에 속하는 것으로 간주한다.

Code Snippet-9

• Controller 클래스에 배치

```
static Map<Integer, Integer> clusterInfo = new HashMap<Integer,
    Integer>();
static Map<Integer, List<Integer>> clusters = new HashMap<Integer,
```

```
List<Integer>>();
private void formClusters() {
   for(FogDevice fd: getFogDevices()){
      clusterInfo.put(fd.getId(), -1);
   }

   int clusterId = 0;

   for(int i=0;i<getFogDevices().size();i++){
      FogDevice fd1 = getFogDevices().get(i);
      for(int j=0;j<getFogDevices().size();j++) {
         FogDevice fd2 = getFogDevices().get(j);
         if(fd1.getId()!=fd2.getId()&&
            fd1.getParentId()==fd2.getParentId()
               &&calculateDistance(fd1,fd2)<Config.CLUSTER_
                  DISTANCE && fd1.getLevel()==fd2.getLevel())
         {
         int fd1ClusteriD = clusterInfo.get(fd1.getId());
         int fd2ClusteriD = clusterInfo.get(fd2.getId());
         if(fd1ClusteriD==-1 && fd2ClusteriD==-1){
            clusterId++;
            clusterInfo.put(fd1.getId(), clusterId);
            clusterInfo.put(fd2.getId(), clusterId);

         }
         else if(fd1ClusteriD==-1)
            clusterInfo.put(fd1.getId(),
            clusterInfo.get(fd2.getId()));
         else if(fd2ClusteriD==-1)
            clusterInfo.put(fd2.getId(),
            clusterInfo.get(fd1.getId()));
         }
      }
   }

   for(int id:clusterInfo.keySet()){
      if(!clusters.containsKey(clusterInfo.get(id))){
         List<Integer>clusterMembers = new ArrayList<Integer>();
         clusterMembers.add(id);
         clusters.put(clusterInfo.get(id), clusterMembers);
      }
      else
      {
         List<Integer>clusterMembers = clusters.get
            (clusterInfo.get(id));
```

```
                clusterMembers.add(id);
                  clusters.put(clusterInfo.get(id), clusterMembers);
            }
        }

        for(int id:clusters.keySet())
            System.out.println(id+" "+clusters.get(id));
    }
```

- Controller constructor 메서드에 포함

```
formClusters();
```

- Config 클래스에 포함

```
public static final double CLUSTER_DISTANCE = 2.00;
```

17.6   배치 정책 시뮬레이션

17.6절에서는 간단한 애플리케이션 배치 시나리오를 논의하고 iFogSim 시뮬레이션 포그 환경에서 배치 정책을 구현한다.

17.6.1   물리적 환경의 구조

포그 환경에서 디바이스는 3계층 구조로 오케스트레이션된다(그림 17.5). 하위 레벨 엔드 포그 디바이스는 IoT 센서 및 액추에이터에 연결된다. 게이트웨이 포그 디바이스는 모듈형 애플리케이션을 실행하고자 클라우드 데이터 센터와 엔드 포그 디바이스를 연결한다. 단순화시키고자 동일한 계층 레벨의 포그 디바이스는 동종의 것으로 간주한다. 센서 감지 빈도는 모든 센서에서 동일하다.

17.6.2   논리적 구성 요소에 대한 가정

애플리케이션 모델은 그림 17.6에서 확인할 수 있다. 여기서는 Client-Module은 엔드 포그 디바이스에 배치되고 StorageModule은 클라우드에 배치된다고 가정한다.

MainModule을 사용하려면 일정량의 연산 리소스가 시작돼야 한다. 최종 기한 내에 서로 다른 엔드 디바이스의 수요를 처리하고자 엔드 디바이스가 연결된 게이트웨이 포그 디바이스에 추가 자원을 요청할 수 있다.

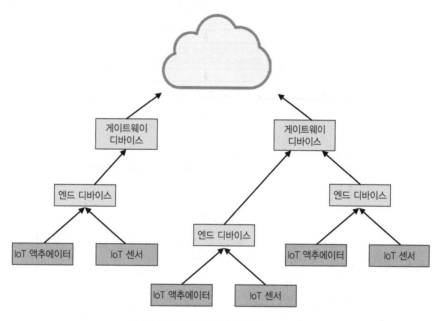

그림 17.5 배치 정책의 네트워크 토폴로지

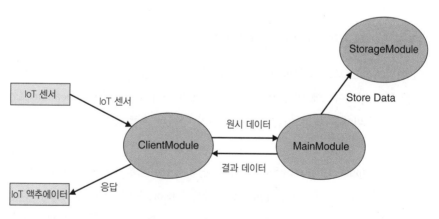

그림 17.6 배치 정책의 애플리케이션 모델

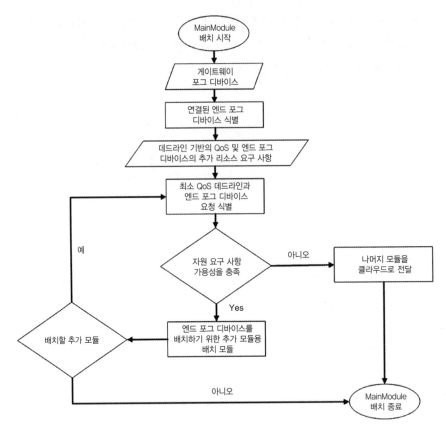

그림 17.7 애플리케이션 배치 정책의 흐름도

17.6.3 관리(애플리케이션 배치) 정책

이 실험에서는 호스트 디바이스의 최종 기한 요구 사항 및 리소스 가용성에 따라 서로 다른 엔드 디바이스에 대한 게이트웨이 포그 디바이스의 MainApplication 모듈을 대상으로 한다. 이해를 돕는 애플리케이션 배치 정책의 흐름도는 그림 17.7에서 확인할 수 있다.

Code Snippet-10은 iFogSim 툴킷의 사례 시나리오를 시뮬레이션하는 데 필요한 지침을 나타낸다. 여기서 MyApplication, MySensor, MyFogDevice, MyActuator, MyController, MyPlacement 클래스는 각각 iFogSim 패키지의 애플리케이션, 센서, 포그 디바이스, 액추에이터, 컨트롤러, ModulePlacement 클래스와 동일하다.

Code Snippet-10

• Main 클래스

```java
public class TestApplication {
    static List<MyFogDevice> fogDevices = new
        ArrayList<MyFogDevice>();
    static Map<Integer,MyFogDevice> deviceById =
        new HashMap<Integer,MyFogDevice>();
    static List<MySensor> sensors = new ArrayList<MySensor>();
    static List<MyActuator> actuators = new ArrayList<MyActuator>();
    static List<Integer> idOfEndDevices = new ArrayList<Integer>();
    static Map<Integer, Map<String, Double>> deadlineInfo =
        new HashMap<Integer, Map<String, Double>>();
    static Map<Integer, Map<String, Integer>> additionalMipsInfo =
        new HashMap<Integer, Map<String, Integer>>();

    static boolean CLOUD = false;

    static int numOfGateways = 2;
    static int numOfEndDevPerGateway = 3;
    static double sensingInterval = 5;

    public static void main(String[] args) {

        Log.printLine("Starting TestApplication...");

        try{
            Log.disable();
            int num_user = 1;
            Calendar calendar = Calendar.getInstance();
            boolean trace_flag = false;
            CloudSim.init(num_user, calendar, trace_flag);
            String appId = "test_app";
            FogBroker broker = new FogBroker("broker");

            createFogDevices(broker.getId(), appId);

            MyApplication application = createApplication(appId,
                broker.getId());
            application.setUserId(broker.getId());

            ModuleMapping moduleMapping = ModuleMapping
                .createModuleMapping();
```

```java
        moduleMapping.addModuleToDevice("storageModule", "cloud");
        for(int i=0;i<idOfEndDevices.size();i++)
        {
            MyFogDevice fogDevice = deviceById.get
                (idOfEndDevices.get(i));
            moduleMapping.addModuleToDevice("clientModule",
                fogDevice.getName());
        }

        MyController controller = new MyController
            ("master-controller", fogDevices, sensors, actuators);

        controller.submitApplication(application, 0,
            new MyModulePlacement(fogDevices, sensors,
            actuators, application, moduleMapping,"mainModule"));
        TimeKeeper.getInstance().setSimulationStartTime
            (Calendar.getInstance().getTimeInMillis());

        CloudSim.startSimulation();

        CloudSim.stopSimulation();

        Log.printLine("TestApplication finished!");
    } catch (Exception e) {
        e.printStackTrace();
        Log.printLine("Unwanted errors happen");
    }
}

private static double getvalue(double min, double max)
{
    Random r = new Random();
    double randomValue = min + (max - min) * r.nextDouble();
    return randomValue;
}

private static int getvalue(int min, int max)
{
    Random r = new Random();
    int randomValue = min + r.nextInt()%(max - min);
    return randomValue;
}

private static void createFogDevices(int userId, String appId) {
    MyFogDevice cloud = createFogDevice("cloud", 44800, 40000,
```

```
                100, 10000, 0, 0.01, 16*103, 16*83.25);
        cloud.setParentId(-1);
        fogDevices.add(cloud);
        deviceById.put(cloud.getId(), cloud);
        for(int i=0;i<numOfGateways;i++){
            addGw(i+"", userId, appId, cloud.getId());
        }
    }

    private static void addGw(String gwPartialName, int userId,
        String appId, int parentId){
        MyFogDevice gw = createFogDevice("g-"+gwPartialName, 2800,
            4000, 10000, 10000, 1, 0.0, 107.339, 83.4333);
        fogDevices.add(gw);
        deviceById.put(gw.getId(), gw);
        gw.setParentId(parentId);
        gw.setUplinkLatency(4);
        for(int i=0;i<numOfEndDevPerGateway;i++){
            String endPartialName = gwPartialName+"-"+i;
            MyFogDevice end  = addEnd(endPartialName, userId,
            appId, gw.getId());
    end.setUplinkLatency(2);
    fogDevices.add(end);
    deviceById.put(end.getId(), end);
    }
}

private static MyFogDevice addEnd(String endPartialName,
    int userId, String appId, int parentId){
    MyFogDevice end = createFogDevice("e-"+endPartialName, 3200,
        1000, 10000, 270, 2, 0, 87.53, 82.44);
    end.setParentId(parentId);
    idOfEndDevices.add(end.getId());
    MySensor sensor = new MySensor("s-"+endPartialName,
      "IoTSensor", userId, appId, new DeterministicDistribution
        (sensingInterval));
    // inter-transmission time of EEG sensor follows a
        deterministic distribution sensors.add(sensor);
    MyActuator actuator = new MyActuator("a-"+endPartialName,
        userId, appId, "IoTActuator");
    actuators.add(actuator);
    sensor.setGatewayDeviceId(end.getId());
    sensor.setLatency(6.0);  // latency of connection between
      EEG sensors and the parent Smartphone is 6 ms
    actuator.setGatewayDeviceId(end.getId());
```

```
        actuator.setLatency(1.0);  // latency of connection between
            Display actuator and the parent Smartphone is 1 ms
        return end;
}

private static MyFogDevice createFogDevice(String nodeName,
    long mips, int ram, long upBw, long downBw, int level,
    double ratePerMips, double busyPower, double idlePower) {
    List<Pe> peList = new ArrayList<Pe>();
    peList.add(new Pe(0, new PeProvisionerOverbooking(mips)));
    int hostId = FogUtils.generateEntityId();
    long storage = 1000000;
    int bw = 10000;

    PowerHost host = new PowerHost(
            hostId,
            new RamProvisionerSimple(ram),
            new BwProvisionerOverbooking(bw),
            storage,
            peList,
            new StreamOperatorScheduler(peList),
            new FogLinearPowerModel(busyPower, idlePower)
        );
    List<Host> hostList = new ArrayList<Host>();
    hostList.add(host);
    String arch = "x86";
        String os = "Linux";
        String vmm = "Xen";
        double time_zone = 10.0;
        double cost = 3.0;
        double costPerMem = 0.05;
        double costPerStorage = 0.001;
        double costPerBw = 0.0;
        LinkedList<Storage> storageList = new LinkedList<Storage>();
        FogDeviceCharacteristics characteristics =
            new FogDeviceCharacteristics(
            arch, os, vmm, host, time_zone, cost, costPerMem,
            costPerStorage, costPerBw);

        MyFogDevice fogdevice = null;
        try {
            fogdevice = new MyFogDevice(nodeName, characteristics,
                new AppModuleAllocationPolicy(hostList),
                storageList, 10, upBw, downBw, 0, ratePerMips);
        } catch (Exception e) {
```

```
      e.printStackTrace();}
   fogdevice.setLevel(level);
   fogdevice.setMips((int) mips);
   return fogdevice;}

@SuppressWarnings({"serial" })
private static MyApplication createApplication(String appId,
   int userId){

   MyApplication application = MyApplication.createApplication
      (appId, userId);
   application.addAppModule("clientModule",10, 1000, 1000, 100);
   application.addAppModule("mainModule", 50, 1500, 4000, 800);
   application.addAppModule("storageModule", 10, 50, 12000, 100);

   application.addAppEdge("IoTSensor", "clientModule", 100, 200,
      "IoTSensor", Tuple.UP, AppEdge.SENSOR);
   application.addAppEdge("clientModule", "mainModule", 6000,
      600  , "RawData", Tuple.UP, AppEdge.MODULE);
   application.addAppEdge("mainModule", "storageModule", 1000,
      300, "StoreData", Tuple.UP, AppEdge.MODULE);
   application.addAppEdge("mainModule", "clientModule", 100, 50,
      "ResultData", Tuple.DOWN, AppEdge.MODULE);
   application.addAppEdge("clientModule", "IoTActuator", 100, 50,
      "Response", Tuple.DOWN, AppEdge.ACTUATOR);

   application.addTupleMapping("clientModule", "IoTSensor",
      "RawData", new FractionalSelectivity(1.0));
   application.addTupleMapping("mainModule", "RawData",
      "ResultData", new FractionalSelectivity(1.0));
   application.addTupleMapping("mainModule", "RawData",
      "StoreData", new FractionalSelectivity(1.0));
   application.addTupleMapping("clientModule", "ResultData",
      "Response", new FractionalSelectivity(1.0));

   for(int id:idOfEndDevices)
   {
      Map<String,Double>moduleDeadline = new HashMap
         <String,Double>();
      moduleDeadline.put("mainModule", getvalue(3.00, 5.00));
      Map<String,Integer>moduleAddMips = new HashMap<String,
         Integer>();
      moduleAddMips.put("mainModule", getvalue(0, 500));
      deadlineInfo.put(id, moduleDeadline);
      additionalMipsInfo.put(id,moduleAddMips);}
```

```
        final AppLoop loop1 = new AppLoop(new ArrayList<String>(){{
            add("IoTSensor");add("clientModule");add("mainModule");
            add("clientModule");add("IoTActuator");}});
        List<AppLoop> loops = new ArrayList<AppLoop>(){{add(loop1);}};
        application.setLoops(loops);
        application.setDeadlineInfo(deadlineInfo);
        application.setAdditionalMipsInfo(additionalMipsInfo);
        return application;}
}
```

- MyApplication 클래스에 포함

```
private Map<Integer, Map<String, Double>> deadlineInfo;
private Map<Integer, Map<String, Integer>> additionalMipsInfo;

public Map<Integer, Map<String, Integer>> getAdditionalMipsInfo() {
        return additionalMipsInfo;
    }
public void setAdditionalMipsInfo(
        Map<Integer, Map<String, Integer>> additionalMipsInfo) {
        this.additionalMipsInfo = additionalMipsInfo;
    }
public void setDeadlineInfo(Map<Integer, Map<String, Double>>
    deadlineInfo) {
        this.deadlineInfo = deadlineInfo;
    }

public Map<Integer, Map<String, Double>> getDeadlineInfo() {
        return deadlineInfo;
    }
public void addAppModule(String moduleName,int ram, int mips,
    long size, long bw){
        String vmm = "Xen";
        AppModule module = new AppModule(FogUtils.generateEntityId(),
            moduleName, appId, userId, mips, ram, bw, size, vmm,
            new TupleScheduler(mips, 1), new HashMap<Pair<String,
            String>, SelectivityModel>());

        getModules().add(module);    }
```

- MyFogDevice 클래스에 포함

```java
private int mips;

   public int getMips() {
      return mips;
}

   public void setMips(int mips) {
      this.mips = mips;
}
```

- MyModulePlacement 클래스

```java
public class MyModulePlacement extends MyPlacement{

protected ModuleMapping moduleMapping;
protected List<MySensor> sensors;
protected List<MyActuator> actuators;
protected String moduleToPlace;
protected Map<Integer, Integer> deviceMipsInfo;

public MyModulePlacement(List<MyFogDevice> fogDevices,
    List<MySensor> sensors, List<MyActuator> actuators,
        MyApplication application, ModuleMapping
          moduleMapping, String moduleToPlace){
    this.setMyFogDevices(fogDevices);
    this.setMyApplication(application);
    this.setModuleMapping(moduleMapping);
    this.setModuleToDeviceMap(new HashMap<String,
       List<Integer>>());
    this.setDeviceToModuleMap(new HashMap<Integer,
       List<AppModule>>());
    setMySensors(sensors);
    setMyActuators(actuators);
    this.moduleToPlace = moduleToPlace;
    this.deviceMipsInfo = new HashMap<Integer, Integer>();
    mapModules();
  }

  @Override
  protected void mapModules() {

        for(String deviceName : getModuleMapping().
```

```
            getModuleMapping().keySet()){
            for(String moduleName : getModuleMapping().
                getModuleMapping().get(deviceName)){
                int deviceId = CloudSim.getEntityId(deviceName);
                AppModule appModule = getMyApplication().
                    getModuleByName(moduleName);
                if(!getDeviceToModuleMap().containsKey(deviceId))
                {
            List<AppModule>placedModules = new ArrayList
                <AppModule>();
            placedModules.add(appModule);
            getDeviceToModuleMap().put(deviceId,
                placedModules);
        }
        else
        {
            List<AppModule>placedModules =
                getDeviceToModuleMap().get(deviceId);
            placedModules.add(appModule);
            getDeviceToModuleMap().put(deviceId,
                placedModules);
        }
    }
}
for(MyFogDevice device:getMyFogDevices())
{
    int deviceParent = -1;
    List<Integer>children = new ArrayList<Integer>();

    if(device.getLevel()==1)
    {
        if(!deviceMipsInfo.containsKey(device.getId()))
            deviceMipsInfo.put(device.getId(), 0);
        deviceParent = device.getParentId();
        for(MyFogDevice deviceChild:getMyFogDevices())
        {
            if(deviceChild.getParentId()==device.getId()){
                children.add(deviceChild.getId());}
        }
        Map<Integer, Double>childDeadline = new HashMap<Integer,
            Double>();
        for(int childId:children)
            childDeadline.put(childId,getMyApplication().
            getDeadlineInfo().get(childId).get(moduleToPlace));
```

```
List<Integer> keys = new ArrayList <Integer>
    (childDeadline.keySet());

for(int i = 0; i<keys.size()-1; i++)
{
   for(int j=0;j<keys.size()-i-1;j++)
   {
       if(childDeadline.get(keys.get(j))>childDeadline
           .get(keys.get(j+1))){
           int tempJ = keys.get(j);
           int tempJn = keys.get(j+1);
           keys.set(j, tempJn);
           keys.set(j+1, tempJ);
        {
    }
}
int baseMipsOfPlacingModule = (int)getMyApplication().
  getModuleByName(moduleToPlace).getMips();
for(int key:keys)
{
   int currentMips = deviceMipsInfo.get(device.getId());
   AppModule appModule = getMyApplication()
      .getModuleByName(moduleToPlace);
   int additionalMips = getMyApplication().
      getAdditionalMipsInfo().get(key).get(moduleToPlace);
   if(currentMips+baseMipsOfPlacingModule+additionalMips
                          <device.getMips())
   {
     currentMips = currentMips+baseMipsOfPlacingModule+
        additionalMips;
     deviceMipsInfo.put(device.getId(), currentMips);
     if(!getDeviceToModuleMap().containsKey
        (device.getId()))
     {
        List<AppModule>placedModules = new
           ArrayList<AppModule>();
        placedModules.add(appModule);
        getDeviceToModuleMap().put(device.getId(),
           placedModules);

     }
     else
     {
     List<AppModule>placedModules =
        getDeviceToModuleMap().get(device.getId());
```

```java
                placedModules.add(appModule);
                getDeviceToModuleMap().put(device.getId(),
                    placedModules);
                }


        }
        else
        {
            List<AppModule>placedModules =
                getDeviceToModuleMap().get(deviceParent);
            placedModules.add(appModule);
            getDeviceToModuleMap().put(deviceParent,
            placedModules);
            }
        }
    }
}

public ModuleMapping getModuleMapping() {
    return moduleMapping;
    }

    public void setModuleMapping(ModuleMapping moduleMapping) {
        this.moduleMapping = moduleMapping;
    }

    public List<MySensor> getMySensors() {
        return sensors;
    }

    public void setMySensors(List<MySensor> sensors) {
        this.sensors = sensors;
    }

    public List<MyActuator> getMyActuators() {
        return actuators;
    }

    public void setMyActuators(List<MyActuator> actuators) {
        this.actuators = actuators;
    }
}
```

17.7 스마트 헬스케어 사례 연구

현재 헬스케어 솔루션에서 IoT 역할은 맥박 산소 측정기$^{pulse\ oximeter}$, EGG 모니터, 스마트 워치 등과 같이 휴대할 수 있거나 신체와 연결된 IoT 디바이스의 클라이언트 애플리케이션 모듈을 통해 사용자의 건강 상태를 체크하는 것이다. IoT 디바이스는 일반적으로 스마트폰과 연결된다. 스마트폰은 해당 애플리케이션의 게이트웨이 노드 역할을 한다. 이러한 노드는 IoT 디바이스에서 수집된 데이터를 전처리한다. 애플리케이션 게이트웨이 노드의 리소스 가용성이 요구 사항을 충족하는 경우 애플리케이션의 데이터 분석 및 이벤트 관리는 게이트웨이 노드(예를 들어 스마트폰)에서 수행된다. 게이트웨이 노드에서 수행하는지 못하는 경우에는 상위 포그 연산 노드에서 작업이 실행된다. 애플리케이션이 상위 포그 연산 노드에서 작업이 실행되는 경우 애플리케이션 게이트웨이 노드는 다른 애플리케이션 모듈을 배포하고 해당 모듈의 결과에 따라 액추에이터를 시작하고자 적합한 연산 노드를 선택한다. 이러한 IoT 헬스케어 솔루션 사례를 확장해[5] iFogSim에서 해당 포그 환경을 시뮬레이션하는 방법을 논의한다. IoT 헬스케어 솔루션의 시스템 아키

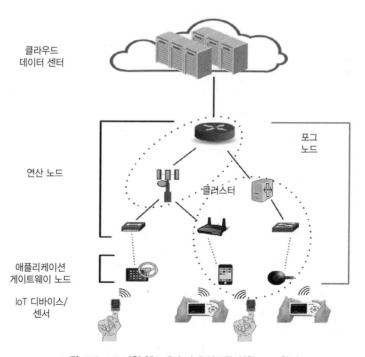

그림 17.8 IoT 지원 헬스케어 사례 연구를 위한 포그 환경

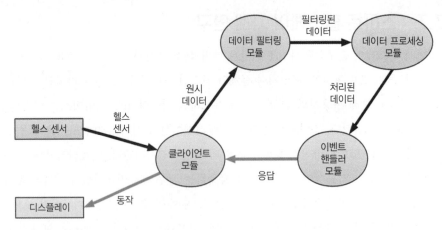

그림 17.9 IoT 지원 헬스케어 사례 연구를 위한 애플리케이션 모델

텍처와 애플리케이션 모델은 각각 그림 17.8과 그림 17.9에서 확인할 수 있다. iFogSim 에서 모델링에 필요한 지침과 함께 시스템 및 애플리케이션 기능은 다음과 같다.

- 17장에서 언급한 스마트 헬스케어 사례 연구는 n개의 계층으로 구성돼진 포그 환경이다. 포그 레벨의 등급이 높아질수록 해당 레벨에 있는 포그 디바이스의 수는 줄어든다. 포그 디바이스는 그 자체로 클러스터를 형성하고 이동할 수 있다. IoT 디바이스(예를 들어 맥박 산소 측정기, EGG 모니터)는 하위 레벨의 포그 디바이스에 연결된다. IoT 디바이스의 감지 빈도는 서로 다르다. 이러한 물리적 엔티티를 모델링하는 세 단계가 있다.

  1. 포그 디바이스 객체를 생성하고 Code Snippet-1과 Code Snippet-10에 따라 n계층의 포그 환경을 정의한다.
  2. Code Snippet-5와 Code Snippet-6을 사용해 감지 간격이 다르고 특정 수의 튜플이 전송되는 센서 객체를 만든다.
  3. Code Snippet-7과 Code Snippet-9를 각각 수정해 포그 디바이스의 이동성을 모델링하고 클러스터를 형성한다.

- 애플리케이션 모델은 순차적 단방향 데이터 흐름을 가진 4개의 모듈로 구성된다. 애플리케이션 모듈의 요구 사항은 서로 다르며, 각 애플리케이션 모듈은 호스트

포그 디바이스에서 추가 리소스를 요청해 QoS 정의 마감 시간 내에 데이터를 처리할 수 있다. 또한 이러한 논리 엔티티를 모델링하는 세 가지 단계가 있다.

1. Code Snippet-2와 Code Snippet-3을 통해 IoT 지원 헬스케어 애플리케이션에 대한 애플리케이션 객체를 정의한다.

2. Code Snippet-4를 사용해 요구 사항이 다른 ApplicationModule 객체를 만든다.

3. Code Snippet-10에 따라 ApplicationModule 객체의 추가 요구 사항을 처리한다.

- 이 사례 연구에서 애플리케이션 모듈 배치는 애플리케이션이 이벤트에 대한 응답을 생성하는데 최소 시간이 걸리는 방식을 채택했다. 이 경우 제한된 포그 디바이스에 모듈을 배치하는 것은 매우 효과적일 수 있다[14]. 이러한 관리 문제를 모델링하는 단계는 다음과 같다.

1. Code Snippet-8 수정하는 대기 시간이 짧은 포그 연산 노드와 애플리케이션 게이트웨이 노드를 연결한다.

2. Code Snippet-10에 따라 사용자 정의 대기 시간 인식 애플리케이션 모듈 배치 정책을 구현한다.

17.8 결론

17장에서는 포그 환경을 시뮬레이션하기 위한 지침을 제공하고 iFogSim을 설치하고 주요 특징을 살펴봤다. 이 실험에서는 몇 가지 예제 시나리오와 해당 코드 스니펫^{code snippet}을 논의했다. 마지막으로 iFogSim 시뮬레이션 포그 환경에서 맞춤형 애플리케이션 배치를 구현하는 방법을 시연하고 IoT 기반 스마트 헬스케어 사례 연구를 설명했다.

17장에서 논의된 예제 시나리오 및 배치 정책의 시뮬레이션 소스 코드는 CLOUDS 실험실 GitHub https://github.com/Cloudslab/iFogSimTutorials에서 확인할 수 있다.

참고 문헌

1   J. Gubbi, R. Buyya, S. Marusic, and M. Palaniswami. Internet ofThings (IoT): A vision, architectural elements, and future directions. *Future Generation Computer Systems*, 29(7): 1645 − 1660, 2013.

2   R. Mahmud, K. Ramamohanarao, and R. Buyya. Fog computing: A taxonomy, survey and future directions. *Internet of Everything: Algorithms, Methodologies, Technologies and Perspectives*. Di Martino Beniamino, Yang Laurence, Kuan-Ching Li, et al. (eds.), ISBN 978-981-10-5861-5, Springer, Singapore, Oct. 2017.

3   F. Bonomi, R. Milito, J. Zhu, and S. Addepalli. Fog computing and its role in the Internet of things. In *Proceedings of the first edition of the MCC workshop on Mobile Cloud computing (MCC '12)*, pp. 13 − 16, Helsinki, Finland, Aug. 17 − 17, 2012.

4   A. V. Dastjerdi and R. Buyya. Fog computing: Helping the Internet of Things realize its potential. *IEEE Computer*, 49(8):112 − 116, 2016.

5   R. Mahmud, F. L. Koch, and R. Buyya. Cloud-fog interoperability in IoT-enabled healthcare solutions. In *Proceedings of the 19th International Conference on Distributed Computing and Networking (ICDCN '18)*, pp. 1 − 10, Varanasi, India, Jan. 4 − 7, 2018.

6   C. Sonmez, A. Ozgovde, and C. Ersoy. Edgecloudsim. An environment for performance evaluation of edge computing systems. In *Proceedings of the Second International Conference on Fog and Mobile Edge Computing (FMEC'17)*, pp. 39 − 44, Valencia, Spain, May 8 − 11, 2017.

7   Online: https://www.smplsft.com/SimpleIoTSimulator.html, Accessed April 17, 2018.

8   H. Gupta, A. Dastjerdi, S. Ghosh, and R. Buyya. iFogSim: A toolkit for modeling and simulation of resource management techniques in internet of things, edge and fog computing environments. *Software: Practice and Experience (SPE)*, 47(9): 1275 − 1296, 2017.

9   R.N. Calheiros, R. Ranjan, A. Beloglazov, C.A.F. De Rose, and R. Buyya. CloudSim: A toolkit for modeling and simulation of cloud computing environments and evaluation of resource provisioning algorithms. *Software: Practice and Experience*, 41(1): 23 − 50, 2011.

10 R. Benali, H. Teyeb, A. Balma, S. Tata, and N. Hadj-Alouane. Evaluation of traffic-aware VM placement policies in distributed cloud using CloudSim. In *Proceedings of the 25th International Conference on Enabling Technologies: Infrastructure for Collaborative Enterprises (WETICE'16)*, pp. 95–100, Paris, France, June 13–15, 2016.

11 R. Mahmud, M. Afrin, M.A. Razzaque, M.M. Hassan, A. Alelaiwi and M.A. AlRubaian. Maximizing quality of experience through context-aware mobile application scheduling in cloudlet infrastructure. *Software: Practice and Experience*, 46(11):1525–1545, 2016.

12 M. Taneja and A. Davy. Resource aware placement of IoT application modules in Fog-Cloud Computing Paradigm. In *Proceedings of the IFIP/ IEEE Symposium on Integrated Network and Service Management (IM'17)*, pp. 1222–1228, Lisbon, Portugal, May 8–12, 2017

13 L.F. Bittencourt, J. Diaz-Montes, R. Buyya, O.F. Rana, and M. Parashar. Mobility-aware application scheduling in fog computing. *IEEE Cloud Computing*, 4(2): 26–35, 2017.

14 R. Mahmud, K. Ramamohanarao, and R. Buyya. Latency-aware application module management for fog computing environments. *ACM Transactions on Internet Technology (TOIT)*, DOI: 10.1145/3186592, 2018.

15 R. Mahmud, S. N. Srirama, K. Ramamohanarao, and R. Buyya. Quality of experience (QoE)-aware placement of applications in fog computing environments. *Journal of Parallel and Distributed Computing.* DOI: 10.1016/ j.jpdc.2018.03.004, 2018.

16 M. Mahmoud, J. Rodrigues, K. Saleem, J. Al-Muhtadi, N. Kumar, and V. Korotaev. Towards energy-aware fog-enabled cloud of things for healthcare. *Computers & Electrical Engineering*, 67: 58–69, 2018).

17 A. Chai, M. Bazm, S. Camarasu-Pop, T. Glatard, H. Benoit-Cattin and F. Suter. Modeling distributed platforms from application traces for realistic file transfer simulation. In *Proceedings of the 17th IEEE/ACM International Symposium on Cluster, Cloud and Grid Computing (CCGRID'17)*, pp. 54–63, Madrid, Spain, May 14–15, 2017.

18 O. Skarlat, M. Nardelli, S. Schulte, and S. Dustdar. Towards QoS-aware fog service placement. In *Proceedings of the 1st IEEE International Conference on Fog and Edge Computing (ICFEC'17)*, pp. 89–96, Madrid, Spain, May 14– 15, 2017.

찾아보기

포그·에지 컴퓨팅

클라우드 컴퓨팅, IoT, 5G, 빅데이터 분석, 머신러닝을 활용한 포그와 에지 컴퓨팅 설계와 구현

발 행 | 2021년 7월 30일

편 저 | 라지쿠마르 부야 · 사티시 나라야나 스리라마
옮긴이 | 박 선 표

펴낸이 | 권 성 준
편집장 | 황 영 주
편 집 | 이 지 은
디자인 | 송 서 연

에이콘출판주식회사
서울특별시 양천구 국회대로 287 (목동)
전화 02-2653-7600, 팩스 02-2653-0433
www.acornpub.co.kr / editor@acornpub.co.kr

한국어판 © 에이콘출판주식회사, 2021, Printed in Korea.
ISBN 979-11-6175-544-1
http://www.acornpub.co.kr/book/fog-edge-computing

책값은 뒤표지에 있습니다.